萬卷精華樓藏書記 第二册

山右歷史文化研究院 編

上海古籍出版社

目　録

萬卷精華樓藏書記卷二十八

萬卷精華樓藏書記卷二十九

萬卷精華樓藏書記卷三十

萬卷精華樓藏書記卷三十一

萬卷精華樓藏書記卷三十四

萬卷精華樓藏書記卷三十九

萬卷精華樓藏書記卷四十

萬卷精華樓藏書記卷四十四

萬卷精華樓藏書記卷四十五

萬卷精華樓藏書記卷四十六

萬卷精華樓藏書記卷四十七

萬卷精華樓藏書記卷四十九

萬卷精華樓藏書記卷五十

萬卷精華樓藏書記卷五十三

萬卷精華樓藏書記

（卷二十四—卷五十六）

〔清〕耿文光　撰

潘慎　張梅秀　張志江　田同旭　薛蓮　點校

萬卷精華樓藏書記卷二十四

史部一
正史類四

《宋書》一百卷

梁沈約撰

南監本。萬曆二十二年刊。前有馮夢禎《南雍新雕宋書引》、季道統序。校刊銜名自祭酒陸可教，司業馮夢禎、季道統以下，凡四十四人。引用書目二十七家，補闕七十字，增一百九十八字，正一千一百一十八字，正點畫差謬數十字不在內。目錄：本紀十卷，志三十卷，傳六十卷。八志：曰歷、曰禮、曰樂、曰天文、曰符瑞、曰五行、曰州郡、曰百官。志前有序。《禮志》最善，惟《符瑞》爲贅疣。列傳，先后妃，次諸臣，次孝義，次良吏，次隱逸，次恩倖，次夷蠻，次氏胡，次二凶，終以自序。首行小題在上，大題在下，猶是古式。次行題“臣沈約新撰”。每葉十八行，行十八字，無注。板心上刻萬曆年，中刻《宋書》卷幾，下刻字數并木工姓名。各卷末題正幾字，補幾字，削幾字。此本第一卷第三行有“南京國子監”字，與北監本不同。

馮氏序曰：“約世爲宋臣，故撰次宋事最爲詳贍。姚察稱其高才博洽，名亞遷、董，誠然。《宋書》惟有南監舊板，而刓脫糢糊者十之七。自夏迄秋，校勘始畢。”

季氏序曰："約言文章當從三易：易見事，易識字，易誦。今讀《宋書》，信然。監本刻於弘治之初，歲久散軼，存者多訛，因重刻之。"

高似孫曰："約書號爲博洽，志述魏晉，失於限斷。《崇文目》闕《趙倫之傳》一卷，今本有之。而《到彦之傳》卷末殘缺。又有王智深，梁人，著《宋書》六十一卷，亦殘缺。"錄於《史略》。黎本"到"字訛。

李氏曰："嘉祐六年八月，詔三館祕閣校宋、齊、梁、陳、後魏、後周、北齊七史書。有不完者，訪求之。今世所傳，皆出於嘉祐校刊之本。《魏書》每卷末間有史臣校訂語，它史無之，蓋後來失去。"錄於《通鑑長編》。

趙氏曰："沈約於齊永明五年奉敕撰《宋書》，次年二月即告成。古來修史之速，未有若此者。今按其自序而細推之，知約書多取徐爰舊本而增刪之者也。宋著作郎何承天已撰《宋書》紀傳，止於武帝功臣。其諸志，惟《天文》、《律歷》，此外悉委山謙之。謙之亡，詔蘇寶生續撰，遂及元嘉諸臣。寶生被誅，又以命徐爰。爰因蘇、何二本勒爲一史，起自義熙之初，迄於大明之末。其臧質、魯爽、王僧達三傳，皆孝武所造。惟永光以後至亡國十餘年，記載并缺。今《宋書》内永光以後紀傳，蓋約等所補也。原按："《王智深傳》：'約多載宋明帝鄙凟事。武帝謂曰："我昔經事明帝，卿可思諱惡之義。"於是多所删除。'可見宋明帝以後紀傳，皆約所撰。" 其於爰本稍有去取者：爰本有晉末諸臣及桓玄等諸叛賊，并劉毅等與宋武同起義者，皆列於《宋書》。約以爲桓玄、焦縱、盧循身爲晉賊，無關後代；吳隱、郗僧施、謝混義止前朝，不宜入宋；劉毅、何無忌、諸葛長民、魏詠之、檀憑之志在匡晉，亦不得謂之宋臣：故概從删除。是約所删者止於此數傳，其餘則皆爰書之舊，是以成書若此之易也。原注："《徐爰傳》：'爰雖因前作而專爲一家之書，起元義熙爲王業之始，載序宣力爲功臣之斷。於是内外博議，或謂宜以義熙元年爲斷，或謂宜以元興三年爲斷。詔曰："項籍、聖公編録二漢，前史已有成例。《桓玄傳》宜在宋典，餘如爰議。"'是可見爰書舊本體例也。"余向疑約修《宋書》，凡宋、齊革易之際，宜爲齊諱；晉、宋革易之際，不必爲宋諱。乃爲宋諱者，反甚於爲齊諱。然後知爲宋諱者，徐爰舊本也；爲齊諱者，約所補輯也。人但知《宋書》爲沈約作，而不知大半乃徐爰作也。觀《宋書》者，當於此而推之。"原注："何尚之，何偃之父也。乃偃傳在五十九卷，尚之傳反在六十六卷，可見《宋書》時日促迫，倉猝編排，前後亦不暇審訂。"又曰："《史記》，漢高祖初起事稱劉季，封沛公稱公，封漢王稱王，及即位稱帝，此本《虞書》舊法也。《宋書》本紀於劉裕起事即稱高祖，及封豫章公乃稱公，封宋王后稱王，登極後稱上，此又仿陳壽《魏志》例也。《南史》則於起事時即稱帝，以後封公、封王及登極，皆稱帝，亦是一法。"又曰："《宋書》有帶叙法，其人不必立傳，而其事有附見於某人傳内者，即於某人傳内叙其履歷以畢之，而下文仍叙某人之事。有此帶叙法，則既省多立傳，又不没其人，此誠作史良法。但他史附傳多在本傳後，此則正叙事中忽以附傳者履歷入之，此例乃《宋書》所獨創耳。至如《劉義慶傳》載鮑照《河清頌》二千餘字，義慶事轉少，鮑照事轉多，未免喧客奪主矣。照本才士，何不入《文苑傳》？附入《義慶傳》，成何史體也？"又曰："宋武開國，武將功臣以檀道濟、檀韶、檀祇、王鎮惡、朱齡石、朱超石、沈田子、沈林子爲最。沈約撰《宋書》，田子、林子所以不入傳者，以此二人功績詳載於自序中，以顯其家世勳伐，故《功臣傳》缺之。李延壽作《南史》，自應將此二人作傳，乃竟遺之，而仍附於《沈約傳》内。可見延壽作史，但就正史所有者删節之、離合之，不復另加訂正也。"録於《廿二史劄記》。

錢氏曰："《宋書》缺《劉彦之傳》，見《直齋書録》。宋本已然。《南齊書・州郡志》《桂陽王鑠》《徐孝嗣》《高麗傳》各缺一葉。《魏書・地形志二》下卷有缺字。《北史・魏孝文六王傳》，廣平王懷全篇缺佚，僅存三十二字；汝南王悦篇亦多脱文。京兆王愉之子爲西魏文帝、清河王懌之孫爲東魏孝静帝，而傳末皆不見其名，知此卷文字脱漏多矣。《邢邵傳》内自‘請置〔一〕學’至‘累遷尚書令加侍中’，凡六百六十七字，皆《李崇傳》文誤入。”又曰：“嘉靖七年所刊，唯《史記》，兩《漢書》，遼、金二史五部。其後續刻於萬曆二十四年者，則有《史記》、《梁書》、《五代史》，祭酒余有丁、司業周子義所校也。”錄於《養新錄》及《餘錄》。

顧氏曰：“北監十三經、二十一史，其板視南監稍工。然校刊不精，訛舛愈甚，且有不知而妄改者。”錄於《日知錄》。

王氏曰：“《史》、《漢》、《三國》，備於晉初。《晉》及‘南北朝’，皆定於唐太宗、高宗之世，而書猶深藏廣内，既無刻板，流布人間者甚少，故學者所習三史、《三國》而止。直至宋仁宗天聖二年，方出禁中所藏《隋書》，付崇文院雕板。嘉祐六年，并梁、陳等史次第校刻，蓋至英宗方粗就，觀校者稱仁宗云云則可見。於是歷代事蹟，粲然明著。然其中如《魏書》，以學者陋之而不習，亡逸不完者已無慮三十卷，校者各疏於各卷之末；《北齊》亦多闕者；《宋書》第四十六卷亦闕：蓋皆以南、北《史》補之。又改劉昫《舊唐書》爲《新唐書》，改薛居正《五代史》爲《五代史記》，乃合爲十七史。《宋志》有周護《十七史贊》三十卷，不知作者《名賢十七史確論》一百四卷，十七史之名始見於此。又有王先生《十七史蒙求》，則南宋書坊所僞託。”錄於《十七史商榷》。

《宋書》一百卷

梁沈約撰

北監本。萬曆二十六年方從哲、黄汝良等校刊。

趙氏曰：“前史於名臣奏疏之類，原有載其全文者，如賈誼之《治安策》、董子之《天人策》，非有關政治，即有關道學。至司馬相如《大人賦》之類，則因其本以才學著稱，故存一二，以見一班。其他則不概錄也。《宋書》則凡有文字無不收入，何其不憚辭費乎？"又曰："史書立傳，原無取乎太多。如《漢書》一部，除王子外，共只二百四十餘人，未嘗非良史也。《宋書》則蕪詞太多，而立傳又太少。如汝南太守陳憲、參軍劉泰之，皆將帥中之忠勇者，何妨各立一傳，乃僅附見於他傳，何也？"錄於《叢考》。

錢氏曰："史例，諸帝皆不稱名，而以諱字代之。《武帝紀》'義隆'字屢見，蓋校書者妄改也。又按紀傳，書諸帝皆稱廟號，獨此紀書武帝者四，而仍有稱高祖者。又，它篇例稱魏爲'索虜'，而此紀一云'魏軍克滑臺'，一云'魏主拓跋嗣薨'，全非休文之例。卷末又無史臣論。蓋此篇久亡，後人雜採它書以補之，故義例乖舛如此。""自孟堅合律、歷爲一志，後之作史者皆因之。此志三卷，首篇當題'律歷上'，次篇爲中，末篇爲下。今以首篇爲'律志下'，二篇爲'歷上'、'歷下'，蓋後人妄改，非休文之旨也。序爲八志總例，列於卷首，著作之體宜耳。汲古閣本題作'律志'，尤爲乖妄。""天體圓如彈丸，而陸績造渾象，其形如鳥卵。考曰：今歐羅巴橢圓之說，似出於此。""劉向《五紀》說夏歷，以爲列宿日月皆西移，列宿疾，而日次之。考曰：宋儒言日月五星皆左旋，日行速，月行遲，蓋本於此。""史家之例，惟帝后書諱，諸王皆直書名。休文《后妃傳》，公主稱諱，非禮也。""六朝人所謂'門生'，即僮僕之屬。然《徐湛之傳》門生千餘人，皆三吳富人。《靈運傳》云'奴僮既衆，義故、門生數百'，則門生與僮奴亦自有別。""《朱齡石傳》'敬皇后弟'下當有脱文。""休文自序家世，謂出少昊之裔，而《唐書·宰相世系表》言沈氏出自姬姓，周文王第十子聃叔季食采於沈，今汝南平輿沈亭，即其地也。二說互異。考臺駘封於汾州，沈國亦當近汾，與汝南相去甚〔二〕遠。古讀'沈'如'耽'，'耽'

與'聸'又相通用，則《唐表》較之休文序爲可信矣。但《唐表》謂魯成公八年爲晉所滅，沈子逞奔楚，生嘉，嘉二子尹丙、尹戌，尹戌爲楚左司馬，則謬妄已甚。蔡滅沈，以沈子嘉歸，在魯定公四年，而沈尹將中軍乃在魯宣公時，若沈尹戌與吳戰死，即蔡滅沈之歲也。表以戌爲嘉子，又改'戌'爲'戊'，且沈尹本以官爲氏，乃割'尹'字，連下爲名，尤極荒唐，不如休文自序之當也。" "《禮志二》'司徒長史王申'，'申'當作'甲'。王甲，李乙、丙、丁，皆設爲姓名也。"原注："毛本作'壬申'尤誤。監本正作'王甲'。" "《五行志五》：'元帝太興初，又有女子陰在腹上，在揚州，性亦淫。京房《易妖》曰："人生子陰在首，天下大亂；在腹，天下有事；在背，天下無後。"'考曰：此下又一條，一事兩見，當刪而未刪者也。"錄於《廿二史考異》。錢考《州郡志》最詳。

王氏曰："《宋紀·隆安三年》'衛將軍'下注一'闕'字，連空三格。《南史》采用此段。此處本無闕也，此注及空不知何等妄人所爲。"錄於《十七史商榷》。

郝氏曰："《策封宋公加九錫》，其文全襲潘元茂《册魏公文》。高祖不臣之迹，本紀不露一字，獨於討司馬休之及休之上表自陳見之。此史法之佳者。" "皇太后令廢少帝，指陳罪狀極盡無餘，以文言代叙事法也。宋〔三〕文帝崩於含章殿，實弒也。休文梁人，何隱之有？"案：此不知爲爱書也。 "諸本紀叙封拜於王而後爲帝者，例不書名，而曰諱。此亦創例，非舊史法。而其例亦不純，安成王王不書諱，何也？" "沈攸之反、袁粲反、劉遐反，此皆忠於宋者，不容列於叛人。《宋書》凡涉齊事，多有微詞。如陳壽志魏，多爲晉隱，非直筆也。" "律志乃諸志之總篇，歷舉遷、固、彪、壽之書，源流得失，欲明其書續前作之意也。然沈志本之何承天，多用舊文，不加刪潤，其序已具言之矣。" "笛律一事，頗爲詳覈。荀勖〔四〕所鑄新律，必非依《周禮》，所得古器亦非周律。勗蓋欺世要名，故空造言語。按《世説》注，古銅尺校勗今尺短四分，如此方合。而今《宋書》各本并作長勗尺四分，誤矣。” “《歷志》所採大要有三家：景初歷一，魏楊偉造，偉術最密，晉、宋皆用。一爲元嘉歷。宋太祖頗好歷數，何承天私撰新法，元嘉時表上，遂被施用。一爲祖[五]沖之新歷。綜而論之，術無常是，取協當時，義在變通，用皆有效。推之縣遠，弊復生矣。” “《禮志》詳瞻，勝於《史》、《漢》。先有《禮論》八百卷，何承天并删爲三百卷。此志當即承天所删，休文録之。”

“王者婚禮，古無其制。先儒謂邱明詳練其事。” “《禮志》：‘太祖東巡，升京城北固。’按，‘固’誤作‘顧’。《世説》荀中郎登北固望海，正此地也。” “‘某曹關某事’、‘押某署’，可見當時臺省文移書式。”“《符瑞》上篇，緯候之書；中篇，瑞應之牒；下篇，詭異之編。”“《天文》、《五行》二志，足稱詳備。上接馬彪續志，下補陳《志》之遺。” “金城是琅邪郡下小地名，《晉書·地理志》無之，《宋書·州郡志》亦無此縣。桓温領郡，鎮江乘之蒲洲金城。按，江乘，今江寧句容縣，《一統志》有金城在縣北。而《世説》言‘桓温北征，經金城’，按，温北征乃自江陵，何由至琅邪之金城？此《世説》誤耳。” “《宋書》多浮雜，時同小説家言，殊失國史之體。然叙致華妍，韻情朗暢，自一代史才也。” “古者職官除授，必有策命。《韓詩外傳》‘孔子爲魯司寇，命之曰’云云，此即官之策命也。及乎受籙膺圖，改年即位，尤重策文。《韓詩外傳》言‘授天子策’者三。太宗奉同，史祝奉策，《康王之誥》列在《周書》。《宋書》‘蔡興宗曰：“累朝故事，莫不皆然”’，其説蓋不誣也。” “《夏官·校人》‘冬祭馬步’，鄭注：‘步，神害馬。’賈疏：‘馬神稱步，謂若玄冥之步、人鬼之步。‘步’與‘酺’同。’《旅師》‘春秋祭酺’，鄭注：‘酺者，裁害人物之神也。’又引‘馬步’而申之曰：‘此世所云"蠐螟之醯"與？"人鬼之步"與？'證以此注，賈疏'玄冥'乃'蠐螟'之誤。蠐螟醯者，當是昆蟲之蠻。人鬼之步，如彭生爲豕、伯有爲厲之類是也。是人物爲祟，皆有步神。《史記·封禪書》'諸布'之屬，兼包人物而言。'布'與'步'亦同。《宋書》'徐紹之爲塗步郎所使'，按，塗步郎與馬步皆害人之神也。《齊乘》'上艾山，有醯神廟'，恐即諸布之遺也。"録於《晉宋書故》。

《補宋書刑法志》一卷　《補宋書食貨志》一卷

國朝郝懿行撰

曝書堂校本。前有嘉慶丙子胡承琪序、懿行自序。《刑法志》出本紀二十四條，出列傳三十八條；《食貨志》出本紀六十九條，出列傳二十二條：共補一百五十三條。內有案語。

胡氏序曰："沈休文《宋書》七志，頗爲詳贍，蓋江左制度多沿魏晉，尋波討源，不特足補陳《志》之闕，并足訂唐修《晉書》之訛。惟是孟堅舊例，綴孫卿之詞以序《刑法》，採孟子之語用裁《食貨》，而休文於此二者獨付闕如。夫宋氏元嘉之政，號爲小康。其後魏騎南侵，財力日耗。至於滎陽蒼梧，殘民以逞，法制之壞，抑又甚焉。休文不此之志，而鋪陳符瑞，累牘連篇，可謂偵矣。農部蘭皋先生輯成二篇，雖取裁不出本書，而鉤稽聯貫，井井有條，綜其損益，尋省瞭然，誠足爲讀史者之助云。"

郝氏自序曰："《宋書》紀、志、傳三體，悉依放舊史。獨闕《刑法》、《食貨》二志，非史裁也；別出《符瑞志》三卷，恐導諛也；且名爲'宋志'，而并上臚羲軒以來，非斷章也。班書《古今人表》亦同茲謬，裁以古義，俱法不當存。竊謂《符瑞》可刪，《刑法》、《食貨》可補也。沈序《律志》，而云'《刑法》、《食貨》前說已該，隨流派別，附之紀傳'，其說亦非也。若隨檢一條，動抽百卷，讀史既不勝其煩，作史亦從無此例。因就沈書，依《律序》，刺探紀傳，分條共貫，譬之割土爲山，挹流納澗，緝成二篇，用資稽覽。"

《晉宋書故》一卷

國朝郝懿行撰

曝書堂本。前有自序，末有王照跋，胡承珙書。

郝氏自序曰："書中疑滯，必資故訓。《晉書音義》，既無可採；言詮所摭，復多簡略。別出茲編，聊代叢談。如其未然，以俟君子。"

胡氏跋曰："《晉宋書故》最精者，如'策命'一條，以《韓詩》證《康王之誥》，爲注《尚書》者所未及。'塗步神'一條，貫穿經史，尤爲卓然。'宗稷'一條，《獨斷》曰：'天子之[六]宗社曰泰社。''宗'有尊義。宗稷者，宗社之稷。後人誤指爲宗廟社稷。'凶門柏歷'一條，如貴家治喪，陳設具備，故以爲煩費停之。'祕器'一條，《宋志》以祕器爲盛冰之器，東園溫明即藏冰之地。按祕器形如方筒，開一面，漆畫之，以鏡置其中以懸户上，大斂并蓋之，似非夷盤。或宋制以祕器盛冰，是漢宋同名而異用。溫明仍漢署舊名，作祕器之所，非凌室也。"

"乃祖"、"乃父"，猶言"汝祖"、"汝父"。衛璵上表曰"臣乃祖"，言不順矣。　宗社，六朝多作"宗稷"。　"伍伯"音陌，即軍牢。　勳戚勢家，私人冗從依附，視同家奴，謂之門生。江左此風尤甚。　漢魏以師友爲通家，晉宋以姻親爲通家。　今呼無職者爲"白丁"。《宋書》"白丁"，即今之鄉勇。雖丁壯未隸仕籍，故曰"白丁"。又有白衣客，既非職員，又殊丁壯。今之書吏，古之令史，正令使如經承。　古之都督，今總督也。督軍兼以督郡。都統亦然。刺史如巡撫。　彭排，今之藤牌。　彤管，不獨專於女史，今官府管染以絳蒨，韜以紅紙，皆其遺象也。簪筆書笏，必須粉筆，因笏色白，故須白筆。 灼然，當時科目之名。 《阮瞻傳》之"舉止"，"止"字衍，或"正"字之誤，猶《鄧攸傳》之"品"誤作"器"。 乾没，射成敗也。傚辛鑽營之意。二字始見於《張湯傳》，注家多誤。 "寧馨"，即如此之意，晉宋方言。休文作"如此寧馨兒"，翻爲重複。《南史》删"如此"二字，則得之矣。晉宋人或言"爾馨"、"如馨"，或單言"馨"，此并語詞及語餘聲也。或又以"爾馨"代"寧馨"，"爾"讀"你"，"寧"之轉聲。 古人通醫，不皆診脉。《宋書》言熙先善於治病，兼能診脉。知診脉特法意也。今醫家上手便視脉，舉世皆然，甚可怪也。 《晉書》紀瞻論太極大恉以先天之言，蓋老氏虛誕之説，非《易》者之《易》也。太極有圖，出道家之言，不可説《易》。《正義》"老子云'道生一'，即太極也。'一生二'，即兩儀也"，正合顧榮之意。榮與瞻赴洛，共論太極。以上録於本書。

文光案：《晉宋書故》，蘭皋雜志之一種，其書已刻於《遺書》中。此别行本也。凡考證《宋書》者五十一條，因著録於《宋書》之後。曝書堂本凡三種：一、《補宋二志》，一、《晉宋書故》，一、《宋瑣語》三卷。《瑣語》與《世説》、《南北史捃華》爲一類，宜入小説部。自序云："休文之《宋書》，華贍清妍，纖穠有體。往往讀其書，如親見其人。於班、范《書》，陳《志》之外，别開谿徑，抑亦近古史書之最良者也。予讀其書而美之，隨讀隨録，分别部居，令不雜廁，謂之《瑣語》，蓋取不賢識小之意。沈有《晉書》，已亡，暇日當取唐人所撰《晉書》以足之，然風致不逮休文遠矣。"

《南齊書》五十九卷

梁蕭子顯撰

武英殿本。乾隆四年校刊。本紀八卷，志十一卷，列傳四十卷。《禮志上》板心誤刻"樂志上"。《百官志》考證最詳。《考證》云："始江淹已爲十志，沈約又爲《齊紀》，子顯自表武帝，別爲此書。於斯文喜自馳騁，其更改破析、刻雕藻繢之變尤多，而其文益下，皆舊序語。故其事迹曖昧。"

《考證》："《高祖紀》'蕭何二十四世孫'，恐未確當。""《李安民傳》言項羽神，《宋書・孔季恭傳》言項羽神，《梁書・蕭琛傳》言項羽神，又《南史・蕭惠明傳》、《蕭惠全傳》皆言神之靈異，一若死生禍福，神操其柄。作史者每鋪張而樂道之，未免近誣之失矣。"

知州臣祖庚謹言："梁臣蕭子顯，齊之宗室，仕梁而修《齊史》，以故事多附會，辭有溢美，且以時尚瞿曇，黜儒崇釋，其是非大謬於聖人。昔曾鞏譏其喜自馳騁，刻雕藻繢之變尤多，而文益下，詢非誣也。初江淹已作十志，沈約又有紀二十篇，子顯自表修，淹、約《志》、《紀》遂不復存矣。當時奉朝請吳均亦嘗著《齊春秋》三十篇，劉子玄稱其該實，而曾鞏《目錄》、馬端臨《經籍考》并不及載。夫子顯才氣過人，以著作自命，然沿襲卑靡，故識復猥瑣。即如《天文》但紀災祥，《州郡》不著戶口，未免疏漏。而《祥瑞》一志，多載圖讖，尤爲近誣。宜乎司馬光謂李延壽書叙事簡徑，勝於正史也。雖然，蕭齊一代，君臣行事之得失、論議之往復，未嘗表見他書，即古人著述亦復不傳於世，所可考見者惟是編。而是編之在今日，惟監本。若任其魚豕相仍，不益將訛以傳訛，幾於殘缺無徵哉！臣等仰承詔命，博採前議，廣集眾思，敬謹編校。不敢率略從事，爰考宋、魏二書，南、北二史，《資治通鑑》暨《通典》、《通考》諸書，擇其事涉蕭齊精詳切要者，別其是非，訂其疑似，條分目晰，附於各卷之末，俾覽者有所依據，以仰副聖天子修明正史之至意云。臣謹識。"

《南齊書》五十九卷

梁蕭子顯撰

北監本。原本六十卷，至唐已佚一卷。此本前有臣恂等校序、目録。志八：曰禮、曰樂、曰天文、曰州郡、曰百官、曰輿服、曰祥瑞、曰五行。列傳，先皇后，次宗室，次諸臣，次文學，次良政，次高逸，次孝義，次倖臣，終以外國。自李延壽之史盛行，此書誦習者甚尟，日就訛脱，《州郡志》及《桂陽王傳》中均有闕文。子顯雖文傷蹇躓，義甚優長，爲序例之美者。

趙氏曰：“《齊書》亦有所本。建元二年，即詔檀超與江淹掌史職。超等表上條例，開元紀號不取宋年，封爵各詳本傳，無假年表。立十志：《律歷》、《禮樂》、《天文》、《五行》、《郊祀》、《刑法》、《藝文》，依班固；《朝會》、《輿服》，依蔡邕、司馬彪；《州郡》，依徐爰；《百官》，依范蔚宗。日蝕舊載《五行》，應改入《天文志》。帝女應立傳，以備甥舅之重。又立《處士》、《列女傳》。詔内外詳議，以爲食貨乃國家本務，至朝會前史不書，乃伯喈一家之意，宜立《食貨》，省《朝會》。日月應仍隸《五行》。帝女若有高德絶行，當載《列女傳》；若止於常美，不立傳。詔日月災隸《天文》，餘如儉議。見《檀超傳》。此齊時修國史體例也。又有豫章熊襄著《齊典》，沈約亦著《齊紀》二十卷，江淹撰《齊史》十卷，吳均撰《齊春秋》，俱見各本傳。今按蕭子顯《齊書》，但有《禮樂》、《天文》、《州郡》、《百官》、《輿服》、《祥瑞》、《五行》七志，而《食貨》、《刑法》、《藝文》仍缺。列傳內亦無帝女及列女，其節義可傳者，總入於《孝義傳》。改‘處士’爲‘高逸’，又另立《倖臣傳》。其體例與超、淹及儉所議皆小有不同，蓋本超、淹之舊而小變之。《超傳》內謂超史功未就而卒，淹撰成之，猶未備也。此正見子顯之修《齊書》不全襲前人也。”

又曰："《梁書・蕭子顯傳》謂所著《齊書》六十卷。今《齊書》只有五十九卷，蓋子顯欲仿沈約作自序一卷附於後，未及成，或成而未列入耶？按《南史・子顯傳》，載其自序二百餘字，豈即其附《齊書》後之作，而延壽撮其略入於本傳者耶？"又曰："《齊書》比《宋書》較爲簡净，如《劉善明傳》所陳十一事，皆櫽括其語載之；《張欣泰傳》所陳二十事，只載其一條。若《宋書》，則必全載矣。《孝義傳》用類叙法，尤爲得法。按類叙之法，一傳類叙數人。本起於班固，范蔚宗、陳壽因之，此古法也。《齊書》之後，《梁書》亦有此類叙法。以後惟《明史》用之最多。"録於《札記》。

宋臣之不忘故君者，《南史》多載之，而《齊書》一概不叙。袁粲死而褚淵佐命齊朝，當時民間有"可憐石頭城，寧爲袁粲死，不作褚淵生"之語，《齊書》淵傳亦不載。甚至淵傳論謂"恩非己獨，責人以死，斯人主之所謬、世情之過差也"，則更明言身事二姓，本屬時勢當然，而無議矣。此則子顯之顯然悖謬，蓋因己亦以齊臣仕梁，若於此等處直筆褒貶，則己益置身無地，故爲諸臣諱，正以爲己諱也。　　《齊書》多載詞章，少載事實，蓋亦仿《宋書》之例，連篇累牘，不減一字，何徒費筆墨若此？　　《齊書》立傳太少。録於《陔餘叢考》。

錢氏曰："《南齊書》有《叙録》一篇，劉知幾云：'沈《宋》之《志序》，蕭《齊》之《序録》，雖皆以序爲名，其實例也。'沈約《志序》尚存，子顯之《序録》不復見矣。後魏、北齊兩書皆有例。劉知幾云：'魏收作例，全取蔚宗，貪天之功以爲己力。'又引百藥《齊書》例云：'人有以字行者，今并其名。'"。録於《養新録》。

齊高帝父名承之，而承縣不改；宕昌王名彌承，亦直書不諱；高帝名道成，而"道"字、"成"字不諱：蓋遵古二名不偏諱之禮也。梁武帝父名順之，故子顯修史多易爲"從"字，宋順帝亦作

"從帝"，監本改爲"順"字。《柳世隆傳》'輔國將軍、驍騎將軍蕭諱'，汲古本注"鸞"字。今考之，乃蕭順之，非齊明帝也。《徐孝嗣傳》"并爲太子劭所殺"，汲古本無"太子"，注云："宋本作'太祖'。"予謂太祖乃"太初"之訛。元凶僭號，改元太初。史叙元凶朝事，多稱"太初"。《王僧虔傳》云"兄僧綽爲太初所害"，與此文同。刊本訛爲"太祖"，後人以意改爲"太子劭"耳。 《顧歡傳》"道士與道人辨儒墨"，《南史·陶貞白傳》："道人、道士并在門中。道人左，道士右。"則道人與道士之別較然矣。 今本《南齊書》卷十五《州郡志下》、卷卅五《高十二王傳》、卷四十四《徐孝嗣傳》、卷五十八《高麗傳》，各闕一葉。卷五十九《史臣論》亦有闕文。曾子固序_{此序曾鞏所作}。但云"校正訛謬"，不云"文有脫落"，則宋時蕭史固完善也。 《晉書》亦有序例一篇，今本無之。_{録於《廿二史考異》}。

王氏曰："《宋書》、《南齊書》旁注"闕"字者甚多，往往考之本無闕，兩書校者甚粗疏。"又曰："《南齊書》不譏褚淵，於淵論贊尤多恕詞。《南史·褚淵傳》所添頗有意，皆《南齊書》所無。"_{録於《十七史商榷》}。

文光案：蕭書於《褚淵傳》多恕詞，於《袁粲傳》多諱詞。合二傳觀之，其心可見；合《南史》觀之，其事始明。一曲筆，一直筆也。又案：南朝碑禁甚嚴，南齊碑更爲難得。嚴氏《金陵待訪目》僅列五石，王氏《萃編》竟無一石，他可知矣。

《梁書》五十六卷

唐姚思廉撰

北監本。萬曆三十三年蕭雲舉、李騰芳等校刊。本紀六卷。列傳五十卷：曰《孝行》、曰《儒林》、曰《文學》、曰《處士》、曰《止足》、曰《良吏》、曰《諸夷》，終於《侯景》。叙事簡嚴完美，李延壽不能過。其文筆亦足稱良史，惟多載詔策章疏之類，稍覺繁冗。

趙氏曰："《梁書》本姚察所撰，而其子思廉續成之。今細閱全書，知察又本之梁之國史也。各列傳必先叙其歷官而後載其事，末又載餙終之詔，此詔最多，篇篇贅語極冗。此國史體例也。有美必書，有惡必諱，察仍其舊，所謂'本書不載'，即梁朝國史也。國史所有則傳之，無則缺之。《南史》增十數傳，其有功於《梁書》多矣。"又曰："《梁書》雖全據國史，而行文則自出爐錘，直欲遠追班、馬，一洗六朝蕪冗之習。至諸傳論，亦皆以散文行之，卓然傑出於駢四儷六之上。世但知六朝之後古文自韓昌黎始，而豈知姚察父子已振於陳末、唐初也哉？"又曰："《梁書》立'知〔七〕足'一門，其序謂魚豢《魏略》有《知足傳》，謝靈運《晉書》有《知足傳》，《宋書》亦有《知足傳》，今沈書無之，蓋徐爰舊本也。故《梁書》亦存此門。然所謂'知足'者，傳不勝傳也。"錄於《劄記》。

《新唐書》："姚思廉，其父察，在陳嘗修梁、陳二史，未就，以屬思廉。思廉入隋，表父遺言，有詔聽續。至唐，又奉詔與魏徵等修《梁》、《陳》二書，乃採謝炅、顧野王諸書以成之。"錄於《陔餘叢考》。

錢氏曰："思廉避唐諱，凡'虎'字皆改爲'獸'，或爲'武'。《武帝紀》'獸眡'、'天獸'、'獸步'、'獸牙'、'神獸門'、'仁獸闕'、'獸而傅翼'皆本'虎'字避改易。而篇中又有'持白虎幡'、'勢同履虎'、'餌之虎口'、'虎賁之士'、'克虎牢城'云云，皆明人不學，擅改本文也。" "唐人修史避諱，改'丙丁'之'丙'爲'景'。監本皆作'丙'，亦有未改數處，如'景戌'、'景子'、'景寅'是也。汲古本皆用'景'字。" "思廉修《梁》、《陳》書，皆續其父所撰《梁史》。諸論述，其父說必稱‘陳吏部尚書姚察曰’，仿孟堅《漢書》稱‘司徒掾班彪’之例也。其但稱‘史臣’者，出自思廉新意。惟列傳第二十七王僧儒四人論，稱‘史臣陳吏部尚書姚察’，疑是傳刻之誤。察非唐臣，不應係以史臣之名也。《陳書》惟高祖、世祖二紀論爲姚察所作，餘皆思廉自撰。本紀終篇有總論一篇，出於魏徵之手。徵亦同時兼領史局者，故稱史臣而著其名。梁、陳二史俱有史臣侍中鄭國公魏徵總論一篇，《北齊書》稱‘鄭文貞公魏徵總而論之’云云，蓋百藥本紀已亡，後人取《北史》補之。李延壽進史之時，魏鄭公已先歿，故稱其謚也。周、隋二史皆無魏徵總論，豈本有而後來失之乎？《陳書·張貴妃傳》末稱‘史臣侍中鄭國公魏徵，考覽記書，參詳故老’云云，凡六百餘言，以大臣領史事而不攘人之善以爲己作，鄭文徵洵不可及矣。”　“‘魚豢《魏略·知足傳》方田、徐於管、胡，則其道本異。謝靈運《晉書·止足傳》先論晉世文士之避亂者，殆非其人。惟阮思曠遺榮好遁，遠恥辱矣。《宋書·止足傳》有羊欣、王微，咸其流亞。’按：魚豢、靈運之書，今已不傳。魚書蓋以田疇、徐庶、管寧、胡昭四人標爲‘知足’也。沈書，羊、王與張敷同傳，初未標‘止足’之目，不知思〔八〕廉所稱《宋書》果何人作。”錄於《廿二史考異》。

《江寧金石記》：“《梁故侍中司徒驃騎將軍始興忠武王之碑》，碑文與史大略相同，惟‘食邑三千户’，碑作‘二千户’。金陵承六代之餘，碑碣流傳者絶少，獨此與《安成王碑》、《蕭景石闕》得傳於今也。”　“蕭景墓闕稱‘中撫將軍’，而史作‘中撫軍’，蓋脱一字。辛楣先生云：‘梁置一百二十五號將軍，四征施於外，東、西、南、北是也；四征施於内，軍、衛、撫、護是也。’”

《陳書》三十六卷

唐姚思廉撰

北監本。前有校序。本紀六卷。列傳三十卷：曰《宗室》、曰

《孝行》、曰《儒林》、曰《文學》。

序曰："始思廉父察，梁、陳之史官也，録二代之事，未就而陳亡。隋文帝見察，甚重之，每就察訪梁、陳故事。察因以所論載，每一篇成，輒奏之。而文帝亦遣虞世基就察求其書，又未就而察死。察之將死，屬思廉以繼其業。唐興，武德五年，高祖以自魏以來二百餘歲，世統數更，史事放逸，乃詔譔次。而思廉遂受詔爲《陳書》，久之猶不就。貞觀五年，遂詔論譔於祕書内省。十年正月壬子，始上之。觀察等之爲此書，歷三世，傳父子，更數十歲而後乃成，蓋其難如此。然及其既成，而宋、魏、梁、齊等書，世亦傳之者少，故學者於其行事之迹亦罕得而詳也。其書亦以罕傳，則自祕府所藏，往往脱誤。嘉祐六年八月，始詔讎校，使可鏤板行之天下。而臣等言梁、陳等書缺，獨館閣所藏，恐不足以定著，願詔京師及州縣藏書之家，使悉上之。先皇帝爲下其事，至七年冬，稍稍始集。臣等以相校至八年七月，《陳書》三十六篇者，始校定可傳之學者。其疑者亦不敢損益，時各疏於篇末。其書舊無目，列傳名氏多闕謬，因別爲目録一篇，使覽者得詳焉。此書成之既難，其後又久不顯。及宋興已百年，古文遺事，靡不畢講，而始得盛行於天下，其修之之難又如此。臣恂等謹叙目録上。"

趙氏曰："《陳書》多避諱，劉師知弑逆之罪上通於天，而《陳書》無一字及之。又如虞寄本梁臣，正應佐寶應拒陳武，乃反爲書勸寶應臣於陳武，自託於班彪《王命論》。《陳書》專以此爲寄立傳，欲以見其卓識高品，亦思寄之於陳武有何分誼，而汲汲推奉耶？蓋姚察父子本與劉師知及寄兄荔同官於陳，入隋又與荔之子世基、世南同仕，遂多所瞻狥而爲之立佳傳也。《南史》於《師知傳》明書其事，洵爲直筆，而《寄傳》亦全載其勸寶應之書，又無識甚矣。"又曰："司馬遷、班固、沈約皆以其父入自序中，惟蕭子顯、姚思廉皆爲其父立傳，得藉國史以表彰其父，此亦人子之至幸也。"錄於《劄記》。

《陳書》編次有序，不循《梁書》之例，較《南史》更精當。

《陳書》亦多蕪詞，如詔策之類。《南史》多所删削，是以敘次簡净。宋子京所以亟爲稱賞也。錄於《陔餘叢考》。

《程文季傳》"尋乘金翅"，《考異》曰："金翅，舟名。"《儒林傳》"姻不失親，古人所重"，《考異》曰："此以'因'作婚姻解。"與《論語》孔安國義異。

南豐曾氏《金石錄》曰："《辱井銘》銘爲篆文。云：'辱井在斯，可不戒乎！'并下文共十八字，在井石檻上，不知誰爲文。又有《景陽樓下井銘》。又有陳後主叔寶辱井。記云：'江寧縣興嚴寺《井石檻銘》，莫知誰作也。歷敘隋文帝命晉王廣伐陳，後主自投井中，令人取之，驚其太重。及出，乃與張貴妃、孔貴妃三人同束而上。'其末云'唐開元二十二年三月十七日，前單父縣令左[九]轉此縣丞大原王'，已下闕。"錄於《曾文定公集》。

　　文光案：正史止記投井，無"驚其太重"之說，甚合史法。往年見小說載其事，意本紀必不如是，檢之果然。當時衆目之下，以身蔽井者有人，不知何以同入。後主出井之後，又數年始殁，非死於井也。并記之。歐集有《景陽宮井記》，又見《宋文鑑》。其文含蓄，曾不如歐，語多說盡。唐御史黄滔有《景陽井賦》，爲時所稱。見本集。

《江寧金石記》："《景陽井銘》，隋煬帝所作，隸於石欄之側，宋時已不可見。山谷《永慶寺觀陳井》詩云：'龍沉景陽井，欄刻惟存戒。'《圖經》云：'欄上刻字悉已殘毀，惟"戒"字可辨。'此所云'欄刻'，當是唐開元二十一江寧縣丞王震重刻者。但震記云'井在興嚴寺'，而此稱永慶寺，豈永慶即興嚴之舊乎？又王象之《輿地碑目》云：'陳景陽宮井欄石刻，唐人書，今在行宮南。'

宋之行宮，即舊江寧府治也。或者元祐以後，守臣之好事者移永慶之石欄置之郡治，亦未可定。求辱井所在，當以此詩爲據。此條可補曾《録》之缺。又，金陵攝山《棲霞寺碑》，陳翊前會稽王行參軍京兆韋霈書。辛楣先生云：‘銜上加“翊前”二字，未解爲何語。’因考《陳書》，當時太子封王者，必除都督刺史加將軍號，乃得開府置官署，故加‘翊前’於會稽之上也。梁時置翊前、翊後、翊左、翊右四將軍，在第二十班。今人知其名者少矣。”

　　文光案：六朝諸史作者，俱見於本傳。其書亡而名存者，見於隋、唐《志》，又見於《玉海》、《藝文類》，第四十六卷，可并取而互觀之也。唐時未有鏤板之法，正史并未行世，非有大力者不能備録也。惟南、北《史》卷帙稍簡，抄寫易成，故天下多有其書。世人所見八朝事蹟，惟恃此耳。今則廿四史頒行天下，諸名家又多所校正，讀史者何其幸歟！

校勘記

〔一〕“置”，據《北史·邢邵傳》補。

〔二〕“甚”，原作“其”，據清錢大昕《廿二史考異》改。

〔三〕“宋”，原作“沈”，據《宋書》改。

〔四〕“勗”，原作“勛”，據《晉書》改。下同改。

〔五〕“祖”，原作“史”，據《齊書》改。

〔六〕“之”，原作“立”，據漢蔡邕《獨斷》改。

〔七〕“知”，據《梁書》當作“止”。

〔八〕“思”，原作“史”，據上文改。

〔九〕“左”，原作“右”，據宋曾鞏《元豐類稿》改。

萬卷精華樓藏書記卷二十五

史部一

正史類五

《魏書》一百三十卷

北齊魏收撰

北監本。萬曆二十四年李廷機、方從哲等校刊。北齊天保二年，詔魏收撰《魏史》。勒成十二紀、九十二列傳，五年三月奏上之；十月，奏十志。凡一百十四篇，舊分爲一百三十卷。記傳一百十卷，志二十卷。傳曰《外戚》、曰《文苑》、曰《孝感》、曰《節義》、曰《良吏》、曰《酷吏》、曰《逸士》、曰《術藝》、曰《列女》、曰《恩倖》、曰《閹宦》，終以《外國》，末有《叙傳》。志曰《天象》、曰《地形》、曰《律歷》、曰《禮》、曰《樂》、曰《食貨》、曰《刑法》、曰《靈徵》、曰《官氏》、曰《釋老》。時論不平，稱爲“穢史”。收以魏史招怨，齊亡之後，盜發其冢，棄骨於外。

校序曰：“收博訪百家譜狀，搜采遺軼，包舉一代始終，頗爲詳悉。其三十五例、二十五序、九十四論、前後二表一啓，咸出於收。隋文帝以收書襃貶失實、平緝《中興書》叙事不倫，命魏澹、顏之推、辛德源更撰《魏書》九十二卷，以西魏爲正，東魏爲僞，義例簡要，大矯收、緝之失。文帝善之。魏雖享國百餘年，文章儒學之士既無足紀述，謀臣辯士將帥功名又不可希望前世。

而修史者言詞質俚，取捨失衷，終篇累卷皆官爵、州郡名號，雜以冗委瑣曲之事，覽之厭而遺忘，學者陋而不習，故數百年間其書亡逸不完者，無慮三十卷。今各疏於各卷之末。臣攽、臣恕、臣燾、臣祖禹上。”

文光案：《玉海》引書目云：“今收書紀闕二卷；傳闕二十二卷，不全者三卷；志闕二卷。據此，與三十卷之數差近。”練恕《識小録》〔一〕曰：“《北魏書》闕者十三卷，不全者三卷。”此説未確。錢辛楣據刊本目録數之，凡闕者二十九卷，不全者三卷，是闕篇較宋時又多也。范祖禹等補以魏澹、張太素所作，澹書一百七卷，太素書一百卷，及《北史》、《高氏小史》、《修文殿》、《御覽》，粗有可觀，然終非全書也。

趙氏曰：“魏收仕於北齊，故凡涉齊神武高歡。在魏朝時事，必曲爲迴護。其他褒貶肆情，是非不公，真所謂‘穢史’也。《北史》魏諸臣傳，多與魏收書相同。惟《爾朱榮傳》，當時謂榮子文暢遺收金，請爲其父作佳傳，收遂著其功而減其惡，故《北史》此傳多有改訂。《北史·魏書》多以魏收書爲本，蓋收修史時，魏朝記載，如鄧淵、崔浩、高允所作《編年書》，李彪、崔光所作紀、傳、表、志，邢巒、崔鴻、王遵業所作《高祖起居注》，温子昇所作《莊帝紀》，元暉業所作《辨宗室録》，卷帙具在，足資採輯，故其書較爲詳備。及書成，則盡焚崔、李等舊書，於是收書獨存，而魏澹續修亦僅能改其義例，而事實不能舍收書而别有所取也。澹書已悉本收書，延壽又在澹後，自不得不以收書爲本，故叙事大略相同也。”録於《劄記》。

魏故事，將立皇后，必令手鑄金人，以成者爲吉，否則不得立。蓋當時國俗然也。　後魏百官無禄，其廉者貧苦異常。　孝文帝深於文學。　六朝人雖以詩藻相尚，然北朝治經者，尚多專門名家。大概元魏時經學以徐遵明爲大宗，周、隋間以劉炫、劉焯爲大宗。其時，治經者各有師承，又各有心得筆之於書，非若後世記問掇拾之學也。　南朝經學本不如北，兼以上之人不以此爲重，惟蕭[二]齊之初及梁武四十餘年間，儒學稍盛。　後魏多家庭之變。　魏、齊諸帝皆早生子。　魏諸帝多幼年即位。　元魏時人多以神將爲名，如羅刹、鍾馗、高菩薩、宋金剛之類是也。同上。

收在魏末修國史，迄齊文宣時始成。衆口沸騰，文宣敕《魏書》且勿施行。此收初成之本也。孝昭帝又詔收更加研審。收奉詔，頗有改正，於是《魏書》遂行。此收初改之本也。武成帝又敕收更審，收更有回換。此收再改之本也。後主緯又詔史館更撰《魏書》，李緯修改[三]。此又收三改之本也。然則《魏書》收一人已四易稿，而其書尚蕪雜若此，信乎作史之難也。　《魏書》最爲蕪冗，尤可厭者，一人立傳，則其子孫不論有官無官、有功績無功績，皆附綴於後，有至數十人者。收謂“因中原喪亂，譜牒遺亡，是以具書支派”，而不盡然也。蓋傳中諸人子孫，多與收同時，以此周旋耳。《北史·刁柔傳》云：“柔與收同修《魏史》，志在偏黨。凡其內外通親，并虛美過實。”又收與陽休之善，則爲其父固作佳傳。固以貪虐爲中尉李平所劾，而收書云：“固在北平甚有惠政，李平深相敬重。”此皆當日阿狗情事也。乃《北史》亦仍其舊，臚列不遺，何耶？錄於《陔餘叢考》。

錢氏曰：“太素，唐人，故於南北朝無偏黨之詞。其書蕭衍起兵，推南康王寶融爲帝，則稱東昏爲東主，和帝爲西君；其書東、西魏事，則云‘由是分爲二國’；又云‘東西帝割據山河’，又云‘梁魏三帝皆大赦改元’：非若魏收之黨於鄴都、魏澹之黨於關西也。又，魏收志第三卷、第四卷闕失，後人以張太素書補之。太素《天文志》祇有兩卷，與收志體例各殊，故《天象志》第三卷

‘月掩犯’多與前兩卷重出。” “《禮》古經本五十六篇，較之高堂生所傳十七篇，實多三十九篇。今孫惠蔚謂孔氏所得唯有卿大夫士饋食之篇，則誤以高堂生所傳十七篇爲‘孔安’國所得矣。” “六朝文詞，唯取偶儷，往往割截名字以足句。此稱孔安國爲孔安，亦其類也。” “《靈徵志》：‘太和八年，冀州相三州蚼蝏害稼。’“蚼蝏”見此。考曰：‘冀州之“州”字誤。’” “‘臣放’者，劉放也。‘臣恕’者，劉恕也。‘臣祖禹’者，范祖禹也。二劉與范皆長於史學，故此書考證較他書爲精審。”錄於《廿二史考異》。錢考《地形志》最詳。

杭氏曰：“崔浩撰《荀悦漢紀音義》，本傳不載，見顔注《漢書》，師古多引用之。浩又著《易》四十卷，自序見《張湛傳》。” “《高湖傳》南監本校者云：‘傳無拔事，而載拔弟豬兒，不知拔何人。按，湖四子，第三子謐，長子真，真弟各拔，然則拔爲湖第二子，但叙各拔於豬兒後，則史家之舛也。又，各拔少子盛，於神武爲從叔。《北史》、《北齊書》皆稱從叔祖，‘祖’字疑衍。又豬兒子昊，昊子永樂，於神武宜爲從祖兄，而《北史》稱從祖兄子。收固熟諳士族，況高氏是其所仕，史成之後，訟牒紛紜，設有牴牾，文宣豈無尤責？百藥、延壽去收稍遠，傳聞鈔寫，容有異同，未可據也。” “《王瓊傳》：‘道逢太保廣平王懷，據鞍抗禮，自言馬瘦。懷即以䩄馬并乘具與之。’按，䩄，立誕切。《遼史·國語解》：‘馬不施羈勒曰䩄。’今本皆作‘誕’，誤。” “《天象志》‘神𪊴四年，有詔徵范陽盧元等三十六人’云。按，《高允傳》：‘訪諸有司，以求名士，咸稱范陽盧元等四十二人，其就命，三十五人。允作《徵士頌》，列其官爵姓氏者凡三十四人，并己爲三十五也。’然則《天象志》訛。” “《地形志》：齊郡昌國有紀信冢，滎[四]陽又有周苛、紀信冢。”錄於《諸史然疑》。

文光案：諸史中世系、爵里、年月并數目字最多謬誤，所謂"考之不勝考，糾之不勝糾"也。全史經數十家之考證，所正者不過十之二三，而未精到者猶不勝舉。史不足信，證之以碑，碑亦未可悉據。夫子孫叙其先世，尚多未詳，況他人乎？十里傳聞，尚多異辭，況遠代乎？讀史者於此等處加功費盡日力，所得甚少，故理學家譏之。然實有益於後人，不可竟廢也。

王氏曰："顧氏《金石記》，於《後魏孝文帝弔比干碑》摘其別字數十，因論《説文》所無、後人續添之字，大都出魏、齊、周、隋之世。自唐石經、《字林》等書出，天下之文始歸於一。顧氏此論，最爲精確。今南北各書字多別體，觸目皆是。"録於《十七史商榷》。

《金石三跋》："《後魏司馬昇墓誌銘》，正書，太平二年二月。今在孟縣。司馬使君諱昇，字進宗，河内溫縣孝敬里人也。考《魏書·司馬楚之傳》，多與誌同，蓋昇之祖即楚之也。然誌言後遷司徒公，而傳不書，則史失其傳也。楚之長子寶允，次子金龍，弟躍。惟金龍載其子延宗，次纂，次悦。後娶沮渠氏，又生徽、亮。以誌言父鎮剖隴西，則《金龍傳》書爲鎮西大將軍，當即其人，而諸子亦不見有名'昇'者，其亦不及録也與？或傳言延宗即進宗歟？進宗以孝昌二年釋褐太尉府行參軍，又除懷縣令，以天平二年歲次乙卯二月二十一日春秋冊有一，薨於懷縣，贈使持節、冠軍將軍、都督南秦州諸軍事、南秦州刺史。其歷官可考，故并録之，爲史傳之補也。" "司馬景和見《魏書》，諱晒。史失録。" "《于公義橋記》有'功曹民望'、'天宫主'等號，史志所不及。"

文光案：魏收作史，有怨者多没其善，每言"何物小子，敢共魏收作色？"舉之則使上天，按之當使入地，故衆口喧然，諸家子孫前後投訴，云"遺其家世職位"，或云"不見記録”，或云“妄有非毀”，至於坐謗史而獲罪編配，因以致死者。其自序以漢初魏無知爲其七代祖，而世之相去七百餘年，其妄如是，其述他人世系可知矣。杭大宗謂收熟譜士族，固未深考。當時陸操病其繁碎，收謂“譜牒遺亡，是以具書支派”，此亦詭託之詞也。

《西魏書》二十四卷

國朝謝啓昆撰

樹經堂本。前有乾隆壬子錢大昕序、姚鼐序，次翁方綱、畢沅書二通，次叙録并目。帝紀一，表三，考四，列傳十二，載紀一，凡廿一篇，分爲廿四卷。乾隆六十年太歲乙卯三月開雕，凌廷堪、胡虔後序。是書據金石文補正者甚多，以著作之體不能復稱引書目。間有注，或《北史》作某字，或加案語。

翁氏書曰：“永熙、大統以後，直至唐初七八十年之間，梁、陳碑禁未弛，而北朝石刻最多。碑中有足資考據者，若一一録出，以供訂證，豈直如裴注《三國》、吳注《十國》之附採而已。”

謝氏序録曰：“魏孝武帝爲其臣高歡逼幸關西，歡猶不敢遽即尊位，故立清河王世子善見，爲抗制關中之具，陰遂其篡弑之謀耳。魏收黨齊毀魏，削孝武謚，名西魏帝，尊卑序失，過莫甚焉。魏澹《後魏書》以西魏爲正，東魏爲僞，名始正焉。惜其書亡佚，而收之穢史獨存，是以西魏之典故人物，闕焉無徵。用是慨然搜集舊聞，述西魏書，竊附彦升之志。”

畢氏書曰：“魏收身事高齊，抑西揚東，與陳壽帝魏同一曲筆，史家藉以避禍，非百世之下公論也。”

胡氏序曰：“南康謝蘊山先生咎《魏書》之乖謬，慨《北史》之不能正其失，乃作《西魏書》，義嚴而才博，思密而體備。《大事表》尤足爲史法，一卷之約，括囊一代之事，明易若指掌，則後世紀事本末之書，可以不作。先生之爲是書也，自正史傳紀、輿地金石之文以及郡邑之志，流覽者殆數千卷。昨官南河，復討論四庫書於揚州，其搜剔補綴之功，最爲勤密。凡所增益改易者，皆有本原，雖所紀祇四帝二十餘年，然固已卓然爲一家史矣。近代姚士粦嘗撰《西魏春秋》而未就，其體例不知視此何如也。"

元魏稱後魏，對曹魏言也。《通鑑》稱善見爲東魏，紀西魏則曰魏，《綱目》義同，蓋以正統予之。　孝武遷關中即崩，收書《本紀》書曰"出帝"，不著孝武之號，乖謬特甚。　紀爲志傳綱領，義貴謹嚴。然大事必書者，如永熙時大成樂成、廢帝末作九命之典等事，《北史》皆失載，殊失重輕，今并補入。　西魏臣叛降梁，與東魏及梁與東魏臣來降者，皆州郡得失所繫，并特書於紀。　日食星變等異，前史紀、志并書。雖一載其事，一載事應，義微有別，然事應率多悠繆附會之説，實爲無謂。《宋史》不書事應例，甚可法。惜其紀、志雷同，尤爲無謂矣。　《北史》尊周文、齊神武，爲本紀。而《魏史》不立宇文泰、高歡二傳，斯爲無識矣。獨《周書》列傳載隋武元，深得史法。　列傳貴有限斷。如陳之江總、姚察之屬，俱已仕隋，姚思廉載入《陳書》，即苟或事曹，終非曹臣，陳壽載入《魏志》，皆違戾史裁者也。西魏臣仕周、隋者，若于謹、尉遲迥諸人，雖功名顯於魏，義不得立傳。載其爵秩勳紀於表，是亦可以互見，不嫌闕略矣。　表三：曰封爵，曰大事，曰異域。考四：曰紀象，曰儀制，曰地域，曰百官。列傳仿陳《志》，以類相從，賢否自見。清河王世子善見，孝武臣也；梁王蕭，魏附庸也：并爲立傳，是爲載記。

《大事表》曰："孝武之季，天下三分，而梁最弱。宇文卒并高齊，其將帥皆一時之英傑。又以關中士卒之强，遂能平江漢，克巴蜀，非若東魏之僅守河北已也。譜之以見三國盛衰之終始云。"

《地域考》曰："西魏視梁、陳爲强，獨其州郡併弱改易者二十餘年，名稱紛糾，凡改州五十，郡一百六，縣二百三十，增立者不與焉。魏氏《地形志》，雖據永熙經籍，而漏落已多。後世輿地之書，記載尤爲參錯。今詳證互校，得其可知者，著爲考。"

趙氏曰："魏自胡太后臨朝、孝明帝崩後，爾朱榮起兵，沉太后、少帝於河，立長樂王子攸，是爲孝莊帝。帝以榮肆橫，手殺之。爾朱兆等稱兵害帝，立長廣王曄，又以曄詔禪位於廣陵王恭，是爲節閔帝。《魏書》謂"前廢帝"。高歡起兵討爾朱氏，廢節閔而立平陽王修，是爲孝武帝。未幾，帝與歡不協，乃西遷關中，依宇文泰。歡別立清河王亶子善見爲帝，是爲東魏，而孝武爲西魏。按，歡廢節閔時，會朝臣議，僉謂孝文不可無後，故立孝武。天下共以爲主，已三年，始西遷。是魏統自應屬孝武。孝武崩，文帝立。文帝崩，廢帝、恭帝繼之，皆魏之正統也。魏收以齊繼魏爲正統，故自孝武后即以東魏孝靜帝繼之，而孝武後諸帝不復作紀，此收之私見也。西魏文帝等紀年紀事，轉見於周文帝即宇文泰。紀內。幸《北史》增文帝諸紀，名分始正，而《魏書》究不得爲完書。近日，謝蘊山藩伯另撰《西魏書》以次於《魏書》之後，誠得史裁之正也。惟列傳尚有遺漏，如八柱國內少李弼、獨孤信、趙貴、侯莫陳崇，十二大將內少侯莫陳順、宇文遵、達奚武、李遠、豆盧寧、宇文貴、楊忠、王雄。按，柱國自大統十六年以前任者凡八人，雖皆宇文泰擢用，然是時魏祚未移，泰亦尚爲魏臣，諸人方與泰比肩事魏，則皆西魏臣也，豈得無傳？又蘇綽在魏彷《周禮》定官制，與盧辯同事。今綽有傳，而辯無傳，亦屬掛漏。曾屬蘊山補之，未知增入否。"錄於《廿二史劄記》。

文光案：謝蘊山刻《山谷內外集》、《樹經堂集》、《詠史詩注》并《西魏書》，板本皆佳，而流傳甚少。余求之數十年，四種始全，誠可寶也。

《北齊書》五十卷

唐李百藥撰

北監本。萬曆三十四年李騰芳等校刊。本紀八卷。列傳四十二卷：曰《文苑》、曰《循吏》、曰《酷吏》、曰《外戚》、曰《方伎》、曰《恩倖》。此書殘闕，後人取《北史》補之，與《北史》字字相同者，必非原本。又，據《北史》補者，多無限斷。

錢氏曰：“今據傳本正之，惟本紀第四，列傳第五、第八、第九至十七、第三十三至三十七、第四十二，凡十八篇，乃百藥原文。其列傳第十八、十九、廿一、廿二、三十二、三十八至四十一，文與《北史》異而無論贊，似經後人刪改，或百藥書亡，而以《高氏小史》補之乎？其餘紀七篇、傳十六篇，大率取諸《北史》，蓋嘉祐校勘諸史之時，此書久已殘闕，而雜採它書以補之。卷首《神武紀》即是《北史》之文。晁氏不加詳審，遽以爲例有不一，其實非也。”

“臣等詳《文襄紀》，其首與《北史》同，而末多出於東魏《孝静紀》。其間與侯景往復書，見《梁書》景傳。其所序列，尤無倫次，蓋雜取之以成此書，非正史也。”考曰：此宋嘉祐校刊諸臣所記。南監本本紀第五、第七，列傳第二、第四、第六、第七、第二十五至二十七卷末，俱云“此卷與《北史》同”。又列傳第二十卷末云“此卷牽合《北史》而成”，第二十一卷末云“此卷雖非《北史》，而無論贊，疑尚非正史”，第二十九卷末云“此卷與《北史》同，但不序世家，又無論贊，疑非正史”。汲古閣本皆無之，或明人校刊者所題也。百藥修史，在唐貞觀初，乃南監本每卷首題云“隋太子通事舍人李百藥撰”。明人之無學如此。　“菩薩”字本於釋氏書，“薩”字即“薛”字，聲轉爲桑割切。六朝、唐人碑刻，“薩”旁無從“産”者，而“薛”亦或書爲“薩”，可證"薛"、"薩"本一字。菩薩，或作"扶薛"。《斛律金傳》〔五〕"步大汗薩"，亦作"薛"。此古字之僅存者。監本改爲"薩"，古字亡矣。　《李繪傳》，汲古閣本脫去三百餘字，誤以《高隆之傳》文儳入。又，《文宣紀》末亦脫去一葉，詞意不屬，當從監本。　魏晉以後，經學莫盛於北方，鄭康成《易》、《書》、《詩》、《三禮》，惟河北諸儒篤信而固守之。小王之《易》，僞孔之《尚書》，雖風行江左，不能傳於河朔。《春秋》亦宗服子慎，故當時有'寧道周、孔誤，諱言鄭、服非'之諺。見《唐書·元行沖傳》。隋世，河間、信都二劉兼通南北學，唐初諸儒多出二劉之門，由是撰定《正義》，以王《易》、孔《書》、杜《春秋》列諸學官，而鄭、服之義亡矣。　《文苑傳》"睦豫"，《廣韻》"睦"字下不云"又姓"，它書亦未見睦姓。然諸本皆從目旁。　元弼乃暉業之父，終於魏朝，不當闌入《齊史》，更不當列於暉業之後。校書人無學，徒取《北史》，不顧倒置也。錄於《廿二史考異》。

　趙氏曰："唐初雖修成梁、陳、周、齊諸史，自有南、北《史》出，而諸史皆不行。自非大力藏書家，罕有能備之者。今所傳《後魏書》、《北齊書》，皆宋初取內府本并募天下善本校正刊行。觀於胡安國等序《後周書》，謂仁宗出太精樓本，合史館祕閣本，又募天下獻書，得夏竦、李巽兩家本，始校正鏤板以行。是內府之藏，天下之大，不過此數本，可見唐時諸史之流傳於世本自無多也。"錄於《陔餘叢考》。

　《授堂金石三跋》曰："《北齊開府儀同三司韓祐墓誌銘》，開皇六年立，今在長子縣。地陷，掘之得誌石。其文云：'君諱祐，字景祚，上黨壺關人。'志文內如云'天命去齊，周人遷鼎'，又云'君懷節懷義，致事東皋；去禄去榮，鹺彼南畝'。嗚呼！君以節顯，天固欲是石之出，俾世知有君耶？韓君歷官授江陵將軍、招越縣幹。考《北齊常山義七級碑》文有"食新市縣幹"。《集古録》云：'食縣幹，入官銜。蓋當時之制，亦不可詳也。'予謂《北齊書》，鮮于世榮食朝歌縣幹，綦連猛食平寇縣幹。又稱食郡幹者，暴顯食幽州范陽郡幹；皮景和食齊郡幹，轉食高陽郡幹；元景安食高平郡幹。以其時按之，南北朝多有幹僮以給雜役。碑稱食縣幹，當由出錢供役而食其資，亦如食邑户入官銜之比，理可通也。又《跋北岳神廟碑陰》曰：'段悟字崇簡，五代祖榮，字子茂，後魏追贈武威王，謚曰景。四代祖韶，字孝先，魏封平原郡王，謚曰忠武。曾王父濟，字德堪，歷仕齊、周、隋，齊封上郡王，謚曰貞。'按，榮、韶、濟史并有傳。《齊書》、《北史》俱言榮謚昭景，碑曰景。濟字德堪，《齊書》稱韶第七子德堪，而漏其名。《北史》又稱亮字德堪，名與碑異。至爲五州刺史與封王及謚，二史皆未之録。碑據其家牒書，宜詳審於史也。"_{文光案：韓祐墓}誌，《山右金石記》失載，宜補入。

《北齊書》五十卷

唐李百藥撰

南監本。萬曆十六年刊，南京國子監祭酒趙用賢、司業張一桂同校。首目録，次趙用賢序，序後列分校銜名十人、視鐫一人。欄上間有校語數字，多是疑誤。板心下有刻工姓名、字數。

按：《北齊書》本出隋祕書監王邵，史家稱爲良史。其後李德林更創紀傳，稍益邵志，爲二十七卷。開皇初續撰，增爲三十八篇。唐貞觀中，德林子百藥，仍其舊録，復加新緝，演有五十卷。《齊史》在當時惟傳王、李二家。王志旁徵諸注記最廣，同時又有宋孝王《關東風俗傳》亦號直筆，然皆湮没無考。豈李最後出，所紀較備，故獨傳耶？劉子玄訾其意在文飾，謬於是非，如評伯起而三説互異，紀襄成而二朝相錯。議者少之。余按次舊文，諸所漏闕，不可縷數。今世所不獲見者，不獨王邵諸史，并百藥本亦謬剌，非故物矣。

《周書》五十卷

唐令狐德棻等撰

北監本。萬曆二十二年蕭雲舉、李騰芳等校刊。前有宋臣校序、目錄一篇。本紀八卷，列傳四十二卷。曰《儒林》，曰《孝義》，曰《藝術》，曰《異域》。魏末周初無年號。

趙氏曰："《周書》敘事繁簡得宜，文筆亦極簡勁。德棻在當時修史十八人中最爲先進，各史體例，皆其所定，兼又總裁諸史，而《周書》乃其一手所成。武德中詔修各史，德棻已奉敕與庾儉修《周書》。貞觀中再詔修諸史，德棻又奉敕與岑文本修《周書》。繼又引崔仁師佐修。是同修者雖有數人，而始終其事者德棻也。李延壽南、北二史，亦先就正於德棻，然後敢表上，則可知德棻宿學，爲時所宗矣。今試取《北史》核對，當後周時，區宇瓜分，列國鼎沸，北則有東魏、高齊，南則有梁、陳，遷革廢興，歲更月異，《周書》本紀一一書之以醒眉目，使閱者一覽了然，此書法之最得者也。《北史》有書有不書。宋、齊、梁、陳及《北齊書》，凡易代之際，必有九錫文、禪位詔，陳陳相因，可爲嘔噦。西魏遜周，當亦必有此等虛文，而《周紀》不載，更見其剪裁之净。他如詞賦之類，特見一斑，非如宋、魏《書》之廣輯蕪詞，徒以充卷帙也。"錄於《陔餘叢考》。

王氏曰："周之興，稍後於齊。其篡皆在梁末，亦稍後，滅齊後三四年而亡。齊與周幾乎若同起同滅者，彼時天下實有鼎足之勢。邵堯夫云：'隋，晉之弟也。'愚謂陳、齊、周，亦亞魏、蜀、吳。《周書》趙貴等傳，史臣論曰'周室定三分之業'，信哉！"又曰："李延壽最喜侈陳符瑞，而於《周書》所載周初諸瑞物多删去。其删亦無定見，隨手劚去而已。"又曰："天和六年五月景寅，以大將軍李諱云云，此李昞也。《周書》作‘虎’，後人妄改。虎已前卒。昞，虎之子也。《文帝紀》‘李諱’虎也，此‘李諱’昞也，以唐祖故，皆稱諱。《周靜帝紀》‘尉遲綱舉兵’，‘綱’當作‘勤’。此時綱卒已久。”錄於《十七史商榷》。

錢氏曰：“目錄序‘臣燾’者，安燾也；‘臣安國’者，王安國也；‘臣希’者，林希也。此序不云史有殘闕。今考紀傳，每篇皆有臣論，惟盧辯、長孫倫等，韋孝寬等，申徽等，廉狄時等五傳無之，蓋非德棻原本。其廿三、廿四兩卷，全取《北史》，廿五卷亦取《北史》而小有異同。十六、十八兩卷，與《北史》多異，而十六卷尤多脫漏。”又曰：“《武帝紀》五年，‘是日詔曰’以下，刊本皆脫數行。”錄於《廿二史考異》。

《庾信傳》：“陸士衡聞而撫掌，是所甘心；張平子見而陋之，固其宜矣。”先大父青文公云：“‘撫掌’與‘甘心’對，‘陋之’與‘宜矣’對。此體唐初人多有之。王勃《滕王閣詩序》‘龍光’、‘牛斗’，‘徐孺’、‘陳蕃’，亦句中自爲對也。又‘已矣’，疊韻也。‘邱墟’，雙聲也。兩虛字對兩實字，與庾賦同格。”同上。

文光案：此條只可置之詩文評中，與史考何與焉？平仄對偶，乃幼童所熟習。龍光、牛斗，亦老生之常談，并非創獲，何苦絮言？蓋愛博者不難於取而難於棄，非失之冗，即失之雜，往往然矣。

《隋書》八十五卷

唐魏徵等撰

元本。瑞州路學校刊。前有天聖二年敕。每葉二十行，每行二十二字。從天聖本出，《儀顧堂二集》有跋：“天聖二年五月十一日，上御藥供奉藍元用奉傳聖旨，齎禁中《隋書》一部，付崇文院。至六月五日敕差官校勘，時命臣綬、臣煜提點，右正言直史館張觀等校勘。觀尋爲度支判官，續命黃鑑代之。仍內出版式雕[六]造。”此南宋時官本。

趙氏曰：“《隋書》本無志，今之志乃合記梁、陳、齊、周、隋之事，舊名《五代史志》，別自單行，其後附入《隋書》，然究不可謂《隋志》也。自開皇仁壽時王劭爲《隋書》八十卷，以類相從，至編年、紀傳尚闕。唐武德五年，令狐德棻奏修五代史，_{梁、陳、齊、周、隋。}詔封德彝、顏師古修《隋書》，歷年不就而罷。貞觀三年，又詔魏徵修之，房玄齡爲監修。徵又奏顏師古、孔穎達、許敬宗同撰。序論皆徵所作。凡帝紀五、列傳五十，十年正月上之。此《隋書》也。十五年，又詔于志寧、李淳風、韋安仁、李延壽同修《五代史志》，凡成十志，三十卷。顯慶元年，長孫無忌等上之。此《五代史志》也。説見劉攽校刊時所記。”錄於《廿二史劄記》。

《隋書》八十五卷

唐魏徵等撰

南監本。萬曆二十二年，南京國子司業季道統等校刊。前列校書銜名十二人。目錄，帝紀五卷；志三十卷，曰《禮儀》、曰《音樂》、曰《律歷》、曰《天文》、曰《五行》、曰《食貨》、曰《刑法》、曰《百官》、曰《地理》、曰《經籍》；列傳五十卷，曰《誠節》、曰《孝義》、曰《循吏》、曰《酷吏》、曰《儒林》、曰《文學》、曰《隱逸》、曰《藝術》、曰《外戚》、曰《列女》、曰《東夷》、曰《南蠻》、曰《西域》、曰《北狄》，終以《宇文化及》、《王世充》。末有後序。

趙氏曰：“《隋書》最爲簡練，蓋當時作史者皆唐初名臣，且書成進御，故文筆嚴净如此。南、北《史》雖工，然生色處多在瑣言碎事，至據事直書，以一語括十數語，則尚不及也。或疑‘空梁落燕泥’、‘牛角挂[七]書’之類多遺漏。不知此乃《世説》

及詩話中佳料，本非正史所宜收，删之正見其去取得宜，未可輕議也。"錄於《陔餘叢考》。

錢氏曰："《經籍志》稱'一字石經'者爲漢刻，'三字'爲魏刻也。蔡中郎所書祇有隸體，魏刻乃有古文、篆、隸三體。漢刻本無'一字'之名，魏晉而下稱漢刻爲'一字'，取別於魏之'三字'耳。其誤始於范蔚宗，而《隋志》因之。" "《隋志》，謝吳撰。《梁書》、《史通》以爲'謝昊'。字形相涉，未知孰是。" "余最喜《隋五行志》，多得古人懲惡勸善之義。" "《百官志中》：'所設官名，訖於周，多所改更，并見《盧傳》，不復重序云。'按，《周書》載官制名號命數於《盧辯傳》，以本書無志，故存其事於傳中也。及承詔爲《五代志》，宜改入《百官志》，不當闕其文而取徵於列傳矣。其後《五代志》編入《隋書》，此語猶仍不改。書別兩朝，文取互見，揆之體裁，詎爲允當？且周末改更之制，傳未悉載，不得云'并見《盧傳》'也。" "《鄭譯傳》：'前後所論樂事，語在《音律志》。'按，《隋書》有《音樂志》，有《律歷志》，無所謂《音律志》也。" "《何稠傳》云：'大業初營造輿服羽儀，事見《威儀志》。'《閻毗傳》云：'毗立議輦輅車輿，多所增損。語在《輿服志》。'今《隋志》無《威儀》、《輿服志》也。史不出一人之手，欲其首尾義例無牴無駁，固是難事，然不應如是之甚也。"錄於《廿二史考異》。

王氏曰："唐高祖武德五年，祕書丞令狐德棻始創議修六代史，同時分撰者凡一十七人。其限以六代者，蓋因《宋書》已有沈約，《南齊書》已有蕭子顯，惟魏收《魏書》爲衆論所不許，故重修之，而合北齊及周、隋、梁、陳爲六代也。其後論撰歷年不能就，罷之。至太宗貞觀三年，始復從祕書之奏，以魏有魏收、魏澹二家，書已詳，惟北齊、周、隋、梁、陳五家史當立，於是罷修《魏書》，止撰五代史。同時分撰者凡九人，房玄齡則總監五史。以上并見《舊唐書》德棻本傳，亦見《新書》一百二卷各本傳。惟魏澹，《舊德棻傳》作'魏彥'，原本與近本同，皆誤也，當從《新》。又，貞觀五史分撰之九人，合新、舊《書》，只見六人。其同撰《隋書》有顏師古、孔穎達、許敬宗三人，又得之於《隋書》後跋。合計之，惟李百藥獨主《北齊》，姚思廉獨主《梁》、《陳》，餘無獨撰者。《新唐書》一百九十八卷又云：'敬播，河東人。貞觀初，顏師古、孔穎達撰次隋史，詔播詣祕書内省參纂。'貞觀十年，五史并告成，然皆無志，又詔左僕射于志寧、太史令李淳風、著作郎韋安仁、符璽郎李延壽同修五代史志，凡十志，三十卷。顯慶元年，太尉長孫無忌等上進，詔藏祕閣。後又編入《隋書》，見《隋書》後跋。《隋書》紀傳，每卷首題'特進魏徵上'，志則題'太尉長孫無忌等奉敕撰'。其實貞觀十五年命諸臣修志，無無忌名。直至永徽三年，無忌始受詔監修，見本傳。蓋書成表進，遂題名卷端也。内《天文》、《律歷》、《五行》三志，獨出李淳風筆。《五行志序》相傳是褚遂良作，按本傳未嘗受詔撰述，蓋但爲一序而已。"録於《十七史商榷》。

文光案：六代史分撰十七人，蕭瑀、王敬業、殷聞禮，主魏；封德彝、顏師古，主隋；崔善爲、孔紹安、蕭德言，主梁；裴矩、祖孝孫、魏徵，主齊；竇璡、歐陽詢、姚思廉，主陳；陳叔達、庾檢、令狐德棻，主周。見《德棻傳》，又見《玉海》。其年月，詳見《會要》。宋嘉祐中，以宋、齊、梁、陳、魏、北齊、周書舛謬亡缺，始命館職讎校。曾鞏等請詔藏書之家悉上異本，久之始集。治平中，鞏校定《南齊》、《梁》、《陳》三書上之，劉恕等上《後魏書》，王安國上《周書》。政和中始皆畢，頒之學官。見晁《志》。據此，則七史皆有亡缺，不止一史也。王邵撰齊、隋二史，《北史》譏其文詞鄙穢，體統煩雜。《史通》稱其文皆詣實，理多可信。見

《養新録》。

《南史》八十卷

唐李延壽撰

汲古閣本。《南史》爲宋、齊、梁、陳。本紀十卷。列傳七十卷，曰《循吏》、曰《儒林》、曰《文學》、曰《孝義》、曰《隱逸》、曰《恩倖》、曰《夷貊》。删《魏書》十之二三，删《宋書》十之五六，《齊》、《梁》二書多有增益，《陳書》無甚增删。按，本傳先成《北史》，後成《南史》；志則先《南史》，後《北史》。《會要》與《志》同。其書簡净，且有條理，删落釀辭，過本書遠甚。

《唐會要》：“顯慶四年，符璽郎李延壽撰近代諸史，南起自宋，終於陳，凡一百七十年，北始自魏，卒於隋，凡二百四十四年，合一百八十篇，號曰《南》、《北史》。上自製序。”

錢氏曰：“晉宋之制，使持節得殺二千石以下，假黃鉞則可專剟節將矣。李史多採雜書，或兩説異同，亦兼存之。”　“延壽未通兩朝官制，故諸傳删省多未得其要領。”　“《羊戎傳》‘官家恨狹，更廣八分’，按，‘八’〔八〕屬重唇，‘分’屬輕唇，而配爲雙聲。下文‘銅池摇颺’句，‘銅’屬舌頭，‘池’屬舌上，而亦配爲雙聲。今人所謂‘類隔’也。凡雙聲，必依其類。今所傳字母者，聲之類也。字母三十六字，唐以後始有之。然六朝人精於雙聲，當時必自有譜，僧守温輩竊而名其學。鄭漁仲不考其本末，妄謂字母出於梵音。不知梵音四十二母，與中華之三十六母迴乎不同也。今以此傳及《魏收傳》所載雙聲合之後來字母，‘官家’，見母也；‘恨狹’，匣母也；‘八分’，邦母也；‘清泚’，清母也；‘銅池’，定母也；‘摇颺’，喻母也；‘當得’，端母也；‘劇棋’，羣母也；‘愚魏’，疑母也；‘衰收’，審母也；‘是誰’，禪母也；

'鼻平'，并母也；'飯房'，奉母也；'答籠'，來母也；'著札'，照母也；'嘲玎'，知母也。蓋孫炎制反切、沈約辨紐字以來，士大夫多能言之。更溯而上之，則'參差'、'町畽'、'拮据'、'間關'，《詩》三百篇，隨舉即是。'股肱'、'阢陧'，見於《尚書》。'饕餮'、'窮奇'，載於左氏。天下之口相似，古今人不相遠也，何待西域沙門始泄其秘哉？" "李《史》好採雜書，不察事理之有無，未可盡信。" "文學，宋世無一人，皆承襲舊史，無所增益。竊謂宋之文士，無過謝、顏，既各有專傳，若鮑照之詩賦，寇謙之、蘇寶生、徐爰之史，皆一時作者，以冠文苑，良無愧詞。而延壽未見及此，碌碌因人，是可怪也。" "《文學傳》：'劉昭集《後漢》同異以注范蔚宗《後漢》，世稱博悉。'按，宣卿本注范史，范史無志，乃借司馬舊志注以補之。傳云'集注《後漢》一百八十卷'，合司馬志言之也。《隋志》：'《後漢書》，一百二十五卷，梁剡令劉昭注。'卷數與此不同。自章懷改注，而劉注失傳。惟《續志》三十卷，則章懷以非范氏撰，故不注，而劉本遂流傳到今。"錄於《廿二史考異》。

　　文光案：宋時紀傳孤行而志不顯，自孫奭建議校勘，始合爲一書。但孫奭所奏，第云"補亡補闕"，而不著其爲彪書。宋《館閣書目》遂併紀、傳、志爲蔚宗撰，益非是。陳《錄》有《後漢志》三十卷，蓋猶是單行之本。題曰'晉祕書監河南司馬彪紹統撰，梁剡令平原劉昭宣卿補注'，最爲允當。蓋自直齋著錄後，而此志始明。劉注范史，本傳稱其博悉，今不可見矣，惜哉！

　　六朝人重門第，故寒族而登要路者，率以恩倖目之。鮑明遠以才學爲中書舍人，已不免士庶雜進之嫌。徐爰有史才，生平亦無大過，沈休文列諸《恩倖》，或以修史之嫌有意貶抑。《南史》因而不改，殊未得好惡之平矣。杜文謙忠於王室，致命遂志，乃附見《茹法亮傳》，尤非善善惡惡之義。同上。

王氏曰：“《南》、《北史》增改無多，而其所以自表異者，則有兩法：一曰删削，二曰遷移。夫合八史以成一書，惟患其太繁，故極力刊除，使所存無幾，以見其功。然仍其位置，則面目猶未換也。於是大加遷移，分合顛倒，割截搭配，使之盡易故處，觀者耳目一新，以此顯其更革之驗。試一一核實，删削、遷移皆不當。聊可附八書以行，幸得無廢足矣，不料耳食者以爲勝本書也。”　　“各書目皆在每卷首，大約古書多序在全書之末，目在每卷之首。今目是宋人添。曾鞏《南齊書序》云：‘臣等因校正而序其篇目。’末云：‘臣某等謹序目録，昧死上。’《陳書序》云：‘《陳書》舊無目，今别爲目録一篇。’然則《南》、《北史》目，亦宋人添也。每卷目仍留不去，雖復出可厭，能存舊卻佳。”　　“《南史》喜言符瑞，詭誕不經。沈約亦好言符瑞，故符瑞志。”　　“《宋紀》‘永初元年，封晉帝爲零陵王，令食一郡’，《南史》作‘令食一部’，誤。”　　“《北史》帝紀不呼南朝諸帝爲皇帝，亦不紀其改元。《南史》書‘魏明元皇帝’，李延壽欲以北爲正也。又北代南，各書皆稱其姓名，《南史》則改稱廟號，皆抑南尊北之意。延壽之先人世爲北臣，故其言如此。”　　“《齊高帝紀》‘建元三年，烏程令’一條，紀末附益符瑞一千一百餘字，皆《南齊書》所無，此增添而失者。”　　“沈約歷事齊朝，年至六十餘乃爲梁武畫篡奪之策，又力勸帝殺其故主。其所爲如此，佛前懺悔文何不及之，乃自認撲蚊虻[九]、淫僮女諸罪乎？”　　“《南史》於《梁武帝紀》較詳，勝於本書。”　　“偶見近儒考史者云：‘《金史·蔡珪傳》，珪合沈約、蕭子顯、魏收《宋》、《齊》、《魏》三書，作《南北史志》，惜已亡矣。然梁、陳與北齊、後周各志皆已收入《隋書》，不知當時曾彙而成志否？’愚謂蔡珪之書料無足觀，其亡亦不足惜。”　　“《宋志》敘首文多糾葛，古人文義疏拙，詞不能達意，往往如此。唐人漸明順，自宋以下，則更了了矣。”
“《宋志》述魏、晉甚詳，殆意以補之。” “《宋禮志》淆亂粗
疏。” “《五行志》各史類然，已覺可厭。符瑞本不當有志，即
欲志之，惟志一代可耳。前事但於叙首中略述，以爲引子足矣。
約乃追述至五帝三代，枝蔓斯極。” “《宋州郡》所據諸書，有
《吳地志》、《永寧地志》、《會稽記》、《吳記》、《吳録》、《晉地
記》、《廣州記》。” “《通鑑》孝武大明八年之末云：‘宋境内有
州二十二，郡二百七十四。’胡志云：‘此大較以沈約《宋志》爲
據。《宋志》大較以是年爲正。’此下胡即歷舉各州所領郡名，而
與沈志不同，不知何故，未能詳考。” “凡每志之首，必有總
叙，述其緣起，各史皆然。《宋百官志》獨無裝頭，竟從太宰直
起。” “《南齊書・禮志》叙首云：‘漢初叔孫通制漢禮，而班
固之《志》不載。’” “《南史》各傳語多通用，事同者甚多。”
“李史不以各代爲限斷。而以各家爲限斷。舊史逐代各斷，是也。
而新史變爲錯綜穿插類叙，總因薄固而法遷，故致斯弊。” “國史
非家乘也，何必以一家貫數代乎？凡在一家者，皆聚於宋，至齊
寥寥，偏枯如此。” “元帝徐妃，《南史》較詳。” “皇子懋
作合傳，非是。” “南朝以‘僧’爲名，散見各傳者，不可枚
舉，而王氏尤紛。又有父子同名‘僧’者，如‘羲之’、‘獻之’
之類，未暇詳考。” “《宋書》有關民事語，多爲《南史》删
去。延壽不知有經國養民遠圖，故去取如此。” “婦人三嫁，終
當最後所適爲定。然則姚察自是隋人，乃《南史》仍入之陳，得
於徐廣而失於察，何耶？” “《循吏》多誤，所叙美績尤空陋。”
“《南史》多襲取各書，無所增益。偶有所增，輒成疵累。《陶宏景
傳》所增頗多，往往冗誕，似虞初小説。此李延壽慣態，不足
責。” “《梁書》有《止足傳》，據其序，引魚豢《魏略》，謝靈
運《晉書》及《宋書》皆有之，非姚氏父子特創。《南史》削去

不用，自後史家無繼作者。" "徐爰本儒者，長於禮學，又修《宋書》，仕至顯位，無大過惡。沈約乃入之《恩倖傳》，此必一人之私見。約撰《宋書》，忌爰在前，有意汙貶，曲成其罪，正與魏收強以酈道元入《酷吏》相似。李延壽最善改舊，此種大乖謬處，仍而不改，惟於爰奏議痛加删削而已。" "漢、唐宦官專政，爲國之蠹。南朝恩倖，别有其人，并非宦官，亦一變也。" "沈約叙佛教於《外國傳》中，差可。若魏收作《釋老志》，則可笑。《南史》以僧寶誌入《隱逸》，《舊唐書》以一行入《藝術》，則尤欠妥。此輩紀、表、志、傳中，實無可位置。""僧慧林著論，以儒爲白學，佛爲黑學，語奇至。此人僧也，而論乃助儒辟佛，更奇。此僧名爲僧，而恒瞰魚肉，絶不守佛門法律。" "《輿地紀勝》詮臺城名義甚確，蓋有都城，有宫城。臺城者，宫城也。" "漢人碑刻字體已有不正者，沿至六朝，文字愈亂。今《南史》及各書中以'介'爲'個'、'投'爲'透'、'繼'爲'係'、'樵'爲'葉'、'寶'爲'珤'、'藩'爲'番'、'渡'爲'度'，此類甚多。凡此有用流俗妄造字者，有本有其字，不可通用而誤通者。又如地名，則'溢城'爲'盆城'，'采石'爲'採石'；人名，則羊侃爲'偘'，徐世標爲'櫄'：亦皆誤。又以得官赴任爲'述職'，與《孟子》'述職'同義，皆謬。" "蕭子顯《陸澄傳論》頗知尊鄭康成，貶斥王肅。此特子顯生於六朝，見聞之益。若康成深處，彼亦不知。學者若能識得康成深處，方知程伊川、朱晦菴義理之學漢儒已見及，因時未至，含蘊未發。程朱之時，訓詁失傳，經無家法，故輕漢儒，而其研精義理，仍即漢儒意趣，兩家本一家。如主、伯、亞、旅，宜通力以治田；醯、醢、鹽、梅，必和劑以成味也。" "《六朝事迹編類》十四卷，宋張敦頤撰。明吴琯刻入《古今逸史》。敦頤，他無所見。予所藏宋乾道板《唐柳先生集》，有張敦頤《音釋》，亦一好事者。"録於《十七史商榷》。

文光案：王氏合八書校《南》、《北史》，用功甚至，於地理更多所考正。惟糾李氏删削合併之謬，刺刺不休，見於《南史》，又見於《北史》，未免冗複。

《北史》一百卷

唐李延壽擇〔一〇〕

北監本。萬曆二十六年方從哲、黃汝良等校刊。《北史》爲魏、齊、周、隋。本書先《北史》，後《南史》，故進書表在《北史》之首，亦抑南尊北之意。本紀十二卷，不著某帝。列傳八十八卷，曰《外戚》、曰《儒林》、曰《文苑》、曰《孝行》、曰《節義》、曰《循吏》、曰《酷吏》、曰《隱逸》、曰《藝術》、曰《烈女》、曰《恩倖》、曰《僭僞附庸》，夏、燕、後秦、北燕、西秦、北涼、梁。曰《外方》，終以《序傳》。李史修十六載而後成。《北史》於魏、齊、周正史間有改訂之處，惟《隋書》略爲删節，無所別白，不能成一家言。

表曰："大師延壽之父，字恩威。少有著述之志，常以宋、齊、梁、陳、齊、周、隋南北分隔，南書謂北爲'索虜'，北書指南爲'島夷'；又各以其本國周悉，書別國并不能備，亦往往失實，常欲改正。而恭仁楊恭仁時鎮涼州，召大師至河西，深相禮重。家富於書籍，得悉意披覽。宋、齊、梁、魏四代有書，自餘竟無所得。既而俶裝東歸，因編續前所修書，未畢而没。延壽追終先志，其齊、梁、陳五代所未見，因於編輯之暇書夜抄録之。至五年，從官蜀中，以所得者編次之，尚多所闕，未得及終。令狐德棻啓延壽修《晉書》，因兹復得勘究宋、齊、魏三代之事所〔一一〕未得者。褚遂良奉敕修《隋書》十志，復準敕召延壽撰録。因此遍得披尋魏、齊、周、隋、宋、齊、梁、陳正史，并手自寫。本紀依司馬遷體，以次連綴之。又從此八代正史外，更勘雜史於正史所無者一千餘卷，皆以編入。煩冗者，即削去之。《南史》先寫訖，呈令狐德棻，始末蒙讀〔一二〕了，乖異者亦爲改正，許令聞奏。《北史》諮知，亦爲詳正。遍諮宰相，乃上表。”

杭氏曰：“《後魏·姚興傳》：‘興將數千騎，乘西岸窺視太祖營，束柏材從汾上流下之，欲以毀橋。官軍鈎取以爲薪蒸。’《北史》改云：‘將數千騎，乘西橋，官軍鈎取以爲薪蒸。’删去‘束柏材’句，遂不復成語。又《魏閹宦傳》：‘李訢列趙黑爲監藏，時多所截没，遂黜爲門士。’《北史》删去‘多所截没’句，事遂不明。又《魏世宗紀》景明二年三月書：‘壬戌，青、齊、徐、兗四州大饑。’按，《魏書》‘壬戌’下有‘蠲除州府佐史除板’一詔，率爾删去，不知四州大饑，豈得專屬之壬戌？此書删削本紀，去取任情，體例乖謬者，不勝舉摘，而此爲尤甚也。凡人之官階本末，《北齊書》多略不書，推原百藥，以爲名在《魏書》，不應復述，乃既爲立傳，自應備叙，豈得意爲詳略也？延壽撰《北史》，不取《魏》、《齊》二書校量同異，輒仍百藥之簡，尤爲疏漏。”錄於《諸史然疑》。

文光案：杭氏所摘，誠如西莊之言去之不當者。商校亦云：“《蕭大圜傳》，前段删之，成不了語；後段删之，上下文意不貫。”大抵《南》、《北史》宜合八書觀之，否則多不能明。諸史亦然，宜合衆本觀之。又李《史》所删削者，皆八書所詳；八書所略者，宜求之於是書：故不可廢也。

衞操立碑大邗城南，頌魏功德，傳中詳載碑詞。以金石爲史料，始於《史記·秦皇紀》、《漢書·郊祀志》。今此則魏收原文，《北史》襲之。金石之學，魏收、酈道元、闞駰等已重之。又《南齊·蕭寶夤傳》與《北史》異。同上。

王氏曰：“高岳清河王。爲鄴中四貴之一，其恃權放縱，蓋亦相當。而傳不言其事，此以士廉故諱之也。于氏、長孫氏多佳傳，則以志寧與無忌之故。《長孫晟傳》最繁冗，而略不筆削。後梁主諸傳皆無貶詞；房彥謙與張衡書，蕪雜多難解，而全載之：又以蕭瑀、房喬故也。魏長賢，《魏史》不載，以文貞故，特爲立傳。薛聰、薛孝通，於魏史外多有增益，亦必本之薛收家傳。以此推之，凡所褒稱，未必皆當其實。"錄於《白田草堂雜著》。錢曰："揚雄父子之得佳傳，以恭仁故也。""令狐整父子之得佳傳，以德棻故也。"

錢氏曰："宇文泰躬行弑逆，柳虬之簡，盧辯之誥，矯誣詐僞，何足汙史策乎？《南》、《北史》多所删落。然有當删而不删者，如顧歡、袁粲佛老之辯，徐勉戒子之書，劉峻之廣絕交，王劭之表符命，衛操之立碑，蘇綽之大誥，皆是也。""《廣平王傳》僅存三十二字，不知所謂。""衛操所立碑文，古質可誦，中多韻語，極似漢碑，惜爲史臣改竄，失其真。""延壽以家世類叙，甚得《史記》合傳之意，蓋合四代爲一書。若有區別，則破碎非體，又必補叙家世，詞益繁費。且當時本重門第，類而次之，善惡自不相揜。"錄於《廿二史考異》。

文光案：《南》、《北史》合傳，錢氏以爲是，王氏以爲非，各備一說。余則於八書觀其分，於《南》、《北史》觀其合，各有佳處。紀事本末可以明一事，《南》、《北史》可以明一家。若自己於八書中檢輯一家，何等費事？此則舉目可見，何便如之？況譜學久墜，藉此以存者，正復不少，似亦無可厚非也。

王氏曰："前言《南史》合宋、齊、梁、陳，似成一代爲非。又言以家爲限斷，不以國爲限斷，一家之人必聚於一篇，以一人提頭而昆弟子姪後裔咸穿連之，使國史變作家譜，最爲謬妄。今《北史》亦用此例。《后妃》分上、下二卷，上卷皆魏后妃，下卷則齊、周、隋三朝后妃，共爲一卷，非其類而强相毗附，真成笑端。李延壽聊欲以此略顯所長，故不得不爾，而於史法則謬矣。

方敘魏人，或入隋事；欲觀周傳，偏涉齊朝：使讀者左顧右盼，顛倒迷惑。且似將齊、周、隋人皆提入魏，魏太飽，齊、周、隋太饑，殊非著述之體，其病正與《南史》同。又《南史》以侯景等別標一目，曰《賊臣傳》，甚確。乃宇文化及親弒其君，而《北史》入之其父述傳，并同黨司馬德戡、裴虔通亦附入。至王世充僭即僞位，弒皇泰主，亦爲列傳，則何以服侯景等乎？中常侍宗愛弒世祖太武燾，立吳王餘，又弒之，連害二主，惡逆重大，乃不曰賊臣，而但入《恩倖》。此其體例之不一，而甚不可解者也。《南史》於諸列傳之下，首次之以《循吏》，次《文學》，次《孝義》。《北史》則以《循吏》居各傳後，此又何義乎？又《北史》以‘懲’爲‘憖’，以驗爲‘驔’，以‘饋’爲‘櫃’，以‘几’爲‘机’，以‘算’爲‘筭’，以‘殺’爲‘煞’，以‘投’爲‘透’，字體不正如此，隨舉數條以明之。亦有俗書已誤而此尚存古者，以‘庽’爲‘箱’，以‘擒’爲‘禽’，以‘賑’爲‘振’，以‘餕’爲‘餒’，此皆偶合，未必因識字能如此。又，避諱之例，《南史》已極糾紛，《北史》尤甚。如以‘虎’爲‘武’，又爲‘豹’；‘淵’爲‘泉’，又爲‘深’；‘世’爲‘代’；‘民’爲‘人’。有因人名犯諱改稱字者，如劉昞稱‘延明’；有二名犯諱去一字者，如韓擒虎爲‘韓擒’；有不改其字而直稱諱者，如李虎爲‘李諱’；有以一字而改爲二字者，如改猛獸爲‘於菟’；又有改之而言之者，如‘太守景’下云‘名犯太祖元皇帝諱’，是景本名晒。例之不一如此，校者多改從本字，未盡者亦多。又進史表自稱‘鳩集遺逸，以廣異聞，去其冗長，揚其菁華’云云，見錢希白《南部新書》庚卷。愚謂所鳩者豈無小益，若云‘去冗長’，則所去往往不當；‘揚菁華’，則菁華被割棄頗多。延壽自稱太夸矣。”錄於《十七史商榷》。

　　文光案：余讀李氏表，知唐代史書得之不易，抄錄亦難。

又知正史之外，增入雜史十餘卷，其所據之本，今皆無存，則書不可廢矣。《北史》於《隋書》無所更易，豈以《隋書》爲己所撰與？

校勘記

〔一〕練恕所撰爲《多識録》，《識小録》作者爲姚瑩。未知孰是，存疑備考。

〔二〕"蕭"，原作"肅"，據清趙翼《廿二史劄記》改。

〔三〕"李緯修改"，據清趙翼《陔餘叢考》，原文作："按《魏書》'李緯'改作'李系'，蓋以后主諱故避之，則知后主時又經修改。"

〔四〕"榮"，原作"滐"，據清杭世駿《諸史然疑》改。

〔五〕"傳"，原作"轉"，據清錢大昕《廿二史考異》改。

〔六〕"雕"，原作"刊"，據《隋書》改。

〔七〕"挂"，原作"卦"，據《新唐書》改。

〔八〕"八"，據清錢大昕《廿二史考異》補。

〔九〕"虻"，原作"蛍"，據清王鳴盛《十七史商榷》改。

〔一〇〕"擇"，據理當爲"撰"字之誤。

〔一一〕"所"，原作"比"，據《北史》改。

〔一二〕"讀"，原作"請"，據同上書改。

史部一

正史類六

《舊唐書》二百卷

後晉劉昫撰

武英殿本。乾隆四年校刊。本紀自高祖訖於哀帝，内有《則天皇后紀》。志曰《禮儀》、曰《音樂》、曰《歷》、曰《天文》、曰《五行》、曰《地理》、曰《職官》、曰《輿服》、曰《經籍》、曰《食貨》、曰《刑法》。列傳，首《后妃》；次《宗室》，宗室之前如李密、王世充等，皆隋臣入唐者；次諸臣；次《外戚》；次《宦官》；次《良吏》；次《酷吏》；次《忠義》；次《孝友》；次《儒學》；次《文苑》；次《方技》；次《隱逸》；次《列女》；次《外國》；終以《逆臣》。今讀史者多不讀目，因詳著之。各卷後有考證，采《通鑑》及《綱目》、三《通》與《英華》、《文粹》諸書，沈氏《合鈔》亦資採取。書末有聞人詮、楊循吉、文徵明三序。

《考證》："目中有事無名者補出，有目無傳及目之重出者删去，明係重復而傳有異同者仍存其目。"

《考證》跋語曰："二書互有短長，《新書》語多僻澀，而義存筆削，具有裁斷；《舊書》辭近繁蕪，而首尾該贍，叙次詳明：

故應并行於世。"

　　文氏序曰："嘉靖己亥，吳郡重刊《唐書》成，書凡二百卷，後晉宰相涿人劉昫撰。初，御史紹興聞人公按吳，命郡學訓導沈桐刊置學宮。書成，以書來屬徵明爲序。按，唐興，令狐德棻等始撰武德、貞觀兩朝國史八十卷。至吳兢，合前後爲書百卷。而柳芳、韋述嗣緝之，起義寧，訖開元，僅僅百餘年。而於休烈、令狐峘以次增緝，訖於建中而止。而大曆、元和以後，則成於崔龜從。厥後，韋澳諸人又增緝之，凡爲書百四十有六卷。而芳等又有《唐歷》四十卷、《續歷》二十二篇，皆當時紀載之言，非成書也。晉革唐命，昫等始因舊史緒成此書。然《五代史 · 昫傳》不載此事，豈其書出一時史館，而昫特以宰相領其事耶？然不可考已。或謂五代搶攘，文氣卑弱，而是書紀次無法，詳略失中，不足傳遠。宋慶曆中，詔翰林儒臣刊修之。自慶曆甲申至嘉祐庚子，歷十有七年，成書二百二十五卷。視舊史削六十一傳，增傳三百三十有一，續撰《儀衛》、《選舉》及《兵》及《藝文》四志，別撰《宰相》、《方鎮》及《宗室世系》、《宰相世系》四表，所謂'其事則增於前，其文則省於舊'，寔當時表奏之語。而第賞制詞亦謂'閎博精覈，度越諸子'，良以宋景文、歐陽文忠皆當時大手筆，而是書實更二公之手。故朝野尊信，而《舊書》遂廢不行。然議者則以用志奇澀爲失體，刊削詔令爲太略，固不若《舊書》之爲愈也。司馬氏修《通鑑》，悉據舊史，而於《新書》無取焉。維周益公稱其刪繁爲簡，變今以古，有合於所謂'文省於舊'之論。而劉元城顧謂事增文省，正《新書》之失。唐庚氏尤深斥之，乃極言《舊書》之佳。其所引'決海救焚'、'引鴆止渴'之語，豈直工儷而已，自是一代名言也。然則是書也，其可以無傳乎？雖然，不能無可議者。段秀實請辭郭晞，有'吾戴吾頭'之語，《新書》省一'吾'字，議者以爲失實，是矣。而舊史秀實傳乃都不書。夫秀實大節固不以此，而此事亦卓詭可喜，即宗元叙事尤號奇警，且鄭重致詞，上於史館。若是而不得登載，則其所遺亦多矣。甚者詆韓愈文章爲紕謬，謂《順宗實録》繁簡不當，拙於取舍。異哉！豈晁氏所謂‘多所闕漏，是非失實’者耶？甚矣！作史之難也。心術有邪正，詞理有工拙，識見有淺深，而史隨以異，要在傳信傳著，不失其實而已。今二書具在，其工拙繁簡，是非得失，莫之有掩焉。彼斥《新書》爲亂道，誠爲過論；而或緣此遂廢舊史，又豈可哉？此聞人公所爲梓行之意也。”

文光案：《舊書》目録，紀分上、下者四卷，傳分上、下者八卷，分上、中、下者三卷，凡子卷一十四卷。《後漢書》一百二十卷，汲古閣本題“一百三十卷”，蓋合子卷計之也。《舊唐書》二百卷，子卷不計。又案：薛史《趙瑩傳》言《唐史》二百卷，而紀云二百三卷，固并目録數之。晁《志》、陳《録》、《崇文目》并云二百卷，《五代會要》又作二百二卷，目録一卷。聞人本、殿本、岑本俱二百卷，目録通爲一卷。而聞人序云“卷凡二百一十有四”，是并子卷計之。又案：《新》、《舊書》議者紛紛，總以不偏廢爲正，欲詳史事，宜觀《舊書》；以爲行文之助，則《新書》大有益也。趙氏《劄記》於《新書》改《舊書》文義處、并《新》、《舊書》互異處，皆條列之，學者宜取而細審也。又劉昫當有進書表，久已散佚。

《舊唐書》二百卷

晉劉昫等撰

懼盈齋本。前有道光癸未阮文達公序，嘉靖十七年楊循吉、文徵明、聞人詮序，沈桐跋。次提要、殿本考證、跋語、岑建功校刊姓氏并目録。聞人本志多闕略，表全散軼。岑本雖名重刊聞人本，所據實殿本也。附逸文十二卷、校勘記六十六卷。

阮氏序曰："有唐三百年，正史所關最鉅。後唐長興中詔修《唐書》，至後晉開運二年方纂成奏上。北宋以前之舊槧，其有無固無從考證。明嘉靖乙未，聞人詮督學南畿，遍加尋訪，得紀、志於吳縣王延喆家，得列傳於長洲張汴家，其書乃南宋紹興初年越川所刻，卷後有校勘姓氏。《舊唐書》流傳於明代者，以此爲最古，而卷帙尚有闕佚。復假應天陳沂、長州王穀祥所藏本，彼此補葺，始爲完書。刻未及半，而詮以奉諱去官。繼其任者捐俸倡率，歷四年而後告成。當時聞本所據之書，初非全部，惜未盡善。乾隆四年，敕武英殿校刻此書，於聞本脱誤之甚者逐條釐訂，各附考證於每卷之後。及四十七年編定，《四庫全書》，特置此書於正史，而庋藏於三閣。閣本之考證，又較殿本而加詳。惟是閣本繕寫未刻，艱於傳鈔。殿本列於二十四史之內，罕有單行者，而聞板久亡，其書尤爲難覓。甘泉岑紹周重刊此書，獨力任之。全書字句悉以殿本爲主，其間有刊刻小訛，爲人所共知者，即隨筆改正，外此不敢妄改。至於行款書式，則仿照汲古閣史書，蓋毛氏所刻十七史，《唐書》有新無舊，故特補其所未備也。復排列各本，討論羣籍，得校勘記若干卷。凡殿本、閣本之與聞本異者，一一臚列，并登載其考證，而沈氏《合鈔》所辨析者亦附見焉。若夫北宋初年《太平御覽》、《册府元龜》等書，皆成於歐、宋未修以前，其引《唐史》確系劉書所據，實最初之本，足以補正聞本者，不可枚舉，皆採而集之。如《通典》、《通鑑》、《唐會要》、《文苑英華》及《十七史商榷》、《廿二史考異》之類，可以互證參訂此書者，亦廣爲尋校，加以斷制。其體裁、義例悉遵殿本、閣本之成法，而推廣引申，以竟其緒。蓋殿本之總校，爲沈歸愚尚書，其自作考證跋語云：'蒐羅未備，挂漏良多。'閣本之分校爲邵二雲學士，其集中所載提要云：'參核考定，尚有待耳。'誠以官修之書，人心不齊，議論多而成功少，每致卒業無期，故但能略舉大端，開其門徑而已。後人若不由一反三，因源及委，其何以成前賢未遂之志哉？今岑氏捐資既勇，任事亦堅，能集衆長而成鉅業。是書始刻於道光壬寅九月，告成於癸卯七月，計未及一稘而粲然大備。衰年見此，洵爲快事，故樂爲序之。”

吳氏曰：“薛史《趙瑩傳》并《晉紀》皆載瑩監修國史，《五代會要》載有‘監修國史趙瑩奏請購求史館所闕《唐書實録》’，語甚詳，故吳氏《新唐書糾謬》其進表云‘唐室未有完史，暨五代天福之際，有大臣趙瑩之徒，綴緝舊聞，次叙實録，草創卷帙’云云，是趙瑩實茸修《唐書》者。歐史《瑩傳》既全没其事，而并不言監修國史。今所行《舊唐書》，每卷首列劉昫銜名。考薛史《晉少帝紀》云：‘開運二年六月，監修國史劉昫、史官張昭遠等，以新修《唐書》記、志、列傳并目録，凡二百三卷上之。’元盛如梓乃云：‘《五代·劉昫傳》不書修《唐史》，而後人據歐史《劉昫傳》有“監修國史”之語，謂後唐以唐爲本朝國史，即《唐書》。’《通鑑·唐紀》注云：‘以宰相監修國史，至今因之。’蓋修國史與修《唐書》自各爲一事，而不知者遂謂修《唐書》始自唐明宗之長興，而成於晉出帝之開運，則更不考劉昫之監修國史，薛史《唐紀》及新、舊史《昫傳》又俱在唐廢帝清泰中，而不當明宗時也。此皆由本史《趙瑩傳》之疏漏誤之也。歐於《瑩傳》不言修《唐書》，不足爲怪。即《新唐書·房魏傳》亦俱不載修《晉書》、《隋書》也。兹因耳食之徒并爲一談，特詳之。”此闔庭之説，録於舊稿。

文光案：唐末播遷，載籍散失，自高祖至代宗尚有《紀傳》，德宗亦存《實録》。武宗以後六代，惟武宗有《實録》一卷，餘皆無之。故《唐書》歷梁、唐數十年至晉始克成書，則纂修諸臣搜補之功不可泯也。趙瑩以唐代故事殘缺，署能者居職纂補《實錄》及正史，又奏請購求史館所缺《唐書實錄》，是瑩爲監修，綜理周密。又昭宗一朝，全無紀注，張昭遠〔一〕重修《唐史》，始有《昭宗本紀》，是昭遠搜輯亦勤。賈緯長於史學，以武宗之後無《實錄》，採次傳聞，爲《唐年補錄》六十五卷，與吕琦、尹拙同修《唐書》。今《舊書》會昌以後紀傳，蓋緯所纂補。又趙熙修《唐書》成，授諫議大夫，賞其筆削之功。今人但知《舊唐書》爲昫所撰，而不知成之者乃趙瑩、張昭遠、賈緯、趙熙等也，故因吴氏之言而詳著之。

顧氏曰："《舊唐書·職官志》稱唐曰'皇朝'，曰'皇家'，曰'國家'。《經籍志》稱唐曰'我朝'。以爲修史諸臣不忘唐朝之厚意，不知皆唐國史原文，不及改訂耳，非修禮史故存忠厚也。"此寧人之説，甚是。王西莊以爲非，蓋曲説也。

趙氏曰："《舊書》列傳七十二卷既有楊朝晟，乃九十四卷又有楊朝晟；五十一卷既有王求禮，乃一百二十七卷又有王求禮。考其事蹟，實係一人兩見，并非兩人偶同姓名者。又列傳目録韋安石下有韋況，而傳中竟無況。《韋安石傳》末謂其兄叔夏另有傳，然列傳中竟無韋叔夏傳。編訂如此，則修史之草率可知。又張士貴，唐初功臣，乃編入高宗時。元獻楊皇后在楊貴妃之前，乃編在貴妃後。此皆書之失當者。《新書》李渤、裴潾、李中敏、李甘、白居易，皆元和、長慶時人，乃編在張柬之等五王之前，此又《新書》之失。"録於《陔餘叢考》。

錢氏曰："舊史本紀前後繁簡不均，睿宗以前文簡而有法；明皇、肅、代以後，其文漸繁；懿、僖、昭、哀四朝，冗雜滋甚。蓋唐初五朝國史經吴兢、韋述諸人之手，筆削謹嚴；中葉以後，柳芳、令狐峘輩雖非史才，而叙事尚爲完備；宣、懿而後，既無實錄可稽，史官采訪意在求多，故卷帙滋繁而事迹之矛盾益甚也。”“玄宗謚七字，其末三字曰‘大明孝’。肅謚九字，其末三字曰‘大宣孝’。大孝之謚，諸帝所同，故稱玄宗爲明皇，肅宗爲宣皇也。”“舊志十二門，咸通以後多略而不書。”“懿安皇后暴崩，新史以爲宣宗之志。此云‘恩禮愈異於前朝’，又‘極其福壽隆貴’。新史未可盡信也。”“《酷吏》已有《王旭傳》，而《王珪傳》末，又附見一百六十餘言。列傳已有張仲方，而《張九齡傳》末，又附出二百六十餘言。《文苑》已有蕭穎士，而韋述又附出七十餘言。”“睿宗第四，明皇稱爲四哥；明皇爲睿宗第三子，諸子稱爲三哥：然則唐時以‘哥’爲君父之稱矣。”“李白，山東人。按，山東非唐時川縣之名。白既家任城，當云‘任城人’。傳中或云‘山東甲姓’、‘山東右族’，其失與此同。”“于琮事已見於本傳，《黃巢傳》又重出五十餘言。”“楊復恭露布已載《僖宗紀》，《巢傳》又重出之。”_{錄於《廿二史考異》}。

王氏曰：“錢敏求有至樂樓抄本，不言出於何人。葉石君借得以校聞人本，多有不同。葉氏所據抄本係影宋抄，每卷末有校勘人名，末卷有朱倬名，即文氏序所云刻於越州者。然則至樂樓抄本即是紹興本。此本與聞人本不同，知聞人本別一宋刻。但抄本亦不全，僅得其半。抄本闕者，葉校亦闕。”_{錄於《十七史商榷》}。

《新唐書》二百二十五卷

宋歐陽修撰

北監本。萬曆二十三年蕭良有、葉向高等校刊。前有曾公亮進書表，歐陽修、宋祁、范鎮、王疇、宋敏求、呂夏卿、劉羲叟共加刪定，凡十七年而成；次大德乙巳河南雲謙刊書跋；次《唐書釋音序》，宋崇寧五年董衡撰；次目錄。志曰《禮樂》、曰《儀衛》、曰《車服》、曰《歷》、曰《天文》、曰《五行》、曰《地理》、曰《選舉》、曰《百官》、曰《兵》、曰《食貨》、曰《刑法》、曰《藝文》。表曰《宰相》、曰《方鎮》、曰《宗室世系》、曰《宰相世系》。列傳曰《諸吏》、曰《番將》、曰《忠義》、曰《卓行》、曰《孝友》、曰《隱逸》、曰《循吏》、曰《儒學》、曰《文藝》、曰《烈女》、曰《外戚》、曰《宦者》、曰《酷吏》、曰《藩鎮》、曰《姦臣》、曰《判臣》、曰《逆臣》。末附《釋音》二十五卷。

董衡《釋音序》曰："諸史中，惟《新唐書》能究其始終者鮮，字奇莫辨。臣每讀《晉史》，見何超纂《音義》，竊嘗慕焉。於是歷考聲韻以爲之音，使學者從容而無疑，觀其文章藻繪，體氣渾厚，可以吹波助瀾，揚屬清浮，愈於得寶之美也。"

張氏曰："《新唐書》最可哂。唐有天下二百八十年，奸臣亦多矣，所載者十九人，可盡信乎？"録於《畫墁録》。

張氏曰："《舊唐書》房喬字玄齡，《新書》玄齡字喬。《集古録》有玄齡墓碑，亦云'字喬'。按隋人多以字爲名，玄齡本名喬，後以字行，邵以名爲字也。竇莘《唐書音訓》云：'《唐十八學士圖贊》，皆當時墨迹，云"房玄齡字喬年"。'莘見圖，必不妄也，豈以單稱不類表德，遂添一'年'字？《宰相世系表》又以玄齡字喬松，未知何據。玄齡一代顯人，而名字紛錯如此，殊可怪。而《唐史》表、傳自相牴牾，尤可怪也。"又曰："《新唐書》不載詔令，前輩自有意見。大抵史近古，對偶非宜。"録於《雲谷雜記》。

洪氏曰："慶元三年，信州上饒尉陳莊發土得唐碑，乃婦人爲夫所作，其文曰：'君姓曹，名因，字鄙夫，世爲鄱陽人。祖父皆仕於唐高祖之朝，惟公三舉不第，居家以禮義自守。及卒於長安之道，朝廷公卿、鄉鄰耆舊無不太息。惟予獨不然，謂其母曰："家有南畝，足以養其親；室有遺文，足以訓其子。肖形天地間，範圍陰陽内，死生聚散，特世態耳，何憂喜之有哉？"予姓周氏，公之妻室也。歸公八年，恩義有奪，故贈之銘曰：其生也天，其死也天。苟達此理，哀復何言？'予案：唐世上饒本隸饒州，其後分爲信，故曹君爲鄱陽人。婦人能文，達理如此，惜不傳，故書之以裨圖志之缺。"錄於《容齋五筆》。

趙氏曰："《舊書》援據較少。至宋仁宗時，舊時記載多出於世，新志所載無慮數十百種，皆《舊書》所無者，故《新書》採取轉多。《新書》之增於《舊》者有二種：一則有關於當日之世事、古來之政要及本人之賢否所不可不載者；一則瑣言碎事，但資博雅而已。"錄於《廿二史劄記》。

文光案：趙氏於《新書》所增皆條列之，又云："《新書》盡删駢體舊文而詳載章疏，凡韓、柳文可入史者，必采摭不遺。"又言："唐諸帝多服丹藥，皆爲所誤；惟武后餌之，壽至八十一。蓋女體本陰，可服燥烈；男則以火助火，必至水竭而身稿也。"又《陔餘叢考》云："《舊書》列傳之文，簡當完善者，多國史原文。一經修史諸人之手，輒蕪雜不倫。子京於《舊書》各傳無一篇不改竄易换，過《舊書》遠甚。"又云："《新書》多廻護，多周旋。新傳所增事蹟二千餘條，亦有不應删而《新書》反削者，皆詳列之。又《新》、《舊書》互異處，訂正二十五條。"

錢氏曰："唐初羣雄割據四十八人，或滅或降，皆見於本紀，惟左才相後事失書，亦紀之疏也。《歷志》'九執法'者，出於西域，開元六年譯之。按，今回回歐邏巴術用三百六十整度，蓋本九執之法。其布算用字書不用策算，亦九執法也。或言三百六十度本於邵堯夫《皇極經世書》，不知堯夫又本西域，非能自創新率也。《張易之傳》：'昌宗等二十六人譔《三教珠英》。'按，《三教珠英》凡一千三百卷。四處重出，人數多寡同異各殊，所當删併以歸於一也。傳亦言五帝三王未有佛法，君明臣忠，年祚長久。石符亂華，主弱臣佞，政虐祚短，事佛致然。昌黎《諫迎佛骨表》其説實本於此。《忠義傳》，功臣百八十七人，無專傳者二十五人。"録於《廿二史考異》。

文光案：錢氏《新書》考異十六卷，詳於《舊書》。首卷爲目錄考。末卷附修《唐書》史臣表，一、年代，慶曆四年至嘉祐五年。二、提舉官，凡五人。三、刊修官，凡七人。四、編修官。凡十人。所考有脱，有誤，有自相矛盾處，有抄胥妄增處，有重出處，有删改文意不明處。義例有自相違反處，有失史法處。表有倒置可疑處。又表與傳不相應，《宰相世系表》最謬，有宰相而失載世系者，有非宰相而誤列者。又有以舅爲子之誤。太原王氏僅百三四十年，傳世二十，此理之所必無者。傳有一人分爲二、二人涸爲一者，有不必立傳者，有與《隋史》相複且失限斷者。史家之義，獎忠義，抑姦諛。陳希烈、達奚珣，唐之大臣，身爲賊相，雖貴顯何足道，而津津述之，無識之甚也。據錢氏所考，重出處最多，而刺謬處亦不少。

段玉裁《書忠義傳後》曰："韓文公《張中丞傳後序》云：'李翰所爲《張巡傳》，恨不爲許遠立傳，又不載雷萬春事首尾。'茅鹿門疑'雷萬春'三字當是'南霽雲'，以後文詳書霽雲事不及萬春故也。黄南雷、儲在陸皆謂韓公自惋惜萬春事不彰，非以此語爲後文立案，説甚當。按《舊唐書》詳霽雲乞師事，無雷萬春姓名。《新唐書》則南、雷皆有傳，雷有'面著六矢不動'之語，其事甚奇。又云：'雷萬春者，不知所來。'予嘗宰巫山，《巫山縣志》古相傳本有云'雷萬春，生縣之西跳石'。問之鄉民耆老，皆云'然'，皆以縣生此人爲榮。是可補史闕矣。縣境地名石者三，曰跳石、曰青石、曰疲石。疲石見陸游《入蜀記》，今土人呼爲'培石'。三石皆附峽中大山。《説文》云：'巴蜀謂山岸脅之自旁著欲落墮者曰氏，氏崩，聞數百里。'則'石'者，'氏'音之轉也。"録於《經韻樓集》。

劉氏曰："《廣元千佛崖韋抗碑》，與兩《唐書》《韋抗傳》合。惟文直書'韋抗功德'，碑右有'左弼左女郎君子敬造'九字，又似抗造象之碑。或史有舛誤，俟考。碑右段文昌題名'男斯立、思齊'。斯立、思齊，《新唐書·宰相世系表》失載。碑左李景讓題名'男譙、焜、誨'，三子史亦失載。又鄭愚題名。愚無傳，曾爲西川節度使副倅。"録於《金石苑》。

《新唐書糾謬》二十卷

宋吴縝撰

《知不足齋》本。前有元祐四年自序、紹聖元年進書表。目録分二十門：一曰以無爲有，二曰似實而虛，三曰書事失實，四曰自相違舛，五曰年月時世差互，六曰官爵姓名謬誤，七曰世系鄉里無法，八曰尊敬君親不嚴，九曰紀志表傳不相符合，十曰一事兩見而異同不完，十一曰載述脫誤，十二曰事狀叢複，十三曰官削而反存，十四曰當書而反闕，十五曰義例不明，十六曰先後失序，十七曰編次未當，十八曰與奪不常，十九曰事有可疑，二十曰字書非是。每門爲一卷。書中有錢氏案語，書後有錢校補遺，并記錢氏舉其誤糾者十一條。又紹興戊午吴元美後序。又附録三則。又顧廣圻、盧文弨二札，皆校語。

吴氏自序曰："宋興，前朝舊史如《唐書》洎《五代實録》，皆已修爲新書，頒於天下。其間惟《唐書》自頒行迄今幾三十載，學者傳習，與遷、固諸史均焉。縝尋閱《新書》，間有未通，則必反覆參究，或舛駁脫謬，則筆而記之。歲時稍久，事目益衆。推本厥咎，蓋修書之初，其失有八：一曰責任不專，二曰課程不立，三曰初無義例，四曰終無審核，五曰多採小説而不精擇，六曰務因舊文而不推考，七曰刊修者不知刊修之要，八曰校勘者不舉校勘之職而惟務苟容。職是八失，故《新書》不能全美。愚以爲必再加刊修，乃可貽後。方從宦巴峽，無他異書可以考證，止以本史自相質正，已見其然。若廣以他書，其穿穴破碎，當不止此。所記事條，叢雜無次，艱於檢閱。方解秩還朝，舟中無事，因取其相類者略加整比，列之如左。"

吳氏後序曰："《新唐書糾謬》二十卷，《五代史纂誤》五卷，元祐中故朝請大夫吳君縝所撰。君字廷珍，成都人。熙、豐時名公師孟之子。歷數郡守，俱以惠政聞。生平力學，博通古今，多求前史謬誤而參訂之。然未嘗示人，間有傳者，此二書而已。今直寶文閣宇文公時中自蜀來守吳興，以郡庠有《新唐書》、《五代史》板本，而吳君此書不可不附見也，遂令并刻之，且俾元美序其後。"

吳氏曰："《新書》紀、志、表，則歐陽公主之，傳則宋公主之，所主既異而不務通知其事，故紀有失而傳不知，傳有誤而紀不見。"又曰："嘗聞修《唐書》，自建局至印行罷局，幾二十年。修書官初無定員，皆兼涖他務，或出領外官。其書既無期會，得以安衍自肆，苟度歲月，如是者將十五年，而書猶未有緒。暨朝廷訝其淹久，屢加督促，往往遣使就官所取之。於是倉猝牽課，以書來上。是書之不能完整，又何足怪？"

晁氏曰："書凡四百餘事，縝不能屬文，多誤有詆訶。初名'糾謬'，其後改'辨證'云，實一書也。"錄於公武《讀書志》。

陳氏曰："縝父師孟，顯於熙、豐。序言修書之時，其失有八，而糾摘其謬誤爲二十門。侍讀胡宗愈言於朝，紹聖元年上之。文光案：表云初名"正謬"，繼改"糾謬"。世傳縝父以不得預修書，故爲此。"錄於《直齋書錄解題》。

王氏曰："嘉祐中，詔宋景文、歐陽文忠諸公重修《唐書》。時有蜀人吳縝者，初登第，因范景仁而請於文忠，願預官屬之末，上書文忠，言甚懇切。文忠以其年少輕佻拒之，縝鞅鞅而去。逮夫《新書》之成，乃從其間指摘瑕疵，爲《糾謬》一書。至元祐中，縝遊宦蹉跎，老爲郡守，與《五代史纂誤》俱刊行之。紹興中，福唐吳仲實元美爲湖州教授，復刊於郡庠，且作後序，以謂‘鍼膏肓，起廢疾，杜預實爲左氏之忠臣’，然不知縝著書之本意也。"錄於《揮麈錄》。

錢氏記曰："曩在都門，得吳氏書，手自校錄，又假宋本補其闕文。吳說有未當者，輒有駁難識於旁。今鮑君所刊，即予舊校本也。癸丑夏刻成，寄以示予。既爲校正數字，又續得辨正若干條，并寫以貽之。雖未必悉當，亦見予於此書老而不衰耳。"又曰："廷珍讀書既少，用功亦淺，其所指摘多不中要，且於地理、官制、史例、小學皆所未達。其書非無可采，但其沾沾自喜，欲快胸臆，則非忠厚長者之道。歐公以爲輕佻屏之，宜矣。"錄於《潛研堂集》。

文光案：是書刻入《說郛》，前後無序跋。據晁《志》，凡四百餘事。此本未及其半，不可依據。何義門校本未見，盧校本舉其誤糾者三條、詞費者一條。趙開美本序表皆完。《柳宗元傳》以下六條，失其本文，雜取他語。

《新舊唐書合鈔》二百六十卷

國朝沈炳震撰

海昌查氏校刊本。前有雍正癸丑柯煜序、進《新書》表、凡例、目錄。丁子復《補正》，有跋。又嘉慶癸酉查世俊跋。是書割裂《新》、《舊書》之文，以牽就其意，非復原書面目。或從《新書》，則《舊書》爲注；或從《舊書》，則《新書》爲注。揆以著作之體，終有不合。雖前人無議之者，心竊未安。且‘合鈔’之名，亦不雅馴。然深甫畢生精力悉萃於此，殿本《考正》多引其說。錢香樹以原本進呈，外間流傳絕少。查氏購得鈔本，囑丁小鶴詳爲校正，庚午冬開雕吳門，即是本也。《合刻唐書宰相世系表訂譌》十二卷，亦沈氏所著。此表以孫爲子，以弟爲兄，甚則以甥舅爲父，合二氏爲一族，舛譌特甚。沈氏取經史之可據者，注於姓氏總叙之中，是爲訂譌。所云「厖雜紛亂」，深中歐史之病。然表中之誤悉如其舊，深甫實無所是正也。《容齋隨筆》謂此表承用逐家譜牒，故多謬誤。又謂「沈氏」一條，不讀左氏，合兩沈國爲一，歐公略不筆削爲可恨。此亦深甫所當知也。《合抄》中「歷志」爲元和李尚之所校，最爲精覈。丁小鶴《補正》凡六卷，多取《册府元龜》，皆原案所未及。原案於《六典》、《通典》、《開元禮》、《元和志》、《唐會要》俱未採及。丁氏所據，有錢遵王影宋本。錢本自云：「討論羣籍，逐字搜剔，脫漏不少，尚俟續考。」其續考則未之見也。

武氏《金石跋》曰：「《元次山墓碣銘》，銘載：『道士申泰芝誣湖南都防禦使龐承鼎謀反，并判官吳子宜等皆被決殺，推官嚴郢坐流。俾君按覆，君建明承鼎，護免者百餘家。』《新書》元結本傳不載此事，惟附於《嚴郢傳》。《舊唐書·呂諲傳》言詔鞫承鼎誣罔之罪，以銘考之，知誣承鼎謀反，傳殆未具。其後承鼎竟得雪，泰芝竟以贓敗流死，亦由結建明承鼎。而新、舊史皆於結本傳不書其事，其疏甚矣。」又跋《世系》曰：「蘇氏河南尹震有七子：敦、發、教、徹、墩、政、儼。以蘇敦《華岳題名》按之，少敷一人。又教第七，表列於第三；敵及嶽，表作『墩』、作『政』，皆宜以《題名》爲正。自敦至教并有名位，表亦失載。蓋永叔仍其家譜，譜之疏脫甚矣。」又跋《郭敬之廟碑》曰：「碑陰敬之子孫、曾孫凡三世。《石墨鐫華》跋此碑，獨詳子儀歷官，於本傳爲備。予更以《宰相世系表》校之，互爲詳略，實足以佐證史表。而『壽陽尹』，唐於縣官不稱尹，表誤記也。」錄於《授堂集》。

文光案：郭敬之，字敬之；子儀，字子儀。父子皆以名爲字，亦所罕見。《授堂金石跋》詳考官爵，未免傷於繁冗。《隋書》八十五卷，官階幾居其半，尤而效之，增以考證，使人厭倦而置之，是豈不可以已乎？然必於此求之，歷代官制始能詳明，此亦讀史之一助也。《後漢書》有《古今人表》，《新唐書》有《宰相世系》，二表之訛謬，難以指數。梁氏撰《人表考》，博贍詳盡，觀者稱快，實從來未有之作。沈氏訂訛，因仍舊文，無所是正。其於沈氏亦不考，不知所訂者何訛也。予欲依梁氏《人表考》之例，證以碑板文字、各家傳記、唐人説部諸書，凡《唐詩紀事》、唐詩小傳、唐詩注、唐詩文之有關於此表者，無不備採，庶幾十得七八，而疑者闕之，亦可以補沈氏之不逮矣。唐人最重族望，其姓氏之源流、世次之先後，於此表猶可考見，則亦何可盡廢也？又姓氏書無善本，余欲此表姓氏源流之例，於九十八族之外，補所未備，作《姓氏考》，恐先我而爲之者，遂未卒業。沈《鈔》唐宰相三百六十九人，再入五十七人，三公三師七十一人。

《新舊唐書互證》二十卷

國朝趙紹祖撰

古墨齋本。嘉慶癸酉年刊。有目無序。列《新書》於前，加以案語。余初得《互證》，後得《合鈔》，而《唐書》差可讀矣。然《合鈔》卷帙繁重，用功甚深，《互證》則易爲也。

《史略》：“吳兢《唐書》一百卷，叙事簡核，號良史。肅宗詔柳芳與韋述綴輯兢所次國史，會述死，芳續成之。興高祖，訖乾元，凡百三十篇。叙天寶事不倫，史官病之。又韋述《唐書》一百三十卷，令狐德棻、吳兢等撰。武德以來，國史皆不能成，述因二家參以後事，遂分紀傳，又爲例一篇。史稱其史才博識，

蕭穎士稱其文約事詳，譙周、陳壽之流。似孫按：後唐起居注郎
賈緯言：‘高宗至代宗已有紀傳，德宗至濟陰廢帝，凡六代，唯有
《武宗實録》，餘皆闕略。今採訪遺文及耆舊傳説，編成六十五卷，
目曰《唐年[二]補遺録》，以備將來史官修述。’至開運二年，史館
上《新修前朝李氏紀志列傳》，共五百二十卷，賜監修宰臣劉昫、
史官張昭遠、直館王伸等繒綵、銀器有差。又按：歐史《劉昫傳》
只載明宗時爲監修國史，殊不及唐史之續，蓋昭遠輩所成也。慶
曆五年，詔王堯臣、張方平等刊修《唐書》。皇祐元年，以宋祁爲
刊修官。至和元年，又命歐陽修、宋祁刊修，乃撰紀十，志五十，
表十五，傳百五十。嘉祐五年，提舉宰臣曾公亮上之。祁雖作百
五十傳，亦曾自作紀、志。今宋氏後居華亭者有其書。又李繪
《唐書補注》二百二十五卷。繪，宣和中進士，以《舊書》參
《新書》爲之注。又董氏《唐書音》二十五卷。”録於《古逸叢書》本。

　　殿本《考證》：“《新書》可議，惟傳中喜用僻澀，時類蛇户
誃紤之弊。又制、詔、奏疏改易原文，盡失唐代體裁，不無遺議。
若夫明是非，正得失，叙次簡嚴，時寓筆削；或紀、志未備，詳
見列傳之中；或彼傳闕略，互見於此傳之中：較之《舊書》，實得
史法。《舊書》以完善勝，故《通鑑》取之；《新書》以識見勝，
故《綱目》取之。”

《舊五代史》一百五十卷

　宋薛居正等撰

　　武英殿本。首御製《題舊五代史八韻》；次奏摺，乾隆四十年
七月初三日；次諸臣職名；次凡例十五條；次目録，上、下二卷。
《梁書》二十四卷，《唐書》五十卷，《晉書》二十四卷，《漢書》
十一卷，《周書》二十二卷。列傳：《世襲》二卷，《僭偽》三卷，
《外國》二卷。志十二卷：曰《天文》、曰《歷》、曰《五行》、曰

《禮》、曰《樂》、曰《食貨》、曰《刑法》、曰《選舉》、曰《職官》、曰《郡縣》。《禮》、《樂》志各二卷，餘皆一卷。乾隆四十九年校刊，各卷末有考證。

《考證》：“原書體例不可得見。今考之，知其斷代爲書，如《三國志》之體。今仍按代分編，以還其舊。”　“薛《史》本紀沿《舊唐書》帝紀之體，除授沿革，鉅纖畢書，惟分卷限制爲《永樂大典》所割裂，已不可考。今釐定編次爲本紀六十一卷，與《玉海》合。”　“《梁太祖紀》原帙已闕，其散見各韻者僅得六十八條。今據諸書徵引薛《史》者按條採掇，謹仿前人取魏澹書、《高氏小史》補《北魏書》之例，按其年月條繫件附，釐爲七卷。”　“五代諸臣類多歷事數朝，首尾牽連，難於分析。歐《史》以始終從一人者入梁、唐、晉、漢、周臣傳，其兼涉數代者，則創立雜傳歸之，褒貶謹嚴，於史法最合。薛《史》僅分代立傳，而以專事一朝及更事數姓者參差錯立，賢否混淆，殊乖史體。此即其不及歐《史》之一端。因篇有論贊，總叙諸人，難以割裂更易，姑仍其舊。”　“《后妃列傳》，《大典》中惟《周后妃傳》全帙具存，餘多殘闕。今採《五代會要》、《通鑑》、《契丹國志》、《北夢瑣言》諸書以補其闕，用雙行分注，不使與本文相混也。”　“宗室列傳多脱簡，今據諸書採補。其諸臣列傳中偶有闕文，亦仿此例。”　“諸臣列傳其有史臣原論者，俱依次排比。若原論已佚，則考其人之事蹟，以類分編。薛《史》標目如李茂貞等，稱《世襲傳》，見於《大典》；其楊行密等稱《僭僞傳》，則見於《通鑑考異》。今悉依仿《編類》，以還其舊。”　“諸志偶殘闕，俱採《御覽》增補，仍節錄《五代會要》分注於下，以備參考。”　“《大典》所載薛《史》原文，多有字句脱落、音義舛譌者。今據前代徵引薛《史》之書，如《通鑑考異》、《通鑑注》、《御覽》、《廣記》、《册府》、《玉海》、《筆談》、《容齋五筆》、《青緗雜記》、《職官分紀》、《錦繡萬花谷》、《藝文類聚》、《記纂淵海》之類，皆爲參互校訂，庶臻詳備。”　“史家所紀事蹟，流傳互異，彼此各有舛誤。今據新、舊《唐書》，《東都事略》，《宋史》，《遼史》，《長編》，《五代春秋》，《九國志》，《十國春秋》及宋人説部、文集與五代碑碣尚存者，詳加考核，各加案語，以資辨證。”　“《五〔三〕代史補》、《五代史闕文》，本以補薛《史》之闕，今仿裴注例，附見於後。”　“薛《史》與歐《史》時有不合，今悉爲辨證，詳加案語，以示折衷。”　“歐《史》改修，原據薛《史》爲本，其間有改易薛《史》之文而涉筆偶誤者，有尚沿薛《史》之舊而未及刊改者，今并各加辨訂於每卷之後，庶二史異同得失之故，讀者皆得考見焉。”

彭氏曰：“《永樂大典》散篇輯成之書，以此爲最，以其注明《大典》卷數及採補書名、卷數，具知存闕章句，不没其實也。《四庫全書》本如此，後武英殿鐫本遂盡删之。曾屢争之總裁，不見聽，於是薛氏真面目不可尋究，後人引用多致誤矣。幸鈔存此本，不可廢也。”《舊五代史鈔本跋》，録於《知聖道齋讀書跋尾》。

俞氏曰：“《舊五代史》輯自《永樂大典》，而以《册府元龜》補之，底本俱注明。嘗以《大典》史文校《册府》，多不同，知《册府》非全用薛《史》，原注應存也。梁紀大半出‘閏位部’，《王建傳》全出‘僭僞部’，此其尤多者。至《五代會要》，則全采薛《史》。薛《史》《外國列傳二》底本注云‘昆明，占城，牂牁，僅存數語’。今仍其舊。細檢其文，乃是四國，有于闐也。于闐在《會要》二十九卷，“牂牁、昆明、占城”之文在《會要》三十一卷。今薛《史》刊本目録已補于闐，然不應次於昆明、占城之中，宜依《會要》次序。”

文光案：薛《史》官本之外，再無別本，諸家藏書亦無録薛《史》者。俞氏所云底本，今不可見。刊本目録，先昆明部落，次于闐，次占城，次牂牁蠻，四國之傳共六十四字，故底本注曰"僅存數語"。依《會要》次序，則先于闐、牂牁，次昆明、占城，本是四國，底本誤爲三國，故俞氏正之。又案：《永樂大典》所收之書，不但原編次第人不能明，即篇章字句殘缺亦甚，蓋當時不免脫漏，後又有所遺佚也。

趙氏曰："宋太祖開寶六年四月，詔修梁、唐、晉、漢、周書。其曰《五代史》者，乃後人總括之名也。七年閏十月，書成。監修者爲薛居正，同修者爲盧多遜、扈蒙、張澹、李昉、劉兼、李穆、李九齡，皆本各朝實錄爲稿本，此官修之史也。其後歐陽修私撰《五代史記》七十五卷，藏於家。修歿後，熙寧五年詔求其書刊行，於是薛、歐二史并行於世。至金章宗泰和七年詔止用歐《史》，於是薛《史》漸湮，惟《大典》載其遺文。恭逢我皇上開四庫館，命諸臣就《大典》中排纂成帙，仍得列於正史，嘉惠後學非淺鮮也。"錄於《廿二史劄記》。

《五代史補》五卷

宋陶岳撰

汲古閣本。是書《簡明目録》入雜史類，今次於薛《史》後。凡一百四條。岳，雍熙二年進士。

陶氏自序曰："岳自幼及長，侍長者之座，接通人之談。至於諸國竊據，累朝創業，其間事迹，間曾尋究。因書其所聞，得百餘條，均其年代，爲之次序，勒成五卷，命曰《五代史補》。雖同小説，頗資大猷，聊以備於闕遺，故不拘於類例，幸將來秉筆者覽之而已。時皇宋祀汾陰之後，歲在壬子序。"

彭氏曰："其書多瑣屑，類説部。歐陽公採入《史記》者十之二三，餘大概無足取。甚矣，史才之難也！毛子晉後跋謂：'六一病薛《史》繁猥，汰卷帙之半。陶復病其闕略，補之。'陶氏撰此書當真宗時，序云"祀汾陰之後，歲在壬子"，乃真宗大中祥符五年，在歐《史》前。所補者，薛《史》也。汲古閣刻書後多有跋，大半紕繆如此。"錄於《知聖道齋讀書跋尾》。

《五代史闕文》一卷

宋王禹偁撰

汲古閣本。陶、王二家書皆補薛《史》，因錄於薛《史》後，凡十七條。

王氏自序曰："臣讀《五代史》，總三百六十卷，記五十三年行事，其書固亦多矣。然自梁至周，君臣事迹，傳於人口而不載史筆者，往往有之。因補一十七篇，集爲一卷，皆聞於耆舊者也。"

毛氏曰："鉅野王元之，採諸實録三百六十卷中，撰進一十七篇，所謂少少許勝人多多許。"又曰："《梁史》舊文指司空圖小瑕以泯大節，不有此書，誰知其誤？"錄於《西河集》。

《新五代史》七十四卷

宋歐陽修撰

北監本。萬曆二十八年魏文貞、黃汝良等校刊。本紀十二卷；列傳四十五卷，曰《家人》、曰《臣》、曰《死節》、曰《死事》、曰《一行》、曰《唐六臣》、曰《義兒》、曰《伶官》、曰《宦者》，終以《雜傳》；考三卷，曰《司天》、曰《職方》；《世家》十一卷，末卷爲《十國世家年譜》；附録《四夷》三卷。實七十四卷，諸家或云七十五卷，蓋誤算也。前有建安陳師錫序。注不署名，惟開首有"徐無黨曰"四字。徐注最淺陋。

韓氏曰："歐陽公《與徐無黨書》云：'《五代史》昨見曾子固之議，今卻從頭改換，未有了期。'又《與梅聖俞書》云：'閑中不曾作文字，祇整頓了《五代史》，成七十四卷，不敢多，令人知深思，吾兄一看如何？可得極有義類，須要好人商量。此書不可使俗人見，不可使好人不見，奈何！奈何！'"又曰："歐《史》卻甚與人辯白，盡有工夫。"又曰："胡德輝記尹和靖語，《五代史》本是永叔祖分作，其間亦有指名。然歐陽公嘗云：'河東一傳乃大奇，自此當以爲法。'不知謂作何傳耳。"聚珍本案曰："尹洙《河南集》謂初與永叔約分撰《五代史》，既而不果，乃別撰《五代春秋》。世謂歐史取材於洙，則此所云'分作'者，或即洙也。然原本闕訛，云'永叔祖分作'。考洙，焞之從祖也，疑'祖'字上脱去'與從'二字。然此語不見於他書，不敢輒加增改，姑闕其文。"錄於聚珍本《澗泉日記》。

《金石文字記》："《建雄節度使相里金碑》，今[四]在汾陽縣小相里之北太師墓上。《五代史·相里金傳》略同，惟傳云'字奉金'，而此云'字國寶'；傳云'贈太師'，而此云'贈太子太師'；又封西河郡開國侯，而史遺之：皆當以此碑爲正也。"

"碑云：'顓頊生大業，大業生庭堅。庭堅仕堯爲大理官。至殷末，有理徵爲殷伯。其孫仲明逃紂之禍，故去"玉"而稱里氏。至周時，晉有大夫里克，其妻同成氏，携小子季連避地居於相城，時人遂呼爲相里氏。'相里武爲漢御史，相里覽爲前趙將軍，而《莊子》言相里勤之弟子，《韓非子》言有相里氏之墨，作碑者不能引也。"　"今汾陽有大相、小相二村，相里氏之後尚有數十家。因考北齊寺碑，題名多相里氏，至今千有餘年，而子孫猶居於此。山谷之險，足以自保，故能屢代不遷。若山東、河南兵火之餘，人民散亡，求元時遺族，已不可見矣。"

《五代史記》七十四卷

宋歐陽修撰

武英殿本。乾隆四年校刊。前有建安陳師錫序、目録。第三行題“徐無黨注”。

《本紀》注云：“《本紀》因舊以爲名，‘本’原其所始起，而‘紀’次其事與時也。即位以前，其事詳，原本其所自來，故曲而備之，見其起之有漸有暴也。即位以後，其事略，居尊任重，所責者大，故所書者簡，惟簡乃可立法。”

《十國世家年譜》注云：“十國年世，惟楚、閩、東漢三國諸家之說不同而互有得失，最難考正。今略其諸說，正其是者，庶幾博覽者不惑，而一以年譜爲正也。”

> 文光案：此二條雙行小字，據《史略》，知爲歐公自注，非徐注也。十國曰吳、曰南唐、曰前蜀、曰後蜀、曰南漢、曰楚、曰吳越、曰閩、曰南平、曰東漢。

陳氏序曰：“五代距今百有餘年，故老遺俗，往往垂絶，無能道說者。秉筆之士，文采不足以耀無窮。歐陽公以此自任，其事迹實詳於舊記，而褒貶義例，仰師《春秋》，至於論朋黨宦女、忠孝兩全、義士降服，豈小補哉？”此序録於《史略》。殿本“自任”下有‘蓋潛心累年而後成書’九字，又“事迹”下有“爲實録”三字，“義士”作“義子”，當以殿本爲正。

《史略》：“景祐三年七月，集賢學士、知同州胡沖上所撰《五代史》七十七卷，又一書也。《五代史樞要》十卷，歐陽頎撰。

《五代史纂誤》三卷

宋吳縝撰

《知不足齋》本。是書摘歐《史》之誤。

俞正燮《書後》曰：“薛居正所纂《梁書》、《唐書》、《晉書》、《漢書》、《周書》，各自爲部。其稱《五代史》者，以十志言之。歐則名《五代史記》。徐度《郤掃編》，李心傳《建炎以來朝野雜記》，周密《齊東野語》、《癸辛雜識》并言劉道原子義仲作《五代史糾繆》。《朝野雜記》又言范季才作《五代史記正誤》。

王明清《揮麈録》言蜀人吳縝作《五代史纂誤》。劉、范、吳各爲一書，今惟吳書存。據陳《録》，以宇文時中刻之，其板由吳興入國子監，故《宋志》惟有吳書。《揮麈後録》云：'樓大防處有孟昶《與周世宗書》、姚令威寬注《五代史》，惜未見此。'據《後録》所言，是姚氏注已有成書，王明清未及見之。又以惜無孟昶書語，知姚注用裴松之《三國注》例也，而其書絶未聞。《癸辛雜志》言賈似道欲刊姚氏注《戰國策》，未及入梓，而國事異矣，故其書不傳。然姚氏《策》注今行於世，冀《五代史注》遺牒容在人間也。讀《曝書亭集》，知朱氏亦有注，亦用裴例。或以爲不傳。予見其手稿，即南監板本，夾手書籤千七百餘條，多碑拓文字。《池北偶談》云：'朱檢討言"曾於廟市見五代石敬瑭家廟碑，梁周翰撰文，惜未購之，此碑今不知所在"云云。'今檢其手稿，亦無此籤。甲子秋，見彭文勤手注《五代史記傳注》十六卷，亦用裴例。其冬爲此學，依姚、朱、彭例，采書裁貼成編，不能校寫也。朱籤存者已全採，惜姚書未見，而孟蜀之書已録，爲可喜。歐《史》本有注，署其甥徐無黨名。其注於顯義、隱義以一二語抉之，甚精到，但未整理文詞耳。疑歐自注而署徐名者，後人譏其淺陋，非也。吳之《纂誤》爲校正之書，甚有益於歐《史》，宋人乃謂吳有憾於歐，作此書，是以小人之腹度君子之心矣。真能覽歐《史》者，知徐注與此書非後人所能及也。"又記曰："今《五代[五]史記補注》及序目，彭春農知其詳，姚石甫不知其事，謂'劉宮保延蘇州王姓，王姓不可向邇'云云。實則宮保在浙日，以正爕稿本廣延詁經精舍人校對，皆茫然。及罷官寓家蘇州，又延王君渭校之。王君曰：'醉，不看書。'丙子秋，仍以稿本還正爕。正爕日食不給，不能看書，仍還之宮保，而阿鹽使爲寫清本，未校也。越十年，丙戌夏，正爕仍以還宮保而刻於廣東，竟無有爲校者。其未審處，惟自知之，他人未必能察也。辛卯正月，過揚州，宮保病亟矣，仍以此書爲言。壬辰夏，春農商改訂。談何容易，是可歎矣。癸巳九月望，天津舟中記。"錄於《癸巳存稿》，餘注未見。

《五代史記纂誤補》四卷　附録一卷

國朝吳蘭庭撰

桐鄉馮氏校刊本。前有乾隆四十三年吳蘭庭自序、嘉慶八年秦瀛序。《知不足齋》本，無附録。末有母弟蘭史跋，云："外尚有《考異》四卷，當俟續出。此時力未暇也。"

吳氏自序曰："宋朝請大夫吾家廷珍氏縝著《五代史記纂誤》，其書久佚。今武英殿聚珍板所採集者，以晁《志》核之，約存原書十之五六，則其亡失者爲可惜也。今年春，校武英殿《五代史》。點定之餘，不無管見，輒取薛《史》參核，益以昔賢緒論，并近時人訂正所及，録而次之，釐爲四卷，因名之爲《五代史記纂誤補》。其薛氏書及新、舊《唐書》，《遼史》，《宋史》并短説雜記，有及五代時事而語或歧出者，別爲考異之書，不在此數。薛《史》湮没已久，元明以來諸名公罕有見其書者，故如《漢隱帝紀》明云：'初，高祖欲改年號，中書門下進擬"乾和"二字，高祖改爲"乾祐"，至是與御名相符。'而後人疑歐《史》謂帝名同於年號，當時雖不知禮，殊不至此。隱帝名當是'祐'字，而傳寫誤'祐'。若夫十國四裔，歐書本多不備，且有《遼史》、《宋史》及吾家志、伊氏任臣之《十國春秋》諸書在兹，亦間爲標舉。其朝請元書間有未審及刊本訛脱數條，附之卷末。又薛氏《五代史》，惟《容齋三筆》引'僧道科目'一條，稱《舊五代史記》，餘多不然。若歐書則名《五代史記》，今行本止作《五代史》，而《纂誤》標名亦無'記'字，均係近刻之訛云。"

秦氏序曰："吳君胥石，名蘭庭，乾隆甲午科舉人。少承父學，又受業其家牧園先生，於學無不博，尤淹貫諸史。鉤鈲剔抉，精審詳覈。既游京師，館大興朱竹君先生家，盡讀其藏書。會朝廷開四庫館，館臣校勘之役，交倚胥石。胥石又得讀所校書，此《五代史記纂誤補》之所由作也。"

殿前軍起於周世宗都檢點，位都指揮上。太祖實由此受禪，見於國史。歐《史》云"不知所始"，蓋考之未詳也。 《纂誤》多以己意裁改史文。 《唐六臣傳》，謹案何氏焯曰："張末云：'六人者，爲唐大臣，挈國而輸之賊，北面而事之，爲史者從而正其罪，何所不可。但其書謂之《五代史記》，而中有一卷或謂之唐，唐非五代也。班《書》有後漢事，范《史》有前漢事。末以爲若因及之，雖越數代猶爲無害，但立名標卷，事似難行。'此論頗當。惟《宋史》書周三臣，則得闡幽之道，又當通其例之變也。"以上錄於本書。

吳氏曰："王介甫意輕《五代史》，一日，因平甫案間有之，遂問曰：'此書何如乎?'平甫曰：'以明白易曉之言，叙擾攘難盡之事，未易議也。'始誠其言，以爲切當。"錄於《五總志》。

《史略》："《五代史纂誤》，吳縝錄歐陽公《新史》牴牾闕語凡二百餘字。" "張紹遠《唐列傳》已佚。" "《五代春秋》二卷，宋尹洙撰，《讀畫齋》本。邵晉涵跋曰：'薛氏《五代史》叙事詳核，而帝紀未免冗煩。尹師魯《五代春秋》書法謹嚴，歐《史》帝紀所仿也。論者多病其太簡，然於十國興廢大事必書，視歐《史》之不載於紀者，爲得史法矣。轉寫多脱誤。鮑君以文以葉石君鈔本見示，因取盧紹弓先生校本對勘，參以舊時所見本，爲校正四十一字。至張景作'灝'，漠谷作'暮'，薛、歐二史本有異同，今仍其舊云。'"

文光案：《五代春秋》，《尹河南文集》之末二卷也。不知何人從集本録出，轉輾傳鈔，刻入叢書，而諸家校本亦不聞以本集對勘，因記於此。

《新五代史補注》七十四卷

國朝彭元瑞、劉鳳誥同撰

原本。前有陳師錫序、彭文勤公手訂《注例》十二條；次嘉慶乙亥跋、《注例述》，皆劉氏所撰；次目録。卷仍歐《史》之舊，而以薛《史》爲注。徐注僅帝紀十二卷，散見本書條下，寥寥數語，以發明書法爲宗，疏略可知。朱竹垞有注數十條，其書未成。嘉慶癸亥夏，彭氏排注《梁家人傳》至《唐臣傳》十六卷，爲之式，餘五十八卷屬門人劉鳳誥續成之，即此本也。是注薛《史》全收入，一字不遺。《五代會要》、《五代史闕文》、《五代史補》、《五代春秋》、《五代史纂誤》全行採入，餘尚二百餘種，以宋爲斷。注繁者分子卷，如《長編》之例。末有道光戊子楊文蓀跋。

彭氏《注例》曰：“歐《史》書法學《春秋》，文章學司馬，自《晉書》以下十六代，未能或之先也。後之論者，每議其略於唐宋之際典章制度，因革損益，闕焉不詳，多議作注以補之，而卒無成書。予以謂有注而以所取者校之所去者，而後知史法之精嚴。裴松之爲陳承祚功臣，豈虛語哉！”案：裴注皆壽所棄餘，玩注而後知《志》之善。

楊氏跋曰：“吾師萍鄉宮保卒文勤公未竟之業，閱二十年而始成書。文勤當日雖悉本裴松之注《三國》遺意以注是書，然竊謂松之於元嘉中受詔爲注，去陳壽作史時未遠，六朝以前舊籍頗存，故網羅繁富，恣其刺取，雜引前聞，旁及瑣事，洵足爲壽之功臣。至其疏通證明，大半參以己意，且徵引既廣，間或鄰於嗜奇，不免後人抨擊，固由論古者好爲苛繩，抑亦見著書之難也。斯注所摭，自《舊史》、《會要》外，尚有二百數十餘種，以際松之引書一百四十三種，奚啻倍之！凡昔之散佚遺編，皆晦而復顯，兼又以書注書，弗參已説，條分件繫，旁推交通，博而不濫，精而不溢，既無支蔓猥雜之弊，復不似酈道元、李善之割裂字句，義例謹嚴，前所未有。”

　　劉氏曰：“《後唐劉處讓造象記》，刻於廣元千佛崖石壁。按薛史《劉處讓傳》，所叙官階與碑多合。其不同，告國信使，碑爲‘東川官告使’；且使蜀在天成二年，亦非長興四年：當以碑爲正。其守左衛將軍兼御史大夫，自東川加平章事，史皆失載，可補其略。彭芸楣相國、劉金門少保《五代史補注》，惜未見此種。”錄於《金石苑》。

校勘記

　　〔一〕“遠”，據下文補。

　　〔二〕“年”，原作“朝”，據《全唐文》改。

　　〔三〕“五”，據《舊五代史·凡例》補。

　　〔四〕“令”，原作“金”，據清顧炎武《金石文字記》改。

　　〔五〕“代”，原作“史”，據清俞正燮《癸巳存稿》改。

萬卷精華樓藏書記卷二十七

史部一
正史類七

《宋史》四百九十六卷

元託克託等撰

北監本。光所藏北監全史爲竹紙本。近見北監白紙初印本全史一部，較常行者獨爲寬大。數百年之物，如未觸手，不知何人所藏，其愛惜亦甚至矣。予所見北監全史及零星行本，亦間有白紙者，皆不及此。南雍本《宋史》最劣。藏本亦白紙所印，較所藏全史差強而不及所見之本也。

洪氏曰："本朝國史凡三：書太祖、太宗、真宗曰《三朝》；仁宗、英宗曰《兩朝》；神宗、哲宗、徽宗、欽宗曰《四朝》。雖各自紀事，至於諸志若《天文》、《地理》、《五行》之類，不免煩復。元豐中，《三朝》已就，《兩朝》且成，神宗專以付曾鞏，使合之。鞏奏言：'五朝舊史，皆累世公卿道德文章，朝廷宗工所共準裁，既已勒成大典，豈宜輒議損益？'詔不許，始謀纂定。會以憂去，不克成。其後神、哲各自爲一史。紹興初，以其是非褒貶皆失實，廢不用。淳熙乙巳，邁承乏修史。丙午之冬，成書進御，遂請合九朝爲一。壽皇即以見屬，嘗奏云：'臣所爲區區有請者，蓋以二百年間典章文物之盛分見三書，倉卒討究，不相貫屬。及累代臣僚名聲相繼，當如前史以子係父之體，類聚歸一。若夫制作之事，則已經先正名臣之手，是非褒貶皆有據依，不容妄加筆削。乞以此奏下之史院，俾後來史官知所以編纘之意，無或輒將成書擅行删改。'上曰：'如有未穩處，改削無害。'邁既奉詔開院，亦修成三十餘卷矣，而有永思攢宫之役，纔歸即去國。尤衮以高宗皇帝爲辭，請權罷史院，於是遂已。祥符中，王旦亦曾修撰兩朝史，今不傳。"又曰："《四朝國史》本紀皆邁爲編修官日所作。至於淳熙乙巳、丙午，又成列傳三十五卷。惟志二百卷，多出李燾之手，其彙次整理，殊爲有功。然亦時有失點檢處，蓋文書廣博，於理固然。"録於《容齋三筆》。

韓氏曰："大觀四年四月丁酉，命禮部尚書鄭久中、翰林學士承旨鄭洵仁、翰林學士張閣修《哲宗正史》，吏部侍郎范致虛、禮部侍郎霍端友、殿中監姚祐同修，限一年成書。至政和二年四月壬子，詔《哲宗帝紀》進呈畢，修史官蔡薿、鄭久中、姚祐、張邦昌、宇文粹中各轉兩官；鄭洵仁、張閣、霍端友轉一官，以不經進呈故也。"録於《澗泉日記》。聚珍本案曰："《文獻通考》：'蔡京撰《哲宗前録》一百卷、《後録》九十四卷，語多厚誣。'紹興四年，詔令宰臣重修爲一百五十卷。京修《實録》未知在何年，第京於大觀四年出居杭州，與此所云鄭久中等修《哲宗正史》，自非一時事。久中、鄭洵仁史皆無傳，張閣諸人傳中亦不言其修史事，惟《范致虛傳》有'預修國史'之語，而不詳所修爲何帝之史，及修於何時。陳均《編年備要》則載大觀四年十一月，張商英請編熙寧、元豐事，號《皇宋正典》，明年局旋廢。與此所載是年四月修《哲宗正史》、政和二年四月《哲宗帝紀》進呈畢，皆互異。惟史佚其文，無從是正，然滾於大觀、政和時事乃所親見，所記當自不誣，固可以補正史之闕漏云。

史王珪，修史官蒲宗孟、李清臣、王存、趙彦若、曾肇進讀紀，賜物、遷官，及與修史官蘇頌、蔡卞等以他職罷去，各賜銀絹有差。元豐四年，詔曾肇修《五朝史》，以不稱上意罷修。紹興九年，王鈇上《七朝國史》，紀、志、傳外，益以世表、年表，然所修不成。紹興二十八年，修神宗、哲宗、徽宗三朝正史。淳熙七年，國史院自開院至成書，凡二十有八年。上《四朝正史·志》一百八十卷，《地理志》出李燾手，餘多採《續通鑑》。十三年，上《國史列傳》一百三十五卷、目錄二卷。三朝之史已成，詔修《欽宗帝紀》并纂《四朝正史》，從洪邁之請也。邁又請通修《九朝正史》，上許之。書未就而邁去國。初，元祐七年，詔范祖禹、趙彥若修《神宗正史》。崇寧三年，書成。大觀四年，命鄭久中等修《哲宗正史》。政和二年，進《哲宗正史·帝紀》《表》《志》《傳》《目錄》，總二百十卷。淳熙十三年，知龍州王稱上《東都事略》百十三卷。《紀》十二，《世家》五，《列傳》百五，附錄八。其書特掇取五朝史傳及四朝實錄附傳，而微以野。[一]

文光案：《玉海》載，淳化五年，張泊等上重修《太祖紀》十卷，以朱墨雜書。先是，以李至、張泊、張秘、范果同修國史。咸平元年，宋白、宋湜、吳淑等同編《太祖國朝史》，又請錢若水同修。詔可。景德四年，詔修太祖、太宗《正史》，宰臣王旦監修。至九年，《史》成，凡百二十卷。優詔答之，加旦司徒，修史官趙安仁、晁迥、陳彭年、夏竦、崔遵度并進秩賜物。王欽若、陳堯叟、楊億嘗預修，亦賜之。先是，朱巽、張復同編《兩朝日曆》、《時政記》、《起居注》、《行狀》、諸司文字，委欽若總領。每成《紀》一二卷，先進草本，帝觀，多所改正。天聖五年，詔宰臣王曾監修《三朝國史》。至八年，修《真宗史》成，增兩朝史，爲百五十卷，此所謂《三朝國史》也。修史官呂夷簡、夏竦、陳堯佐等進秩有差。熙寧十年，詔修仁宗、英宗兩朝《正史》，以宰臣吳充提舉，宋敏求、蘇頌、王存、黃履、林希同爲編修官。至元豐五年，修成一百二十卷。原注："比之《實錄》，事迹頗多，但非寇準，而是丁謂，託之神宗詔旨。”監修國史。附益之。蘇轍作《古史》六十卷，因司馬遷《史記》，上觀《詩》、《書》，下考《春秋》及秦漢雜録，起伏羲、神農，訖秦始皇帝，爲七《本紀》、十六《世家》、三十七《列傳》。紹聖二年三月書成。劉義叟著《十三代史志》、《劉氏輯歷》、《春秋災異》、《南北史韻目》。王氏所列宋朝諸史最爲詳明，因録其大要，以備參考云。

袁氏曰：“杜太后金縢之事。趙普因退居洛陽，太宗嫉之。後以此事密奏，太宗大喜。秦王廷美、吳王德昭、秦王德芳，皆由普以死。今《宋史·普列傳》無一語及之。李燾作《通鑑長編》，亦不敢載。私家作《普列傳》，始言普將死，見廷美坐於床側，與普忿争。其集號《巽巖集》，所宜搜訪。《宋太祖實録》舊有兩本，一是李昉諸臣所爲，太宗屢曾宣索，已有避忌。至真宗咸平再修，王禹偁直書其事，出爲黃州。禹偁所著《建隆遺事》，足見深意。前實録無太宗叩馬一段，後録增入，顯是迎合。”“《天聖三朝正史》紀載多有謬誤，蓋修史官夏竦所爲，呂夷簡受成而已。其列傳遂以寇準、丁謂同傳，所宜改正，若此非一。”“洪邁作神、哲、徽、欽四朝史，於時高宗在德壽宮，多所避忌，亦有蕪類，所宜刊削，當直書徽宗亡國之罪。”“徽宗違盟契丹，童貫復燕城，正史回避，所合改正。”“徽宗圍城受辱，北行遭幽，正史不載。所有雜書、野史，如《三朝北盟會編》、《靖康傳信録》諸書，可備編纂。”“元符至元祐事，趙鼎雖於紹興改正，亦有隱諱。今可考證增入者，如邵氏《辨誣》、《元祐黨籍傳》、《尊堯録》等書，今具於後。”“宋世九朝，莫詳於《長編》，而可資證援參考復別有書，如《續通鑑長編》、《紀事本末》、《隆平集》、《東都事略》等書，具於後。”“歐陽修修史能於宰相、方鎮年月譜系，蓋宰相之任匪輕，推年可以考得失；方鎮之害[二]最重，因年可以推盛衰：

宋朝興亡，由是可考。如《百官公卿表》、《宰輔編年録》、《百族譜》諸書尚有，而史院無存。”“聶崇義作《三禮圖》，多有舛誤。”“諸降王宜用僞史，如《九國志》、《南唐書》，仿歐《五代史》例作《世家》。”“李筠、李重進，周之忠臣。《宋史》作《叛臣傳》，宜改正。”“志學之歲，專意宋史。城西火災，舊書燬，而家世舊聞猶能記憶，或得搜訪傳録，庶能成書。”《修遼金宋史搜訪遺書條列事狀》，録於《清容居士集》。

　　文光案：狀雖標名三史，而中所列者，乃東都九朝事迹，南渡七朝，遼、金二代，無一語及之，豈爲未完之書，抑或有深意存與？狀中所列諸書，今存者十之一二，則所佚多矣。伯長熟於掌故，其所條列，當時多採用之。惜乎三史刊成，伯長已殁，未得一見也。

　　趙氏曰：“元順帝時，命託克託等修遼、宋、金三史。至正三年三月開局，至正五年十月告成。以如許卷帙，成之不及三年，其時日較明初修《元史》更爲迫促。然三史實皆有舊本，各朝舊史元世祖時又已編纂成書，至託克託等已屬第二、三次修輯，故易於告成耳。《遼史》在遼時已有耶律儼本，在金時又有陳大任本，此《遼史》舊本也。金亡後，累朝實録在順天張萬户家，後據以修史，此《金史》舊本也。宋亡後，董文炳在臨安主留事，曰：‘國可滅，史不可滅。’遂以宋史館記注盡[三]歸於元都，貯國史院。此《宋史》舊本也。元世祖中統二年，詔修遼、金二史。及宋亡，又命史臣通修三史。史官以耳目所及，睹記較親，故金、宋亡國時紀傳更覺詳悉。大概金宣宗以前、宋度宗以前之史，皆金、宋舊史也。其所以未有成書者，以義例未定故耳。至順帝時，詔宋、遼、金各爲一史，於是據以編排，蓋早有成緒也。”又曰：“柯維騏合三史爲一史，以宋爲主而遼、金附之，并列二王於《本紀》，褒貶去取，義例頗嚴。三十年始成，名曰《宋史新編》，未及梓行。"録於《廿二史劄記》。

　　文光案：柯史今有刻本，趙氏未見其書。大體有可議者，如《道學》、《儒林》仍分爲二，列遼、金於《外國》，并二王於《本紀》，皆失其當。其小有補苴者，如宋之宗室，有列於諸王之次者，有編於諸臣之後者，同是宗室，體例未能畫一，而《新編》一之，是可取也。沈德符謂其作是書時，至於發憤自宮，以專思慮，亦太愚矣。重編《宋史》者，尚有數家，其説時時見於諸書。但以一人之力成書甚難，作者苦之，而議者隨之，故亦卒無傳本也。

錢氏曰："《瀛國公紀》繁冗無法，採訪務博，而不知删汰之失，惟紀末附益、衛二王之事，爲得之。""南渡諸臣傳不備。""《藝文志》脱漏甚多。""馬樞有《道學傳》二十卷，乃《列仙》、《集仙傳》之類，謂《道學》必美於《儒林》者，非通論也。""'宋五子'宜合爲一傳，而於論贊中著其直接聖賢之宗旨，不必別之曰《道學》也。自五子而外，則入之《儒林》可矣。""《宋史》創立《道學傳》，別於《儒林》，意在推崇程朱之學，而義例甚有可議者。"録於《潛研堂集》。

　　文光案：《道學》、《儒林》之分別，《古今人表》之等第，皆隨意爲位置，非千古之定論也。

阮氏曰："《宋史》《狄青》《余靖》《廣源州蠻》等傳，載青破儂智高事甚詳。李燾《長編》、曾鞏《雜録》所載亦爲得實。惟沈括《夢溪筆談》一段爲世人所口炙者，余昔嘗疑之。今親至邕川，知其侈也。元宵犒兵，或有之。三夜□宴，座客待曉，武襄未必如此。沈括所談，未盡實矣。又按，余靖《平蠻京觀碑》及《平蠻三將題名》，皆言正月己未，青至歸仁鋪，賊舉衆出城拒戰，大敗之。《宋史·仁宗紀》則以爲戊午日。當以碑爲得實。《宋史》皇祐五年正月壬寅朔己未，正是元宵後三日，乃正月十八日也。

余靖碑誌又言追奔十五里，是也。《宋史・狄青傳》言追奔五十里，亦誤也。由歸仁至城，僅二十里。此碑之所以勝於史也。"錄於《孥經室集》。

俞氏曰："《宋史・梁顥傳》言雍熙二年及第，景德元年卒，年九十二。其卒年數可疑也。《談苑》云：'梁顥八十二作大魁。'孔平仲乃治平二年進士，作《談苑》，去顥時不遠，其言已不實。檢《遯齋閒覽》云：'梁顥太素八十二歲狀元及第，其謝啓曰："白首窮經，少伏生之八歲；青雲得路，多太公之二年。"'後終祕書監，卒年九十餘。'八十二'之説，所據者此啓。梁顥謝及第、李清照謝綦學士二啓，皆無名子遊戲作。按傳，則及第時七十三，啓語亦不可用也。《東都事略》云'卒年四十二'，以推顥及第年二十三，與《朝野雜記》所言符合，俗工校寫者改'四'作'九'。"《書宋史梁顥傳後》，錄於《癸巳存稿》。

武氏曰："《宋元祐黨籍碑》，今在融州，碑完具。其立此者朝奉郎、權知融州軍州，兼管內勸農事古雪沈暐也。暐爲沈幹之曾孫，以家藏本鑴諸玉融之真仙巖。碑式凡三截，上橫勒蔡京書，題云'皇帝嗣位之五年'，證之於史，實崇寧三年也。《徽宗紀》：'六月戊午，詔重定元祐、元符黨人及上書邪等者，合爲一籍，通三百九人，刻石朝堂。'今碑悉與史合，惟碑所言皇帝書而刊之石，置於文德殿之東壁，則史未嘗載上自書也。史總計元祐、元符，而碑止題'元祐黨籍'，較史有異文。豈固以元祐爲首惡，而大書特書之與？中截文臣，內分宰執、侍從，餘官又有武臣、內臣，并列其名次。然碑以司馬光居宰執第一，而紀則首文彥博；碑以內臣張士良、武臣王獻可爲第三，而史則悉列於首：蓋爲重定之次如此。又書'爲臣不忠，曾任宰官二人王珪、章惇'，不與上諸官連。案：是事在三年二月己酉，詔王珪、章惇別爲一籍，如元祐黨。今碑另行所書，是也。下截暐自記刻石始末，爲臣子之勸。”“崇寧元年，籍元祐及元符諸臣百二十人，御書刻石端禮門。見《本紀》。”“《宋李昭亮碑》，世系、歷官、功勳并與史同，惟自昭亮曾祖肇以前已遷於開封，則史所未及者也。”“宋封魏王廷美告詞，政和三年五月，今在汝州。詞稱‘宣祖皇帝子贈太師中書令兼尚書令秦王，謚悼，特追封魏王’。《宋史》本傳：‘真宗即位，追復皇叔涪王廷美西京留守、檢校太師兼中書令、河南尹、秦王。仁宗即位，贈太師尚書令。徽宗即位，改封魏王。’按此，廷美先贈兼中書令，後加贈尚書令。今以告詞質之，當仁宗前已贈太師、中書令兼尚書令，而史欲爲省文，以致謬戾不合。《職官志》：中書令，宰相職也。兼中書令，乃使相耳。其下叙及尚書令，方真宗時，廷美已贈兼中書令，至仁宗又推恩矣，乃反遞下以尚書令加之，非也。宜如告詞所贈爲正。”錄於《授堂集·金石三跋》。

陳氏世隆曰：“予閱[四]宋昭憲太后本傳，生邕王光濟，早死；次太祖；太宗；秦王光美；夔王光贊，幼亡；又燕國、陳國二長公主：則廷美爲昭憲出無疑矣。比廷美被讒，太宗謂宰相曰：‘廷美母陳國夫人耿氏，朕乳母也。後出嫁趙氏，生廷俊。’而《廷美傳》言涪陵公廷美母陳國夫人耿氏卒。此又若廷美真非昭憲出者，何也？蓋廷美之出於昭憲，路人知之；廷美之致禍，則昭憲貽之。金匱之詔曰：‘汝百歲後當傳位於汝弟。’嗟乎！太宗不能一日忘情於太祖，能一日忘情於廷美乎？反覆廷美，始終未嘗有一顯罪確情，如淮南、江都之逆戾也。初告秦王驕恣，將有陰謀。陰謀，何謀也？王遹輩以告，驟擢美官矣，王榮輩以交通安置矣。比趙普以私怨恨盧多遜，不藉廷美則不中太宗之妬，不藉廷美以中太宗之妬，則中多遜不毒。趙白、戁德明之報，多遜弓箭之遺，淮海犀玉之索，潘潾銀盌、錦綵、羊酒之私，皆[五]一時廷臣羅織成之，廷美何罪？傳又云：‘遣趙懷祿私其同母弟趙廷俊。’夫廷俊果耿氏出，天下莫不聞，何必太宗曉曉然鳴之於大臣，大臣曉曉然鳴之於羣臣？又孰敢謂廷美昭憲出也？況彼時宰相普也，普言亦何可信乎？且太祖下滁，宣祖尚無恙，未幾而帝。以太祖之仁孝，忍使其父有壯子之媵妾改適他人者夫？既已適他人矣，已爲失節之婦，而陳國夫人之號又孰崇之？蓋太宗一時爲塗面之言，以遮謀殺廷美之故，當時諱之，史臣難之，故其紀錯亂而矛盾，使後世疑之必辨之，則太宗之殘忍、趙普之險惡、廷美之冤憤昭然如日月之行天，萬世不能掩也。"錄於《珠麈》本《北軒筆記》。

劉氏曰："宋慶曆六年丙戌，崔嶧等造象記刻於廣元千佛崖。按《宋史》本傳，嶧知遂州。據記所謂本路，乃利州也。又《高諮傳》，諮知丹、利州。此記正其知利州時也。崔、高二人同官利州，同粧佛一龕，而勒記於石，至今完好。且史未著二人官利州時日，藉此可補其缺。"又曰："宋仁宗授龍昌期充益州學講説勅，按《宋史》有'追還詔書，昌期不敢受賜'之語。據此碑，則詔書未曾追還，昌期亦已受賜矣。此碑下刻文潞公《薦昌期劄子》，潞公集未載。"又曰："《宋趙毅簡公神道碑》在大足縣。按史及碑，均言公葬盩厔，不知何以立碑於此。"錄於《金石苑》。

文光案：北監本《宋史》，萬曆二十七年，方從哲、黃汝良等校刊，題曰"開府儀同三司、上柱國、錄軍國重事、前中書右殿本作"左"。丞相、監修國史、領經筵事、都總裁脱脱等修"。《藝文志》八卷，據《崇文總目》，刪其重複，增所未備，復斷自嘉定以後，而有著錄、不著錄之分。雖言四部者考核所必資，而訛謬特甚，未見有校及者。宋自咸平以來，龍圖閣、太清樓、玉宸殿、四門殿儲藏至富，尋爲煨燼。仁宗新崇文院，命學士張觀等編《崇文總目》。高宗移蹕臨安，搜訪遺闕，優獻書之賞。紹熙以後，輯錄之夥，視《崇文目》又有加焉。宋有《志》，而咸淳以來尚多闕略。遼、金、元三史無《志》，議者欲仿《隋志》兼《五代史志》之例，輯之於《明史》。於是上元倪燦及海寧張錦雲皆有《藝文志》稿，而盧召弓得之，遂編成《宋史藝文志補》、《遼金元三史藝文志補》也。

《宋史》四百九十六卷

元託克託等撰

武英殿本。　乾隆十一年校刊。目録三卷，本紀四十七卷，志一百六十二卷，表三十二卷，列傳二百五十五卷。本紀起太祖至瀛國公，附二王。志十五：曰《天文》、曰《五行》、曰《律歷》、曰《地理》、曰《河渠》、曰《禮》[六]、曰《樂》、曰《儀衛》、曰《輿服》、曰《選舉》、曰《職官》、曰《食貨》、曰《兵》、曰《刑法》、曰《藝文》。表二：曰《宰輔》、曰《宗室世系》。列傳：《后妃》、《宗室》、《公主》、《諸臣》、《循吏》、《道學》、《儒林》、《文苑》、《忠義》、《孝義》、《隱逸》、《卓行》、《列女》、《方技》、《外戚》、《宦者》、《佞倖》、《姦臣》、《叛臣》、《世家》、《周三臣》、《外國》、《蠻夷》。

《考證》曰："《宋史》成於元代。元世祖時修遼、金二史，尚未及宋。至正三年，始詔并修，命脫脫總裁，而發凡起例，出於歐陽元之筆居多。今舊刻止南北二本，頗有漫漶錯落，此外別無外本可據。謹就《續通鑑》，《續綱目》，《南唐書》，《十國春秋》，《九國志》，遼、元諸史，以及《通考》、《通典》、《玉海》、《元龜》并諸家文集中確有證佐者徵引若干條，附於卷末，以備參考云。"謹案：《四庫全書考證》凡正官本《宋史》之誤者二百四十五條，所改多訛字，多據監本。"《宋史》於張浚多所回護。按，何氏《備史》：'張魏公嘉禾刺客，乃是附會雜史張元遣刺韓忠獻事。'"《宋史》三百八十七《吳芾傳》，按，此云'致仕十年'，又云'晚閑十有四年'。一傳之中前後互異。一本此句無'十年'二字，疑是。"

趙氏曰："《宋史》卷帙最繁，其中有不必立傳而拉雜列入者，不過敘其歷官，如今仕途之履歷而已，此亦成何史冊乎？《王旦傳》全取《王文正公遺事》一書抄撮成篇，略無删訂。《李綱傳》至二萬餘言，分上、下二卷，尚有奏議載入也。李全劇賊，何亦分上、下二卷乎？其餘一事而兩傳互見者，一一鋪叙，不損一字，何其不憚煩也？""宋元交兵處，或稱大元，或曰北兵，多不畫一。葉夢得既列於《文苑傳》，則其生平著述亦應叙入，乃本傳侈言政績，絶不及文學，則何以列之《文苑》乎？""《宋史》卷帙雖繁，而事績又多遺漏。太宗雍熙元年，爲遼景宗乾亨四年，是歲景宗崩，聖宗即位，乃《宋史》本紀竟不載。范純仁見石曼卿之喪，以麥四十斛連舟與之，助其葬費，可見高誼，而《純仁傳》無之。狄青出崑崙關破賊，此事《青傳》亦不載。如此類者甚多。""《宋史》有是非失當者，又有與諸書所記互異者，即一史之中，亦多有自相矛盾者。""韓世忠固稱名將，其始亦多可議。張浚劾李綱罷相，又薦秦檜可任大事，又與岳飛論兵，不合，遂怒飛，乃《浚傳》於此等處并無一語，惟殺曲端略見傳中。又以金人廢劉豫歸功於浚。至楊么之擒，皆岳飛力也，亦歸功於浚。何鑄與羅汝楫劾岳飛，又嘗爲秦檜劾王居正爲趙鼎之黨，鼎遂奪職奉祠，鑄之姦邪，不一而足，乃《鑄傳》并無一字，反云'治岳飛獄，力辨其冤'，似正直者。葉夢得初爲蔡京客，京倚爲腹心，嘗爲京立元祐黨籍，分三等定罪。後知應天府，以京黨落職，而本傳不載。吕頤浩引朱勝非以傾秦檜，胡安國劾勝非不當復用。安國求去，檜三上章留之，而《安國傳》不載。岳珂守當塗，橫歛百出，置貪刻吏，開告訐之門，以罔民而没其財，本傳不載。辛棄疾附和韓侂胄開兵端，本傳亦不載。史彌遠廢立之罪，上通於天，詳見《濟王傳》。此等姦謀逆節，本傳無一語載入，成何信史乎？此非作史者意存忠厚，善善長而惡惡短也？蓋宋人之家傳、表志、行狀以及言行録、筆談、遺事之類，流傳於世者甚多，皆子弟門生所以標榜其父師者，自必揚其善而隱其惡，遇有功處，未有不附會遷就以分其美，有罪則隱約其詞以避之。修史者固當參互以核其實，乃不及考訂真僞，但據其書抄撮成篇，毋怪是非乖謬如此也。”“《宋史》卷帙又有當更定者。秦檜擅國十九年，凡居政府者，莫不以微忤斥去，惟王次翁始終爲檜所憐，則次翁應附檜傳之後。陳自强之附韓侂胄，與次翁之附檜一也，乃皆編入列傳，不著其姦黨，何也？又欽、高時人厠於理宗諸臣之列，不幾顛倒時代乎？又南唐世家既立《韓熙載傳》矣，劉仁瞻、皇甫暉、姚鳳皆南唐完節之臣，何以又不爲立傳，以附於熙載之後？南唐徐鉉、北漢楊業，後皆仕於宋，既入之宋臣列傳矣，南唐之周惟簡、西蜀之歐陽迥，亦皆仕宋，歷官多年，何以又不入宋臣列傳，而以附南唐、西蜀世家之後乎？此皆自亂其例者也。”録於《陔餘叢考》。

錢氏曰：“僖祖之當祧久矣，熙寧集議，則韓維是而安石非；紹熙集議，則汝愚是而元晦非。元晦尊程氏學，而伊川亦取安石之説，故持其議甚堅。至詆汝愚之詞，更非公論。”“《兵志〔七〕二》，此卷脱漏甚多，惜無善本補之。”“《藝文志》合《三朝》、《兩朝》、《四朝》、《中興國史》，彙而爲一。當時史臣無學，不能博涉羣書，考其同異，故部分乖刺，前後顛倒，較之前史，舛駁尤甚。有一書而兩三見者，有義例之不一者，有載此而失彼者。《樂》類訛字頗多。”“《宰輔表》第四卷多闕文，柯氏所見本尚未脱落，新編表中一一具書。監本屢經修補，寖失其舊。第五卷於宰執轉官皆書，較之前卷加詳。”“《宋史·外戚傳》不立昭孫傳，蓋宋末事迹缺佚，史臣失於採訪也。‘元祐六年簽書潁州公事’，按，是時蘇軾知潁州，趙令時爲簽判，其銜當云‘僉書潁州節度判官廳公事’。史删去‘節度判官’四字，竟似簽書州事矣。史家不通官制，涉筆便誤，一至於此。”“高行周，歐《史》本紀既誤，傳尤脫漏，不如《宋史·高懷德傳》之核。”“梁黄目父子撰述，志所載者不及其半，蓋志、傳之文多不相應。”“歐公《新唐書》《宗室》、《宰相世系》二表，出於呂夏卿。《律歷》、《天文》、《五行志》出於劉羲叟。《方鎮表》出於梅堯臣。能集衆人之長，故較舊史爲善。”“史傳之例，宜存限斷，與碑誌不同。高、曾以上，事隔先代，雖譜牒分明，亦當芟[八]汰。《宋史》諸傳多云‘唐宰相某人之後’，皆承用志狀之文。若依此例，則蘇之出味道、歐之出詢，何以又不書也？此篇敘陶節夫而及晉大司馬侃，遥遥華胄，尤無謂矣。”“南渡七朝事多疏漏，不及前九朝之完善，由於程限迫促，草草成書，不暇檢照也。”“梁汝嘉仕高宗朝，不與韓侂胄同時，乃與胡紘、何澹諸人同卷，且殿之卷末，殊失其次。論内亦不及汝嘉，此編次之誤也。權邦彦紹興初執政，乃列於趙雄、程松之間，亦失其次。列傳第百五十八卷鄭毅、仇忞、高登、婁寅亮、宋汝爲五人，皆高宗朝士，而卷次乃在光、寧朝臣之後，編第尤爲乖剌。”“吴昌裔與兄泳，於史例當合傳。今既分而二之，又不云‘兄泳自有傳’，失史法矣。”“史家之病在乎立傳太多，祖孫父子事迹可比附者，當連而及之。《宋史》當附而分傳者甚多。”“《宋史》最推崇道學，而尤以朱氏爲宗。朱氏門人有入《道學傳》者，又有列《儒林傳》者，其他傳或云‘少從朱熹學’，或云‘受學於熹’，或云‘登熹之門’，或云‘以朱熹爲法’，蓋自嘉定以後，朱學盛行，理、度二宗皆以尊尚道學爲先務，故一時士大夫莫不援附朱氏淵源以自重耳。”“牟子才所刻《太白脱靴》、《山谷返櫂》二圖，在太平州學，今尚存。”“史家欲寬彌遠擅殺侂胄之罪，故《彌遠傳》云：‘臺諫、給舍交章論駁，侂胄乃就誅。’”“彌遠之姦，倍於侂胄，而獨不與姦臣之列，傳於謀廢濟王事，并諱而不言，尚得云直筆乎？推原其故，則以侂胄禁僞學而彌遠弛其禁也。史臣以門户之見，上下其手，可謂無識矣！”“《世

家序》：‘王偁《東都事略》用東漢隗囂、公孫述例，置孟昶、劉
鋹等於列傳，舊史因之。’按，舊史爲《三朝國史》，乃仁宗朝所
修。王偁在南渡以後，乃偁襲舊史，非舊史襲偁也。”“‘今仿歐陽
修《五代史記》，列之世家。’按，《梁武帝通史》叙三國事，別
立吳、蜀世家。歐《史》蓋用其例，以十國非五代所得而臣，其
傳授世次，較於五代亦稍長，列於世家，頗爲允當。藝祖削平僭
僞，南唐、西蜀、南漢諸國，既無世可傳，而猶沿歐《史》之目，
甚無謂矣。李煜、孟昶、劉鋹、劉繼元當依陳勝、項籍、世充、
建德之例，列於列國功臣之前。錢俶、陳洪進納土入臣，其初本
未僭號，可援竇融之例，與功臣并列。惜乎柯維騏輩見不及此
也。”“李綱落職，鄂州居住，皆出張浚之論劾。史於《浚傳》既
諱而不言，《李綱傳》但於罷相時一言浚劾，餘亦略不及之，蓋史
家爲張浚護短，非直筆也。綱致宋齊愈於死，固難免上下其手之
嫌。乃浚於綱罷相之後抨擊不已，甚至指爲國賊，其疏具載李心
傳《繫年要録》，予故表而出之。讀史者勿以其晚節之善而置之不
論也。”“《宋史》紀、傳於南渡以後蕪雜殊甚。李綱固賢相，其傳
乃至兩卷，毋乃太繁乎？他如李鳴復、鄒應龍諸人，但叙官階，
全無事實，又何太簡乎？蓋史於南渡七朝，叙事不如九朝之密，
而寧宗以後，又不如高、孝、光三朝之詳贍也。”“張浚有恢復之
志，而無恢復之才，平居大言，以忠義自許，輕用大衆，爲僥幸
之舉，故蘇雲卿料其無成。史家以其子爲道學宗，因於浚多溢美
之詞。符離之敗，但云‘南軍小不利’而已，豈信史哉？”“符離
之役，軍資器械失亡殆盡。張魏公初聞之，甚懼，疑金人踵至，
遣使求和。僚吏有止之者，乃奏乞致仕。孝宗不從。李心傳載其
事甚詳。李與張皆蜀士，史筆不敢有所引避也。”録於《廿二史考異》。

　　文光案：錢氏《考異》成於乾隆四十五年，而書中不言
　　官本。惟《養新録》一條云：“殿本《寧宗紀》嘉定四年之

後、七年之前，有三年、五年，而無六年。”“三”當是
“五”，“五”當是“六”。是竹汀曾見官本也。

《宋史藝文志補》一卷

國朝盧文弨撰

《抱經堂》本。此《羣書拾補》之一，其目採自私家。

盧氏自序曰：“《宋史》本有《藝文志》，咸淳以來尚多闕略，
至遼、金、元三史，則并不志藝文。”“本朝康熙年間議修《明史》
時，史官欲仿《隋書》兼《五代史志》之例而爲之補者。予得其
底稿，乃上元倪燦闇公所纂輯也。今所傳《千頃堂書目》搜採雖
富，似不及倪本之正。近又爲坊賈鈔胥紛亂删落，更無足觀。今
略爲訂正，合之吳槎客校本，庶爲完善，亟爲傳之，以補四代史
志之闕。其載倪序於首，使後人知其初意如此。”

《明史藝文志序略》曰：“有明一代以來，君臣崇尚文雅。列
聖之著述，內府咸有開板，而一時作者亦自彬彬，故其篇帙繁富，
遠過前人。雖不無蕪蔓，然亦有可採。前代史志皆錄古今之書，
以其爲中秘所藏，著一代之所有。今文淵之目既不可憑，且其書
僅及元季三百年，作者缺言，故特更其例，去前代之陳編，紀一
朝之著述。《元史》既無藝文，《宋志》咸淳以後多缺。今并取二
季以補其後，而附以金之僅存者，萃爲一編，用傳來兹。”倪氏原序。

故元奎章、崇文之積，不下於歷朝。其尤可嘉尚者，郡邑儒
生之著述多由本路進呈，下翰林看詳，可傳者命江浙行省，或所
在各路儒學刊行，故何、王、金、許之書多賴以傳。馬氏《通考》
且出於羽流之薦達，其他或命以官，或給以錄，亦古今來所未有。
蓋紫陽之學盛行於北，故文雅彬郁，度越遼、金。惜明初修《元
史》者，不爲特志，殊足憾焉。

洪武十四年，命頒四書五經於各學校。至二十四年，再命頒

國子監子史等書於北方學校。而帝於《洪範》有注，《書傳》有選，其他編類諸書尤多。帝初奮起隴畝，未嘗學問。即位而後，揮毫染翰，聖藻葩流，甲乙之集，流傳人世。雖曰天縱，其資於經籍者蓋不淺也。

《遼史》一百十六卷

元脱脱等撰

北監本。萬曆三十四年沈淮等校刊。本紀三十卷，志三十一卷，表八卷，列傳四十六卷。前有至正四年三月進書表，次修史官銜名，次目録。十志曰《營衛》、曰《兵衛》、曰《地理》、曰《歷象》、曰《百官》、曰《禮》、曰《樂》、曰《儀衛》、曰《食貨》、曰《刑法》。八表曰《世表》、曰《皇子》、曰《公主》、曰《皇族》、曰《外戚》、曰《遊幸》、曰《部族》、曰《屬國》。列傳爲《后妃》、《宗室》、《文學》、《能吏》、《卓行》、《烈女》、《方技》、《伶官》、《姦臣》、《逆臣》、《外紀》。末附《國語解》一卷。遼九主：太祖、太宗、世宗、穆宗、景宗、聖宗、興宗、道宗、天祚。

臣脱脱言："遼自唐季基於朔方，造邦本於干戈，致治資於黼黻。敬天尊祖而出入必祭，親仁善鄰而和戰以宜。南府治民，北府治兵。春狩省耕，秋狩省斂。吏課每嚴於芻牧，歲饑〔九〕屢賜乎田租。至若觀市赦罪，則脗合六典之規；臨軒策士，則恪遵三歲之制。享國二百一十九載，政刑日舉，品式備具，蓋有足尚〔一〇〕者焉。耶律儼語多避忌，陳大任辭乏精詳。《五代史》繫之終篇，宋舊史埒諸載記。予奪各狥其主，傳聞况失其真。我朝勅詞臣撰三史，首及於遼，臣幸睹成功。"案前修六十年未成。此表録於南監本，嘉靖八年刊。

官本《考證》曰："遼建國起於唐末，歷五代，至宋而金代之。稽諸四史所載，類多異同。《通鑑》、《續通鑑》參差不一。”
又曰：“《遼史》叙次簡直，條理通貫。”又曰：“阿骨打以奉先言
不誅，既記於《天祚本紀》，又見於《樂志》及《遊幸表》，復書
於《奉先傳》。自昔史書兩人一傳者，必曰：‘語在某傳。’《晉
書》王隱諫祖約奕棋事，一事兩傳俱出，孔毅父猶譏之。此爲文
繁矣。”

盤山一名東五臺，自來峰，北臺也；先師臺，南臺也；紫蓋
峰，中臺也；九華峰，東臺也；舞劍臺，西臺也。晾[一一]甲石爲下
盤，古中盤爲中盤，雲罩寺爲上盤。上盤之[一二]勝以松，中盤以
石，下盤以水。《遊幸志考證》。

文光謹案：盤山爲畿東勝境，官本《盤山志》所記最詳，
而其本難得。舊志爲僧所修，不足據也。又案：《遼地理志》
凡分五道，曰上京道，曰東京道，曰中京道，曰南京道，曰
西京道。《百官志》分北面、南面。《遼史》可與《契丹國
志》參看。

王氏曰：“《遼史》列傳所載，皆耶律蕭氏所謂五院、六院及
二審密國舅貴族，而漢人不與，即《文學傳》，王鼎外亦寥寥。當
時漢進士無一人事蹟可書者耶？鈍菴云：‘此當時無史官，失紀載
之故也。’金國事蹟人物，得元好問、劉祁數君而傳。夫子曰‘文
獻不足，杞宋無徵’，正謂此也。”録於《池北偶談》。

高氏念祖曰：“《史記》八書，三曰《律》，四曰《歷》，分律
與歷言之也。《前漢書》合稱《律歷》，改‘書’爲‘志’，而
《後漢書》、《晉書》、《北魏書》、《隋書》、《宋史》并因之。《宋
書》、《新唐書》，遼、金、元三史，則皆有《歷志》，而不及律。”
又曰：“《歷書》之次曰《天官書》，《前漢書》改爲《天文志》，
《後漢書》，《晉書》，《宋書》，《南齊書》，《隋書》，《唐書》，宋、
金、元史并仍之，而《晉書》、《宋史》《天文》在《律歷》之前。

金、元二史亦在歷前。《北魏》則改爲《天象》，《遼史》則合歷與天象爲《歷象》。"錄於書目舊稿。

梅氏瑴成曰："史之有志，具一代之典章，事事徵實，不可一字鑿空而談，較之紀、傳頗難，故《三國》、范《書》亦無志，今志乃劉昭續補也。至於《天文》、《歷法》，尤非專家不能，故晉、隋兩志并出淳風，《新唐書・歷志》、《五代史・司天考》并出劉羲叟。其餘則既無其人，又無其書，雖欲不闕而不可得，此亦史臣之不得已也。五代紀載無徵，故僅有《司天》、《職方》二考，而《司天》又止有王樸《欽天曆法》，其交蝕凌犯，并無可稽，故不稱志而名之曰考也。"錄於《梅氏算法叢書》。

趙氏曰："《遼史》太簡略，蓋契丹之俗，記載本少。太宗會同元年，雖詔有司編始祖奇善可汗事迹，然《遼史》所載，僅記其生於都菴山，徙於潢河之濱而已，蓋已荒渺無可稽也。歷朝亦有監修國史之官，然聖宗詔修日歷官毋書細事，道宗并罷史官預聞朝議，俾問宰相書之。惟蕭罕嘉努修國史，以聖宗獵秋山，熊鹿傷數十人，直書其事，帝見而命去之。既出，又書其事，以爲史筆當如是也。其他則隱諱苟簡可知矣。其編爲史冊，至興宗時始命置局，錄約尼氏以來事迹及諸帝實錄共二十卷，上之，蓋聖宗以前事，皆是時所追述也。道宗大安元年，史臣進太祖以下七帝實錄，則又本前編而審訂之。至天祚帝乾統三年，又詔纂太祖以下諸帝實錄，共成七十卷。於是遼世事迹粗備。當遼之世，國史惟此本，號爲完書。金熙宗嘗於宮中閱《遼史》，即此本也。熙宗皇統中，又詔續修《遼史》，共紀三十卷，志五卷，傳四十卷，皇統七年上之。此金時第一次所修也。章宗又命刊修《遼史》，凡民間遼時碑誌及文集，悉送上官。此金時第二次所修也。至元修《遼史》時，悉本耶律儼、陳大任二書也。"儼修諸帝實錄，金時第二次所修成於大任。又曰："《金史》於《太祖本紀》前先立世紀，以叙其先世，最爲明晰。《遼史》開卷即《太祖本紀》，而其祖宗遞傳之處反附見於本紀贊内；其妻已立傳於《后妃》内，其夫反無專紀：豈不詳略兩失乎？且贊中所叙又不甚明了，證以《新唐書》、《五代史》，又多歧互，蓋儼在遼時所修原本，陳大任因之，而元時修史草率，不復校勘，概可見矣。"又曰："《遼史》，二百年人物列傳僅百餘篇，其脱漏必多。然其體例亦有最善者，在乎立表之多，表多則傳自可少。表著明其世系官位，而功罪亦附書焉，實足省無限筆墨。又如内而各部族，外而各屬國，亦列之於表，凡朝貢叛服、征討勝負之事，皆附書其中，又省卻多少《外國》等傳。故《遼史》列傳雖少，而一代之事迹亦略備。惟與宋和戰交際之事宜，如《金史》立交聘表，而《遼史》書於本紀，或詳或略，前後亦不畫一。此又修史諸人之失也。"録於《廿二史劄記》。

遼后族皆姓蕭氏。　遼正后所生太子多不吉。　遼功臣無世襲，而有世選之例。　遼太祖起朔漠，而長子人皇王貝已工詩善畫，聚書萬卷，起書樓於西宮，又藏書於醫巫閭山絶頂。其所作《田園樂》詩，爲世傳誦。畫本國人物，如《射[一三]獵》、《雪騎》、《千鹿圖》皆入宋祕府。平王隆先亦博學能詩，有《閬苑集》行世。其他宗室内亦多以文學著稱。　燕京，本唐范陽節度使治，府曰幽州，軍曰盧龍，蓋自安史叛亂已稱大燕，後歷爲强藩所據。唐末劉仁恭僭大號於此，必久有宮殿名，遼但仍其舊耳。遼以幽州爲南京，開泰元年改幽都府爲析津府，幽都縣爲宛平縣。遼以巡幸爲主，歲時游獵，從未有久駐燕京者。金太祖、太宗有天下，其建都仍在上京，未嘗至燕也。海陵欲遷都於燕，乃詔廣燕城，建宮室，依汴京制度。一殿之成，以億萬計。貞元元年來都之，改燕京爲中都府，曰大興。元太宗取燕京，未嘗駐蹕，蓋自宣宗遷汴後，燕京入於蒙古，宮室爲亂兵所焚，火月餘不滅。世祖中統二年，始命修燕京舊城。至十一年正月，宮殿告成，帝始御正殿受朝賀。《姚廣孝傳》："成祖初封於燕，其邸即元故宮。永樂五年建造北京，幾二十年，工大費繁，調度甚廣，工作之大，動以百萬，終歲供役，不得耕作。"是可見當時城池宮闕，皆非因元之舊。其擾民肆害，有記載所不能盡者。其後宮殿爲流賊李自成所燬。同上。

《遼史拾遺》二十四卷 補四卷

國朝厲鶚撰，楊復吉補

《振綺堂》本。道光紀元錢塘汪氏校刊。前有紀年表。此朱朗齋手錄本，汪遠孫舊藏，道光壬午合《補編》五卷刻之。按，楊序云"補五卷"，書面亦標"五卷"，而書實四卷，不知何故。補至遼境四至，蓋屬國表也，豈有所佚與？厲徵君未見《舊五代史》、《契丹國志》、《宋元通鑑》，所棄甚多。楊氏所補，以三書爲綱，散見他書者附益之。《遼史》，至正四年三月進修，史官脱脱、鐵木爾等銜名具見《元史·藝文志》。

《遼史拾遺》二十四卷

國朝厲鶚撰

知不足齋鈔本。此厲氏原稿，鮑以文掇拾成帙。板心下刻"知不足齋定本"六字。予得於吾邑楊氏，因錄鮑氏之記於後，以見此書之不易得云。

鮑氏記曰："郁君名禮，字佩先，潛亭其自號也。錢唐諸生，家世素封，儲書充牣。潛亭又增益所未備，成鉅觀焉。時小山堂趙氏藏書業已散佚，所餘殘帙尚多異本，君悉力購之。家在城東，去厲徵君樊榭山房不一里，傳錄其祕册尤多。徵君歿，其家出所著《遼史拾遺》手稿，要索厚價，久之不售。君以四十金購焉。中間尚缺五十紙，百計求之不得。一日與予步至青雲街，見拾字僧肩廢紙兩巨簏，檢視之，皆屬氏所棄徵君平日掌録，《遼史遺事》在焉，亟市以歸。棼如亂絲，一一爲之整理，閉户兩月，綴輯成編，適符所缺，若有鬼物陰相之者，事亦奇矣。"

　　文光案：此條録於《鮑氏叢書·庶齋叢談》跋語後，末題"通介叟記"。通介叟，以文之別號也。其得書之難而補綴之勤如此。惜鮑本爲北直友人携去，未得與汪本相勘，不知其異同如何。地隔千里，事隔十年，無由再睹其面目，爲之歎息者屢月。

《金史》一百三十五卷

元脱脱等撰

　　武英殿本。前有目録、進史表、修《金史》官銜名。凡本紀十：《太祖》、《太宗》、《熙宗》、《海陵》、《世宗》、《章宗》、《衛紹王》、《宣宗》、《哀宗》。紀前爲《世紀》，紀末爲《世紀補》。志十三，曰《歷》、曰《五行》、曰《地理》、曰《河渠》、曰《禮》、曰《樂》、曰《儀衛》、曰《輿服》、曰《兵》、曰《刑》、曰《食貨》、曰《選舉》、曰《百官》。表二，曰《宗室》、曰《交聘》。列傳，曰《后妃》、曰《世戚》、曰《忠義》、曰《文藝》、曰《孝友》、曰《隱逸》、曰《循吏》、曰《酷吏》、曰《佞倖》、曰《列女》、曰《宦者》、曰《方技》、曰《逆臣》、《叛臣》、曰《外國》。《欽定金國語解》。

　　彭氏曰："三史惟《金史》最善，今傳刻本訛脱特甚。對音譯字，校勘不易。南北監本外，無專行本。"録於《讀書跋尾》。

　　趙氏曰："《金史》原有成書，修史時又參以劉祁《歸潛志》、元好問《野史》，故文筆簡潔，然亦有過於簡略者。《衛紹王紀》，本屬事後追述，宜其疏略。其他則各有原文，應亦詳備。乃本紀於宋徽宗内禪，欽宗即位；高宗爲苗、劉所廢，傳位太子，改元明受：鄰國大事，竟不書。劉豫徙居於汴京，本國大事，亦不書。韓肖胄等使金，此兩國議和之始；金、齊合兵入宋，韓世忠擊敗之，此宋中興武功第一：《金史》皆不書。其他宋、金諸將之捷亦不書，無乃太簡乎？慶山奴即承立也，乃傳中忽云‘慶山奴’，忽云‘承立’，竟似兩人。又張覺既列於《逆臣傳》矣，其子張僅言在世宗朝終始一節，恩禮兼至，何妨另入列傳，乃次於覺傳之後，竟似逆黨附入者。又韓慶民盡節於遼，其妻又盡節於慶民，則應編入《遼史》，乃反載入《金史》。此編次之失檢也。韓常者，金朝一大將，歷有戰功，自應專立一傳，乃《金史》并無其人。此又編輯之疏漏也。至其書法之直筆，則有可取者。凡本朝人修前代史，其於前代與本朝交涉事必多迴護。乃元人修《金史》，如《完顏陳和尚傳》，叙太昌原之戰，陳和尚以騎四百破元兵八千；《楊沃衍傳》，野豬嶺德安寨之戰，力破元兵；《禹顯傳》，扼龍豬谷攻元兵，獲元帥韓光國等：皆直叙不諱，此猶存古法也。”錄於《陔餘叢考》。

錢氏曰：“《金史》《酷吏》、《宦者》與《方技》同卷，編次亦覺未當。愚謂高閭山死於國事，可掩其酷刑之罪，則《酷吏傳》可省也。金之近侍局皆世家子弟爲之，宦寺無預政者，則《宦者傳》可省也。宦者二人，梁珫當附《佞幸傳》；宋珪與奉御絳山等同死，當附見《忠義傳》。《逆臣傳》‘言本名烏帶’，監本以‘言本名’三字屬於《唐括辯傳》之末，而以‘烏帶’提行，可笑之甚。張覺子僅言，無大過咎，不當附《叛臣傳》。”錄於《潛研堂集》。

《金史》一百三十五卷

元脱脱等撰

南監本。　嘉靖八年南京國子監祭酒張邦奇、司業江汝璧奉旨校刊。前有至正四年十一月阿魯圖《進金史表》。修史官員，領三史事二人，都總裁一人，總裁官八人，纂修官六人，提調官二十人。目録上、下二卷。本紀十九卷，志三十九卷，表四卷，列傳七十三卷。金九主，起太祖收國元年乙未，盡哀宗天興三年甲午，凡一百二十年。

趙氏曰：“《金史》叙事最詳核，文筆亦極老潔，迥出宋、元二史之上。説者謂多取劉祁《歸潛志》、元好問《壬辰雜編》以成書，故稱良史。然《好問傳》：金亡後，累朝實録在順天張萬户家。好問言於張，欲據以撰述，後爲樂夔所沮而止。是好問未嘗得實録底本也。今《金史》本紀即本張萬户家之實録而成。按《完顏勖》及《宗翰傳》，女真初無文字，祖宗時并無記録。宗翰好訪問女真老人，多得先世遺事。太宗天會六年，令勖與耶律迪越〔一四〕掌國史。勖等自始祖以下十帝綜爲三卷，凡部族既曰某部，又曰某水某鄉某村以識別之。至與契丹往來及征戰之事，中多詐謀詭計，悉無所隱，故所紀咸得其實云。《金史》舊底固已確覈，纂修諸臣於舊史亦多參互校訂，以求得實，非全恃抄録舊文者。其宣、哀以後諸將列傳，則多本之元、劉二書，蓋二人身歷南渡，凡廟謀疆事，一一皆耳聞目見，其筆力老勁，又足卓然成家。修史者本之以成書，故能使當日情事，歷歷如見。然謂其全取元、劉之作，則又不然。《崔立紀功碑》，祁屬草後，好問又加點竄。此事元、劉二人方且深諱，而《若虛傳》竟直書之，可見修史諸人非全事抄撮也。又金初滅遼取宋，中間與宋和戰不一，末年又爲蒙古所滅，故用兵之事，較他朝獨多。《金史》各就當局一二人叙其顛末，而同事諸將，自可以類相從，最得史法。”錄於《廿二史劄記》。

《金史》有紀傳不相符處。　　《金史》氏名不畫一。　　《宋史》金人名多與《金史》不符。　　宋、金二國交涉之事，大者大概相同，小者多不符合。同上錢氏曰："《金史·世紀》：'南人稱楊割太師。又曰："楊割追諡孝平皇帝，號穆宗。"又曰："楊割號仁祖。"金代無號仁祖者。穆宗諱盈歌，諡孝平。"盈"近"楊"，"歌"近"割"，南北音訛。遼人呼節度使爲太師，自景祖至太祖，皆有是稱。凡《叢言》、《松漠紀聞》、張棣《金志》等書皆無足取。'今《叢言》、《金志》二書不傳，惟洪皓《松漠紀聞》所載九代世系頗與史合，而譯字多異。又世所傳宇文懋昭《大金國志》云'太祖，楊割，太師之長子'，則與《金史》大相牴牾，《史》所譏爲無足取者也。張棣書，徐氏《北盟會編》略引之。" "《禮志六》'班首降階復位'下，南、北監本并脫一葉。《太宗諸子傳》亦脫一葉。予嘗見元槧本，抄補之。" "《中州集》載賈左丞益謙言：'世宗[一五]大定三十年，禁近能暴海陵螫惡者得美仕。史官修實錄，誣其淫毒狠鷙，遺臭無窮。自今觀之，百可一信耶？'及觀《世宗紀》，大定八年上謂宰相曰：'海陵時修起居注，不任直臣，故所書多不實。可訪求得實，詳而録之。'《孟浩傳》亦載此事。然則海陵事迹多出於訪聞，中冓之言，不如是之甚也。大抵蒙業而安者，務飾先世之美；廢昏而立者，好談前人之惡。然公論自在古今，難以一人手掩天下目也。海陵之惡極矣，世宗取之固無慚德，乃必假細人之言以增成其醜，斯亦心勞而拙矣。"録於《廿二史考異》。

文光案：海陵荒淫，備載《金史》。趙氏《劄記》亦採之，論曰："史宜書其大者，此等中冓之言，瑣屑書之，不已穢史乎？"又案：趙氏《劄記》於列傳之重出者，皆一一標出。

校勘記

〔一〕此段字節録自《玉海》，當移至下文"監修國史"後，并刪去開頭第一個"史"字，而在段末"野"字后補一"史"字。

〔二〕"害"，原作"任"，據元袁桷《清容居士集》改。

〔三〕“盡”，原作“異“，據清趙翼《廿二史劄記》改。

〔四〕“閲”，原作“聞”，據元陳世隆《北軒筆記》改。

〔五〕“皆”，原作“皆皆”，據同上書刪一“皆”字。

〔六〕“禮”，原作“體”，據《宋史》改。

〔七〕“志”，原作“書”，據同上書改。

〔八〕“芟”，原作“殳”，據清錢大昕《廿二史考異》改。

〔九〕“饑”，原作“錢”，據《遼史》改。

〔一○〕“尚”，原作“上”，據同上書改。

〔一一〕“曉”，原作“眼”，據清唐熙《盤山志》改。

〔一二〕“之”，原作“以”，據同上書改。

〔一三〕“射”後原有一“騎”字，據《遼史》卷七十二考證刪。

〔一四〕“越”，原作“延”，據《金史》改。

〔一五〕“宗”，原作“祖”，據清錢大昕《廿二史考異》改。

史部一
正史類八

《元史》二百十卷

明宋濂等撰

武英殿本。前有進史表。目録二卷，《本紀》十九卷，《志》三十九卷，《表》四卷，《列傳》七十三卷。各卷末有考證。

臣祖庚謹言："昔明太祖詔廷臣曰：'元雖亡國，事當紀載，況史紀成敗、示懲勸，不可廢也。'遂以所得十三朝實録，命中書左丞相李善長監修，前起居注宋濂、漳州通判王禕爲總裁，徵山東遺逸之士汪克寬等十二人，於洪武二年二月開局編纂。詔先成者進，闕者後續採補。八月書成，復遣歐陽佑等往北平等處採訪故元《一統》及至正事蹟。佑等還，詔續修，仍命濂等爲總裁，以儒士趙壎等十四人同纂修之。三年二月開局，七月成書。論者謂爲期太促，故不無率略也。舊刻自南北二本外，別無他本可據，而諸家文集所載，非確有證佐者，亦不敢濫爲徵引。謹録考證若干條，附諸卷末，俾覽者有所資焉。"

趙氏曰："《元史》《列傳》三十卷，及三十一、二卷，已具載元末死事諸臣泰不華、余闕等傳矣，乃三十三卷以後，又以開國時耶律楚材、劉秉忠、史天倪、張柔、張弘範等傳編入，幾於前後倒置。蓋《元史》本兩次修成，今三十二卷以前當是初次進呈，三十三卷以後則第二次進呈者。諸臣以太祖威嚴，恐干煩瀆，遂不敢請將前後兩書重加編訂，期日迫促，疏誤尤多。《列傳》中第八卷之速不台，即第九卷之雪不台；第十八卷之完者都，即二十卷之完者拔都；三十七卷之石抹也先，即三十九卷之石抹阿辛。顧寧人已嘗言之，然不特此也。《直脫傳》既詳載其從子忽剌出矣，乃後又有《忽剌出傳》；《杭忽思傳》既詳叙其子阿塔赤矣，乃後又有《阿答赤傳》：可見其匆遽不暇復校也。又如木華黎、博爾木、博爾忽、赤老溫四人事太祖，當時號爲‘掇里班曲律’，華言‘四傑’也。其後子孫爲四怯薛，世領宿衞，則四人之勳勤相等可知。乃木華黎等三人皆有傳，而赤老溫獨無。按《太宗本紀》，元年，赤老溫帥師圍慶陽，金移剌蒲阿來救，圍始解。六年，太宗欲自將伐宋，赤老溫請行，許之。由此以推，則赤老溫亦非無事績可紀者，乃獨遺之，何也？孟珙《蒙達備録》謂：‘先有蒙古，斯國雄於北邊，後絶衰滅。成吉思起事，慕蒙爲雄國，乃改稱大蒙古國。’此可見建國號之由，而本紀亦不載。《續通鑑綱目》：‘嚴實據青崖崗。其將李信乘實出，殺其家屬降宋。’而《嚴實傳》但云‘有王義深者，嘗害實族屬’，而不載李信其人。賈良伯《死節記》謂‘余闕妻蔣氏從闕死’，而闕傳作‘耶律卜氏’。按張毅所記耶律卜氏，乃闕妾也。今以當其妻，而反遺蔣氏，亦屬疏漏。按《禮兒傳》謂‘木華黎家所出玉璽，楊桓辨其文曰“受命於天，既壽永昌”’，而《楊桓傳》則曰‘受天之命，既壽永昌’。一事也，而何以歧互若此？《牀兀兒傳》‘至大二年受封句容郡王’，《武宗紀》則以此事繫於至大三年，而《仁宗紀》延祐三年復載此事。一事也，而何以重複若此？又如一乃蠻，酋長也，《太祖本紀》作‘太陽可汗’，《塔塔統阿傳》又作‘太敭可汗'。一博爾忽也，本紀作'博羅渾'，本傳作'博爾忽'。一班珠尼河也，本紀作'班珠尼河'，《速哥傳》又作'班术居河'。一篤列河也，《雪不台傳》作'篤列河'，《速不台傳》又作'禿剌河'。又'拔都'者，本勇士之稱，即今國語'巴圖魯'也。乃史天澤、趙阿哥潘等傳則曰'拔都'，《拜延傳》則曰'八都'，《魯阿术魯》及《苫徹傳》則又曰'拔都兒'，亦何其不書一也？詔令有用蒙古字者，當時譯以漢字，固不免近俗，然既以入史，自宜稍加改訂。乃泰定帝登極一詔，最爲村俗，獨不可稍加潤色乎？順帝本宋德祐帝遺體。德祐降元封瀛國公，後學佛於土番，娶邁來的，有娠。適明宗逃於漠北，與瀛國善，索邁來的爲妻，遂生順帝。見程克勤《宋遺民録》及權衡所撰《庚申帝大事記》、余應所撰《合尊大師詩》、袁忠徹所撰《符臺外集》，是皆元末明初人所共見聞者。即《元史》本紀亦載文宗至順元年，以順帝乳母夫言'明宗在日，素謂長子非己子'，命翰林書其事於史館。明年復召奎章閣學士虞集作詔，播告中外。順帝登極，因此事徹去文宗廟主，詔曰：'文宗私圖傳子，乃構邪言，謂朕非明宗子，俾出居遐陬。'《虞集傳》亦見此事。是則順帝之非明宗子，當時已播人口。故文宗崩後，卜荅失里后寧立明宗次子寧宗，而不立順帝，迨寧宗夭而順帝始立，則《庚申帝記》所云'未必無因'。作史者縱不便確指其故，而於《明宗后邁來的傳》亦何妨略見其由瀛國公歸於明宗之源委，所謂'疑以傳疑'也。乃并不書，豈以其不經耶？然《南史》梁武帝納東昏妃，七月生豫章王綜，亦未嘗不書也。又泰定帝后爲燕鐵木兒娶作夫人，《燕鐵木兒傳》既載之，而《八不罕后傳》不言其事。雖作史者意存忠厚，然《北史》魏孝靜后再嫁楊愔爲妻，亦未嘗不書也。"録於《陔餘叢考》。

《漢學師承記·錢大昕傳》曰："史之蕪陋，未有甚於《元史》者。顧寧人謂《食貨》、《選舉》二志，皆案牘之文。金華、烏程二公本非史才，所選史官又皆草澤迂生，不諳掌故，於蒙古語言文字素所未習，所以動筆即訛。假以時日，不免穢史之稱。況成書之期不及一歲，謬戾顯然。因搜羅元人詩文集、小說筆記、金石文爲《元史紀事》。"案：《元史紀事》未見。

錢氏曰："古今史成之速，未有如《元史》者，而文之陋劣，亦無如《元史》者。蓋史爲傳信之書，時日促迫，則改訂必不審，有草創而無討論，雖班、馬難以見長，況宋、王詞華之士，徵辟諸子皆起自草澤，迂腐而不諳掌故者乎？開國功臣，首稱四傑，而赤老溫無傳。尚主世胄，不過數家，而鄆國亦無傳。丞相見於表者五十有九人，而立傳者不及其半。太祖諸弟止傳其一，諸子亦傳其一。太宗以後皇子無一人立傳者。《本紀》或一事而再書，《列傳》或一人而兩傳，《宰相表》或有姓而無名，《諸王表》或有封號無人名。此義例之顯然者，且紕繆若此，固無暇論其文之工拙矣。" "史臣未見祕史，故於元初世系頗漏略。" "《太祖紀》'十三年，代西夏'，《宋元通鑑》在前一年，紀誤。" "金、元之際有三李全：一爲益都行省，即璮之父也；一爲冠氏元帥，見《趙天錫傳》，本名泉；一見《董俊傳》。全之叛在武仙未降元以前，紀乃書於仙既降又叛之後，失之甚矣。" "冠氏元帥本名泉，見遺山《千户趙公碑》。史家以音相近，訛爲'全'字，遂與益都之李全相溷矣。" "《列傳》第五卷至三十二卷皆蒙古、色目人，第三十三卷至七十五卷皆漢人、南人也。遼金舊族，元時謂之漢人，漢人有官至宰執者，而南人不得入臺省。順帝時稍用南人，而入參政者僅危素一人。漢人、南人之分，以宋金疆域爲斷。江浙、湖廣、江西三行省爲南人，河南省唯江北、淮南諸路爲南人。" "《輟耕錄》載漢人八種：曰契丹、曰高麗、曰女真、曰竹因歹、曰术里闊歹、曰竹温、曰竹亦歹、曰勃海四國。餘未詳考。" "史臣非一手，紀與志不相檢照。" "三公、宰相兩表俱脫至順三年。”　“宋時州有四等：曰節度；曰防禦；曰團練；曰刺史，亦曰軍事。節度爲三品州，防、團爲四品州，軍事爲五品州。凡除節度、防禦、團練使、刺史者，皆不之任。唯差京朝官知軍州事，俱爲親民之官，而班資有崇卑，故《宋志》於每州之下繫以節度及防禦、團練、軍事之名。節度又有軍號，如大名府稱天雄軍，兗州府稱泰寧軍之類，而防、團則無之，故節度必繫以某軍。而宋時諸州又有由軍事、防禦升節度者，史家省文或書“升某州爲某軍”，而州名如舊，非改州爲軍也。然宋時牧守，又有府、州、軍、監四等，而軍、監在州之下。使臣以知軍繫銜，如京東之淮陽軍、京西之信陽軍、淮南之盱眙軍、浙西之江陰軍，此則唐以前所未有，而志地理沿革者所當討論矣。修《元史》者涉獵前史，茫無頭緒，隨手摭摭，無不差謬，舉之不勝舉也。”　“史家立傳，往往徵採家傳碑誌，事迹多文飾不可信。如汪世顯背主嗜利，乃小人之尤者，《元名臣事略》誤信其家傳書之。明初史臣又承天爵之誤，不加訂正。畢尚書《續通鑑》稿成，屬予參校，因爲辨正之。”　“全止中名道童而見於史者二人：一爲高昌人，諡忠烈，在《列傳》一百四十四卷；一爲唐兀人，見《汪[一]澤民傳》。澤民遇害，史不言道童所終。予嘗見《江東憲司題名碑》，知其《氏族記》即澤民所撰。稱道童爲寧夏中大夫公，蓋元時稱西夏人曰唐兀氏，寧夏本西夏地也。”　“王嵩傳位事不足信，嵩雖有奪嫡之志，終以衆議不可而止。《外國傳》所書非是。”　“史臣分修志、傳，姓名可考者《五行志》，胡翰撰。其序論載文集中。《外國傳》則宋[二]禧撰，《静志居詩話》載其寄宋學士詩云：‘修史與末役，乏才愧羣賢。强述《外國傳》，荒疏僅成篇。’謂自高麗以下，悉其手筆。然此數篇最爲淺率。觀其詩則荒疏之病無逸，固未嘗自諱也。”錄於《養新錄》。

《元史》二百十卷

明宋濂等撰

北監本。萬曆二十年楊道賓、蕭雲舉等重校刊。前有進史表、凡例、目錄、史臣記。凡本紀十二，志十三，表六，傳七十五。志曰《天文》、曰《五行》、曰《歷》、曰《地理》、曰《河渠》、曰《禮樂》、曰《祭祀》、曰《輿服》、曰《選舉》、曰《百官》、曰《食貨》、曰《兵》、曰《刑法》。表曰《后妃》、曰《宗室》、曰《諸王》、曰《公主》、曰《三公》、曰《宰相》。傳曰《儒學》、曰《良吏》、曰《忠義》、曰《孝友》、曰《隱逸》、曰《列女》、曰《方技》、曰《宦者》、曰《姦臣》、曰《叛臣》、曰《逆臣》、曰《外國》。　臣李善長等言："命臣等分科修纂，上自太祖，下迄寧宗。據十三朝實錄之文，成百餘歲粗完之史。所撰《元史》本紀三十七卷，志五十二卷，表六卷，傳六十三卷，凡一百三十萬六千餘字。洪武二年八月十一日李善長上表。"

兩漢本紀，事實、言辭并載。唐本紀，書法謹嚴，全仿《春秋》。今本紀準兩漢史、歷代史志爲法，不同唐志悉以事實組織成篇，考覈之際，學者憚之。《宋史》志條分件列，覽者易見。今志準《宋史》。漢、唐史表所載爲詳，而《三國志》、《五代史》則無之，唯遼、金《史》據所考者作表，不計詳略。今表準遼、金《史》史傳之目，冠以后妃，尊也；次以宗室諸王，親也；次以一代諸臣，善惡之總也；次以叛逆，成敗之歸也；次以四夷，王化之及也。然諸臣之傳，歷代名目又自增減不同。今傳準歷代史而參酌之。歷代史書紀、志、表、傳之末，各有論贊。今《元史》不作論贊。但擬事直書，具文見意。以上凡例。

洪武元年秋八月，上既平定朔方，金匱之書悉入祕府。冬十二月，詔儒臣發其所藏，纂修《元史》。臣濂、臣禕爲總裁。明年春二月開局，至秋八月書成，臣善長表上。至順帝時，史官職廢，皆無實錄可徵，固未得爲完書。上復遣使行天下，其涉於史事者，令郡縣上之。明年二月開局，至七月書成，又復上進。以卷計者，紀十，志五，表二，傳三十六。凡前書有所未備，頗補完之。前後二書復釐分而附麗之，共成二百十卷。今鏤板訖功，謹繫歲月次第於目錄之左，庶幾博雅君子相與刊定焉。洪武二年十月十三日史臣金華宋濂謹記。

趙氏曰："元起朔漠，本無文字，開國以後又無有如金之完顔宗翰等能訪求先朝事蹟，是以記載寥寥。本紀贊所謂太祖奇勳偉績甚多，惜當時史官不備，失於記述也。直至世祖中統三年，始詔王鶚集廷臣商議史事，鶚請以先朝事付史館。至元十年，又勅翰林院採集累朝事蹟，以備纂集。其後撒里蠻等進累朝實錄，帝曰：'太宗事則然，睿宗少有可易者，定宗固曰不暇給，憲宗事獨不能記憶耶？尚當詢之故老。'又成宗時，兀都帶等進太宗、憲宗、世祖實錄，帝曰：'忽都魯述失非昭睿順聖皇后所生，何爲亦稱公主？'順聖太后崩時，裕宗已還自軍中，所記月日亦先後差誤，此可見事後追述之舛漏也。其時內廷記載，又有所謂'脫必赤顏'者，仁宗嘗命譯出，名曰《聖武開天記》。其後虞集總裁遼、金、宋三史，因累朝故事有未備者，請以國書《脫卜赤顏》所修太祖以來事蹟付出參訂。或謂《脫卜赤顏》非可令外人傳者，遂止。是此本并未嘗傳出矣。今按《金史・世紀》敘先世事，至盈一卷；而《元史》敘孛端叉兒以下十世，不過千餘字，可見國史院已無可徵。世祖以來始有實錄，明初據以修輯，此《元史》底本也。然是時徐一夔致書王禕曰：'史莫過於日歷及起居注。元朝不置日歷，不設起居注，獨中書置時政科，遣一文學掾掌之，以事付史館。及易一朝，則國史院即據以修實錄而已。'《元史・姦臣傳序》亦云'舊史往往詳於記善，略於懲惡'，蓋史官有所忌諱，而不敢直書故也。是元之實錄已不足爲信史。修《元史》者即據以成書，毋怪乎不協公論。史成後，即有朱右作《拾遺》，解縉作《正誤》，而縉致董倫書并有‘《元史》舛誤，承命改修’之語，則明祖亦已知《元史》之未善，而有改修之命。今《拾遺》、《正誤》及縉所改修者皆不傳，殊可惜也。然《元史》大概亦尚完整，則以舊時纂修實錄者，多有熟於掌故之人。如董文用修國史，於祖宗功德、近戚將相、家世勳伐皆記憶貫串，史館有所考究，悉應之無遺。又拜住監修國史，將進《仁宗實錄》，先一日詣院聽讀。首卷書大德十一年事，不書哈剌哈孫定策功，但書越王禿剌擒阿忽台事。拜住曰：‘無左丞相，雖百越王何益？’立命書之。可見實錄亦自矜慎。其執筆撰述者，又多老於文學。如姚燧爲一代宗工，當時子孫欲叙述先德者，必得燧文始可傳信，不得者每以爲恥；袁桷在詞林，凡勳臣碑銘多出其手；歐陽元擅古文，凡王公大臣墓隧之碑，得元文以爲榮，片言隻字，人皆寶重：而皆與纂修實錄之列。明初修史諸臣，即抄撮成書，故諸列傳尚多老筆，而無釀詞。其《天文》、《五行》諸志，則有郭守敬所創簡儀、仰儀諸説；《職官》、《兵》、《刑》諸志，又有虞集等所修《經世大典》；《水利》、《河渠》諸志，則有郭守敬《成法》及歐陽元《河防記》以爲據依：故一朝制度，亦頗詳贍。順帝一朝，雖無實錄，而事皆明初修史諸人所目擊睹記較切，故伯顏、太平、脱脱、哈麻、索羅罕、察擴廓等傳，功罪更爲分明。末造殉節諸人，則又有張翥所集《忠義錄》以資記載。故一部全史，數月成書，亦尚首尾完具，不得概以疏略議之也。惟中葉以後，大都詳於文人而略於種人，則以文人各有傳誌之類存於世，而種人無之，故無從搜括耳。”錄於《劄記》。

　　金、元二史，宋、元二史，皆有不符處。　　《金史》雖簡潔，有不明析處，必參觀《元史》。　　《元史》多迴護處，修史者遂抄録成篇。　《金史》有《國語解》一卷，譯出女真語，令人易解。《元史》無之。金官制純用漢名，元則仍其本俗之名，益難識別。

元季士大夫好以文墨相尚，每歲必聯詩社，四方名士畢集，讌賞窮日夜，詩勝者輒有厚贈。如饒介集諸名士，賦《醉樵歌》，張簡詩第一；月泉吟社，取羅公福爲首。其他名園別墅、書畫古玩相尚者，更不一而足。元世文學甚輕，科舉亦屢興屢廢，此蓋南宋遺老流風餘韻，久而弗替，遂成風會，不繫乎朝廷也。　《元史》有自相歧互處。　《元史》列傳詳記月日，中統以前未有年號，則以甲乙紀歲。中統以後，則以年號紀歲。又有不以甲乙記日，而但以一二數記者。如《日本傳》，至元十八年征日本，六月入海，八月一日風破舟，以及《爪哇》等傳皆然。此雖非古法，亦較直捷。　《元史》附傳有得失。　《元史補》見夏、金、宋殉節諸臣凡二十六人。　元人譯詔旨，雅俗不同。　《元史》人名不畫一。　金哀宗又有"義宗"之謚，見《雪不台傳》及《闊闊不花傳》。考《宋史》無此説，豈金亡後元初追贈耶？　元建國號始用文義。元太祖本無國號，但稱蒙古，如遼之稱契丹也。世祖至元八年，因劉秉忠奏，始建國號曰"大元"，取"大哉乾元"之義。然如唐之爲"蕩"，虞之爲"樂"，五帝以來，原以文義建號，其説見《尚書傳注》及《史記正義》。　元諸帝多由大臣擁立。　元宮中稱皇后者不一。　元帝子稱太子者不一。　元帝后生前皆無徽稱，臣下得直呼其名。　元太祖、太宗征討諸國，得一地即封子弟一人鎮之，亦有封及駙馬者。元亡，各自割據，不相統屬，然其子孫散布於西北者甚多，故中原雖失，而塞外苗裔仍不絶。此一代封建之制，所以爲後嗣計者至深遠也。　元封諸王於西北，固收宗支蕃衍之效，然多有據地叛亂者。　後魏太武帝造新書千餘，又比眾經文字，以類相從，凡四萬餘字，號曰'眾文經'。是皆刊正書籍以昭畫一，使天下通行而非另創一體，以便其國俗所用也。自遼太祖始造契丹字，而夏、金、元以來遂倣之，各有國書。同上。

錢氏曰：“《元史》本紀叙事多重複。”　“《文宗紀》‘五放燕帖古思於高麗’，監本於‘燕’字下錯入《順帝紀》中語，凡四百言。”　“元時，西北塞外皆爲諸王分地，不立州縣，有牙帳而無城郭。《志》所列諸地名分爲三列，一曰篤來帖木兒，一曰月伯祖，一曰不賽因，皆不著其說。”　“《元史》修於洪武二年，本紀三十七，志五十三，表六，傳六十三，目録二，爲卷百六十一，而順帝一朝之事缺焉。次年成本紀十，志五，表二，傳三十六，而前書所未備者，頗補完之。既又合前後二書釐分而附麗之，共成二百一十卷，即國子監刊行本也。志之續者惟《五行》、《河渠》、《祭祀》、《百官》、《食貨》，表之續者惟《三公》、《宰相》，餘俱闕之。前後史官既非一手，體例又不盡一。附《樂章》於《祭祀》，附《選舉》於《百官》，皆因經進之舊，不知釐正。《地理志》惟增入二條。《禮》、《樂》、《兵》、《刑》諸篇全無增益。列傳如《魯昌》、《趙》、《高昌》諸王及《釋老》、《外國》諸篇，皆闕順帝一朝之事。因陋就簡，不詳不備，宋景濂、王子充二公可謂素餐而失職矣。”　“《祭祀志》‘宋五賢從祀’，按此條文義，杭州路提控案牘胡瑜之牒，本謂‘楊時、李侗、胡安國、蔡沈、真德秀五人，俱應從祀先聖廟廷’，而五先生從祀，定於明代，元時未預從祀之列。《志》乃以五賢從祀爲標目，疏矣。”　“《輿服志》，‘服色等第’一條，一見於《輿服志》，再見於《刑法志》，重複二十餘行。‘入粟補官’一條，一見於《選舉志》，再見於《食貨志》，重複三四十行。‘國子監黜罰科條’一條，一見於《選舉志》，再見於《刑法志》，重複七八行。”　“四書取士，昉於元代。四書出題，限三百字以上；經義一道，限五百字以上：蓋經義難通，四書易解。右牓第一場，四書先於五經者，先易而後難，初非重四書而輕五經也。元人重五經。明初襲用元制，鄉、會試題，四書在五經之前。由是士子應試，專以揣摩四書文爲事，經義徒有其名耳。”　“‘凡師儒之命於朝廷者’一段，考儒學之制，已載《百官志》。此段百三十餘言，以史例言之，《選舉志》可省也。”　“《孛兲傳》叙次趙國世系，自術安而後皆闕而不書。景濂嘗仕元，詎無聞見？乃不能稽考以成一代之信史，良可愧矣。使以危太僕領其事，當不至疏舛乃爾。”　“按《元史》列傳之重出者，如第十卷《也蒲甘卜傳》附見其子昂吉兒，而第十九卷又有《安吉傳》；第十卷《塔不已兒傳》附見其孫重喜，而第二十卷又有《重喜傳》；第十卷已有《阿術魯傳》，而第十八卷《懷都傳》又附書阿术魯事；第五十四卷《譚資榮傳》附見其子澄，而第七十八卷《良吏傳》又有譚澄：皆朱氏所未及糾也。”　“《忽剌出傳》重複，當删。”　“囊加台等竟不立傳，何以勸忠義之士？宋、王二公不獨無史才，并無史識矣。”　“列傳附載子孫，必其人名位顯貴，或才德可稱，否則似家乘之文，非國史矣。董氏爲元世臣，俊之子世貞等八人自當登名仕版。史家既失於稽考，而徒覼列傳其名，不已贅乎？至如文忠之子趙國公、清獻之子冀國公，傳無一語及之，又何其疏也！又列傳叙述先代，亦必有功德可稱者表而出之。王鶚之先世無所表見，又未出仕，史不應備書其名。此必采自誌狀，而不知其當删也。”　“《賈居貞傳》‘子汝立嗣’，按史稱其入嗣者，皆謂先世有封爵，以其人承襲也。賈氏無世職，不當云‘嗣’。”　“史家書籍貫，宜用當時州縣之名，傳中如雲中、豫章之類，修史時無此名，史家失於討論也。”　“譚資榮本姓覃，而傳作‘譚’者，誤也。”　“朱震亨精於醫，而傳略不及之。雖云重儒學而輕方技，然舍其可傳而録其不必傳，亦通人之蔽也。”　“《忠義傳》耶律忒末，按遼亡於乙巳，至元太祖甲戌，相距九十載，使忒末果於遼亡時授官，計其年當近百歲，豈復能從征，又閱十餘年而戰没乎？此與移剌揑兒事蹟不同而妄誕相似。史臣於時代修短，且茫然不知，而任以筆削之職，欲其無失實難矣。"　"《高麗傳》'燾傳其弟嵩'，按延祐三年，璋請傳瀋王位於世子嵩，許之。嵩所受者瀋王，非高麗王。又受於璋，非受於燾也。燾嗣高麗王，其承襲之次見於《朝鮮史》，斑斑可考。而史言如是，何其謬乎？"録於《廿二史考異》。

謹按：遼、金、元三朝人名、官名、地名，舊史頗多舛訛，由當時史臣未通繙譯，以至對音每有窒礙，且有一人而彼此互異者。現奉聖旨，飭令館臣逐一釐定，足洗向來沿襲之陋。是書成於乾隆庚子，所據係武英殿舊刊本，俟頒下定本到日，遵照改正[三]。辛[四]丑三月，大昕書。同上。

文光案：《元史》之疏漏重複，顧寧人、朱竹垞皆有所考，而不及錢、趙兩家之細密，故棄彼而取此。考證之學，以後出者爲精。寧人時書籍甚少，無所資助，故難顯其長。然就本史而論，亦未能如錢、趙兩家用功之勤也。

《補元史氏族表》三卷

國朝錢大昕撰

《潛研堂》本。前有嘉慶甲寅弟子黃鍾跋。

錢氏自序曰："稽氏族於金、元之際，難矣。金制繫氏於名。元則名與氏不相屬，公私稱謂，有名無氏，故考稽尤難。吳師道言今之蒙古、色目，雖族屬有分，而姓氏不并立，但以名行，貴賤混淆，前後複雜，國家未有定制，蓋在當時固病其偁名之淆，易代而後，并族屬且失之矣。有似異而實同者，'克列'之即'怯列'，'許兀慎'之即'旭申散'，'术解'之即'珊竹'，'葛邏禄'之即'合魯'是也。有似同而實異者，'回鶻'之與'回回'

也。陶九成所載蒙古七十二種、色目三十一種，見於史者僅十之三四，而譯字無正音，紀載互異。今仿《唐書·宰相世系表》之例，取其譜系可考者列爲表，疑者闕之。耶律、石抹、粘术合、孛术魯之倫，出自遼、金，當時所謂‘漢人’也，故不及焉。”

黄氏跋曰：“先生嘗編《元史》，稿已數易，而未卒業。其《藝文志》及此表皆舊史所未備，特創補之。此表尤爲是史不可少之子目。先生屬稿幾及三十年，其用力可謂勤已。昔魏伯起以魏人作《魏書·官氏志》，祇敘九十九姓，某人後改某氏，臚列成篇，而於世系源流猶弗能詳悉，況異代乎？先生廣搜博採，正史、雜史之外，兼及碑刻、文集、題名録等書，考其得失，審其異同，一一表而出之。《藝文志》已刻於吳郡，今校正此表授梓，可以窺見厓略。”

《補元史藝文志》四卷

國朝錢大昕撰

《潛研堂》本。門人顧菟手録。前有嘉慶庚申自記并自序，後無跋。

錢氏自記曰：“《元史》不立《藝文志》，國朝晉江黄氏、上元倪氏因承修明史，并搜訪宋、元載籍，欲裨前代之闕，終格於限斷，不得附正史以行。大昕向在館閣，留心舊典，以洪武所葺《元史》冗雜漏落，潦草尤甚，擬仿范《書》、歐陽《史》之例，別爲編次，更定目録，或删或補，次第屬草，未及就緒。歸田後《表》、《志》二稿尚留篋中。吳門黄堯圃家多藏書，每有善本，輒共賞析。見此《志》而善之，糾其蹎駁，證其同異，且將刻以問世。著斯録者，非盡出目睹。前人之失，我得而改之；後之笑我者，方曰出而未有已也。”

錢氏自序曰：“自劉子駿校理祕文，分羣書爲六略：曰六藝者，經部也；詩賦者，集部也；諸子、兵書、術數、方技，皆子部也；《世本》、《戰國策》、《楚漢春秋》、《太史公書》、《漢著紀》，則入之‘春秋類’；古封禪羣祀、封禪議對、漢封禪羣祀，入之‘禮類’；《高祖傳》、《孝文傳》，入之‘儒家類’。是時固無四部之名，而史家亦未別爲一類也。晉荀勖撰《中經簿》，始分甲、乙、丙、丁四部，而子猶先於史。至李充爲著作郎，重分四部，五經爲甲部，史記爲乙部，諸子爲丙部，詩賦爲丁部，而經、史、子、集之次始定。厥後王亮、謝朓、任昉、殷鈞撰書目，皆循四部之名。雖王儉、阮孝緒析而爲七，祖恒別而爲五，然隋、唐以來，志經籍、藝文者，大率用李充部叙而已。宋時三館圖籍號稱大備。汴京既破，輦歸金源氏。高宗南渡，復建祕書省，搜訪遺闕，優獻書之賞，館閣儲藏，不減東都盛時。元起朔漠，未遑文事。太宗八年，始用耶律楚材言，立經籍所於平陽，編集經史。世祖至元四年，徙置京師，改名弘文院。九年，置祕書監，掌歷代圖籍并陰陽禁書。及大兵南伐，命焦友直括祕書省禁書圖籍。伯顔入臨安，遣郎中孟祺籍宋祕書省、國子監、國史院、學士院圖書，由海道舟運至大都。祕書所藏，彬彬可觀矣。唐以前藏書，皆出鈔寫。五代始有印板，至宋而公私板本流布海內。自國子監、祕閣刊校外，則有浙本、蜀本、閩本、江西本，或學官詳校，或書坊私刊，士大夫往往以插架相誇。世祖用許衡言，遣使取杭州在官書籍板及江西諸郡書板，立興文署以掌之。諸路儒生著述，輒由本路官呈進，下翰林看詳，可傳者命各行省檄所在儒學及書院以係官錢刊行。馬氏《通考》且出於羽流之呈進，亦一時佳話也。至正儒臣撰《祕書監志》，僅紀先後送庫若干部、若干册，而不列書名。明初修史，又不列藝文之科，遂使石渠、東觀所儲漫無稽考。兹但取當時文士撰述，錄其部目，以補前史之闕，而遼、金作者，亦附見焉。”

經類十有二：曰《易》、曰《書》、曰《詩》、曰《禮》、曰《樂》、曰《春秋》、曰《孝經》、曰《論語》、曰《孟子》、曰經解、曰小學、曰譯語。史類十有四：曰正史、曰實録、曰編年、曰雜史、曰古史、曰史抄、曰故事、曰職官、曰儀注、曰刑法、曰傳紀、曰譜牒、曰簿録、曰地理。子類有十有四：曰儒家、曰道家、曰經濟、曰農家、曰雜家、曰小説家、曰類事、曰天文、曰算術、曰五行、曰兵家、曰醫方、曰雜藝、曰釋道。集類八：曰别集、曰總集、曰騷賦、曰制誥、曰科舉、曰文史、曰評注、曰詞曲。

大定重校《類篇》。胡炳文《爾雅韻語》。陳櫟《爾雅翼節本》。洪炎祖《爾雅翼音釋》三十二卷。何中《六書綱領》一卷、《補六書故》三十二卷。包希魯《説文解字補義》十二卷。吳睿《説文續釋》。吾衍《説文續解》，又《學古編》、又《鐘鼎韻》一卷、《續古篆韻》一卷、《周秦刻石釋音》一卷、《石鼓詛楚文音釋》一卷。戚崇僧《後復古編》一卷。劉致《復古糾謬編》。泰不華《重類復古編》十卷。陳仁子《韻史》三百卷。錢全袞《韻府羣玉掇遺》十卷。祥符戒壇寺僧《竹川上人集韻》。以上小學類。

遼譯《五代史》、《貞觀政要》、《通歷》。金國語《易》、《書》、《孝經》、《論語》、《孟子》。女直字《盤古書》、《家語》、《太公書》、《伍子胥書》、《孫臏書》、《黃氏女書》、《字母百家姓》。《蒙古字訓》，鮑完澤《朵目》、《貫通集》、《聯珠集》、《選玉集》，皆蒙古言語。《達達字母》一册。以上譯語類。

蕭永祺《遼史》七十五卷，皇統八年四月成。陳大任《遼史》。以上正史類。

《大遼古今録》、《大遼事蹟》，皆金時高麗所進。周才《宋史略》十六卷。危素《宋史稿》五十卷。《元祕史》十卷，《續祕史》二卷，不著撰人。記太祖初起及太宗滅金事，皆國語旁譯，疑即《脫必赤顏》也。以上雜史類。

蕭貢《注史記》一百卷。蔡珪《補南北史志》六十卷。張樞《續後漢書》七十三卷，刊定《三國志》六十五卷。戚光《音釋陸游南唐書》一卷。徐天祐《吳越春秋音注》十卷。以上古史類。

趙秉文《貞觀政要申鑑》。《經世大典》八百八十卷，目錄十二卷，公牘一卷，《纂修通議》一卷。至順三年二月進。趙世延、虞集總裁。預修者：李泂、揭奚斯、歐陽原功、王守誠等。武祺《寶鈔通考》八卷，《玉璽傳聞》一卷，卷末題"阜昌宋隆天書"。《歷代錢譜》一卷，至大三年編。以上故事類。

《祕書監志》十一卷，王士點、商企翁同撰。李好文《成均志》二十卷。以上職官類。

《遼禮書》三卷，重熙中蕭韓家奴等撰。趙孟頫《祭器圖式》十卷。張希文《丁祭考》一卷。以上儀注類。

金重修《玉牒》，承安五年大睦親府進。《女直郡望姓氏譜》，金太師金源郡王勗撰。蕭貢《五聲姓譜》五卷。以上譜牒類。

蔡珪《續歐陽公集錄金石遺文》六十卷、《金石遺文跋尾》十卷、《古器類編》三十卷。《共山書院藏書目錄》。《史館購書目錄》，危素撰。《上都分學書目》，至正中助教毛文在購書一千二百六十三卷，爲目，藏之崇文閣，一藏開平儒學，一藏分學。以上簿錄類。

蔡珪《補正水經》三卷。《大一統志》七百五十五卷，至元二十八年札馬利丁、虞應龍等進。《相臺續志》十卷。《長春真人西遊記》二卷，李志常述邱處機事。以上地理類。

蔡仁《皇極經世衍數》一百五十四卷，前集五十五卷，後集五十三卷，別集十五卷，續集十六卷，支集十五卷。字和仲，饒州布衣。或曰占卜書也。以上儒家類。

褚伯秀《莊子義海纂微》一百六卷。宋末杭州道士。以上道家類。案：此志《陰符》、《老莊列注解》爲道家類，《參同》、《舟經》、《仙傳》入釋道類。

傅慎微《興亡金鑑録》一百卷。泰州人，禮部尚書。歐陽原功等《太平經國》二百十二卷。以上經濟類。

李冶敬齋《古今黊》四十卷，今存八卷，"黊"一作"難"；《羣書叢削》十二卷；《泛說》四十卷。季仁壽《春谷讀書記》二百卷。楊漢英《明哲要覽》十九卷。以上雜家類。

元好問《續夷堅志》四卷。吳元復《續夷堅志》二十卷，一作四卷。伊世珍《瑯嬛記》三卷。邵文伯浩然翁手抄《五色線》三卷。以上小說家類。

劉辰翁《須溪集》一百卷，《四景集》四卷，《須溪記鈔》八卷。胡三省《竹素園稿》一百卷。吳徵《支言集》一百卷，《文正集》一百二卷，《私録》二卷。以上別集類。

梁有《文海英瀾》二百卷。字五思。天曆中奉敕録《金石刻》三萬餘通上進，録其副爲此書。吳萊《樂府類編》一百卷。以上總集類。

《易文意》。《詩義孖式》。以上科舉類。末卷題"吳縣黃丕烈校"。

《遼金元三史國語解》四十六卷

乾隆四十六年勅撰

江蘇局本。光緒戊寅年刊。遼十卷，金十二卷，元二十四卷。

趙氏曰："《書史會要》云'遼太祖用漢人教，以隸書之半增損之，製契丹字數千，以代刻木'，又《永樂大典》引《紀異録》云'渤海既平，乃製契丹大字三千餘言'，則製字應在天顯元年。《遼史》：'神册五年春，始製契丹大字。'"　"趙元昊自製蕃書，命野利仁榮演繹之，成十二卷。字形體方整，類八分而書頗重複。教國人紀事用蕃書，又譯《孝經》、《爾雅》、《四言雜字》爲蕃語。"　"《完顏希尹傳》：'女真初無文字，及獲契丹、漢人，始通契丹、漢字。金主遂命古紳依仿漢人楷字，因契丹字制度，合本國語製女真字，行之。後又製女真小字，謂古紳所製，爲大字云。’”　　“《元史》：‘世祖始命西僧帕克斯巴製蒙古新字，頒行諸路，譯寫一切文字，期於順言達事。號帕克斯巴爲大寶法王。’其字凡千餘，大要以諧聲爲主。”注：古紳，舊史名“谷神”。帕克斯巴，舊史名“八巴思”。　　“世祖以國師西蕃人，言語不通，命迦魯納答思從國師習其法及言與字，期年皆通。以畏吾字譯西天西蕃經論，蓋初用畏吾字。”録於《劄記》。

　　錢氏曰：“元人以本國語命名。或取顏色，如察罕者，白也；哈剌者，黑也；昔剌者，黃也，亦作‘失剌’；忽蘭者，紅也；孛羅者，青也，亦作‘博羅’；闊闊者，亦青也，亦作‘擴廓’。或取數目，如朵兒別者，四也，亦作‘掇里班’；塔本者，五也；只兒瓦歹者，六也；朵羅者，七也；乃蠻者，八也；也孫者，九也；哈兒班答者，十也；忽陳者，三十也，亦作‘忽嗔’；乃顏者，八十也，亦作‘乃燕’；明安者，千也；禿滿者，萬也。或取珍寶，如按彈者，金也，亦作‘阿勒壇’；速不台者，珠也，亦作‘碎不解’；納失失者，金錦也，亦作‘納石失’；失利門者，銅也，亦作‘昔剌門’；帖木兒者，鐵也，亦作‘鐵木爾’，又作‘帖睦爾’。或取形相，如你敦者，眼也；赤斤者，耳也。或取吉祥，如伯顏者，富也；只兒哈朗者，快樂也，亦作‘只兒哈郎’；阿木忽郎者，安也；賽因者，好也；耶兌者，大也；蔑兒干者，多能也，亦作‘默爾傑’。或取物類，如不花者，牯牛也，亦作‘補化’；不忽者，鹿也；巴而思者，虎也；阿爾思蘭者，師子也；脫來者，兔也，亦作‘討來’；火你者，羊也；昔寶者，鷹也；昂吉兒者，鴛鴦也。或取部族，如蒙古者；唐兀台；遜都台；瓮吉剌歹；兀良哈歹；塔塔兒歹；亦乞列歹；散术歹，亦作‘珊竹台’；肅良合，亦作‘瑣郎哈’，謂高麗人也：皆部族之名。亦有以畏吾語命名者，如也忒迷失者，七十也；阿忒迷失者，六十也：皆畏吾語。

如文殊奴、普奴、顔觀音奴、佛家奴、汪家奴、衆家奴、百家奴、醜廝、醜驢、和尚、六哥、五哥、七十、八十之類，皆是俗語。或厭其鄙俚，代以同音之字，如"奴"之爲"訥"，"驢"之爲"閭"，"哥"之爲"格"，不過遊戲調論，非有別義也。"又曰："字書無'糺'字，始見於《遼史·百官志》，有十二行糺軍、各宮分糺軍、遥輦糺軍、各部族糺軍、羣牧二糺軍。"録於《養新餘録》。

俞正燮《書金史國語解後》曰："'諸糺詳穩'一條云：'邊戍之官，"糺"即"軍"字，"詳穩"即長官。'按，此館臣誤也。應云：'"糺"即"糾"字，亦爲糺軍名也。'《遼國語解》云：'糺轄，糺軍名。轄者，管束之義。'此'糺'字、'轄'字俱不得爲遼、金國語，惟'詳穩'爲金國語耳。'糺'取糺聚之義。遼、金、元三朝皆有糺軍，不得謂'糺'即'軍'字也。"録於《癸巳類稿》。

文光案：觀錢氏第一説，可以知元人命名之義，因詳録之。'糺'字一條，不如俞説之詳明，複録俞氏説以補其未備。《國語解》皆刻入正史，此别行之本也。

《明史》三百三十二卷

國朝保和殿大學士張廷玉等奉敕撰

武英殿本。本紀二十四卷。志：《天文》三卷、《五行》三卷、《歷》九卷、《地理》七卷、《禮》十四卷、《樂》三卷、《儀衛》一卷、《輿服》四卷、《選舉》三卷、《職官》五卷、《食貨》六卷、《河渠》六卷、《兵》四卷、《兵法》三卷、《藝文》四卷。表：《諸王》五卷、《功臣》三卷、《外戚》一卷、《宰輔》二卷、《七卿》二卷。列傳：一、《后妃》，二、《諸王》，三、《公主》，四、《諸臣》，五、《循吏》，六、《儒林》，七、《文苑》，八、《忠義》，九、《孝義》，十、《隱逸》，十一、《方技》，十二、《外戚》，

十三、《列女》，十四、《宦官》，十五、《閹黨》，十六、《佞倖》，十七、《姦臣》，十八、《流賊》，十九、《土司》，二十、《外國》。傳共二百二十卷。經始於康熙十八年，雍正二年詔諸臣續藏其事，至乾隆四年告成。

徐氏曰："《太祖實錄》凡三修，一在建文之世，一在永樂之初，今所傳者，永樂十五年重修者也。前二書不可得見，大要據實直書，中多過舉。""胡惟庸之獄，人盡疑之。然太祖刑戮大臣，幾無虛月，鋌而走險，遂萌異圖，亦情之所有。李善長、陸仲亨輩謂其同逆則非，責以知情不舉，彼亦無辭。不然昭示奸黨，錄所列獄詞數十萬言，罪無可貸，事豈盡虛？""太祖治尚嚴酷，其殺人皆顯指其罪，未嘗掩護。乃《實錄》則隱諱太過，野史又誣謗失真，其最不可信者，祝允明《九朝野記》、張合臺《名言》、趙可與《孤樹裒談》是也。""考洪武一朝，大臣三品以上者三百餘人，列傳者不過三四十人，大率爲太祖所殺，故國史不爲立傳，其子孫亦不敢以誌狀請人，遂爾淹没不傳。""前人成書如《吾學編》、《皇明書史概》、《開國功臣錄》、《續藏書》、《明良錄》、《名山藏》、《泳化類編》等書，未可據爲篤論。""成祖刑戮忠臣，其妻女發教坊者，諸書所傳至不忍讀。付之稗史，已足遺議。"錄於《愒園集》。

《歷志贅言》："愚山奉命纂修《明史》，寄書，欲予爲《歷志》屬稿，因作此寄之。大意言明用《大統》，實即《授時》，宜於《元史》闕載之事詳之，以補其未備。又回回歷承用三百年，法宜備書。又鄭世子《歷學》已經進呈，亦宜詳述。他如袁、黃之《歷法新書》，唐順之、周述學之《會通回歷》，以《庚午元歷》之例例之，皆得附錄。其西洋歷方今現行，然崇禎朝徐、李諸公測驗改憲，功不可没也，亦宜備載緣起。《歷志》大綱，略盡於此。後見湯潛菴所裁定吳志伊之稿，大意相同，不知其見余

《贅言》否。《明史·歷志》，屬稿者，簡討錢唐吳志伊任臣；總裁者，中丞湯潛菴先生斌也。潛菴歿後，史事總屬崑山，志稿經嘉禾徐敬可善、北平劉繼莊獻廷、毘陵楊道聲文言諸君子，各有增定，最後屬黃先生宗羲。鼎在都門，崑山以志稿見屬，謹摘訛舛五十餘處，粘籤候酌，欲候黃處稿本到齊屬筆，而崑山謝世矣。無何，梨州季子百家從予問歷法，乃知前所商者即黃稿也。於是百家方受局中諸位之請，而以授時表缺，商之於予，予出所携《歷草通軌》補之。然寫本多誤，皆手自步算，凡篝燈不寐者兩月，始知此事之不易也。"錄於《梅氏算法叢書》。

趙氏曰："近代諸史，自歐陽公《五代史》外，《遼史》簡略，《宋史》繁蕪，《元史》草率，惟《金史》行文雅潔，叙事簡括，稍爲可觀；然未有如《明史》之完善者。蓋自康熙十七年，用博學宏詞諸臣分纂《明史》，葉方藹、張玉書總裁其事，繼又以湯斌、徐乾學、王鴻緒、陳廷敬、張英先後爲總裁官，而諸纂修皆博學能文，論古有識。後玉書任《志》書，廷敬任《本紀》，鴻緒任《列傳》。至五十三年，鴻緒傳稿成，表上之，而《本紀》、《志》、《表》尚未就，鴻緒又加纂輯，雍正元年表上。"

世宗憲皇帝命張廷玉等爲總裁，即鴻緒本選詞臣再訂正，乾隆初始進呈，蓋閱六十年而後訖事。古來修史，未有如此之日久而功深者也。惟其修於康熙時，去前朝未遠，見聞尚接，故事迹原委多得其真，非同《後漢書》之修於宋，《晉書》之修於唐，徒據舊人記載而整齊其文也。又經數十年參考訂正，或增或删，或離或合，故事益詳而文益簡。且是非久而後定，執筆者無所狗隱於其間，益可徵信，非如元末之修宋、遼、金三史，明初之修《元史》時日迫促，不暇致詳而潦草完事也。他不具論，自魏收、李延壽以子孫附其祖父，遂代人作家譜，一傳中有數十百年事，閱一傳即須檢數朝之史。宋子京以爲簡要，其實轉滋瞀惑。《明史》立傳，則各隨時代之先後。除徐達、常遇春等子孫即附本傳，此仿《史記》、《漢書》之例，以叙功臣世次；楊洪、李成梁等子孫亦附本傳，則以其家世爲將，此又是一例；至祖父子孫各有大事可記者，如張玉、張輔父子也，而一著功於靖難，一著功於征交，則各自爲傳。以及周瑄、周經，耿裕、耿九疇，楊廷和、楊慎，瞿景淳、瞿式耜，劉顯、劉綎等，莫不皆然。其無大事可記者，始以父附子，以子附父。否則，如楊肇基及子御蕃各有戰功，則御蕃可附《肇基傳》矣，而以其功在登萊，則寧附於同事之《徐從治傳》，而不附《肇基傳》。其他又有稍變通者。徐壽輝僭號稱帝，應列《羣雄傳》，而以其不久爲陳友諒所殺，則并入《友諒傳》，而壽輝不另傳。姚廣孝非武臣，而以其爲永樂功臣之首，則與張玉、朱能等同卷。黃福、陳治等皆文臣，柳升、王通等皆武臣，而以其同事安南，則文武同卷。秦良玉本女土司，而以其曾官總兵，有戰功，則與諸將同卷。李孜省、陶仲文各擅技術，應入《方技傳》，而以其藉此邀寵，則另入《佞倖傳》。此皆排次之得當者也。自《宋史》數人共事者，必各立一傳，而傳中又不彼此互見，一若各爲一事者，非惟卷帙益繁，亦翻閲易眩。《明史》則數十人共一事者，舉一人立傳，而同事者即各附一小傳於此人傳後。即同事另有專傳，而此一事不復詳叙，但云“語在某人傳中”。如孫承宗有傳，而柳河之役則云“語在《馬世龍傳》中”；祖寬有傳，而平登州之事則云“語在《朱大典傳》”是也。否則，傳一人而兼叙同事者，如《陳奇瑜傳》云“與盧象升同破賊烏林關等處”，《象昇傳》亦云“與奇瑜同破賊烏林關等處”是也。甚至熊廷弼、王化貞一主戰一主守，意見不同也，而事相涉，則化貞不另傳，而并入廷弼傳內。袁崇煥、毛文龍，一經略，一島帥，官職不同也，而事相涉，則文龍不另傳，而并入崇煥傳內。此又編纂之得當也。而其尤簡而括者，莫如附傳之例。如《擴廓傳》

附蔡子英等，《陳友定傳》附靳義等，《方孝孺傳》附盧原質等，以其皆抗節也；《柳升傳》附崔聚等，以其皆征安南同事也；《李孜省傳》附鄧常恩等，以其皆以技術寵倖也。至末造殉難者附傳尤多，如《朱大典傳》附王道焜等數十人，《張肯堂傳》附吳鍾巒等數十人，而《史可法傳》既附文臣同死揚州之難者數十人，若再附武臣則篇幅太冗，乃以諸武臣盡附於《劉肇基傳》。以及《忠義》、《文苑》等，莫不皆然。又《孝義傳》既按其尤異者各爲立傳，其他曾經旌表者數十百人則一一見其氏名於傳序内。又如正德中諫南巡罰跪午門杖謫者一百四十餘人，嘉靖中伏闕争大禮者亦一百四五十人，皆一一載其姓名，蓋人各一傳，則不勝傳，而概删之，則盡歸泯滅，惟此法不至卷帙浩繁，而諸人名姓仍得見於正史。此正修史者之苦心也。又高倬後附書南都殉難者張捷、楊維垣、黄端伯、劉成治、吳嘉允、龔廷祥六人，而所附小傳，但有端伯以下四人，捷、維垣獨缺，則以此二人本閹黨，其事已見各列傳中，不屑爲之附傳。此則附傳中又自有區別，益以見修史之斟酌不苟也。至諸臣有關於國之興替、事之功罪，則輕重務得其平。如李東陽、徐階、高拱、張居正、沈一貫、方從哲、熊廷弼、袁崇焕、陳奇瑜、熊文燦、楊嗣昌等，功罪互見，枉倖并呈，幾於無一字虚設，雖篇幅稍多，而非此不足以盡其曲折，執筆者不知幾經審定而後成篇。此《明史》一書實爲近代諸史所不及，非細心默觀，不知其精審也。　《明史》立傳多存大體，不參校他書，不知修史者斟酌之苦心也。蓋爲名臣立傳，其人偶有失誤，不妨散見於他人傳中，而本傳不復瑣屑叙入。此又善善欲長之微意，不欲以小疵累全體也。　大禮之議，《明史》於毛澄等列傳既詳其援引古義之疏，張璁等傳又詳載其繼統非繼嗣之疏，使閱者各見其是，自有折衷；而於澄等傳贊，謂諸臣徒見先儒成説可據，而忘乎世宗之與漢哀、宋英不同，争之愈力，失之愈深，真屬平允至當之論，可爲萬世法矣。　周延儒不過一庸相耳，以之入《奸臣傳》，未免稍過。然糾其惡者盡遭斥逐，親知鄉曲遍列要津，既入《奸臣傳》而此等事不載，蓋修史者改編王鴻緒稿本而傳文未改，故不見其奸邪之迹也。　喬允升、劉之鳳二傳，一在第二百五十四，一在第二百五十六，相隔只兩卷，而一段文字相同，修史諸臣不及訂正。　明祖行事多仿漢高，起事目不知書，然其後文學明達，博通古今，所傳御製集雖不無嗣臣潤色，然英偉之氣自不可掩。至如《鳳陽皇陵碑》，粗枝大葉，通篇用韻，必非臣下代言也。　明祖通文義，固屬天縱，然其初學問未深，往往以文字疑誤殺人，見於諸書者甚多。杭州教授徐一夔賀表有"光天之下，天生聖人，爲世作則"等語。帝覽之大怒曰："'生'者僧也，以我嘗爲僧也；'光'則薙髮也；'則'字音近賊也。"遂斬之。又僧來復謝恩，詩有"殊域及自慚，無德頌陶唐"之句。帝曰："汝用'殊'字，是謂我歹朱也。又言'無德頌陶唐'，是謂我無德，雖欲以陶唐頌我，而不能也。'遂斬之。按，是時文字之禍，起於一言。時帝意右文，諸勳臣不平。上語之曰："世亂用武，世治宜文，非偏也。"諸臣曰："但文人善譏訕，如張九四厚禮文儒，及請撰名，則曰'士誠'。"上曰："此名亦美。"曰："《孟子》有'士誠小人也'之句，彼安知之?"上由此覽天下章奏，動生疑忌，而文字之禍起云。　明初文人多不仕。《文苑傳》中以文學授官，而卒不免於禍，宜楊維楨等之不敢受職也。　漢高誅劉功臣，固屬殘忍。明祖藉諸功臣以取天下，及天下既定，即盡舉取天下之人而盡殺之，其殘忍實千古所未有。蓋爲身後慮，是以兩興大獄，一網打盡。胡黨之獄，距惟庸死已十餘年，豈有逆首已死，同謀之人至十餘年始敗露者?此不過借惟庸爲題，使獄詞牽連諸人。胡黨既誅，猶以爲未盡，又興藍黨之獄，於是功臣宿將殆盡。　明祖初定天下，分封諸子於各省各府，蓋仿漢、晉、六朝及有元之制而參酌之。然其勢力足以病民，支庶蕃衍，皆仰給縣官，別無生理，以至宗藩困而國力亦不支矣。　明祖多養異姓爲子，凡二十餘人，今皆無考。　明宮人殉葬從死者皆加贈謚，相繼優郵。至英宗遺詔，始罷之。當時宮人殉葬者，王府皆然，不獨朝廷也。　楊士奇在內閣四十三年，古來所未有也。同時直內閣者，金幼孜三十年，楊榮三十七年，楊溥二十二年。六卿中，蹇義爲吏部尚書三十四年，夏原吉爲戶部尚書二十九年，胡濙爲禮部尚書三十二年，中外悉稱名臣，其必有以孚衆望者矣。若專寵利而竊威權，如萬安爲相十九年，劉吉爲相十八年，已叢物議。至嚴嵩爲相二十一年，遂入《奸臣傳》，爲千載唾罵。按，三楊同時在內閣者，又有黃淮、胡廣，皆十六年。其後李東陽十八年，徐階十七年，而蹇、夏後，又有呂震爲禮部尚書十九年，馬文升歷各部尚書二十二年，王直、王翺爲吏部尚書各十五年，亦皆久於其位，名實相稱。至明末崇禎十七年中，易相五十餘人，刑部尚書十七人，兵部尚書十四人，總督被誅者七人。蓋國運將傾，人材薄劣，無可如何也。明內閣首輔之權最重，而司禮監之權又在首輔上。　《明史》於諸臣奏議，凡切於當時利弊者，并存其疏，使閱者彼此參觀，而是非自見。　史傳中有用極俗語者，《唐書》以前不多見。昔宋子京修《唐書》，凡唐時四六奏疏，悉改爲散文，固屬好高之過。乃宋景濂修《元史》，於泰定帝即位一詔，不稍加潤色，竟編入本紀，毋乃太草率耶？亦或有意存之，以見當時之鄙俚耶？錄於《廿二史劄記》。末二條爲《陔餘叢考》。

　　錢氏曰：“《明史》至康熙十八年開局，纂修五十人，皆以博學宏詞薦入翰林者也。乾隆初，詔修《明史》，總裁官大學士張廷玉奏即以鴻稿爲本而稍增損之。議論平允，考稽詳核，前代諸史莫能及也。其例有創前史所未有者，如《英宗實錄》附景泰七年事，稱“郕戾王”而削其帝號，此當時史臣曲筆。今分英宗爲前後兩紀，而列《景帝紀》於中，斟酌最爲盡善。表之有七卿，蓋取《漢書・公卿表》之意。明時閣、部并重，雖有九卿之名，而通政、大理非政本所關，則略之。南京九卿亦閑局，無庸表也。《閹黨》、《土司》前代所無，故別而出之。"録於《養新録》。

周氏曰："張江陵當國，喜怒任情，生殺在手，渺視聖明等嬰孫，頤指臺省若奴隷，諸不法事顯灼耳目，未易縷數。若其包藏禍心，染指神器，亦已漸露萌芽。幸九廟有靈，早褫其魄，故幸潛消耳。苟假以年，則莽、操、懿、温必將再見矣。聞其誕日，有繪周公負成王獻者，覽之弗悦，揮令擲去。又有獻《大禹下車泣囚圖》，喜甚，懸於中堂，其微意可覘也。又嘗夢人贈以一鑑，長尺許，光耀四壁，皆有銘，若先兆者，覺而怪之。質明，憲長張九一差官貢鏡。其背文云'張氏受命膺大寶，億世子孫其永昌'，宛類夢中所見。遂大喜，厚賞來使，而作密劄以復。未幾，即超擢張開府，將召入爲腹心，共謀大事，會搆疾弗起，張亦被論削籍。此魏見泉爲予説。魏，端人也，其言必不妄。且云有術人善能先示夢兆，而後以鏡實之。九一得其人，故敢獻諂，江陵墮其術中，遂深信弗疑。然九一竟不得柄用，而徒貽惡名，陰險復何益耶？"録於《涇林續記》。

文光案：江陵之惡，其迹顯然。惟隱圖不軌，諸書未有記及者，因録此以廣異聞。夢兆之術，東坡知之，故不爲所惑，惜乎江陵未見及此也。是書題"天南外史"，明周元暐所撰。元暐，崖山人。萬曆丙戌進士，廣東電白知縣。後爲御史，坐事，瘐死獄中。是書傳本甚少，今祁氏刻入《功順堂叢書》，始得一見。其先有《涇林祖記》，故此名《續記》。按跋爲韓小泉玉雨堂藏書，卷端有季振宜印，亦祕本也。又記"科場關節"一條，言江陵先將字眼密授考官，許以美轉，豈惟莫敢抗違，爭以得卷爲幸。又"廣陵妾"一條，記江陵淫樂致死之由，亦諸書所未載。又記嚴世蕃諸不法狀，言《祖記》所載更詳。惜乎！《祖記》無傳本也。諸家雜記與野史相類，固在可信不可信之間。然當時傳聞必有所據，亦未可盡以爲誣也。

《玉海》："古者無國無史，史未嘗一日無書。漢法，太史公位丞相上；唐及本朝，宰相兼史官。其重如此，故書榻前議論之辭，則有時政記；録柱下見聞之實，則有起居注。類而次之，謂之日曆；修而成之，謂之實録。所以廣記備言，垂一代之典也。韓宣子見《易象》、《魯春秋》而知周公之德，則守文者不可無史。蕭何收秦圖書而知天下阨塞、户口彊弱，則創業者不可無史。"

"江淹有言曰：'修史之難，無出於志。'司馬遷曰書，班固曰志，蔡邕曰意，華嶠曰典，張勃曰録，何法盛曰説，餘史并謂之志。"

"古所稱良史者，明周萬事之理，道適天下之用；知足以通難知之德，文足以發難顯之情。"　　"司馬談之子遷，劉向之子歆，班彪之子固，王銓之子隱，姚察之子簡，李太師之子延壽，劉知幾之子餗，繼世汗簡。"　　"在漢之初，史職爲盛。郡國文計先集太史之府，欲其詳悉於體國也；必閱石室，啓金匱，抽裂帛，檢殘竹，欲其博練於稽古也。是立義選言，宜依經以樹；則勸戒與奪，必附聖以居宗。然後銓評昭整，苛濫不作矣。然紀傳爲式，編年綴事，文非泛論，按實而書，歲遠則同異難密，事積則起訖易疏，斯固總會之爲難也。或有同歸一事，而數人分功，兩記則失於複重，偏舉則病於不周，此又銓配之未易也。俗皆愛奇，莫顧實理，傳聞而欲偉其事，録遠而欲詳其迹。於是棄同即異，穿鑿旁説，舊史所無，我書則博。此訛濫之本源，而述遠之巨蠹也。"

《古懽堂集》："二十一史崒嵬浩瀚，數千餘卷。宋、元各史直居其半，可謂繁冗矣。元人修《宋史》，如反賊李全一傳，凡二卷六萬餘字，雖覽之數過，亦不知其首尾何説，起没何地。楊升菴曾言之：‘《書》曰“詞尚體要”，子曰“辭達而已矣”，荀子曰“亂世之徵，文章匿采”，楊子所謂“説鈴〔五〕”、“書肆”，正謂其無體要也。吾觀在昔文弊於宋，奏疏至萬餘言，同列書生尚厭觀之，況人主一日萬幾乎？其爲當時行狀、墓銘、將相諸碑，皆數萬字。朱子作張魏公行狀四萬字，猶以爲少，流傳至今，蓋無人能覽一過者，繁冗故也。’南豐《爲人後》、《救荒》等議，誰能記誦之乎？予資鈍下，讀書最難，所謂‘一傳未終，恍已迷其姓氏；片文屢過，幾不辨其偏旁也’。”　“《史記》直可孤行於天地，不當與羣書并列。南、北史叙列分明，讀去最便。餘書皆可删矣。《新唐書》索然無味，不及《舊唐書》遠甚，直廢之可也。《宋史》痛删，姑存十分之三。金、遼、元史更不必全留耳。是安得良史才堪此任耶？”

　　右正史類

　　《漢·藝文志》無史目，即以附於“六藝”、“春秋”之後。《隋經籍志》始以經、史、子、集刊爲四部。簿録之體，至是始定。而史部首列正史一門，史家之體，亦至是始定。蓋自《史記》、《漢書》而下，世有作者，皆擬班、馬，以迄於今，不能改其規模，殊其體統，奉而踵行千餘年矣。今所録者，凡五十五家，皆爲記、爲傳、爲表、爲志，依其世代，類而編之。其補正各史，如《補宋書食貨志》、《補元史藝文志》之類，皆輔正史，不入他部，而“糾謬”、“刊誤”之屬，亦附入焉。又如《史漢字類》，舊入小學類，然是書本爲《史》、《漢》而作，讀《史》、《漢》先宜識字，因以類相從，附《史》、《漢》後，如《史漢音義》附《史》、《漢》之例。其他概不濫登。《孫氏書目》以柯氏《宋史新編》、邵氏《元史類編》列之正史，殊屬不合，不敢效尤。蓋正史尊重，不可以私家改撰妄增入也。凡作史以搜採爲先，故讀史以考證爲要。恭讀欽定二十四史，通共三千二百四十三卷，每卷之後，皆有考證。其官板之誤，又有《四庫全書考證》，互相證明。蓋從來所無之本，而又昭示人以讀史之法也。謹案：《四庫全書總目》史部十五類，正史，其大綱也；餘十四類，皆所以證正史也。曰編年，曰紀事本末，曰別史，曰雜史，曰詔令奏議，曰傳記，曰史抄，曰載記，皆參考紀、傳者也；曰時令，曰地理，曰職官，曰政書，曰目録，皆參考諸志者也；曰史評，參考論贊者也。今於目録之中分出金石一門，不但著述滋多，且於考史尤要。於史評類增入趙氏《劄記》、錢氏《考異》、王氏《商榷》三家，此史評之正則、考證之極軌也。終以三書，且以明我朝作家實事求是，不務虛浮之意。夫必分諸類以考一事，而一事始確；合衆史以讀一史，而一史始明。否則，典制、事迹膠粘梗塞，地理、職官目眩心迷，固未許其讀全史也。

乾隆十一年校刊二十一史告竣，共二千七百三十一卷，六十五函。合《明史》爲二十二史，《明史》先竣。合《舊唐書》、《舊五代史》爲二十四史。校刊二十四史，凡七年而成。

校勘記

〔一〕“汪”，原作“江”，據清錢大昕《十駕齋養新録》改。

〔二〕“宋”，原作“朱”，據同上書改。

〔三〕“正”，據清錢大昕《廿二史考異》補。

〔四〕“辛”字後原有一“正”字，據同上書删。

〔五〕“鈐”，原作“聆”，據清田雯《古懽堂集》改。

萬卷精華樓藏書記卷二十九

史部二
編年類

《竹書紀年》二卷

是書稱魏之史記，由汲郡人發冢而得

天一閣本。明范欽校刊。是書見杜預《春秋後序》。《晉書·束皙傳》：“《紀年》十三篇。”陳《録》不載。《隋》十二卷，《新唐志》十四卷，今本止二卷，的非原書。且《紀年》始夏后，今本始於黃帝，亦僞託之一證也。一本始黃帝，一本始夏后，兩本不同。

《養新録》：“古者史官紀年之體，各用其國之年。《竹書》，春秋時紀晉君之年。三家分晉後，紀魏君之年。今俗本改用周王之年，分注晉、魏於下。此例起於紫陽《綱目》，唐以前無此式也。明人好講書法，是書必明人所葺。《史通》引《紀年》與今本異。”

《竹書紀年統箋》十二卷

國朝徐文靖撰

志寧堂本。《位山六種》之一。前有乾隆庚午馬陽、崔萬烜、盧文弨三序，凡例十四條。目録，始黃帝，終周隱王十六年。次前編，補伏羲、神農。次雜述，記竹書源流，凡三十八條，皆不入卷。箋文降一格，雙行小字。

盧士[一]序曰：“北平黃崑圃先生癸卯主江南試，所得三人，曰任翼聖、啟運。陳亦韓、祖范。徐位山，文靖。其學皆博而純。陳、徐并以經學徵，陳以老不至；徐君年八十五矣，猶健，乃應徵至京師。此《竹書紀年》，乃其八十二歲所著也。《紀年》故有沈休文注，然太簡，學者又不深考。此書皆與疏通證明，可煥然冰釋矣。《史記注》亦往往以年表爲‘紀年’，此則名之偶同，非此書也。”

《紀年》自周隱王十七年瘞於梁襄王冢，至晉武太康二年乃得此書，凡五百七十九年。其時考正者有和嶠、束晳、衛恒、荀勖、王庭堅、王接、潘滔、摯虞、謝衡諸人，皆博物多聞之士。晉、隋、唐《志》皆有是書，梁沈約始爲附注。約好言符瑞，於事實罕有發明。約注見《宋書·符瑞志》。諸本或以附注爲《竹書》本文，由未讀《宋書》故也。附注之外，又有約按，以非習聞，別立説也。今特爲《統箋》，仿鄭氏《詩箋》之例，以別於注也。謂之“統箋”者，不特《紀年》箋之，附注箋之，凡所引書間有訛誤，亦并箋之也。逐事分載，以紀其詳。《紀年》初瘞之歲，下距始皇燔書之歲八十六年，則是書在未焚之前，信而可徵也。至今以經傳校之，一一符合。例。

《竹書紀年辨正》四卷

國朝韓怡撰

本存堂本。嘉慶丁卯年自刊。《紀年》有沈休文注，乃後人取《宋書·符瑞志》附益之，非注也。其注往往與正文相混，徐氏《統箋》分別最清。凡沈注降一格，大字書之。《紀年》不知何人所撰，《晉書》具載其事。

《晉書·束晳傳》：“太康二年，汲郡人不準盜發魏襄王墓，或言安釐王冢，得竹書數十車。其《紀年》十三篇，記夏以來至周幽王爲犬戎所滅，胡曰："此年起自夏商，杜之誤也。《史記》注引和嶠云'《紀年》起自黃帝'，足爲明徵。" 以事接之，三家分，仍述魏事，至安釐王之二十年。胡曰："此襄王之二十年，本書明甚。此時魏安釐王未生，自《晉書》誤載，隋、唐、宋《志》及用脩并因之。" 其中經傳大異者，益干啓位，啓殺之；胡曰："《竹書》絕無此文，可知晉史之謬。" 太甲殺伊尹；文丁殺季歷；胡曰："二事甚不根，然亦當時因桐宮、羑里之說，好事剿而入之。劉知幾據爲實有，則大愚矣。" 自周受命，至穆王百年，非穆王壽百歲也；幽王徐案："當是厲王。" 既亡，有共伯和徐案："共伯國，即今之輝縣。" 者攝行天子〔二〕事，非二相共和也。其《易經》二篇，胡曰："今存。" 與《周易》上、下經同。《易繇》、《陰陽卦》二篇，胡曰："今存。" 與《周易》略同。《繇辭》則異。《卦下易經》一篇，似《說卦》而異。《公孫段》二篇，公孫段與邵陟論《易》。《國語》三篇，言楚、晉事。《名》三篇，似《禮記》，又似《爾雅》、《論語》。《師春》一篇，書《左傳》諸卜筮。胡其〔三〕曰："時卜筮盛行，焉知非素有此書，左氏取以爲傳耶？" "師春" 似是造書者姓名也。《瑣語》十一篇，胡曰："類書間載其文。" 諸國卜夢妖怪相書也。《梁丘藏》一篇，先叙魏之世數，次言丘藏金玉事。《繳書》二篇，論戈射法。《生封》一篇，胡曰："封禪書。" 帝王所封。《大曆》二篇，胡曰："陰陽家。" 鄒子談天類也。《穆天子傳》五篇，胡曰："今存。" 言周穆王游行四海，見帝臺西王母。《圖詩》一篇，畫贊之屬也。又雜書十九篇：《周食田法》，《周書》，十篇存。《論楚事》，《周穆王美人盛姬死事》。胡曰："附《穆天子傳》六卷中。" 大凡七十五篇，七篇簡書拆壞，不識名題。晳校勘。其指歸以今文寫之。"

《校正竹書紀年》二卷

國朝洪頤煊撰

《平津館》本。嘉慶丙寅年陽湖孫氏校刊。洪氏所據，有艾本、孫本、董本諸書，引《竹書紀年》皆無甲子紀年。惟《隋書·律歷志》引《竹書紀年》"堯元年景子"，《路史·後紀》注引"帝堯元年丙子"，與今本同。

洪氏序曰："束晳、杜預所見《紀年》本，起自夏殷，至周幽王以後，與今本不同，然今本信其非出於偽撰者。《史記》、郭注《山海經》所引《紀年》，與今本同，與束晳、杜預本異。《隋志》有《竹書同異》一卷，疑當時傳寫各異，其本不一。今本或猶是和嶠、郭璞所見之舊。其證一：《新唐書·劉貺傳》，貺以《紀年》按《春秋》而爲，如'齊人殲於遂'、'鄭棄其師'，皆孔子新意。今本文法大略相似，是今本非後人掇拾他書所爲。其證二：今本夏、殷後皆有總記年數，疑今本唯東遷以後周王紀年是後人所改，其餘皆《紀年》原文。其證三：沈注雖由後人偽題，然韓愈《黄陵廟碑》、《史記集解》、《文選》李注所引，是舊本《紀年》本有注文，唯爲後人羼亂耳。其證四：據此，則今本《紀年》雖經後人變改，殘闕失次，非偽書可比。庚申夏，游學武林，孫淵如觀察屬校是書。因仍取今本，歷證羣書所引，訂證於每年之下，并補脫五十餘條。注見於《宋志》者削之，其可信者存之。明知非汲冢之舊，亦聊存梗概而已。"

文光案：胡氏《筆叢》卷十七、八爲《三墳補逸》，以《晉紀年》、《周逸書》、《穆天子傳》皆三代典也，亡於秦、漢而出於晉之汲冢，因詳次其可信而稍白其可疑者。《紀年》自唐堯十六年起，迄於慎靚王十三年。每年之下，各有辨證，如以"澆伐斟鄩，大戰于濰，覆其舟，滅之"即《論語》羿盪舟事。《竹書》至晉始出，故漢儒以爲陸地行舟，至今因之，不知其非也。謂益避禹之子於箕山之陰，觀費侯就國之文，益封費，在舜禹之世。《史記》以大費爲伯翳名，其誤由此。伯翳即伯益。足證《孟子》所云未必實事也。又謂《竹書》記越世次最爲詳明。又謂《紀年》於晉事獨詳，其文與《春秋》絶類。孟子所見《晉乘》，必此無疑。凡此皆有可取，因録之。其《周書》、《穆傳》之説，各繫於本書之下。胡氏於《竹書》用力勤矣。又案：《史記》、《水經注》所引《紀年》，今本多無其文。《廣川書跋》引"穆公十一年取靈丘"，今本亦無其文，則所佚多矣。黄伯思《東觀餘論》云："今觀中祕所藏《師春》，乃記諸國世次及十二公歲星所在，并律吕、謐法等，疑後人雜抄《竹書》，與杜預所説全異。"觀此，知宋本亦後人所集，未必盡出汲冢也。又按：文丁紂祖父太丁也。殺季歷，世誤以文丁爲文王，《史通》因之，蓋劉知幾未見《竹書》，得之傳聞故也。又方氏《通雅》、王氏《山志》皆有辨證《紀年》之文，可參觀而互證也。

《漢紀》三十卷

漢荀悦撰

樂三堂本。康熙丙子年兩《漢紀》合刊，蔣國祥、蔣國祚同校。前有荀悦自序。序緊接目，不著年月。末附王莽。居攝元年，其二年至其十五年不著僞號，甚是。有自述，"述高紀"至"述平紀"，古序如此。并總紀。每紀有贊。獻帝雅好典籍。建安三年，詔給事中、祕書監荀悦鈔撰《漢書》，略舉其要，使便於用。凡《漢紀》十二世，十一帝，通王莽二百四十二年。莽攝位三年、即真十五年，合十八年。會悦遷爲侍中。其五年，書成，乃奏記云："凡《漢紀》有法式焉，有監戒焉，有廢亂焉，有持平焉，有兵略焉，有政化焉，有休祥焉，有災異焉，有華夏之事焉，有四夷之事焉，有常道焉，有權變焉，有策謀焉，有詭説焉，有術藝焉，有文章焉。是故質之事實而不誣，通之萬方而不泥，懲惡而勸善，獎成而懼敗，兹亦有國之常訓，典籍之淵林，故君子可觀之矣。凡《漢紀》七萬二千四百三十二字，王莽一萬字，其稱年、本紀、表、志、傳者，書家本語也。其稱論者，臣悦所論，粗表其大事，以參得失，以廣視聽也。"蔣刻兩《漢紀》後有紹興十二年汝陰王銍序、康熙丙子商丘宋犖序、毗陵邵長蘅序、蕭山毛奇齡序、襄平蔣毓英國祚之父。序。

《後漢紀》三十卷　附《兩漢紀字句異同考》一卷

晉袁宏撰。《字句考》，國朝蔣國祚撰

樂三堂本。宏序在目後。凡十一紀，篇中間有"袁宏曰"，如《漢紀》後有"贊曰"。《考》前有國祚跋，荀、袁本傳，又蔣景祁跋。是書祥符中初刻於錢塘，再刻於紹興間。王敦出使浙東，刻《劉氏外紀》、《舊唐書》并兩《漢紀》。王銍校正之，有序。明何大復得荀《紀》鈔本，高陵令翟清刊之。嘉靖間，黃姬水翻刻宋本兩《紀》。最後有萬曆南監本，差善，而行世絶少。蔣氏取諸本互校之，又旁蒐別本，點正句讀，板甚精工，世稱善本。宋序引巽巖李氏説曰："某家有兩《紀》印本，乃天聖間益州市所摹刻者，衍文助語，亂布錯置，往往不可句讀。近歲江浙印本號爲曾經校讎，其實與天聖市刻相似。"又云："傳録歲久，卒難得其真，可爲太息。"蓋是書在宋時已殘脱如此。案：邵序曰："是書垂一千四百餘年，自宋至今，更六七剞劂，幸得與班、范二書并傳。"毛序云："蔣子初得善本於吳門，繼得黃本，續得宋板《前紀》於項侍郎宅，又續得明南監本《後紀》於吳宫允宅，互相參對，起自乙亥冬十一月，訖於丙子夏六月。會其尊大人由兩浙行省左移參知，從杭州寄居吳門，中間多曠月。凡八閲月，工竣。"

邵氏序曰："是書前後各三十卷，分代以紀年，因年以繫月日，而凡制度之沿革、人之忠邪、刑政賞罰之是非，與夫日蝕星變、災祥沴戾之作，大略該載，而亦時有論著以明己意。悦《紀》奉詔作，論多醇正。宏《紀》其所自撰集，故論猶放縱。光武即位於鄵，而宏以爲更始尚存，不宜自立。論六家九流而曰‘道明其本，儒言其用’，因陳紀之論而曰‘肉刑當復’。如此類不盡合於道，顧其筆力踸踔，亦史家之雄也。”

蔣氏曰：“兩《漢》二書皦若日月，迥非二《紀》之可比，顧各有相發。荀豫《前紀》作於漢初、興平之間，已詧見班氏成書而應詔减省，創立五志，以補《春秋考紀》所未備。若袁宏《後紀》，則先於范氏所作五十餘年，其中多范氏所删取而不盡録者。二紀之當具，比之《易》之有荀九家，《禮》之有熊氏、皇氏，所應重標其書爲逸史倡，故不憚亟爲梓之。”

文光案：兩《漢紀》與兩《漢書》參觀，可知去取之法。《漢紀》取《漢書》、《後漢書》取《後漢紀》，皆有所去。昔人云“《王莽傳》與訓詁參看，可知作文之法”，何義門《讀書記》。亦此意也。司馬子長採《左氏內外傳》、《國策》、《世本》以爲《史記》。楊用修取《華陽國志》，王象之《紀勝》、《成都碑目》，費著《器物譜》、《蜀錦譜》、《蜀箋譜》以爲《蜀志》。觀《史記》、《蜀志》者，即合諸本參之，久久自有進益。大抵學人苦無記性，只是生吞之，故反覆再三，推求數四，所見者愈熟，則所記愈堅，此自然之理也。採諸花而爲蜜，不知其花，焉知其蜜？合衆本而成史，不觀其離，焉知其合？夫讎校者，讀書之先路，由枝葉以尋本根，此下學上達事也。今執一書以求一書，讎校之未能，而曰已得其大本大源，其誰敢信之？吾願讀書者知著書之有本，更願讀書者合衆本以讀一書，庶乎明白易記，門徑可尋。昔王漁洋見兩《漢紀》於京師慈仁寺書攤，被人購去，病至數月，《居易録》載之。又見《香祖筆記》。真愛書成癖者。余得此書於吾邑王氏，壽椿堂藏書頗富，今皆散佚。每册有印記，其文曰“王臣恭觀”。板本精善，不減漁洋所云，何快如之！因分列《漢紀》、《後漢紀》，以明著書之由；合列蔣氏本，以明板本之善。讀王序、景跋，而知荀、袁二家著述之美；讀宋序、邵序，而知此本讎校之精、蔣氏兄弟好學之篤，庶幾無負此書，有啓後學。又案：袁宏序云：“予嘗讀《後漢書》，煩穢雜亂，睡而不能竟也。”袁所謂《後漢書》，别是一書，非范《書》也。漢史自班、馬外，若賈逵、劉歆、謝承、華嶠各有撰述。又按：兩《漢紀》有李燾跋，_{巽巖李氏即李燾。}見《通考》。

《唐創業起居注》三卷

唐溫大雅撰

汲古閣本。前無序，後有毛晉跋。第一卷起義旗至發引，凡四十八日。第二卷起自太原至京城，凡一百二十六日。第三卷起攝政至即真日，凡一百八十三日。予所藏抄本有姚咨跋，此本無之。明華亭映雪老人多藏書，此其一種。老人，孫道明也。毛本内有缺字。《唐志》三卷，陳《録》五卷，“五”字恐誤。是書分三節，爲三卷，“三”字是也。

陳氏《書録》：“唐工部尚書晉陽溫大雅彦宏撰。所載自起義至受禪，凡三百五十七日。其述神堯不受九錫，反復之語甚詳。愚嘗書其後曰：‘新史稱“除隋之亂，比迹湯武”，湯武未易比也。唐之受命，正與漢高帝等爾。其不受九錫，足以掃除魏晉以來欺天罔人之態，而猶不免曰“受隋禪”者，乃以尊立代王之故，曾不若以子嬰屬史之爲明白洞達也。’”

文光案：霍之戰，宋老生死焉。是書叙之最詳。毛云：“溫公與開國功，宜多鋪張之詞。”今檢《霍州志》，所記宋老生事甚略。志謂“馬蹶，被執而死”，是書則云“懸門不發，老生取入不得。城上人下繩引之，老生攀繩欲上，去地丈餘。軍頭盧君諤所部人等跳躍，及而斬之，傳首詣帝”。當以《起居注》爲得實。又按《注》云：“大業十二年秋七月壬寅，遣通議大夫張綸等率師經略稽胡、離石、龍泉、文成等諸郡。丙辰，至於西河。乙丑，下離石郡，入自雀鼠谷，次於靈石縣。壬戌，雨。營於賈胡堡，去霍邑五十餘里。"按離石即今之臨縣，屬汾州府。雀鼠谷，在靈石境內。以今地理言之，唐高祖之義師，由太原至汾陽，歷孝義，入雀鼠谷，過靈石，次霍州，當時宋老生率精兵二萬拒守。此一大戰也，故所叙特詳。當時初置靈石縣，應屬西河郡，而諸志議者紛紛。古地莫辨，尤宜詳考，姑識於此。

《資治通鑑》二百九十四卷

宋司馬光奉勑撰，元胡三省音注

《通鑑全書》本。明陳仁錫校刊。前有《評鑑》序、南海李孫宸跋、天啓五年陳仁錫序、《治平資治通鑑事略》、《進書表》、詔書、胡三省序、《評鑑》凡例十二則、總目、目録。

陳氏序曰："天時作於上，人事應於下，故《春秋》無事載其月，疑事闕其文，遂開編年之祖。大都以編年而體重，以得人而史尊。《梁通史》六百卷，《唐編年》四十一家，聊備乙庫之藏。其有併書本末，不著後先，雖曰編年，仍是紀傳，而史體混。自編年、紀傳、實錄分爲三，宋分時政記、起居注、日曆爲三，時政記以宰相二人撰録而史權分。宋治平三年，初命司馬溫公編集君臣事迹，首呈《通志》，凡八卷。英宗悅，爲置局祕閣。賜名《資治通鑑》，神宗序之。歷十有八載，纂十六代，關國家，係生民，善可法，惡可戒者，益以《目録》、《考異》，故曰'斷以邪正，要於治忽，辭令淵厚[四]，箴諫深切'。大哉！神宗之言。公六就冗官，聽書局自隨。或疑治平、熙寧問紛爭國事，蓋有託焉，豈公之心也哉？公自選辟官屬，御府供筆墨，御笥供果餌，出示龍圖、天章閣三館祕書，而不留一著書之名，故足傳也。抑感溫公之言，覽者未終一紙，已欠伸思睡。能讀之終篇，惟王益柔爾。於是探索鈎致，就其閎鉅關鍵略爲提掇以問世，付八閩徐伯詩摹刻。"

《事略》："初，光患歷代史繁重，學者不能綜，況於人主，欲上自戰國，下迄五季，正史之外旁採他書，關國家興衰，係生民休戚，善可爲法，惡可爲戒者，依《左氏傳》體爲編年一書，名曰《通志》，遂約戰國至秦二世爲八卷以進。英宗悦之，命續其書，置局祕閣，以劉恕、趙君錫同修。四年十月己酉，初御邇英。甲寅初進讀，賜名《資治通鑑》。神宗親制序，面賜光。" "元豐七年十二月戊辰書成，至治平開局，迄今幾十九年。又略事目，年經國緯，爲《目録》三十卷；參考羣書，評其同異，俾歸一途，爲《考異》三十卷：合三百五十四卷。詔書獎諭，上諭輔臣曰：'前代未嘗有此書，過荀悦《漢紀》遠矣！'" "元豐七年十一月，進呈。元豐八年九月，奉旨重校定。元祐元年十月，奉旨下杭州鏤板。紹興二年七月，紹興府餘姚縣刊板。紹興三年十二月畢工，印造進入。"

李氏序曰："《通鑑》一書，胡身之爲廣注，爲十論，爲校讎。凡例益以《考異》、《釋文》、《釋文辨誤》諸編。今其成書具在，考校雖精，提掇未顯，古吳陳明卿故復有《通鑑》之評。乙丑九日，訪予南雍，出以相質，而索弁其端。"

《柳待制集》："餘姚徐氏藏司馬文正公即[五]范忠宣手帖修《通鑑》稿一紙，凡四百五十三字，無一筆作'艸'，則其忠信敬愨根於中者可知已。永昌元年，其歲壬午，晉元帝即位之五年也。自正月王敦將作亂，至十二月慕容廆入零支而還，每事第書發端一二字，或四五字，其下則以'云云'攝之。校今《通鑑》是年所書凡目，時有異同，此或初稿而後更删定之歟？始公辟官置局，前後漢則劉貢父，自三國七朝而隋則劉道原，唐訖五代則范淳父。

至於削繁舉要，必經公手乃定。此永昌一年事，公不必屬道原而手自起艸何歟？然則文正、忠宣之手澤所存，猶足企想元祐一時際會之盛，豈固以翰墨爭長爲可傳哉？”

《金石文字記》：“鄒平縣南五里有景相公墓。《通鑑》：‘後周顯德元年七月癸巳，以樞密院直學士、工部侍郎長山景範爲中書侍郎同平章事。’此地唐時屬長山也。景氏之裔，自洪武間有兩舉人，今亦尚有諸生，不能記其祖矣。不知何年謬傳爲晉之景延廣，而邑志載之。以後《山東通志》等書，襲舛承訛，無不以爲延廣墓。後有令於此者，謂延廣在晉爲誤國之臣，遂至笞其後人而毀其祠。昔年邑之士大夫，亦有考五代事而疑之者。予至其邑，有諸生二人來，稱景氏之孫，請問其祖爲誰。予乃取《通鑑》及《五代史·周世宗紀》示之。又示以《景延廣傳》，曰：‘延廣，字航川，陝州人也，其官爲馬步軍都指揮使。非此明矣。’乃謝而去。間一日，往郊外視其墓碑，文雖剝落而其曰‘故中書侍郎、平章事景公諱範”，字甚明白。因歎近代士人之不學，以本邑之人書本邑之事而猶不可信，以明白易見之碑而不之視，以子孫而不識其先人，推之天下郡邑之志，如此者多矣。又按《通鑑》：‘顯德二年，景範罷判[六]三司，尋以父喪罷政事。’據碑則是罷官歸里，而後遭父喪，與史不同。王元美作李于鱗友人襲克懋妻景氏墓誌，亦以爲延廣之後。王、李二公未嘗究心於史學也。”《宋史·笞居潤傳》曰：“景延廣寓其族於雒。”

任釣臺曰：“伯禽之封，《通鑑》以爲成王元年，其說本之《帝王世紀》；以爲八年，其說本之唐孔氏，謂成王即政之元年，實八年。二書皆謬，而《通鑑》尤謬。蓋元年周公以冢宰攝政，萬無急急即封其子之理。且是年流言一至，公即居東，成王方疑周公，必無封其子之事。又徐奄方助武庚爲亂，曲阜爲奄之國都，安所取其地以封伯禽乎？按《竹書》在五年。”

《金石文跋尾》云：“《戰國策》，秦漢人多以‘且’爲名，讀子余切。如穰且、豫且、夏無且、龍且皆是。‘且’旁或加‘隹’，如范雎、唐雎，文殊而音不殊也。胡身之《通鑑注》，輒音范雎之‘雎’爲‘雖’，是誤以爲‘目’旁矣。據此碑可證胡注之誤。”

文光案：此跋《武梁祠畫像題字碑》作“范且”。《隸篇》云：“《韓子·外儲説左上》‘范且窮工而弓折’，亦作‘范且’。復以碑證之，則字本作‘且’。《史記》作‘雎’者，或加‘隹’也。”又《婁壽碑》“榮且溺之耦耕”，以“且溺”爲“沮溺”。《集韻》、《類篇》“沮”、“且”并子餘切，碑蓋同音而借也。

錢氏曰：“自胡注行而史氏釋文遂鮮著録。西沚得宋本，詫爲枕中之秘。史注固不如胡氏之詳，而創始之功不可没。胡氏有意抑之，未免文人相輕。胡氏疏於小學，其音義承用史氏舊文，偶有更改，輒生罅漏。予故表而出之，使知二書之不可偏廢云。”又曰：“《通鑑》多採善言。”《養新録》。

文光案：《通鑑全書》，即今通行之本，明陳仁錫校刊。凡七種：曰《資治通鑑》、曰《釋例》、曰《目録》，皆温公撰。曰《問疑》，宋義仲集其先君子劉氏恕與温公往復相難之語。曰《釋文辨誤》，元胡三省撰。曰《宋元資治通鑑》、曰《甲子會紀》，皆明薛應旂撰。《通鑑》起周威烈王二十三年，迄後周世宗顯德六年。《宋元通鑑》起宋太祖建隆元年，迄元順帝二十七年。自畢氏《續通鑑》出，而諸家俗本俱可廢。

《通鑑釋例》一卷

宋司馬光撰

《通鑑全書》本。例後附温公《與范内翰范祖禹，字夢得，後更淳父。論修書帖》。

司馬伋序曰：“曾大父溫國文正公作書之例，或因或仿，皆有所據。遺稿中遭散亂，僅存脱略已甚，先後無叙，改注重複。伋輒掇取，分類爲三十六例。其間或書年而不書事，或書事而不著年，或書年書事而不實其數，伋皆不敢增也。或文全而字闕滅者，伋亦從而闕之。或事欲詳見而旁附其文，伋則因其文而述之，萬一有助於觀覽云。”

《通鑑目録》三十卷

宋司馬光撰

《通鑑全書》本。前有溫公自序。

司馬溫公序曰：“臣聞古之爲史者，必先正其歷以統萬事，故謂之‘春秋’。故崇文院檢討劉羲叟徧通前代歷法，起漢元以來爲《長歷》。臣昔嘗得其書，今用羲叟氣朔并閏，及採七政之變著於史者，置於上方。又編年之書，雜記衆國之事，參差不齊。今仿司馬遷年表，年經而國緯之，列於下方。又叙事之體，太簡則首尾不可得詳，太煩則義理相没而難知。今撮新書精要之語，散於其間，以爲目録云。”

《潛邱劄記》：“《梁武通史》六百卷，以《史記》爲本，所異者惟年表耳。《音注通鑑序》誤以爲編年體。”

《榕村集》：“《通鑑》於己所不喜者，并其人削之，如屈平是也；於己所疑者輒削去之，如‘隆中對’是也。昔人評孔子作《春秋》，録毫釐之善；溫公作《通鑑》，掩日月之光，指屈平也。”

文光案：《容齋續筆》議《通鑑》，有當省不省，傷於煩冗者甚多。

《吳文正公集》：“溫公《日曆稿》二卷，備見荆公初行新法時事。至是不合，始言之。”

《養新餘録》：“蘇子瞻爲《溫公行狀》云：‘子三人：童、唐皆早逝，康今爲祕書省校書郎。’邵伯温《聞見前録》稱‘温公無子，以族人之子康字公休爲子’，與行狀不同，是可疑也。伯温又言：‘公休子植蚤死，無後，温公之世遂絶。’據行狀，孫二人植、桓皆承務郎，不獨一植也。”

《養新録》：“胡景參以地理名家而疏於小學。其音義承用舊文，偶有更改，輒生罅漏。”又曰：“《通鑑辨正》，於地理糾舉頗多。”文光案：錢氏語前後複出者甚多。

《通鑑問疑》一卷

宋劉羲仲撰

《通鑑全書》本。道原與君實相問難者，凡二十八條。羲仲問於純夫者，凡八條。

祕丞高安劉公，諱恕，字道原。嘗同司馬公修《資治通鑑》，司馬公深畏愛其博學，每以所疑問焉。祕丞公未冠登第，名動京師，文行并高，意氣偉然，以直不容於世。論次一家之書，欲爲萬世之傳，固已負其初心，而書未及成，捐棄館舍。後世又未必知祕丞公於《通鑑》嘗預有力焉也。祕丞公有子曰羲仲，傷其先人之不彰，而幼侍疾家庭，嘗備聞餘論，乃纂集其與司馬公往復相難者，作《通鑑問疑》。

君實訪問道原疑事，每卷不下數條，論議甚多，不能盡載，載其質正舊史差謬者。然道原在書局止類事迹，勒成長編。其是非予奪之際，一出君實筆削。而羲仲不及見君實，不備知凡例其是非予奪所以然之故，范純夫亦嘗預修《通鑑》，乃書所疑問焉。

君實與道原皆以史自負，同心協力，共成此書。曰：“光之得道原，猶瞽師之得相者也。”范純夫、劉貢甫、司馬公休亦推道原功力最多。君實嘗有言：“光修《通鑑》，唯王勝之借一讀，它人讀未盡一紙，已欠伸思睡矣。楊子雲云：‘後世復有子雲，《玄》

必不廢矣。'方今《春秋》尚廢，況此書乎？聊用自娛餘生而已。"
嗚呼！君實所以用意遠矣，非爲淺見寡聞道也。《通鑑》始成，乃
録本以付其家，而告義仲曰："先君子臨終遺言，恨不見書成；而
此書之成，先君子力居多。"

《稽古録》二十卷

宋司馬光撰

奉思堂本。乾隆五十二年靈石梁元熙重刊。前有温公《進書
表》、朱文公《與鄭知院書》，又《朱子語録》二條。次目録。每
葉十八行，每行大小十八字。次行與注，降一格。紙墨皆佳。今
此板尚存，幸無缺損。丁未刊書序乃其館中師所撰，於書既無所
發明，亦不詳所刻何本。秋水伊人，徒勞神愴。冠之書首，甚覺
不倫，删去爲是。近有江蘇局本、湖南局本，前明有楊璋刊本，
俱未見。《天録琳琅書目・宋板史部》：《稽古録》，一函二册。第
一卷至十五卷，起伏羲氏，訖周世宗。第十六卷，爲《歷年圖
序》。第十七卷至二十卷，起宋太祖，訖英宗，爲《國朝百官公卿
表大事記》。前有光進表，叙次甚晰。附刻朱子《與鄭知院書》，
稱在長沙時曾爲刊刻，今越中刻本未竟，欲奏行取索投進。是此
書當時已再刻矣。又《語録》一則。

《四庫全書提要》曰："光撰《資治通鑑》及《目録》、《考
異》，又有《舉要歷》，有《歷年圖》，有《百官表》。《歷年圖》
仍依《通鑑》，起於三晉，終於顯德。《百官表》止著宋代。是書
則上溯伏羲，下訖英宗治平之末，而爲書不過二十卷。蓋以各書
卷帙繁重，又《歷年圖》刻於他人，或有所增損，亂其卷帙，故
芟除繁亂，約爲此編，而諸論則仍《歷年圖》之舊。今觀其諸論，
於歷代興衰治亂之故反復開陳，靡不洞中得失，洵有國有家之炯
鑑，有裨於治道者甚深。故雖非洛學之派，朱子亦不能不重，足

見其不可磨滅矣。南渡以後，龔正頤嘗續其書，今《永樂大典》尚有全本，然是非頗乖於公議，陳振孫深不取之，蓋其心術學問皆非光比，故持論之正亦終不及光也。陳氏《書録》：‘此書始刻於越，其後再刻於潭。越本《歷年圖》諸論，聚見第十六卷，蓋因圖之舊也；潭本諸論，各系於國亡之時，故第十六卷惟存總論。’”

　　文光謹案：《四庫》所收爲潭本，今梁氏所刻亦潭本。朱子云：“潭本勝於越本。”潭本即長沙本也。陳《録》又載《續稽古録》一卷，注云：“續司馬前録，而序述繁釀。其記紹興甲寅事，歸功於韓侂胄。嘗撰《元祐黨籍譜傳》得官，韓氏用事時，賜出身入館，非端士也。此書正以右韓也。”如陳氏所記，則是書不足傳矣。《提要》所云“深不取”者如是。

　　《養新録》：“陳少章云：‘溫公是書於古人姓名犯國諱者，往往易以他字，如王匡作“王輔”，石朗作“石明”，敬翔作“恭翔”之類是也。或二名減一，如尹玄慶作“尹慶”，張玄遇作“張遇”，崔玄暐作“崔暐”，張敬迻作“張迻”，錢弘佐作“錢佐”，劉彦貞作“劉彦”之類是也。或以字易名，如秦朗作“秦元明”，謝玄作“謝幼度”，王殷作“王允中”之類是也。如劉弘、桓玄、徐圓朗、許敬宗、敬暉、馬殷，朱守殷、李匡威、樂彦貞之類，又直書不避。而李敬玄作“李敬貞”，於聖祖、翼祖諱，一避一否，尤不可曉。殆編纂匆遽，或點竄未至耶？末卷書仁宗建儲事，於英宗廟諱皆稱諱，而卷中陳曙一人凡三見，恐出後人擅易，非本文矣。’”

　　文光案：長沙本爲朱子所刊，便於循覽。溫公史論，言如著龜，一一皆驗，寘之史評類中，實爲獨絶，非諸家所可及也。

《士禮居題跋記》："《稽古録》向藏陳禾叔校本，大都以意改定，非有舊本爲據也。余始聞此黑口板本在金昌，先從他坊獲一本，與所聞同是黑口，取校舊藏爲勝，蓋刻在先爾。既而重訪是册，見部葉有葉石君手迹，卷終并有兩跋，遂復收之。"日下注"弘治刻本"。

陳氏曰："《通鑑舉要歷》八十卷，注曰：'《通鑑》既成，尚患本書浩大難領略，而目録無首尾，晚著是書，以絶二累。其稿在晁以道家，紹興初謝克家上之。'《累代歷年》二卷，即《歷年書》也。自威烈至顯德末，爲圖五卷，歷代皆有論。陳輝刻於章貢，自漢高始，《百官公卿表》十五卷。此書與《通鑑》相表裏。晁《志》一百四十卷，未詳。"《歷年圖》本五卷，陳輝刻爲方册，作二卷，蓋直齋所録者陳本也。

《通鑑外紀》十卷　《目録》五卷

宋劉恕撰

《璜川書塾》本。《外紀》：曰《包犧以來紀》，曰《夏紀》，曰《商紀》，曰《周紀》。温公爲之序。道原本欲自包犧至未命三晉爲《前紀》，宋朝一祖四宗一百八年，請實録、國史於朝，爲《後紀》。因痺右肢廢，不能執筆，遂絶意《後紀》，更《前紀》曰《外紀》。《目録》與《通鑑目録》例同，口授其子義仲爲書，凡使撰《外紀序》。《外紀》有元祐四年趙友證等重刊本。

《通鑑地理通釋》十四卷

宋王應麟撰

《玉海》附刻本。前有目録，次自序。《歷代州域總叙》三卷，《歷代都邑考》一卷，《十道山川考》一卷，《周形勢考》一卷，《名臣議論考》一卷，《七國形勢考》三卷，《三國形勢考》二卷，《晉宋齊梁陳形勢考》一卷，《河南四鎮考》、《東西魏周齊相攻地名考》、《唐三州七關十一州考》、《石晉十六州考》一卷。凡分四類，不以《通鑑》爲次，間有自注。

王氏後序曰：“太極肇分，天先成而地後定。天依形，地附氣，地囿於天者也。而言地理者，難於言天。何爲其難也？日月星辰之度，終古而不易；郡國山川之名，屢變而無窮。是故圖以經之，書以緯之，仰觀俯察，其用一也。《虞書·九共》，先儒以爲《九丘》。其篇軼焉，傳於今者，《禹貢》、《職方》而止耳。若《山海經》、《周書》、《玉篇》、《爾雅》之《釋地》，管氏之《地員》，《吕覽》之《有始》，《鴻烈》之《墜形》，亦好古愛奇者所不廢。然漢儒之傳注異，歷代之區寓殊；或若異而同，或似是而非：不可謂博識爲玩物而不之考也。余閑居，觀《通鑑》，將箋釋其地名，舉綱提要，首以州域，次以都邑，推表山川，參以樂毅、王樸之崇論宏議，稽《左氏》、《國語》、《史記》、《戰國策》、《通典》所叙歷代形勢，以爲興替成敗之鑑，《大易》‘設險’、‘守國’，《春秋》書下陽、彭城、虎牢之義也。河湟復而唐衰，燕代割而遼熾，述其事終焉。孤陋寡聞，未免闕誤，以俟博雅君子。山河不改，林谷屢遷，亦以發覽古之一慨云。”文光案：序中言《書》之説異、《詩》之説異、《職方》之疑、《春秋》之疑、二地而一名、一地而二名之類，貫串羣書，瞭若指掌，地理家鮮能及也。

《道古堂集》：“不佞觀史，於形勢割據間多未諳，一以浚儀王氏爲準的。《通釋》一書，七國之際，貫串《國策》、《史記》諸世家，尤有法。魏、吳、蜀之險塞，六朝南北之重鎮，分晰若指諸掌。唐以後，乃稍略耳。方密之撰《通雅》，顧景范輯《方輿紀要》，時時竊取其説。輒歎學人著書，必有藍本，深寧何嘗不用《通典》？然有裁斷，不蹈襲，非今人可希。”

《通鑑釋文辨誤》十二卷

元胡三省撰

明本。陳仁錫校訂，有序。

陳氏序曰：“《通鑑釋文》行於世，有公休本、史炤本、馮時
行爲之序。公休本刻於海陵郡齋，無序跋，真公休官位、姓名於
卷首而已。又有成都府廣都縣費氏進修堂板行《通鑑》，於正文下
附注，多本之史炤，間以己意附見。世人以其有注，遂謂之善本，
號曰‘龍爪通鑑’。要之，海陵釋文，龍爪注，大同而小異，皆蹈
襲史炤者也。訛謬相傳，而海陵本乃託之公休以欺世，適所以誣
玷公休，此不容不辨也。是書多淺陋，甚至於不考《通鑑》上下
文，而妄爲之說，有不得其句，有不得其字者，《辨誤》悉已疏之
於前。讀者詳之，其真僞可見矣。”

文光案：《通鑑釋文》凡三家：一曰海陵本，一曰龍爪
本，皆剿襲史書，而炤書訛舛實甚。胡氏既注《通鑑》，因舉
炤書之誤，一一辨之。

《續資治通鑑長編》五百二十卷

宋李燾撰

愛日精廬本。張金吾用活字板印行。首提要，次進書表，次
雜識，次黃廷鑑跋，次張跋，次目。

《雲谷雜記》：“《長編》：‘明道元年二月丁卯，真宗以順容李
氏爲宸妃。’注云：‘宸妃之號，前此未見，恐是創置。’予按《唐
武后紀》，高宗立武氏爲昭儀，進號宸妃。又《來濟傳》，武后被
寵，特號宸妃。濟與韓瑗諫云：‘妃有常員，今別立號，不可。’則
宸妃之號，創於唐高宗。明蕭之封章懿，蓋據於此耳。”

《澗泉日記》：“李燾，字仁甫，蜀中史學之首，號議論有根
據，亦清放。嘗爲禮部侍郎修史，再召至，作侍讀，復任修史之
命而終。先公與之同在從班，往來亦相善。”韓淲，號澗泉，吏部尚書韓
元吉之子。其親串多故家，如東萊呂氏之類，故多識舊聞。

錢氏跋云：“《長編》世所傳者，僅建隆至治平一百八卷。頃

年四庫館臣於《永樂大典》中抄得神、哲兩朝僅二十六年事，而卷帙轉加於舊，蓋年代近則見聞廣也。然搜羅既博，重出不少。其辨昭憲太后遺命傳位太宗，無遞傳光美事；又言光美非杜太后所生：恐有所諱，非若《宋史》之直筆也。馬《考》、《宋志》俱云百六十八卷，蓋以一年爲一卷也。而乾道四年四月進表稱，先次寫到建隆元年至治平四年閏三月，五朝事迹共一百八年，計一百八卷，寫成一百七十五册。卷少而册多，則有一卷而分數册者矣。自治平至靖康六十年，當爲六十卷，而淳熙元年進表稱二百八十卷，殆指一册爲一卷耳。畢氏經訓堂、袁氏貞節堂皆有抄本，予假讀焉。"文光案：錢氏未見全文，自張氏本出而傳抄本不行。

《續資治通鑑長編》五百二十卷

宋李燾撰

浙江書局本。光緒七年校刊。首提要、浙江巡撫譚序、李氏進書表、雜識十六條、海虞黃廷鑑跋、張金吾跋、校刻《長編》舉例十六條。目録起太祖建隆元年正月，盡哲宗元符三年正月。惟譚序、舉例爲局本所增，餘皆張本之舊。謹案：《文獻通考》載李氏進書狀四篇，并《舉要》、《目録》，計一千六十三卷，世鮮傳本，原目無存。乾隆間四庫館從《永樂大典》中録出，別加釐析，定著爲五百二十卷，今之目録是也。張氏以活字板印行，人間始見全書。局本雖依張本之舊，而校勘者十餘人皆一時知名之士，局中又多聚宋代紀載之書及諸家文集，故得以精心討論，一字之疑，必求其是，積一年之力，而後刊成，勝於張本遠矣。

譚氏序曰："李文簡爲《續長編》，實繼溫公《通鑑》而作，曰《續長編》，不曰《續通鑑》，謙也。然文簡此書，上據國典，下採私記，參考異同，折衷一是，使北宋一代事實粲然明備，實爲《通鑑》後不可不讀之書。後之讀史者，病《宋史》之蕪雜，憾《遼史》之疏漏，然則欲考北宋遺事，舍此書曷以哉？其書久無全本，閣本既不易觀，張本即以閣本爲據，魚魯之訛，觸處皆是，有志重刊而力未逮也。及守杭州，西湖文淵閣所庋亦殘闕。至己卯歲，由陝西移撫浙中，乃假得張本，而以閣中殘本校之，付書局刊刻。李氏此書從此大顯於世，因弁言於簡端。"

李氏表云："臣竊聞司馬光之作《資治通鑑》也，先使僚屬採摭異聞，以年月日爲叢目。叢目既成，乃修長編。唐三百年，范祖禹實掌之。光謂祖禹長編寧失於繁，無失於略。當時祖禹所修長編蓋六百餘卷，光細刪之，止八十卷，今《資治通鑑》唐紀自一百八十五卷至二百六十五卷是也。臣妄意纂集，雖義例悉用光所創立，錯綜銓次，皆有依憑，其間牴牾，要亦不敢自保。然而統會衆説，掊擊僞辨，使姦欺訛訕不能乘隙亂真，祖宗之豐功盛德益以昭明。顧臣此書，詎可便爲《續資治通鑑》？姑謂《續資治通鑑長編》，庶幾可也。"

趙希弁《讀書附志》："上語宇文价云：'朕嘗許燾大書"續資治通鑑長編"七大字，且用神宗賜司馬光故事爲序冠篇，不謂其止此也。'希弁所藏蜀本，視書坊所刊者爲詳。希弁嘗爲《長編補注》，以補詔、敕、奏篇等闕云。"

葉適曰："《長編》斷自本朝，凡實録、正史、官文書無不是正，就一律也。而又家録野紀，旁互參審，毫髮不使遁逸，邪正心迹，隨卷較然。夫孔子之所以正時月日，必取於《春秋》者，近而其書具也。今惟《續通鑑》爲然耳，故余謂《春秋》之後，纔有此書，信之所聚也。雖然，公終不敢自成書，使至約出於至詳，至簡成於至繁，以待後人而已。"錄於《習學紀言》。《宋史·李燾傳》："張栻嘗曰：'《長編》用力四十年，葉適以爲《春秋》以後，纔有此書。'論曰：'李燾恥讀王氏書。《長編》之作，咸稱史才。'"

黃氏跋曰："《長編》一書，今世所傳僅存建隆至治平一百七十五卷，蓋即乾道四年所進之本也。其淳熙元年續進神、哲以下四朝之書，自元、明以來久無傳本。今七閣所儲《永樂大典》本，雖缺徽、欽二紀，而熙寧訖元符兩朝三十餘年事蹟犖然具在，洵爲北宋紀載之淵藪矣。其中分注考異，詳引他書，而於神、哲之代尤多。如《宋會要》、《政要》、《歷朝實錄》、《時政記》、王禹偁《建隆遺事》、蔡襄《直筆》、王拱辰《別錄》、司馬溫公《日記》、王荆公《日記》、劉摰《日記》、呂大防《政目》、呂公著《掌記》、曾布《日錄》、林希《野史》、王巖叟《朝論》、歐陽靖《聖宋掇遺》、邵氏《辨誣》諸書，及諸家傳、志、碑、銘，皆無不存者。即幸有傳書如《東齋紀事》、《涑水記聞》、《東軒筆錄》、《湘山野錄》、《玉壺清話》、《邵氏聞見錄》、《筆談》、《揮麈錄》之類，往往傳寫訛脫，亦足據以是正。則此編非特足以考定宋、遼二史之闕訛，而有宋一代雜史、小說家不存之書，亦可賴以傳其十二，誠溫公《通鑑》後不可不讀之書也。第《考異》中載有《宋史全文》、《十朝綱要》諸條，其書皆出於《長編》之後，而《十朝綱要》即文簡之子李直所撰，尤不應引入。此或後人有所附益，未可知也。"

　　局本例云："崑山徐氏所得一百七十五卷本，所見有影宋小字鈔本，猶是宋本原式。又湖州陸氏所藏宋槧本，標題增'撮要'二字，蓋宋時別一節本也。惜兩本均非完帙，姑就其存者與張本校之。他書足參校者，楊氏《長編紀事本末》以外，如《涑水記聞》、《隆平集》、《東都事略》、《太常因革禮》、《邵氏聞見錄》、《太平治迹統類》、《契丹國志》、《大金國志》，與《九朝編年備要》、《十朝綱要》、《宋朝事實》、《宋史全文》諸書，此皆宋人著作，與文簡事代較近，今并逐條檢閱，考究異同，折中一是。元刻《續資治通鑑》十八卷，雖是贗本，然其書至欽宗朝止，知亦必南宋人僞託，取以互校，苟有片長，所弗敢棄。南宋以後著作，如《通考》、《玉海》，紀宋代典禮掌故綦詳；《宋會要》、《實錄》、

《政目》諸書雖佚，引見此二書者尚足互證。續司馬氏書則元有陳氏《通鑑續編》，明有王氏《宋元通鑑》、薛氏《宋元通鑑》。數家之作，雖均未及見《長編》，而宋時野史、別史當日存者尚多，於今彼此異同，偶有一得。至國朝徐氏《通鑑後編》、畢氏《續通鑑》先後并出，其北宋九朝事蹟實皆用《長編》爲底本。錢氏《宋遼金史考異》、《宋遼金元四史朔閏考》，亦并依據《長編》而作。當日所見之本，較今本爲善，故據以釐正張本者尤多。

"是書所載奏疏，每遇一篇，必檢其本集，或無本集而文見於總義者，如《宋文鑑》、《播芳大全》之類，與之參校。顯見訛誤，多所是正。其文有詳略不同與義同文異之處，或由本人編集時所改，故與文簡所錄官府文書不同，或由文簡編錄時有所刪削，亦史家之通例，自當兼存異文，以備後人考證之資，未敢據彼以改此。

"原本脫字有一二字至三十字者，或由《大典》原佚，尚待考詳，未敢竟補。若字有脫誤，文義全非，竟據各本補入。凡脫一二字者，皆仿此。張本注文有全脫者，今據閣本傳鈔本補入。原本誤字，顯有堉徵者，皆據諸書一律改正。原本有爲文簡之原誤者，明知其誤，亦不敢改。

"地名、人名有彼此異文未及考定者，本書之中先後歧出，不勝枚舉，悉仍其舊，以俟析疑。地名、人名有因翻譯異文者，姑仍原文以存舊式。惟同此一書，而閣本、影宋小字本皆與張本異文，莫明其故。

"本書似誤而不誤者，如避寇萊公諱，官府文書'準'多作'准'；'雇'或作'顧'，是'雇'、'顧'通用，《漢書》可證；'裁'或作'財'，是'裁'、'財'通用，《周易》可證。至於'竊'或作'切'，'騷'或作'搔'，'防拓'或作'防託'，'聚廳'或作'聚聽'，音同相借，宋代尚存古法，均可即此類推。若夫‘斗’或作‘卧’，‘石’或作‘碩’，影宋小字本‘升’又作‘勝’，疑當日吏牘之文多如此者。文簡采集繁博，本非出於一手，是原文已非一律，正不必強求其一律也。

“原本活字擺板，每有倒文，皆有可據，始敢句乙。‘宋元通寶’錢，雖畢氏《續通鑑》據《歸田録》、《行營雜録》、《學林新編》、《考古質疑》諸書，力辨當作‘宋通元寶’，然此文積誤已久，恐非活字板所倒，尚待兩存，未敢竟正。若宋稱‘封彌’官，今稱‘彌封’；宋稱‘聞奏’，今稱‘奏聞’：斷不可據俗以改古。

“是書舊闕徽、欽二宗紀，而治平、熙寧、紹聖各年，亦間有殘佚，讀者不能無憾。因思楊氏《長編紀事本末》一書全取文簡，原文雖傳鈔缺略，未爲完本，而《長編》原闕各年事迹猶可考見。《續宋編年資治通鑑》，舊題‘文簡撰’，而其文全出陳氏《九朝編年備要》。今用二書爲底本，以《紀事本末》作正文補《長編》之闕，以《續宋編年》附注補《紀事》之略，仍仿《長編》通例，按日編排，務求詳備。復竊取《北盟會編》之例，其事之文有未詳者，以各説參證之；文須考定者，以己説附案之。別輯一册，用附是書後。”

　　文光案：李氏進書四表備載於馬氏《通考》。此本止録第二表。隆興元年第一表云：“先具建隆迄開寶十有七年爲十有七卷。”乾道四年第二表云：“建隆元年至治平四年閏三月，五朝事迹共一百八年，計一百八卷。”淳熙元年第三表云：“今纂集治平以後至中興以前六十年事迹，總爲二百八十卷。”淳熙九年第四表云：“臣累次所進《長編》，今重別寫進，共九百八十卷，總爲目十卷。今創《建隆至靖康舉要》六十八卷，并卷總目共五卷。”已上四種，通計一千六十三卷，凡一百六十八年之書，四十年而成。趙希弁附志云：“《長編》太祖至英宗一百七十五卷，神宗朝二百二十八卷，哲宗朝二百二十卷，徽宗朝三百二十二卷。”據趙氏所見，爲九百四十五卷，尚缺欽宗一朝也。希弁嘗爲補注，補詔、勅、奏等篇之闕，其書未見。文簡《長編》用功甚至，諸賢盡稱之，惟李二曲以爲不足觀，見於本集，蓋承明代之習，必如《綱目》，始合《春秋》之義也。局本考證之精，具見於例。因録其要語，使刻書者知所取法，且可據是書校宋代諸史，而《長編》排比之例，亦可考而知矣。又案：嘉慶己卯，張金吾從錫山得活字十萬有奇，錢塘何夢華以《長編》歸之，遂梓以傳。予初得張本，以爲未曾有，而訛誤難讀；後得局本，凡張本之脱文誤字，無不是正。其板式雖依張本之舊，而於宋代之書靡不搜覽。校者十餘人，皆兩浙知名之士。是書至今始無憾矣。

《大事記》十二卷　《通釋》三卷　《解題》十二卷

宋吕祖謙撰

聚珍本。依嘉定壬申本校刊，末刻府學校正官四人。前有提要、淳熙七年吕氏自序。後有嘉定壬申李大有跋。凡例云“起春秋迄五代”，今止於漢，蓋疾作而罷，未經卒業之本也。

吕氏自序曰：“司馬子長《年表大事記》，蓋古策書遺法。獲麟以上，既見於《春秋經》；周敬王三十九年以下，今採《左氏傳》，歷代史，邵康節先生《皇極經世》，司馬文正公《稽古録》、《資治通鑑》、《目録》、《舉要歷》輯而廣之。意所未安，參稽百氏，頗爲增損。書法視太史公所録，不盡用策書。”

凡例云：“起春秋訖於五代，分爲若干卷。《通釋》若干卷，《解題》若干卷，合若干卷。”

李氏跋曰：“《大事記》者，史遷表漢事之目也。以事繫年，而列將相名臣於其下，蓋不但存古策書之法而已。特其體統未備，猶有遺憾。班固表公卿百官，詳於拜罷而置大事弗録，失遷意遠甚。太史先生是書，名襲史遷，體備編年，包舉廣而興寄深，雖不幸絶筆於征和，而書法可概見。其文則史，其義則竊取之矣。《通釋》是書之總也，《解題》是書之傳也。學者考《通釋》之綱，玩《解題》之旨，斯得先生次輯之意云。”

《解題》曰：“《大事記》者，列其事之目而已，無所褒貶抑揚也。熟復乎《通釋》之所載，則其統紀可考矣。《解題》蓋爲始學者設，所載皆職分之所當知，非事雜博求新奇，出於人之所不知也。至於畜德致用，淺深大小，則存乎其人焉。次輯之際，有所感發，或并録之，此特一時意之所及，覽者不可以是爲限斷也。《史記·十二諸侯年表》，首年標歲名，其後唯以六甲紀之，簡而易見。今從之。凡所記大事無待箋注者，更不解題。此卷本末已見《左傳》者，亦不重出。”此《大事記解題》第一條。每條有“解題曰”三字。朱子謂“《解題》煞有工夫，只一句要包括一段意思”。

文光案：《大事記》每條下旁注從某書修，蓋述而不作之意。《通釋》採古人至言要論。《解題》有考證，有議論，極其精密。吕氏長於史學，朱子於是書稱揚不置。

《建炎以來繫年要録》二百卷

宋李心傳撰

仁壽蕭氏本。首葉有“光緒乙酉中夏仁壽蕭氏重校本”木印。前無序文。宣取要録指揮三篇，嘉定十六年九月牒一通。按牒有《孝光兩朝繫年要録》，其書無傳。目録，起建炎元年正月丁未，訖紹興三十二年壬午十二月。目後，刻《提要》一篇，猶是館本之舊。是書向無刊本，此刻板甚工整，每葉二十行，行二十字，小注字同。板心下刻“仁壽蕭氏校刊”六字。末有光緒八年蕭藩跋。

蕭氏跋曰：“是書記高宗一朝政事，編年紀月，蓋以《日曆》、《小曆》爲本，狀云：“以《日曆》、《會要》爲本。”廣收博採，最爲贍富。

參稽鈎考，非但足以補證《宋史》事實，尤有裨於經世之學。《四庫提要》極稱之。畢氏《續通鑑》高宗朝全以此書爲藍本。與《通鑑長編》、《東都事略》稱爲吾蜀三史，有以也。賈似道序云‘嘗刻於揚州’。元初修《宋史》，采用書目不見著，則流傳已渺。元、明以後，更無刊本。卷帙繁重，抄録綦勞，吾鄉舊家皆所未見。丙子秋，得南侍郎家藏四庫傳抄本，鳩合鄉人，分卷繕寫，倉促竣事，不少舛誤。嗣長兄賓周司馬復從嚴中丞家假得上海郁氏海山仙館抄本，精加讎校，補正張本不下數萬字。因於己卯開雕，迄壬午歲盡，始克成印。凡歷三載，手自披校，又集同志分帙互勘，積日累月，僅乃告成。”

　　文光案：賈序未見，陸氏《藏書志》所載爲文瀾閣傳抄本。備録宣取要録旨揮，亦無賈序，想失傳已久。不知蕭氏於何本見之。

　　許奕狀奏：“臣伏見隆州鄉貢進士李心傳，博通羣書，尤熟本朝故事。嘗謂南渡之初，一時私家記録，往往傳聞失寔，於是纂輯科條，編年記載，集衆説之長，酌繁簡之中，久而成編。高宗一朝凡一卷，案：原本一百卷、久佚。此二百卷從《大典》録出。臣頃蒙兼修玉牒，求得此書，觀其所立凡例，類多暗合，綱目詳備，詞義嚴整，足以備史官採擇。”

《宋季三朝政要》六卷

　　宋遺老所録

　　吟梅書屋抄本。　首録《提要》，次《題辭》。第六卷爲《廣益二王本末》，前有叙，後有論。理宗、度宗、少帝爲三朝。少帝元封爲瀛國公、廣王，即景炎帝。廣王封益王爲衛王，衛王即祥興帝。是書有皇慶壬子陳氏餘慶堂刊本，起寶慶，終祥興，無撰人姓名。見錢氏《補元史藝文志》。宋末逸事，多史所不載。陳仲微咸淳中侍左郎官，以言事切直罷。乙亥，除兵部侍郎，修國史。丙子，從二王入廣，目擊當時之事，逐日鈔録。崖山敗，流落安南。臨殁，有詩曰："死爲異國他鄉寇，生是江南直諫臣。"安南國王以詩挽之曰："痛哭江南老鉅卿，春風搵[七]淚爲傷情。無端天上編年月，不管人間有死生。萬壘白雲遮故國，一堆黄壤覆香名。回天力量隨流水，流水灘頭共不平。"壬午歲，安南國使入覲，因言仲微事，而得仲微所著二王首末，重加編次，以廣其傳。

《少微通鑑節要》五十卷

宋江贄撰

明本。是書原刻未見，此爲朝鮮本，内不題名。每葉二十行，每行十七字。前有嘉熙丁酉江鎔序、《帝王傳授圖》、潘榮《通鑑論》。五十卷末有"庚申孟春京中開刊"八字。《宋史藝文志補》："《通鑑節要》三十卷，注云：'崇安人，隱居不仕，政和中賜號少微先生。'"案：朝鮮本刊於京師，與前明正德九年所刊官本音注不同。《四庫附存書目》所收亦五十卷，《宋志補》三十卷，當是未曾附益之本。考凌迪知《萬姓統譜》，江贄，字叔圭，崇安人。初遊上庠，與龔深之以《易》學著名。隱居里中，近臣薦其賢明，不赴。政和中，太史奏少微星見，賜號少微先生。所著《通鑑節要》行於世。其說與王圻《續文獻通考》所載略同。

《通鑑外紀節要》四卷　《少微通鑑節要》五十卷　《資治通鑑續編簡要》三十卷

明正德九年

經廠合刊本。司理監所刻白宣紙本，裝潢皆内式。每册有"廣運之寶"，前有明武宗皇帝御製序。上欄加一層，標用人、行政諸目，如陳仁錫《評鑑》之例。三史皆不著原名，總名《通鑑節要》。惟《少微通鑑節要》卷數與原書合，但悉刪原注，加以史論，與行本不同。司理監不解"少微"二字爲隱君之稱，遂并劉恕《外紀》亦題爲《少微通鑑外紀》，可知其陋。明《經廠書目》有《神童詩》、《百家姓》，馮保刻私印曰'內翰之章'，皆資異聞。是書本不足錄，惟稱是書者率多囈語，因悉爲著明，使有所考。伏讀《天祿琳琅書目》："《通鑑節要》六函三十册，《外紀節要》四卷，《通鑑節要》五十卷，後附《資治通鑑節要續編》三十卷。"武宗序稱："偶見《少微通鑑》，悅之，詳不至泛，略不至疏，一開卷間，首尾具見。前日《纂要》之修，亦備採擇。第歲久字畫模糊，因命司理監重刊之。又附《宋元節要續編》於其後云云。"書中不著撰編人姓氏，明扶安字世寧，馬平人，宦官也。《通鑑綱目集說》載歷代先儒姓氏，內稱建陽劉剡，字用章，號仁齋，著《少微》、《宋元》二鑑。是《通鑑節要續編》正爲劉剡所作也。又《少微通鑑節要》五函四十册，篇目同前。此亦正德間初印本，紙墨俱極光潔，有"廣運之寶"。

　　　文光案：《歷代通鑑纂要》九十二卷，明弘治間奉敕輯，
　　　明內府藏本，有'廣運之寶'、'表章經史之寶'，紙墨精良。
　　　通行本不佳。

　　江氏序曰："少微先生江氏家塾有《通鑑節要》，詳略適宜。其建寧公默游晦菴先生門，嘗以此書質之，先生深加歎賞。自是士友爭相傳錄。今南山主人淵，復取此書附益而潤色之，增入諸史表志序贊，參以名公議論、音注，以爲庭下訓，復鋟梓以公於世。"

　　《平津館鑑藏書籍記》："《資治通鑑節要》廿卷，題'少微先生纂述，松鳴王逢釋義，仁齋劉剡增校，木石山人補注'。《續資治通鑑節要》卅卷，題'先儒陳桱纂述，中和處士釋義，木石山人校正'。《資治通鑑外紀節要》五卷，題'眉山史炤音釋，鄱陽

王□輯義，蕭山張維翰箋注，餘杭周禮校正'。前有《釋例》一卷、目録一卷、《通論》一卷、《讀法》一卷、引用姓氏一卷、正德四年劉吉序。末有'正德己巳歲京兆慎獨齋校正新刊'木長印，後跋一篇，年月姓名已佚。據劉序，此本是建陽劉宏毅所刊巾箱本，每葉二十六行，行二十二字，上有音訓，旁有圈點。收藏有'見侯氏'白文方印。"

> 文光案：是書與正德九年官本略同，而劉、江二書卷數不符。官本板刻甚佳，三種共裝八函，購以大價。此小字本，未見其去取，未知同否？但此種節要之本，實不足貴重，不知孫氏何以寶藏是書，而復記之之詳如此耶？或專論板本，不究其他歟？又按《通鑑續編》當是薛應旂之《宋元通鑑》，而《琳琅書目》以爲劉剡撰，孫本又題陳桱撰，不知何故？陳桱《續編》廿四卷，不應節爲三十卷，且體例與此書不同，侯再詳考。

《通鑑前編》十八卷 　《舉要》三卷

宋金履祥撰

元本。首外紀一卷。自盤古氏至燧人氏爲三皇紀，氏爲綱，小字分注如目，附以史論。自伏羲氏至有虞氏爲五帝紀，舉要爲綱，小字分注，附論。次《舉要》三卷，自帝堯甲辰元載至周威烈王戊寅二十三年，下接《通鑑》。自撰後序，謂"既編年表，例須表題"，故別爲《舉要》三卷次《前編》。是書之體，與涑水《通鑑》異，與朱子《綱目》亦異。即以《舉要》爲題，低三格書之，以所引之書頂格大書，惟訓釋及案語以小字夾註，附綴於後。前無序文，不列銜名，惟案語每條首書"履祥案"。

《仁山行狀》曰："司馬《通鑑》，劉恕《外紀》，其志不本於經，而信百家之説，不足傳信。乃用《皇極經世》、《皇王大紀》

之例，損益折衷，一以《尚書》爲主，下及《詩》、《禮》、《春秋》，旁採舊史、諸子，表年繫事，復加訓釋，斷自唐堯以下，接於《資治通鑑》，勒爲一書。《春秋》以前無編年之書，是編固不少之著也。"

《宋元資治通鑑》一百五十七卷

明薛應旂撰

《通鑑全書》本。是書續溫公《通鑑》，而以商輅等《通鑑綱目》爲藍本，捎攈他書附益之，而李燾《長編》諸本，多未寓目。朱竹垞《静志居詩話》譏其孤陋寡聞，是矣。自畢氏《續通鑑》出，而是書可一舉而廢也。

徐氏曰："《宋元通鑑》，如商輅、薛應旂、王宗沐諸本，或詳此失彼，或考據牴牾，或名姓互殊，或日月闕謬，皆不可爲典要。"錄於《健菴集》。

錢氏曰："薛氏《宋元通鑑》，意在推崇道學，而叙事多疏漏，其年月率不可信。"錄於《養新錄》。

《甲子會紀》五卷

明薛應旂撰

《通鑑全書》本。是書取邵子"以元經會"之語，論洪荒以來，凡七十一甲子，迄於今嘉靖四十二年，凡四卷。第五卷爲"以元經會"，又黃帝至三代論，又三皇、循蜚、因提、禪通四紀，又歷代國都。附邵子《觀化詩》，自三皇至北宋凡十五首，《皇極書》一首。

薛氏自序曰："歸老山中，頹然無事，閒中取《皇極經世書》覽以永日，乃知黃帝、堯、舜值己會之末，而禹則當午會之初也。黃帝始造甲子，其年次可考，遂直以黃帝八年甲子起，以迄於今，上下四千三百年間，一覽可知，而人事推遷，稍稍附其大略。嗣是千萬斯年，亦可知矣。"

《吳文正公集·甲子年表圖序》曰："《通鑑》不書甲子，天下不一統之時不備各國之年故。又節約正書，撰《目錄》三十卷，用《史記·十二諸侯年表》之例，標歲陽、歲陰之號於上，載諸僭偽國之年於下。徽國文公因之而修《綱目》，直書甲子，大書、小書以別國統離合，明如日星矣。然卷帙浩繁，披閱匪易。或有以紀年甲子列爲圖者，極便覽觀，而不無缺略也。樂安陳景德，皓首劬書，博考歷代諸國紀年，起上古以逮於今，萃成一卷，名《甲子年表之圖》，間附事迹，一二筆削，俱有意義。遠者傳疑，近者傳信，悉無所苟。李泰，同邑士也，喜其書，偕友王開抄寫點校，將鋟木以傳，予是以題其卷端云。"

《續資治通鑑》二百二十卷

國朝畢沅撰

裕德堂本。原板僅百三卷。嘉慶六年，馮氏集梧買得原稿全部并不全板片，補刻百十七卷，有序。是書成於邵二雲之手，平生精力悉萃於此，且熟於宋代故實，多人所未聞。《四庫》著錄徐本。余訪之有年，得此書而徐書可廢。

編年史莫善於涑水，續之者有薛、王、徐三家。徐雖優於薛、王，所見書籍猶未備，且不無詳南略北之病。乃博稽羣書，考證正史，始宋迄元，作爲是書，別爲《考異》，附於本經下，凡四易稿而成。録於舊稿，不記誰氏之語。

馮氏序曰："徐氏《通鑑後編》，即王本、薛本而增損之。原稿廑存，凌亂闕佚。茲書以宋、遼、金、元四史爲經，參以《長編》、《契丹國志》等書及説部〔八〕、文集百十餘種，著有《考異》。復經邵學士核定體例付刻，又經錢宮詹逐加校閱。考《資治通鑑》

係神宗賜名，後人著書，似祇可云‘後編’或‘續編’，不當云‘續資治通鑑’。第畢氏原名如此，宜從其舊。”

章學誠曰：“畢公沅以二十年功，屬賓客續《宋元通鑑》，大率就徐本稍爲損益，無大殊異。公未愜心，屬君更正。君覆審其書，即大改觀。時公方用兵，書寄軍營，讀之，公大悦服，手書報謝，謂迴出諸家《續鑑》上也。公旋薨於軍，其家所刻《續鑑》僅止數卷，殺青未竟，家旋藉没，君之寄不可訪矣。”

章貽選曰：“先師爲畢公覆審《續鑑》，其義例詳家君代畢公《論續鑑書》，與畢氏初抄本迥異。聞邵氏尚有錢稿，恐未全耳。”

文光案：章氏作《邵二雲別傳》，見《南江文鈔》。貽選，其子也。所稱先師者，二雲也。又案：靈巖山館，畢秋帆先生所築菟裘也。營造之工，亭台之勝，凡四五載而始成。至嘉慶四年，忽有旨查抄。詳見《東華録》。《先正事略》不載籍没事。營兆例不入官，此園尚無恙也。見錢梅溪《履園叢話》。此園築於乾隆四十八九年間，秋帆終未一見也。是書得於道光三十年。自宋太祖建隆元年起至元順帝至正二十八年七月，凡二十六主，四百一十一年。馮氏所刻，照畢氏定本，不再加考正。近有補板，不若初印。此本與局刻李氏《長編》板式相等，長短無異。予遂合爲一部。光緒二十年十月初三日記。

《通鑑續編》二十四卷，明陳桱撰。《提要》曰：“桱世傳史學，以《通鑑》與《綱目》并終於五代，其周烈王以上雖有金氏前編，而亦斷自陶唐，因著此書。首述盤古至高辛氏，以補金氏所未備，爲第一卷。次摭契丹在唐及五代時事，以志其得國之故，爲第二卷。其二十二卷皆宋事，始自太祖，終於二王，以繼《通鑑》之後，故以《續編》爲名。然大書分注，全仿《綱目》之例，當名之曰《續綱目》，仍襲《通鑑》之名，非其實也。”

《元史續編》十六卷，明胡粹中撰。《提要》曰：“此書大旨以《元史》詳於世祖以前攻戰之事，而略於成宗以下治平之迹，順帝時事亦多闕漏，因作此書，蓋又續樫書也。全仿《綱目》之例，有所論斷，亦隨事綴載。或析其評語，別爲一本，名曰《元史評》，如《後漢書贊》之例。其持論之公，非輅等所及。”

《資治通鑑後編》一百八十四卷，國朝徐乾學撰。《提要》曰：“是編以元明人《續通鑑》者陳樫、王宗沐諸本大都年月參差，事蹟脱落，薛書稍詳而疏謬殊甚，皆不足繼司馬光之後，乃與萬斯同、閻若璩、胡渭等排比正史，參考諸書，作爲是編。草創甫畢而殁，原稿僅存。”文光案：徐稿有抄本，無刻本，畢氏所續因此加詳，不必復念徐本也。

《通鑑注辨正》二卷

國朝錢大昕撰

《潛研堂》本。乾隆壬子年刊，門人戈宙襄序。

戈氏序曰：“竹汀先生熟於全史，正史之外，獨愛《通鑑》。謂胡氏注援引詳贍，最有功於是書，亦不能無千慮之失，因摘其尤甚者辨而正之，得百有四十餘條，未嘗示人。梅磵以地理名，而疏踳處殊不少，非先生剖析精到，必且疑誤後學。至於聲音、文字、職官、氏族，偶舉一隅，良多啓悟。爰鐫諸木，以公同好者。”

劉歆《長歷》推秦漢以來朔閏精密，故温公用之。注誤以爲“劉彝叟”，“彝”當作“羲”。　“胥後令邯鄲”當作一句讀。邯鄲，趙王所都，言當待趙王之令也。小司馬改“邯鄲”爲“欲戰”，屬下句，固非；注以“後令邯鄲”爲句亦曲。事在赧王四十五年。　“范雎”注：“雎音‘雖’。”按《武梁祠畫象》作“范且”，“且”與“雎”同字，刊本從“目”，非是。古人名“且”者甚多，如龍且、夏無且之類，皆讀子餘切。范雎、唐雎宜同此。

《音注》音“雛”，失之遠矣。　漢時，民賜爵至公乘而止，爵過公乘，得移與子若同産。同産子有罪，得以爵贖；貧者，得賣與人。如淳注謂“賣爵級”又“賣子”者，蓋得其實。胡氏未達漢制，遂造臆說。事在文帝二年。　昆莫、昆彌，一聲之轉，非取王名之一字而沿以爲號也。元封六年。　“元平元年參以蓍龜，豈宜”，注：“句斷，豈宜言卜其宜、不宜也。”按，“豈宜”二字，當連下“褒顯”爲句，注誤。　《郡國志》：“高帝以西平昌置千乘郡。”按，西平昌縣屬平原郡，與千乘本非一地。今《郡國志》以“西平昌”三字錯入樂安國注中，乃刊本之誤。據此注，則宋板已然，梅磵不能正也。永平三年。　玄黄改色，亦趙高事，謂以青爲黑，黑爲黄，見《禮器》鄭注。胡氏以“玄黄改色”爲天地顛倒，失其恉矣。延熹二年。　益州太守無與蜀郡守并治成都事，亮亦未嘗爲益州太守。下文云“南郡董和”，此“益州太守”當連下讀，蓋董和之官也。胡氏誤以“益州太守”屬上句，遂造妄說。建安十九年。吳會，謂吳郡、會稽郡，非都會之會。　三吳之說，世未有定論。石湖以吳郡、吳興、會稽爲三吳，其說信而有徵。而不能堅持其說者，泥於三吳必三郡耳。予請以一言解之曰：“三秦之名，始於雍、塞、翟三國。後之言三秦者，不止三郡也。三齊之名，始於齊、濟北、膠東三國。後之言三齊者，亦不止三郡也。三吳之稱，晉以後始有之，其實即西漢會稽一郡之地，漢人多稱吳會者，其時未有吳興也。”文光案：今稱山東曰三齊，山西曰三晉，陝西曰三秦，皆舉全省言之，與當初之所稱三郡者異矣。三吳亦然。　史凡言某州之某郡者，非其所領，又不全督，故別而出之。如晉咸和三年，都督豫州、揚州之江西宣城諸軍事。是時庾亮爲豫州刺史，豫州諸郡在督之內。是時豫州僑治蕪湖，兼督揚州之江西。自不必舉揚州之淮南、歷陽、廬江、江都，所謂揚州之江西也。亮不全督揚州，故別而出之。胡氏於此都未了了。文光案：庾亮都督豫州兼督揚州之江西，咸康八年何充都督徐州兼督揚州之晉陵，史文雖無"兼督"二字，而意則如此。胡注於三年以"豫州、揚州"爲句，於八年以"徐州、揚州"爲句，遂誤以晉陵屬徐州，故錢氏謂其不"了了"也。

晉時徐州僑治京口，爲晉陵之丹徒縣地，故刺史兼督晉陵一郡，非以晉陵郡屬徐州也。史文二州分屬上下，胡氏誤連讀耳。　建元元年注誤以揚州之宣城、歷陽、盧江、安豐爲豫州之四郡。當時豫州刺史或鎮歷陽兼督盧江諸郡，或移鎮蕪湖并督宣城郡，非豫州之實土也。豫州四郡謂汝南、西陽、新蔡、穎川也。　北府、西府本無定所，太和四年注以京口爲北府，歷陽爲西府，非是。

"元熙元年，平等皆散走江"。注："未知平等爲何人。"按《宋書·王鎮惡傳》，平者，邵平也。温公前去邵平名，於此猶存"平等"字，故胡氏疑之。　"令革作大小寺碑"，按，六朝好佞佛，而魏、齊尤甚，石刻多稱丈八佛像。今本《梁書·江革傳》亦是"丈八"字。温公所據乃誤本，而注家亦未能舉正也。　柔然，北方之國，不通中華文字。史家據譯音書之，或稱"茹茹"，或稱"芮芮"，其實即"柔然"二字之轉也。魏明帝易"茹"爲"蠕"，不過借同音字寓蚩鄙之意，非改其國號也。偶沿舊史，未及畫一。注家未通譯語，遂多妄説。　"齊主遊南苑，從官賜死者六十人。"注："史言淫刑以逞。"按《北齊書》作"喝死"。《説文》："喝，傷暑也。"齊主以六月出游，故從官多中暑而死者。《通鑑》作"賜"，乃傳寫之誤。注家譏其淫刑，謬矣。　青沂之"青"，當作"淄"。《唐書·方鎮表》："上元二年置淄沂節度使，領淄、沂、滄、德、隸五州。"尚衡所領者，青、密、登、萊四州。殷仲卿所領者，淄、沂五州。注家不悟"青"爲"淄"字之訛，故疑其參錯不同耳。 文光案：胡氏不知淄、沂五州爲殷仲卿所領，遂疑尚衡既鎮青、密，不能復領青、沂等州也。　吳曾曰："案，《慎子》曰：'不聰不明，不能爲王。不癡不聾，不能爲翁。'乃知此語久矣。"《北史》："諺云：'不癡不聾，不作大家翁。'"《南史》："不癡不聾，不成姑翁。" 文光案：今人只知"不癡不聾，不作阿家翁"一語。"家"古音姑。

後唐時稱相公者，皆使相也。從厚時爲河南尹加同中書門下平章事，故有相公之稱。胡氏未見薛《史》。 相溫，《遼史》亦作"詳穩"。溫公亦不知"詳穩"爲契丹官名也。 "康化軍置於池州"，胡注云"今無可考"，蓋未見《徐騎省集》也。 陳景云曰："唐人皆以田橫島爲在海州東海縣，胡注既引《史記正義》，又引楊愔事，似愔亦嘗匿此地矣。按《北齊書》及《北史》皆云：'愔潛之光州，東入田橫島。'光州於隋爲東萊郡，《隋志》云：'東萊郡即墨縣有田橫島。'是愔匿即墨海島，史文明甚，則田橫所居島當以三史爲是，非海州之地矣。"

　　文光案：錢氏所舉正者，不但有補於胡注，且有益於讀史，故録其最精者如右。諸史之可疑者甚多，經名家之解者亦復不少，而亦不能詳盡。讀史者能合數史讀一史，而以紀、傳、表、志互相稽考，當必有證明之處，此要法也。

《資治通鑑綱目》五十九卷　附《五代史續編》一卷

宋朱子撰

《綱目全書》本。明陳仁錫校刊。起周威烈王二十三年，訖唐昭宣帝天祐三年，五十三卷終。五十四卷起丁卯，五十九卷訖己未，凡五十三年。前有成化九年御製序，次崇禎三年史應選序，次乾道壬辰朱子序，次《評鑑十八說》，次目録，次朱子凡例一卷，次朱子《與趙訥齋論綱目》手書，次王柏《綱目後語》，次文天祐識語、門人李方子後序，次尹起莘[九]《發明序》，次劉友益《書法凡例》，次天曆二年揭傒斯《書法序》、至順壬申賀善[一〇]《書法序》、劉榘《書法後跋》、至正二年倪士毅《凡例序》，次汪克寬《考異凡例序》、王幼學《集覽序》，次徐昭文《考證序》，次明陳濟《正誤序》、楊士奇《正誤序》，次宣德壬子書林劉寬《合刻各注引》，次馮智舒《質實序》，次弘治丙辰黃仲昭《初刻合注序》、余以能《合注序》，次編集姓氏。《綱目》爲朱子未定書，多出趙師淵手，行世在朱子没後，舛誤甚多。凡例一卷，王柏所刊，不知果出朱子否。宋尹起莘[一]著《發明》五十九卷。宋末隱士劉友益著《書法》五十卷，歷三十年而後成。元汪克寬著《考異》，其《凡例考異序》，見《環谷集》。元王幼學苦《綱目》援引幽邃，句讀疑難，著《集覽》。元徐昭文著《考證》，《明一統志》失其名氏。明陳濟著《集覽正誤》，明馮智舒著《質實》，《明一統志》未及採入。正德八年，福建學政副使姚有麟委侯官縣學教諭劉繼善訂刊，有跋。《續編》一卷。元四明陳桱拾遺，附正編之末。陳本序最繁冗，尹氏等注亦無意義。明趙府本一舉而棄之，止存正文及目錄，最爲清朗。

陳氏《書錄》："《綱目》常刻於温陵，别其綱，謂之提要，今板在監中。廬陵所刻《綱目》，并列不復别也。"

汪氏曰："《綱目》與《凡例》時或異同，皆抄錄傳刻之失也。尹氏所紀，如'秦王遷太后'，誤作'秦人'，'隋主堅弒介公闡'誤作'殺'，'慕容泓敗死'作'貶死'，'徵士陶潛'作'處士'之類，訛舛尤甚。書肆所刻《綱目》，如'英布'誤作'黥布'，'狄道劉裕至彭城戒嚴'誤作'解嚴'之類，未可悉舉。"錄於《環谷集》。

楊氏曰："《通鑑》云：'補闕喬知之有婢名碧玉，美色，善歌舞，知之爲之不昏。''昏'與'婚'，古字通用。《綱目》去'不'字，蓋誤以婚姻之'昏'爲昏惑之'昏'也。字義不明，《綱目》似此類極多，蓋朱子門人趙師淵奉師命所編。師淵史學既非所長，古文又未經心，其疏舛固宜。"錄於《升菴集》。

《資治通鑑綱目前編》二十五卷

明南軒撰

《綱目全書》本。起伏羲，終威烈王二十三年。首楊光訓序，次《原始》，次《辨體》，次萬曆乙未南軒序，次《義例》，次《辨疑》，次目錄。謹案：殿本《綱目全書前編》爲金履祥所著，與此本不同。此本見《存目》。

《續資治通鑑綱目》二十七卷

明商輅等撰

《綱目全書》本。成化十二年御製序；既刻《綱目》，因命儒臣遵朱子凡例編纂宋、元二史，上接《綱目》爲一書。次商輅等進書表；次監生張時泰《進續綱目廣義表》，書凡二十七卷；次周禮《進綱目發明表》，書凡二十七卷；弘治丙辰輅《自序》；次仰儒《發明序》，其《廣義》、《發明》，俱刻入《續編》；次目錄。

文光案：《綱目合注》本初刻於宣德壬子，劉寬序。此本無《質實》。再刻於弘治丙辰，黃仲昭序。三刻於正德八年，姚氏所刊。四刻於崇禎十年，陳仁錫評閱，合前後編同刊，是爲《綱目全書》。嘉慶甲子年，書林重刊，有通行本。此習見之書，本不足錄。惟讀《綱目》者不知其爲三書也；知有前後編者，又不知爲誰著也；至於某之《集覽》，某之《質實》，何時所刻，何人所合，更莫能辨。眼前之書已昏昏若是，古書之面目如何能識？因詳著之，使知其由來。吾鄉讀史者如觀小說，或藉以遣睡，或資爲談柄，尚何望哉？

《明通紀》二十七卷

明陳建撰

通行本。自洪武元年起，至天啓七年八月止，引用明代書目八十二種。牧齋《馮嗣宗誌》云："年四十餘，始見本朝實錄。謂《通紀》詳而野；《吾學》裁而疏；弇山炫博，妄而謬。憲章典則，自鄶無譏。作編年書，駁正得失，曰《明右史略》，草創未就而没。"《通紀述遺》十二卷，卜世昌、屠衡補。陳書甚冗雜。

　　右編年類

　　古史官掌定世本，其篇目有紀，有傳，有世家，史公據世本爲《史記》，增以表、志，歷代因之，是爲正史。晉汲冢得竹書，文意大似《春秋》，紀事多符左氏，知爲古史記之正法。自是袁宏、干寶輩爲編年書，漢晉起居注、梁唐實錄皆其遺制也。但編年一體，時代不能相屬，故次於正史。今所録者凡二十七家，荀悦依《左傳》體爲《漢紀》，言綺事簡，大行於世。溫公因左氏編年之體，仿荀悦簡要之文，罔羅衆説，成一家書，始於春秋以後，所以避聖尊經也。今惟劉氏《外紀》、畢氏《續鑑》可與并傳。其他非可比倫也。

校勘記

〔一〕"士"，依本書行文慣例當作"氏"。

〔二〕"天子"，原作"相"，據《晉書·束皙傳》改。

〔三〕以下引文出自明胡應麟《少室山房筆叢》，"其"當作"氏"。

〔四〕"厚"，原作"源"，據宋王應麟《玉海》改。

〔五〕"即"，原作"與"，據元柳貫《柳待制集》改。

〔六〕"判"，原作"制"，據清顧炎武《金石文字記》與《資治通鑑》改。

〔七〕"搵"，原作"溫"，據《宋季三朝政要》改。

〔八〕"部"，據《續資治通鑑》補。

〔九〕"起莘"，原作"莘起"，據《資治通鑑綱目》乙正。

〔一〇〕"善"，原作"義"，據同上書改。

〔一一〕同〔九〕。

史部三
紀事本末類

《通鑑紀事本末》四十二卷

宋袁樞撰

宋本。此宋大字板，元人買得刻之。每葉二十一行，每行十九字。前有淳熙元年楊萬里序、寶祐丁巳古汴趙與篲序、延祐六年郡文學掾宣城陳良弼序。

趙氏序曰："嚴陵舊本字小且訛，乃易爲大書，精加讎校，以私錢重刊之。"

> 文光案：《玉海》云："淳熙三年十一月，參政龔茂良言樞所編《紀事》有益見聞。詔嚴州摹印十部，仍先以繕本上之。"此即節齋所謂小字本也。

陳氏序曰："誠齋序之於前，節齋序之於後，發明盡矣。節齋易嚴陵本爲大字刊板而家藏之，凡四千五百面，可謂天下之善本。此板束之高閣者四十餘年，祕不示人。一日，節齋孫趙明安者過嘉禾，謁學官，始出所藏書板示余，曰：'昔有雲間好事者，出中統鈔三百而求市，吾不忍售。若寘之嘉禾學官，償吾半值亦無憾矣。'適御史宋公一齋、僉憲鄧公善之按臨是邑，余白其事，乃出中統鈔七十五定償之，趙亦不計也。因書得板顛末於節齋序後，官於學者，庶幾知所寶焉。”

　　文光案：此板在宋刻中亦未爲精絕，然較通行本爲勝。白紙印者甚佳，予以四十金得之。明嘉靖癸亥有補板刻者，不如此本。

《平津館書籍記》：“明南監所藏即節齋本，歲久殘缺。萬曆二年，巡按湖廣監察御史豐城李栻復加校正，因酌損其板而重刊焉。前有楊序、趙序、陳序、李栻重刊序，目錄一卷。題‘建安袁樞編’。”

　　文光案：此本每葉二十四行，行二十八字，與宋本不同，當是李氏所翻刻。孫氏以爲酌損趙本，蓋未見宋本也。

《提要》曰：“自漢以來，不過紀傳、編年兩法，乘除互用。然紀傳之法，或一事而複見數篇，賓主莫辨；編年之法，或一事而隔越數卷，首尾難稽。樞乃自出新意，因司馬光《資治通鑑》區別門目，以類排纂。每事各詳起訖，自爲標題；每篇各編年月，自爲首尾。始於三家之分晉，終於周世宗之征淮南，包括數千年事蹟，經緯明晰，節目詳具，前後始末，一覽了然，實前古之所未見也。”

　　文光案：是書於紀傳、編年之外別爲一體，而又合紀傳、編年聯爲一節，首創義例，深合體裁，故《提要》亟稱之。然猶有議之者，亦録於此。

王介眉曰：“袁書不言田制，則度地居民之法忘；不言漕運，則鑿渠引河之利塞；不言府兵，則耕牧戰守之功隳。漢、唐治理一也，曷爲貞觀之政要詳，而文景之太平略也？太子，國本也，曷爲楊勇、承乾則詳，而臨江、東海之易則略也？后妃，大分也，曷爲飛燕、武媚則詳，而子夫、麗華之立則略也？不韋以呂易嬴，是秦先周而亡；馮后酖獻幽文，是魏較晉尤偪。清河迷等劉劭，高陽罪浮蓋生。平津外寬内深，一口蜜腹劍也；弘平販物求利，一連檣輕貨也。或隱而不書，或大書特書，譬之於數，是知一不知二也。然此猶以建安論建安也。耶律鷗張遼海，而陳邦瞻不究其終；黨項虎視河涯〔一〕，而薛應旂不稱其始。紹建安者如此，則建安之緒未終，補編之作，其得已哉？”

文光案：此條在舊稿中，不記錄自何書。凡著書之體，惟大綱難舉。大綱既正，雖小有罅漏，不足爲累。介眉所摘，皆節目也。袁書以紀事爲名，并非作志。水利、兵、農，乃《會要》之目。若合數代之兵爲一篇，田爲一篇，是《通典》、《通考》之例也，於事何涉？玩其語，似撰《通鑑紀事本末補編》，猶記杭大宗序之而未見其書。前愛其説而存之，今覺其露才揚己，情見乎詞，正如蘇子由著古史，譏史公爲無識，多見其不知量也。袁書與《史記》、《通鑑》鼎立而三，後有作者，弗可及也已。朱子云：“袁書部居門目、始終離合之間，皆曲有微意。錯綜温公書，乃《國語》之流。”

《通鑑紀事本末前編》十二卷

明沈朝陽撰

鬱岡山房本。萬曆丁巳常之漢校刊。近所通行者，有紀事五種合刊本。袁書有萬曆丁未焦竑序，又有楊序、趙序、陳序，蓋從趙氏大字本翻出而行數、字數不同。

《宋史紀事本末》十卷

明馮琦原編　陳邦瞻纂成

明本。萬曆乙巳劉曰梧序刊。謹案：《簡明目録》作二十六卷。此本十卷，而一百九篇之數，實無所缺，不知何故。初，馮琦續袁書，未就而卒，劉曰梧得其遺稿，屬邦瞻成之。

《元史紀事本末》四卷

明陳邦瞻撰

通行本。是書於元代推步之法、科舉、學校之制以及漕運、河渠紀之極詳，故介眉據此議袁書，而不知元史潦草，商輅等《續綱目》於元制不詳，藉此可資考鏡。若漢唐大政，自有專書，可不複作也。是書凡二十七目，其《律令之定》一條下注一"補"字，則歸安臧懋修所增也。宋、元宜互觀。

《明史紀事本末》八十卷

國朝谷應泰撰

原本。順治戊戌年刊。是書仿袁書之例，采談遷編年、張岱列傳。張岱著《石匱藏書》，谷購得之。二書成之於明代，事極爲淹貫。每卷爲一目，每篇後附論，仿《晉書》之體。其文極佳，可誦也。

文光案：明張溥合刻紀事四種，附以所著史論，加以評語。其本稱善，近尚流傳。張中丞刻入《廣雅堂叢書》，存其史論，去其評語，并谷書爲五種。字大悦目，校勘甚精。其通行五種本，不足數也。近書林又合高江邨《左傳紀事本末》刻之，爲排字本，字小不便觀覽。

《三朝北盟會編》二百五十卷

宋徐夢莘撰

越東本。光緒四年袁祖安校刊。前有凡例、刊書跋、目録，後附《校勘記》二卷、《校勘補遺》一卷。前無序文，謹録《四庫全書提要》一則、《簡明目録》一則、《宋史》列傳一則、《南宋書》列傳一則、《臨江府志》暨《先哲言行録》各一則，弁於卷首，以備參考。引書目在目録前。政、宣上帙二十五卷，起政和七年，盡宣和七年。靖康中帙七十五卷，起靖康元年，盡靖康二年。末五卷爲諸録雜記，因無年月可繫，別加編次。炎、興下帙一百五十卷，起建炎元年，盡紹興三十二年。此排字本印成後復校，仍多訛謬，另附《校勘記》。《北盟集補》三十卷，未見。

袁氏跋曰："是書體裁與《長編》相爲表裏，最爲趙宋別史大觀。商老之生稍後文簡，集政和丁酉至紹興辛巳四十五年間見聞爲是書，向未鋟板，抄本亦甚少。余從方柳橋家假得之，亦既丹黄塗乙，仍多訛謬。爰偕諸同好反復讐校，并仿張金吾用活字板排印《長編》之法，共印五百部，以廣流傳。有志稽古者，或亦先睹爲快也。"

袁氏例曰："是編會萃羣書，據《提要》謂所引書若干種、雜考私書若干種、金國諸録若干種。抄本内有雜考諸書，似確有是書，故將雜考私書、金國諸録另行接寫。" "書目一百二十種，抄本與原數相符。至雜考私書，不止八十四種，金國諸録也不止十種，殆《提要》所謂'文集之類，尚不數焉'者也。" "是編有兩王彦，各皆備載本末，截然不淆，較《宋史》詳一略一者大有分曉。" "援引極博，約計二百種。現可取證者，不過十中一二。間有散見他説，無不廣爲搜羅，參考同異，然未見之書甚多。"

《徐夢莘傳》曰："凡敕告、國書、奏議、記序、碑志登載靡遺。高宗閲而嘉之，擢直祕閣。生平多著述。弟得之、從子天麟皆進士。" 志云："與其弟得之學兼師友，時稱'二徐'。"

《繹史》一百六十卷

國朝馬驌撰

原本。康熙九年自刊。前有《世系圖》。凡分五部：一曰《太古紀》，三皇五帝，計十篇；二曰《三代紀》，夏、商、西周，計二十篇；三曰《春秋紀》，十二公時事，計七十篇；四曰《戰國紀》，春秋以後至秦亡，計五十篇；五曰《外録紀》，《天官》、《律吕》、《月令》、《洪範五行傳》、《地理志》、《詩譜》、《食貨志》、《考工記》、《名物訓詁》、《古今人表》，計十篇。合一百六十篇，篇爲一卷。每事標題略用袁例，博引古籍，排比先後，條下加以疏證，篇末附以論斷，卓然自爲一家。

王氏曰："馬驌字總御，一字宛斯，濟南鄒平人，順治己亥進士。仕爲淮安推官，終靈壁令。生而清贏，博雅嗜古，尤精《春秋左氏》學。撰《辨例》三卷，《圖表》一卷。《隨筆》一卷，《名氏譜》一卷，又著《繹史》，其書最爲精博，時人稱爲'馬三代'，亭林尤服之。康熙癸亥卒於官，靈人皆爲制服云。"録於《池北偶談》。

《綏寇紀略》十二卷　《補遺》三卷

國朝吴偉業撰

照曠閣本。嘉慶甲子年刊。梅村原本十五卷，世所行梁溪鄒氏本，止十二卷，有康熙甲寅年序。《虞淵沉[二]》中、下二卷，原本未刊，張式金所刻亦缺，蓋遺佚已久，故《四庫》所著亦十二卷。張海鵬借得舊本，中有梅村手蹟，書凡三卷，正鄒本所缺，遂補刻以行，蓋百餘年始成完璧也。是書紀崇禎時流寇，迄於明亡前。無序文，後有二瓻居士黄廷鑑校跋二則、張氏刊書跋二則。是書成於順治壬辰，竹垞抄入《百六叢書》，其標題如小説。

黄氏跋曰："《虞淵沉[三]》中卷記思陵殉國，多遺聞佚事；下卷記殉難諸臣，以省地爲綱，詳載姓氏爵里，具有史筆。"

彭氏曰："文體仿《紀事本末》，標題仿《杜陽雜編》，參以《西河後鑑録》，流寇大局可見。其'惜武陵'、'哀江南'，持論未爲平正。九卷末載商丘事，更非無意矣。"録於《知聖道齋讀書跋尾》。

《平臺紀略》一卷　附《東征集》六卷

國朝藍鼎元撰

《鹿洲全集》本。前有《總論》，大意言平臺僅在七日，而拔盡根株，艱難兩載，善後之策，尤不宜緩，非添兵設官不可。若委而去之，必有從而取之者。明墟其地，遂爲賊窩，不可不早爲綢繆也。此論又見於《福建通志》。

藍氏有序，曰：“有市《靖臺實録》者，惜其未經身歷目睹，得之傳聞，其地、其人、其時、其事多謬誤舛錯，乃詳述其實爲此編。”

《簡明目録》曰：“紀康熙辛丑平定臺灣逆寇朱一貴始末，鼎元時在其兄總兵官廷珍軍中，故見聞最悉。《東征集》皆軍中公牘書檄，亦鼎元代廷珍作也。”

文光案：鼎元，字玉霖，號鹿洲，漳浦人。由貢生官至廣州府知府，從軍時猶諸生也。是書有雍正壬子廣州本，乃其自刊者。此則通行本也。玉霖喜言經濟，其文有裨實用，非紙上談兵者可比。《總論》言：“宜劃諸羅縣地而兩之，於半線以上另設一縣，管轄六百里。”後分立彰化一縣，即從其說。此二書，《臺灣府志》多採之。《龍威祕書》本只刻《平臺紀略》，有序、跋。朱一貴原名朱祖，在岡山養鴨。作亂，賊夥詭稱海中浮玉帶，爲一貴造逆之符，鼓煽村莊，紛紛響應，號召豎旗，殺總兵，金臺陷没。一貴既得郡治，自稱義王，僭號永和。以道署爲王府，出入八座，炫耀街市。大師自六月十六日進鹿耳門，十七日下安平鎮，二十二日復府治，未及浹日奏捷。朱一貴號稱十餘萬賊，率烏合之衆，未兩月便授首。

右紀事本末類

此體始於宋袁樞，前此無有也。《四庫總目》别立一類。今謹遵之，所録凡十一家。一書備諸事之本末，如《北盟會編》是也。一書備一事之本末，如《平臺紀略》是也。與編年、紀傳經緯互觀，事詳而明。

校勘記

〔一〕"涯"，清李孤《續通鑑紀事本末後記》引王介眉語作"湟"。

〔二〕"淵沉"，原作"沉淵"，據《綏寇紀略》乙正。

〔三〕同上。

史部四

別史類一

《逸周書》十卷

晉孔晁注

《抱經堂》本。乾隆五十一年謝墉序，并記三條。次至正甲午黃玠序、嘉靖壬午楊慎序、姜士昌序。次目錄，凡七十篇。第十三篇亡，盧氏據《御覽》及《藝文類聚》補七十五字。以下七篇皆注"亡"字，有目無書。第四十一、四十二皆注"亡"字，實亦亡也。并《月令》共亡十一篇。故謝氏云："今存五十九篇。盧氏補《月令解》一篇，今本共得六十篇。"《周書》序在後，篇目皆在序內，今目錄各題下皆有"解"字，豈注書時所增歟？所據舊本并校人姓名在目錄後。末有校正、補遺，附錄四家說。

謝氏序曰："《周書》本以總名一代之書，猶之《商書》、《夏書》也。自漢以來，以所傳五十八篇目爲《尚書》，而於《尚書》所載《周書》之外，以七十一篇者稱之爲《周書》而別之。劉向以爲孔子所削之餘，第《漢志》載《周書》七十一篇，即列於《尚書》之後，而總繫之以辭，則究未當別之於《尚書》之外也。至《隋志》始降列雜史之首，以爲與《穆天子傳》俱汲冢書。然《漢志》未嘗列《穆傳》，則其非出自汲冢可知，不當牽合。愚嘗玩其文義，與《尚書》周時誥、誓諸篇絶異，而其宏深奥衍，包孕精微，斷非秦漢人所能仿佛，不第《克殷》、《度邑》爲龍門所引用也。《明堂》見於《禮記》，《職方》載在《周官》，其文雖有小異，要不足爲病；而《箕子》、《月令》，想即《洪範》、《吕覽》所傳之文，周史所記載者也。惟其闕佚既多，又頗有爲後人羼入者，篇名亦大率俗儒更易，必有妄爲分合之處。其序次亦未確當，如《大匡》爲荒政，第四卷‘王在管’時，不當復以名篇，且文内‘大匡’、‘中匡’、‘小匡’意不可解。《時訓》似《五行傳》，《諡法》與《史記正義》大同。《殷祝》雜出殷事，與《王會》篇末成湯、伊尹語皆爲不類。若《太子晉》一篇，尤爲荒誕，體格亦卑弱不振，不待明眼人始辨之也。愚謂是書文義酷似《國語》，無疑周末人傳述之作。其中時涉陰謀，如《寤儆》之歎謀泄，《和寤》之記圖商，多行兵用武之法，豈即戰國時所稱《太公陰符》之謀歟？時蓋周道衰微，史臣掇拾古訓以成此書，始於文、武而終於穆王、厲王也。好古之士，所宜分别觀之。”

班《志》載《周書》七十一篇，僅存四十五篇。今其目仍有七十篇，而存者乃有五十九篇，較班《志》轉多十四篇。此由後人妄分，以符七十之數，實祇四十五篇，未嘗亡耳。　孔氏有不注者十餘篇，豈未之見耶？《酆謀》、《度邑》、《武儆》、《嘗麥》、《官人》諸篇，均多名言法語，何以概置不論？是可疑也。　盧同年積數歲校勘之力，加以博雅之士薈萃所見而成。墉以課士之餘，悉力討論，質之同好。墉又識。

黄氏序曰：“劉向謂是周時誓誥號令，班《志》亦有其目，《史記》記武王伐紂之事，正與此合。然則兩漢時已在中秘，非始出於汲冢也。觀其屬辭成章，蓋戰國之士所緝以備私藏者。雖其間駁而不純，要不失爲古書也。郡太守劉公廷幹出先世所藏，命刻板學宫，俾行於世。”

姜氏序曰："孔注頗多謬誤，楊用脩嘗序是書，未嘗讎校。予稍加訂正，既刻成，因爲序之。"

元劉貞本，《大戴禮》亦其所梓。鄭元祐序稱："海岱劉貞廷幹，父以中朝貴官出爲嘉興路總管。" 明章檗本，程榮本，吳琯本，卜世昌本，何允中本，胡文煥本，鍾惺本。明七家本。惠棟定宇校，江彤果堂校，謝墉金圃校，趙曦明敬夫校，張坦芑田校，嚴長明東有校，段玉裁若膺校，沈景熊朗仲校，梁玉繩曜北校，梁履繩處素校，陳雷省衷校。以上十一家校語，皆盧氏所引惠見宋本，并以他書參考。盧本雖經諸家之校，而正文、注文尚多缺字。

《直齋書録》："序一篇在末，今京口刊本散在諸篇，蓋以仿孔安國《尚書》也。"

晁公武《讀書志》："後世史官虛美隱惡，不足考信。處士私記以伸其志，賴以證史官之失，其益大矣。其記録失實，褒貶弗公，以誤後世者，在觀者慎擇之而已矣。"

丁氏黼曰："今所謂《汲冢周書》，有不可盡廢者。晉狼曋曰：'《周志》有之，勇則害上，不登於明堂。'其語今見之篇中。惜乎後世不復貴重，文字日就舛訛。予始得本於李巽巖家，脫誤爲甚。繼得陳正卿本，用相參校，修補頗多。其間數篇，尚有不可句讀，脫文衍字亦有不容强解者。姑且刻之，俟求善本。"

蔡邕《明堂月令論》，蓋以《月令》藏於明堂，故以"明堂"冠"月令"以名其篇。《夏小正》，夏之月令也。殷人無文，及周而備文義，所説博衍深遠。蔡邕、王肅云："周公所作，呂不韋著書，取'月令'爲紀號。淮南王亦取以爲第四篇，改名曰《時則》。故偏見之徒，或云《月令》呂不韋作，或曰淮南，皆非也。"今《禮記》中之《月令》，即是在《周書》內者。《淮南·時則》與《呂氏》微異。蔡邕作《月令問答》所云云者，皆在《呂氏》，不在《淮南》。今即依《呂氏》十二紀首鈔出，以補斯闕。

文光案：隋、唐《志》皆稱此書得於晉太康中汲郡魏安釐王冢。《太平御覽》及晁、陳二家因之，皆題爲《汲冢周書》。然《漢志》已有《周書》。汲郡人不甫鳩反，姓也，或音彪。準所得竹書，其目具見於《晉書》及《左傳》杜序，實無所謂《周書》者，不可沿《隋志》之誤也。李注《文選》稱《逸周書》，庶得其實。升菴序辨之甚詳，而所引多誤，故不錄其説。又案：序內“作《大匡》”以下脱《程典》、《程寤》、《秦陰》、《九政》四篇目。又《克殷》以下，《大匡》、《文政》、《世浮》、《武儆》四篇目俱脱。序內共脱六十四字。第十一曰《大匡》，第三十七亦曰《大匡》，不知篇目何以相同。《耆德》，序內作“考德”，盧氏有注。《太子晉》，序訛“太王晉”，則盧本之誤也。

劉向曰：“周時誥誓、號令也。”　《隋志》：“《汲冢書》似仲尼删《書》之餘。”　顏師古曰：“蓋孔子所論《百篇》之餘，今所存者四十五篇。”　劉知幾曰：“《周書》與《尚書》相類，即孔氏刊約《百篇》之外，凡爲七十一章。上自文、武，下終靈、景。其有典雅高義，亦有淺末常説，殆似後之好事者所增益也。至若《職方》之言，與《周官》無異，《時訓》之説比《月令》多同，斯百王之正書，五經之別録也。”　劉克莊曰：“晁子止謂其紀録失實，李仁甫謂書多駁辭。按中間載武王征四方，馘億有十萬七百七十有九，俘三億萬二百三十，暴於秦皇、漢武矣！狩擒虎二十有二云云，紂囿雖大，安得熊羆如是之衆？又謂凡俘商寶玉億有百萬，荒唐夸誕，不近人情，非止於駁而已。”　王應麟曰：“《王會》云：‘堂下之右，唐公、虞公南面立焉；堂下之左，殷公、夏公立焉。’唐公、虞公，《樂記》所謂祝、陳也。殷公、夏公，《樂記》所謂杞、宋也。然則《郊特牲》云‘尊賢不過二代’，其説非矣。”　黃震曰：“《汲冢周書》七十篇，自《度訓》

至《小開解》，凡二十三篇，皆載武王遇紂事，多類兵書，而文澀難曉。自《文儆》至《五權》二十三篇，載文王薨，武王繼之代商事，其文間有明白者，或類周《誥》。自《成開解》至《王會解》十三篇，載武王崩，周公相成王事，間亦有明白者，多類周《誥》。自是有《祭〔一〕公解》、《史記解》，穆王警戒之書也。《職方氏》繼之，與《周禮》之《職方氏》相類。《芮良夫解》，訓王暨政臣之書也。《王佩解》亦相類。自《周祝解》至《銓法解》，不知其所指。終之以《器服解》，而器服之名多不可句。" 方孝孺曰："《周書》載武王伐商之事，往往謬誕，與書不合。謂孔子刪定之餘者，非也。其中若《諡法》、《周月》、《時訓》、《職方》之篇，又與《爾雅》、《月令》間有合者。竊意漢初書亡，隱士縉紳之流所偽著，而司馬遷不察，故引而用之。其中《芮良夫》篇最雅馴，其曰：'后除民害，不惟民害。害民非后，惟其讎。民至億兆，后一而已。寡不敵衆，后其危哉。嗚呼！'君子之言，三復其篇，爲之出涕。"以上錄於《經義考》。朱氏所采凡二十四條。

《周書》十卷　附《逸文》一卷

國朝朱右曾注

崇文書局本。光緒三年刊。前有丁嘉葆跋，目錄後有道光二十六年朱氏自序。書內第一行題"周書"，第二行題"嘉定朱右曾集訓校釋"。所引有"孔曰"、"丁曰"、"趙曰"、"盧曰"、"王曰"、"梁曰"。此本可補盧本之闕。

《度訓》、《命訓》、《常訓》、《文酌》、《糴匡》、以上卷一。《武稱》、《允文》、《大武》、《大明武》、《小明武》、《大匡》、《程典》、《程寤》、亡。《秦陰》、亡。《九政》、亡。《九開》、亡。《劉法》、亡。《文開》、亡。《保開》、亡。《八繁》、亡。以上卷二。《酆保》、《大開》、《小開》、《文儆》、《文傳》、《柔武》、《大開武》、《小開武》、《寶典》、《酆謀》、《寤儆》、以上卷三。《武順》、《武穆》、《和寤》、《武寤》、《克殷》、《世俘》、《大匡》、《序》内"作大匡"三字舊闕，兹依丁本。《文政》、《大聚》、《箕子》、亡。《考德》、亡。以上卷四。《商誓》、《度邑》、《武儆》、《五權》、《成開》、《作雒》、《皇門》、《大戒》、以上卷五。《周月》、《時訓》、《月令》、亡。盧氏據《吕紀》補之，然如馬融《論語注》引《月令》"改火"之文，蔡邕、牛宏引《月令》論明堂之制，今俱不見於《吕覽》，則其同異未可知也。宋《崇文總目》有《周書月令》一卷，則别有單行本，今不可考矣。《謚法》、《明堂》、《嘗麥》、《本典》、以上卷六。《官人》、《王會》、王氏有解，附《玉海》後。以上卷七。《祭公》、《史記》、《職方》、以上卷八。《芮良夫》、《太子晉》、《王佩》、《殷祝》、《周祝》、以上卷九。《武紀》、《銓法》、《器服》、以上卷十。《周書序》。此書既爲孔子删削之餘，不應有序，疑周末史官依仿《百篇》之序爲之，劉向、班固言《周書》七十一篇，通序爲數，知作序者在向、固之先矣。然序與本書時有不相應處，豈本書有脱誤歟？抑序者之失歟？

朱氏自序曰："《周書》稱'逸'，昉《説文》；繫之汲冢，自《隋志》：宜復《漢志》之舊題也。注之者，晉五經博士孔晁。每篇題云某某解第幾，此晁所目也。舊無"解"字。唐初孔氏注本，亡其二十五篇，師古據之以注《漢志》，故云'今其存者四十五篇'。師古之後又亡其三，故今孔注只有四十二篇也。然晉、唐之世，書有二本。《唐志》：《汲冢周書》十卷，孔晁注《周書》八卷。二本并列，尤明徵也。其合四十二篇之注於七十一篇之本，而亡其十一篇，未知何代，要在唐以後矣。此書非戰國、秦漢人所能僞託，何者？周室之初，箕子陳疇，周官分職，皆以數紀，大致與此書相似，其證一也；《克殷》篇所叙非親見者不能，《商誓》、《度邑》、《皇門》、《芮良夫》諸篇，大似今文《尚書》，非僞古文所能仿佛，其證二也；儻引是書者，荀息、引《武稱》，見《戰國策》。狼瞫、引《大匡》，見《左傳》。魏絳引《程典》，見《左傳》。皆在孔子前，其證三也。夫《酆保》爲保國之謀，《武稱》著用兵之難，《常訓》之言性，《文酌》、《文傳》之言政，俱不悖於孔、孟，而説者或誚爲陰謀，或譏其俱戾，豈知是書者哉？六國以後，書始廣播，墨翟、蘇秦、蔡澤、呂不韋、韓非、蒙恬、蕭何之倫，以及伏生、大小戴、太史公，時時節取此書意，其時學者誦習，亞於六藝，故劉歆、班固列之六藝書九家中。姜士昌曰：‘《周書》深奧，流俗畏難好易，不復孳孳。’愚嘗味乎其言，覃思久之。夫孔注疏略，且多訛闕。余姚盧文弨集諸家校訂，間有所釋，但恨其未備。嗣又得高郵王氏念孫、海寧洪氏頤煊之書，校定正文及其義訓。乃集諸家之説，仍是删違，申以己意，一考定正文，一正其訓詁，一詳其名物。凡所訓解，悉本前儒，而以校定、音釋附焉。”

　　《漢志》：“《周書》七十一篇。”注：《周史記》。王氏《考證》：“《史通》曰：‘《職方》之言，與《周官》無異；《時訓》之説，比《月令》多同。斯百王之正書，五經之别録。’今本七十篇。《呂氏春秋》、蘇秦、蒙恬、蕭何、《墨子》、《説文》所引，今文有無其語者，豈在逸篇乎？唐《大衍歷議》曰：‘七十二候原於周公《時訓》、《月令》，雖頗有增益，然先後之次則同。’若《周史記》之名，太史公謂‘孔子西觀周室，論《史記》舊聞’，又謂‘周太史伯陽讀《史記》’，‘孔子讀《史記》，至楚復陳’，又曰‘《史記》獨藏周室’。”

　　《隋志》：“《周書》十卷。”注：“汲冢書，似仲尼删《書》之餘。”章氏《考證》：“《逸周書》稱汲冢書，其誤始於《隋志》。今存。”文光案：章氏考《隋志》甚詳，獨於此書無所考。胡氏《筆叢》：“《大匡》其一當是文王，其二則武王之作也。《小明武》通篇皆韻語，文多奇古，然不類書體。《王會》、《職方》皆典則有法，而《王會》雜以怪誕之文，多出入《山海經》。”洪曰：“《王會》所紀四夷國名頗古奧，獸畜亦奇崛。以‘肅真’爲‘稷真’，‘獩人’爲‘穢人’，‘樂浪之夷’爲‘良夷’，‘姑蔑’爲‘姑妹’，‘東甌’爲‘且甌’，‘渠搜’爲‘渠叟’，‘高句麗’爲‘高夷’。唐太宗時，遠方諸國來朝貢者甚衆，服裝詭異，顔師古請圖以示，後作《王〔二〕會圖》，蓋取諸此。”胡氏所記《周書》凡二十六條，較諸家爲詳，且多考證。洪説見於《容齋二筆》。

文光案：《漢志》次《周書》，於《尚書》之後，依劉歆之例也。《隋志》列於雜史之前，今遂爲史。其文散佚孔多，爲後人所增益者恐亦不少。王氏《漢書藝文志考證》所列十數條，如杜注《左傳》“辔之柔矣”，謂“逸詩，見《周書》”；《説文》引“朕實不明，以侊伯父”；《張衡集》引“乃命少皡清”：案：少昊清，黄帝之子青陽也。此三條，今所附逸文無之，是章氏未採及《玉海》也。王氏《困學紀聞》云：“《周書·史記》篇國名多傳記所不載，可補史氏之缺文。”楊升菴跋論“無極”云：“《周書》曰：‘正人莫如有極，道天莫如無極。’此語甚玄奥，然則‘無極’之名不始周子矣，因表出之。”此皆讀《周書》者所當知也。又按：《容齋續筆》謂：“《周書》七十篇，與《尚書》體不相類，所載事物亦多過實。如武王伐紂，‘斬之以黄鉞，縣諸大白’。又‘用紂於南郊’。又言武王狩事，尤爲淫侈。如“擒虎二十有二，麋五千二百三十五”之類。‘遂征四方，凡憝國九十有九國，馘磨億有十萬餘’，其多如此，蓋大言也。又言‘俘商寶玉億有百萬’。所紀四夷國名頗古奥，獸畜亦奇崛，皆無所質信。”洪又云：“唐太宗時，遠方諸國來朝貢者甚衆，服裝詭異，顔師古請圖以示。後作《王會圖》，蓋取諸此。《漢書》所引‘天予不取，反受其咎’、‘毋爲權首，將受其咎’，以爲《逸周書》，此亦無之，然則非全書也云云。”此亦讀《周書》者所宜知也。

胡氏曰：“劉大謨云：‘若《度訓》、《命訓》、《常訓》、《文酌》、《允文》、《大武》等解，而盡謂之《周書》，可乎？若《和寤》、《克寤》、《商誓》、《度邑》、《時訓》、《明堂》等解，盡謂之非《周書》，可乎？六經而下，求其文字近古而有禆於性命、道德、文武、政教者，恐無以逾於此。’此序亦頗盡《周書》得失，因節録之。” “《周書》卷首十數篇，後序皆以爲文王作，而本解絶無明據，且語與書體不倫，蓋戰國纂集此書者所作，攙入之，冠於篇首也。至《大武》、《武稱》等解，尤爲乖謬，近於孫、吳變詐矣。考《周書》終太子晉，寔當靈王之時，其爲周末策士之言，毋惑也。至《大匡》以後，章首率有序，詞氣儼與誥誓相侔，間小弗純，或出後人參雜，非春秋下所能也。” “《大匡解》有二，其第十一篇，後序以爲穆王。按《周書》七十篇，自文王始，至太子晉終。穆王止《祭公》、《史記》二篇，見第九卷。此書在武王先，當是文王無疑。其第三十二篇亦云《大匡》，則武王之作也。” “《小明武解》通篇皆韻語，文多奇古，然不類書體，類戰國諸子書。《大明武解》亦多韻語，凡‘下’字皆叶‘户’韻。” “《汲冢世俘解》，讀者咸疑詭誕，蓋以孟氏所取《武成》不過二三策，而‘血流漂杵’且以爲疑，何至如汲冢之甚？乃余即證以孟氏，而知《逸書》所云不全妄也。孟稱‘周公相武王，誅紂伐奄，滅國者五十，驅虎豹犀象而遠之’，《世俘》所謂‘武王遂征四方，凡憝國九十有九’，則‘滅國五十’之説也，其過於孟氏僅半。然未嘗曰盡滅，固庶幾近之矣。所謂‘禽虎二十有二，犀十有二，及麋鹿三千五百’之類，則‘驅虎豹犀象’之説也。蓋商囿之畜，武王狩獵以祀宗廟，餘則驅而遠之矣。以商紂之囿而獲麋鹿數千，詎云多耶？至‘俘馘億萬有餘’，則戰國張大之辭，不必辨也。” “《周書》多論紀綱制度，叙事之文極少，《克殷》數篇外，惟《王會》、《職方》二解，皆典則有法，而《王會》雜以怪誕之文，《職方》叙述嚴整過《王會》，其規模體制，足可置之夏商也。”　“《王會》怪鳥奇獸，多出入《山海經》。”

“《祭公解》稱祭文公病，穆王訪之，作此書。按《紀年》，祭文公穆王二十一年薨，書當於是歲作。”“《史記解》，左史戎夫作。《竹書》：‘穆二十四年，王命戎夫左史作記。章首所稱皮氏，乃夏諸侯滅於殷者。”太史公書名先見於此。楊用修跋《汲冢史記解》云：‘穆王命使臣戎夫歷陳古亡國二十八君，以爲覆轍而鑑戒之，朔望以聞。又作《甫刑》之書以恤民，聽《祁招》之詩而返國，可謂改過不吝，冥豫有渝矣，亦賢矣哉！司馬遷《周紀》不著其事，兹特表出之。’又論‘無極’云：‘《汲冢周書》曰：“正人莫如有極，道天莫如無極。”道，言也。“正人有極”，謂“會其有極，歸其有極”也。“道天無極”，謂生物不測，悠久無疆也。此語甚玄奥，當表出之，然則“無極”之云不始周子矣。’”　“《和寤解》云：‘王乃勵翼于尹氏八士，唯固允讓。’《武寤解》云：‘尹氏八士，太師三公。’《克殷解》云：‘乃命南宮伯達遷九鼎三巫，乃命南宮忽散鹿台之財、鉅橋之粟。’則八士正武王之世[三]，與十亂先後造周者，其姓尹氏，其官或太師，或三公，或南宮。克殷在武末年，謂成王時尚近之，而曰宣王者，不足信也。”　“《芮良夫解》通章俱格言軌論，而詞氣絶類成、宣間，非戰國時人筆也。”　“太子晉事甚詭誕，蓋戰國人以晉早慧而夭，爲此説以神之。其文雜以俳諧，金氏以爲淺野不馴，然詞氣類戰國，非漢以後作也。後之言神仙者，復以上賓之説展轉傳合，而浮丘、廣成夤緣而入，不可勝記矣。”錄於《少室山房筆叢》。

《隆平集》二十卷

舊題宋曾鞏撰

七業堂本。此本宋人所僞託。自《聖緒》至《雜録》，凡典故三卷；自《宰臣》至《妖寇》，凡列傳十七卷。前明萬曆間有刻本，訛脱殊甚。此本校補，僅得其半。無從考證者，姑置闕疑。是書大致與《會典》相類。《宋會典》傳本頗少，觀此可得其槩，正不必問其真贗也。董氏萬卷堂刊本最佳，康熙四十年南豐彭期附刻《曾文定公集》後。此本字畫俗劣，妄加圈點，尤爲可憎。前有紹興十二年淄國趙伯衛序。

趙氏序曰：“南豐曾鞏子固爲左史日，嘗撰《隆平集》以進。自太祖至於英宗五朝，聖君賢臣、盛德大業、文明憲度、更張治具之體，文武廢置、軍政大小之務，郡縣户口、風俗貢職之目，柴燎祠祀、學校選科之設，宰相百官、降王外彝之事，分門別傳，凡一百六年，爲書二十卷。當時號爲審訂，頒付史館，副存於家，雖非正史，亦草創注記之流也。曾大父淄王昔典宗正，嘗授此書，不敢韜祕，庶幾宦學君子有所考質。”

《唐會要》，百卷，建隆二年宰相王溥進。德宗時，蘇冕撰四十卷。武宗時，崔鉉又撰四十卷。溥採宣宗以來故事，廣成百卷。

《開寶通議》，二百卷，開寶四年學士李昉進。唐開元中徐堅、蕭嵩等删定《古今五禮》百五十卷，昉等廣以成二百卷。《開寶通義纂》，一百卷，開寶六年參知政事盧多遜進。《太平總類》、《太平御覽》、《太平廣記》皆太平興國中儒臣李昉等編次。

以時政記進御，自宰相李昉始。以起居注進御，自起居郎梁周翰始。

平蜀，得鑄印官祝溫集。自言祖思言爲唐禮部鑄印官，世習籀篆，即《漢志》所謂“屈曲纏繞以模印章”者，遂命重鑄中書、門下、樞密院、省、台、寺、監等印。石介，字守道，兗州人。躬耕徂徠山，魯人謂之徂徠先生。介篤學，氣節勁正，故其文章陳古今治亂成敗以指切當世，無所忌諱。聞朝廷美政則歌頌之，否則刺譏之。

《古史》六十卷

宋蘇轍撰

掃葉山房本。嘉慶丙辰年校刊。

蘇氏自序曰："太史公始易編年之法爲本紀、世家、列傳，記五帝三皇以來，後世莫易之，然其爲人淺近而不學，疏略而輕信。漢景、武之間，《尚書古文》、《詩毛氏》、《春秋左氏》皆不列於學官，世能讀之者少，故其記堯舜三代之事，皆不得聖人之意。戰國之際，諸子辯士各自著書，或增損古事以自信一時之說。遷一切信之，甚者或取世俗相傳之說以易古文舊說。及秦焚書，戰國之史不傳於民間，秦惡其議己也，焚之略盡。幸而野史一二存者，遷亦未暇詳也，故其記戰國有數年不書一事者。予竊悲之，故因遷之舊，上觀《詩》、《書》，下考《春秋》及秦漢雜錄，記伏羲、神農訖秦始皇帝，爲七本紀、十六世家、三十七列傳，謂之《古史》。追録聖賢之遺忘以明示來世，至於得失成敗之際亦備論其故。嗚呼！由數千載之後言數千載之前，其詳不可得矣。幸其猶有存也，而或又失之，此《古史》之所爲作也。"

　　文光案：自序前半言聖人以無爲爲宗，泛論無當，故不録。後半叙作書之意，多不自量，所以來後來之誚也。序後無年月、姓名。其分卷依紀、傳、世家之數，爲帙無多。

蘇氏自跋曰："元豐中刊正《古史》，功未及究，又十年而成，凡六十卷。上古三代之遺意，太史公之所不能喻者，於此而明。戰國君臣得失成敗之迹，太史公之所脱遺者，於此而足。時季子遜侍予，細繹往牒，知予取去之意，舉爲之注，後世可考焉。"

　　文光案：後跋叙其少之所好，并十數年間所歷所遊，因閒廢得以著書之意，摘其要語録之。每卷後有"蘇子曰"一段議論，其文自佳，予甚愛之。謹案：《簡明目録》謂附注不著姓名，據《考古質疑》，知爲遜作，蓋未見後序。或有所脱佚，未可知也。

《東都事略》一百三十卷

宋王稱撰

掃葉山房本。此席世臣所刻別史四種之一。席本之外，他本未見。是書採九朝事蹟，撰本紀十二卷、世家五卷、列傳一百五卷、附録八卷。洪邁奏進。書法謹嚴，叙事詳贍。席世臣序。

阮氏曰："是書叙事約而持論平，爲別史中最善者。宋人無識，不滿其書，不足較論。"

《路史》四十七卷

宋羅泌撰

明本。是書未見佳本，諸家宋元板書目亦未見著録。明刻較今通行微勝。上古之事，本屬荒渺，又多引緯書、道藏，更不足據。然其文詞華美，論辨精核，與谷氏《明史紀事本末》皆可誦習，有助文章，非馬氏《繹史》之文所可及也。余與子由《古史》并讀之，大有益處。《古史序》譏史公爲淺，朱子以爲當，直齋以爲過。余固不論其過與當，而深取其文，蓋於史學之外別存一見也。是書釋名書之義，引《爾雅》訓"路"爲大，則《路史》者，大史也。因《帝王世紀》、《通鑑外紀》等書，其學淺狹，《古史》未全，因作是書。錢塘洪梗刊本最佳，不著刻書年月。乾隆元年泌裔孫玉藻重刊。是書前有明金堡序，從吳伯持本摹出，不及洪本遠甚。泌之子苹，爲《路史》注。

《契丹國志》二十七卷

宋葉隆禮奉勑撰

席氏本。首契丹年譜。席世臣曰：“此書近有坊刻，頗多訛戾。余以中祕本校正之，視坊本爲完善。”宋淳熙七年，祕書丞葉隆禮撰進。其書《帝紀》十二卷，《后妃》、《諸王》、《外戚傳》三卷，《列傳》四卷，《石晉降表》、《宋澶淵誓書》、《關南誓書》、《議割地界書》共一卷，《南北朝饋獻禮物》、《外國貢獻》一卷，《四京州縣沿革》一卷，《風俗》、《官制》、《科舉》等一卷，《王沂公富鄭公行程録》一卷，《張舜民使北記》等一卷，《諸番雜記》、《歲時雜記》二卷。

杭氏曰：“《契丹志》二十七卷，其劉六符、耶律余[四]睹諸傳及《諸番雜記》，全襲洪氏《松漠紀聞》。《晉出帝降表》暨《東丹王傳》，又割《五代史》以成文。其與他書異者，惟《王富行程》諸録。馬《考》雖載其目，而其書已亡，得此爲不墜於地。至《胡嶠陷北記》，《五代史》、《遼史》間一稱引，此獨載其全，爲可寶也。”録於《道古堂集》。

文光案：《四庫全書提要》辨此書甚詳。杭大宗所云，是未讀《提要》也。王阮亭曰：“簡潔可觀。”

《大金國志》四十卷

宋宇文懋昭撰

掃葉山房本。嘉慶丁巳年校刊。席世臣曰：“《提要》謂‘經元人增竄，非盡懋昭原本’者，是也。是書以志爲名，而雜用紀、傳、編年之體，於史例不免混淆。然序次簡質，足與《金史》相參考。世臣校紬中秘，竊録副本，爰付剞劂。”

《宗翰傳》：“天會十四年薨。”按金國天會十三年，封左副元帥粘罕晉國王領三省事，蓋以相位易兵柄也。宗翰以失兵柄，憤恚而死。傳雖諱而不言，要其晚年失勢，誠非無稽之言也。徐夢莘紀粘罕獄中上書及金人誅粘罕詔出傳聞，或未可信。　宗翰，《金國志》、《繫年錄》皆作“宗維”，本名粘沒喝，漢語訛爲“粘罕”。詳《國語解》。　愛王事見於《金國志》。其父子稱兵，《金史》雖諱言其事，然以《夾谷清臣傳》所載推之，必實有。愛王倡亂北邊，久之病死。内地姦人亦假其名，如陳勝詐稱公子扶蘇之事，且曰“愛王終當奮發”，則其事誠不可掩也。　《清臣傳》但云“密受命出師”，《内族襄傳》但云“邊事急”，俱不言首難之人。其諸部從亂者則有阻䩞，有胡定紀，有特滿，大約契丹舊部。《金志》指爲大朝，則非其實矣。

陳氏曰：“《金國志》二卷，張棣撰，記金國事頗詳。《金人南遷錄》一卷，華岳所爲，中多傅會，歲月皆牴牾不合。”錄於《直齋書錄》。

王氏曰：“《大金國志》四十卷，宋端平元年淮西歸正人改授承事郎、工部架閣宇文懋昭上。其書《帝紀》二十六卷，《開國功臣》一卷，《文學》二卷，《張祁昌錄》一卷，《劉裕錄》一卷，《立僞楚僞齊册文》、《宋宗室隨二帝北狩》一卷，《兩京制度》、《陵廟》、《儀衛》、《官制》、《科舉》、《兵制》等四卷，《兩國誓書》一卷，《京府州縣》一卷，《初興風俗》一卷，《許亢宗行程錄》。《金志》記載與《南遷錄》多相合，與史多謬。其《文學傳》全節取元好問《中州集》。或云‘宋人僞造’，似也。《契丹志》簡潔可觀，《金志》則仿其書而爲者耳。”錄於《池北偶談》。

錢氏曰：“王貽上謂是宋人僞造。予讀其詞，稱蒙古曰大朝，曰大軍，曰天使，而於宋事無所隱諱，蓋元初人所撰。其表文則後之好事者爲之，而嫁名於懋昭者也。以大金爲稱，可知非當時經進之本。”又曰：“宇文志多不足信。”錄於《養新錄》。

杭氏曰：“懋昭不見史册，其書似依《契丹國志》爲之，然鋪叙無史例。書太祖創基與《金史》異，《儀衛》、《道里》諸篇直是抄撮《北盟會編》而成，蓋僞書也。"録於《道古堂集》。

《東泉雜鈔》："契丹在五代時大爲中國患，《契丹國志》詳載兩國誓書及南北聘賀禮物，蓋隱然有痛於此耳。至其行文詳贍，筆法謹嚴，亦頗不減《五代史》。又且貶契丹國而稱志，其尊崇本朝之意，以視《大金國志》直書差康王出質，於獻俘詳列北遷宗族妃主，其順逆爲何如哉？"

《古今紀要》十九卷

宋黃震撰

新安汪氏仿宋本。是書刻於《黃氏日抄》之後，蓋《日抄》之一種。每事舉一二字爲綱，大書之。夾註，每事撮一二字或十數字，是爲《紀要》。紀降一格。每葉二十四行，每行大字二十，小字同。有目録，無舊序。上自三皇，下迄宋神宗。前有乾隆三十二年汪佩鍔重刊序。

汪氏序曰："余既鑴《黃氏日抄》，復得《紀要》十九卷。上自《左》、《國》，下訖北宋，或採其粹語，或撮其綱領。時代先後，人物本末，博綜條貫，細大不捐，間附折中之論，簡約詳明，蓋讀史而備遺忘，取韓子語而名之也。其經經緯史，衣被來學，實與《日抄》一書相輔而行。惟是原板久失，傳本無多，密字雙行，模糊尤甚，爰率子姪輩繙閱諸史，詳加是正。是書懸購既艱，胥鈔不易，乃鳩工縷板，凡再閱寒暑而後成，然後《黃氏日抄》一書復成全璧。"

《古今紀要逸編》一卷

宋黃震撰

《知不足齋》本。鮑廷博依趙小山堂本、陳希家藏本校刊《古今紀要》十九卷，迄於宋神宗，徽、欽以後皆闕。此本爲理、度兩朝紀要，陳朝輔得之滎陽鄭氏，手録付梓，序跋甚詳。此等書在作者既觀全史之後，撮其大要，以備遺忘，最爲有益。若棄全史而觀此，則不明者甚多。知其意，可與言矣。

《續後漢書》四十二卷　《義例》一卷　《音義》四卷　附《禮記》一卷

宋蕭常撰

《宜稼堂》本。首《四庫全書提要》，次慶元元年周必大序，次進書表，次目録。《帝紀》二卷，第一，昭烈皇帝，卷分上、下；第二，少帝。《年表》二卷，第一，《建安以來諸侯年[五]表》；第二，《章武以來吳魏表》。《列傳》十八卷，《孝友》、《忠義》、《隱逸》、《方技》各一卷。第三《諸葛傳》，分上、下。《吳載記》十一卷，第十一分上、下。《魏載記》九卷。後有道光二十一年郁松年跋。舊本張氏海鵬校梓。

蕭氏曰：“常謹案前史《藝文志》，謂班史爲《漢書》，范史謂《後漢書》。昭烈繼獻帝而作，宜曰《續後漢書》。”此條在目録下。

周氏序曰：“陳壽著《三國志》，以魏爲帝，而指漢爲蜀，與孫氏俱謂之主，設心已偏，故凡當時祫祭高帝以下昭穆制度，皆略而不書。其死未幾，習鑿齒作《漢晉春秋》，起光武終愍帝，以蜀爲正，魏爲篡，謂漢亡僅一二年，則已爲晉炎興之名，天實命之，是蓋公論也。然五十四卷，修《崇文總目》時，其書已佚，或謂世亦有之，而未之見也。幸《晉史》載所著論千三百餘言，大旨昭然。《史通》云‘備王道則曹逆而劉順’；歐陽修議正統，不黜魏，其賓客章望之著《明統論》辨之，見於《國史》；張栻《經世紀年》直以先主上繼獻帝爲漢，而附吳、魏於下方：皆是物也。今廬陵貢士蕭常，潛心史學，乃起昭烈章武元年辛丑，盡少帝炎興元年癸未，爲《續後漢書》。既正其名，復擇注文之善者併書之，積勤二十年始成，余爲之序。”

蕭氏表曰：“三國之書，既紀曹而傳劉，復貶漢而爲蜀，以鬼蜮之雄而接東京正統，以高文之胄而與孫權并稱，不可以訓，莫甚於斯。是用質之古人，揆之公議，一切反之於正，多言守之以中，爰痛闢於淫辭，庶少扶於名教。臣幼承師法於先臣，有志明天下之大義，凡疑似是非之際，必反復辨析其間，採諸儒之遺説，更再世以成書。所有編次《續後漢書》紀、表、列傳、載紀，總計四十二卷，謹繕寫成八册，隨表上進以聞。”

先公讀史，至陳壽《蜀志》，廢卷不懌，曰：“漢其蜀乎？小人哉！陳壽也。壽之父以罪爲諸葛亮所髡，而壽之身復爲亮之子瞻所答，又仕漢久不得志，庸是貶其號而詆訕其君臣，且以尊魏也。壽之史，無一人正[六]其謬。成吾志者，其汝也！”後三十年勉强成書，大懼不足以成先公之志，安知後人之議常不猶常之議壽也哉！先公諱昌齡，字椿年，後更諱壽朋。博極羣書，爲時儒宗。既卒，門人私謚孝節先生。”此記在四十二卷後。

郁氏跋曰：“庚子冬，余方校刊郝氏《續後漢書》，取是書相參考。昭文張氏《墨海金壺》刻本，錯誤衍脱，幾不可讀。因思罪陳壽之稱蜀，正漢氏之大統，厥指不異，而郝書繁富，是書謹嚴，軌轍雖同，徑途迥別，其於史家體例，亦互有得失。輒勘定付梓。俾讀者兼綜博約，合觀取舍，以明兩先生之用心，而亦識夫古今作述之林，殊途同歸有如是也。是書一[七]本陳《志》[八]及裴氏注，偶參范《書》音義，有旁引他書者，悉檢核原文，因張氏舊本正其謬誤而易之；復證以《通鑑》、郝書及《三國志辨誤》、《考異》諸書，其非傳寫之訛而文義歧舛者，仍舊本得所據正，則辨其是非。疑者及義可兩通者，并存異説；而羣書間有違失，亦列是編。《音義》與本文輾轉相證，本文所無或先後乖次，壹皆標明。是書頗簡，然與郝書參校，將及期年，乃克蔵事。"

《續後漢書》九十卷　附《札記》四卷

元郝經撰

《宜稼堂》本。前有郝經自序、苟宗道序、馮良佐跋，後有道光二十二年郁松年跋。是書初名《三國志》，後改名《續後漢書》。蕭書，郝氏未見。本九十卷，并子卷計之，實一百三十卷。寫本出於《永樂大典》。《年表》一卷、《刑法録》一卷，全佚。序文、議、贊缺十之一。以昭烈上紹漢統，升爲本紀，吳、魏皆爲列傳。三國之臣，以漢臣、魏臣、吳臣列之。又别爲《儒學》、《文藝》、《行人》、《義士》、《高士》、《死國》、《死虐》、《技術》、《狂士》、《叛臣》、《篡臣》、《取漢》、《平吳》、《列女》、《四夷》諸傳。又以壽書無志，作八録以補其缺，曰《道術》、曰《歷象》、曰《疆理》、曰《職官》、曰《禮樂》、曰《刑法》、曰《食貨》、曰《兵》。各冠以序，而終以議、贊。其所採多陳《志》舊本，與今本互異，是可貴也。

郝氏序曰："經嘗聞搢紳先生餘論，謂壽書必當改作，竊有志焉。及先君臨終，復有遺命。中統元年，詔經持節使宋，無所營爲，乃破稿發凡，起漢終晉，立限斷條目，以更壽書，作表，記，傳，録，諸序、議、贊。十二年，借書於兩淮制事印應雷，得二《漢》、《三國》、《晉書》，遂作正史。以裴注之異同，《通鑑》之去取，《綱目》之義例，參校刊定，歸於詳實。以昭烈纂承漢統，魏、吳爲僭僞。十三年冬十月書成，年表一卷、帝紀二卷、列傳七十九卷、録八卷，共九十卷，別爲一百三十卷，仍故號曰《三國志》。"

苟氏序曰："三國事涉漢、晉，參出互見，百有餘年，諸所記注，不啻數十百家。其行於世者，漢史則華嶠《漢書》、謝承《後漢書》、司馬彪《續漢書》、袁宏《漢紀》、袁暐《獻帝春秋》、張璠《漢紀》、樂資《山陽公載記》、王隱《蜀記》、孫盛《蜀世譜》、郭沖《五事》；魏史則王沈《魏書》、傅玄《魏書》、《傅子評斷》、孫盛《魏氏春秋》、魚豢《魏略》、孔衍《漢晉春秋》、陰澹《魏紀》；吳史則韋昭《吳書》、虞溥《江表傳》、胡沖《吳歷》、虞預《會稽典錄》、環氏《吳紀》；於晉則干寶《晉紀》、虞氏《晉書》、王隱《晉書》、謝沈《晉書》、孫盛《晉陽秋》、傅暢《晉諸公贊》、徐廣《晉紀》：皆各著一國之事以自名家。獨陳壽總爲《三國志》，號稱良史。裴注事類出異書者注之，事顯則不注。今陵川先生更正陳《志》，凡裴注之事當入正文者，則爲刪取；其乖戾不合，不可傳信者，則置之。命宗道掇拾，俱注新書本文下。陳《志》之評，裴注之論，亦爲具載。其義理悖誤者，則以所聞於先生餘論爲之辨正。凡書疏論議所引古今事類，裴注之未備者，皆爲苴補；事已見者不重出；無所考者則闕之。”

　　文光案：四庫館寫本，每葉十六行，行二十一字。宗道所注，引書甚富，其義例條目，皆具注中，且多所發明。列傳有全篇無注者，恐是《大典》所脫，無從補正。

　　馮氏跋曰：“延祐戊午，集賢陳大學士以公書敷奏，俾江西行省繡梓。臣良佐時職寄江西，提衡儒學，省堂孜孜欽承，就委董役，率儒人胡元昌等詳正其字，庶無訛矣。”

　　文光案：此刻書之序。當時官刊此書并《陵川集》。至明中葉，《陵川集》僅存，而是書傳本中絶，今更不可見矣。書中案語爲館臣所加，凡所脫佚皆注之。今更得郁氏《札記》，字句之訛多所辨正，而是書可讀矣。

　　郁氏跋曰：“漢不亡於鍾、鄧，而亡於陳壽。鍾、鄧滅漢而漢存，陳壽志蜀而漢亡。是書與蕭先生常書并名《續後漢》，復漢之號，紹漢之統，皆存漢之書也。顧是書之存亦僅矣，原編殘闕，傳寫益滋訛舛。余幸其僅有存，亟爲考訂。既校刊《清容》、《剡源》二集，爰取陳《志》諸善本，參以范史、《晉書》，綜覈刊正。其博涉他書及苟氏注、館臣原校所徵引，壹檢其本。自庚子仲秋迄壬寅季春，始克藏事。乃採諸書同異暨所以增删改易者，釐爲《札記》四卷，以附書末。注文與本文參雜不別惟標明，原校無可據則存疑，互見蕭《書》、《札記》則從略。寫本故有校者，多從陳《志》、范《書》、《晉書》，悉遵付梓。既有未安，因別爲或校誤者辨焉。帙繁，罣漏踳駁愈益難免，惟盡區區之心，庶有合於郝先生存漢之心歟？編是書，寫是書，以存是書者之心云爾。《札記》刊未畢，英夷不靖，余大懼是書之散亡。夷氛息，鳩工卒事，至是告竣，謹識顛末，弁《札記》首。"

《義例》曰：'魏晉自以爲正統相繼，故不舉昭烈之諡，稱曰'先主'。陳壽遂不以漢爲帝，紀曰'先主傳'，非也。先主者，大夫稱其先大夫之辭也。繼漢而不稱漢，未嘗稱蜀而稱蜀，蔑劣甚矣。"

《藏書》六十八卷

明李贄撰

明本。贄書可焚，特以人震其名，因著其實。秀水陳孟常云《藏書》本荆川《左編》，寫獨見而爲品隲。

王氏曰："《藏書》本他人成稿，而增删無法，叙述欠詳，間附己意，故作畸論，語不雅馴，多失體。"又曰："温陵李贄，多以著述自任。予考其行事，察其議論，蓋一無忌憚之小人也，不知焦弱侯輩何以服之特甚？萬曆三十年，禮科給事中張問達疏劾李贄：'壯歲爲官，晚年削髮，近又刻《藏書》、《焚書》、《卓吾大德》等書，流行海内，惑亂人心。以呂不韋、李固爲智謀，以馮道爲吏隱，以卓文君爲善擇佳偶，以司馬光論桑弘羊欺武帝爲可笑，以秦始皇爲千古一帝，以孔子之是非爲不足據，狂誕悖戾，未易枚舉。尤可恨者，寄居麻城，肆行不簡，與無月輩遊菴院，挾妓女白晝同浴，勾引士人妻女入菴講法，至有携衾枕而宿菴觀者，一境如狂。至於明劫人財，强摟人婦，同於禽獸而不之恤。近聞贄且移至通州，地方官將李贄解發原籍治罪，無令貽亂後日世道。'奉旨：'李贄敢倡亂道，惑世誣民，便令廠衛、五城嚴拿治罪。其書籍已刻、未刻者，令所在官司盡搜燒毀，不許存留。'已而贄逮至，懼罪自盡，馬經綸爲營葬通州。聞今有大書二碑，一曰'卓吾先生墓，焦竑題'，一曰'卓吾夫子墓，汪可受題'。表章邪士，陰違聖人之教，顯背天子之法，亦可謂無心矣。恨當時無有聞之於朝，仆其碑，治其罪耳。"此山史之言，録於《山志》。

《南宋書》六十八卷

明錢世升撰

掃葉山房本。是書世無刻本，席世臣借王述莽抄本梓而行之。

席氏序曰："是書患《宋史》之冗長，故取南渡以後事蹟删繁就簡，別成一書。刊落甚多，列傳亦多所移置，或增或補，雖取諸野史，而言不雅馴者概不叙入。卷皆有贊。許君重熙爲之序。許君有史才，著述甚富。"

《宋史新編》二百卷

明柯維騏[九]撰

明本。是書删繁就簡，尚是原刊，未見翻本。史書如《弘簡録》，如《史緯》等書，亦無人翻刻。與其翻刻，勿如別撰一史矣。

錢氏跋曰："薛方山之《續通鑑》，於宋、遼、金、元四史尚未尋其要領，況在正史之外乎？柯氏書較之方山用功已深，義例亦有勝於舊史者，惜其見聞未廣，有史才而無史學耳。後之有志於史者，既無龍門、扶風之家學，又無李淑、宋敏求之藏書，又不得劉恕、范祖禹之討論，而欲以一人之精力成一代之史，豈不難哉？”錄於《潛研堂集》。

錢氏曰：“陳黃中《宋史稿》，糾舊史之失，謂韓琦與陳升之、王珪同傳，薰蕕無別；陳東、歐陽徹與宋季一僧一道同傳，擬不於倫；康保裔戰敗降契丹，官節度使，事見《遼史》，而以冠《忠義》；杜審琦卒於天成二年，而以冠《外戚》；凌唐佐本紀既書降金，而又入之《忠義》；李國寶、貞固皆五代遺臣，入宋未仕，不應立傳：皆確不可易。然猶是未定之稿，較之柯氏《新編》，當在伯仲之間。”又曰：“《通鑑》取材，多出於正史之外，又能考諸史異同而裁正之。所謂‘事增文省’，惟《通鑑》足以當之。”同上《潛研堂集》。

金國號“女真”，宋時避遼諱，去末二點爲“直”，女直即女真也。

《弘簡錄》二百五十四卷

明邵經邦撰

原本。是書意在續鄭樵《通志》，起唐、五代，迄宋、金、遼，合九史爲一書，而不能續其二十略。明末板燬於火。康熙乙未，詔求遣書，得閩中原本，邵遠平校訂重刊，閱三歲而訖工。前有《邵經邦傳》、《讀史筆記》七條、凡例十二條。康熙二十七年，五世孫錫蔭合《元史類編》重刊，有序。此第三刻也。例云：“二十略無關史事，後人無從更續。大典禮、大因革分見紀、傳，令讀者自得。”

《世歷》四卷

明陳士元撰

明本。此《歸雲外集》第五十卷至五十三卷。前有萬曆戊子徐元太刻書序、萬曆十年壬午士元自序、凡例十七條。原刻本紙墨皆佳。士元，應城人，號迂叟。

徐元太序云："陳環中先生既集堯甲辰以前事，著爲《荒史》；復自堯甲辰至明洪武戊申集爲一編，釐爲四卷，題曰《世歷》。余循環讀之，述世代之理亂，標治統之正閏，嚴華夷之中外，鏡人品之忠佞，紀象緯之災祥，上下三千七百餘年事，挈領提綱，舉要芟碎，如數一二、別蒼黄，亡一字空設，蓋歷而史哉！"

凡唐虞稱載，夏稱歲，商稱祀，周以後稱年。

凡時令必書。夏禹元歲丙午定時令，以寅月爲歲首；商以丑月爲歲首；周以子月爲歲首；秦始皇以亥月爲歲首；漢武帝三十八年戊寅復行夏正；王莽居攝，以丑月爲歲首；光武復行夏正；魏明帝十一年丁巳以丑月爲歲首，十三年己未復行夏正；唐武后六年己丑以子月爲歲首，十八年辛丑復行夏正。

《光宗實録》八卷

明張維賢等撰

抄本。泰昌元年八月初一至二十九日。前有表例、銜名。

陳氏《書録》："《太祖實録》五十卷。初，淳化中命李至、張洎等修太祖史，未成。及咸平元年，《太祖實録》成書，以太祖朝事多漏略，故再命錢若水修撰。二年成書，上之。卷首有沈進書表，叙前書之失及新書刊修條目甚詳。同修者李宗諤、梁灝、趙安仁。李燾云：'太祖自陳橋推戴，馬上約束諸將，本太祖聖意。前録無太宗叩馬之語，乃後録所增也。前録既不傳，今不可考矣。'《長編》具載，而云'舊録所無，今從新録'，然則燾亦嘗見舊録也耶？近聞士大夫家亦多有之，求之未獲也。" "《太宗實録》八十卷，錢若水等受命，九月而畢，人難其速。楊億獨草五十六卷。" "《英宗實録》三十卷，出於王荆公一手。東坡云：'詞簡而事備，文古而意明，爲國朝諸史之冠。'" "《神宗實録》，朱墨本，二百卷，蔡卞等重修。其朱書繫重修，黄字繫删去，墨字繫舊文，其增改删易處又有籤貼。前史官由是得罪。卞，安石之婿，大抵以安石《日曆》爲主，陳瓘所謂‘尊私史而壓宗廟’者也。”原按：“前史官爲趙彥若、范祖禹、黃庭堅。”　　“《神宗實錄考異》二百卷，趙鼎、范沖撰。‘考異’者，備朱、墨、黃三書而明著其去取之意也。初，蔡卞既改舊錄，每一卷成，納之禁中，蓋將盡滅其迹而使新錄獨行。所謂‘朱墨本’者，世不可得而見也。及梁師成用事，自謂蘇氏遺體，頗招延元祐諸家子孫若范温、秦湛之流。師成在禁中見其書，爲諸人道之。諸人幸其書之出，因曰：‘此不可不錄也。’師成如其言。及敗沒入，有得其書者携以渡江，遂傳於世。嗚呼！此可謂非天乎？”　　“《哲宗實錄》一百五十卷，趙鼎、范沖等重修。紹興四年三月，思陵嘗謂宰臣朱勝非等曰：‘神宗、哲宗史錄，事多失實，當別修定。范祖禹之子沖，已有召命，可趣〔一〇〕來令兼史職。’沖至，以宗正少卿兼直史館，辭，不許。上謂勝非等曰：‘此事朕何敢私？頃歲昭慈誕辰，宮中置酒，從容語及前朝事，曰：“吾逮事宣仁，求之古今母后之賢，未見其比。姦臣私憤誣謗，雖嘗下詔辨明，而史錄未經删改，豈足貽信後世？吾意在天之靈不無望也。”朕每念及此，惕然於懷。欲降一詔，具載昭慈遺旨，庶使中外知朕修史之本意。’於是以聖語繫之《哲錄》之末。”　　“《徽宗實錄》一百五十卷，修撰官歷年既久，前後非一人。李燾重修，凡二百卷。《考異》百五十卷，目録二十五卷。今百五十卷者，前本也。”　　“《高宗實錄》五百卷，傅伯壽撰。初進二百八十卷，止紹興十六年。嘉泰二年，袁說友等又進二百二十卷，止三十二年。”　　“《孝宗實錄》五百卷，嘉泰二年修撰傅伯壽等撰進。中興以來兩朝五十餘載事迹，置院既久，不得以時成，涉筆之臣乍遷忽徙，不可殫紀。及有詔趣進，則匆遽鈔錄，甚者一委吏手。卷帙猥多而紀載無法，疏略牴牾，不復可稽據。故二錄比之前世，最爲缺典，觀者爲之太息。”　　“唐《則天實錄》二十卷，吳兢撰。武氏罪大惡極，不應復入唐廟，而題主又有聖帝之稱。至開元中，禮官有言，乃去之。武氏不應有實錄，猶正史不應有本紀，皆沿《史》、《漢》呂后例。惟沈既濟之論爲正，而范氏《唐鑑》用之。”　“《宣宗實錄》三十卷，《懿宗實錄》二十五卷，《僖宗實錄》三十卷，《昭宗實錄》三十卷，《哀宗實錄》八卷。案：《唐志》惟有《武宗實錄》三十卷，其後皆未嘗修纂，更五代，《武録》亦不存，《邯鄲書目》一卷而已。五録皆宋敏求追述爲書。案，兩朝史志，初爲一百卷，其後增益爲一百四十八卷。”

陸游曰：“太宗時，史官張洎等撰太祖史，凡太宗聖諭及史官採摭之事，分爲朱、墨書以别之。此國史有朱墨本之始也。元祐、紹聖皆嘗修《神宗實錄》。紹聖所修既成，焚元祐舊本，有敢私藏者皆立重法。久之，内侍梁師成家乃有朱墨本，以墨書元祐所修，朱書紹聖所修，稍稍傳於士大夫家。紹興初，趙相鼎提舉再撰，又或以雌黄書之，目爲黄本，然世罕傳。”

朱弁《曲洧舊聞》曰：“予在館中時，見《重修哲宗實錄》。其舊書於一時名臣行事既多所略，而新書復因之，於是急欲成書，不復廣加搜訪，有一傳而僅載歷官先後者，讀之不能使人無恨。《新唐書》載事倍於舊，皆取小説。本朝小説尤少，士大夫縱私有所記，多不肯輕出之。予謂史官欲廣異聞者，當聽人聚録所聞，如《段太尉事狀》之類，上之史官，則庶幾無所遺矣。”

《事物紀原》：“三代之王，有左、右史，記其言動。漢武有《禁中起居》，明帝有《起居注》，而無名‘實録’者。《唐藝文志》所載實録，自周興嗣《梁皇帝實録》爲始，則其事自兹以爲始也。”

《五總志》：“《江鄰幾雜記》載《唐玄宗實録》，殊略特甚。吕縉叔云：‘若使獨孤及、顔魯公載筆，必不至是。此元載蔽賢之罪也。’宋次道補修《武宣實録》，自謂詳密於《玄録》。及觀陳瑩中奏議，《哲宗實録》差承旨蔡京兼領，謂‘太宗以後實録，提舉〔一〕修撰皆有正官，用度、命官雖多，不敢憚煩惜費，所以重大典而尊先朝也。獨用兼官，恐歸過於陛下'，上從之。誠哉！三子之論，如合符契，可謂知體而不阿矣。"《太宗實錄》，南宋館抄本，書法精妙，紙墨皆古，與《宋史》互異。

陳第曰："實錄內多奇聞異事，正史所未載者，亦有與正史相矛盾者，不可不知。"

《大政紀》："嘉靖十三年秋七月，命建皇史宬於重華殿西，欲置金匱、石室其中也。勅閣館諸臣重書九廟寶訓藏之。"

《春明夢餘錄》："皇史宬在重華殿西，門額以'史'爲'叟'，以'成'爲'宬'；左右小門曰'韚歷'，以'龍'爲'韚'：皆上自製字而手書也。每一帝開局纂修實錄告成，正本貯此。實錄中諸可傳誦宣布者曰'寶訓'。宬中四周上下俱用石甃〔一二〕，中具二十臺，永陵、定陵各占二臺。"

《永樂大典》副本貯皇史宬。解縉撰《太祖實錄》一百八十三卷，繕寫一百二十五册。《解文毅公集》有《進書實錄表》。

《燕都遊覽志》："皇史宬，藏寶訓、實錄處也。按，'宬'與'盛'同義。《説文》曰：'宬，屋所容受也。'然殿宇命名，僅於斯見耳。"

顧氏曰："先朝之史，皆天子之大臣與侍從之臣承命爲之，而世莫得見。其藏書之所曰皇史宬。每一帝崩，修實錄，則請前一朝之書出之，以相對勘，非是莫得見者。人間所傳，止有《太祖實錄》。國初人樸厚，不敢言朝廷事，而史學因以廢失。正德以後，始有纂爲一書，附於野史者，大抵草澤之聞，與事實絶遠，而反行於世。世之不見實錄者，從而信之。萬曆中，天子蕩然無諱，於是實錄稍稍傳寫流布。至於光宗，而十六朝之事具全，然其卷帙繁大，非士大夫累數千金不能購也。以是野史日盛，而謬悠之談遍於海內。"又曰："吳炎、潘檉章二子皆高才，購實錄，復旁搜文集、奏疏。潘子刻《國史考異》三卷。有莊廷鑨者，其鄰朱國楨嘗取國事及公卿誌狀、疏草命胥鈔録，凡數十帙，未成書而卒。廷鑨得之，招致賓客，日夜編輯爲《明書》。書冗雜不足道也。廷鑨死，家貲可萬金，其父允城梓行之，慕潘、吳盛名，引以爲重，列諸參閱姓名，凡百餘帙。有忌諱語，本前人詆斥之辭未删削者。歸安吳之榮買書恐嚇莊氏，不得所欲。之榮入京，摘忌諱語密奏之。四大臣大怒，遣臣至杭，執莊生之父及其兄弟姪等并列名於書者十八人，皆論死。發廷鑨之墓，焚其骨，籍没其家産。所殺七十餘人，而吳、潘二子與其難。方莊生作書時，延亭林，一至，薄其人不學，竟去，以是不列名，獲免於難。”

《憺園集》：“明之實録，洪、永兩朝最爲率略。莫詳於弘治，而焦芳之筆，褒貶殊多顚倒；莫疏於萬曆，而顧秉謙之修纂叙述，一無足採。其叙事精明而詳略適中者，嘉靖一朝而已。仁、宣、英、憲勝於文皇，正德、隆慶劣於世廟，此歷朝實録之大概也。”

校勘記

〔一〕“祭”，原作“蔡”，據宋黃震《黃氏日抄》改。

〔二〕“王”，據宋洪邁《容齋隨筆》補。

〔三〕“世”，原作“士”，據明胡應麟《少室山房筆叢》改。

〔四〕“余”，原作“全”，據清杭世駿《道古堂集》改。

〔五〕“年”，據《續後漢書》似衍。

〔六〕“正”，據同上書補。

〔七〕“一”，原作“亦”，據同上書改。

〔八〕“志”，原作“壽”，據同上書改。

〔九〕“騎”，據《明史》當作“騏”。

〔一〇〕“趣”，原作“輅”，據宋陳振孫《直齋書録解題》改。

〔一一〕“舉”，原作“學”，據宋吳坰《五總志》改。

〔一二〕“甆”，原作“瓷”，據清孫承澤《春明夢餘録》改。

萬卷精華樓藏書記卷三十二

史部四

別史類二

《歷代紀事年表》一百卷

康熙五十一年内閣學士王之樞奉敕撰

武英殿本。首聖祖仁皇帝御製序，次凡例十條，次纂修等官職名，次《進呈表》，次目録，各代有《世系圖》，有例説。次《三元甲子編[一]年》，次《唐虞十二州圖》。

例曰：“以朱子《綱目》、南軒《前編》、商輅《後編》爲主，參以司馬光《通鑑》、金履祥《通鑑前編》、薛應旂《宋元通鑑》及二十一史可垂法戒者，悉予採入。”

臣之樞謹按：《史記》黄帝以來紀世爲《世表》，共和之後紀年爲《年表》。《年表》之例以年爲經，以國爲緯。今《紀事年表》例本此。

金履祥《通鑑前編》，本邵雍《經世歷》，起堯元載甲辰。是紀年起於堯時，不俟共和始見也。今從金氏《前編》，自堯元載始。

南軒《綱目前編》，不敢以經爲史，凡見於《書》、《詩》者止提其綱，注云詳某篇。今從之。

年表分格次第，書甲子於上，首王朝，次侯國。今帝堯之世分三格，曰虞、曰夏、曰諸國。虞夏之世仿此例。

商、邰與夏爲三代之祖，故附商、邰於夏格之内。

《路史》所載侯國，可以世考者，備書於某世之下，如伊耆、富宜等國，附入帝堯元載之類。虞及夏、商例同。

《九州圖》。

自后相元載以後，少康四十歲以前，大書夏統於上。每年仍書曰“王在某”，而附載羿、浞之年於末格，所以尊正統抑僭僞也。

《商地圖》。

《史記·殷本紀》首稱“殷契”，至祖乙時稱[二]“殷”復興。但契始曰“商”，成湯國號亦曰“商”，至盤庚遷都於殷，始改國號曰“殷”。今自成湯至陽甲凡十六世，俱稱商王；至下卷盤庚以後，俱稱殷王云。

《周地圖説》。

《周世系圖》。

《史記》云考王封其弟於河南，以續周公之官職，是爲桓公。傳威公、惠公，又封其子於鞏，以奉王，號東周惠公，是父子同謚也。自是二周分治，其名號史雖不載，然諸書猶可考尋也。

例説：武王初受命，大封公侯，全周之盛也，而春秋、戰國之紛紜，實始於此，故於蘇氏《圖説》百二十國之外，考之傳記，復得四十餘國，并叙此卷之首。

王朝之下封國之始，列同姓於首格，列異姓於下二格。

周夷王魯、齊、晉、秦、非子。楚、宋、衛、陳、蔡、曹、鄭、燕。

《史記·十二諸侯年表》起於共和元年。《通鑑前編》及《綱目前編》入周夷王后，所載諸侯生卒、傳國皆有年可紀。今從《前編》，次十二諸侯自夷王元年始。十二國外尚百餘邦，次第附見。

《春秋》經文，悉見表內。《左傳》有補經所未備者，雖微必錄。胡傳亦採。

五霸之興，始於周僖王元年，終簡王十四年。自此諸侯漸強，凡朝覲、會盟、征伐之事，同與者雖有主賓詳略之異，而各國必皆分載者，例也。蓋一國不書，則脈絡不明，致增參考，故不嫌疊見云。

聖人生卒，關於天下後世，故孔子以靈王二十一年庚戌冬十一月庚子生於魯，而特表於王朝之上。其諸弟子姓名，則照金氏《前編》，附見各國之末云。

春秋終於魯哀公十四年，實敬王三十九年。弟子欲記聖師之卒，採《魯史記》以續夫子之經，止於魯哀公十六年。左氏因而作傳，終哀公二十七年，此十一年蓋無經矣。今自敬王四十年至貞定王元年紀事，本《左傳》，參用《國語》、《家語》、《史記》及《通鑑綱目》、《前編》等書。

《史記》因秦記起周元王元年，表魏、韓、趙、楚、燕、齊之事，曰《六國年表》。但魏、韓、趙至威烈王二十三年始受命為諸侯，建國號，相去尚七十餘年，且晉主猶存，史表列魏、韓、趙而附晉事於魏格，似亦未安。今仍存晉格，載魏、韓、趙之事於其中。至威烈王二十三年，方為三國置格，庶不沒其實云。

貞定王元年，《左傳》已訖，至威烈王二十二年，紀事悉本《前編》。

朱子《綱目》始於威烈王之二十三年，分注止載秦、楚、齊、晉、燕及魏、韓、趙八國。今《年表》按前卷仍照前備列魯、宋等國於中云。

周自赧王五十九年獻地於秦，《通鑑》即以秦繼周統，《綱目》仍分注之，何哉？六國未平，秦猶不得稱正統也。今遵《綱目》

無統之例，虛天位於上，止以秦先列國云。

無統，見《綱目》凡例。注云："若周、秦之間，秦、漢之間是也。"天位者，《通鑑目録》採七政之要，置之上方。上方，即天位也。《年表》之例，遇正統之朝，則不虛天位，而七政即載入王朝，蓋正統之君，承天贊化，足以位乎天位也，若赧王五十九年以前是也。其無統之時，則虛之以存天位，惟書日食、星變於其中，而分列諸國於其下，若赧王亡後至秦王政二十五年是也。楚漢之際及吕后、新莽、南北朝、五季等無統之世例同。

東周君名分尚存，書秦之上，亦猶《春秋》王人雖微，序乎諸侯之上之意。

赧王五十九年以前，繫魯於諸侯之上者，從十二諸侯序次也。今赧王亡於秦，故降魯於大國之下。

秦王政元年係正統之始，故於板心大書。但六國尚存，故虛天位於上。後漢高祖元年、唐高祖元年、宋太祖元年同此例。

《通鑑》以漢先楚入關，秦王子嬰降，即紀漢王元年。《綱目》則於是年併楚義帝、西楚霸王、漢王注之，謂其爲無統之時也。今折中二家之義例，分載義帝、漢王、霸王於歲首，而虛其天位。至高帝五年一統，即皇帝位，始於上格大書之。

王侯封爵，先宗室，次異姓，以五等爲序。自高帝六年以後，凡始封、建封、改封、襲封、降封，例可屢見者，如平陽侯曹參等，書其末曰，至某年再見，以便檢閱。有叛逆者，如陽夏侯陳豨等，則旁注其姓名，使不得與純臣比。漢以後各代同。

自古外國，如匈奴已見於秦，而其方隅風土至漢以後始詳，以及南越、閩越等。或慕化來朝，貢使不絶；或乘虛窺伺，陵犯邊塞；或率其部屬，效忠盡力。今俱採擇史傳及《通鑑綱目》，載於末格，另書"附"字以别之，庶中外之分明，而國勢之强弱亦從可考云。漢以後各代同。

高后吕氏稱制，《綱目》凡例所謂"篡位干統而不及傳世"者也，故既虛天位於上，而紀年復不大書。又吕氏所名孝惠子淮陽王彊等，必置於漢宗室諸王之末；諸吕封王如吕王台等，必置於漢功臣侯者之末，所以抑僭僞、扶正統也。

凡侯王有關當代之事，詳著本代格内。至其卒，則於本格之内合其平生而書其大略，或載其遺事及名臣論斷，如此卷留侯張良等是也，不徒採《史》[三]、《漢》年表而已。漢以後各代同。

漢武帝元鼎二年，始通西域。至宣帝神爵三年，始置西域都護，其西域五十餘國，因事錯雜互見，而道里遠近、疆域大小猝難區別。今依《漢書》所載西域國名、疆界，仍繪圖於前，以備參考云。

孔子論時，獨取夏正。商、周迄秦，建丑、建子、建亥，各有歲首。漢初，仍沿秦歷。自商以來，凡歷一千六百五十餘載。至漢武帝太初元年，詔用夏正，始復以建寅爲歲首，故以太初冠是卷。

王莽以外戚篡漢一十四年，依例降格附載。淮陽王未成君，故亦虛其天位。至莽始建國之初，所封王舜爲安新公等，不見於侯王格内，所以賤其黨羽也。降封漢諸王三十二人皆爲公、王子侯百八十一人皆爲子，亦不立格叙列，不予莽之得廢黜也。至天鳳、地皇之間，兵革蜂起，盜賊并興，如緑林之類，不可勝數。惟於更始元年照《通鑑綱目》所載，公孫述、劉永等立國於附見之格云。

東漢郡國總紀并圖說十六葉。

光武未繼位以前，《通鑑綱目》俱書更始元年、二年。及光武即位，大書建武元年，遂無更始三年。但更始將亡，其事迹尚須載入本格。是年，光武封更始爲淮陽王，與侯國無別，今於王朝次格書之。

時羣雄割據，有不奉王朝之命者，則載於侯王格下，另書"附"字以别之，如公孫述等是也。其有雖奉朝命而身未歸朝者，其始亦附載於侯王格下，俟其受封之年，則入於侯王格内，如竇融等是也。其有割據之久，兵敗歸朝，已受封爵，旋復叛逆者，則於侯王格内旁注其姓名，如張步、盧芳等是也。

范氏《後漢書》無《諸侯王年表》，今據本紀、列傳所載，參考《通鑑綱目》，凡定封、嗣封、徙封及繼、絶、降、削皆詳列焉。

漢明帝遣使之天竺求佛法，《綱目》未大書其事。厥後虚無之教遍滿天下，甚至有三捨身於同泰寺、迎佛骨至京師者，釁端皆自此起。今於永平八年照《考異》特書之，庶與後魏孝明帝神龜元年，《綱目》大書遣使如西域求佛書同一示戒之義云。

靈帝在位，王室多故。劉焉挾奸樹議，改置牧伯，於是焉牧益州，州任始重。已而袁紹取冀州，劉表據荆州，各懷自擅之私；曹操據兖，遂謀篡竊。漢之殄滅，厲階於此，故自中平五年特表州牧。厥後唐表藩鎮仿此。

東海宗室諸王、東海王羨等，至曹丕稱帝俱降爲侯。今不於丕稱帝之年見之，而提叙於諸王嗣封之年，不予其降，亦不没其實也。

《晉郡國總記》

晉自泰始以後，匈奴劉淵，鮮卑慕容廆、禿髮樹機能等乘間并起。今照《通鑑綱目》附載之，兼采《十六國春秋》、《晉書·載記》、《北史》以叙其國族源流所自，用資考鑒云。

十六國割據之地無非晉地，而晉疆宇日蹙，因可見矣。

五凉、四燕、三秦、二趙，合蜀、夏爲十六國，并記於此。

永嘉之亂，劉淵實爲之。方其與李雄建國改元，《通鑑目録》即書曰"漢高祖劉淵"、"成太宗李雄"，凡十六國皆然。今例於其

僭號之後稱"漢主劉淵"、"成主李雄"，照《綱目》分注之。

張軌爲前涼始祖，故於本國敘事特詳。王浚、劉琨乃心晉室，而當時各據州郡，故其有事之年，亦爲敘入本格，與僭國無異，乃侯王中變例也。又，當時小國如鮮卑、宇文氏等，與諸僭國事相參照，并附見焉。

涼自張軌以來，翊戴晉室，《晉書》存之《列傳》，不入《載記》，故《年表》附於晉王侯格內。至是，張實不從中興正朔，而於其國中自用愍帝建興年號，故《綱目》等於僭國而分注之。今從其例，書涼張氏自建武元年始。

《綱目》凡例，凡諸國同時同號者，後起者稱"後"，至前國亡則後國去"後"字，而凡追尊前國處加"前"字。今依之。

代什翼犍三十九年，當晉孝武帝太元元年，爲苻秦所破，國以中絕。及秦命劉庫仁分統代部，道武帝珪依之，卒成魏業。今於代亡之後仍存代格，附書庫仁及其子劉顯之事，爲魏道武，即代王位張本。

晉恭帝元始二年庚申，即宋武帝永初元年。一年之中見兩國年號，今以庚申分作此卷之尾、下卷之首，兩國年號俱得不没其實云。宋、齊之際，齊、梁之際，梁、陳之際例同。

《宋州郡圖説》。

宋氏代晉，魏益強大，其未能統一區宇則一也。《綱目》以爲無統，故并分注之。南北朝之分始此。今虛天位於上，列宋、魏於下。至於晉末僭國存者，仍分載焉。

南北朝既非正統，照例稱王，崩年稱殂。

齊明帝之初，一歲三易主，三改元，曰主昭業隆昌，曰主昭文延興，曰明帝建武。《通鑑》止書明帝建武元年。今於歲首書建武，昭業、昭文附注之。

《梁輿圖説》。

自宋暨梁代已三易，俱都建康。北魏世相承襲。自孝武帝西入關，依宇文氏爲西魏；而高歡立清河王善，建洛陽爲東魏。魏分東西，因各爲立表。

《北齊輿圖說》。

《後周輿圖說》。

後梁主蕭詧雖係梁武帝之後，但附庸於魏，《北史》入《附庸》列傳，故叙次後梁於北齊之下而分注其年。

《陳輿圖說》。

《隋輿圖說》。

隋開皇九年平陳，天下一統，照例大書。陳以是年亡，仍存一格以紀一朝之終。元世祖至元十三年至十六年例同。

《唐十道圖說》。

《十五道採訪使圖說》，唐明皇因十道分置十五道。

《唐方鎮圖說》。

《唐地理總記》。

天寶末、安、史等相繼叛亂，唐室幾至傾覆，故特置一格附書之。

宦官專恣，惟唐爲甚。今附入王侯格末，姓名上加"宦者"二字，不大書爵號。

《唐書》，《叛臣》、《逆臣》分爲二傳。逆臣僭號改元，另爲一格附書之。叛臣未及僭號改元，列於藩鎮格之末。

唐自武宗削平叛亂，威令克張。至大中而藩方復熾，延及懿、僖之世，龐勳倡亂，而黃巢、秦中權等寇盜蜂起，另爲一格附書之。唐室將傾，流禍者非特宦官、藩鎮已也。

《遼世系表》：耶律氏，炎帝之裔，世雄朔陲。後君鮮卑山，號鮮卑氏。慕容燕破之，析其部曰宇文、曰庫莫奚、曰契丹。契丹之名昉見於此。太祖仍號契丹，太宗時改國號遼。自太祖至天祚帝，凡九主，歷二百一十九年。天祚帝爲金所執，太祖八代孫大石稱帝於起兒漫，是爲西遼，傳三主，凡七十七年。

五季之時，契丹稱帝。梁主瑱龍德三年，契丹主阿保機天贊二年。

五季以來，嗣君改元有不合於古者。梁主瑱、晉主重貴即位逾年，宜改不改，又明年然後改。漢隱帝及周世宗仍稱其先帝年號，終其世而不改。附識於此。

英、神以來，周、程諸儒倡明絕學，而當時未究其用，位不稱德。茲於其卒年即冠以追封之爵併其遺行，載入公侯格中。其弟子有學行著聞者亦及之，以示表章正學之意。

西遼於遼爲疏族，又僻處遐荒，另置一格於金格之下。

王侯封爵，先宗室，次異姓，例也。或同姓王侯甚多，而分入異姓者之前；或異姓王侯甚多，而分入同姓者之末。以有姓與無姓爲別，乃王侯叙次變例也。元王侯姓名强半出蒙古，聲稱同異，姓難於別，故此卷定爲二格，同姓居上，異姓居下，以便考覽。

元順帝至正二十八年八月元亡。是年正月，明太祖即帝位於應天。

《提要》曰："康熙五十一年，聖祖仁皇帝御定。初，康熙四十六年聖駕南巡，布衣龔士炯獻《歷代年表》，所載至隋而止。乃詔工部侍郎周清源重修，未竣事而清源歿。復詔內閣學士王之樞踵修，而以清源子嘉禎佐之，乃相續成篇。所載事蹟，上起帝堯元載甲辰，下迄元順帝至正二十八年戊申，首末凡三千七百二十五年。其表以年爲經，以國爲緯。唯以正統居第一格，爲全書之通例。其餘時殊世異，不可限以一法，則每代變例而各以例說繫表首，大抵準《史記》年表、月表，司馬光《資治通鑑目錄》，惟每條多附史評。又每代各冠以地理圖、世系圖，而總冠以《三元甲子紀年圖》，爲小變舊式耳。考《南史·王僧孺傳》稱'太史公年表旁行斜上，體仿周譜'，則史表實三代之舊法。然《史記》以下，率以一類自爲一表，未能貫通。《資治通鑑目録》亦粗舉大綱，未能詳備。近時萬斯同作《歷代史表》，頗稱賅洽，而其大旨，惟考核於封爵、世系之間，亦未能上下數千年，使條目分明、脈絡連屬也。是書網羅歷代，總括始終，記録無遺而義例至密，剪裁得體而書法至明，誠韓愈所稱'紀事必提其要'，歐陽修所稱'《春秋》之文簡而有法'者也。讀史者奉此一書，亦可以知所津逮矣。"

　　文光謹案：讀史者由此入門，可以知立表之例，并可提全史之綱。其變例之説，即繫於表首，義例更精。前史所立之表，一事一類未能詳備。其餘家[四]之作，皆未能始末兼賅。此真千古以來未有之書也。

《明史稿》三百十卷

國朝王鴻緒撰

《橫雲山人集》本。《明史》，目録四卷，本紀二十四卷，志七十五卷，表十三卷，列傳二百二十卷。《明史稿》，首奏疏，次目録二卷，本紀十九卷，志七十七卷，表九卷，列傳二百五卷，史例議二卷。志十五：曰《天文》、曰《五行》、曰《歷》、曰《地理》、曰《河渠》、曰《禮》、曰《樂》、曰《儀衛》、曰《輿服》、曰《選舉》、曰《職官》、曰《食貨》、曰《兵》、曰《刑法》、曰《藝文》。表三：《諸王世表》、《宰輔年表》、《七卿年表》。列傳：《后妃》、《諸王》、《公主》、《循吏》、《儒林》、《文苑》、《忠義》、《孝義》、《隱逸》、《列女》、《方伎》、《外戚》、《宦官》、《佞倖》、《奸臣》、《流賊》、《土司》、《外國》。《明史》有《功臣》、《外戚》二表，列傳有《閹黨》，餘同。列傳《公主》下、《循吏》上爲諸臣傳。此稿初本止有列傳，後乃修成本紀。

王氏曰：“馬遷之高潔，孟堅之典贍，蔚宗之華茂，陳壽之簡勁，李延壽之雅馴，歐陽《五代史》之爽朗，後之作者，迥不可及已。《晉書》擷徐、庾之芳華，躓班、馬之撰述，譬諸壯夫施以粉澤，氣骨何存？昔人致譏，良爲不謬。然諸史皆上所承，供其筆削，故聚精會神，各自成家。如《尚書》、《春秋》、《左傳》、《國語》，楚漢時之《世本》，七國時之《國策》，陸賈之《楚漢春秋》，此《史記》之所取裁也。《史記》止於漢武，其後劉向、王商、揚雄、史岑、馮衍、韋融、劉歆等共十五家，相繼撰録，迄於哀、平，猶名《史記》。班彪採集舊聞，作《後傳》六十五篇。此《前漢書》之所取裁也。漢室中興，班固、陳宗等作《表》、《傳》、《志》，崔寔、朱穆、曹壽撰《漢記》，馬日磾、蔡邕、楊彪、盧植續成《紀》、《傳》，邕獨撰《朝會》、《車服》二志。司馬彪總萃羣作，起自光武，終於孝獻，名曰《續漢書》。華嶠删定《東觀記》爲《後漢書》。此《後漢書》之所取裁也。韋誕、應璩、王沈、阮籍、傅玄等之《魏書》，韋曜、周昭、薛瑩、梁廣、華覈等之《吳書》，魚豢之《魏略》，陳壽集爲《三國志》。其後孫盛之《魏氏春秋》、王隱之《蜀記》、張勃之《吳録》等書，裴松之兼採其説，復補注焉。此《三國志》之所取裁也。陸機撰《晉三祖紀》，束皙撰《十志》，王隱撰《晉書》，干寶撰《晉紀》，何法盛撰《晉中興書》，臧榮緒合東西二史爲一書，此唐修《晉書》之所取裁也。沈約之《宋書》，裴子野之《宋略》，江淹、沈約之《齊史》，吳均之《齊春秋》，何之元、劉播之《梁典》，姚察之《陳書》，魏收之《後魏書》，王劭、李德林之《北齊志》，李百藥之《北齊書》，牛弘之《後周紀》，令狐德棻、岑文本之《後周書》，顏師古、孔穎達之《隋書》，至夏燕、後秦、北燕、西秦、北涼諸僭國斷自道武以下，編其行事，皆採往帙，此南、北史之所取裁也。歐公以斯道自任，仰師春秋，運以遷筆，《史》、《漢》以來所僅見也。明代惟鄭曉之《吾學編》、王世貞之《史料》、何喬新之《名山藏》備其體。三者之中，鄭、王爲勝。然或尚簡而事不能達，或仿古而制不能符，且時代止及於嘉、隆，事蹟未稽乎實録，考核既疏，舛謬不免。至神廟以後事，束諸高閣矣。"

本紀體貴簡嚴，無取繁冗，非大事不録。　事有不可以日者，以月系之；不可月者，以是歲繫之。　命官不書，封王則書；侯則不書，非常而有故則書。前史皆然。　攻戰非要地不書。　攻戰之法，紀不備書。　紀、志總載一代大政、大法，非紀重而志輕。　臨幸爵賞不備書。　外國朝貢不備書。　日食星變，本紀書例不同。兩漢、晉、魏載之於紀，而詳其占驗於志。唐載於紀，詳其占於志而不復考其驗。　《綱目》體例精嚴。紫陽之書非史家之書，踵其文，於勝國而筆削之，其用意寬；紫陽合前史所書之事而賞罰之，其用意嚴，體例亦有不同。　本紀是載一帝之事，而分見於志、傳之中者也。《綱目》摘紀、志、傳之事，而羣見於一帝之下者也。　《綱目》存統，史書尊王。　《新唐書·本紀》例甚精密，全法《春秋》列傳之例。功高行稱則特立一傳。人子務在顯親，每傳必載父祖名謚、官爵；人情重於繼體，傳末必歷譜其子孫之世。子孫有事蹟可附見者，亦用此例。奏疏、議論，助君上之得失，補國家之利害，非此不書。唐史或見於傳，或見於志。　辭賦無關勸獎。漢史載《子虚》、《上林》等賦，往哲已議其謬。　紀、表、志、傳，本屬一貫。紀編年以載其綱，傳列事以詳其目，禮樂制度臚沿革於志，用人賢否疏除罷於表。以上凡例。

閻氏曰："初修《明史》時，徐東海延萬季野至京主其事。萬老矣，兩目盡廢，而胸羅全史，信口衍說，貫串成章。錢亮工隨問隨答，筆不停綴，略無罅漏。史稿之成，雖經數十人手，而萬與錢實尸之。"錄於《潛邱劄記》。

潘氏曰："亡兄力田，博極羣書，長於考訂。訪有明一代之書，以實錄爲綱領，若志乘，若文集，若墓銘家傳，凡有關史事者，一切抄撮會萃，以類相從，稽其異同，核其虛實，積十餘年，成《國史考異》一書，甚爲通人所稱許。近代惟王弇州《二史考》、錢牧齋《實錄辨證》體製略同之。王氏略發其端而未及博考，錢氏止成洪武一朝而餘者缺如，茲編亦引二書，補所未及，且有駁二家所未當者，今惟存六卷。"此次耕之説，錄於舊稿。

徐氏曰："野史不可盡信，其最挾私害正者，無如尹直之《瑣綴錄》、王瓊之《雙溪雜志》、支大綸之《永昭陵編年史》，此皆小人之尤，其言豈足憑據？若夫伍袁萃《彈園雜志》、吳園之《徵吾錄》，心雖無他，語實悖道。有身居臺閣而著書甚謬者，王守溪之《震澤紀聞》、《震澤長語》，陸貞山之《庚巳編》是已。有名託國典甚顛倒者，陳東莞之《皇明通紀》、黃司寇之《昭代典則》是也。史材之最博，無如《獻徵錄》、《人物考》兩書，然皆取諸志狀、家傳、郡乘，率多溢美之詞。"又曰："明之文學，洪、永則人務篤實；宣、正之際未免少衰；成、弘克追先正；正、嘉而後流派判然，然爾時稱爲極盛；隆、萬以還，殊無足道。"此健菴之語，錄於《憺園集》。

《歷代史表》五十三卷　《續編》六卷

國朝萬斯同撰

留香閣本。同里後學孫傅徵、五世從孫學詩校刊。首提要，次康熙丙辰同里李鄴嗣序，次黃宗羲序，次朱彝尊序，次目錄。東漢四卷，三國七卷，晉十六卷，宋三卷，齊三卷，梁二卷，陳二卷，魏五卷，北齊二卷，周二卷，隋二卷，五代五卷。共五十三卷,《四庫》著録。續刻吳一卷,南唐一卷,南漢一卷,蜀一卷,後蜀一卷,北漢一卷。續刻六卷,皆五代偏安之國將相大臣年表。書末有"嘉定錢大昕讀訖"一行、阮相國後序。内題"重刻萬季野先生史表",非原本矣。

李氏序曰:"吾友萬履安,有子八人,皆好學,而少子季野尤穎異。弱冠時,慨《後漢書》無表,因補作《諸王功臣世表》、《外戚宦官侯表》及《將相大臣九卿年表》,凡四篇。以後遂遍作,凡六十篇。季野習於有明三百年文獻,又嘗作《開國以後至監國行朝功臣將相内外諸大臣年表》,以備史官採録。"

黃氏序曰:"《後漢》有志無表,《三國》表、志并無。以南朝言,《晉》、《宋》、《齊》、《梁》、《陳》皆無表,《梁》、《陳》并無志也;以北朝言,《魏》、《齊》、《周》、《隋》皆無表,《齊》、《周》并無志也。《唐》之志、表極詳。《五代》既無表,而《司天》、《職方》二考,則律歷、五行、地理三志之略,其他不能及。《宋》、《遼》、《金》、《元》志、表俱備,據所可考者作表,不計詳略,故三通皆足補史志之缺文,而補表者無其人也。宋謝翱嘗採'獨行'作《秦漢之季月表》,今亦亡矣。即以志而論,亦多錯誤。如《漢律歷志》,'統母'誤爲'統法','見日法'誤爲'月法','見月日法'誤爲'日法'。至於除法,尤爲錯亂,余推冷州鳩七律方爲之改正。《後漢·律歷志》所列元、紀、蔀、章之法,以《乾鑿度》較之,大槩不合。同出於四分,而《鑿度》可推,《歷志》不可推,其爲誤也多矣。"許子洽有《明館閣九卿年表》,初成時,黃太冲見於陳眉公坐上。

朱氏序曰:"鄞人萬季野,取正史之未著表者,一一補之,凡六十篇,益以《明史表》一十三篇,其用心也勤矣。論史者每以《漢書·古今人表》爲非,然韓祐續之,猶見收於《唐志》,矧季野所編皆正史所必不可闕者?"

　　文光案：諸序皆云六十篇，蓋舉大數言之。此本實五十九篇，《明史表》未見。

　　阮氏序曰：“寧波教授丁君小山、鄞縣孫對澗重刻鄉先輩萬季野《歷代史表》，請元爲序。史表之作有二端，本紀、列傳所不能詳，列之爲表，一也；讀史者析其繁雜，以表齊之，二也。其一補紀、傳之缺，其一合紀、傳之分，其體相類，其旨則殊矣。《史》、《漢》於十八功臣，如奚涓、王吸、丁復、蟲逢〔五〕，皆不立傳，丞相中若陶青、劉舍之等亦無傳，此表所以作也。《後漢》、《三國》、《晉》、《北魏》、《隋》，其列傳已詳備無遺闕，故不立表，非不知立表也。萬氏補歷史之表，則所謂‘析其繁雜，以表齊之’者也。用力甚勤，有裨於後學者甚鉅。元每讀史書，必置諸座右，甚樂其便。今綜而論之，俾學者知作史之法與讀史之法，其指歸各有在也。”

　　汪氏廷珍曰：“先生之書見於全氏所作傳中者甚夥，其在史局，爲王尚書作《明史稿》，又爲徐尚書作《五禮通考》，俱傳於世。其《史表》、《廟制圖考》、《儒林宗派》、《聲韻源流考》、《石經考》、《崑崙河源考》六書已著錄於《四庫書目》，餘多未顯。”

　　謝氏啓昆曰：“萬氏《史表》中，《西魏將相文臣年表》鈎稽史傳，最爲有功，第以《周書》、《北史》中列傳核之，不免尚有闕漏。”

　　沈氏炳震曰：“《廿一史四譜》改表爲譜，便於省覽。板刻亦佳，傳本近少。”

　　李氏曰：“范《書》意在列傳、諸論贊，雖八志，尚謂不盡。前此撰東漢二十二家，惟邊韶、崔寔嘗有《百官表》，蔚宗亦改爲《百官志》，而表遂闕焉。陳壽而下，志猶未備。至《唐書》始復作表，大臣世系哀然數卷，國史詳於家乘，亦何謂也？後五代書復無表。”

　　朱氏曰：“班固而後，表多闕焉不作。伏無忌、黃景之《諸王王子功臣恩澤表》，邊韶、崔寔、延篤之《百官表》作而不傳。袁希之之《漢表》、熊方之《後漢表》、李燾之《歷代宰相年表》，補前人之缺而未備。”又曰：“表，或年經而國緯，或國緯而年經，或主地，或主時，或主世系，事微不著者，録而見之。”

盧氏曰：“表者，標也，標明其義類，使綱舉目張。馬、班爲是，兼補紀、傳所未及。”

《歷代史表》五十九卷

國朝萬斯同撰

廣雅堂本。光緒十五年刊，番禺范公詒初校，沈保和覆校。嘉慶七年吳錫麒後序，餘序與前本同。

吳氏序曰：“《歷代史表》六十篇，《明史表》一十三篇，竹垞翁序之詳矣。後寧波教授丁君小山、鄞縣孫君對澗復刊行之，芸臺中丞爲之序。舒君石溪爲元和宰，從對澗處購得是板，將廣爲流布，特屬予一言爲序。”

錢氏大昭曰：“近人鄞縣萬斯同補《歷代史表》，於後漢有《雲臺功臣表》，但取二十八將，附以馬援一人，疏漏淺率甚矣。外戚、宦者二表，從可概見。”又曰：“萬氏分將相與九卿爲二表，已非史例，而將相大臣中又濫取不常置之强弩、虎牙、建威、建義等雜號將軍，視熊表更自鄶無譏矣。”

文光案：《史表》疏漏之處，《四庫提要》已言之，錢氏所舉尚有未盡，然小疵不足累全書也。充宗每讀一經，輒盡集古今諸説，擇其言尤精者，率蚊脚細書，歲積至十餘卷，故萬氏經學鳴於一時。古人讀書有法，與俗師所講授者不同，故讀書貴能自得師也。余嘗依此法爲之，得益不淺。

《廣雅叢書·史部》：“《史記志疑》三十六卷，與原本同。《史記功比説》一卷，儀徵張錫瑜撰，無序，侯第表附。《史記天官書補目》一卷，陽湖孫星衍撰，沈梣悫跋，取靈臺祕苑星名，補《史記》之闕。《史漢駢枝》一卷，寶應成儒撰，無序，考地理。《楚漢諸侯疆域志》三卷。儀徵劉文淇撰，光緒二年汪士鐸序。旁求互參，博考詳證，而所解益明，確而不誣。《人表考》九卷。與集本同。《漢書辨疑》二十二卷。嘉定錢大昭撰，王鳴盛序。所採有明福建本，官制、地理尤詳。《後漢書辨疑》十一卷。同。《續漢書辨疑》九卷。同。乾隆己亥族子塘跋。劉氏《刊誤》不傳，北監本採入注中。劉氏失之淺，吳氏失之支。是書徵引既博，又深於六書，熟於金石，故考核尤精，功過於三劉、吳氏矣。《後漢書注》，又《補》一卷。嘉興沈銘彝撰，道光十三年自序。補注已刊，追憶庭訓，益以前輩緒言爲又補。《補續漢書藝文志》一卷。錢大昭撰，沈梣悫跋。《三國志辨疑》三卷，錢大昭自序，大所序。《三國志考證》八卷，吳江潘眉撰，嘉慶十五年自序，附《日月考序》。《晉書校勘記》五卷，通州周雲撰，陶浚宣記。《宋州郡志校勘記》一卷，成儒撰，無序。《諸史考異》十八卷，臨海洪頤煊撰，道光十六年自跋。《史記》、兩《漢》三史已載入《讀書叢錄》，取《三國志》迄《南》、《北史》，成《諸史考異》，程霖跋。史之異始於左、公、穀，其後野史與正史異，正史與正史又異。《通鑑紀事本末》二百三十九卷，宋袁樞編，明張溥論正。序曰："龔公茂良得其書奏上，孝宗嘉歎，頒賜東宮及江上諸帥曰：'治道盡是矣！'他日，詔爲大宗正簿。予生也晚，不敢妄作，竊依本書私用輔益，標事綱於上方，便觀覽也；附末論於事訖，辨臧否也。延祐六年陳良弼序，寶祐丁巳趙氏序，淳熙元年楊萬里序。《宋史紀事本末》一百九卷，明馬琦原編，陳邦瞻增訂，張溥論定。張序外無別序。《元史紀事本末》二十七卷，明陳邦瞻編輯，張溥論正。以上翻刻張本，去其上方標題并圈點，清朗悅目。《明史紀事本末》八十卷，國朝谷應泰編輯，順治戊戌自序，傅以漸序。每篇各列論斷如張書。《先聖生卒年月考》二卷，七十世孫廣牧敬述，劉恭冕序，上衍聖公啓，光緒四年劉貴曾跋。并《史表》共二十二種。初印本字大悅目，紙亦堅實，最便觀覽。近人研究經史，極盡精力，書有成於數十年者，更密更確，其考證之學不但超於元明，而且優於宋代。此語應爲公論，非私見也。

《元史類編》四十二卷

國朝邵遠平撰

掃葉山房本。是書亦名《續弘簡錄》。席氏與《東都事略》、《契丹國志》、《大金國志》合刻爲四史本。

席氏序曰："删《元史》之繁蕪，增補尤爲完備，其體例有厥祖所未及者。此與《弘簡》并行，今重梓之。"

《遺書録》："遠平取《元史》删繁訂誤，并採諸家所著補其缺略，以續祖書。朱彝尊爲之序。"

《尚史》七十二卷

國朝李鍇撰

悦道樓本。乾隆十年刊。前有南昌彭元端序、李鍇自序、凡例、總目。凡《世系圖》一卷，《本紀》五卷，《世家》十三卷，《列傳》三十四卷，《繫》四卷，《年表》四卷，《志》十卷，《序傳》一卷。自序云"成書七十卷"，蓋不計首末二卷也。謹案：《四庫》著《尚史》一百七卷，兵部侍郎紀昀家藏本。提要曰："《世系圖》一卷，《本紀》六卷，《世家》十五卷，《列傳》五十八卷，《繫》六卷，《表》六卷，《志》十四卷，《序傳》一卷。"與此本卷數不同，不知何故。又有所疑者：按自序，《説客傳》三十八以下即爲《表》第一，所題"繫四卷"者不知謂何。其軒轅五帝，夏、商、周諸臣傳五卷，則附於本紀之後，列傳自魯諸臣第六起，總局眉目不清。其《序傳》仿史公自序，《史記》豈如是哉？《周臣列傳》既繫於本紀之後，而《魯世家》反居列傳第五之後；《史記》爲孔子作世家，而《孔子列傳》反居《秦臣列傳》之後。此其大體有可議者，余故表而出之。其升降之故，不可得而知也。末有《李眉山傳》。陳景元撰。

《提要》曰："是編以馬驌《繹史》爲稿本，而離析其文，爲之剪裁連絡，改爲紀傳之體，仍於每段之下各注所出書名。其遺文瑣事不入正文者，則以類附注於句下。蓋體例準諸《史記》，而排纂之法則仿《路史》而小變之。自序謂'始事於雍正庚戌，卒業於乾隆乙丑，閱十六載而後就'，其用力可謂勤矣。"

彭氏序曰："司馬紀五帝，小司馬補三皇，皆大概也。《皇王大紀》、《綱目前編》紀世而已。《古史》意在正龍門而非其自作。《路史》博矣，或不馴且不純乎史。近代《繹史》，則紀事之體。今是書也，紀、表、志、傳一從史例，釐然秩然，以其意爲論贊，悉軌於正。其文可誦，其義可法。其大者於古帝王所以治國平天下之道，若天文律呂之奧，疆理井田之大，兵刑之繁，氏族之細，咸具諸志，此則《尚史》之所獨也。"

文光案：《尚史》例云："尼父至聖，生繫天下，没繫萬世，故立爲繫。"竊謂"繫"字創見，實爲未允，而《繫》四卷，實則《孔子列傳》一卷，《孔子弟子列傳》二卷，《諸子列傳》一卷，依次爲《說客列傳》二卷，故《提要》總計爲《繫》六卷。其自序使人迷茫，檢尋殊覺費事。及檢得之，又毫無倫次。夫順叙方近自然，序而不順，安用序爲？其鎔鑄事迹，如詩之集句，璧合珠聯，誠非易事，而其可指摘者正非一端。大抵私家撰史，有史才而無史學，其牴牾多類此。又案：《周官》小史"奠繫世、辨昭穆"，鄭注："繫世，謂帝繫。"李氏所謂"繫"，或取諸此。然其意實爲關繫之"繫"，非《禮記·大傳》"繫之以姓"之"繫"也。鄭注："繫之弗別，謂若今宗室屬籍。"然則一人不可謂"繫"，更不可與諸子同"繫"，明矣；且必"繫"之以姓可以弗別，非其姓則有別矣。此亦一字之所當爭者。《尚史》中有《氏族志》，欲明上古之氏族而不考究此等字義與小史之所掌，其所以爲志，概可知矣。余故謂其無史學也。

《譙周古史考》一卷

國朝章宗源輯

《平津館》本。宗源字達之，輯佚書十餘種。畢秋帆、孫淵如購之未得，遺書悉歸於葉繼雯。此其手稿之一種。案：《古史考》，《唐志》列於雜史，今依《路史》、《尚史》，列於別史類。近人所輯佚書，大半採之《御覽》及古注，多非原文。

楊氏曰："《古史考》以炎帝與神農各爲一人。《路史》以軒轅與黄帝非是一帝，史皇與倉頡乃一君一臣；共工氏或以爲帝，或以爲伯而不王；祝融氏或以爲臣，或以爲火德之主。楊朱云：'三皇之事，若存若亡；五帝之事，若覺若夢；三王之事，或隱或顯：億不識一。當身之事，或見或聞，萬不識一。目前之事，或存或廢，千不識一。'至哉！言乎。予觀今日刻《國朝登科録》，洪武庚戌至甲子，不知取士之科幾開，張顯、花倫、金璹不知爲何科大魁，况考論洪荒之世乎？"録於《升菴集》。

《世本》十卷

國朝秦嘉謨輯補

琳琅仙館本。嘉慶四年刊。前有自序、諸書論述、《世本》篇目輯補。凡十目：曰《帝系篇》、曰《紀》、曰《王侯譜》、曰《世家》、曰《大夫譜》、曰《傳》、曰《氏姓》、曰《居篇》、曰《作篇》、曰《謚法》，各爲一卷。"漢泰山守應劭注"、"漢荆川五業從事宋忠注"、"魏博士宋均注"，此三行在目録後。

秦氏自序曰："能述《世本》者，於漢，莫如司馬遷；於吳、晉，莫如韋昭、杜預。韋、杜注《國語》、《左傳》，其世系并據《世本》，見本書序。今《世本》亡而三家之書猶存，有者集之，無者據三書補之。又復得孫觀察星衍所藏淡生堂抄輯《世本》二卷、洪大令飴孫所編《世本》四卷，詳加增校，閱四寒暑而成。"

漢志："《世本》十五篇，古史官記黃帝以來迄春秋時諸侯大夫。"原按："《崇文總目》不著《世本》，蓋在五季時已亡佚矣。"

劉向曰："《世本》，古史官明於古事者之所記也。録黃帝以來系、謚、名號。"原按："此小司馬《索隱》引《別録》之文。十五篇舊目已不可得，今可得者十篇。《史記》採《世本》，其篇目如《本紀》、如《世家》、如《列傳》，皆因《世本》。"

《左傳》孔疏曰："杜據《世本》、《史記》作《氏族譜》。"原按："唐人避太宗諱，引則《系本》。小司馬言：'《世本·燕世家》最先散佚，故宋忠補之。'"

劉恕曰："《世本》經秦歷漢，儒者改易。"

鄧樵曰："凡言姓氏者，皆本《世本》、《公子譜》二書。二書皆本《左傳》。"

《顏氏家訓》曰："《世本》，左丘明作。"

《左傳》孔疏曰："《周禮》小史之官，掌定帝繫、世本。"

右別史類

別史者，猶大宗之有別子。編年、紀事二體，皆與正史并列。其上不及正史，下不及雜史者，陳氏《書録》立"別史"一門，後遂依之。今所録者，凡二十五家，雖歧出旁分，體製不一，皆足以羽翼正史，互相證明。讀史者，貴集多本也。《隋志》有"古史"一門，今删併之。實録雖編年之體，自與通史有異，今列於別史，不從陳例。《明史》列於正史，則《史稿》當爲別史；《國語》雖爲古史，而所紀爲各國之事：今分出之，不使相混。

校勘記

〔一〕"編"，據《歷代紀事年表》當作"紀"。

〔二〕"稱"，據同上書補。

〔三〕"史"，據同上書補。

〔四〕"家"前似有脱字。

〔五〕"逢"，原作"遼"，據《史記》改。

史部五
雜史類一

《國語》二十一卷　《札記》一卷　《考異》四卷

吴韋昭注

《士禮居》本。此黄蕘圃重刊天聖明道本，字畫行款，悉如其舊，豕亥爛脱，别爲札記正之，而不易本文。語用鄭康成注《樂記》、《中庸》之例，而此書之真面目斯見，意至善也。其本出於虞山錢氏，蓋照宋刻影抄者。牧齋矜慎古本，同好罕得借傳。遵王亦甚貴其書，詳見《敏求記》。何義門以重價得之，其後歸於黄氏。顧千里細意校出，始知外間明道本皆失其真。蕘圃遂以原抄付梓，而以惠氏棟、段氏玉裁所校并己案語附於後，是爲《札記》。錢塘汪遠孫又以今刻明道本摘出大字，而以明刻宋庠補音本輔行小字於下，它書所引之異文及諸家所辨之異字，皆慎擇而採取，是爲《考異》。至是書無遺憾矣。是本前有嘉慶五年錢大昕、段玉裁二序，次韋昭序，次目。周、魯、齊、晋、鄭、楚、吴、越凡八國，每國下注卷數。次題"《國語》卷第一"，次"《周語》上"，間九字爲韋氏解。二十一卷末第一行"天聖七年七月二十日開印"，第二行"江陰軍鄉貢進士葛惟肖再刊正"，第三行"鎮東軍權節度掌書記魏庭堅再詳"，此三行降四格書。第四行"《國語》卷第二十一”，第五行“明道二年四月初五日得真本，凡刊正增減”。以下缺，此二行頂格書。案：天聖爲宋仁宗年號，明道乃仁宗改元。末所署是明道二年，以天聖印本重刊也。《札記》有嘉慶四年黄丕烈自序，《考異》有汪遠孫自序。《國語》以明道本爲最古，明道本以黄刻爲最善。觀於前後諸序，讀者當知所鑒別矣。

錢氏序曰：“宋世館閣校刊經史，卷末多載增損若干字，改正若干字。其所增改未必皆當，而古字古音遂失其傳。蕘圃所刻可以矯近世輕改古書之弊，其功又不在一書已也。”

段氏序曰：“東原師有北宋《禮記注疏》及明道二年《國語》，皆假諸蘇州滋蘭堂朱文游所照校者，予復各照校一部。北宋《禮記注疏》當年惠松厓用吴企晉舍人所藏刻本照校流傳，今刻本聞在曲阜孔氏，安得如《國語》之不失其真也？古書之壞於不校者固多，壞於校者尤多；壞於不校者，以校治之，壞於校者，久且不可治。因舉刊是書之意揭於篇首。”

韋昭序曰：“左丘明〔一〕採録前世穆王以來，下訖魯悼、智伯之誅，邦國成敗、嘉言善語、陰陽律吕、天時人事、逆順之數以爲《國語》。其文不主於經，故號曰“外傳”。所以包羅天地，探測禍福，發起幽微，章表善惡者，昭然甚明，實與經藝并陳，非特諸子之倫也。遭秦之亂，幽而復光，賈生、史遷頗綜述焉。及劉光禄於漢成世始更考校，是是疑謬。至於章帝，鄭大司農爲之訓注，解疑釋滯，昭晰可觀，至於細碎有所闕略。侍中賈君敷而衍之，其所發明大義昭舉，然於文間時有遺忘。建安、黄武之間，故侍御會稽虞君、尚書僕射丹陽唐君，皆英才碩儒洽聞之士也，採摭所見，固賈爲主而損益之。觀其辭義，信多善者，然所理釋猶有異同。今諸家并行，是非相貿。切不自料，復爲之解。因賈君之精實，採虞、唐之信善，亦以所覺增潤補綴，參之以五經，檢之以内傳，以《世本》考其流，以《爾雅》齊其訓，去非要，存事實，凡所發正三百七事。又諸家紛錯，載述爲煩，是以時有所見，庶幾頗近事情，裁有補益，猶恐人之多言，未詳其故，欲世覽者必察之也。"

　　文光案：鄭衆、賈逵、虞翻、唐固四家之注俱佚，惟韋注獨存。唐固見《吳志・闞澤傳》後，著《國語》、《公羊》、《穀梁傳》注，講授嘗數十人。何義門得南監宋槧舊本《補音》，有"吳尚書僕射唐固字子正，注《春秋外傳》、《國語》二十一卷"一行，列敘於虞、韋之間。麻沙新本無此行。

　　錢曾曰："吾家所藏《國語》有二：一從明道二年刊本影鈔，一是宋公序《補音》。南宋槧本間以二本參閱明道本。《周語》云：'昔我先王世后稷。'注曰：'后，君也。稷，官也。則是昔我先王世君此稷之官也。'考之《史記・周本紀》亦然。而公序本直云'昔我先世后稷'，讀者習焉不察，幾訛爲周家之后稷矣。襄王二十四年，秦師將襲鄭。過周國門，左右皆免胄而下拜。注曰：'言免胄，則不解甲而拜，蓋介胄之士不拜。''秦師反是，所謂無禮'則脫也。公序本又失去'拜'字，與注文大相違背。微明道本于何正之？今世所行《國語》皆從公序本翻雕，知二字之亡來久矣。"錄於《敏求記》。

　　文光案：宋庠《補音》所據者凡十五本，惟未見明道本，故此本足證《補音》之誤。

　　錢氏曰："予於敏求所記之外復得四事：《周語・瞽獻曲》注'曲，樂曲也'，今本'曲'皆作'典'；'高位實疾顛'，今本'顛'作'債'；《鄭語》'依疇歷華'，今本'華'作'莘'；《吳語》'王孫雒'，今本'雒'作'雄'，此皆灼然信其當從古者。今世盛行宋公序《補音》，而於此數事并同今本，則公序所刊正未免失之觕疏。至如'荆嬀'之爲'剢嬀'，《補音》初無剢字，是公序本未誤。然不得此本，校書家未敢決'剢'之必爲'荆'。予嘗論古本可寶，古本而善乃真寶，於此本見之矣。"

　　文光案：遵王所舉《補音》二事爲南宋本，竹汀所舉四事未知宋本何如。《國語補音》三卷，有南宋官刊本，明宏治刊本亦三卷，本自別行。後來通行之本，或合作一卷刻於《國語》之後，或又分散於各句之下；或因繁蕪而删之，或因疏漏而補之。明人刻書任意變亂，而古書之面目遂不可識。余所藏《國語》有吳勉學校本，前有宋庠《補音敍録》，止刻正文而無音注。又見明覆宋本，前有弘治十五年李士實序。每葉二十行，每行二十字，小字雙行。板心有字數及刻工姓名，"讓"字缺筆，蓋覆南宋刊本，而字體粗惡不足藏也。幼時所讀者爲明郭子章、周光鎬校本，亦不足據。今得黃氏校刊本，而是書斯無憾矣。

　　何氏曰："此書與今世所行南宋本增損多不同，其可從是正者居十之六七，亦間有當據別本者。昔宋公序取公私十五六本互校，乃作《補音》。此本出於天聖，正與公序同時，不知其云得真本者即公序所見與否，亦特其一耳。若盡執此廢彼，則又失之，要在求是而已。"録於《義門集》。

　　文光案：黃氏《劄記》頗涉《補音》，并重刊公序本，亦綜其得失之凡，而知之最深，非執此而廢彼也。

《國語》二十一卷

吳韋昭注　宋宋庠補音

明本。郭子章、周光鎬校刊。此本訛字最多。明人刻書最好改亂次第，而公序原書遂不可知。前有韋昭序，宋庠《補音敍録》，校補凡例七條。公序因唐人舊音簡略，不足名書，因廣爲三卷，各自爲書。今本散於各句之下，其音以陸氏《釋文》爲主，唯陸音不載者，則以《說文》、《集韻》等書附益之。其《敍録》

一篇，先敘注釋家，次列鄭眾、賈逵、王肅、虞翻、唐固、韋昭、孔晁凡七人，各具時代、官字并所著，是爲傳學姓氏。次案語，先考卷數，後敘撰音。次《周語》至《越語》目錄。次敘題卷并所據之本，其十五六本皆不知爲何本，唯以天聖初假諸宗人同年生鍼者爲最有條理，題號畫一。宋序凡五節，最爲分明，唯原本難見。明人翻刻之書不知傳自何人、所據何本，於宋音多所增删，韋序結尾數句亦與黄本不同。又《補音》有辨證舊音者，亦概從删削，其本不足貴也。又有吳勉學校本，有正文無音注。凡《國語》多於《戰國策》合刻，余所藏本皆然。

　　《黄氏日抄》："《國語》起穆王伐犬戎，訖越句踐滅吳，分國以紀謀議，凡陰陽、律吕、天時、人事、逆順類焉。其文宏衍精潔，韋昭注文亦簡切稱之。昭謂左丘明作，迹其事事必要禍福爲驗，固與《左傳》類。然考其歲月，《春秋傳》以諡載趙襄子，已非出於孔子所稱之丘明；今《國語》避漢諱謂魯庄嚴公，又果左丘明之作否耶？惟事必稽典刑，言必主恭敬，周衰之崇虚邪説一語無之，是足昭萬世也。又召穆公謂當道之使言而不可防，芮良夫謂利當布之上下而不可專，此萬世不刊之明訓，足以進之六經，正不俟屬流裔而後知其言之足信也。萇弘之見殺，特坐右劉文公以預晉范氏亂耳。若曰天之所壞不可支而罪其城，成國則凡國家中微皆當棄之而不爲，而爲之輒爲逆天乎？且天亦何嘗不欲支人之國耶？又管仲爲游士，八十人奉以車馬使説諸侯，異日卒以揰闔亂天下者，此殆其作俑與？又夫差豈足以謀國，而子胥依之不去，復強諫取禍。意者進專諸以弑君僚，進要離以戮慶忌，進孫武教兵禍楚，以鞭親嘗北面平王之尸，胥之禍結在吳有不容逭者與？"

　　戴氏曰："《國語》有二十一篇，用周公本及《補音》點校，自有此書來最善本也。當宋公時，韋氏注已始行，蓋古注如賈、唐諸君之善者，韋氏悉擇而收之矣。宋公又博洽大儒，所定本信無憾。余讀之久，時見韋氏千百中有十一過當，而注家緣名析義，於文人瀾趨阜拆之勢導之，多不得暢，故此書所爲與內傳相出入者，亦或病之以爲難讀。竊不自勝悾悾之愚，遇有所疑，標示卷顏，其可通者悉斷爲句。豈獨私諸家塾，共學之士參其如彼，決其如此，亦將有以教我者焉。此書不專載事，遂稱《國語》。先儒奇太史公變編年爲雜體，有作古之材，以余觀之，殆仿於《國語》而爲之也。"錄於《剡源集》，其本未見。

《戰國策注》三十三卷

漢高誘注

《雅雨堂》本。此宋姚宏校正補注之本，篇篇俱題"高誘注"，實非高氏原本。前有乾隆丙子盧見曾刊書序，曾子固重校序錄。次原目，東周一，西周二，與鮑本分章之目不同。右定著三十三篇。劉向校《國策》，先定其目，後爲之序，故目在此行之前，序接此行之後。鮑改次第，因删此行。不見此本，實不知原書何如三十三篇，除複重所得之數也。次劉氏序。敘曰："以上言校書定目，以下言策書。"開卷爲東周一，鮑本西周一，與此本不同。第十七卷尾有姚記，降一格，大書，冠"續"字。第二十一卷尾有"集賢院"，第二十一卷全不同，疑差互十四字。此行在夾注中。第三十卷尾有"劉原父所傳本，至三十卷而止"一行。第三十三卷後有李文叔後序，王覺題語，俱見吳本。孫元忠書閣本後又記劉原父語，此二則吳本無。姚宏序，吳本同。牧翁識語一則，陸貽典跋三則。此四則爲盧本所獨有。明有吳勉學校本、張一鯤序本，皆十卷，蓋依吳氏校注本而刊者。二本皆與《國語》合刻，而勉學則悉去其注，一鯤則删削鮑注，皆不足據。今坊肆所行者皆鮑彪注本，鮑本十卷改移次第，爲竄亂古書之始。與盧氏所刻不同。盧本與黃氏重刊剡川本亦不同，音詳著之。盧本注中有夾注，可以爲式。

盧氏序曰："漢末，涿郡高氏誘少受學于同縣盧侍中子幹，嘗

定《孟子章句》，作《孝經》、《呂氏春秋》、《淮南》諸解，訓詁
悉用師法，尤精音讀。其解《呂氏春秋》、《淮南》二書，有急氣
緩氣、閉口籠口之法，蓋反切之學實始於高氏，而孫叔然炎在其
後。今刻二書者盡刪其説，爲可惜也。高氏又嘗注《戰國策》三
十三篇，世無其書。前明天啓中，虞山錢宗伯以二十千購之梁溪
安氏，乃南宋剡川姚伯聲校正本。後又得梁溪高氏本互相契勘，
遂稱完善。曩余讀吳文正公《東西周辨》，謂《戰國策》編題首東
周，次西周，而今鮑彪本誤以西周爲正統，升之卷首，始知古本
《戰國策》爲鮑氏所亂久矣。及余再菹淮南，屬友人于吳中借高注
考之，歎文正之辨爲不可易。高注古雅遠勝鮑氏，其中編次亦與
鮑氏迥異。兩漢傳注存者自毛氏、何氏而外，首推鄭氏，繼鄭氏
而博學多識者唯高氏，蓋其學有師承，非趙臺卿、王叔師之比也。
惜《孟子章句》、《孝經解》不傳，而此書於絳雲一炬之後幸而得
存，爲刊板行世。好古之士審擇於高、鮑二家，孰得孰失，必有
能辨之者。”

臣自元祐元年十二月入館，即取曾鞏三次所校定本及蘇頌、
錢藻等不足本，又借劉敞手校書肆印賣本參考，比鞏所校補去是
正凡三百五十四字。八年，再用諸本及集賢院新本校，又得一百
九十六字，共五百五十籤，遂爲定本，可以修寫黄本入祕閣。集
賢本最脱誤，然亦間得一兩字。癸酉歲臣朴校定。

　　　右十一月十六日書閣本後。孫元忠。此書舛誤特多，率
一歲再三讀，略以意屬之而已。

比劉原父云：“吾老當得定本正之否耶？”孫元忠記劉原父語。

《戰國策》經鮑彪淆亂，非復高誘原本。而剡川姚宏校正本博
采《春秋後語》諸書，吳正傳駁正鮑注，最後得此本，歎其絕佳，
且謂於時蓄之者鮮矣。此本乃伯聲校本，又經前輩勘對疑誤，採
正傳補注標舉行間。天啓中以二十千購之梁溪安氏，不啻獲一珍

珠船也。無何，又得善本於梁溪高氏者，楮墨精好，此本遂次而居乙。每一摩沙，不免以積薪自哂。要之此兩本實爲雙璧，闕一固不可也。崇禎庚午七月曝書於榮本樓。牧翁謹識。

《戰國策》世傳鮑彪注者，求吳師道駁正本已屬稀有，況古本哉！錢遵王假余此本，系姚宏較刻高誘注，蓋得之於牧翁宗伯者。不特開卷便有東、西周之異，全本篇次前後、章句繁簡亦與今本迥不相侔，真奇書也。因命友印録此册。原本經前輩勘對疑誤，採正傳補注標舉行間，宜并存之，一時未遑也。牧翁云天啓中得此本於梁溪安氏，無何又得善本于梁溪高氏，今此本具在，已出尋常百倍，不知高氏本又復何如耳。戊戌孟春六日録校并識。虞山陸貽典。案：盧本訛誤之由。由於陸氏抄本，讀此條可知姚氏原本面目已非。

庚寅冬，牧翁絳雲樓災，其所藏書俱盡於咸陽之炬，不謂高氏本尚在人間。林宗葉君印録一本假余，較此頗多是正，而摹寫訛字猝未深辨，并一一校入，尚擬借原本更一訂定也。戊戌季冬六日校畢記。案：影鈔本有訛字，覆墨本亦然。

己亥春，從錢氏借高氏原本校前十九卷，孟冬暇日過毛氏目耕樓，借印録高氏本校畢，此書始爲全璧云。

錢氏榮木樓藏本。姚宏校，行間有勘對補注。錢跋止云前輩，不知何人。此本得自安氏。

陸氏鈔本。依榮木樓本録校，去行間勘對補正之字，命友印録一。案：陸敕先所鈔并命友印録者爲兩本，榮木樓安氏本至此有三本。盧雅雨所刻即陸氏手抄本，非榮木樓所藏之原本，否則何以有陸跋？

陸氏校本。榮木樓高氏本，葉林宗印録，陸貽典又從錢氏借高氏原本校前十九卷，又借毛氏目耕樓印録高氏本校畢。按：榮木樓高氏本至此凡三本，一原本，一葉本，一毛本。葉本三校未知何如。

《戰國策》三十三卷　附《札記》三卷

漢高誘注

《士禮居》影宋本。嘉慶八年黃丕烈重刊剡川姚氏本，有自序。盧本之誤具見《札記》。黃刻爲姚氏之原本，盧刻爲陸鈔之姚本，吳師道所據亦姚本，雖仍名誘注，而姚宏補注居三之二。二卷至四卷、六卷至十卷爲高注，餘皆姚注。

黃氏序曰："曩者顧千里爲予言，曾見宋槧剡川姚氏本《戰國策》，予心識之。厥後遂得諸讀涤[二]飲所，楮墨精好，蓋所謂梁溪高氏本也。千里爲予校盧氏《雅雨堂》刻本一過，取而細讀[三]，始知盧本雖據陸救先抄校姚氏本所刻，而實失其真，往往反從鮑彪。所改及加字并抹除者，未知盧、陸誰爲之也。夫鮑之率意竄改，其謬妄固不待言，乃更援而入諸姚氏本之中，爲厚誣古人矣。金華吳正傳氏重校此書，其自序有曰'事莫大於存古，學莫大於闕疑'，知言也哉！後之君子未能用此爲藥石，可一嘅已。今年命工纖悉撫宋槧而重刊焉，并用家藏至正乙巳吳氏本互勘。爲之《札記》，凡三卷，詳列異同，推原盧本致誤之由，訂其失，兼存吳氏重校語之涉於字句者，亦下己意以益姚氏之未備。大旨專主師法乎闕疑存古，不欲苟取文從字順，願貽諸好學深思之士。吳氏校每云一本，謂其所見浙建括蒼本也，今皆不可復得，故悉載之。宋槧更有所謂梁溪安氏本，今未見。見其影鈔者，在千里之從兄抱沖家。其云經前輩勘對疑誤，采正傳補注標舉行間，惜乎不并存也。非一刻小小有異，然皆較高氏本爲遜，故不復論。"

文光案：晁公武《讀書志》，袁本於衢本兩序大略相同。吳校本刻姚宏、姚寬兩序亦大略相同，似姚氏兄弟皆嘗用意此書。黃氏謂姚宏撰，姚寬書，寬未嘗撰，書此語亦無證據。趙與峕謂姚令威寬補注，亦未周盡。是寬本有此書，流傳未廣，遂滋人疑。

顧氏序曰："黃君蕘圃刻姚伯聲本《戰國策》及所撰《札記》既成，屬廣圻爲之序，爰序其後曰：'《戰國策》傳於世者莫古於此本矣，然就中舛誤不可讀者往往有焉。考劉向《敘錄》云‘皆定以殺青，書可繕寫’，是向書初非不可讀者也，高誘即以向所定著爲之注。下迄唐世，其書具存。故李善、司馬貞等徵引依據，絕無不可讀之云。逮曾南豐氏編校，始云疑其不可知者，而同時題記類稱爲舛誤，蓋自誘注僅存十篇，而宋時遂無善本矣。伯聲續校，總四百八十餘條，其所是正亦云多矣。但其所萃諸本，既皆祖南豐，又採他書，復每簡略，未爲定本，尚不能無劉原父之遺恨耳。厥後吳師道駁正鮑注，用功甚深，發疑正讀，殊有出於伯聲外者矣。今薆圃之《札記》雖主於據姚本訂今本之失，而取吳校以益姚校之未備，所下己意又足以益二家之未備也，凡於不可讀者已稍稍通之矣。後世欲讀《戰國策》，舍此本其何由哉？’廣圻於是書尋繹累年，最後於序錄所云‘臣向因國別者’略以時次之分別，本次第如此。”_{有師道識語。}

曾氏序曰：“劉向所定著《國策》三十三篇，《崇文目》稱十一篇者闕。臣訪之士大夫家，始得其書。正其誤謬而疑其不可考者，然後《戰國策》三十三篇復完。”

吳氏跋_{跋曾子固序。案：曾氏原本不可見。}曰：“《國策》劉向校定本，高誘注，曾鞏重校。凡淅建括蒼本皆據曾所定，剡川姚宏續校注最後出。予見姚注凡二本：其一冠以目錄、劉序，而置曾序於卷末；其一冠以曾序，而劉序次之，蓋先劉氏者元本也，先曾氏者重校本也。今不敢失其舊，故次曾氏焉。”

劉氏序_{向所校者有序。}曰：“書本號或曰《國事》，或曰《國策》，或曰《短長》，或曰《事語》，或曰《長書》，或曰《修書》。臣向以爲戰國時游士輔所用之國，爲之策謀，宜爲《戰國策》。其事繼春秋以後，訖楚漢之起，二百四十五年間之事，皆定以殺青，書可繕寫。”

鮑氏序曰：“《戰國策》，史家流也。有縱橫之説，學者諱之。

不以序者，以相補除複重得三十三篇者，恍然而知《戰國策》實
向一家之學，與韓非、太史公諸家牴牾，職此之由，無足異也。
因欲仿杜征南於《左氏春秋》之意，撰爲《戰國策釋例》五篇，
一曰疑年譜，二曰土地名，三曰名號歸一圖，四曰詁訓微，五曰
大目錄，私心竊願爲劉氏擁篲清道者也。高注殘闕，艱於證明，
粗屬草稿，牽率未竟。他年倘能遍稽載籍，博訪通人，勒爲一編，
俾相輔而行，未始非讀此本之助也。驗諸蕘圃，其以爲何如？"

《戰國策校注》十卷

元吳師道撰

《惜陰軒》本。李錫齡依元本校刊，首提要，次曾鞏序，有師道
識語。次劉向序，次鮑彪序，有十一日書。次泰定二年八月吳師道又
序，不著年月。次至正十五年陳祖仁序，元劉瑛本，刊於浙西學宮。次紹興
四年耿延禧序、括蒼刊本。李文叔後序，次王覺題，次紹興丙寅姚宏
題，有至順四年七月吳師道識語。次姚寬後序，有師道識語。次目錄。三十
三卷，四百八十六章，元非也。史氏之法，具記一時事辭，善惡
必書，初無所抉擇。舊有高誘注，既疏略無所稽據，注又不全，
浸微浸滅。彪於是考《史記》諸書爲之注，定其章條，正其衍説
而存其舊，慎之也。地理本之《漢志》，無則缺；字訓本之《説
文》，無則稱。猶雜出諸書，亦別名之。人姓名不傳見，欲顯其
説，故系之一國。亦時有論説，以翊宣教化。可以正一史之謬，
備七略之缺。

　　彪校此書，四易稿而後繕寫。己巳仲春重校。十一日書。

　　吳氏序曰："先秦之書惟《戰國策》最古，文最訛舛。自劉向
校定已病之，南豐曾鞏再校，亦疑其不可考者。後漢高誘爲注，
宋尚書郎括蒼鮑彪詆其疏略繆妄，乃序次章條，補正脱誤，時出
己見論説，其用意甚勤。愚嘗并取而讀之，高氏之疏略信矣，若

繆妄則鮑氏自謂也。東萊呂子《大事記》間取鮑説而序次之，世亦或從之。若其繆誤雖未嘗顯列，而因此考彼，居然自見，遂益得其詳焉。蓋鮑專以《史記》爲據，馬遷之作固採之是書，不同者當互相正史，安得全是哉？事莫大於存古，學莫善於闕疑。夫子作《春秋》，仍夏五殘文；漢儒校經，未嘗去本字，但云‘某當作某’、‘某讀如某’，示謹重也。古書字多假借，音亦相通，鮑直去本文，徑加改字，豈傳疑存舊之意哉？比事次時，當有明徵，其不可定知者闕焉可也，豈必强爲傅會乎？又其所引書止於《淮南子》、《後漢志》、《説文》、《集韻》，多摭彼書之見聞，不問本字之當否。史注自裴、徐氏外，《索隱》、《正義》皆不之引，而《通鑑》諸書亦莫考。淺陋如是，其致誤固宜。顧乃極詆高氏以陳、賈爲《孟子》書所稱，以伐燕爲齊宣，用是發憤更注，不思宣王伐燕乃《孟子》明文宣閔之年，《通鑑》謂史失其次也。鮑以赧王爲西周君，而指爲正統，此開卷大誤。不知河南爲西周，洛陽爲東周。韓非子説秦王以爲何人，魏惠王盟臼里以爲他事，以魯連約矢之書爲後人所補，以魏幾、鄢陵爲人名，以公子牟非魏牟，以中山司馬子期爲楚昭王卿，此類甚多，尚安得詆高氏哉！其論説自謂翊宣教化，則尤可議。謂張儀之誑齊梁爲將死之言善，周人詐以免難爲君子所恕，張登狡猾非君子所排，蘇代之詫爲不可廢，陳軫爲絶類離羣，蔡澤爲韓，幾瑟爲義嗣，衛嗣君爲賢君，皆悖義害正之甚者，其視名物人地之差失又不足論也。鮑之成書當紹興丁卯，同時剡川姚宏亦注是書，云得會稽孫朴所校，以閣本標出錢藻、劉敞校字；又見晉孔衍《春秋後語》，參校補注，是正存疑，具有典則。《大事記》亦頗引之，而世罕傳，知有鮑氏而已。近時浚儀王應麟嘗斥鮑失數端，而廬陵劉辰翁盛有所稱許。以王之博洽，知其未暇悉數；而劉特愛其文采，他固弗之察也。呂子有云，觀戰國之事，取其大旨，不必字字爲據，蓋以游士增飾之辭多，矧重以訛舛乎？輒因鮑注正以姚本，參之諸書，而質之《大事記》，存其是而正其非，庶幾明事蹟之實，求義理之當焉。或曰：《戰國策》者，六經之棄也。子深辨而詳究之，何其戾？鮑彪之區區又不足攻也。夫人患理之不明耳，知至而識融，則異端雜說皆吾進德之助，而不足以爲病也。曾氏之論是書曰：君子之禁邪說者，固將明其說於天下，使皆知其不可爲，然後以禁則齊，以戒則明。愚有取焉爾。是非之在人心，天下之公也。是，雖芻蕘不遺；非，大儒必斥。愚何擇於鮑氏哉？特寡學謏聞，謬誤復恐類之，世之君子有正焉，固所願也。”

　　文光案：鮑氏以古書注古書，不取漢以後書，不爲無見。正傳譏之未是，其餘所糾所補實出鮑氏之上。

耿氏序曰：“余至括蒼之明年，用諸郡例鋟書以惠學者。念《戰國策》未有板本，乃取家舊藏刊焉。是書訛舛爲多，且用先輩數家參定。此先秦古書，其序事之備，太史公取以著《史記》；而文辭高古，子長實取法焉。”

王氏序曰：“劉向序本世久不傳，治平初始，錢塘顏氏印本字句脫誤，尤失其真。丁未歲，借館閣諸公家藏本參校之，蓋十正其五六。凡諸本之不載者，雜見於《史記》他書，然不敢輒爲改易，蓋慎之也。會有求予本以開板者，因以授之。”

姚氏序曰：“右《戰國策》，隋《經籍志》三十四卷，劉向錄。高誘注止二十一卷，漢京兆尹延篤《論》一卷。《唐藝文志》劉向所錄已闕二卷，高誘注乃增十一卷，延叔堅之《論》尚存。今世所傳三十三卷。《崇文總目》高誘注八篇，今十篇。第一、第五闕，前八卷、後三十二、三十三，通有十篇。武安君事在中山卷末，不知所謂。叔堅之《論》，今他書時見一二。舊本有未經曾南豐校定者，舛誤尤不可讀。南豐所校，乃今所行。都下、建陽刊本皆祖南豐，互有失得。余頃於會稽得孫元忠所校，其於子於愁，殊爲疏略。後再叩之，復出一本，有元忠跋，并標出錢、劉諸公手校字，比前本雖加詳，然不能無疑焉。如用‘坔’、‘恧’字，皆武后字，恐唐人傳寫相承如此。諸公校書改用此字，殊所不解。竇蘋作《唐史釋音》，釋武后字，内‘坔’字云“古字，見《戰國策》”，不知何所據云。然‘坔’乃古‘地’字。又‘坔’字見《亢倉子》、《鶡冠子》，或有自來。至於‘恧’字，亦豈出於古歟？幽州僧行均作《切韻訓詁》，以此二字皆古文，豈別有所見邪？孫舊云五百五十籤，數字雖過之，然間有謬誤，似非元書也。括蒼所刊因舊無甚增損，余萃諸本校定離次之，總四百八十餘條。太史公所採九十餘條，其事異者止五六條。太史公用字，每篇間有異者，或見於他書，可以是證，悉注於旁。辯‘樂水’之爲‘漬水’，‘案’字之爲語助，與夫不題校人并題續注者，皆余所益也。正文遺逸，如司馬貞引‘馬犯謂周君’、徐廣引‘韓兵入西周’、李善引‘呂不韋言周三十七王’、歐陽詢引‘蘇秦謂元戎以鐵爲矢’、《史記正義》‘碣石九門本有宮室以居’、《春秋後語》‘武靈王游大陵，夢處女鼓瑟’之類，略可見者如此，今本所無也。至如‘張儀説惠王’乃《韓非‧初見秦》，‘屬懺王’引詩，乃《韓嬰外傳》，後人不可得而質矣。秦古書見於世者無幾，而予居窮鄉，無書可檢閱。訪《春秋後語》，數年方得之，然不爲無補。尚覬博採，老得定本，無劉公之遺恨。”姚宏字伯聲，剡川人。

吴氏跋跋姚宏序。曰：“予辨正鮑彪注，讀吕子《大事記》引剡川姚宏，知其亦注是書。考近時諸家書録皆不載，則世罕有蓄者。後得於一舊士人家，卷末載李文叔、王覺、孫朴、劉敞語。其自序云嘗得本於孫朴之子愁。朴元祐在館中，取南豐曾鞏本，參以蘇頌、錢藻、劉敞所傳，并集賢院新本，上標錢、劉校字。而姚又薈粹諸本定之，每篇有異及他書可正者悉注於下，因高誘注間有增續，簡質謹重，深得古人論撰之意，大與鮑氏率意竄改者不同。又云訪得《春秋後語》，不爲無補。蓋晉孔衍所著者，今尤不可得，尚賴此而見其一二，詎可廢邪？考其書成當紹興丙寅，而鮑注出丁卯，實同時。鮑能分次章條，詳述注説，讀者眩於浮文，往往喜稱道之，而姚氏殆絶無足怪也。宏字令聲，今題伯聲甫，待制舜明廷輝之子，爲删定官，忤秦檜，死大理獄。弟寬令威、憲令則，皆顯於時，其人尤當傳也。余所得本皆背紙有寶慶字，已百年物，時有碎爛處。既據以校鮑誤，因序其説於此。異時當廣傳寫，使學者猶及見前輩典型，可仰可慕云。"原注："浙建原小本刊行者，皆南豐所校，乙本括蒼耿氏所刊，鹵莽尤甚。"

姚氏序曰："宣和間，得館中孫固、孫覺、錢藻、曾鞏、劉敞〔四〕、蘇頌、集賢院共七本，晚得晁以道本并校之，所得十二焉。太史公所採九十三事，内不同者五。《韓非子》十五事，《説苑》六事，《新序》九事，《吕氏春秋》一事，《韓詩外傳》一事，皇甫謐《高士傳》三事。《越絶書》記李園一事，甚異。而正文遺逸引《戰國策》者，司馬貞《索隱》五事，《廣韻》七事，《玉篇》一事，《太平御覽》二事，《元和姓纂》一事，《春秋後語》二事，《後漢・地理志》一事，《後漢・第八贊》一事，《藝文類聚》一事，《北堂書鈔》一事，徐廣注《史記》一事，張守節《正義》一事，舊《戰國策》一事，李善注《文選》一事，皆今本所無也。某以所聞見以爲集注，補高誘之亡云。"節録姚寬序，餘與宏序同。

吴氏跋跋姚寬序。曰："右此序題姚寬撰，有手寫附於姚注本者，文皆與宏序同，特疏列，逸文加詳。考其歲月則在後，乃知姚氏兄弟皆嘗用意此書。寬所注者今未之見，不知視宏又何如也。因全録著之左方，以俟博考者。"

文光案：姚寬自序云"某以聞見爲《集注》"，是寬本有是書而名爲《集注》。吴氏跋云寬序有手寫附於姚注本者，文與宏序同，而寬注未見。是吳氏只見寬序未見寬注，而寬注不傳矣。蕘圃以爲姚宏所著，姚寬手寫其本，恐是臆度之詞。或誤讀吳氏跋以手寫序爲手寫書，亦未可知。趙與峕《賓退錄》曰：「《戰國策》舊傳高誘注，殘闕疏略，殊不足觀，姚令威寬補注亦未周盡，獨縉雲鮑氏校注爲優。」《提要》駁之曰：「補注乃姚寬之兄姚宏所作，此作姚寬殊誤，謹附訂於此。」此條在鮑氏《戰國策注》提要夾注內。據趙氏所見當是寬注，而《提要》以爲宏注，必有一誤，未可意斷也。唯與峕以鮑注勝姚注，似未深考。寬序云集注補高誘之亡，今剡川本仍題高誘注而姚注實多，當題姚宏補注也。又案：《戰國策》劉向褒合諸記併爲一編，呂東萊《大事記・通釋》第二卷引劉向序不若此本所載爲完備。向序稱：「中書餘卷錯亂相糅莒，莒字未詳，姑仍黃本，不能考。又有國別者八篇，少不足。臣向因國別者略以時次之分別，不以序者以相輔，除複重得三十三篇。」此數語《大事》不記載。向又云：「校書時字多誤脫爲半字，以『趙』爲『肖』，以『齊』爲『立』，如此字者多矣。」據此則戰國之策本自雜糅，字且脫誤，至劉向校定始有此三十三篇，而所棄者不可知也。至宋而高誘之注闕，姚氏補之，令黃氏校之，而剡川本可讀矣。同時鮑彪復爲之注，與姚本并行。吳師道所校者，鮑彪注也。高注簡略，鮑注差詳，惟紊亂失次，又無善本。吳氏校注列三十三卷之原目於前，注中分補曰、正曰，蓋補其闕而正其謬也，仍依鮑氏之次第，分爲十卷，而鮑注亦可讀矣。

吳氏曰：「《戰國策》字多脫誤，予嘗欲合諸家本校之而未及。後見鮑，本善之，然其篇題注義頗有乖謬。廬陵羅以道悉心考訂，定其篇，補其脫，正其誤，釋其大意，譜諸國之年冠其首，凡鮑氏之失十去八九。讀此書者，得此庶乎可爲善本矣。以通於經亦有見，非止精專此書而已。"吳澄題《戰國策》校本，録於本集。

文光案：羅氏校本未見，諸家亦未有言及者，恐佚之已久。又案：盧氏《雅雨堂》本所刻高誘注，雖據姚本而全失其真，今有黃氏重刊剡川本可證。又案：《戰國策》自劉向哀合以後始有此名，則凡引《戰國策》者皆向校定之文也。《容齋四筆》謂今傳於世者大抵不可讀，其《韓非》、《高士傳》、《御覽》諸書所引多今本所無。向博極羣書，擇焉不精，不止文字脱誤而已。惟《史記》所采九十三事，明白光豔，悉可稽考，視向爲有間云云。據其説則今本之文爲劉向所採，諸書所引爲劉向所遺，故云擇焉不精。此洪氏一家之説也。然祇據今本，未見古本，安知非古本所有而今本遺之？故不可以容齋之説爲定論也。至《吕覽》、《淮南》、《御覽》諸書所引，爲今本無者甚多，固不止《國策》一種，豈可以此輕議古人？且容齋以爲明白，劉子反見不到，此恐亦無是理也。凡采《容齋隨筆》者，尤宜慎擇焉。

《戰國策釋地》二卷

國朝張珂撰

宛陵《張氏叢書》本。嘉慶二十年自刊，前有目録，各標右某策幾事。次自序，如劉向序目之例。

張氏自序曰："凡《戰國策》三百七十四事。世傳《戰國策》三家，鮑彪病高誘之疏略，吳師道又譏鮑之謬妄。以予觀誘注《吕覽》、《淮南》，稱爲詳善，而此書獨簡略如此，蓋缺失久矣。吳氏於鮑多所糾正，而違失亦往往而有，於地理爲甚。遂乃不揆淺陋，據《史》、《漢》諸書隨方辨證，不知則闕之。舊注合者，但釋今之府縣。至義有未安，輒復有所論述，要之以地理爲本。"

《策》文舊首東周，鮑改首西周，吳氏最以爲譏。今考西周居河南，今府城西北故王城是。東周居鞏，今縣是。洛陽則王所都也。《漢志》鞏縣條下云：“東周，鞏也。”《正義》曰：“東周君居鞏。”《索隱》曰：“西周，河南也。東周，鞏也。”《正義》曰：“兩周謂河南及鞏。”呂氏《大事記》謂東周爲洛陽，本《世本》及高誘注，未審也。《史·蘇秦傳》云東周洛陽人。《正義》謂敬王以子朝之亂從王城東遷洛陽，乃號東周。故《公羊傳》曰：“成周者何？東周也。”是乃春秋之東、西周，王赧以上所居。史公仍舊號而稱之，不可以說戰國矣。東西并爲列國而西封在前。又王赧徙都於西，則首西周於義未爲失也。又《史·周紀》考王十五年崩，子威烈王午立，考王封其弟於河南云云，蓋綜其事如此。呂氏謂東周惠公之封在考王十五年，按桓公封自考王，歷威至惠，又封其少子，豈猶在考王之世？王伯厚《通鑑地理通釋》引呂氏曰“威烈王嗣位，西周惠公封其少子”，與此異，則吳氏引《大事記》而亂其辭也，俟檢呂氏原文正之。

《大事記》云：“西周者，河南也。東周者，洛陽也。周考王封其弟揭於河南，是謂河南桓公。桓公卒，子威立。威公卒，子惠公立。考王十五年，河南惠公復自封其少子班於鞏，號東周，歿亦謚惠。”張曰：周之分在威烈王之世，注謂安王五年周未分，非也。

吳氏《東西周辨》曰：“東西周有二：一以前後建都之殊而名，一以二公封邑之殊而名。昔武王西都鎬京，而東定鼎於陝郟。周公營洛邑以朝諸侯，謂之王城，又謂之東都，實陝郟，於今爲河南。又營瀍水東以處殷頑民，謂之成周，又謂之下都，於今爲洛陽。平以下都王城，曰東周。幽以上都鎬京，曰西周。此以前後建都之殊而名也。自平王東遷，傳世十二，而景王之庶長子朝與王猛爭國。猛東居於皇，晉師納之，入於王城。入之次月，猛終丏及。踰半期而子朝又入，王辟之，東居於狄泉。子朝據王城，曰西王。敬王在狄泉，曰東王。越四年，子朝奔楚。敬王雖得返國，然以子朝餘黨多在王城，乃徙都成周，而王城之都廢。考王封其弟揭於王城，以屬周公之官職，是爲桓公。自此以後，東有王，西有公，而東西之名未立也。桓公生威公，威公生惠公，惠公之少子班又別封於鞏以奉王，是爲東周。惠公父子同謚，以鞏與成周皆在王城之東，故班之兄則仍襲父爵居於王城，是爲西周。武公以王城在成周之西，故自此以後，西有公，東亦有公，二公各有所食，而周尚爲一也。顯王二年，趙、韓分周地爲二，二周公治之，王寄焉而已矣。周之分東西自此始。九年，東周惠公卒，子傑嗣，慎靚以上皆在東周。赧王立，始遷於西周，即王城舊都也。《史記》云王赧時東、西周分治，今按顯王二年已分爲二，不待此時矣。其後秦滅西周，西周公入秦獻其邑而歸。是年，赧王崩。次年，周民東亡，秦遷西周公於憖狐聚。又六年，秦滅東周，遷東周公於陽人聚。此以二公分邑之殊而名也。前後建都之殊者，以鎬京爲西周，對洛邑爲東周而言也。二公分邑之殊者，又於洛邑二城之中，以王城爲西周，對成周爲東周而言也。大概周三十六王，前十二王都鎬京，中十三王都王城，季十王都成周，赧一王都王城。一王城也，昔以東周稱，後以西周稱。夫周末東西之分，則武、惠二公各居一都，王則或東或西，東西之名繫乎公不繫乎王也。邵子《經世書》紀赧王爲西周君，與東周惠公并，而西周公無聞焉，則直以西爲王，東爲公矣，而不知西之亦有公也，知王之在西而不知赧以前之王固在東也。《戰國策》編題首東周次西周，豈無意哉？二周分治以來，顯王、慎靚王二代五十餘年，王於東；赧王一代五十餘年，王於西。先東後西，順其序也。近鮑彪注謂西周正統，不應後於東周，升之爲首卷，於西著王世次，於東著公世次，蓋因邵子而誤者。既不知有西周公，且承宋忠之謬，以西周武公爲赧王謚，反以徐廣爲疏，是未嘗考《索隱》之說。鮑又云赧徙都西周。西周，鎬京也。嗚呼！鎬之爲秦已四百年，於茲虎狼所穴，而王得往都於彼哉？高誘注曰："西周王城，今河南。東周成周，故洛陽。"詞甚明。鮑注在高後，何乃以西周爲鎬京也乎？鮑又云郟鄏屬河南，爲東周。殊不知此昔時所謂東周也，於斯時則名西周矣。斯時之西周與鎬京、郟鄏對稱西、東者不同，顧乃一之。何與鮑氏於《國策》用功甚勤，而開卷之端不免謬誤，因作《東西周辨》。"錄於《吳文正公集》。

文光案：東、西周之説，惟草廬所辨最爲明快，因詳録之。鮑氏《國策注》有明嘉靖仿宋本，前有自序，曾鞏序，十一日書，己巳仲春重校，始知東周策嚴氏之賊陽豎與焉，爲韓策嚴遂陽豎也。庚午又書，李文叔書後，王覺題後。又元至正刊本《戰國策》十卷，内題宋緝雲鮑彪校注，元東陽吳師道重校。前有至正十五年平江路刊書牒。卷三、四、五、六後有"至正乙巳前藍山書院山長劉塘校重勘"一行。卷八、九、十後有"平江路學正徐昭文校勘"一行。又元人覆至正平江本劉向序，"得有所息"下誤以鮑彪序"故興亡云云"竄入篇中。每頁二十行，每行二十一字，小字雙行，大黑口。今通行鮑注本，鮑彪序又與張一鶚混合爲一。余嘗疑之，蓋亦有自來矣。

校勘記

〔一〕"丘"，原避孔子名諱作"邱"。下同改。

〔二〕"淥"，原作"緣"，據清黃丕烈《重刻剡川姚氏本戰國策并札記序》改。

〔三〕"讀"，原作"鮑"，據同上書改。

〔四〕"敝"，原作"敬"，據宋姚寬《戰國策後序》改。

史部五

雜史類二

《貞觀政要》十卷

唐吳兢撰

明大字本。成化年刊。每葉二十行，每行二十字。首成化元年御製序。略云：傳刻歲久，字多訛謬，因命儒臣重訂正之，刻梓以永其傳。次吳澄題辭。次至順四年郭思貞序。次臨川戈直序。次吳兢序。次目錄，凡分四十門。次集論元戈直注，附諸家説爲集論。諸儒姓氏，自劉芳至呂氏凡二十二人。

吳氏序曰："唐太宗文皇帝身兼創業守成之事，納諫求治，勵精不倦，其效至於米斗三錢，外户不閉。故貞觀之盛有非開元、元和之所可及，而太宗卓然爲唐三宗之冠。史臣吳兢類輯朝廷之設施，君臣之問對，忠賢之諍議，萃成十卷，曰《貞觀政要》。事覈辭質，讀者易曉，唐之子孫奉爲祖訓，聖世亦重其書。澄備位經筵時，嘗以是進講焉。庶士戈直考訂音釋，附以諸儒論説，又足開廣將來進講此書者之視聽，其所裨益豈少哉？"草廬題戈直之本屬郭思貞校刊，轉謀於程日新鋟諸梓。

戈氏序曰："《貞觀政要》者，唐太宗文皇帝之嘉言善行、良法美政，而史臣吳兢編類之書也。遷、固之文高古爾雅，而所紀之事略；吳氏之文質樸賅瞻，而所紀之事詳。是則太宗之事，章章皎著於天下後世者，豈非此書之力哉？惜乎是書傳寫謬誤。竊嘗薈萃衆本，參互考訂，而其義之難明，音之難通，字爲之釋，句爲之述。章之不當分者合之，不當合者分之。自唐以來諸儒之論，莫不採而輯之，間亦斷以己意附於其後，然後此書之旨頗爲明白。雖於先儒窮理之學不敢妄議，然於國家致治之方未必無小補云。"

《天祿琳琅書目》金板史部《貞觀政要》一函六册，前有金唐公弼序，兢上《貞觀政要》表。晁公武《郡齋讀書志》曰："兢以唐之極治，貞觀爲最，故採時政之可備勸戒者上之於朝，凡四十篇。"考《唐書》，兢，汴州浚儀人。少勵志貫知經史，當路薦其才堪論譔，詔直[一]史館，修國史，此書當即其時所進。書前有大定己丑八月進士唐公弼序，稱南京路都轉運使梁公出公府之資，命工鏤板。按大定爲金世宗年號，己丑爲世宗九年，在南京爲孝宗乾道五年。公弼無所考。稱梁公，未詳何人。考《金史》梁肅奉，聖州人，屢任轉運使，又適在大定之時，似即其人。此本字宗顏體，刻印精良，與宋板之佳者無異。藏書家多崇宋本而金板多未之及，蓋流傳實尠，耳目罕經，似此吉光片羽，真爲稀世之寶也。徐乾學藏本有"乾學"朱文印，"徐健菴"白明印。又明板史部一函十册，明成化元年奉勅重刊，有憲宗御製序。每册首有"謙牧堂藏書記"，册末有"謙牧堂書畫記"。又《貞觀政要》二函十册，同上。明成化元年官刊本，坊賈割補序後年月，以贗宋本。

陳氏《書録》史部典故類《貞觀政要》十卷，唐吳兢撰。前題衛尉少卿兼修國史。按新、舊《書》列傳，兢未嘗爲此官。而書亦不記歲月，但其首稱良相、侍中、安陽公、中書令、河東公，亦未詳爲何人。《館閣書目》云神龍中所進，當考。

《渚宮舊事》五卷　《補遺》一卷

唐余知古撰

《平津館》本。嘉慶十九年孫星衍校補，有序。渚宮爲楚成王所建。舊事一作“故事”。是編上起周，下迄唐，皆記楚事，故題曰渚宮。《唐志》十卷，今佚後五卷，至晉而止。《敏求記》卷數相符，則明時已亡其半。楚書有《襄陽耆舊傳》、《荆州記》，今皆散佚。惟此爲唐人撰述，引據多後人未見之書，可以證經考史。

四庫本有《補遺》一卷，孫氏於逐條之下各著出典，又增紀相國《補遺》所未備，仍其篇次，略可觀覽。其中尚有不知出典者數條，其他書所引有刪節原文者，亦一一注之，微有脱文。

《五代史闕文》一卷

宋王禹偁撰

汲古閣本。前有自序。

王氏自序曰：“臣讀《五代史》，總三百六十卷，記五十三年行事，其書固亦多矣。然自梁至周，君臣事迹傳於人口而不載史筆者，往往有之。或史氏避嫌，或簡牘漏略，不有紀述，漸成泯滅，善惡鑒戒豈不廢乎？因補一十七篇，集爲一卷，皆聞於耆舊者也。孔子曰‘吾述而不作’，又曰‘吾猶及史之闕文’，此其義也。”

《五代史補》五卷

宋陶岳撰

汲古閣本。前有自序。

陶氏自序曰：“五代之相承也，其闢土則不廣，享祚則非永。干戈尚被於原野，聲教未浹於華夏。雖唐室名儒或有存者，然殂豆軍旅，勢不兩立，故其史書漏落尤甚。近年以來，議者以國家誕膺寶命，廓清區宇，萬邦輻輳以入貢，九流風動而觀政，五代之書必然改作。岳自惟淺陋，久居冗散，一札詔下，恐非秉筆之數。因思自幼及長，侍長者之座，接通人之談，至於諸國竊據，累朝創業，其間事迹頗曾尋究。因書其所聞，得百餘條，均其年代，爲之次序，勒成五卷，命曰《五代史補》。雖同小說，頗資大猷，聊以備於闕遺，故不拘於類例，幸將來秉筆者覽之而已。時皇宋祀汾陰之後，歲在壬子序。"

《松漠記聞》二卷　《續》一卷

宋洪皓撰

明仿宋本。前有乾道九年男遵跋。是書記金國事迹，蓋皓使金居冷山時所作。

洪氏跋曰："先忠宣《松漠記聞》，伯兄鏤板歙越。遵來守建鄞又刻之。暇日搜閱故牘，得北方十有一事，皆曩歲侍傍親聞之者，目曰《補遺》，附載於此。"

《燕翼詒謀錄》五卷

宋王林撰

明本。前有寶慶丁亥自序并再書。起建隆，訖嘉祐，成憲之，可爲世守者凡一百二十六條。林字叔永，晉陽人。

王氏自序曰："考建隆訖於嘉祐，良法美意燦然具陳。治平以後，此意泯矣。今備述如後，與識者商榷之，以稽世變云。"

王氏又記曰："稗官小說所載國朝典故多相矛盾，故李公伯和質以國史，爲《典故辨疑》一書。凡諸家所載，無一非妄，幾於可以盡廢。今所述無非考之國史、實錄、寶訓、聖政等書，凡稗官小說，悉棄不取，蓋以前人爲戒也。凡我同志譏其妄論則可，以爲謬誤則不可矣。苟有以警教之，則又幸也。"

《采石瓜州記》一卷

宋蹇駒撰

《函海》本。是書向無刻本，有陸烜識語。采石之戰，金主遇弑。

李氏跋曰："是書見於《奇晉齋叢談》，作《斃亮記》，今仍原名。陸梅谷云：'是書尚無刊本，抄誤甚多，偶於馬雲衢齋頭借得善本。'又云：'此書不啻左氏之傳《春秋》。'又云：'閱古人傳記最苦史筆庸下，此乃鐵中錚錚者。'其推崇可謂至矣。予《函海》一書，意在表章先輩，故梓行之。"

宋員興宗《采石戰勝錄》一卷，有《永樂大典》本，蓋其《九華集》中之一篇，後人析出別行。所記乃虞允文督師江上拒金海陵王之事，大致與史文相出入。

《北狩行録》一卷

宋蔡絛　王若沖同撰

抄本。絛，京之愛子。京末年事皆出於絛。絛見攸既叛父，亦與絛不咸，因撰《國史候補》，爲其父自解，而滔天之惡終不可隱。其間所載宮闈禁密，非臣庶所得知，亦非臣庶所宜言。既出絛筆，遂傳於世，殆非人力也。絛又撰《北征紀實》，敘伐燕本末，歸罪童貫。蔡攸亦欲爲京文飾，然京罪不可掩也。《行録》記徽宗在金編輯《春秋》，改歲成書。志經籍者，俱未引及。

《靖康傳信録》三卷

宋李綱撰

《函海》本。記金人入寇。

《靖康要録》五卷，不知誰撰。陳曰“自欽廟潛邸迄靖康元年十二月”。

《靖康奉使録》，鄭望之撰。

《靖康拾遺録》一卷，何烈撰。又名《靖康小史》，又名曰《草史》。

《靖康録》一卷，朱邦基撰。《遺録》一卷，沈良撰。

《金人背盟録》七卷，《圍城雜記》一卷，《避戎夜話》一卷，《金國行程》十卷，《南歸録》一卷。《朝野僉言》一卷，汪藻撰，記金人叛契丹，迄於宣和乙巳犯京城、圍城。以上五書皆記靖康時事，遂連類記之。

《元朝秘史》十五卷

不著撰人名氏

《連筠簃》本。道光二十七年靈石楊氏校刊，有木記，前無序，後有平定張穆記。

張氏記曰：“右《元朝秘史譯文》十五卷，道光二十一年八月從《永樂大典》十二先元字韻中寫出，二十七年復從仁和韓氏借得影鈔原本校對無訛，二十八年刻入《叢書》。六月十三日校畢記。”

顧氏曰：“洪武十五年正月丙戌，命編類華夷譯語。上以前元素無文字號令，但借高昌書制爲蒙古字，以通天下語。至是，乃命翰林侍講火原潔與編修馬沙亦黑等以華言譯其語，凡天文、地理、人事、物類、服食、器用，靡不具載。復取《元秘史》參考，紐切其字，以諧其聲音。既成，詔刻行之。自是使臣往來朔漠，皆能通達其情。”録於《日知録之餘》第四卷。

《元朝典故編年考》十卷，孫承澤撰。《提要》曰第九卷爲《元朝秘史》，第十卷附遼金遺事。小序謂元有《秘史》十卷，

《續秘史》二卷。前卷載沙漠始起之事，續卷載下燕京滅金之事，蓋其國人所編記。書藏禁中不傳，偶從故家見之，録續卷末以補史所不載云云。考其所引并載《永樂大典》元字韻中，互相檢勘，一一相同。疑本元時秘册，明初修書者或未嘗録副以出，流傳在外，故承澤得而見之耳。所記大都瑣屑細事，且間涉荒誕，蓋亦傳聞之辭，輾轉失真，未足盡以爲據。然究屬元代舊文，世所罕睹，自《永樂大典》以外唯一見於此書，與正史頗有異同，存之亦足以資參訂也。

文光案：《元朝秘史》蓋野史之屬，諸家言《四庫》未收，而不知繫説於孫考之下，因詳録之。今孫書傳本甚少，《提要》外亦無言及者。

《四庫未收書目》曰："鼠兒年、兔兒年等不以干支紀年，蓋即國人所録。《千頃堂書目》十二卷，明《文淵閣書目》一部五册，《續稿》一部一册，并缺佚之本。此依舊抄影寫，國語旁譯。記元太祖、太宗兩朝事迹，最爲詳備。按《元史》急於成書，載籍雖存，無暇詳稽。如是編所載元初世系，字端叉兒之前尚有十一世，《太祖本紀》述其先世，僅從字端叉兒始。諸如此類，并足補正史之紕漏。惟詞語俚鄙，未經修飾，然有資考證，亦讀史者所不廢也。"録於《研經室外集》。

錢氏跋曰："是書知之者少，良可惜也。"

《雲南機務鈔黄》一卷

明張紞編

《惜陰軒》本。前有自序，書後列校書銜名五人。紞，富平人。

張氏序曰："洪武辛酉，天兵下雲南，自興發之始暨奠定之後，其神機妙算出於聖裁者有詔、有誥、有制敕，或論大將，或論守臣，若諸夷之酋^{〔二〕}亦有爲一人而發者。録黃具在，今謹按故事薈萃裒底，欽録於冊，藏於文廟之尊經閣。"

《天水冰山録》一卷

國朝周石林録

《知不足齋》本。此分宜嚴氏籍没之冊，刊本殘缺失次，石林重抄成帙，爰取《篋衍集》内吊嵩詩"太陽一出冰山頽"句意，題曰《天水冰山録》。自金玉服玩至良田甲第之屬，悉數之不能終，可謂夥矣。語曰"山童澤涸，今笑後哭"，亦可哀已。冰山見《開田遺事》。此本前有雍正六年南邨迂叟嚴言序，乾隆丙午趙懷玉序，書末刻"雍正五年歲在丁未秋八月二十一日録於耕石齋之南窗"，下一印曰"陋巷孤寒士"。又查理官員二十三人，附録籍没張居正數，籍没朱寧數，皆竹塢文氏所記。末有沈志雍、鵲華游子、汪輝祖三跋。附刻《鈐山堂書畫記》一卷，文嘉所定。

《羣仙語録》三本、《龍虎經》一本、陸績《述元》六本、手抄《南宫秘録》七本、宋版《潛虛衍義》四本、宋版《西漢詔令》四本、《蜀漢本末》三本、元版《唐律疏義》五本、宋版《文選》五十本、元版《朱子成書》六本、宋版《寶晉英光集》五本、宋版《史子朴語》一本、宋版《賢良進卷》五本、宋版《杜陵詩史》八本。

　　文光案：所録書籍僅八十八部，應不止此。中多宋元版，又似不全。

大紅宋錦四十八匹、青織金仙鶴宋錦二匹、青織金穿花鳳宋錦一匹、青織金麒麟宋錦二匹、青宋錦十一匹、沉香色宋錦三匹、玉色宋錦十五匹、蔥白宋錦五匹。録此可知宋錦之概。

柴窰碎磁盆五個、柴窰碎磁盌二個。

金徽玉軫斷紋琴、咸通之寶琴、古銅琴、大理石琴，古今名琴共五十四張。

唐天策府製硯、宣和殿硯、龍尾石硯。

文光案：此錄詳於金石服飾而略於鐘鼎圖書，殊不知其所寶在此也。嚴世蕃當籍沒時，有金絲帳，纍金絲爲之，輕細洞徹。有金溺器、象牙廂、金觸器之類。執政恐駭上聽，令銷之，以金數報而已。

《荊駝逸史》八十七卷

不著編輯者名氏

無夢園本。陳湖逸士藏書五十種，刻本訛訛，不可卒讀。藝柿山人得原書刪補授梓，即此本也。

陳湖逸士序曰："無夢園者，明宮詹陳文庄公之別墅也。公嘗與周忠介、文文肅、姚文毅日相唱和於其間。陳氏家多藏書，所刻書籍碑板多係以無夢園，有《無夢園全集》行世。書板多藏於園之四飛閣，歲久散失。壬癸之交，予寓居於此，有石板，啓視之，得銅櫃，內有藏書，字迹潦草，俱《故國遺聞錄》，而存之以備正史所未逮，可與《天寶遺事》并垂不朽。"

《三朝野記》七卷，李遜之撰。山人曰先得估本，後得膚公手稿同校。所謂三朝，乃泰昌、天啓、崇禎。起庚申八月，至甲申三月，條繫事件，隨日雜書，語無粉飾，文無編次，指切無隱，題曰"江山遺民李遜之輯"。膚公，其字也。

《啓禎兩朝剝復錄》三卷，吳應箕撰。前有書一通，寄孫鍾元。傅青主山人曰："凡書降削者多與璫忤，陞用者皆附璫者也。天啓時有附而遭斥者，崇禎時有附而倖免者，可考而知。"吳孟堅應箕之子跋曰："此書直書不隱，兵燹散失。三走中州，訪於侯仲衡先輩家始得之。惜不全。"

《聖安本紀》六卷，顧炎武撰。《潛邱劄記》曰："夏存古

《大哀賦》已有聖安之稱，作於丙戌也。紀年又稱毅皇帝，不知何人所謚。毅與聖安俱不確。此君非朱姓，乃福建逃難侍衛私擇一人以充福世子，弄假成真耳。"又曰："《明季遺聞》二本，此書第一受張縉彥賄，第二受李明睿屬，粧點粉飾，總不足信也。"

《所知録》三卷，錢澄之撰。

《行朝録》三卷，黄宗羲撰。

《懿安后事略》一卷，賀宿撰。

《熹朝忠節死臣傳》一卷，吴應箕撰。

《恩恤諸公志略》二卷，孫慎行撰。

《東林本末》三卷，無撰人名氏。

《徐念陽定蜀記》一卷，文震孟撰。

《平蜀記事》一卷，虞山逸民撰。

《攻渝記事》一卷，徐如河撰。

《全吴紀略》一卷，楊廷樞撰。

《袁督師斬毛文龍始末》一卷，李清撰。

《孫高陽後督師略》一卷，蔡鼎撰，附《車營百八叩》。

《孫愷陽殉城論》一卷，蔡鼎撰。

《盧司馬殉忠録》一卷，許德士撰。

《汴國濕襟録》二卷，白愚撰。

《孑遺録》一卷，戴田有撰。

《榆林城守紀略》一卷，戴田有撰。

《甲申忠佞記事》一卷，錢邦芑撰。

《甲申記變》一卷，錢邦芑撰。

《保定城守紀略》一卷，戴田有撰。

《遇變記略》一卷，鬵道人撰。

《滄州紀事》一卷，程正揆撰。

《偽官據城記》一卷，王度撰。

《歷年城守》一卷，王度撰。

《北使紀略》一卷，陳洪範撰。

《宏光朝僞東宮僞后及黨禍紀略》一卷，戴田有撰。

《揚州城守紀略》一卷，戴田有撰。

《揚州十日記》一卷，無撰人名氏。

《東塘日札》二卷，朱子素撰。

《江陰守城紀》二卷，韓葵撰。

《江陰守城紀》一卷，許重熙撰。

《平吳事略》一卷，南園嘯客撰。

《甲行日注》八卷，祁木拂撰。

《仿夷南略》一卷，范康生撰。

《閩游月記》二卷，華廷獻撰。

《劉公旦先生死義記》一卷，無撰人名氏。

《航海遺聞》一卷，汪光復撰。

《風倒梧桐記》二卷，何是非撰。

《江變記略》二卷，徐世溥撰。

《雨粵夢游記》二卷，馬光撰。

《粵中偶記》一卷，華復蠡撰。

《庚寅始安事略》一卷，瞿元錫撰。

《入長沙記》一卷。丁大任撰。

《平定耿逆記》一卷，李之芳撰。

《四王合傳》一卷，無撰人名氏。

《明亡述略》二卷，無撰人名氏。

《錢氏家變録》一卷，錢孺飴撰。錢曾、錢謙光倚其豪族御史錢求赤之勢，索金三千，逼死牧齋之妾柳氏。牧翁得柳如是，惑溺之。見尤侗《艮齋雜說》。錢以名人爲黨魁，末路不檢，爲人掊擊。孺飴，牧齋之子也。柳氏所生，尚幼。一女一贅壻。是編所録皆書札揭帖。柳氏死，門人羣起攻遵王，名曰"獸曾"。牧齋死未三日，獸曾、獸謙光各率家僮突至靈床，云領族貴之命索金三千，有則生，無則死，逼柳氏自縊。尤曰，錢歿，族子奪其家貲，柳遂自縊。曾、謙遺帽鼠竄，門人代作供詞，并以書責曾。內有云："豈君鄴架多書，別有所考據乎？"曾藏書甚富，故書中云然。按錢曾字遵王，牧齋之族也。爲孫輩行，受業於牧齋。注《初學集》、《有學集》，撰《讀書敏求記》，甚自矜貴。然其人如此，不足稱也。此事知者甚少，人亦無有道及者，余故表出之。當時所記，決非虛語，惟其冤之伸否，本書未之及也。

《武宗外紀》一卷

國朝毛奇齡撰

《藝海珠塵》本。是書仿《漢武外傳》，所紀皆實錄中事而史不載者，凡九十四條。《外紀》又刻入《西河合集》，野史中亦備載其事。

毛氏自序曰："同館之爲史者，凡武宗可鑒事皆軼而不書，故作此以補之。"

《後鑒錄》七卷

國朝毛奇齡撰

《西河合集》本。記有明一代盜賊之事。謝給合作《後鑒錄》，輯明治盜始末，茲因其名。

《明季北略》二十四卷

國朝計六奇撰

半松居士排字本。前有康熙十年自序。是書或紀事或列傳，萬曆一卷，凡十六目。天啓二卷，凡六十目。崇禎十九卷，凡五百十四目。補遺一卷，凡四十九目。五朝大事總論一卷，凡四日。六奇字用寶，錫山人。是書刊於都城琉璃廠。

計氏自序曰：“勝朝軼事，亡國遺聞，削焉不録。予漫編一集，上自神宗丙辰，下迄思宗甲申，凡三十年，分二十四卷，題曰《北略》，以誌北都時事之大略云耳。然於國家之興廢、賢奸之用舍、用兵之始末、徵餉之絀盈，概可見矣。”

張溥，字天如，號西銘。同邑吳偉業從受《易》，與張采創立復社，有《七録齋集》，《史論》一編、二編及《論略春秋三書》、《十三經合纂》、《歷代文典》、《文乘》、《通鑑紀事本末》、文光案：袁書張氏重刊，附以論。《古文互删》、《漢魏六朝百三家集》、近有粵東翻本。《歷代奏議》行世。

流賊有六，叛卒、逃卒、驛卒、飢民、響馬、難民是也。

《明季南略》十八卷

國朝計六奇撰

半松居士排字本。《南都甲乙紀》十卷、《閩記》一卷、《粵紀》六卷、《餘記》一卷。

計氏自序曰：“歲辛亥仲夏，予編《南略》一書，始於甲申五月，止於康熙乙巳，凡二十餘年事，分十八卷。雖敘次不倫，見聞各異，而筆之所至，雅俗兼收，有明之微緒餘燼皆畢於是矣。”

福王諱由崧，光宗之侄，建號宏光。唐王立，遥上尊號爲聖安皇帝。我朝削其年號，只稱福藩。

唐王諱聿鍵，太祖九世孫。順治二年，南都失守，福建巡撫張肯堂、巡按御史吳春枝、尚書黄道周、南安伯鄭芝龍等奉王即皇帝位於福州。王雅好圖書，喜翰墨，有河間獻王風。

永明王諱由榔，桂恭王少子。唐王嘗語羣臣曰：“永明，神宗嫡孫。朕無子，後當屬諸。”順治三年八月，福京陷，十月，即皇帝位。仍稱隆武二年，以明年爲永曆元年。以上録於本書。

《明季稗史彙編》二十七卷

不著編輯者名氏

半松居士排字本。共十六種，見於《荆駝逸史》者三種，無撰人名氏者九種。

《烈皇小識》八卷，文秉撰。

《聖安本紀》二卷。《荆駝逸史》六卷，有撰人。

《行在陽秋》二卷。《明末十家集》一卷。

《嘉定屠城録》一卷。《十家集》同。

《幸存録》二卷，夏允彝撰。《十家集》同。

《續幸存録》一卷，夏完淳撰。《十家集》同。

《求野録》一卷。《十家集》同。

《也是録》一卷。《十家集》同。

《江南聞見録》一卷。

《粤游見聞》一卷，瞿其美撰。《十家集》同。

《賜姓始末》一卷。

《兩廣紀略》一卷，華復蠡撰。

《東明聞見録》一卷。《十家集》同。

《青燐屑》二卷，應喜臣撰。

《耿尚孔吳四王合傳》一卷。《逸史》并《十家集》同。

《揚州十日記》一卷，王秀楚撰。《十家集》同。《逸史》無撰人。

文光案：余所藏抄本《明末十家集》共十一卷，不知何人所輯，大致與排字本同。惟寫手不工，錯訛更甚。其書具見於《彙編》。自《彙編》行世，而《十家集》無有抄録者矣。甲申後紀事之書凡百餘種。

《南疆繹史》四十六卷

國朝温睿臨撰。

半松居士排字本。首卷分上、下，次紀略六卷，列傳二十四卷，摭遺十八卷，附《艸識考》八卷。道光十年古高易氏、吳郡李瑶重定序。蕭山蔡聘序。睿臨字鄰翼，一字哂園，湖州烏程人。康熙初舉於鄉，故輔體仁之族孫也。賅貫羣書，熟於史事，於萬季野交最善。《明史》開局時，崑山徐大可司寇延季野主編纂，哂園以應禮部試赴都，得時過從，多所參論。季野因以故明南渡而下三朝事迹屬其自成一史，《繹史》當即是時所作也。温氏原本四十卷，散佚之餘僅存二十卷，且不著名氏，輾轉鈔胥，訛脫尤多。吳郡李氏重爲勘定，增所未備而删其語病，附以《艸識考》，即此本也。橫雲山人《明史稿》於三王諸臣各傳即據温書爲藍本。按鄭餘慶《湖録》，温氏所著尚有《吾徵録》、《鈞役全書》、《游西山吟稿》，俱未之見。萬季野著《紀元彙考》，哂園爲之序，時康熙癸未也。温曰："録得野史數十種，方欲咨訪而萬子溘然先逝。《明史》列傳甫脱稿，尚未訂正也。"

温氏原例曰："野史中有兼記三朝事者，吳偉業《綏寇紀略》、鄒漪《明季遺聞》是也；有紀國變及南渡事者，夏允彝《幸存録》、文秉《甲乙事案》、許重熙《甲乙彙略》、李清《三垣筆記》是也；有專紀弘光事者，顧炎武《聖安本紀》、黄宗羲《宏光實録》、李清《南渡録》是也；有兼紀弘、永兩朝事者，黄宗羲《行朝録》、錢秉鐙《所知録》、瞿昌文《天南逸史》、劉湘客《行在陽秋》是也；有專紀隆武者，閩人《思明大紀》是也；專紀永曆事者，沈佳《存信編》，魯可藻《嶺表紀年》，劉湘客、楊在蓁、毌邃《象郡紀事》，馮甦《劫灰録》，某《南粤新書》、《粤紀事略》，鄧凱《滇緬紀聞》、《滇緬日記》是也；有專紀一人一事者，應廷吉《青燐屑》，史得威《維揚殉節始末》，袁繼咸《潯江紀事》，某《北使記》，范生《虔事始末》，某《贛州乙丙紀略》，徐世溥《江變紀略》，章曠《楚事紀略》，沈荀蔚《蜀難紀略》，楊在朱《容藩亂蜀始末》，武岡《播遷始末》，孫可望《脅王始末》、《犯闕始末》、《安隆紀事》，鄧凱《遺忠錄》、《求野錄》、《也是錄》是也；有專紀魯監國事者，黃宗羲《魯紀年》、《四明山寨記》、《舟山興廢記》、《日本乞師記》，馮京第《浮海記》，鮑澤《甲子紀略》，陳睿思《閩海見聞紀略》是也，共四十餘種。其間紀載有詳略，年月有先後，是非有異同，毀譽有彼此，取萬子季野明末諸傳及徐閣學《明季忠烈紀實》諸傳合而訂之，正其錯謬，刪其繁蕪，補其所闕，撰其未備，以成是編。其他未見之書尚俟再考，然其大略具是矣。"原本前有引，後有論。

《通鑑輯覽》、《三岡志略》、《貢舉考》、《勝朝殉節諸臣錄》、《明季輯略》、《東華錄》、《江南義師始末》、《閏餘逸事》、《殘明書》、《國變難臣鈔記》、《澳門圖志》、《明史稿》、《平定臺海事略》、《國殤事略》、《舊京志》、《國初七子遺書》、《吳下舊聞》、《福人錄》、《三朝閏餘年表》、《明通事案》、《閩小史》、《鮚埼亭集內外編》、《天南逸史》、《廣見聞》、《夢華潭水榭叢錄》、《中興金鑑》、《湖錄》、浙東郡縣新舊志、《金陵賸事》、《魯乘》、越東郡縣新舊志、《三朝備要》、《續鑑》、《南渡錄》，無撰人，與李映碧異。《贛難紀實》、《滇考》、《江東事案》正續編、《綏史後編》、《兩朝識小錄》、《綏寇紀略》，未刻之稿。《甲乙編年》、《三藩紀事本末》、《越中殉義傳》、《滇緬日記》、《三垣筆記》、《揚州殉難記》、《浮海記》。以上引用書目。

福恭王之死也，闖賊瀝其血入酒，雜鹿肉噉之，名曰福祿酒。興寧宮成，王鐸書聯云："萬事不如杯在手，一年幾見月當頭。"此朱存理詩，見《明詩綜》。大獲獎賞。大兵自丹陽趨句容，內閣大學士王鐸、禮部尚書錢謙益盡率諸勳戚文武具表迎降。以上福王卷。福恭王，福王之父。

王自延平出奔，宮眷皆騎，猶載書十餘簏以從。入汀州城，追騎奄至，從官迸散，乃執王與曾妃去。妃没水死，王死於福州。或云代死，或云爲僧於五指山。曾妃通文義，輔王管章奏，凡外廷擬進批答悉，由妃所決可否。然王内憚於妃，多所牽制。以上《唐王紀略》。

永明王在安隆，歲造開銷銀米册報孫可望，稱皇帝一員月支若干，皇后一口月支若干，隱忍之苟延喘息而已。順治十八年，王在緬甸，從臣四十二人俱被害。遂以兵三千圍王所，搜刮金帛，諸王妃及貴人、百官多自盡。大兵臨緬，緬人送王與王子至軍前。康熙元年，奉詔恩免獻俘，故永明得終於滇。《永明王紀略》：福王、唐王俱出奔，惟永明被執。

桐城方密之以智從亡梧江，永明王以閣銜召之入直。密之知事不可爲，祝髮爲僧。此條李氏刊本所補，凡補降一格。

黄宗羲累官至左都御史，《行朝錄》自諱其名，署之曰“某”。《浙東紀略》：南都，福王也。閩疆，唐王也。粵中，永明王也。浙東，魯監國也。

魯王諱以海，高帝十世孫也。父壽鏞，世封於魯，崇禎十五年，大兵攻兗州，城破自縊。以海年幼被執，三刃不中，乃舍去。十七年，嗣魯王位。弘光元年，命往移駐台州。南都不守，羣臣奉箋赴台迎魯王監國。唐王立，頒詔於越。將吏恇惑，權稱皇太侄，具疏以報，於是閩、浙若水火矣。永勝伯鄭彩奉王入閩，時唐王就擒已終，鄭彩專政，逆迹已著。後棄王去，王復入浙。大兵南征，所至奏捷，魯監國自甲午後遯迹海島者又延九年而終。以上《魯監國紀略》。

道光十年，《繹史》訂畢，軍門之客過予曰：“皇朝振旅入關，上契天心，下蘇民困，堂堂整整，史册備詳，而始實因於吳三桂之奉書乞援。三桂翻覆無恒，及於自滅，是史例不當載。惟桂王之死，永明入緬，我朝已度外置之。三桂爲斬草除根之舉，入緬擒王。實出其意，宜於粵紀下附言之。"乃袖出一册，曰《吳逆始末記》，蓋當時從事者之日抄也。因略綜其説，作《紀略補》。李氏校本所補附第六卷後。

崇禎十七年三月，闖賊陷大同，京師戒嚴。封寧遠總兵官爲平西伯，飛檄召之，遷延不及發。及抵山海關，凶問至，遂止。闖聞三桂據關，執其父襄，令招之降，賊并發銀四萬兩犒吳軍。三桂得書，率精鋭赴燕京降。至灤州，聞愛姬陳圓圓吳下女伶，爲吳逆所得。後因正妻妒之，出宮入道。吳敗，不知所終。梅村有《圓圓曲》。爲賊所掠。時方食，抵几於地，鬚髮奮張，具書答襄曰："父既不能爲忠臣，兒亦不能爲孝子也。"即還山海關，襲殺賊將，殲其衆，奉書乞師於我朝。義兵所向，一以當千。闖聞之大怒，帥衆十餘萬束攻山海關。大兵至沙河，敗賊將唐通於一片石。通爲明總兵，守居庸，以關降賊者。賊恨甚，殺吳襄，懸首於竿，走還京師。大兵至，闖焚宮殿，挾太子、二王西走。三桂追及於定州清水河，大敗之。賊奔真定，三桂射闖中肩，狼狽由故關遁去。時睿親王攝政，賜三桂玉帶蟒服等物，晉爵平西王。南都福王立，聞三桂乞師破賊，遥封爲薊國公，遣使齎銀幣入朝致謝，并詣三桂營致福王意。所賜俱不受。南都亡，閩中唐王立。汀州亡，粵中桂王立。順治十六年，桂王亡入緬，雲南悉平。十七年，吳三桂請大舉入緬。大兵臨緬江，即大金沙江。緬人恐，送桂王并其眷屬於軍前。三桂使人環守之。康熙元年，三桂使人以帛縊殺王，槁葬雲南城外。是時明之根葉已盡，無與復爲難者。爵晉親王，子尚公主。據有滇、黔數千里之地，文武官聽自選用，爪牙腹心布列要害。自以爲西南一隅，真子孫萬世之業，而不軌之蹟漸彰矣。

《二申野録》八卷

國朝孫之騄撰

吟香館本。辛丑年刊。是書録明代妖異之事，始於洪武元年

戊申，終於崇禎十七年甲申，故以二申爲名。與《明史·五行志》
多合。

《明倭寇始末》，即谷氏《明紀本末》之一卷，書賈抄出別行
以欺人。

《甲申傳信録》十卷

國朝錢帆撰

抄本。是書每篇各以四字標題，記殉難諸臣、李賊始末、吳
三桂復仇、僞太子及左懋第始末。

錢氏自序曰："所携國變諸録凡十餘家，繁猥不倫，異端叢
出，一時簡策無所折衷。予於是博蒐見聞，勤咨與難諸賢，講求
實録，補闕遺漏，分爲十篇，更七載而後成書。或自爲牴牾，亦
傳聞者之使然也。"

《小腆紀年附考》二十卷

國朝徐鼒撰

原本。咸豐十一年刊。起甲申五月至癸亥八月。甲申以後之
記載，史臣惑忌諱之私，稗史多傳聞之謬，漏略舛錯不可究詰。
是書仰遵純廟附書之諭，竊取《春秋綱目》之義，有《明史》所
未載而人人所欲睹者，蓋所紀皆忠義節烈之事，賢奸勸懲之端，
其有關世道非淺鮮也。

徐氏自序曰："是書考而知其梗概者，則王鴻緒《明史稿》、
温睿臨《南疆繹史》、李瑤《繹史摭遺》、黄宗羲《行朝録》、谷
應泰《明史紀事本末》、楊隆榮《三藩紀事本末》也。參考而訂其
謬誤者，甲申三月以前則吳偉業《綏寇紀略》、鄒漪《明季遺聞》、
李遜之《三朝野紀》、文秉《烈皇小識》、錢帆《甲申傳信録》、
陳濟之《再生紀》、某氏《國變難臣抄》、戴田有《桐城才遺録》、

《保定榆林城守紀略》暨《國子監進士題名碑》、《貢舉考》也。福王南渡事，則顧炎武《聖安本紀》，黃宗羲《宏光實録》，李清《南渡録》、《三垣筆記》，夏允彝《幸存録》，文秉《甲乙紀》，許重《甲乙彙録》，應廷吉《青燐屑》，戴田有《僞東宮僞后事略》，某氏《宏光大事紀》、《金陵賸事》、《揚州殉難觚》、《福人録》暨各省郡縣志、諸家詩文集也。唐、桂二王事，則錢鐙《所知録》，瞿昌文《天南逸史》，閩人《思文大紀》，劉鴻客《行在陽秋》，沈氏《存信編》，魯克藻《嶺表紀年》，馮甦《劫灰録》，某氏《南粵新書》、《粵游見聞》、《東明聞見録》，范康生《仿指南録》，何印甫《風倒梧桐紀》，楊在《紀事始末》，鄧凱《滇閩紀聞》、《遺忠録》、《求野録》、《也是録》，黃晞《江陰城守紀》，某氏《贛州乙丙紀録》，徐世溥《江變紀》，沈荀蔚《蜀難敘》，鄭元慶《湖録》暨閩廣各書也。魯監國及賜姓成功事，則馮京第《浮海紀》，鮑澤《甲子紀略》，陳睿思《閩海見聞》，汪光復《航海遺聞》，某氏《江東事案》、《江南義師始末》，魯乘《舟山忠節表》、《江上孤忠録》，黃宗羲《朱成功始末》，江東旭《臺灣外紀》暨臺灣廈門志、海外諸遺老詩文集也。臣鼐入史館後始創是書，壬子冬乞假歸覲，發家藏稗史參互推勘，五歷寒暑，屬門下士汪達利繕寫成帙，梓而存之。"

文光案：《明末十家集》、《南北略》、《荆駝逸史》諸書，抄本訛舛，活字本更不足據。是書以編年之體詳敘福、唐、桂三王始末，自南都立國，至臺灣鄭氏止，博採諸書薈萃而成，而考訂最精且有條理。每段後有評語，冠以"徐"、"徐鼐曰"。凡所考證，夾注書之，各加"考曰"。自是書出而諸書之謬誤是正，誠善本也。先生通籍詞垣，服官中秘，無書不讀，經術淵深，詩文集外有《讀書雜釋》諸書，多未付梓。《小腆紀年》外有《小腆紀傳》，合刻成書，而《紀傳》未見，蓋初印之時《紀傳》猶未出也。得此一書，而甲申後之紀錄備於此矣。

閣氏曰："絳雲樓作史，羣鬼皆夜哭且見形焉，以翻成案而不公也。"錄於《潛邱劄記》。

焦元熹，康熙丙子舉人，安貧不仕，著述甚富。皆以"此木軒"標題。有《小國春秋》一卷，紀邾、莒、滕三國事，吳氏刻入《藝海珠塵》，亦雜史也。

右雜史類

雜史者，正史、編年之外別爲一家。左氏外傳不列經門，戰國策謀究非子類。體既不純，言或失實。自後羣才繼起，作者甚衆。或抄撮舊史，或編輯新聞，又有委巷之談，迂怪妄誕，自爲一家，真偽莫辨。馬氏《通考》雜史、雜傳、霸史、偽史、史抄合爲一類，因仍舊文，不加考訂，遂與雜家、小說互相紊亂。鄭漁仲嘗謂古今編書所不能分者五，傳記、雜家、小說、雜史、故事也。今所錄者凡十七家。《貞觀政要》專美一朝，《渚宮舊事》獨記一地，至於採石之記、靖康之錄，或具一事之始末，或成一代之全編，均非小說，則史類也。至於《明季稗編》、《荆駝逸史》，本子部之叢書，然事關軍國，言及廟堂，足以存掌故，資質證，述明末之事者必取之於此，與他叢書之種類不一者有異，因以是殿於雜史之末，使讀者備考焉。

校勘記

〔一〕"直"，原作"真"，據《新唐書·吳兢傳》改。

〔二〕"蓍"，原作"奠"，據《雲南機務鈔黃·自序》改。

史部六
詔令奏議類

《唐大詔令集》一百三十卷

宋宋敏求編

抄本。是書無刻本，輾轉傳鈔，訛誤頗甚。前有熙寧三年宋敏求序。此本本爲其父綬原編，未次甲乙，亡後敏求重爲緒正，釐三十類，總一百三十卷，録三卷。此本無録。宋諱字俱缺筆，知從宋本影出，視别本差强。中有闕卷，與《四庫》所著同，《平津館》寫本亦同。詔令之美，無過漢唐，宋敏求所輯多足以裨史。兩漢詔令取之三史，然彙而聚之，足以觀文章爾雅、訓詞深厚之遺。兩宋以後，内外制散見諸集，宜尋覽焉。

《提要》曰："敏求嘗預修《唐書》，又私撰唐武宗以下實録一百四十八卷，於唐代史事最爲諳悉。此本闕卷第十四至二十四，八十七至九十八，凡二十三卷，參校諸本皆同，其脱佚蓋已久矣。唐朝實録今既無存，其詔、誥、命、令之得以考見者，實賴有是書，亦可稱典故之淵海矣。"

文光案：《四庫全書》闕卷者甚多，其詳載於《天禄琳琅書目》。外間藏書家間有完本，或補足者。如《綏寇紀略》十五卷，《四庫》著十二卷，今有補足之本，蓋後三卷未刻，遂至散佚，久而復完也。《拜經樓題跋記》云："《綏寇紀略》三卷，係未經刊刻者。先君子云原本十五卷，又名《鹿樵紀聞》。予有抄本，十五卷俱全，始鶉首火，迄虞淵沉。下末一卷爲附記，起漳泉海寇，迄湖南各賊。吳書至道光間始完，而《唐詔令集》至今猶缺，且諸本皆同，藏書家亦未有能補一二者。高文大册湮没數十卷，深可惜也。"

《兩漢詔令》二十三卷

《西漢詔令》十二卷　宋林慮編　《東漢詔令》十一卷　宋樓昉續編

元本。元至正己丑蘇天爵序。

蘇氏序曰："是編吾家所藏，及官於浙省，與憲使公議刊行之。向聞於潛洪咨夔亦嘗纂次成書，事著其略。帝繫之説，惜乎不傳，獨得其總論，刊置卷首。又命進士高明輯其目，文學録許益孝正其訛云。"

總論曰："自典謨、訓誥、誓命之書不作，兩漢之制最爲近古。一曰策書，其文曰維某年月日；二曰制書，其文曰制詔三公；三曰詔書，其文曰告某官如故事；四曰誡敕，其文曰有詔敕某官。此其凡[一]也。策有制策、詔策、親策。敕[二]有詔敕、璽敕、密敕[三]。書有策書、璽書、手書、權書、赫蹏書。詔有制詔[四]、親詔、密詔、特詔、優詔、中詔、清詔、手筆下詔、遺詔[五]。令有下令、著令、絜令及令甲、令乙、令丙。諭有口諭、風諭、譙諭。宥罪有赦，訓諸王有誥，召天下兵有羽檄。要誥有誓約，廷拜有贊[六]，以至有報，有賜，有問，有誥。又[七]有手迹、手記。詔記[八]其曰恩澤詔書、寬大詔書、一切詔書及哀痛之詔，隨事名之。此其目也。策命簡長二尺，短者半之，以篆書。罷免用尺一木，兩行，以隸書。遺單于書牘以尺一寸，選舉召拜亦書之尺一板。

古今篆隸文體曰鶴頭書，與偃波書俱詔板所用，在漢則謂之尺一簡。詔書有真草。又有案，案者，寫詔之文，一札十行，細書，以賜方國。札，牒也。孟康曰'漢初有三璽'，蔡邕《獨斷》曰'天子六璽'，皆白玉螭虎紐。《輿地志》曰'漢封詔璽用武都紫泥'，故制詔皆璽封，尚書令印，重封。惟赦贖令司徒印，露布州郡。詔記綠[九]綈方底，用御史中丞印。通官文書不著姓，司隸詣尚書。封胡降檄著姓，非故事。詔書[一〇]，皂囊施檢。報書，綠囊。密詔或衣帶間。丹書藏之石室，策書藏之金匱。此其制也。後漢詔見於注。世祖官王閎[一一]子詔，附見《董賢傳》，范書逸之。大抵史遷所筆，皆有深意，固文贍而意不逮，范則文亦不逮乎固矣。咨夔假守龍陽，縱觀三史，哀若干通事，著其略，以臆見縶爲若干卷，總曰《兩漢詔令》，以補續書之亡。欲觀漢詔者，當有志于斯文。"

以上詔令奏議類詔令之屬。

《陸宣公奏議》四卷

唐陸贄撰

江氏刊本。《楊誠齋集》内有《東宫勸讀録》，於宣公奏議多所駁正。宋郎曄有《宣公奏議注》十五卷，今刻入《十萬卷樓叢書》。

樓氏曰："阜陵喜觀陸贄奏議，故紫微崔公爲總要一書上之。東坡曰：'如贄之論，開卷了然。聚古今之精英，實治亂之龜鑑。然奏議繁重，尚勤乙覽。'是書摭華删冗，因門分類，名言確論，一閲而盡。"録于《攻媿集》。

朱氏曰："陸宣公《翰苑集》載建中中宰相拜免，往往數人合爲一制，蓋唐故事也。國朝建隆初，除相猶循此體。近世雖侍從官亦不然，唯庶官并命則人合爲一制。又制詞率用字數多寡爲難，重官愈尊則詞愈多，且必過爲稱譽，反類啓事。稱美宰輔必曰伊、周，儒學議論之臣必曰董、賈，將帥必曰方、呂，牧守必曰龔、黃。至拜相相麻詞，姓名之下率以五字爲句。循習如此，竟不知起於何人。程致道爲中書舍人，嘗論之。"錄于《曲洧舊聞》。

吳氏曰："三代以後，大臣論事未有能如陸宣公者。蓋其學正，其識精，其氣和，其辭達，其所論深切著明如此。雖以德宗之疆恢自任，猜忌多疑，然覽所奏，未嘗不心服也。夫以眉山蘇氏文章之敏妙，新安朱氏義理之精微，至于奏篇，必效其體，豈非百世人臣告君之楷式乎？廬陵鍾士益博綜羣書，喜讀奏議，各疏事迹始末於每篇之下，其所援據亦皆附載。繼之以諸儒之評，廣之以一己之説，因郎氏舊注而加詳焉。凡公之言，或用於當時，或驗於他日，莫不了然易見，其可謂有功於前訓，有補于後賢者矣。"此吳文正公《陸宣公奏議增注序》，錄於本集。

《宋名臣奏議》一百五十卷

宋趙汝愚撰

宋本。淳熙庚戌眉山史季溫序。

史氏序曰："先正丞相忠定福王趙公，曩嘗編類《國朝名臣奏議》，開端于閩郡，奏書於綿城，亦已上徹乙覽。淳熙於今踰六十年，舊鋟本已燬。公之孫尚書閣學必願繩武出鎮，刊刻未就，適季溫以臬事攝郡，捐金命郡文學朱君繼成之。"

《包孝肅公奏議》十卷

宋包拯撰

鑑湖亭本。嘉慶八年重刊。前有張祥云序，張田序，後有《隆平集》傳、《宋史》本傳、祠記、墓記、遺事，趙磻老跋。

張氏序曰："史言十五卷，今存一百七十一篇，爲十卷，門人張田編次。本傳及公軼事附於卷尾。藏府學尊經閣，梓三易，近復漶漫。公餘補綴殘闕，繪像簡端。今奉命守廬，拜公遺像於香花墩上。墩在廬州府城南，廬人與公子孫即其地祠公，蓋即公讀書故處云。"

張田序曰："公薨後三年，田守廬州，盡得公生平諫草於其嗣子大祝君。因取其大者列三十門，凡一百七十一篇，爲十卷，恭題曰《孝肅包公奏議》。集納諸家廟，庶與其後嗣亡窮也。"

趙氏跋曰："奏議十卷，置板郡學，悉爲煨燼。訪舊本，補亡書七篇及遺脱計二百八十六字，遂爲繕本鋟板，以附新學。"

汪氏曰："《包孝肅公奏議》分門編類，其事之首尾、時之先後不可考也。如清福河北兵馬凡三章，其二在第八卷《議兵門》，其一乃在第九卷《議邊門》，其不相貫串如此。今考其歲月，繫於每章之下，而記其履歷於後。若其歲月可見於章中者，不復重出焉。夫不可得而考者，不容不闕也，庶幾讀者尚可尋其大概云。如劾罷張方平、宋祁三司使，而奏議不載，豈包氏子孫所不欲以示人者耶？本傳云'知瀛州除放，一路所負回易公使錢十餘萬，仍奏諸州毋得取回易公使錢，遂著爲令'。然著令乃慶曆七年十一月，時未帥高陽也，疑傳之誤。又曰包孝肅公家婦崔氏夫亡子夭，惸然無歸，而能誓死不嫁，撫養孤弱，以立包氏之門。元祐十年，詔封永嘉郡君，表其門閭。"録於《文定集》。

《包孝肅公奏議》十卷

宋包拯撰

中天樓本。康熙丁丑張純修重刊，有序。凡一百六十三篇，不如鑑湖本完備。前有嘉靖三十四年豐城雷逵序、正統元年胡儼序、康熙庚子陳朝幹序。

雷氏序曰："廬州介在江淮間，代有聞人，而包孝肅、余忠宣二公尤爲奇偉。余有《青陽集》，予已梓之郡齋。《孝肅奏議》刻久漶漫，讀者病之，因重命鐫。”

胡氏序曰：“《奏議集》十卷，自應詔至求退凡三十有一類，乃公之門生尚書職方員外郎知廬州軍州事張田所編次，序而藏諸家廟者。自公之没已四百年，今江西布政司參政方公正於公爲鄉人，得其遺稿，將椾梓以傳，屬儆爲之序。”

陳氏序曰：“忝司廬郡鐸，得奏議於尊經閣，板多散失，因葺而編之。”

《東南防守利便》三卷

宋呂祉撰

《珠塵》本。祉，字〔一二〕安老，建州建陽人，建炎中爲右正言。

呂氏進書狀曰：“蒙恩除知建康府，臣自到今任，與僚屬文學之士取漢魏以來方策所載山川險阻、道里遠近、兵馬屯戍之地、爭戰勝敗之事，裒集類次，命本府通判吳若、安撫司準備差遣陳克董其事，作《東南利害總論》，作《江流上下論》，作《江淮表裏論》，作《建康根本論》。誠以駐蹕建康，故自六朝建都以來，沿江戍守、城地、宫室、郊廟、河渠、事迹悉以類舉，南北之事盡此矣。釐爲三帙，隨狀進呈。”

南國之患三：一曰金賊，二曰僞齊，三曰楊么。

《秦漢疏書》十八卷

不著編輯者名氏

明本。嘉靖戊午徐紳校刊。前有聶豹序。目題疏書與序互倒。

聶氏序曰：“監察徐君獲是本於三泉林監察之所，讀而悦之，謂是傳宜廣。但斷自漢始而黜秦，備采書疏而不及詔令。秦治無論也，而文之古不可少。吉安府黃國卿刻板藏洞學，使士之進學於洞者得縱觀焉，率監察意也。計秦書疏三卷，西漢書疏六卷，東漢書疏九卷。監察姓徐，名紳，字思行，號五臺。以名進士起家，奉命按江右。"

《晉溪敷奏》十四卷

明王恭撰

明本。茶陵廖希賢序。

廖氏序曰："少保王公歷朝四十餘年，諸所建白具存牒記。在水部有《漕河圖誌》，在户部有《四科十三司條例》，爲户部尚書有《户部奏議》，爲三邊總制有《環召新疏》。正德乙亥迄今庚辰，海内多故，公嚴居守之策，驅内交之虜，靖宸藩之變，消權黨之憂，此奏議可考而知也。"

《盧公奏議》十卷

明盧象昇撰

祠堂本。《提要》曰未見。此崇禎十五年楊延麟輯本，有自序。道光九年任泰校刊。前有本傳、乾隆四十三年潘兆熊序，後附尺牘五首、記一首、紀實一卷。盧公曾孫豪然所刊今已罕見。嘉慶間邑人朱麟徵以聚珍板印百部，此第二刻。蔣相國制兩江，捐俸屬之任泰，此第三刻，板歸祠堂。

《歷代名臣奏議》三百十九卷

明張溥編

明本。崇禎八年刊，陳仁錫序。永樂十四年，黃淮、楊士奇等奉敕編《歷代名臣奏議》，自商周迄宋元，分六十四門，共三百五十卷。當時書成，僅刻數百本頒諸學宮，板藏禁中，世所希有。

張氏所刻爲節録之本，自言得太原藏本爲删節重刊，卷目均依其舊。所不同者原本有慎刑一門，張本無之；張本有漕運一門，原本無之。不知何以互異。張本割裂太甚，全失其真，去原本遠矣。

《關中奏議》十二卷

明楊一清撰

五華書院本。嘉慶二十年刊。楊文襄，云南人。凡五蒞陝西，一官一集。奏議刻於關中，因以爲名。原本十八卷，顧蒓提學云南，存其有關學問經濟者，訂爲十二卷，此本是也。謹案：《簡明目録》著録十卷，其本嘉靖初刻於南京，與此本不同。而顧序所云十八卷之本則未之見。

《垂光集》二卷

明周璽撰

鑑湖亭本。道光八年張祥雲校刊，有序。書前有周忠愍公傳。上卷疏十三篇，言皆痛切，疏後附家書一通。下卷附録敕命、祭文、墓表、碑記及題詠詩歌。忠愍官給事中，爲劉瑾所搆，斃於廷杖。嘉靖二年諭祭文謂削籍歸田，遂焉淪没，似卒於歸田之後，與史不符，蓋當時諱言杖死也。

《馬端肅奏議》十六卷

明馬文升撰

明本。魏尚綸編次，有跋。嘉靖丁未江都葛洞校刊。謝應徵序，汪日鯤序，九世馬涅跋。謹案：《四庫》所著十二卷之本，乃其孫天祐所編，與此本不同。端肅練達政體，直言讜論具在此書，可與史傳互證也。

魏氏跋曰："公歿四十餘年，其孫長史君天祐以其奏章示予，爲之編次，付國子生葛子開校刊於邦江書館。"

　　文光案：其全文皆在集中，可以互勘。

《明臣奏議》四十卷

乾隆四十六年奉敕編

　　聚珍本。《簡明目録》作二十卷，誤。首上諭、凡例、目録，自洪武至崇禎按紀年先後爲次，其同時陳奏考官階大小爲次。

　　明代奏議現在四庫全書館，散見諸臣文集内者甚多，并有彙萃成書，如《經濟録》及《疏議輯略》等編。兹俱詳加蒐採，選録全文。至於館書未載而其言可録，則從《明史》本傳中刪節之文採入，以存梗概。

　　明臣習尚喜滋議論，奏牘之繁迴逾前代。是編專擇危言讜論、得失攸關，以著勸懲而垂法戒。如泛行陳奏或門户交攻，文采雖工，概從汰置。

　　舊傳名臣奏議之本，宋汝愚專録本朝，明楊士奇兼綜歷代，但分門别部，轉近類書體裁。是編次第斠然，悉符史家體例。

　　是編題下注某朝某年，疏後查載行否。

《皇清奏議》六十八卷

不著編輯者名氏

　　排字本。仁和琴川居士依國史館本編次。謹案：《皇朝經世文編》所載奏議甚多，宜互觀之。又别集中多奏議，今録其憶及者於此：《范文正公集》、《忠宣集》、《水心集》、《公是集》、《韋齋集》、《司馬文正公集》、《歐陽文忠公集》、《鄆峰真隱漫録》、《誠齋集》、《蘇魏公集》、《李忠定公集》、《恥堂存稿》、《彭城集》、《净德集》、《雪山集》、《攻媿集》、《梅溪集》、《魯齋遺書》、《文恭集》、《宋景文集》、《止堂集》、《蒙齋集》、《忠正德集》、《岳武穆王集》、《趙清獻公集》、《文溪集》，以上宋集。《見素集》七卷，明林俊撰，原集二十八卷，此本祇抄奏議，不及其他。《三垣疏稿》三卷，明許譽卿撰，凡吏垣十二疏、兵垣五疏、工垣六疏，吳氏刻入《藝海》。譽卿入國朝爲僧。《左忠毅公集》二卷，明左光〔一〕斗奏疏三十篇，其子國柱等編次刊行。前有傳，後跋二首。夏言《桂洲奏議》十六卷，明刻本，無序。以上明集。《陶云汀奏疏》八十四卷，道光八年門人李廷錫校刊。《汪稼門奏稿》十二卷，官福建巡撫時所著。以上國朝奏議。

　　以上詔令奏議類奏議之屬

　　右詔令奏議類

　　右史記動，起居注是也。左史記言，詔令是也。起居注古本久佚，不能建類。詔令奏議，《唐志》始立此門，深合古義。今所錄者凡十五家。單行之奏議亦別集類，歷代之奏議亦總集類也。考《漢志》載奏事十八篇，附《春秋》後，則論事之文宜歸史部。黃氏《千頃堂書目》移制誥於集部，馬氏《通考》以奏議一門列子集末，於理未安，今不復從，凡屬奏稿皆歸此門。至於各集中之奏議，與集并行，亦不復出，惟著其大略於注中，以概其餘，兼備檢閱。所藏奏稿尚多，別存其目，茲不備列。

校勘記

〔一〕"凡"，原作"文"，據《兩漢詔令・兩漢詔令總論》改。

〔二〕"敕"，原作"敕"，據同上書改。

〔三〕"敕"，據同上書補。

〔四〕"詔"，據同上書補。

〔五〕同上。

〔六〕"廷拜有贊"，原作"廷贊有拜"，據同上書乙正。

〔七〕"又"，原作"文"，據同上書改。

〔八〕"記"，原作"觀"，據同上書改。

〔九〕"緑"，原作"緣"，據同上書改。

〔一〇〕"書"，據同上書補。

〔一一〕"王閎"，原作"閎王"，據同上書改正。

〔一二〕"字"，原作"守"，據《宋史·呂祉傳》改。

〔一三〕"光"，原作"先"，據《四庫全書總目》（以下簡稱《總目》）改。

史部七

傳記類一

《孔子編年》五卷

宋胡仔撰

耘經堂本，嘉慶戊寅年刊。又胡氏宗祠本，又范氏天一閣抄本，略有注。

《提要》曰："是書輯録孔子言行，以《論語》、《春秋三傳》、《禮記》、《家語》、《史記》諸家所載，按歲編排，體亦如年譜。其不曰年譜而曰編年，尊聖人也。由宋迄元、明，集聖蹟者日多，亦猥雜日甚。仔所論次猶爲近古，故録冠傳記之首。"

《孔子編年》四卷

國朝狄子奇撰

江寗本，道光庚寅年刊。前有温肇江序、自序、凡例。是書取孔子平生事蹟，仿胡元任編年例，以次録之，稍加釐訂。所採諸書皆信而有徵，一切妄誕之説概置弗録，即《家語》、《史記》有不可訓者亦從删汰。先儒辨論有足資考訂者，以小字分註於各條之下，已見以"愚按"别之。

《孟子編年》四卷

國朝狄子奇撰

安雅齋本。道光庚寅年續刊。前有自序、凡例，後有刻書跋。

孟子無年可考，然其生平出處有可推測而得者。大約四十以前講學設教，六十以後歸老著書。其間傳食諸侯不過三十餘年事，而歷騁所至，則惟齊、宋爲兩，餘各一。其至之前後，則齊最先，宋次之，滕次之，梁又次之。去梁後乃仕齊，又由宋而薛而歸魯。

程復心《孟子年譜》、譚自默《孟子編年略》、季本《孟子事蹟圖譜》、閻若璩《孟子生卒年月考》、任啓運《孟子考略》、周廣業《孟子四考》、曹之升《孟子年譜》等書，皆互有得失。

《聖蹟圖》一卷

不著編輯者名氏

刻本。自麟吐玉書至真宗祀魯，凡五十三圖。首爲聖行顔隨像，圖各有說。前序即《史記·孔子世家》。曲阜聖蹟殿石刻聖蹟圖及凭几像、立像、行教小影。行教小影顔子從行者最真，傳爲端本氏手寫，晉顧凱之重摹，見《昭代叢書》、孔尚任《出山異數紀》。

《聖蹟圖》古本首聖像，自尼山禱祠至孔廟植檜共七十圖，有說有贊，顧沅校刊，無序。

《孟子聖蹟圖》一卷，首孟子像，自三遷擇里至風齊孔阜共二十一圖，各有說并贊。顧氏重刊古本。《聖廟典祀圖考》五卷，首冠以列聖御製序贊，卷一聖像四，配十二哲像。卷二至卷五兩廡先賢先儒像，東廡六十四位，西廡六十四位，各有傳并贊，附《崇聖祠考》。顧沅敬輯賀長齡、尤興詩，彭希鄭序。道光丙戌吳門顧氏賜硯堂刊本。

《聖賢像贊》三卷，序稱冠洋子輯，明本。崇禎壬申吕維祺序，贊至陽明先生，與四庫所收之本不同。《聖賢圖贊》無卷數，明本，摹仁和縣學石刻而不著刊書人姓名。宣德二年吳訥序録，像爲李龍眠筆，宋高宗製先聖贊，又撰七十二子贊，刻石於學。

《聖域述聞》二十八卷，黄本驥編，《三長物齋》本。

《孟子年譜》一卷，黄氏得孟子家譜，證以史鑑，别爲是譜。自序云生卒年月考與《孟子》多牴牾。

《孟子時事略》一卷，任兆麟撰，有《竹居集》本。

《山書》，記孔、孟生卒。

《洙泗纂規》一卷，周承史編，范鄗鼎重訂。

《闕里志》二十四卷

明陳鎬撰

明本。弘治己丑年刊，其後屢有修輯，不免蕪雜。康熙十二年，宋際爲孔廟司樂，慶長爲典藉，同撰《闕里廣志》二十卷，亦無所考訂。

《闕里文獻考》一百卷，孔繼汾撰，曲阜本末有《辨誤》一卷。

以上傳記類聖賢之屬

《晏子春秋》七卷　《音義》二卷

舊本題齊·晏嬰撰

陽湖孫氏本。乾隆戊申年校刊，前有孫星衍序。此本自《初學記》、《文選注》、《藝文類聚》、《後漢書注》、《太平御覽》諸書所引，皆具於篇，末章所缺據《御覽》補足，又爲《音義》於後，明有依據。定爲八篇，以從《漢志》。《内篇》分諫上、諫下，問上、問下，雜上、雜下，分六篇。《外篇》分上、下二篇。爲七卷，以從《七略》。《内篇》六卷，《外篇》一卷，雖不能復舊，勝俗本遠矣。世俗所傳関本或删或複，變亂無緒。孫淵如所據爲萬曆乙酉沈啓南校梓本，《四庫》所著爲明李氏綿眇閣本，兩本差爲近古，近則以孫本爲善。《晏子》古無注本，孫氏撰《音義》始得其解，且標古韻，最佳之注也。《晏子》舊列子部儒家類，《四庫全書總目》移入史部傳記類，今敬遵之。《晏子》名春秋，見於《史記·管晏列傳》，或疑其文出於齊之《春秋》，雖無年月，尚仍舊名。凡子書多非自著。嬰死，其賓客哀之，集其行事成書。古人書凡稱外篇者，半由依託，故劉向疑之。

《晏子》八篇，見《漢志》及隋、唐《志》。宋時析爲十四卷，見《崇文目》。實是劉向校本，非僞書也。唐宋以來傳注家多引之，足證經義。其與《管》、《列》、《墨》、《荀》、《淮南》、《新序》互異者，又足資參訂。或以爲後人所爲，則妄矣。儒書莫先於《晏子》，向序言其六篇，皆忠諫其君，文章可觀，義理可法，皆合六經之義，是以前代入之儒家。柳宗元謂墨氏之徒爲之，晁《志》承其誤，可謂無識。晏子尚儉，其居喪盡禮亦與墨異。

護左都水使者光禄大夫臣向言：“所校《晏子》，凡中、外書三十篇，除復重定著八篇，二百一十五章。外書無有三十六章，中書無有七十一章，中、外皆有以相定。中書以‘天’爲‘芳’，又爲‘備’，‘先’爲‘牛’，‘章’爲‘長’，如此類者多，謹頗略楢，皆已定以殺青，書可繕寫。晏子博聞强記，通於古今，事齊靈公、庄公、景公，以節儉力行，盡忠極諫，道齊國君，得以正行，百姓得以附親，蓋次管仲，齊人重之。《外篇》不合經術，似非晏子言，疑後世辨士所爲者，亦不敢失。其六篇可常置旁御觀，謹第録。臣向昧死上。”

文光案：此序首尾乃漢時奏書之式，故録之。中書謂内閣之書，《晏子》十一篇。外書謂外間之書，《晏子》十九篇。

向以中外兩本互校，定爲《内篇》六篇，《外篇》二篇。《外篇》者何？其一爲復重文辭頗異者，其一爲不合經術者。

《魏鄭公諫録》 五卷

唐王方慶撰

抄本。前後無序跋。

《提要》曰：“方慶名綝，以字行。博學練朝章，著書二百餘篇。此乃所録魏徵事蹟。《唐志》以爲《魏徵諫事》，《通鑑綱目》以爲《魏元成故事》，標題互異。惟《容齋隨筆》作《魏鄭公諫録》，與此相合。方慶在武后時亦思以伉直自見者，故於徵諫争之語摭録最詳。《通鑑》所記徵事多以是書爲據。”

《魏鄭公諫續録》 二卷

元翟思忠撰

聚珍本。前後無序跋。

《提要》曰：“是書刻於元統中，明初已罕流傳。此本載《永樂大典》中，綴王綝所作《諫録》之後。《唐書·魏徵本傳》前後二百餘奏，已不盡傳。此本捃拾衆說，有補治道，非他小說雜記比也。”

《道命録》 十卷

宋李心傳撰

《知不足齋》本。前有李心傳序。是書載程子、朱子進退始末，備録其褒贈、貶謫、薦舉、彈劾之文。第二卷有《元祐黨籍碑》，第七卷分上、下，有《僞學逆黨籍》。李氏原本五卷，淳祐十一年，新安朱申知江州，刻於九江郡齋。有捃此十卷之本，爲元至順癸酉新安程榮秀所編，序言因原本釐定，次爲十卷，實有所附益也。此本先引詔制劄子，次注事蹟，降一格書之，凡八十五事。鮑氏本不載程序。

李氏自序曰："余嘗網羅中天[一]以來放失舊聞，編年著録，次第送官。因得竊考道學之廢興，乃天下安危、國家隆替之所關繫，未嘗不歎息痛恨於惇、京、檜、侂之際也。自數十年不幸，憸邪讒諂之小人立爲道學之目，以廢君子。而號爲君子之徒者，亦未嘗深知所謂道、所謂學也，則往往從而自諱之，可不歎哉！子曰：'道之將行也與？命也。道之將廢也與？命也。'故今參取百四十年之間道學廢興之故，萃爲一書，謂之《道命録》，蓋以爲天下安危、國家隆替之所關繫者，天實爲之，而非惇、京、檜、侂之徒所能與也。"

《伊川先生年譜》一卷

宋朱子編

《二程遺書》本。譜後有附録。

黄氏曰："古無年譜，昉自宋人，若洪興祖於昌黎，文安禮於子厚，吕大防於子美，薛仲邕於太白，樓鑰於范文正，薛齊誼於歐陽，何掄於三蘇，黄營於山谷，李方子於紫陽是也。自爲年譜，近方有之。然徐文長《畸譜》、李元仲《歲紀》，雖編年自作，不以年譜名，充其類其諸王充自紀、陶潛自傳、江淹自序之遺意與？"録於《唐堂集》。

胡氏曰："年譜不一，惟桐川薛齊誼、廬陵孫謙益及曾三異三家爲詳。"録於舊稿。

《陸子年譜》一卷

宋袁燮編

《象山集》本。前有雍正壬子李紱跋。

李氏跋曰：“陸子始創稿於門人袁正獻、傅子雲，彙編於李子願。寶祐四年，劉林刻於衡陽。其後陸氏宗祠附刻於全集之末，多所刪削。楊文簡所撰行狀，亦不備載。”

《韓柳年譜》八卷

《韓文類譜》七卷　宋魏仲舉撰　《柳文年譜》一卷　宋文安禮撰

小玲瓏山館重刊宋本。韓譜，陳景雲跋。柳譜，陳慶雲跋。韓譜第一卷爲《韓吏部文公集年譜》，呂大防撰。元豐七年記曰：“予苦韓文杜詩之多誤，既讎正之，又各爲年譜，以次第其出處之歲月，而略見其爲文之時。”第二卷爲《韓文公歷官記》，程俱撰。崇寧元年序曰：“予友陳傳道嘗稿具韓文公出處之概，凡傳不載而見於他書者，將一二以記。予疑未廣，因補次其遺，十增七八。”第三卷至第七卷爲《韓子年譜》，洪興祖撰。宣和乙巳序曰：“予校韓文，以唐本、監本、柳開、劉燁、朱台符、呂夏卿、宋景文、歐陽公、宋宣獻、王仲至孫元忠、鮑欽止，及近世所行諸本，異同者兼存之，作《年譜》一卷。其不可以歲月繫者，作《辨證》一卷，所不可知者闕之。”柳譜末有紹興五年六月甲子知柳州軍州事潞〔二〕國文安禮序。

陳氏跋曰：“南宋慶元中，建安魏仲舉刊《韓集五百家注》，輯呂、程、洪三家所撰譜記七卷，名曰《韓文類譜》，後無繼刻者。廣陵馬君嶰谷訪是譜於藏書家，近始得之，因亟付梓以廣其傳。譜中有附錄六十餘條，皆莆田方崧卿增考年譜之文。朱子採入《考異》，餘疑悉出崧卿。方考有別見《考異》而是譜未採者，蓋譜尚非其全。他日更購完本彙刻流傳，尤善矣。”

陳氏跋曰：“柳集久逸，年譜獨存。其序馬君嶰谷涉江購韓譜後復收宋槧柳集殘帙，其中年譜完好，乃諸本所無，因與韓譜同梓。是柳奭爲柳子高伯祖，非曾伯祖，足訂前賢之疏。又陽城自國子司業出刺道州，《唐史》無年月，《通鑑考異》謂在貞元十四年，《譜》以遺愛碣及與太學諸生書并繫貞元十五年，《譜》爲是也。集中與太學諸生書題下注貞元十四年，乃後人承《通鑑》之文而失之，當據《譜》釐正。"

《蘇長公外紀》十卷　　《逸編》二卷

王世貞撰

燕石齋本。璩之璞校刊補逸。前有王元美自序、刊書木印、目録、識語。是書凡二十目，曰年譜，王宗沐所編；曰遺事；曰恩遇；曰賞譽；曰好士；曰志行；曰政術；曰詩話；曰文談；曰考誤；曰元理；曰禪那；曰調謔；曰風流；曰書畫；曰雜記；曰遺迹；曰譏評；曰詩案，共六百九十餘事。璩氏因馮元甫家刻未完，姜伯甫抄本紊雜，重加刊正，補入百餘事，名曰《逸編》，合爲十二卷。此猶明刻之原本，板尚工整，校刊不苟。後坊刻《宋四家外紀》，徐熥《蔡紀》、陳之紳《黃紀》、范明泰《米記》，其中《蘇紀》與此不同。

《諸葛忠武書》十卷

明楊時偉編

明本。首萬曆己未自序二首，一合刻忠武、靖節二編序，一本書序。次目録，一年譜，二傳録，三詔漢，四連吳，五南征，六北伐，七調御，八法檢，九遺事，十雜述。中多案語，有評論，有考證。王士駿《武侯全書》十六卷，目録一鼎立，二繼統，三連吳，四南征，五北伐，六遺命，七調御，八法檢，九用人，十世系，十一異同，十二遺事，十三八陣，十四綱目，十五評論，十六碑銘。又《紀言》三卷，楊氏因王同伯書繁複冗雜，略不校勘，更撰此編，存其六門，增以四門。自序云更張位置者三之一，增損事辭者十之九，自成別本。

陳壽進《諸葛氏集》目錄：開府作牧第一，權制第二，南征第三，北出第四，計算第五，訓厲第六，綜覈上第七，綜覈下第八，雜言上第九，雜言下第十，貴和第十一，兵要第十二，傳運第十三，與孫權書第十四，與諸葛謹書第十五，與孟達書第十六，廢李常第十七，法檢上第十八，法檢下第十九，科令上第二十，科令下第二十一，軍令上第二十二，軍令中第二十三，軍令下第二十四。右二十四篇，凡十萬四千一百一十二字。又按：本集雖亡，幸存題目。而一切訛託者，又幸其別立篇名，絕不攙溷。然則存羊辨雁，正賴古書，不惟裴世期、王囘伯有功史籍，而陳《志》益不朽矣。

楊氏自序曰：“按陳《志》所載，《開府作牧》等書具存目錄，而裴注引亮集云云，至東坡、水心乃有不見全書之歎，則侯集之亡久矣。傳言好爲梁父吟，不言自[二]作，若今所傳‘步出齊城門’，意義庸淺，奚取而好吟之？《黃陵廟記》亦絕不類當時語氣，別有附乙，以俟明者。又按傳封武鄉侯，諡忠武，而後人止稱武侯，不解何義，因題其端曰《諸葛忠武侯書》。原集既亡，安得云全？而取贋亂真，疑誤後學，如《新書》、《將苑》等類，則非必陳、裴不載，囘伯不取，而始辨也。是用商之同志，寧覈無濫云。”

古人年譜無事則闕，此特變體。歲引時事，光和以前蘊亂未熾，黃巾、卓、操適際侯生，特紀厥要，以志時艱，而事涉魏、吳爲稍詳焉。侯於獻帝，生同辛酉，同没甲寅，固已巧合；且帝以八月葬而侯於八月卒，不尤異哉！嗚呼！漢不亡則侯不死，侯死而漢乃真亡矣。

忠武事迹當以陳《志》爲綱，而散見各傳及裴注者亦復不少，全書博採類分，反遺本傳。是用節録陳《志》，題爲傳略，而傳末董厥、樊建等本侯所拔擢親近，位至大臣，乃相率降叛，建至爲鄧艾理冤，不亦僨[四]乎！故特芟之，以湔陳氏之謬。後主四十年無可表見者，後世遂以庸懦爲嫌。而愚獨謂其宏量英斷，其大有三：官府内外悉委丞相，既不中制又絶嫌猜，一也；及丞相亡歿，三十年不事更張，不設丞相，二也；怒誅李邈，三也。誅邈更奇。南征事炳耀宇宙，今古無兩，而陳氏紀之甚略。七擒孟獲以三語了之，信如同伯所恨。散見他傳、裴注、《華陽國志》者，全書已備採。今取事涉南征者，悉隸於此。原集法檢不言所用，全書以屬刑罰，要爲近之。千古善擇婦者無如孔明，然木牛流馬法由婦傳，蓋亦一大英雄，而天所生以佐侯者也。

　　侯居隆中時，有客至，屬婦具麪，須臾而具。侯怪其速，後潛窺之，見數木人斫麥運磨如飛。求傳此術，後變其制爲木牛流馬云。劉先主寓荆州，從南陽大姓晁氏貸錢千萬以爲軍需，孔明作保券，至宋猶存。

　　王氏曰：“儒至宋而衰矣。彼其睥睨三代之後，以末世無一可者，而不能不心折於孔明。乃孔明則自比於管子，而勸後主讀韓非子之書，何以故？宋儒之所得淺，孔明之所得深故也。宋儒以名舍之，是故小遇遼，小不振，大遇金，大不振。孔明以實取之，是故蕞爾之蜀與强魏角而恒踞其上。”録於《四部稿》。

《朱子年譜》四卷　　《考異》四卷　　《附録》二卷

國朝王懋竑撰

　　白田草堂本。李方子作《朱子年譜》三卷，其本不傳。朱子裔孫境別刊一本，戴銑又刊《朱子實紀》十二卷，李默重編《年譜》五卷，明刻凡三卷。國朝有婺源洪氏續本，建寧朱氏新本，武進鄒氏正譌本，均未精確。王氏於朱子遺書用功最深，因取李本、洪本參考訂補，勒爲四卷。又備列其去取之故爲《考異》，并採論學要語爲《附錄》。考朱子之學者，可於此得其門徑矣。

《杜工部譜》，呂氏後有趙子櫟、魯訔二譜，皆紹興中人。魯譜最密，今注仿而廣之。

《陶靖節先生年譜》一卷，宋吳仁傑編，《陶詩彙注》本。

《二陶年譜》一卷，陶景儀《輟耕錄》本。二陶者，陶潛、陶宏景也。

《庾子山年譜》一卷，倪璠箋注，庾集本。

《黄山谷年譜》一卷，公之諸孫黄𦿆編輯，香堂删補本。又樹經堂本十四卷。

《王荆公年譜考略》二十八卷《雜錄》二卷，嘉慶九年蔡上翔編次，白刊本。是譜偏於所好，曲諱荆公之短，非直筆也。史册昭昭，衆論已定，而欲辯誣於數百年之後，豈不謬哉！

《蘇文忠公年譜》一卷，宋王宗稷編，邵長蘅重訂，商邱宋氏校刊。施注蘇詩本，海外集本、全集本、王注本。

《吳文正公年譜》一卷，門人危素撰，集本。

《環谷先生年譜》一卷，元吳國英撰，集本。

《戴九靈先生年譜》一卷，元戴良十四世孫殿江、殿泗同撰。乾隆辛卯年重刊，集本。

《元遺山先生年譜》一卷，翁方綱撰，乾隆五十七年汪本立校刊本，附墓圖一卷。

《虞文靖公年譜》一卷，翁方綱編，元《虞集詩集》本。

《曹月川年譜》二卷，張信民撰，張璟重刊本，不佳。

《薛文清公行實錄》，全集本。

《王陽明先生年譜》一卷，張問達編，文抄本。

《周恭節公年譜》一卷，明周怡集本，門人吳達可編。

《王心齋年譜》一卷，明王艮集本。

《梁參議年譜》一卷，梁廷枏撰，“藤華亭五種”本。參議，明御史梁天柱也。

《高青邱年譜》一卷，金檀箋注，《詩集》本。

《陳忠裕公年譜》三卷，上、中二卷，子龍自撰；下卷，王澐續。末附《三世苦節傳》、《越游記》、軼事，集本。按：《忠裕集》近時始出，四庫開館時搜之未得也。

《劉職方公年譜》一卷，五世孫穎編，《練江集》本。公名永澄，字靜之，練江其號也。

《漳浦黃先生年譜》二卷，門人庄起儔編，集本。先生名道周。

《蘿石先生年譜》一卷，集本，不知何人所輯。明左懋第，字蘿石，萊陽人。

《劉蕺山年譜》一卷，蕺山之子汋編，《劉子全書》本。

《顧端文公年譜》四卷，子與沐記略，孫柜初編。

《升菴年譜》一卷，李調元校，《函海》本。

《孟云浦年譜》一卷，康熙癸巳孟氏重刊。雲浦，名化鯉。譜刻於萬曆庚申，王鉉校本。

《薛文清公年譜》一卷，明楊鶴編，康熙癸丑聶做刊本。

《金忠節年譜》一卷，集本，明金鉉，字伯玉。

《解學士年譜》一卷，集本。

《李文貞公年譜》二卷，《榕村譜錄》合二卷，《安溪集》本。

《蒙齋自訂年譜》一卷，補一卷，田雯《古懽堂集》本。

《漁洋山人年譜》二卷，門人林佶編，《精華錄》本。

《王文端公年譜》一卷，《葆淳閣集》本。公名傑。

《蔣丹林年譜》一卷，自訂本。

《張楊園先生年譜》四卷《附錄》一卷，門人姚夏輯。道光甲午年補讀書齋刊本。

《孫徵君年譜》二卷，榕城方氏校訂本，有序。

《恕谷年譜》五卷，道光丙申年李誥刊本。恕谷名塨。誥，恕谷之孫。

《施愚山先生年譜》四卷，《學餘堂集》本。先生生於前明萬曆四十六年。

《武侯年譜》一卷，明楊去奢編，《道藏》本。

《杜工部年譜》一卷，鏡烟堂本，朱鶴齡注本，《杜律啓蒙》本。

《顏魯公年譜》一卷，黃本驥編，《三長物齋》本。

《陸宣公年譜輯録》一卷，江榕輯，《奏議》本。

《李太白年譜》一卷，王注本。

《白香山年譜》一卷，汪立名編，《詩集》本。内有汲古閣所藏宋譜，陳直齋修。

《重訂李義山年譜》一卷，程夢星箋注，《詩集》本。

《王右丞年譜》一卷，趙鳳成箋注本。王詩以編年爲上，分體次之，分類又次之。

《歐陽文忠公年譜》一卷，《居士集》本，胡柯序。《全集》本。

《司馬文正公年譜》一卷，陳刻《傳家集》本。

《范文正公年譜》一卷《補遺》一卷，樓鑰編次，八世孫國儁補遺。

《真文忠公年譜》一卷，真鼎元等輯，《西山全集》祠堂本。前有傳并贊，又《衛生歌》一篇。

《和靖先生年譜》一卷，門人著，集本。

《文文山年譜》一卷，公在獄中自撰，題曰《紀年録》，有注。

《鄒忠節公年譜》一卷，李兆洛重編，《道鄉集》本。始編次於謝龜巢《思賢録》，自後累有增補。

《楊龜山先生年譜》一卷，楊繩祖撰，集本。按：集有《書義》、《論孟義》、《中庸義》，而本傳不載。

《王梅溪年譜》一卷，徐炯文撰。按：其歲時確有可據者，參以邑乘、宋紀諸書。

《盱江年譜》一卷，後裔校刊，招視本。宋李覯，曾子固之師也。

《岳忠〔五〕武王年譜》一卷，乾隆三十四年黃邦寧守彰德時編定本。以上隨見隨録，前後無次。

《東坡先生別傳》四卷　《瑣言別集》一卷

國朝黃觀撰

翠香堂本。乾隆己亥年刊。《別集》張萱輯，黃氏訂。

黃氏自序曰："購王、施、查三家詩注，考公年譜，述公生平，鈔爲一册，名曰《別傳》。"

吳騫《蘇氏從祀議》一卷，自葉公以下三十二人祀於文忠祠之別室，從槎客議也。《拜經樓叢書》本附南宋方爐題詠，銘曰"紹興二年大寧府臣蘇漢臣監督，姜氏鑄，至德壇用"，凡二十字，皆篆文。

《洪文惠公年譜》一卷

國朝錢大昕撰

《潛研堂》本。面題"屛守齋所編年譜五種"，末有嘉慶十二年門人李賡芸跋，王譜卷終下有"稻香吟館刊本"六字。

公諱适，字景伯。初名造，字溫伯，饒州鄱陽縣人。公生於宋徽宗政和七年，孝宗淳熙十一年公薨，年六十八歲，贈太師、魏國公，謚文惠。子九人，孫二十四人。公幼穎，日誦書三千言。甫十三能任家事。二十五歲與二弟同習宏詞科，夜不安枕者歲餘。

二十六歲中選詞科第三，文安公第一。二十九歲在台州任，文敏公中博學宏詞科。三十一歲免官，侍親者九年。四十四歲在徽州任，刻《研說三種》於郡齋。五十一歲在紹興任，刻王充《論衡》。五十二歲刻《元氏長慶集》於紹興郡齋，爲文序之。自是歲罷相，家居十六年而卒。子九人，本傳止列其名，年譜一一詳其官秩。

《洪文敏公年譜》一卷

國朝錢大昕撰

《潛研堂》本。前後無序跋。

公諱邁，字景廬。生於宋徽宗宣和五年，寧宗嘉泰二年以端明殿學士致仕，未几卒，年八十。贈光禄大夫，謚文敏。三十七歲，與沈該等分寫四十二章經，刻石於六和塔。公所書者第四十二章也。三十八歲，撰《郎官題名記》、《禮部尚書題名記》。四十一歲，始撰《容齋隨筆》。四十四歲，序《夷堅乙志》二十卷，合甲乙二書得六百事。四十六歲，進《欽宗實録》四十卷。四十九歲，序《夷堅丙志》二十卷，凡二百六十七事。五十歲重刻《夷堅志》，較會稽本去五事，易二事，其它亦頗有改定處。五十八歲，又刻《夷堅志》於建安。教稺兒誦唐人絕句，取諸家遺集，得五七言五千四百篇，手書爲六帙。《容齋隨筆》成，序之。六十二歲，序《班馬字類》於金華松齋。六十四歲，奏《四朝國史》，凡三百五十六卷。六十八歲，撰《會稽和買事宜録》七卷，刻《唐人絕句》百卷於蓬萊閣。六十九歲，刻《唐人絕句》成。公在越，刻未竟而去任，乃雇婺匠續成之。七十歲，上表進所撰《萬首唐人絕句》，序《容齋續筆》。仲子簽書峽州判官，得古錞一於長楊縣，蓋虎錞也。公家蓄古彝器百種，此遂爲之冠。七十一歲，序《夷堅壬志》二十卷，成《夷堅志支乙》。序云："紹熙庚戌臘，從會稽西歸，至甲寅之夏季，夷堅之書緒成辛、壬、癸三志，合六十卷，及支甲十卷。才八改月，又成《支乙》一編。"七十五歲，序《猗覺寮雜記》，序《容齋四筆》，序《漢隸字源》。

《陸放翁先生年譜》一卷

國朝錢大昕撰

《潛研堂》本。前後無序跋。

宋徽宗宣和七年乙巳十月十七日，先生生於淮上。十三歲讀淵明詩，欣然會心，至夜不食。十七八時，讀摩詰詩。最熟老僧惠迪，先生年二十餘與之游，略無日不到也。二十九歲，赴試，考官得先生卷，大異之，擢置第一。時丞相檜孫塤以右文殿修撰來就試，欲列首薦，不得，檜深銜之。三十歲試禮部，主者復置先生前列，爲檜所黜。五十二歲，始號放翁。五十五歲，集《漢隸》十四卷，皆中原吳、蜀真刻。五十九歲，得古甄二：一銘云"永安五年七月四日造"，一云"太康十年七月造"，蓋吳及兩晉物。八十二歲，子遹編先生詩續稿，成四十八卷，卷有百篇。陳直齋謂嘉定庚午年八十六而終者，蓋得其實。《宋史》本傳云嘉定二年年八十五，殆考之未審爾。先生有"嘉定三年正月後，不知几度醉春風"之句，則二年固無恙也。先生六子：子虛、子龍、子坦、子修、子布、子聿。聿作"縡"，又作"遹"。

《深寧先生年譜》一卷

國朝錢大昕撰

《潛研堂》本。前後無序跋。

宋寧宗嘉定十六年先生生。先生姓王氏，諱應麟，字伯厚。本貫開封府祥符縣，曾祖安道扈蹕南渡，乾道間定居於鄞。父撝，字謙父，即以是年登進士，與余天錫同官至吏部郎中。嘉熙三年，余天錫參知政事，屬史部公教其子弟。歲終不受束脩，曰："吾二兒習詞學，鄉里無完書，願從公求尺牘，句借周益公、傅內翰、番陽三洪公暨其餘習詞學者凡二十餘家所藏書。"余欣然應之。史部公性嚴急，每授題，設巍坐，命坐堂下，刻燭以俟，少緩輒訶譴之。由是先生爲文益敏捷。

文光案：先生時年十七歲，宋代習詞學者甚多，三洪最著，而王氏則集其大成。其詞學之書如《源流至論》，如《玉海》，今所傳本尚多，任人取資，尤貴强記。觀王氏所借二十餘家之書，可以知其所從來。惟王氏終不免詞章氣，則以習久故也。史部公教法雖嚴，於此中受益不少。

十九歲侍親在婺，從王埜受學，得呂成公、真文忠之傳。二十九歲，吏部公爲四朝史編修官，撰《輿服志》四卷。三十四歲，以揚州教授試詞科，中選集英殿策士，充覆考檢點試卷官。考第既上，帝欲易第七卷實其首。先生讀畢，頓首曰"是卷古誼若龜鑑，忠肝如鐵石，臣敢爲得人賀"，遂實第一。及唱名，乃文天祥也。三十七歲，弟鳳中詞科。三十八歲，湯文清公爲少卿，與先生鄰墻居，朝夕講道，言關洛、建上、江西之同異，永嘉制度、沙隨古易、蔡氏圖書經緯、西蜀史學，通貫精微，剖析幽渺。湯公曰："吾閱士雖多，惟伯厚乃真儒也。"四十二歲，度宗即位，攝禮部郎官，掌丞相箋表故事。嗣君御殿，丞相上四表，忽奉旨增撰三表，先生操筆立就。丞相護山陵畢，復令作辭表三通，吏拱立以俟。先生從容授之，丞相大驚異。四十八歲，知徽州，刻羅氏《爾雅翼》於郡齋，爲文序之。五十一歲，撰《周易鄭注》成，序云"癸酉季夏哉生明汲古堂書"。時先生爲起居郎兼權吏部侍郎，理宗嘗賜吏部"汲古傳忠"四字，故以名其堂也。五十三歲，引歸。弟應鳳以文天祥薦召爲太常博士，甫入國門而卒。五十四歲，宋亡。先生杜門不出，朝夕坐堂上，取經史諸書講解論辨。子昌世甫十歲，聽受無倦。五十八歲，《通鑑地理通釋》成。五十九歲，《漢制考》成。六十歲，作《四明七觀》。六十四歲，序《踐阼篇集解》。六十五歲，同邑袁紹遣其子桷受業。六十八歲，民家穿土得誌石，乃唐開成四年太原王夫人之墓文，稱曾祖王元涪在玄宗時拜諫議大夫、左庶子，慕巢由之志，辭疾不就。作詩紀之。元成宗元貞二年六月卒。伯厚入元不仕，又二十年而卒，卒年七十四歲。先期自爲墓誌，其銘曰：“其仕其止，如偃如圖。”論者謂先生風節不媿致光、表聖，而文章學問過之。先生在宋時，官至朝請大夫，鄞縣開國伯。子昌世，字昭甫，以父恩補承務郎，未及祿而宋亡。孫二人：厚孫、寧孫。

《弇州山人年譜》一卷

國朝錢大昕撰

《潛研堂》本。前後無序跋。

明世宗嘉靖五年丙戌十一月五日公生。公諱世貞，字元美，號弇州，一號鳳洲，太倉州人。父忬，字民應，官至總督。十八歲，始學詩。二十四歲，在刑部任，與同官李攀龍定交。自是詩宗大曆，文宗西京而上矣。二十五歲，在刑部任，與于麟以詩文相切劘。山人臨清謝榛茂秦與于麟善，而長興徐中行子與、南海梁有譽公實、廣陵宗臣子相先後入社，彬彬稱同調焉。二十七歲，于麟倡爲五子詩，以紀一時交游，彼此各有和詩，實六子也。二十八歲，北行過揚州，與吳國倫明卿譚宴數日，嘗于麟與茂秦有隙，乃重訂五子詩，去茂秦而登明卿。二十九歲，南昌余日德德甫入社。三十歲，公與楊忠愍同年相厚，下獄嘗省之。是年論死，棺斂之。又代忠愍妻草訟冤書，由是爲嚴嵩所惡。銅梁張佳允尚甫入社，當時有七子之目，謂前五人及余、張二人也。三十四歲，次詩爲《海岱集》十二卷。又撰《少陽叢談》二十卷。萬曆十八年冬，與儒某談笑説偈而逝，年六十五歲，贈太子少保。

《戴東原先生年譜》一卷

國朝段玉裁〔六〕撰

《經韻樓》本。前後無序跋。

雍正元年癸卯先生生。十歲乃能言，就傅讀書，過目成誦，日數千言不肯休。授《大學章句》，至“右經一章”以下，問塾師：“此何以知爲孔子之言而曾子述之？又何以知爲曾子之意而門人記之？”師曰：“此朱文公之説。”即問：“朱文公何時人？”曰：“宋朝人。”“孔子、曾子何時人？”曰：“周朝人。”“周朝、宋朝相去幾何時矣？”曰：“幾二千年矣。”“然則朱文公何以知然？”師無以應，曰：“此非常兒也。”十六七歲以前，凡讀書每一字必求其義，本六書貫羣經以爲定詁，由是盡通前人所合集《十三經注疏》，能全舉其辭。二十三歲，成《六書論》三卷，二千年言六書者訛謬日滋，爲此書辨之。其稿未見，序刻集中。叙曰：“漢時言六書也，説歧而三，一見《周禮》注引鄭司農解，一見班氏《藝文志》，一則許氏《説文》序，頗能詳言之。班、鄭二家雖可以廣異聞，而綱領之正宜從許氏。厥後世遠學乖，罕睹古人制作本始。謂諧聲最爲淺末者，徐鍇之疏也。謂指事爲加物於象形者，張有之謬也。謂形不可象則指事，事不可指則會其意，意不可會則諧其聲者，諸家之紛紜也。謂轉聲爲轉注者，於古無稽，特蕭、楚諸人之臆見也。”二十七歲，成《爾雅文字考》十卷，書稿在吳伯方俊處，未刊。二十九歲，補縣學生。三十歲，成《屈原賦注》九卷。三十一歲，《詩補傳》成。三十三歲，假館紀尚書家，是年入都。冬，文達公刻《考工記圖注》成。是時，紀太史昀、王太史鳴盛、錢太史大昕、王中翰昶、朱太史筠，俱甲戌進士，以學問名一時，耳先生名，往訪之，叩其學，聽其言，觀其書，莫不擊節歎賞，於是聲重京師。秦文恭公聞其善步算，延主其邸，朝夕講論《五禮通考》中觀象授時一門，以爲聞所未聞也。全載《勾股割圜記》三篇，爲古今算法大全之範，其全書往往采先生說。是歲，與姚姬傳書，論尋求遺經，有十分之見，有未至十分之見。所謂十分之見，必徵之古而靡不條貫，合諸道而不留餘議，鉅細畢究，本末兼察。若夫依傳聞以擬其是，擇衆説以裁其優，出空言以定其論，據孤證以信其通，溯流而不目睹源泉所導，循根而不手披枝肆所歧，皆未至十分之見也。以此治經，失不知爲不知之義，而徒增一惑以滋學者之辨也。三十四歲，館王文肅公第，公子念孫從學，其後得先生傳。三十六歲，吳行先名孝思序刻《勾股割圜記》成，書其後曰：“總三篇，凡爲圖五十有五，爲術四十有九，記二千四百十七字，因《周髀》首章之言衍而極之，以備步算之全。”三十八歲，是年客揚州，與盧紹弓論校《大戴禮》，今《雅雨堂》本是也。庚辰札内所舉，皆已剜板改之；辛巳札内所舉，皆未之改，則先生離揚故也。至癸巳，召入四庫館，取舊説及新知覈訂其書，上於館。先生既歿後一月，自後孔太史因之作補注。四十歲，舉於鄉。四十四歲，《孟子字義疏證》成，以宋儒言性、言理、言道、言才、言誠、言明、言權、言仁義禮智、言智仁勇，皆非六經孔孟之言，而以異學之言糅之，故就《孟子》字義開示，使人知人欲净盡天理流行之語病。所謂理者，必求諸人情之無憾而後即安，不得謂性爲理。四十六歲，方恪敏公聘修《直隸河渠書》，未成。其稿一藏孔户部，一在直隸總督吳江周公元理家。有吳江王履泰者，捐納通判也。其父乃周公之甥壻，得先生之書，删削幾半，益以乾隆乙丑以後事實，易名《畿輔安瀾志》，繕寫進呈，恩賞同知，發永河試用。四十七歲，汾州太守孫君聘修府志。四十八歲，壽陽全龔君請先生點竄《壽陽志》、《汾陽縣志》，今不可得。五十歲，自刊《水經注》。五十一歲，召充四庫館纂修官，以舉人特召，曠典也。五十三歲，會試不第，奉命與乙未貢士一體殿試，賜同進士出身，授翰林院庶吉士。五十五歲，丁酉五月二十七日晡時，先生卒。時寓崇文門西范氏穎園。

孔户部刻《戴氏遺書》凡十五種，曰《原善》三卷，曰《孟子字義疏證》三卷，曰《勾股割圜記》三卷，曰《策算》一卷，曰《原象》全卷，曰《考工記圖》三卷，曰《聲類考》四卷，曰《聲類表》九卷併卷首爲十卷，曰《文集》十卷，曰《續天文略》卷上、卷中二卷，曰《水地記》一卷，此二種皆未成之書。曰《方言疏證》十三卷，此即聚珍板頒行之本。一曰《毛鄭詩考正》四卷，併《考正鄭氏詩譜》一卷爲五卷。一曰《杲溪詩經補注》二卷，此亦未成之書。户部初意刻不止於此，《大學補注》、《直隸河渠書》，皆有意剞劂而未竟其志。已刻者，《毛鄭詩考正》爲《遺書》之一，《詩經補注》爲《遺書》之二。《原善》、《疏證》合爲《遺書》之九。《聲韻考》、《聲韻表》合爲《遺書》之十四。《原象》爲《遺書》之十五，《文集》爲《遺書》之二十三。未識次第之意，其他已刻者又不列次第，後之人勿疑已刻有二十三種也。先生文字皆厚積薄發，純札高古。嘗言："做文章極難，如閻百詩極能考核而不善做文，顧寧人、汪鈍翁文章較好。吾如大爐，然金、銀，銅、錫入吾爐，一鑪皆精良矣。"又云："古文當讀《檀弓》，余好批《檀弓》。"

方望溪釋禮經之文，多不説禮語，言説《春秋》較善。錢辛楣《五禮通考》中説話多有似是處。

爲學須先讀《禮》，要知得聖人禮意。

《易》當讀程傳。

鄭康成之學盡在《三禮注》。

學貴精不貴博，知得十件都不到地，不如知得一件卻到地也。

百詩讀一句書，能識其正面背面。

司馬相如《封禪文》，顔色如天上雲霞，奇麗絕世。

宋本不皆善，有由宋本而誤者。

劉耕南小文章好，大文章不好。

少時讀《史記》，取王板中十篇，首《項羽本紀》，有《信陵君傳》、《貨殖傳》，其他不記。皆密密細字，評其結搆用意用筆之妙。

《地圖》，先生之所製也，畫方計里，用晉裴秀法，今亡矣。

《顧亭林先生年譜》 一卷

國朝張穆撰

原本。道光二十四年校刊。前有張穆記，後有國史《儒林傳》并《神道表》。此因徐氏松、車氏守謙兩家所輯之本而互勘之，考證最詳。譜末有諸家論説。譜注於顧亭林三字未曾認清，顧亭林爲地名，誤以爲古迹。且不免望文生義。注云：瀕水則曰顧亭，湖傍樹則曰顧亭林，兩地皆有一亭。其説甚誤。又寧人爲崑山人，或爲太倉人，亦未曾證明。石州精於地理，曾修《蒙古游牧志》，而此等處未免疏忽，且其博辨之語無一不錯。余因據《雲間志》及《明一統志》深爲之辨，已刻入《目録學》，兹不復贅。

《閻潛邱先生年譜》 一卷

國朝張穆撰

饅飢亭本。道光二十七年壽陽祁氏校刊。前有張穆序，後有《四庫全書》提要五條并諸家論説。其餘所採者皆入譜内。是譜整比再三，又經數手修補增改，始爲定本，最號精密。求百詩讀書之法者，可於此得其概云。

張氏自序曰：「癸卯夏，穆改訂《亭林年譜》既卒業，念國朝儒學，亭林之大，潛邱之精，皆無倫比，而潛邱尤北方學者之大師。因取杭大宗、錢曉徵所爲傳及箚記、疏證諸書，排次歲月爲《潛邱年譜》，凡五易稿而後寫定。此本雖罣漏不免，然於潛邱束身力學之大綱約略俱矣。”

先生姓閻氏，名若璩，字百詩，別署潛邱居士。

《四庫全書提要》：“潛邱者若璩，本太原人，寄居山陽。《爾雅》曰晉有潛邱，《元和郡縣志》曰潛邱在太原縣南三里。取以名書，不忘本也。”

《道古堂集》：“六歲入小學，口吃，資頗鈍。讀書至千百遍，字字著意，猶未熟。年十五，冬夜讀書有所礙，憤發不肯寐，漏四下，寒甚，堅坐沈思，心忽開朗，自是穎悟異常。”

阮應韶《筆訓》云：“吾父與百詩先生同受業於靳茶坡先生之門，日暮抱書歸家，獨吟不置，必背誦如翻水乃已。”

　　文光案：百詩先生全是以學力化其資質，所謂困而知之者也。讀書以悟性爲要，而博聞以强記爲先。大凡能記者多不能悟，能悟者又不能記。强之久自能記憶，惟力學者知之。所謂强者蓋出於本心所願，惟恐其忘也，而竭力記之，是謂之强。若本心不願而勉强記之，久亦漸忘，非所謂强記也。大凡不記由於不思，未有思而不記者；又由於不熟，未有熟而不記者。百詩先生之能記，一由於思，一由於熟。人能潛心玩索，則思路開，思路開，則記憶多矣。

年二十，讀《尚書古文》二十五篇，即疑其僞。沈潛三十餘年，乃盡得其癥結所在。

以上傳記類名人之屬

校勘記

〔一〕“天”，原作“元”，據《道命録·自序》改。

〔二〕“潞”，原作“路”，據《柳文年譜》改。

〔三〕"自"，原作"因"，據明楊時偉《題諸葛忠武侯書小引》改。

〔四〕"慎"，原作"慎"，據《諸葛忠武書》改。

〔五〕"忠"，原作"中"，據《岳忠武王年譜》改。

〔六〕"裁"，原作"撰"，據《戴東原集·年譜》改。

史部七

傳記類二

《古列女傳》八卷

漢劉向撰　晉顧愷之圖畫

揚州阮氏影撫南宋余氏本。面篆書"顧虎頭畫列女傳"七字。首嘉祐八年長樂王回序，次曾鞏序，次目録。第八卷爲《續列女傳》。目後有《崇文目》一則。又嘉定七年武夷蔡驥跋。是書上半方爲圖，下半方爲傳，每傳後有頌，共一百五章。續傳無頌，末有嘉慶二十五年江藩跋、道光五年阮福跋。

王氏序曰："《古列女傳》八篇，劉向所序也。向爲漢成帝光禄大夫，當趙后姊娣嬖寵時，奏此書以諷宮中。其文美刺《詩》、《書》以來女德善惡繫于家國治亂之效者，而各頌其義，圖其狀，總爲卒篇。傳如《太史公記》，頌如《詩》之四言，而圖爲屏風云。然世所行班氏注向書，乃分傳，每篇上、下并頌爲十五卷，其十二傳無頌。三傳其同時人，五傳其後人，而通題曰"向撰"，題其頌曰"向子歆撰"，與漢史不合，故《崇文目》以陳嬰母等十六傳爲後人所附。予以頌考之，每篇皆十五傳耳，則凡無頌者宜皆非向所奏書，不特自陳嬰母爲斷也。頌有齊倉公女等，亦漢時人。而秦以上女史見于他書而顧不録者猶衆，亦不特周郊婦等四人而已。頌云畫之屛風，而史有頌，圖在八篇中。今直祕閣吕緝叔、集賢校理蘇子容、象山令林次仲各言嘗見《母儀》、《賢明》四篇於江南人家，其畫爲古佩服，而各題其頌於像側。然《崇文》及三君北遊諸藏書家皆無此本，不知其傳果向之頌圖歟，抑後好事者據其頌取古佩服而圖之歟，莫得而考已。余讀向書，每愛其文，嘉其志，而惜其所序散亡脱繆，於千載之間幸存而完者，此一書耳，復爲他手竄疑於其真，故并録其目而以頌證之，删爲八卷，號《古列女傳》。蓋凡以列女名書者皆祖之劉氏，故云餘二十傳其文亦奥雅可喜，非魏晉諸史所能作也。故又自周郊婦至東漢梁氏等以時次之，别爲一篇，號《續列女傳》。"

曾氏序曰："劉向所叙《列女傳》凡八篇，事具《漢書》向列傳。而《隋書》及《崇文目》皆稱向《列女傳》十五篇，曹大家注。以頌義考之，蓋大家所注離其七篇爲十四，與頌義凡十五篇，而益以陳嬰母及東漢以來凡十六事，非向書本然也，蓋向舊書之亡久矣。嘉祐中，集賢校理蘇頌始以頌義篇次復定其書爲八篇，與十五篇并藏於館閣。而《隋書》以頌義爲劉歆作，與向傳不合。今驗頌義之文，蓋向之自叙。又《藝文志》有向《列女傳頌圖》，明非歆作也。今校讎其八篇及十五篇者已定，可繕寫。向號博羣書，而此傳稱詩《芣苢》、《柏舟》、《大車》之類與今序《詩》者之說尤乖異，蓋不可考。至於《式微》之一篇，又以謂二人之作，豈其所取者博，故不能無失歟？其言象計謀殺舜，及舜所以自脱者，頗合於《孟子》，然此傳或有之而《孟子》所不道者，蓋亦不足道也。凡後世諸儒之言經傳者固多如此，覽者采其有補而擇其是非可也，故爲之叙論以發其端云。"

《崇文總目》："《古列女傳》，劉向撰，後漢班氏注。按向作《列女傳》八篇，一曰母儀，二曰賢明，三曰仁智，四曰貞順，五曰節義，六曰辯通，七曰孽嬖，八曰傳頌。"

蔡氏跋曰：“今人以向所撰《列女傳》七篇，并《續刻列女傳》二十傳爲一篇，共計八篇。今止依此將頌義大序列於目録前，小序七篇散見目録中間，頌見各人傳後，觀者宜詳察焉。”

文光案：此本目前無大序，傳中無注。

江氏跋曰：“《列女傳》八卷，宋建安余氏所刻。余氏名仁仲，曾刻注疏，何義門所謂萬卷堂本也。卷末有余靖庵摸刊款。靖庵，豈仁仲之號與？汲古閣册上藏經紙標籤爲子晉手書，下題“祕閣藏書”者，蓋明内府藏本也。書尾有“永樂二年云云”一條，不知爲何人書矣。予少時聞此書在吳中迎駕橋顧氏家，恨不得一見。乾隆戊申，此書爲亡友顧君抱沖所有，始得見之。抱沖從弟千里以此本開雕，因王回序有好事爲圖之語，遂不刻上方畫像。予謂千里曰：‘此圖即爲好事爲之，亦宋畫也，存之爲是。’然書已殺青，不能重刻矣。後於宋文芝處見趙文敏臨愷之《列女傳仁智圖》，如蘇子容之言各題頌於像側，其畫像佩服與刻本一一吻合，始悟此圖乃顧畫之縮本，王回特未之見耳。”

阮氏跋曰：“明内府藏宋刻《列女傳》爲余氏所刻，曾藏錢遵王家，後在顧君抱沖家，嘉慶庚辰轉入予家。家大人付福曰：‘此圖當分別觀之。’予嘗見唐宋人臨愷之《列女傳圖》長卷，其中衣冠人物與此圖皆同。若衛靈公所坐之矮屏，漆室女所倚木柱，皆與顧圖中相似，而微有所減。其宮室樹石，如《孟母圖》中書院之類，或有唐宋人所增，然即此尚可見唐宋人古制。至於人物、鐙扇之類，亦絕似虎頭畫《洛神賦圖》，定爲晉人之本無疑。福案：劉向《七略別録》曰：‘臣向與黃門侍郎歆所校《列女傳》種類相從爲七篇，以著禍福榮辱之効、是非得失之分，畫之於屏風四堵。’據《別録》此語知漢已畫《列女圖》於屏，是顧圖尚本於漢屏風，睹此猶可見古人形容儀法也。惟是顧圖臨本之全，今不可見，賴有此宋本首尾完具，尚見其全。又考米南宮《畫史》

云：'今士人家收得唐摹顧筆《列女圖》，至刻板作扇，皆是三寸餘。'此本除去傳、頌，但度圖之高下，與米史所言三寸恰合，然則余氏蓋出於北宋摹刻本，北宋出於唐摹顧虎頭本，而縮低爲三寸無疑。未可據王吕説，反疑此圖爲南宋人補繪也。《敏求記》記宋本《列女傳》曰：'卷首標題晉"大司馬參軍顧愷之圖畫"。卷末一條云："一本永樂二年七月二十五日蘇敬叔買到。"當時采訪書籍必貼采買人氏名，鄭重不苟如此。'今此本卷末小白紙條宛然尚在，是此本即遵王所藏明内府本無疑。福九妹季蘭曾用紙素于此圖描摹一通，毫髮畢肖。余復令良工將傳頌影鈔與圖畫合而付梓。此册舊爲蝴蝶裝，如今之册頁作兩翼相合對之形，今裝爲今書之式。至顧千里校本，末附考證極爲精確。予刻以圖畫爲重，如言考證自有彼本在。予本全摹宋式，宋時俗寫之字如'孝'、'国'之類，皆不校改，庶存宋本之舊。至於此本沿晉唐而來其古棐不誤，可證今經史之誤者，如'汝居稷播時百穀不誤'，'后稷'與鄭注合。'惟是褊心不作'，'維是'與漢石經合。此乃最古之本，勿因'孝'、'国'等類而疑不誤者爲誤也。"

　　文光案：《揅經室集》有宋本《列女傳》跋，與此跋"付福曰"以下，"福案"以上云云，字句詳略微有不同。阮太傅編定内府書畫時所見顧圖不止一卷，有《仁智》等圖。又案：《通志圖譜略》有顧愷之列女圖。又《列女傳圖》有大德十一年刊行本。又崇文書局本末有嘉靖壬子朱衍序。

《庚子消夏記》，新安汪注、宋卿跋，云："晉顧虎頭《列女傳圖》，元跋一十五變，四十九人，男二十四，女二十一，童子四。歷歲深遠，流落遺脱。僕偶得其迹，僅存八變，男十五，女九，童子四，總二十八人，缺七變二十有一人。後於盛文肅公耳孫家見有蟬翼紙臨本，止一十四變，男女童子總四十四，亦少一變，缺五人。卷末有元友方回、逢源葉夢得跋。因求假，摹寫以補真迹之缺處，且并録四跋於後。寶慶改元端月人日識。"

《列女傳》十六卷

明汪氏輯　仇英繪圖

《知不足齋》本。此本先圖後傳，圖與顧本迥異。傳自有虞迄明神廟而止，其所紀述歙郡居多，而一郡之中汪氏、程氏爲多。傳有全録劉文者，其所自述之文亦雅馴。每傳後有"汪曰"而不著名，鮑以文曾考其人而未詳也。當時剞劂既備，未及印行，鮑以文以重價購之，即是本也。前有乾隆四十四年盧文弨序，序稱此書析義精，叙事確，繪圖極工，其爲文几乎與向甚似焉。

　　文光案：《古今列女傳》三卷，明解縉奉敕編。前有御製序。今書肆所通行者，即此本也。

《高士傳》三卷

晉皇甫謐撰

武昌本。光緒三年崇文書局重刊。前有皇甫序。上卷二十八人，中卷三十四人，下卷二十八人，共九十人，與序合。《隋志》六卷，恐是分卷不同，非書有闕也。《晉書·皇甫謐傳》："謐撰《逸士傳》。"《隋志》一卷。《唐志》同。今佚。《魏志》注、《文選》注并引《逸士傳》。

　　皇甫序曰："史、班之載，多所闕略。梁鴻頌逸民，蘇順科高士，或録屈節，雜而不純。又近取秦漢，不及遠古。夫思其人猶愛其樹，況稱其德而贊其事哉！謐采古今八代之士，身不屈於王公，名不耗於終始，自堯至魏，凡九十餘人。雖執節若夷齊，去就若兩龔，皆不録也。"

　　《隋志》《高士傳》二卷，虞槃佐撰。章氏《考證》曰："《御覽》稱虞敬叔《高士傳》，《文選》注作'虞考敬'。"《續高士傳》七卷，周宏讓撰。《考證》曰："《新唐志》八卷。"高士傳，卷亡，魏隸撰。《考證》曰：“《藝文類聚》人部引魏隸《高士傳》十八事。”

《慶元黨禁》一卷

宋滄洲樵叟撰

《知不足齋》本。原本久佚，此從《永樂大典》錄出，凡五十九人，史多不載。黨禁起於宋寧宗慶元二年八月，弛於嘉泰二年二月。是書作於理宗十八年，距弛禁時又四十四年矣。明海瑞《元祐黨人碑考》所附《慶元黨籍》不及此本之詳。又李心傳妄改《黨籍碑》，載於《道命錄》，王氏一一檢對，記於《蘇海識餘》。此碑諸本互有異同。

《提要》曰：“宋代忠邪雜進，黨禍相仍，國論喧啾，已一見於元祐之籍。迨南渡後，和議已成，外憂暫弭，君臣上下熙熙然燕雀處堂。諸儒不鑒前車，又尋覆轍，求名既急，持論彌高，聲氣交通，賢姦混糅。浮薄詭激之徒相率攀援，釀成門戶，遂使小人乘其瑕隙又興黨獄以中之。蘭艾同焚，國勢馴至於不振。《春秋》責備賢者，不能以敗亡之罪獨諉諸韓侂冑也。且光、寧授受之際，趙汝愚等謀及宵人，復處之不得其道，致激成禍變，於謀國尤疏。恭讀御題詩章，於揖盜開門再三致意，垂訓深切，實為千古定評。講學之家，不能復以浮詞他説解矣。儒者明體達用，當務潛修；致遠通方，當求實濟。徒博衛道之名，聚徒講學，未有不水火交爭，流毒及於宗社者。東漢不鑒戰國之橫議，南北部分而東漢亡；北宋不鑒東漢之黨錮，洛蜀黨分而北宋亡；南宋不鑒元祐之敗，道學派盛而南宋亡；明不鑒慶元之失，東林勢盛而明又亡，皆務彼虛名，受其實禍。決裂潰覆之後，執門戶之見者猶從而巧為之詞，非公論也。”

彭氏曰：“慶元黨禁，宋《志》、馬《考》俱不著錄。書中載專偽學之禁者，京鏜、何澹、劉德秀、胡紘四人。而京、何、劉皆籍江西，仲遠又同縣，所居在進賢門外十里，曰京家山，後人諱之曰丁家山。吾鄉得入政事堂者仲遠，後至明始有劉文端一燝，名在東林。"錄於《知聖道齋讀書跋尾》。

《伊洛淵源録》十四卷

宋朱子撰

《遺書》本。前後無序。

《提要》曰："書成於乾道癸巳，記周子以下及程子交游門弟子言行。《宋史》《道學》、《儒林》諸傳多據此爲之。蓋宋人談道學宗派自此書始，而宋人分道學門户亦自此書始。然朱子著書之意，則固以前言往行矜式後人，未嘗逆料及是。或因是并議此書，是又以噎而廢食矣。明謝鐸撰《續録》六卷，凡二十一人，蓋續朱子而作。以朱子爲宗主，始於朱子之師，佐以朱子之友，終則傳朱子之學者也。慶源輔氏，《明一統志》載其始末甚詳。此書但載輔廣姓名，里居尤爲疏略。"

明宋端儀撰《考亭淵源録》二十四卷，首溯朱子師承之所自，次爲同時友人，次備列朱子門人，末卷則考亭叛徒趙師雍、傅伯壽、胡紘等三人，亦用《伊洛淵源録》載邢恕例也。原書未見，今行者薛應旂重修之本。

《伊洛淵源續録》二十卷

國朝張伯行撰

《正誼堂》本。是編因謝録採輯未備，薛録去取未嚴，因重爲考訂，以正二家之闕失。

《道統録》二卷　《附録》一卷

國朝張伯行撰

《正誼堂》本。康熙四十七年刊。自序謂於故書中得仇熙所著《道統傳》一帙，因更爲增輯。《正誼齋叢書》所刻與此本不同。清恪公又因明朱衡《道南源委録》舊本重訂《道南源委》六卷。

《雒閩源流録》十九卷

國朝張夏撰

彝叙堂本。康熙壬戌門人黄昌道校刊，有跋。前有張夏自序并凡例。自一卷至十三卷爲洛閩之學，曰正宗，曰羽翼，曰儒林。十四卷爲新會之學，十五卷爲餘姚之學，皆闕正宗。十八、十九二卷僅列儒林，謂之補編。

張氏自序曰："朱子《伊洛淵源録》爲程子作也。謝方石氏《伊洛淵源續録》爲朱子作也。及立齊宋氏、方山薛氏各著《考亭淵源録》，取名尤顯切。其列考亭友徒，而宋儒大備矣。厥後少墟馮氏集元儒百人，迺更名《元儒考略》，豈元儒於洛源有不盡合者乎？今夏僭不自量，纂故明一代諸儒學行梗概，溯統程朱，故題曰《洛閩源流録》，蓋爲程朱後人作也。自洪武初年起，崇禎末年止，凡三百餘人。"

《洛學編》四卷 《續編》一卷

國朝湯斌撰

原本。乾隆三年湯氏校刊，有序。孫徵君既輯《理學宗傳》，以《北學編》屬魏先生，《洛學編》屬湯文正公。《洛學編》板於康熙癸丑，有孫氏序。前編漢四人，唐一人，宋一人。正編自程子始，宋十二人，元二人，明二十一人。《續編》尹會一輯，國朝七人，有序，湯正祥重刊。是書述中州學派，各評其學行。

《關學編》四卷，明馮從吾輯。乾隆丙子年朝邑趙蒲重刊，世德堂本。劉德炯續二人。

《北學編》四卷

國朝魏一鼇撰

原本。乾隆八年陳柱校刊，尹會一重訂，有序。馮少墟輯《關學編》，中州有《洛學編》，畿輔有《北學編》。湯、魏同學於孫徵君，二編皆奉師命而成。尹氏既續《洛學編》，又續是編。魏蓮陸初刻本未見。

《正學編》一卷

國朝潘世恩撰

鳳池園本。道光二年刊。明代講學者互相標榜，務自尊大，卒釀門户之禍，流毒無窮。萬斯同撰《儒林宗派》十六卷，持論最爲平允，一洗門户之見，實勝《學統》、《學案》諸書。今有歷城周氏本。

《學統》五十六卷

國朝熊賜履撰

下學堂本。自言十閲寒暑，三易稿而成，然其軒輊之間，不知何據。分正、翼、附、雜、異五等。

《理學備考》三十四卷

國朝范鄗鼎撰

五經堂本。此外尚有《廣理學備考》、《國朝理學備考》，皆前列小傳，後採本集。

《提要》曰：“是編備列有明一代講學諸儒，其説不出於一家，其文不出於一手，宜其體例之參差矣。”

《明儒學案》六十二卷

國朝黃宗羲撰

莫氏校刊本。首康熙三十二年黃宗羲自序，次道光元年莫晉序，次目録。《崇仁學案》四卷，吳與弼、胡居仁等九人。《白沙學案》二卷，陳獻章、賀欽等十二人。《河東學案》二卷，薛文清、吕涇野等十五人。《三原學案》一卷，王恕、韓邦奇、楊爵等六人。《姚江學案》一卷，王文成公一人，附二人。《浙中王門學案》五卷，徐愛、王畿等十八人，附一人。《江右王門學案》九卷，鄒守益、羅洪先、聶豹、鄧以讚、陳嘉謨、鄒元標、宋儀望、鄧元錫、章潢、馮應京等二十七人，附六人。《南中王門學案》三卷，黃省曾、周怡、薛應旂、唐順之、徐階等十一人。《楚中王門學案》一卷，蔣信、冀元亨二人。《北方王門學案》一卷，穆孔暉、孟化鯉等七人。《粵閩王門學案》一卷，薛侃、周坦二人。《止修學案》一卷，李材一人。《泰州學案》五卷，王艮、楊起元、耿定向、耿定理、焦竑等十八人，附三人。《甘泉學案》六卷，湛若水、許孚遠、馮從吾等十一人。《諸儒學案》上四卷，方正學、趙謙、曹月川、羅倫、章懋、庄定山、陳選、蔡清等十五人，中六卷，羅欽順、何塘、王廷相、黃佐、崔銑等十人；下五卷，李中、薛蕙、舒芬、來知德、呂坤、鹿善繼、曹于汴、呂維祺、郝敬、黃道周、金鉉、金聲、孫奇逢等十八人。《東林學案》四卷，顧憲成、高攀龍、錢一本、孫慎行、耿橘、陳龍正等十七人。《蕺山學案》一卷，劉宗周一人。次凡例八條，次師説一卷。黃氏述其師評論諸儒之言不在卷內。是書每案各冠以小序，每人各立一傳，次集其説。其無集者，總序於案中。黃學專主於姚江，故序姚江最詳，而王門一派幾居其半，其他則略，亦可知其宗旨矣。《也軒筆記》云：“是書誤入霍韜，此外亦間有可議，要爲前明一代道學所繫。”

黃氏自序曰：“義幼遭家難，先師蕺山先生視義如子，扶危定傾，日聞緒言。後從遺書得其宗旨，而同門之友多歸忠節。義爲《明儒學案》上、下，諸先生深淺各得，醇疵互見，要皆功力所至，竭其心之萬殊者而後成家，未嘗以懵懂精神冒人糟粕。於是爲之分源別派，使其宗旨歷歷由是而之焉，固聖人耳目也。間有發明，一本之先師，非敢有所增損其間。書成於丙辰之後，中州許西山暨萬貞一各刻數卷，而未竣其事。然鈔本流傳，頗爲好學者所識。往時湯公潛菴有云，學案宗旨雜越，苟善讀之，未始非一貫。此陳介眉所傳述語也。壬申七月，仇滄柱都下寓書，言北地隱士賈若水者手錄是書而歎曰：‘此明室數百年學派也，可聽之埋沒乎？’亡何，賈君逝，其子承遺命刻之。”

莫氏序曰：“《學案》一書，言行并載，支派各分，擇精語詳，鈎玄撮要，一代學術源流瞭如指掌。要其微意，實以大宗屬姚江，而以崇仁爲啓明，蕺山爲後勁。凡宗姚江與辟姚江者，是非互見，得失兩存，所以闡良知之秘而妨其流弊，用意至深遠也。是書清河賈氏刻本行世已久，但原本首康齋，賈本改而首敬軒；原本王門學案，賈本皆改爲相傳學案，與萬五河原刻不同，似非先生本旨。予家舊有鈔本，謹據萬氏原刻重加訂正，以復其初，并校亥豕之訛，壽諸棗梨。”

理學之書，前有周海門《聖學宗傳》，近有孫鍾元《理學宗傳》，諸儒之説頗備。然陶石簣與焦弱侯書云：“海門主張禪學，攙金銀銅鐵爲一器，是海門一人之宗旨，非各家之宗旨也。鍾元雜收，不復甄別，其批注所及未必得其要領，而其聞見亦猶之海門也。學者觀羲是書而後知兩家之疏略。”大凡學有宗旨，是其人之得力處，亦是學者之入門處。天下之義理無窮，苟非定以一二字，如何約之使其在我。故講學而無宗旨，即有嘉言是無頭緒之亂絲也。學者不得其人之宗旨，即讀其書不能得要領也。是編分別宗旨，如燈取影。有明文章事功皆不及前代，獨於理學，前代之所不及也，真能發先儒之所未發。是書皆從全集纂要鈎元，未嘗襲前人之舊本也。

此編以有所授受者分爲各案，其特起者，後之學者不甚著名，總列諸儒之案。月川之學不由師傳。

《崇仁學案》序曰：“康齋倡道小陂，一稟宋人成説。白沙出其門，而自叙所得不關聘君，當爲別派。”

《白沙學案序》曰：“有明之學至白沙始入精微，其吃緊工夫全在涵養。喜怒未發而非空，萬感交集而不動，至陽明而後大。兩先生之學最爲相近，不知陽明後來從不説起，其故何也？薛中離，陽明之高第弟子也，於正德十四年上疏請白沙從祀孔廟，是必有以知師門之學同矣。”

《河東學案序》曰：“河東之學，恫愊無華，恪守宋人矩矱，故數傳之後，其議論設施不問而可知其出于河東也。若陽明門下親炙弟子，已往往背其師説，亦以其言之過高也。”

《三原學案序》曰：“關學大概宗薛氏，三原又其別派也。其門下多以氣節著，風土之厚而又加之學問者也。”

《姚江學案序》曰：“自姚江指點出良知，人人現在一反觀而自得，使人人有個作聖之路。先生之格物，謂致吾心良知之天理於事事物物，則事事物物皆得其理。先生之‘致’字即是‘行’字，以救空空窮理只在知上討論分曉之。非乃後之學者，測度想像，求見本體，只在知識上家，倘以爲良知，愈求愈遠矣。”

《南中王門學案序》曰：“南中之名王氏學者，陽明在時，王心齋、黃五岳、朱得之、戚南元、周道通、馮南江其著也。陽明殁後，緒山龍谿所在講學，於是涇縣有水西會，寧國有同善會，江陰有君山會，貴池有光岳會，太平有九龍會，廣德有復初會，江北有南譙精舍，新安有程氏世廟會，泰州復有心齋講堂，几乎比户可封矣。而又東廓、南野、善山先後官留都，興起者甚衆。略載其論學於後。”

《楚中王門學案序》曰：“楚學之盛，惟耿天臺一派，自泰州流入。當陽明在時，其信從者尚少，道林、闇齋、劉時出自武陵，故武陵之及門獨冠全楚。然道林實得陽明之傳，天臺之派雖盛，反多破壞良知，學派惡可較哉！”

《北方王門學案序》曰："北方之爲王氏學者獨少。穆元菴既無問答，而王道字純甫者受業陽明之門，陽明言其自以爲是，無求益之心。其後趨向果異，不必列之王門。非二孟嗣響，即有賢者亦不過迹象聞見之舉，而自得者鮮矣。"

《粵閩王門學案序》曰："嶺海之士學於文成者自方西樵始。及文成開府贛州，從學者甚衆，有薛氏之兄弟、楊氏之昆季，其餘聰明時達、毅然任道之器以數十。今所傳者惟薛氏學耳。"

《止修學案序》曰："見羅從學於鄒東廓，固亦王門以下一人也，而別立宗旨，不得不別爲一案。今講止修之學者，興起未艾，其以救良知之弊，則亦王門之孝子也。"

《泰州學案序》曰："陽明之學，有泰州龍溪而風行天下，亦因泰州龍溪而漸失其傳。時時不滿其師説，蓋躋陽而爲禪矣。王艮，字心齋，泰州人。"

《甘泉學案序》曰："王、湛兩家各立宗旨，湛氏門人雖不及王氏之盛，然學於湛者或卒業於王，學於王者或卒業於湛，亦猶朱、陸之門下遞相共入也。湛氏學至今不絶，雖不必仍其宗旨，而源淵不可没也。"

《諸儒學案序》曰："是案或無所師承，得於遺經者或朋友夾持不令放倒，或當時有所興起，俱列於此。上卷國初爲多，宋人規範猶在。中卷則皆驟聞陽明之學而駭之，有此辨難，猶足發陽明之學。下卷多同時之人，半歸忠義，所以證明此也，否則爲僞而已。"

《東林學案序》曰："東林標榜遍於域中，延於數世。東林豈真有名目哉？亦小人者加之名目而已矣。"

《蕺山學案序》曰："學者以高、劉二先生并稱爲大儒，然《高子遺書》闌入釋氏，吾師則醇乎其醇矣。先生著述雖多，其大概具是。"

《宋元學案》一百卷

國朝全祖望撰

長沙本。光緒五年龍汝霖重刊，有跋。前有道光十八年何凌漢序，男紹基跋，序後降一格。校刊例十條，考略一篇，馮雲濠、王梓材、何紹基同校刊。序錄一卷。全祖望原本。每案先表，次傳，次採本集，次附錄，各有案語。是書創自梨洲黃氏，標舉數案，未盡發凡。至謝山全氏修補之，乃有百卷。叙錄之作，梨洲後人別爲，八十六卷之目與叙錄不合，此刻以百卷之目爲準。而謝山原底有未全者，悉補於各條之下。有《宋史》所略而是書列傳特詳者，語多本之《永樂大典》。是書補非一次，刻不一本，而考訂校正則馮、王二家之力爲多，出自衆手，歷百餘年今始得觀其成焉。

例曰："明儒諸家派別尚少，宋、元儒自安定、泰山以及濂、洛、關、閩，子目不知凡幾，不可無表以揭其流派。梨洲、謝山原表僅存數頁，余竊爲之仿補。" "謝山著述之功莫精於七校《水經注》，莫專於修補《宋元學案》。董小鈍明府謂《水經注》之未就者，可取《鮚埼亭集・水經題跋》整理之。《學案》不無殘缺失次，當就《鮚埼内外集》，有關學案者分附其中，自可參考而見。" "學案之末，謝山特立新學、蜀學、屏山諸略，以著雜學之紛歧，大都重闢禪學，終之以三略，荆公新學、蘇氏蜀學、屏山鳴道集說。具有深意。至元祐、慶元黨案，爲兩宋道學興廢所關，謝山叙錄謂以《道命錄》爲底本，仿《春秋大事表》以書之，特其稿無存。今本其說爲之編補，賢否具見，灼然千古。" "有謝山所遺而顯有可據者，別爲補遺，以俟續刊。"

梨洲黃氏原本。此案後於明案，未及成書而卒。宋元底本已失，梨洲之孫取之淮陰，復得。

謝山全氏修補本。取南雷未成之本編次增定，雖謀刻于吳門而增補未了。謝山將卒，以《學案》屬之盧月船，月船鈔錄未完。又梨洲之季子未史續茸《學案》，亦未成書。

二老閣鄭氏刊本。謝山末年謀刻於鄭氏，第所刻止《序錄》與第十七卷，第十八卷已刻數板而輟，蓋謝山卒而其事亦寢矣。

月船盧氏所藏底稿本。謝山卒，其書多歸同邑抱經樓盧氏，《學案》之稿亦雜入其中。月船所寫十餘本，皆黃氏原本所有而未錄或遺失者。又所藏謝山手稿、字迹稠密，而月船未及謄寫者三百餘頁。又末史手抄本，謝山修補可據者數本。月船，抱經宗子，謝山高弟也，任平陽學諭。

樗庵蔣氏所藏底稿殘本。其本多與盧本複，其不複者謝山著錄甚詳。

餘姚黃氏校補本。此即八十六卷之本，因全本展轉鈔寫多有闕略，魯魚亥豕更不待言，全氏手筆又繩頭細草零星件繫，幾不可識別，故校補之。梨洲七世孫直垢跋。謝山底稿二十冊，序錄一卷，雖零星件繫而脉絡貫通。黃氏後人所校不知各歸學派，徒冠序於首，亦贅矣。

《國朝宋學淵源記》二卷　《附記》一卷

國朝江藩撰

原本。道光二年刊。前有長白達三序，江藩自序。上卷北學凡十人，至孫景烈止。下卷南學凡二十人，至鄧元昌止。《附記》自沈國模、史孝咸、香聞[一]以下凡十人。香聞，薛起鳳也。至程在仁而止。

達氏序曰：“其書無分門別户之見，無好名爭勝之心，唯錄本朝潛心理學而未經表見於世者。其餘廟堂諸公以有國史可考，不敢僭議也。”

江氏自序曰：“近今漢學昌明，有一知半解者無不痛詆宋學。然本朝爲漢學者，始於元和惠氏。半農老人手書楹帖云：‘六經尊服鄭，百行法程朱。不以爲非，且以爲法。’藩爲是記，實本師説所錄者。或處下位，或伏田間，恐歷年久遠，姓氏就湮，故特表而出之。”

記者曰：“自孫奇逢以下諸君皆北方之學者也。北人質直好義，身體力行。南人習尚浮誇，好騰口說，其蔽流於釋老，甚至援儒入佛，較之陸、王之說變本加厲矣。北學以百泉、二曲爲宗，其議論不主一家，期於自得，無一語墮入禪窟。二曲雖提唱良知，然不專于心學，所以不爲禪言，不爲禪行也。"又曰："劉汋以下皆南方之學者也。夫道學始於濂、溪而盛於洛、閩，自龜山鬮書院，白鹿、鵝湖相繼而起，逮及明時講席徧天下，而東南尤甚，至本朝其風衰矣。厥初講學皆切於身心性命之旨，自道南、東林以還，但辨論朱、陸、王之異同而已。是爲詞費，是爲近名。藩詮次諸君子，於曉曉辨論三家者概無取焉。"又曰："儒生鬮佛久矣，宋儒鬮之尤力。然禪門語録用委巷語，宋儒語録亦然。蓋宋言心性，禪門亦言心性，其言相似，易於渾同，儒者亦不自知而流於彼法矣。至儒佛之分，在毫釐之間，若暗中分五色，飲水辨淄澠，其理至微，貴自得之，非可口舌争也。有自諱其非禪學者，如沈、史諸君子是已。至明之趙大洲始以儒證佛，以佛證儒，如香聞師諸先生是已。儒自儒，佛自佛，何必比而同之？必曰儒佛一本，亦高明之蔽也。"

彭尺木居士名紹升，治古文，言有物而文有則，熟於本朝掌故，著《名臣事狀》、《良吏述》、《儒行述》，信而有徵，卓然可傳。論學之文精心密意，紀律森然。談禪之作亦擇言爾雅，不涉禪門語録惡習。解《大學》"格物"，訓"格"爲度量，本之《倉頡篇》，後儒不知也。

薛起鳳、汪縉、羅有高皆有文名。汪之古文，能言人所不能言。

鈕琇謂本朝兩大文章，葉方伯《映榴絶命表》、李固篤《陳情表》也。表載記中。

《國朝漢學師承記》八卷

國朝江藩撰

廣州節院本。道光丁亥年刊。前有阮文達序，自序在卷内。記自閻潛邱至顧亭林凡四十人，附傳十六人，各詳其姓名里居，以備國史之採擇。於軒冕則略記學行，山林兼誌高風，猶《宋學錄》意也。記後有嘉慶十七年汪喜孫跋。經義目錄仿陸氏《釋文》，自《易》至《樂》，先總説，次列所著之書。言不關乎經義，意不純乎古訓者不錄，人存者不錄，書未見者不錄。末有嘉慶辛未男鈞跋。讀此可知漢世儒林家法。書後附隸經文四卷，江鄭堂所撰議辨、解説等文也。道光元年吳蘭修刊，有跋。

阮氏序曰："兩漢經學所以當尊行者，爲其去聖賢最近，而二氏之説尚未起也。老庄之説盛於兩晉，然本書具在，其義止於此而已，後人不能以己之文字飾而改之。浮屠之書非譯不明，北朝高明之士，宋、齊聰穎之人，以己之説傅會其意，以致後學繹之彌悦，乃儒之亂釋，魏收《釋老志》蹤迹可見。吾固曰兩漢之學純粹以精者，在二氏未起之前也。甘泉江君子屏得師傳於紅豆惠氏，博聞强識，無所不通。元幼與君同里同學，所纂《師承記》，嘉慶二十三年元居廣州節院時刻之。讀此可知漢世家法，而二氏之説亦不攻自破矣。"

江氏自序曰："經術一壞於晉之清談，再壞於宋之道學。元明以來此道益晦，至本朝三惠之學盛於吳中，江永、戴震諸君繼起於歙，從此漢學昌明。因於暇日詮次成編。"藩授經於余古農、同宗艮庭二先生。

文光案：江子屏著《經解入門》八卷，前有道光十三年阮相國序，凡例八條。是編爲初學治經者開其先路，皆靠實立説，無一虚語。凡五十二篇。阮氏序云："是書之大旨約分三端，首言羣經之源流與經學之師傳，端其本也；次言讀經之法與解經之體，審其業也；終言說經之弊與末學之失，防其惑也。"末有徐儀吉跋。

《師承記》，黄氏所著。《明儒學案》、《宋儒學案》、《元儒學案》、《易學象數論》六卷、《授書隨筆》一卷、《春秋日食歷》一卷、《律呂新義》二卷、《孟子師説》四卷、《明史案》二百四十四卷、《弘光紀年》一卷、《隆武紀年》一卷、《永曆紀年》一卷、《魯紀年》一卷、《贛州失事記》一卷、《四明山寨記》一卷、《海外痛哭記》一卷、《日本乞師記》一卷、《舟山興廢》一卷、《沙定洲記亂》一卷、《賜姓本末》一卷、《汰存録》一卷、糾夏考功《幸録存》也。《授時歷考》、《大統歷推》《授時歷假如》、《今水經》、《四明山志》、《台巖紀游》、《匡廬紀游》、《病榻隨筆》、《明文證》四百八十二卷、正續《宋文鑒》、《元文抄》、《思舊録》、《姚江略逸詩》、《自著年譜》、《明夷待訪録》、《南雷文案外集》、《吾悔集》、《撰杖集》、《蜀山集》、《詩歷》，又分爲《南雷文定》、《南雷文約》，合之得四十卷，《明夷留書》一卷。愚案：《黄氏全書》未見，《明儒學案》有通行本，《宋元學案》其家本亦未見。《今水經》有局本，《明夷待訪録》余家有抄本，《南雷文定》見有刻本，亦未得也。其餘俱未之見，因録於此以待搜訪。南雷家有《十三朝實録》，嫻於掌故。

戴撰《毛鄭詩考正》四卷、《考工記圖》二卷、《孟子字義疏證》三卷、《方言疏證》十三卷、《原善》三卷、《原象》一卷、《勾股割圜記》三卷、《策算》一卷、《聲韻考》四卷、《聲類表》十卷、《儀禮正誤》一卷、《爾雅文字考》十卷、《屈原賦注》四卷、《九章補圖》一卷、《古歷考》二卷、《歷問》二卷、《水地記》一卷、戴校《水經注》四十卷、《直隸河渠書》六十四卷、《文集》十卷，曲阜孔户部繼涵爲刊行之。愚案：孔氏所刻爲《微波榭叢書》。余所藏《方言疏證》、《水經注》、《算學十書》，皆聚珍本。《考工記圖》、《原善》爲行本。又所藏《汾州府志》、《汾陽縣志》皆戴氏所校也。

《兩漢五經博士考》三卷

國朝張金吾撰

《後知不足齋》本。前有道光乙未黃廷鑑序、孫原湘序、李兆洛序、與同里陳子準名揆往復論辨書各一通，弁諸首以當序例。兩漢教人取士之法略具於此。

李氏序曰："六經之不亡也，賴有漢儒也。守之如城郭，傳之如球圖，確然奉一師之説，不敢尺寸出入。一時君相爲之立學官，置博士，必集老師宿儒，辨難折衷，懂而後定。其爲博士者，稽同異，辨然否，國有疑事，掌承問對；馳傳巡，省郡國，録冤獄，行風俗，舉廉孝。其求之也以實，故其應之也不以文。西漢經師大抵各爲一説而不能相通，就其不相通而各適於道也，此正聖人微言大義殊途同歸之所存也。月霄張君述兩漢諸經立學之始末，設官置員之沿革，及其人姓名之著見于載籍者，彙而録之，非以示搜採之富而已。當時致嚴致慎之意，寖衰寖微之故，蓋略具於是焉。"

《皇清經解淵源録》一卷　《外編》一卷

國朝沈豫撰

蛾術堂本。此録所紀有非著經解之人，著經解者又多遺漏。其所謂師又皆就各家所著書中臆想，非録自狀誌碑傳，未可悉據，宜取《國朝漢學師承記》互證之。自張尚瑗以下爲《外編》。

亭林受《詩》家庭。　西河《仲氏易》述其兄齡之説。　萬斯大師梨洲，當時浙東之學以黃氏爲宗。　臧玉琳深入兩漢，百師以下皆服膺。元孫在東克世其家學，而校勘六籍，識別棗梨尤爲殊絶。　劉湘奎、陳萬策受業於梅文鼎。　百詩業師吳大易。惠棟三世傳經，所著各有家學。　江聲事松崖，其學不出師承。

朱相國珪、其兄筠熟精經史。　揚州相國出大興之門。王伯申承懷祖先生遺業，而觀察公《廣雅疏證》尤極精核，遠勝邵、郝《爾疋》。　東原師慎修。　曉嵐師陳中允，而中允未悉名號。邵晉涵夙承家學。　江藩師惠定宇。　金榜師慎修。　孔檢討師東原。　揚州相國哲嗣部郎能世其學。　段玉裁師慎修，又師東原，師生同門。　郝懿行師芸臺，陳左海、朱蕉堂皆出自門下。

張尚瑗初授《春秋》於朱鶴齡，作《讀三傳隨筆》，後漸成卷，排纂爲《三傳折諸》四十二卷，取揚雄"羣言淆亂折諸聖論"爲名。　查慎行受《易》於黃宗羲，故於易家一切雜學灼然不惑。

李鍾倫爲光地之子，受《禮》於叔父光坡，又撰《問禮訓纂》三十一卷。　范家相《詩瀋源》出毛氏，有鑒于奇齡之囂爭，故持論頗平。　楊名時《詩經札記》本其師李光地《詩所》爲宗，而參酌于小序、朱傳之間。於師説未安者，亦無所回護。《四書札記》篤實近理。　葉酉《春秋究遺》宗其師方苞《通論》之論。

《周易函書》酌於漢易、宋易之間，與朱子略有異同。　雷鋐《讀書偶記》論《易》本李光地，論《禮》本方苞，皆其師也。

校勘記

〔一〕"香聞"，原脱，據《國朝宋學淵源記・附記》補。

萬卷精華樓藏書記卷三十八

史部七

傳記類三

《名臣言行録》《前集》十卷　《後集》十四卷　《續集》八卷　《別集》二十六卷　《外集》十七卷

《前集》、《後集》，宋朱子撰　《續集》、《別集》、《外集》，李幼武補

洪氏仿宋本。每葉二十四行，行二十三字。《別集》分上、下，各十三卷。《外集》爲道學傳，每條下各著所引之書。太平老圃李衡校正。首爲寶祐戊午廬陵李居安刊書序，次朱子序。《續集》前有景定辛酉浚儀趙崇砬平翁序。幼武，字士英，朋溪人。

朱子序曰：“予讀近代文集及記事之書，觀其所載國朝名臣之迹，多有補於世教者。然以其散出而無統也，既莫究其始終表裏之全，而又汩於虛浮怪誕之説，予嘗病之。於是掇取其要，聚爲此書，以便記覽。尚恨書藉不備，多所遺闕，嗣有所得，當續書之。”

趙氏序曰：“本朝《名臣言行録》，紫陽朱夫子所編也。惜此書止集於八朝之前，而未竟於中興之後。南渡以來忠臣義士名聲在人，項背相望，摭實採迹，得此失彼，豈惟朱夫子遺，亦學者

觀也。外孫李士英頃以宗人太平老圃所校《八朝名臣言行録》
鋟梓，大爲學者便矣。今又於中興四朝諸名臣蒐閲行事，集爲全
編，筆成示予，一覽在目，不流不略，似欲希紫陽者也。然紫陽
豈易希哉？希之者非僭則妄。余惟惜此書未竟於前時，幸此編稍
全於今日，故爲識之。"

文光案：名臣言行當録其遠者大者，使後人興起而則效
之，斯亦足矣。其或事非習見，書將散亡，亦可録之以廣見
聞。若書爲人人所傳誦，及不必名臣皆可有是言行者，可弗
録也。李氏所録言或及於閒談，事多出於瑣細，譬如蘇、黄
二家收其詩話、文評，兼採書法，則盈篇累牘亦漏略良多。
《簡明目》以爲不足觀，趙序云希紫陽者非僭則妄，蓋亦不以
其書爲善也。

《歷代名臣言行録》二十四卷

國朝朱桓撰

宜興朱氏本。是書著於乾隆戊寅，有自序，刊於嘉慶丁酉。
前有輿地、謚法諸考。朱子《名臣言行録》起宋建國，不及南渡。
至李幼武續、別、外三集，杜大珪《名臣碑傳》、元蘇天爵《名臣
事略》、明徐紘《名臣録》、國朝徐氏《開任録》等書，止於宋、
元、明三朝，餘皆闕如。浯村是書上自戰國，下迄盛朝，皆據正
史節録以補朱子等書所未備，爲時代十有八，爲姓氏一千七百有
奇，二千餘年間价藩、碩輔、藎忠、義烈、名儒、師傅、布衣、
巾幗，凡有關於世道人心、學問經濟者，靡不畢載。大抵舉要删
繁，使人明白易曉。例曰："名臣間有小疵，時復略之。偏方割據
諸國，間亦及之。年八十以上者必書，老成黃髮，邦家之光也。
成仁取義者必書其年，哀之也。歷朝卷末附巾幗、名臣、奏議、
書疏、詩文。"案：録中以布衣、烈女爲名臣，竊所未安，固不如

名儒、烈女各分傳之爲得體也。然嘉言懿行，粲然完備，其有裨於世也豈淺鮮哉？

《淳熙薦士録》一卷

宋楊萬里撰

《函海》本。此上宰相册子，凡六十人。朱子第一，各有評語。此考語之始。又見《誠齋集》。

《紹興十八年同年小録》一卷

宋王佐榜進士題名録也

抄本。從《隱居通議》中録出。

《提要》曰："考《錢塘遺事》，宋時廷試放榜唱名後，謁先聖先師，赴聞喜宴，叙列名氏，鄉貫三代之類具書之，謂之同年小録。是榜以朱子名在五甲第九十，講學之家亦自相傳録，得以至今。明弘治中會稽王鑑之重刻於紫陽書院。"

《寶祐四年登科録》一卷

宋文天祥榜進士題名也

抄本。此録以文天祥、陸秀夫、謝枋得三人爲世所重，故傳流至今，若有呵護者，豈偶然哉！

《提要》曰："首列御試策題一道，及詳定、編排等官姓名。其覆考檢點試卷官爲王應麟，奏其卷，稱'古義若龜鑑，忠肝如鐵石，敢爲國家得人賀'也。"

《唐才子傳》十卷

元辛文房撰

《佚存叢書》本。後有天瀑山人跋。

天瀑跋曰："坊刻頗多舛訛。有五山板，蓋翻雕元槧，字畫精整，紕繆極少，世稱罕遘。余家舊藏一部，今據此以訂坊本之誤云。"

王氏曰："楊文貞《東里集》載《唐才子傳》，西域辛文房著。總三百九十七人，皆有詩名。當時其見於《唐書》者百人，其行事不關大體、不足爲勸戒者不録。《研北雜志》記王執謙伯益事云：'同時有辛文房，良史，西域人，并稱能詩。'按《全唐詩話》、《唐詩紀事》二書例，皆以詩系人，文房此書視二書當尤詳備，惜今無傳矣。《元文類》載文房《蘇小小歌》一篇。"

文光案：《全唐詩話》竊取《唐詩紀事》爲之。《唐詩紀事》多收詩，且各條分列。是書則傳體也，詳於人而略於詩，間有評詩之語，亦甚精當。此本二百六十九人，附傳者百二十人，總三百八十九人。視東里所紀少八人，較聚珍本多一百二人。聚珍本八卷，輯自《永樂大典》傳字韻，非原書也。此本尚爲完帙。

《元朝名臣事略》十五卷

元蘇天爵撰

聚珍本。前有天歷己巳歐陽元序、至順辛未王理序。是書先題某人一行，次記其姓氏、爵里、薨卒，次採碑狀志傳，間及雜書，取其可信者，條分件繫，各著出典。而有所去取，不盡全文，間有細注，亦採自他書所記。凡四十六人，皆王公丞相，末爲静修劉先生。

歐氏序曰："伯修取中朝鉅公文集日抄之，凡元臣世卿墓表、家傳，往往見諸編帙中。及夫閒居紀録、師友誦説，於國初以來文獻有足徵者，彙而梓之。"

王氏序曰："蘇君始爲成均諸生，購百家行狀、碑誌及他文賖載者，見其本末。既爲史氏，在職八年，於是紀述其故，自國初至於延祐之際。求未得者，續爲後錄。”

《浦陽人物記》二卷

明宋濂撰

《知不足齋》本。前有歐陽元序，宋濂自序，凡例，目錄。上卷忠義二人，孝友四人，政事十一人，下卷文學十人，貞節二人，共二十九人，凡五篇。每篇各有總論，每傳末有贊語。後有至正十年鄭濤、戴良二序。又乾隆壬子戴殿泗重刊序。舊本記後附錄《宋進士題名》一篇，今本無之。

歐氏序曰：“廬陵、豫章之紀烈士，襄陽、東萊、錦里之載耆舊，魯國、會稽、汝南、濟北、零陵、武昌之傳先賢，他如《幽州古今人物志》、《南陽先民傳》、《閩川名士錄》、《陳留人物記》等書，凡九十餘家，至今與史氏之文并傳。”

宋氏自序曰：“濂嘗受學於立夫，吳萊字立夫。問其作文之法，則謂有篇聯欲其脉終貫通，有段聯欲其奇耦迭生，有句聯欲其長短合節，有字聯欲其賓主對待。賦有音法，欲其倡和闔闢；有韻法，欲其清濁諧協；有辭法，欲其呼吸相應；有章法，欲其布置謹嚴。總而言之，皆不越生、承、還三字而已。然而辭有不齊，體亦不一，須必隨其類而附之，不使玉瓚與瓦缶并陳，斯爲得之。”

例曰：“諸傳或照《漢書》、《宋史》修，或采洪遵《郡志》，或仿朱子《槐縣經》，或按朱紱《東軒日鈔》、毛洪《筆錄》、蔣思《先達遺事記》、謝翱《浦沚先民傳》，更參之行狀、墓碑、譜圖、記序諸文，事蹟皆有所據，不敢妄登一字。” “傳記書名非特尚質，亦文之體。子孫於祖考稱名，則司馬遷《自序》是也。弟子於師稱名，則子路答長沮是也。後人於先聖先師稱名，則韓愈《石鼓歌》是也。此類其多，所謂避諱，但不面呼之耳。著文欲記事行遠，未必屑屑爲之諱也。後世不能行尊慕之實，徒於名號謬爲恭敬。淳祐以降，并諱其字，或以號舉，或以齋名，稍歷一二世不識爲何人矣。今依史例，皆以名書，惟嘗師事者以字書之。""祖父書名而子孫或書字，仿《史記·伍子胥傳》例。"

《嘉靖以來首輔傳》八卷

明王世貞撰

明本。傳凡十四人。前有王世貞自序。耳目之確者著之，至嘉靖始有相與首也。

楊廷和字介夫，蜀人。爲文簡暢有法，不好聲律華藻之學，爲考究掌故、民瘼、邊事及一切法家言，蓋負公輔望云。蔣冕推重廷和，既相得懽甚，而冕尤耿介。毛紀字維之，萊州人，少惇敏好學。毛紀代冕之去，距其代廷和兩閱月耳。費宏字子充，廣信之鉛山人。少溫茂，有才識，能文章。楊一清字應寧，先世云南人，後居巴陵。少而穎敏，能屬文，有司以奇童薦爲翰林秀才。貌寢而侻，好談王霸大略，才亦足以發之。張孚敬，初名璁，字秉用，浙之永嘉人。生負異質，動止不凡。諸以大禮[一]貴者凡七人，桂萼有才而憸忮；席書多讀書，負氣而忮；方獻夫稍和平，而居家不能持謹；霍韜犯顏敢諫，天下稱之，然偏而好訐，無通人[二]度；黃綰精儒業，兼長吏事，第憸閹稗闒，君子羞稱；熊浹有大臣度；黃宗明以直著。李詩字宗易，河間之任邱人，生而庄重有大度。夏言字公謹，廣信之貴溪人，性謹敏，能屬文，尤長於筆札。翟鑾字仲鳴，其先山東人，後隸錦衣。善屬文。嚴嵩字惟中，江西分宜人。讀書鈐山中，好爲詩，清雅有態而弱，文亦類之。徐階字子升，華亭人，秀眉目，善容止。李春芳字子實，興化人。少不利於公車，其後竟以狀元及第。

高拱字肅卿，河南之新鄭人。刻苦學問，通經義，務識大指，爲文深重有氣力。張居正字叔大，湖廣之江陵人也。少穎敏絕倫，尚書顧璘撫楚，一見而大奇之，曰："此兒國器也。"

野史氏曰："廷和才勝，以道事君，不可則止。冕與紀皆庶幾，視宏何霄壤。一清有應變之略而無格心之本。孚敬一言拜相，功罪相等。二李長者，時稍負荷。春芳知止，言詭遇而獲，器不勝才。嵩沾沾小技，以順爲正。階赤烏几几，惟小用權術，不無遺憾。拱剛愎強愎，幸其早敗。居正氣滿而驕，不足觀已。"

杭氏曰："中書爲政本，宜有專書，而隋以前無聞也。唐李筌撰《中台志》，宋曾致堯廣之。馬宇撰《鳳池録》，尉遲偓撰《中書故事》，賀蘭正元撰《輔佐記》，柳芳撰《大唐宰相表》，韋琯撰《國相事狀》，張薦撰《宰相傳略》，蔣史撰《大唐宰相録》，杜儒童撰《中書則例》。又有《唐宰輔圖》、《大唐宰相歷任記》、《唐宰相後記》、《唐宰相録》，不著撰人，皆唐人所撰也。而《唐宰相譜》，則宋李燾所著也。燾又撰《歷代宰輔年表》。譚世勣撰《本朝宰執表》，陳繹撰《國朝宰相年表》并續，又撰《宰相拜罷録》。繼此，范仲、蔡幼學皆有其書。徐自明撰《皇朝宰輔編年録》，而明呂光耀續之。龔頤正撰《元輔記》，劉韻撰《輔弼名對》。又有《執政拜罷録》、《本朝宰相拜罷録》、《宰輔年表》、《熙豐宰輔年表》、《嘉定宰相慶會圖》，不著撰人，皆宋人所撰也。元則王惲撰《中堂事紀》，明則陳朝璋撰《宰相録》、謝鐸撰《宰輔沿革》、雷禮撰《內閣行實》、李載贄撰《史閣萬年》。而爲之傳記者，吳震元有《宋相傳》，魏顯國有《歷代相傳》，王世貞有《嘉靖以來首輔傳》，凡三十九種。諸書所言佚不傳者，十之九矣。吾友王峨山撰《中書典故彙紀》，其目有六：曰官制，曰職掌，曰儀式，曰恩遇，曰建置，曰題名，而以雜録終焉。題名一門人，不詳其顛末。真定梁慎可撰《內閣小識》。內閣起於永樂，祇有明一代之制。"錄於《道古堂集》。

王氏曰："《宋宰輔〔三〕編年録》，宋太常博士永嘉徐自明撰。起建隆庚申，迄嘉定乙亥，凡二十卷。明吕邦耀文光案：吕邦耀，《道古堂集》作吕光耀，未知孰是。又爲《續録》，起嘉定九〔四〕年，迄祥興二年，凡二十六卷。明雷、鄭〔五〕、王、李諸公，各撰公卿等表。吴郡許重熙又爲《殿閣大臣年表》。近余從姊夫益都高梓嘗爲《續表》，迄南渡乙酉而止。惜其無年，著書散佚，殊可惜也。"錄於《池北偶談》。

《宋遺民録》十五卷　附《天地間集》一卷　　《宋舊宫人詩詞》一卷

明程敏政撰

《知不足齋》本。前有成化己亥程敏政自序，後有竹里老人跋。《天地間集》，謝翱編，詩五卷，此未完書也。《宫人詩》不知誰編。《遺民録》目録：王鼎翁一卷，謝皋羽四卷，唐玉潛一卷，附録張毅父一卷，方韶卿一卷，吴子善一卷，龔聖與一卷，汪大有一卷，梁隆吉一卷，鄭所南一卷，林景曦一卷，宋遺事一卷，紀瀛國公。

王炎午《吾汶稿》，歐陽元序稱曰"梅邊先生"，集内有《生祭文丞相》、《死祭文丞相》二文。《謝翱傳》三篇并行狀，《登西臺慟哭記》有注，有諸家跋。《唐珏傳》二篇，後有謝翱《冬青樹》引、《别玉潛》引，有注有跋。此注與《慟哭記》注皆張丁所撰。唐、林、謝三人暨王修竹，皆收宋陵遺骸者，記者彼此互異，人遂疑焉，不知同爲一事也。

張毅父號千載，文山友也。見《輟耕録》。文山夫人歐陽氏先丞相自經，《輟耕録》誤書在虜中，程氏亦未之考。方鳳有墓誌并小傳。吴思齊傳二首。龔開詩文古雅，山水人物尤卓絶，有《文丞相傳》，張樞補遺，叙歐陽夫人自到甚詳。程氏與《輟耕錄》并收，前後矛盾。汪元量有《水雲集》。梁棟好吟詠，稿無存者。録詩詞二十五首。鄭思肖傳二篇。林德暘有文十卷、詩六卷，題曰《白石樵唱》。無名氏贈虞伯生詩，末云“不堪回首昭陵道，落日西風莎草寒”，故老云伯生私於文宗妃，故贈者譏之，不知其果然否。

《國寶新編》一卷

明顧璘撰

《浮湘集》本。華玉記其亡友十五人，各爲傳贊。存目著十三人，無田汝籽、周廷用。

《壺天玉露》五卷

明錢陞撰

海鹽錢氏本。康熙甲子年錢學洙刊，有跋。《廉鑑》四卷，始於春秋季文子，終於明萬曆沈世喬，所録凡二百九十六人。《清士》一卷，凡六十餘人，各爲小傳而繫以詩。《壺天玉露》，著書之總名也。

《弇州史料前集》三十卷　《後集》七十卷

明董復表編

明本。萬曆甲寅陳繼儒序。侍御楊公屬郡司理吳、邑侯鄭刻之。原本有考，今本與《四部稿》合刊。謹案：《四庫》附存目，無《後集》。

《提要》曰：“是書皆採掇王世貞文集説部中有關朝野記載者，裒合成書，無所考正。非集非史，四庫中無類可歸，姑存其目於傳記中，實則古無此例也。”

《明名臣經濟録》十八卷

不著編輯者名氏

明本。嘉靖己酉常熟令羅鴻校刊，板本甚佳。是書取明初迄正德末諸名臣所建白著述，凡言而可行及紀實而可鑒戒者，編輯成書。樂城陳九德得寫本於京師，屬養齋太史正其訛，付常熟令壽諸梓。

《明經濟名臣傳》四卷，明賀中男撰，自洪武迄萬曆之季。與此本不同。

《中州人物考》八卷

國朝孫奇逢撰

鏡心齋本。此謝益官氾水時所刊，有序。蓋既刻《理學宗傳》，復刻此書。前有順治丁酉孫氏自序、張璟跋，後有道光甲辰八世孫家秀跋。是書載河南人物，分爲七科：一理學，二經濟，三忠節，四清直，五方正，六武功，七隱逸。第八卷曰補遺。所録皆明人，末三十四人無傳，蓋絕筆於是矣。

《勝朝彤史拾遺記》六卷

國朝毛奇齡撰

《西河合集》本。前有毛奇齡自序。自洪武朝起，至崇禎朝止。

毛氏自序曰："彤史者，後宮女官名也。其制選良家女子之知書者充之，使之記宮闈起居及内庭燕褻之事，用事勸戒，而惜其書不外傳。予幼時得先子石阡府教授所藏《宮闈記聞》一卷，自洪武至萬曆，凡十三朝，可謂小備。雖有所闕，亦無幾。第載事未確，其文不雅馴。予承乏爲史官，值修《明史》，嘗闈題起草，得順、成、弘、正四朝后妃列傳。因歷探中秘，以爲必有異聞畸事可補疏略，而遍搜史窺，但得詳册封年時及后妃崩、薨、喪、葬諸禮節，而他無所有。乃不得已，仍取外史所記與實錄稍不誣者，草成應之。而拾其餘縢，歸而雜之先子之所藏，復爲斯篇。大抵事取可驗，寧闕勿備，謂之《拾遺》。既無肜史，稱《肜史》者，曰非史官之正史焉。"

《列朝詩集小傳》十卷

國朝錢陸燦編

誦芬堂本。黃錫紱校刊。前有康熙三十七年虞山八十七翁族孫陸燦序。此牧齋晚年小文字之一種，所紀皆明代詩人。乾集上太祖至神宗，乾集下蜀獻王至益庄王。甲集前劉誠意至王都司畛。甲、乙、丙三集三卷，丁集上、中、下三卷，閏集爲方外、香奩、異域。

錢氏序曰："凡一書之成必有序。序有二義：一曰序其所以作者之指也。其義有未盡則作後序，不然無二序也。二曰序其所以重刻之指。或歲久板壞，紙敝墨渝，繕寫而重刊之。非是則於書中抽出其論贊，如呂東萊品節之類。是宜序所以刻者之指也。《列朝詩集小傳》，先族祖牧齋公入本朝爲秘書院學士，以老謝歸里居，發其家所藏故明一代人文之集，就其詩而品隲之。案其姓氏、爵里、平生與其詩之得失爲小序，以發其端。學問則地負海涵，文章則班香范豔。《詩傳》，其晚年小文字之一種也。誦芬堂主人，余之親翁黃君名錫紱，屬余編次，因而序之。"

王氏曰："是傳本仿《中州集》，欲以庇史，固稱淹雅。然持論多私，殊乖公議。如徐有貞、陸完以桑梓之故，一則稱其文武兼資，一則舉其功在社稷。欲以一手掩萬古人耳目，可乎哉？李文鳳謂有貞力主南遷之議，及貞性險賊，今吳人以有貞爲名臣，不自牧齋始也。"錄於《池北偶談》。

《江西詩社宗派圖錄》一卷

國朝張泰來撰

《知不足齋》本。前有康熙辛未宋犖序，後有南湖花隱跋。

呂居仁作《江西詩社宗派圖》，自黃山谷而下，列陳後山等凡二十五人。陳師道、潘大臨、謝逸、洪朋、洪芻、饒節、祖可、徐俯、林敏修、洪炎、汪革、李錞、韓駒、李彭、晁沖之、江端本、楊符、謝邁、夏倪、林敏功、潘大觀、王直方、善權、高荷、呂本中。此《小學紺珠》定本也。《漁隱叢話》與《山堂肆考》有何顒而無高荷，且列洪朋於徐俯之後。《豫章志》有高荷、何容而無何顒，呂本中復不在二十五人之中。恐傳鈔有誤，今并記之。

宋氏序曰："張吏部扶長以致政家居，耄年好學，遍覽羣書，撫拾遺事，錄其有關於呂居仁《宗派圖》者，人各列一小傳，且推原作圖之意，編次成帙，甚盛舉也。派者，一流之餘也。而自附於一流，抑又自小之甚矣。學者誠即此錄以洞然於江西詩派所自出，知其學之有本，而得於風雅之大源則幾矣。"

花隱跋曰："南州張扶長吏部作《江西宗派圖錄》，薈萃諸書，出處甚詳。但二十五人內，李錞、江端本、楊符三人小傳未備。江子我在南渡初最知名，其母夫人爲原父之女，見晁以道《壽昌縣君墓誌》'兄端禮、弟端本云云'。惟李錞僅以官傳，楊符僅以字著耳。因爲補綴於後，庶好事者有考焉。"

此書從樊榭山民厲君借鈔校過，并錄其跋語。南湖花隱，其新號也。錄於舊稿。

劉克莊《江西詩派小序》曰："呂紫微作《江西宗派》，自山谷而下，凡二十六人。內何人表、潘仲達有姓名而無詩，詩存者二十四家。王直方詩絕少，餘二十三家，部帙稍多。"

說者謂居仁作圖，既推山谷爲宗派之祖，二十五人皆嗣公法者。今圖中所載或師老杜，或師儲、韋，或師二蘇，師承非一家也。詩派獨宗江西，惟江西得而有之，何以或產於揚，或產於兗，或產於豫，或產於荆梁？似風土又不得而限之矣。或謂三百五篇而後，作詩者原有江西一派，自淵明已然，至山谷而衣鉢始傳，似宗派盡於二十五人也。及考紹興初，晁仲石嘗與范顧言、曾裘父同學詩於居仁，後湖居士蘇養直歌詩清腴，蓋江西之派別。坡公謂秦少章句法本黃子，夏均父亦稱張彥實詩出江西諸人，范元實曾從山谷學詩，山谷又有贈晁無咎詩"執持荆山玉，要我雕琢之"。彼數子者，宗派既同，而不得與後山之列，何也？呂公嘗撰《紫微詩話》，見諸篇什者僅八九人而止，餘悉無聞焉，抑又何也？聞公尚有《師友源淵》一書，惜未之見耳。大抵宗派一說，其來已久，實不昉自呂公也。嚴滄浪論詩體始於風、雅，建安而後體固不一，逮宋有"元祐體"、"江西體。"注云："元祐體即江西派，乃黃山谷、蘇東坡、陳後山、劉後村、戴石屏之詩。"是諸家已開風氣之先矣。居仁因而結社，一時壇墠所及，遂有二十五人，爰作圖以記之，詎必溯其人之師承，計其地之遠近歟？觀呂公自序，有云："同作并和，雖體製或異，要皆所傳者一。"其崖略殆可睹矣。坡老云："吾於詩人無所甚好，獨淵明詩質而實綺，癯而實腴，自曹、劉、鮑、謝、李、杜諸人，皆莫能及。"淵明既往，諸家皆南北宗爾，摩圍老人即欲此一席，何可得哉？竹坡周少隱曰："呂舍人作《宗派圖》，自此雲門、臨濟始分矣。特東坡寄子由詩'贈君一籠牢收取，盛取東軒長老來'，則是東坡、子由爲師兄弟也。今謂其說始於呂公，不幾爲論世尚友者所竊笑乎？矧江西宗派不止於詩，即古文亦有之，不獨歐陽、曾、王也；時文亦有之，不獨陳、羅、章、艾也。推之道德節義，莫不皆然。適大中丞宋牧仲先生采風，以此命題，友人有問者，聊書此意以答之。"

《東林列傳》二十六卷

國朝陳鼎撰

鐵扇書屋本。康熙辛卯年刊。謹案：《四庫》本二十四卷，此有末二卷。

《提要》曰："明顧憲成與高攀龍重修宋楊時東林書院，與同志講學其中，聲氣蔓延，趨附者幾遍天下。其後黨禍大興，水火交爭，彼此報復，迄明亡而後已。是編所載一百八十餘人事蹟頗詳，其中碩士端人固所不乏，而依草附木者實繁有徒。足知聚徒講學，其流弊無所不至。而推原禍本，一二君子不能不任其咎。此書仿《元祐黨籍傳》之例，於諸人之本末無不燦然，俾讀者論世知人，得以辨別賢姦，其亦千古烱鑑矣。"

王氏曰："太監劉若愚在獄中著《酌中志略》，蓋飾其黨逆之非，以求好於東林諸君。後聞竟以此得不死。予曾抄得一部，其中記宮闈事甚詳，固有不可廢者。今欽定逆案，擬斬六人，若愚在其中。"_{錄於《山》。}

《東林點將錄》一卷，明王紹徽撰。以《水滸傳》一百八人天罡地煞之名，分配當時縉紳。

《東林籍貫》一卷。《東林同志錄》一卷，題下注曰《續點將錄》。《東林朋黨錄》一卷，其時官本。《天監錄》一卷，凡一百三人，不附東林，皆魏忠賢之黨也。《盜柄東林夥》一卷，各注罪狀，詞極醜詆。　以上五種不著撰人。

《東林書院志》二十二卷，刁承祖等撰。梁溪麗澤堂本。雍正十年許獻、高廷珍、高陛校刊。院在江南無錫縣，明天啓六年毀，崇禎六年復建。此志可與列傳參看，詳見《四庫附存書目》地理類。

《社事始末》一卷，杜登春記幾社、復社。康熙三十一年吳鈞跋。《珠塵》本。凡記始末者，應入傳記類之雜錄。

《國朝滿漢名臣傳》八十卷

依國史抄錄

巾箱本。前有目錄，滿四十八卷，漢三十二卷。《滿名臣傳》、《先正事略》二書，國朝名公大儒略備於此。其山林隱逸、文章道德之士，見於國朝各方之志。各家之集，皆有小傳，有力者廣爲搜採，以備一代之文獻，最有益也。阮文達公、彭尺木居士二家集中之傳，信而有徵，更當細讀。至於漢學師承，且有專書門徑可尋。此學乃宋元時所無，而書可以信今而傳後。至於《說文》學、金石學、算學，實皆超軼前代。我朝作人之化，於斯爲盛矣。

《二臣傳》十二卷，《逆臣傳》四卷，依國史抄錄。《名臣傳》合刊本，半松居士排字本。

《人瑞錄》一卷，孔尚任輯。《昭代叢書》本。康熙二十七年，奉恩詔軍民七十以上者一丁侍養，免徭役；八十以上給絹一疋、棉十斤、米一石、肉十九斤；九十以上者仿之。百歲者二十一人。

《清秘述聞》十六卷，《槐廳載筆》二十卷，法式善撰。嘉慶己未年自刊。二書記科名故實。《清秘述聞》別有《續編》八卷，王宗相撰。道光元年自序刊本。《鄉會考官類》五卷，《同考官》二卷，《學政》一卷。

《貢舉考略》三卷，黃崇蘭撰。起順治二年己酉科，至道光二年壬午恩科。通行本。別有續編。《太學題名碑》，通行本，屢有所續。

《熙朝宰輔錄》一卷，潘世恩輯。道光戊戌年刊，思補軒本。

《敏求軒述記》十六卷，陳世儀輯。國朝人小傳爲一書，道光戊申年自刊本。

《湖海詩傳小傳》六卷,從王司寇《詩傳》中錄出,光緒四年刊而別行。通行本。

九曲山房合輯王氏《國朝詩人小傳》二卷,芥老人手録,琅環居士重刊本。

《三立祠傳》二卷,袁繼咸編。祠在山西省城,祠先哲、名宦、鄉賢。

《史傳三編》五十六卷

國朝朱軾撰

朱氏藏書本。《名儒傳》八卷,《名臣傳》三十五卷、《續編》五卷,《循吏傳》八卷。是書採二十一史,自漢迄元而止。本傳之外,又採諸書及各家文集以成之,凡大人尤加意蒐羅。羊祜、杜預在魏朝皆有封爵,曹彬亦爲周之國戚,三人雖皆名臣,不無《春秋》責備之意,因列之《續編》。書成於雍正戊申。

《史外》八卷

國朝汪有典撰

盧陵尋樂山房本。同治三年重刊,前有王夢鯨序。此明代忠義傳也。書成於乾隆十三年。例云:"於有明事詳加輯定,年三十曾著《有明八事類纂》一書,分門別類,無力授梓。"兹編專取節烈。

王氏序曰:"有明享國三百年,剥喪士氣之最慘毒者凡三:燕藩也,魏璫也,闖寇也。他不與是。"

文光案:《明史》底稿,其事詳《西河集》。毛氏諸傳可與《明史》參看,如《王文成傳》本二卷,即集中之一種。

《鶴徵録》八卷　《後録》十二卷

國朝李集撰　遇孫、富孫續　《後録》，李富孫撰

漾葭老屋本。此原刻本，嘉慶二年刊。《後録》嘉慶十二年刊。近有同治年補本。康熙己未詞科一百八十九人，乾隆丙辰詞科二百六十七人。

《己未詞科録》十二卷

國朝秦瀛撰

世恩堂本。前有嘉慶十二年吳騫序。是書《廣鶴徵録》首二卷，紀事一卷，傳略七卷，叢話四卷。

洪武四年《登科録》一卷，《珠塵》本。　《疑年録》四卷，錢大昕編。續四卷，吳修編，嘉慶十八年吳氏刊本。

《國朝詩人徵略》六十卷

國朝張維屏撰

原本。前有嘉慶二十四年張維屏自序，後有道光十年自跋。是書所録凡九百餘人，先列姓名，次小傳，次採諸家評論，次標題，有題無詩，次摘句，不録全詩也。

張氏自序曰："暇日喜誦古人詩。誦其詩欲知其人，而其人生平事蹟，大都散見於諸家文集及志乘、説部諸書。爰即流覽所及，隨意録之，篇幅稍繁者節録之。歲月既積，卷帙遂增，思於纂述之餘，用廣興觀之助。"

張氏自跋曰："海内詩人衆矣，詩集繁矣。兹編所録不過千百之十一，然百數十年以來心藏心寫、師事友事之人，大半略可考見。且意在知人，本非選詩。其中或因題，或因事，或己所欲言，或人所未言，意欲無所不有，不專論詩之工拙也。拙著四種，間

附數條，籍以就正。"

《松齋目録》："侯朝宗文以氣勝，魏叔子文以力勝，汪鈍翁文以法勝，朱竹垞文以學勝，四先生而外求足以方駕者，其姜西溟、邵青門乎？""冰叔之文多議論，竹垞之文多考證，有物則一也。"

《讀史任子自鏡録》二十二卷

國朝胡季堂撰

培蔭軒本。道光元年刊。首乾隆六年劉庸跋，譚尚忠序，嘉慶丙辰吳玉綸序，自序，嘉慶二十一年門生楊護書後，凡例。任子始於漢，其法備於唐，汎濫於宋。是録止於明，餘不及，俱照例傳全抄，每傳後評其美惡。自漢劉向起，至明嚴世蕃止。末有男麟跋。所載四百餘人，積十年之功而成此編。

男麟跋曰："先府君庄敏公以承蔭入仕，歷歷中外數十年。服政之餘，留心史傳，手輯成書，藏諸篋中，籍以自饋而作也。自漢至明，史傳所載，善惡備録。前十七卷，每一傳後其人之言行事實各有評論，以昭法戒。後五卷僅標諸史傳目，而評論闕如。蓋摭採略備，猶爲未竟之書，因即付梓。"

《吳郡名賢圖傳贊》二十卷

國朝顧沅撰

顧氏刊本。首道光九年陶澍序，梁章鉅序，湯金釗序，韓對序，石韞玉後序，朱珔序，凡例，目録。自吳孝札迄唐仲冕。滄浪亭名賢祠圖、名賢像，勒石險壁，春秋祠之。其上藏諸賢所著書圖。傳中有流寓，亦不皆吳人。

石氏序曰："考吳中名賢之作，昔有《會稽先賢像》，其名宦則有《瞻儀堂圖像》，今歲久皆不可考。其近而可徵者，明王世貞有《吳中往哲像》，其後錢穀、張蟾迭有增補。今顧子沅并前所存合而爲册，又廣搜博采，自周末以至本朝，凡得五百七十人。其像或臨自古册，或訪得之於各家後裔。其冠服悉仍其舊，均有徵信，無一憑虛造者。道光七年，司寇韓公對予告在籍，以其事聞諸中丞陶公澍，公命壽諸石，建祠於滄浪亭西，春秋享祀，詢盛舉矣。方伯梁公章鉅復慮撫拓之褻，又議改作書本，并系以小傳，以廣其傳，助捐集事，屬顧子授梓。繪像者，孔君繼堯。予紀其緣起於後。"

《會稽先賢像贊》五卷，見《隋志》。此繪像成書之最古者。宋紹興中，吳郡瞻儀堂之建，有繪事而無書，僅存石湖一記。明崇禎時，文湛持輯《姑蘇名賢小紀》二卷，好事者爲之圖，凡百餘人。今皆散佚。

彭氏曰："《蘇州名賢圖像》創自弇洲，凡一百又十人，繫以傳贊。我朝康熙初，張君永暉得王氏殘本，重加摹繪，益事搜訪，得二百二十餘人。一時名輩各書傳贊，彙爲巨册。乾隆中，沈歸愚尚書得張氏本，頗多殘失，因訪諸故家，屬陸子懌補其闕遺，而自題其後。尚書歿時，是本流落人間，予以制錢十五貫得之。次其先後，命工庄裹，合之得百八十三人，視完本殺四十許人矣。爰爲目錄，詒諸後人。"錄於《知聖道齋讀書跋尾》。

　　文光案：顧本云張蟾補入隆、萬、天、崇諸賢及寓公，
　　即彭氏所跋之本也。顧本有彭進士像傳，即允初。

《國朝先正事略》六十卷

國朝李元度撰

循陔草堂本。同治丙寅年刻。前有曾文正公序，凡例，目錄。凡分七門，曰名臣，曰名儒，曰經學，曰文苑，曰遺逸，曰循良，曰孝義。人爲一傳，計五百人，附見者六百有八人。因閱本朝人文集，手錄事蹟，積久成帙。事略猶遺事，仍傳體也。是編仿

《名臣言行録》例，專主揚善，附見者其例稍寬。阮文達刻《皇清經解》，安溪、望溪之著述一字不收，抑又過矣。非史官不應爲人作傳，古人言之。歸震川謂古作《汝南先賢傳》、《襄陽耆舊傳》者，皆非蘭臺石室之臣也。此論出而紀事之例始寬。

曾氏序曰："次青從事戎行，與國藩患難相依，備嘗艱險。厥後師比有功，超拜云南按察使，而是書亦於黔南告成。"

以上傳記類總録之屬。

《攬轡録》一卷　《驂鸞録》一卷　《吴船録》二卷　附《桂海虞衡志》

宋范成大撰

《知不足齋》本。三録皆無序，後有嘉靖丁亥禮部員外郎、前進士盧襄跋，嘉慶乙丑鮑廷博跋。志一卷，有淳熙二年自序。

盧氏跋曰："右紀行三録，宋參知政事石湖范公之作也。公隆興中以起居郎使金，有《攬轡録》。乾道中赴帥桂林，有《驂鸞録》。淳熙中自蜀帥還吴，有《吴船録》。凡山川、風俗、物産、古迹，與所從遊論述可喜可感，隨筆占記，事核詞雅，實具史法。讀之若履其地，覿其人，有不知曠數世、隔千里者。前輩卧游之説，有足徵已。予家石湖，與公别業相望，少從提學家兄往來湖上，撫其遺址，思欲有所興理。比兄爲御史，在告時創書院以俎豆公。既手摹公之象與所書《田園雜興》，刻之石，又手校此三録，欲并刻未果。予來京師，借他本校寫，以寄同年項建陽秉仁、夏建安國符，即書坊刻焉，承兄志也。二君飾政以文公之文，其文弗傳矣乎？"

鮑氏跋曰："石湖三録，明嘉靖間吴郡盧襄曾合刻於建安書坊，去今二百餘年，流傳絕少，此本其僅見也。外此惟寶顏堂先後刻入《秘笈》，傳世尚多。然《秘笈》所刻書草率誤人，往往失昔人面目，是爲古書一厄，有識者恨之。此三録中《吳船録》尤繆戾，有脱去數行者，予得是本即刊正之矣。今并《攬轡》、《驂鸞》二録補入叢書，而附以《桂海虞衡志》，仍盧氏之舊也。惟《攬轡録》元本二卷，晁《志》著於録，今盧氏所刻卷帙寥寥，與《秘笈》本相同，視二録詳略迥殊。眉公蓋云鈔至《説郛》，則元本之亡由來舊矣。惜哉！"

韓退之謂湘南江山勝於驂鸞仙去，故以名録。

陳士業序曰："范石湖《吳船録》二卷，自成都至平江數千里，飽歷飫探，具有夙緣。其紀大峨八十四盤之奇，與銀色世界兜羅錦雲，攝身清光，現諸異幻，筆端雷轟電掣，如觀戰於昆陽，呼聲動地，屋瓦振飛也。蜀中名勝，不遇石湖，鬼斧神工亦虛施其伎巧，豈徒石湖之緣〔六〕，亦山水之遭逢焉。"

石湖居士以淳熙丁酉歲五月二十九日戊辰離成都，此《吳船録》之始也。杜詩云"門泊東吳萬里船"，蜀有萬里橋，爲吳人設。

《桂海虞衡志》自序曰："道中無事，時念昔游，因追記其登臨之處與風物土宜，凡方志所未載者，萃爲一書。蠻陬絶徼，見聞可紀者亦附著之，以備土訓之圖。余惓惓於桂林，爲之綴輯，瑣碎如此，蓋以信余之不鄙夷其民，雖去之遠猶復不〔七〕忘之也。"

> 文光案：鮑本附《桂海虞衡志》，余所藏鮑氏叢書實無是志，或裝潢時佚之歟？《桂海虞衡志》又見於《廿一種秘書》，有大字、小字二本。但其書坊刻，不足據。

《宜齋家乘》一卷

宋黃庭堅撰

《知不足齋》本。前有崇寧甲寅范寥信中序，後有乾隆甲寅鮑廷博跋。

范氏序曰："崇寧甲寅秋，余客建安，聞山谷先生謫居嶺表，恨不識之。遂泝大江，歷溢浦，舍舟洞庭，取道荆湘，以趨八桂。至乙酉三月十四日始達宜州，寓宿崇寧寺。翌日，謁先生於僦舍，望之真謫仙人也。自此日奉杖履，至五月七日同徙居於南樓，跬步不相舍。凡賓客來，親舊書信，晦月寒暑，出入起居，先生皆親筆以紀其事，名之曰《乙酉家乘》。其字畫特妙，嘗謂予北歸日，當以此奉遺。至九月，先生忽以疾不起，子弟無一人在側，獨予爲經理其後事。及蓋棺於南樓之上，方悲慟不能已。所謂《家乘》者，倉卒爲人持去。紹興癸丑歲，有故人忽錄以見寄，不謂此書尚無恙耶！因鏤以傳。"

鮑氏跋曰："是書不載於《山谷全集》。《鶴林玉露》所謂唐生者，即范之訛，而《梁谿漫志》爲得其實也。信中好學，既見稱於山谷，其奇節偉行，落落不可，爲一世之㮮。《漫志》復詳書之，世有因山谷而賢其人者，尚取徵焉。"

《碧血録》二卷

明黄煜撰

《知不足齋》本。前題"古忠義城謎庵黄煜彙次"。是書前有山中人漫翁序，又趙懷玉序，又盧文弨序。《碧血》一編紀明天啓時死奄禍諸忠也。其同事而生者，不具載。前列其目，自新建萬郎中燝以下，凡二十有一人。次載六先生遺書。六先生之集世多有，而此則皆被逮以後及獄中之筆也。其後附以《天人合徵録》，有燕客所自爲傳，隱其姓名，故曰燕客。天啓五年，聞六君子之獄興，乃走燕變服雜北鎮撫司獄卒中，得其遺言遺札，且備見許顯純以非刑楚毒諸君子而致之死狀，以著爲是録也。嗟乎！世事至此，欲國之無亡也不可得矣。書後又附《天變雜記》，但云五月六日，不著何年。考《明史》天啓六年五月戊申所記火災與此皆合，但《紀》作戊申，《志》一作戊申，一作壬寅朔，而此則丁未也。似當以此記爲是。又有《人變述略》，則紀蘇、常二郡民憤擊殺緹騎之事。燕客自云通天文兵法，其人蓋亦奇傑之士，而書首題黃煜彙次，當即其人姓名，唯其邑里本末則有未能深知耳。記火異特詳，客所親見。

楊漣遺書三種，曰《辨揭》，曰《絕筆》，曰《血書》。魏大中遺書一種，曰《自譜》。顧大章遺書四種，曰《自叙》，曰《書刑曹事》，曰《雜記》，曰《絕筆》。繆昌期遺書二種，曰《自錄》，曰《就逮詩》。周起元遺書一種，曰《訓子書》。高攀龍遺書二種，曰《遺表》，曰《別同志書》。李應昇遺書二種，曰《就逮詩》，曰《誡子書》。楊、魏、顧、繆、高、李，所謂六先生也。末附周茂蘭血書并諸家題跋。

六君子之獄，天下皆知內外二魏爲之。其死也，則更有說焉。楊、左，魏璫所甘心者也，廣微實力圖之，周、袁、顧則馮銓續爲之也。彼時銓新入政府，感璫之特遇，故殺三公以當謝。京都貴人言之，向與銓爲龍陽之好者也。

　　文光案：余家藏《天壤遺文》四冊，皆六先生被逮後之文，燕客所錄存者，可與此錄參看。

《登西臺慟哭記注》一卷　　《冬青樹引注》一卷

明張丁撰

抄本。《慟哭記》，粵謝翺之所作也。宋丞相文信公值國亡，數起兵南服。翺，布衣也，倜儻有大志。會文丞相開府，時杖策軍門，署以爲諮議參軍。後丞相死，翺慟知己之不復，故登斯臺以竹如意擊石，作楚歌，招其魂。慟西臺，慟丞相也，慟宋之三百年也。西臺者，子陵之西臺也。始翺哭於夫差之臺、勾踐之國，又於此升臺而哭者，亦登峴踐華之意。謝翺著《季漢月表》，皆採獨行，未見。《冬青樹引》者，宋謝翱之所作也。宋欑宮在會稽境內。元楊總統欲利其金玉，以宋王氣在是，矯詔發之。當時山陰唐珏見諸陵已發，暮夜使人收骨葬蘭亭之山，種冬青樹爲識。翱，珏之故人也。至元丙戌入越，嘗登越臺慟哭丞相，故時有斯作焉。張孟兼兩注皆疏誕，藍水漁人重爲之注，有識語。周密《癸辛雜識》記楊髡發陵事甚詳，蓋得其徒互告狀一紙，故知其首尾云。

《浙江通志》："《冬青引》載於野史，詩凡三出而語句不同，蓋謝翱與林景熙各爲詩以暗記此事，非傳録之誤也。"

《癸辛雜識》："先啓寧宗、理宗、度宗、楊后四陵，劫去寶玉極多。理宗陵所藏尤多，啓棺之初，有白氣亘天，蓋寶氣也。理宗之屍如生，倒懸樹間，瀝取水銀。如此三日，竟失其首。或云回回俗得帝王髑髏可以厭勝致富，故盜去耳。欽、徽二陵皆空無一物，徽陵有朽木一段，欽陵有木燈檠一枚而已。欽宗之柩未返，木燈朽木多出附會，不可信也。見《輟耕録》。高宗陵骨髮盡化，止錫器數件，端硯一隻。孝陵亦蛻化無餘，止頂骨小片，內有玉罏瓶一副，古銅斝一隻。昔聞有道之士能蛻骨而仙，未聞并骨蛻者，真天人也。一村翁於孟后陵得一髻，長六尺餘，髻根有短金釵，遂取以還，庋置佛堂中奉事之，自此家道寖豐。"

《謝皋羽年譜》一卷，徐沁撰。《昭代叢書》本。謝翱生於宋理宗九年，距臨安之陷二十八年。次年端宗航海，又二年而宋亡。皋羽年三十一。又三年而信國死，又十六年而翱始死。其作《冬青引》及開月泉吟社，與夫金華之遊、汝社之舍，皆在信國死後，殆所謂爲忠義於國已亡之日者也。

《因人私記》一卷

國朝傅山撰

抄本。張孫振巡撫山西時，誣劾袁季通下刑部獄。青主結同人上疏辨冤，得旨賜還，以原官起爲武昌道，孫振謫戍。馬素修《山右二義士記》，謂太原傅山與汾府諸生薛宗周也。爲袁學道訟冤事在丙子、丁丑之間，一時詞客贈詩者甚多。此記題丁丑冬稿。青主之弟名止，亦隨之入京。

《建立伏博士始末》二卷

國朝孫星衍撰

《平津館》本。上卷公牘，下卷祠墓、世系、藝文。嘉慶七年奉諭旨，准以伏生六十五代孫敬祖世襲五經博士。

孫氏自序曰：“伏博士之建立，發端於星衍，而成於撫部和寧公、吳方伯俊、劉學使鳳誥者也。數千年缺典待發於國朝，不可不記述始末，以彰一代興廢繼絶之盛治。”

《黄孝子尋親紀程》一卷　《滇還日記》一卷
附《黄孝子傳》一卷　《滇南尋親圖》一卷

國朝黄向堅撰

《知不足齋》本。孝子，明末國初人，字端。是書前序三首，後序三首，傳爲歸庄元所撰。《尋親圖》紙本高八寸五分，闊一尺一寸，引首王奉常隸書。黄孝子善書畫，手寫山川凡十二圖。首有黄孔昭序，即孝子之父。末有諸賢跋。

《兩孝子萬里尋親記》一卷，翁廣平記其族祖運槐運〔八〕標事。鮑氏本。

以上傳記類雜録之屬。

右傳記類

叙一人之始末者爲傳，始於《晏子春秋》。叙一事之始末者爲記，始於《孔子三朝記》。舊本目録多混同無别。謹案：《四庫全書》傳記類凡分四目，附以别録。一曰聖賢，如《孔孟編年》之類，非親灸鄒魯者不之及也。夷齊爲清聖，爲古賢，亦得與焉。二曰名人，如《魏鄭公諫錄》之類。凡録一人爲一書者皆歸於是。其體有年譜，有外紀，有行實，有家傳，有遺事，有里志、廟志。紀功而誌美，闡幽而昭德，凡所褒揚者無不至也。三曰總録，如《列女傳》之類。凡合衆人爲一書者皆歸於是。其中如列代名臣、各方文獻、道學源流、聖門人物以及高士、卓行、儒林、循吏諸傳，義在稱美，與名人同例。又如元祐之黨籍，東林之講席，美中不足，禍遂隱中於家國，讀史者不能不致慨於二三君子也。至於君鑒、臣鑒、吏鑒、璫鑒，顧名知義，自不得與孝史忠編同爲一體。斯類也，彰善而癉惡，垂芳而示戒，凡攸關於綱常名教者，燦然備列，有志於世道人心者所宜三復也。四曰雜録，如《驂鸞録》之類，皆叙事之文也。其中如西征東祀，遊粵客杭，爲紀程，爲日譜，爲録，爲志，其類不一，故曰雜録。至安禄山、黄巢、劉豫逆亂之人，自爲一傳者，附載於末，命曰別録，示不與諸傳比也。其割據僭竊之雄別附載記，征討削平之事別入雜史，均不與此同科。今所録者凡七十四家。自《孔子編年》至《闕里志》，聖賢之屬也。自《晏子春秋》至《亭林年譜》，名人之屬也。自《古列女傳》至《先正事略》，總録之屬也。《卓異記》因無佳本，故不著録。詩集小傳本宜入詩文評類，因考國朝人物，遂置詩社宗派圖録之前。《四庫》雖無此例，然亦傳之類也，尚不爲泛及。自《攬轡録》至《尋親記》，雜録之屬也。別録無書，闕而不備。其他傳記尚多，亦不暇悉載。

校勘記

〔一〕“禮”，原作“體”，據《嘉靖以來首輔撰》改。

〔二〕“人”，原作“又”，據同上書改。

〔三〕“輔”，原作“相”，據清紀昀《池北偶談》改。

〔四〕“九”，據同上書補。

〔五〕“鄭”，原作“震”，據同上書改。

〔六〕“緣”，原作“緑”，據《吳船録·陳士業題詞》改。

〔七〕“不”，據《桂海虞衡志自序》補。

〔八〕“運”，據《兩孝子萬里尋親記》補。

史部八

史鈔類

《兩漢博聞》十二卷

宋楊侃撰

紅絲欄鈔本。是書宋本未見，此從明本抄出。筆畫精妙，不知何人所録。謹案：《天録琳琅書目》明板史部，《兩漢博聞》一函十册，注曰"宋楊侃撰"。侃，錢塘人。端拱中進士，官集賢院學士。書十二卷，凡《前漢書》七卷，《後漢書》五卷，取其故事字句爲標目，而節取顏師古及章懷太子注列於下。前有嘉靖戊午黃魯曾序，乃刻書時作。然序及書中不載撰人姓名，疏漏已甚。魯曾字得之，吳縣人。省曾之兄，與之齊名，正德丙子舉人。卷首有"逢省"、"自三"二印，俱朱文平書。

《提要》曰："是書雖於史學無關，然較他類書採摭雜説者，究爲雅馴。《後漢書》中間有引及《前漢書》者，必標顏師古字。而所引梁劉昭《續漢志》注，乃與章懷注無別，體例未免少疏。至所列紀傳篇目，亦往往多有譌[一]舛。然如'四皓'條下，引師古注曰'四皓稱號，本起於此，更無姓名可稱。蓋隱居之人，匿蹟遠害，不自標顯，秘其氏族，故史傳無得而詳。至於皇甫謐[二]、圈稱之徒及諸地理書説，竟爲四人安姓字，自相錯互，語又不經。

班氏不載於書，諸家皆臆説，今并棄略，一無取焉’云。明監本《漢書》注竟佚此條，惟賴此書幸存，則亦非無資考證者矣。"

文光案：《兩漢博聞》所録顏注爲北宋本《漢書》，證以此條益明。今北宋本《漢書》已佚，即《四庫》所收《漢書》亦南宋三劉校本也。《兩漢博聞》，諸家書目著録者甚少，近行《洪氏書目》史鈔類有此書，姓名外別無考證。洪目依愛日精廬之例，而書則加倍。新刊凡四函，與人争購未得。

《兩漢博聞》十二卷

宋楊侃撰

明本。嘉靖戊午黄魯曾校刊，有序。每葉十六行，行十六字。是書摘兩漢書中字句故事，或二字或四五字爲目，旁注某紀某志，頂格書之。次降一格爲班、范原文，再降一格爲師古、章懷等注。章懷注曰"注云"，其他皆冠以名。凡前漢七卷，共八百三十六事；後漢五卷，共五百八十九事。每卷前有總目，書内不署名。《漢書》北宋本難得，是書可訂兩注之訛，且傳本甚少，是可寶也。

黄氏序曰："古籍莫過於兩漢書，而訛謬弗考，形似弗辨，此《兩漢博聞》之不可以或少也。予幼習弇時之業，遵俗師之訓，而注精於《漢書》，惜《博聞》一書未之快目。晚歲方遇録本，用鋟諸梓，以爲讀《漢書》者之啓鑰。"

《通鑑總類》二十卷

宋沈樞撰

明本。嘉定元平樞之子守潮陽，鋟板以行，樓鑰序。元末蔣德明分省於吳，命郡庠重刊，周伯琦序。明萬曆中太監孫隆刊於吳中，申時行序，即此本也。其板甚工且大，有樓、周二序。別有成化本，太監錢能久所刊，未見。是書凡二百七十一類，雖分門太瑣，而便於記誦，且可與原文互證。

《十七史詳節》二百七十三卷

宋呂祖謙撰

元本。是書不見於《宋志》，諸家皆不著録。書中標題或稱東萊先生增入，或稱東萊校正，或又題諸儒校正。前後無序跋，刻印草草，似是書賈所爲，非呂氏之書也。其板仿宋巾箱本。《天禄琳琅書目》"《十七史詳節》十二函，二百册"。内標曰《增入正義音注史記詳節》二十卷，前有三皇至秦譜系五圖、五帝至秦國都地理四圖。曰《參附羣書三劉互注西漢詳節》三十卷，前有世系傳授、國都地理二圖、諸家注釋名氏。《西漢綱領》，唐庚叙録。曰《諸儒校正東漢詳節》三十卷，前有傳世一圖。曰《標注三國志詳節》二十卷，前有三國疆理、世系、紀年三圖，裴松之上《三國志注》表。曰《校正晉書詳節》三十卷，前有兩晉世系、地理二圖。曰《校正南史詳節》二十五卷，前有南北國都地理圖，宋、齊、梁、陳世系圖。曰《校正北史詳節》二十八卷，前有後魏、北齊、北周世系圖。曰《校正隋書詳節》二十卷，前有世系、地理二圖。曰《諸儒校正唐書詳節》六十卷，前有十道、開基、混一、世系、地理、藩鎮六圖，曾公亮進表。曰《校正五代史詳節》十卷，前有陳師楊《五代史記序》、分據地理圖。各自成書，每代自爲目録，蓋史節鈔便記之書。建陽書坊以袖珍本陸續刊行，故每編標名不畫一。書内有"余氏恒齋"、"周氏子孫保之"諸印。又《諸儒校正兩漢詳節》二函十六册。按此書標題與前十七史全本不同，并無圖系，而前有參校古今諸家兩漢書本之目，凡十四家。其正文内字句亦有參差，刻板尺寸、行字迥殊，較全本鋟手紙墨皆工。原各成書，無妨兩美耳。書内有"平陽藏書"、"敬翼堂印"二印。又《東萊先生晉書詳節》二函十二冊。按此本與前十七史全本正同，但標題微異。尺寸較寬大，每行多二字。卷一有"建安慎獨齋刊"一行，乃建陽書坊以前本翻刻者。書内有"思彦"白文印、"古吳蔣氏收藏"朱文印。以上所録在《續編》第四卷宋板史部内。焦氏《經籍志》"《十七史詳節》二百八十三卷"，"八"字乃"七"字之訛。

《漢雋》十卷

宋林鉞撰

元本。是書備詞學之用，刊板甚工，紙墨皆佳，惜佚其首卷。《天禄琳琅書目》云"書分五十篇，每篇以篇首二字爲名。前紹興壬午鉞自序，後淳熙戊戌魏汝功序，又淳熙十年楊王休題"。又記："象山縣學《漢雋》，每部二冊，見賣錢六百文足。印造用一百六十四幅、碧紙二幅，賃板錢一百文足，工墨裝背錢一百六十文足。"列銜：從事郎、知明州象縣、主管勸農公事兼主管玉泉鹽場蔣鶚，迪功郎、明州象山縣主簿徐晟，鄉貢免解進士、縣學長章鎔校正，鄉貢進士門、生樊三英校正。考《四明志》，蔣鶚淳熙九年任。按淳熙戊戌乃五年，距鉞成書甫十七年。魏汝州守徐州，命工刊之。至十年癸卯，蔣鶚又刻，置象山縣學。楊王休題云"善本鋟木，儲之縣庠，且借工墨贏餘爲養士之助"。故書末詳臚价。宋元郡庠書院多以刻書印鬻供膏火，不同坊賈居奇。此本乃象山刻，非滁州本也。其後元延祐庚申袁桷重刊，有跋。至明凌迪知彙刊《文林綺繡》，取鉞此書而自增范書《雋語》，易名《兩漢雋言》，非其舊也。橋李項氏藏本有"項元汴"印、"子京父"印、"項墨林秘笈之印"、"生平真賞"、"墨林珍玩"、"項子京家珍藏"、"項墨林鑒賞章"、"橋李項氏士家寶玩"、"子孫世昌"、"天籟閣"、"子孫承保"、"墨林生"十二印。

文光案：《文林綺繡》四種，曰《左國腴詞》，曰《太史華句》，曰《兩漢雋言》，曰《文選錦字》，皆凌氏所撰，价重而書實無味。

右史鈔類

史鈔一門，始自《宋志》，其删削之書，則自古有之。今所録者四家，其體有徵典、分門、删繁、摘句之不同，然皆宋元舊本，足以考證諸史，故可貴也。他如舊本《册府元龜》及舊本通志，雖別有部分，皆宜與全史互勘。至於《讀史快編》及《史維》等書，體例既乖史法，據依亦非古本，雖屬史抄，只見漏略，不足觀已。

校勘記

〔一〕“謁”，原作“偈”，據《總目》“兩漢博聞”條改。

〔二〕“謐”，原作“謚”，據同上書改。

史部九
載記類

《吳越春秋》十卷

後漢・趙曄撰

元本。每半葉九行，行十八字。前有徐天祐序，末有"大德十年歲在丙午音注，越六月書成刊板，十二月畢工"二十四字，又"前文林郎、國子監書庫官徐天祐音注"一行，又紹興路學官銜名三行。

徐氏序曰："《吳越春秋》，隋、唐《志》皆云十二卷，今存者十卷，殆非全書。曄傳在《儒林》中。觀其所作，乃不類漢文。按邯鄲李氏《圖書十志目》謂楊方刊削趙書，至皇甫遵，遂合二家考正今本傳注。又按《史記》注、《文選》注、《大經》注所引《吳越春秋》，他書咸無其文，豈楊已刊削而皇甫未考正耶？趙書視梁、劉所紀二國事爲詳，取節焉可也。越梓歲久不存，汴侯重刻於學。侯名克昌，世大其字云。"

《吳越春秋》十卷

漢趙煜撰

明本。汪士賢校刊。此本有元徐天祐注，《漢魏叢書》失其名，且并爲六卷。《隋志》十二卷，今佚二卷。

楊氏曰：“《漢書》趙煜撰《吴越春秋》，《晉書》楊方亦撰《吴越春秋》，今世所行，趙耶？楊耶？”_{錄於《升庵集》。}

王氏曰：“《晉書·楊方傳》：‘積年著《五經鈎沈》，更撰《吴越春秋》并《雜文筆》，皆行於世。’此書似爲方所更撰。舊題趙煜者，據《隋志》、馬《志》耳。今是書參錯小説家言，文筆不類漢人，或竟出方手。”_{錄於《淵雅堂集》。}

《越絕書》十五卷

漢袁康撰

明本。内題“同郡人吴平定”。

陳氏曰：“《越絕書》十六卷，無撰人名氏。相傳以爲子貢者，非也。其書雜記吴越事，下及秦漢，直至建武二十八年，蓋戰國後人所爲，而漢人又附益之耳。越絕之義，曰‘聖人發一隅，辯士宣其辭，聖文絕於彼，辯士絕於此’，故題曰越絕。雖則云然，然而終未可曉也。”_{錄於《直齋書録解題》。}

盧氏校曰：“越絕外傳本事第一，越絕荊平王内傳第二，越絕外傳記吴地傳第三，今本次第如是。然案本事篇以越，何不第一？而卒本吴太伯爲問。其末篇又云始於太伯，次荊平，次吴人，次計倪，次請糴，次九術，次兵法，終於陳恒。是皆以太伯爲第一。案：吴地首稱太伯，當即此篇。今本次在第三，其下次序皆不相應，豈爲後人所貿亂歟？”又曰：“其最無理者，如稱舜用其仇而王天下。仇者，舜後母也。鄙倍至此。他如論堯舜不慈孝，皆不可訓。舜不聞有兄，獨此書稱兄狂弟傲，可以廣異聞云。”_{錄於《羣書拾補》。}

《越絕書》十五卷

漢袁康撰

《漢魏叢書》本。是書或題袁康撰，王充指爲吴平撰。《廿一種秘書》題袁康與吳平同撰。

毛氏曰："《越絕》，春秋亡名氏書也。辭文高上，紀志荒衍，近先秦間所爲文。自篇首隱其所爲人，而故爲推求，以爲子貢作，又以爲伍胥作，故自漢迄今，皆莫得所爲人焉。嘗讀末篇，篇中皆隱語，有云'紀陳厥説，略有其人。以去爲姓，得衣乃成。厥名有米，履之以庚。禹來東征，死葬其疆'，蓋會稽袁康者也。又曰：'文屬辭定，自于邦賢。以口爲姓，承之以天。楚相屈原，與之同名。'其屬辭者，蓋同邑吳平者也。昔王充有云'會稽吳君高'。又有云'君高之《越紐録》'。豈君高者平字也？越紐故越絕也？則前人亦偶有指平者矣。逮明楊慎跋其書，推袁、吳名，矜爲獨得，蓋貿貿者千餘年矣。徐受之注《吳越春秋》，于是書尚且猶豫，必得升菴始解之，誠亦甚怪。然升菴未遍觀也。升菴云東漢之末好作隱語，其末篇明云勾踐以來至於更始之元五百餘年，則東漢初書也。以爲東漢末，猶近鹵略。"録於《西河合集》。

文光案：升菴跋見本集。前半與毛説略同，後半云孔融以"漁父屈節，水潛匿方"云云，隱其姓名於離合詩；魏伯陽以"委時去害，與鬼爲鄰"云云，隱其姓名於《參同契》。融與伯陽俱漢末人，故文字稍同。又案，《西河詩話》云："蕭山，西子之所出。"此舊本《越絕》原文。今本是袁、吳所爲，甚不足據。舊本有散見於諸書注者。案，西河所云舊本，今未之見。《越絕》本二十五篇，今存者二十篇，其事與《吳越春秋》相出入，而文筆高古，非趙書所能及也。

盧氏曰："康行事無可考，想其人負奇氣，不爲人用，乃借胥、倪、種、蠡之事，會萃增益，以發抒己意。雖自言竊附於《春秋》，實不離長短家之餘習。其文奇而不典，華而少實，且多庸猥煩複，其詞又出《國策》下矣。予得明張佳胤校刊本，又得吳琯本。吳本有脱文，張本皆就其缺補之，至不能補者乃作一方圈。予意所脫必不止此。"錄於《抱經堂集》。

《華陽國志》十二卷

晉常璩撰

《函海》本。李調元依影宋本校刊。前有宋嘉泰甲子丹稜李㙮古字。塈叔厪重刊序。巴志第一，漢中志第二，蜀志第三，南中志第四，公孫述劉二牧志第五，劉先主志第六，劉後主志第七，大同志第八，李特、雄、期、壽、勢志第九，先賢士女蜀郡、廣漢、犍爲、漢中、梓橦。總贊論第十，後賢志第十一，序志第十二，益、梁、寧三州先漢以來士女目錄在序後。明有何鏜《漢魏叢書》、吳琯《古今逸史》及何宇度所刻三本。何、吳二本佚去十卷之上、中。

李氏序曰："古者封建五等，諸侯國皆有史以記事。後世罷封建爲郡縣，然亦必有圖志以具述。蓋以疆域既殊，風俗各異，山川有險要阨塞之當備，郡邑有廢置割隸之不常。至於一士之行、一民之謠，皆有不可歿者，顧非筆之於書則不能也。《周官》職方氏掌天下之地圖，辨其邦國都鄙、夷蠻閩貃、五戎六狄之人民與其財用之數，要至於九穀之所宜，六畜之所產，亦未嘗不佔畢而紀其詳。況夫環數千里之墜，分城置邑殆逾四十，中間時異事變，往往裂爲偏方霸國，其理亂得失蓋有繫天下大數，安可使放絕而無聞虖？此晉常璩《華陽國志》之作所以有補於史家者流也。予嘗考其書，部分區別，各有條理，其指歸有三焉：首述巴蜀、漢中、南中之風土，次列公孫述、劉二牧、蜀二主之興廢及晉太康之混一，以迄於特、雄、壽、勢之僭竊，繼之以兩漢以來先後賢人，梁、益、寧三州士女總贊序志終焉。按總贊爲一篇，韻語相承，不知誰氏，冠於各名之上。就其三者之間，於一方人物，尤致深意。雖侏離之氓，賤俚之婦，苟有可取，在所不棄。此尤足以宏宣風教，使善惡知所懲勸，豈但屑屑於山川物產以資廣見聞而已乎？本朝元豐間，呂汲公守成都，嘗刊是書以廣其傳，而載祀荒忽，刓缺愈多，觀者莫曉所謂，予每患此久矣。假守臨邛，官居有暇，蓋嘗博訪善本以證其誤而莫之或得，因摭兩漢史、陳壽《蜀書》、《益都耆舊傳》互相參訂，以決所疑。凡一事而先後失序、本末舛逆者，則考而正之；一意而詞旨重複、句讀錯雜者，則刊而去之。設或字誤而文理明白者，則因而全之。其它旁搜遠取，求通於義者，又非一端。凡此皆有明驗可信不誣者。若其無所考據，則亦不敢臆決，姑闕之以竢能者。然較以舊本之訛謬，大略十得五六矣。鋟木既具，輒敘所以冠於篇首，好古博雅與我同志者，願無以夏五郭公之義而律之。"叔厘序見於宋本，因全錄之。叔厘刊本已亡，今所傳者惟抄本。

按常璩《華陽國志》目錄第九卷何本無此三字。及序志，皆云述李特、雄、期、壽、勢志，則勢何本作先。固有志也。今諸本皆無之，意者傳寫脱漏，因循不錄，遂失之爾。今本諸《通鑑》所述，參以載記所書，續成勢志，用補其闕，以俟後之博洽君子云。又史載散騎常侍常璩實勸李勢降桓溫，璩必作記者，因續記此云。此李㤅所記，在第九卷末。勢志爲李㤅所補無疑。明本以此記爲張佳允語，誤甚。又雨村有刊書跋，本書不載，因錄於後。

李氏跋曰："《華陽國志》十二卷，較俗本多卷十中、下卷，蓋書賈僅知挨次卷數刊刻，未審中、下即在第十卷内，復分中、下二卷耳。是本蘇郡朱文游所藏，有惠氏鈐印，爲紅豆齋舊物。乾隆戊戌仲秋，修撰金榜得此本於丁小山，爲從來未見之足本，新安程晉芳魚門書以相聞，較之《漢魏叢書》幾多至一半，考較精詳，博雅典覈。金榜以余蜀人，此志爲蜀諸志之祖，割愛以貽余。合諸志參之，益深服膺，因梓而行之。其偏傍字畫，悉照丹稜李氏宋本，不妄改一字。有與諸刻不合者，則分注於下。至各家刻《華陽國志》，體例各不同，究以李叔厘爲定本，故卷首仍用李序，以各序附於卷末云。"錄於《童山文集》第十三卷。

文光案：《函海》一百五十卷，惟此一種爲精校之本，其餘不足依據。本欲補《知不足齋叢書》所未備，而鹵莽從事，未能相抗。升菴所著與自著者居其半，大抵皆隨手抄録，難稱著書。李氏萬卷樓藏書四十櫥，分經、史、子、集，書目三十卷。金石文亦富，宜多考證，惜愛博不精。予所藏《函海》爲重校之本，亦未盡美。雨村所録四庫館本，皆胥吏所抄，不加覆審，又急於付梓，故錯訛最多。又無別本可對，今藏書家亦不甚重。

宋李㷍所刊《華陽國志》第十卷分上、中、下，惜其刻本不傳。《函海》所刻即李㷍本，而第十卷無上、中、下之名，不知何故。又蜀郡士女讚第一，五十五人；廣漢郡士女讚第三，五十七人；犍爲士女讚第四，三十人；漢中士女讚第五，四十四人；梓橦士女讚第六，十八人，讚第二顯有闕文。總讚人數共二百四十八人，後賢二十人，合二百六十八人。今本止二百五人，缺數分明。序云足本，殆未必然。

《拜經樓藏書題跋記》："《華陽國志》刻本向闕卷十中、下二子卷，乾隆癸丑，先君借盧抱經學士本補鈔并校。又卷八永康八年詔徵刺史歊爲大長秋一篇，下補'永寧元年春正月，歊遣萬餘人斷北道，次錦竹'以下四葉，其餘字句脱誤、同異補正處甚多。按程大昌《演繁露》云《後漢傳贊》注'梁州北距華山之陽，南距黑水，故常璩叙蜀事謂之《華陽國志》'也。"

《華陽國志》十二卷

晉常璩撰

明嘉靖本。張佳允刊。前有宋元豐戊申吕大防微仲序，次目録十卷。以下差謬過甚，盧召弓先生按自序重訂。末附江原常氏《士女志》一卷，張佳允補。

盧氏校張本，乾隆二十二年丁丑二月盧文弨校。卷十缺上、中二卷，但存下卷，今補足。先總讚，次士女傳。蜀中士女爲上卷，巴郡士女宋本已闕，廣漢、犍爲士女爲中卷，漢中、梓橦士女爲下卷。

吕氏序曰："先王之制，自二十五家之間，書其恭敏任恤，等而上之。或月書其學行，或歲考其道德，故民之賢能衺惡，其吏無不與知之者焉。漢魏以還，井地廢而王政闕，然猶時有所考察旌勸，而州都中正之職尚修於郡國，鄉閭士女之行多見於史官。隋唐急事緩政，此制遂廢而不舉。潛德隱行，非野史紀述則悉無見於時。民〔一〕日益漓，俗日益卑，此有志之士所爲歎惜也。晉常璩作《華陽國志》，於一方人物丁寧反覆，如恐有遺，雖蠻髦之民，井臼之婦，苟有可紀，皆著於書，且云得之陳壽所爲《耆舊傳》。按壽嘗爲郡中正，故能著述若此之詳。自先漢至晉初踰四百歲，士女可書者四百人，亦可謂衆矣。復至晉初至于周顯德僅七百歲，而史所紀者無几人，忠魂義骨與塵埃野馬同没於邱原者蓋亦多矣，豈不重可惜哉！此書雖繁富，不及承祚之精微，然議論忠篤，樂道人之善，蜀記之可觀未有過於此者。鏤行於世，庶有益於風教云。"據吕序，則張本亦出於宋本，而不及李本遠甚。

乾隆五十五年冬十有二月，訪盧弓父先生於杭州新橋之抱經堂，借其手校足本《華陽國志》以歸。次年七月寓震澤，以此本對校一過。海寧陳鱣記。

盧氏記曰："按《魏書·崔鴻傳》云'常璩所撰李雄父子據蜀時書，尋訪不獲，久思陳奏，乞敕緣邊求采'云云。然則元魏時已闕此卷，抑不知璩本有録無書，不補可也。又案：其子子元云'正光三年購訪始得，是有此卷'。"此條在第九卷。

佳允案："常璩《三州士女目録》，《巴郡士女》范目以下共一十八人，當列蜀郡後爲第二卷。今按本志讚傳并闕，豈稱全典哉？自宋吕大防、李坖二刻，已無聞矣，先民往則，宜垂竹素，強識之士不重有感耶?"此條在第十卷《蜀郡士女讚》後。

佳允曰:"江原常氏代有明德,故大姓也。道將立志,僅書其半,豈以私親自嫌哉?今考出士女共十九人,又見道將承源家學,良史稱材,尚友遐心,菁龜孔邇。"常氏《士女志》。

嘉慶十四年十二月既望,寓中吳上津橋石泉古舍,檢閱是書,重校一過。鱣記。

華陽黑水爲梁州。周文爲伯,西有九國,武王克商,并徐合青,省梁合雍。而職方氏掌其地,辨其土壤,甄其寶利,起於秦帝。漢興,高祖藉之成業,乃改雍曰涼,革梁曰益,故巴、漢、庸、蜀屬益州。至魏咸熙元年平蜀,始分益州巴、漢七郡,置梁州。《洛書》曰:"人皇兄弟九人,分理九州爲九囿。人皇居中州,治八輔。"華陽之環,梁岷之域,是其一囿。囿中之國則巴、蜀矣。禹治水命州,巴、蜀以屬梁州。禹娶於涂山,今江州涂山是也,帝禹之廟銘存焉。武王伐殷,封其宗姬於巴,爵之以子。古者遠國雖大,爵不過子,故吳楚及巴皆曰子。按《巴郡圖經》其地周萬餘里。　漢中郡本附庸國,周赧王二年,秦惠文王置郡,因水名也。

寧州,晉泰始六年初置。蜀之南中諸郡,昔爲夷越之地。

《大同志》者,蜀後志,書其大同及其喪亂。

司馬相如、嚴君平、楊子雲、陽成子元、鄭伯邑、尹彭城、譙常侍、任給事等,各集傳記以作本紀,略舉其隅。而陳君承祚別爲《耆舊》,始漢及魏,焕乎可觀。然三州土地不復悉載。李氏據蜀,兵連戰結,三州近爲荒裔,桑梓之域曠爲長野。迺考諸舊紀、先宿所傳并《南裔志》,驗以《漢書》,取其近是及自所聞以著斯篇。又略言公孫述《蜀書》咸熙以來喪亂之事,約取耆舊、士女、英彦。又肇自開闢,終於永和三年,凡十篇,號曰《華陽國志》。

文光案：《華陽國志》十二卷，陳仲魚以盧氏校本録於張本之上，端楷朱書，後有識語。不知何以歸於吾家。予欲以此本付梓，忽見讚中一條至"名齊吳王"止，張本旁注下有闕文。盧校云："名齊，吳王耳，非闕文也。"乍讀之，疑"王"字是"玉"字之訛，"名齊吳王"實不成句。因取《函海》本對勘之，果是吳玉。校注云："或作王。"偶見張刻《御覽》引《後漢書・方術傳》"吳玉善醫"。後閱毛本《後漢書》，乃是郭玉。校書如埽落葉，此條尤當細考。"玉"下空四字，實爲闕文。而盧校反遜《函海》之刻，遂置之。精校如召弓先生，不免臆度之詞，他可知矣。時又得"王"、"玉"二字之誤於沈括《補筆談》，因録於左。

自古言楚襄王夢與神女遇，以《楚詞》考之似未然。《高唐賦》序云："昔者先王嘗遊高唐，怠而晝寢，夢見一婦人曰：'妾巫山之女也。爲高唐之客，朝爲行雲，暮爲行雨。'故立廟爲朝雲。"其曰先王嘗遊高唐，則夢神女者，懷王也，非襄王也。又《神女賦》序曰："楚襄王與宋玉遊於云夢之浦，使玉賦高唐之事。其夜王寢，夢與神女遇。王異之，明日以白玉，玉曰：'其夢若何？'對曰：'晡夕之後，精神恍惚，若有所憙。見一婦人，狀甚奇異。'玉曰：'狀何如也？'王曰：'茂矣美矣，諸好備矣。盛矣麗矣，難測究矣。環姿瑋態，不可勝讚。'王曰：'若此盛矣，試爲寡人賦之'。"以文考之，所云"茂矣"至"不可勝讚"云云，皆王之言也。宋玉稱歎之可也，不當卻云王曰"若此盛矣，試爲寡人賦之"。又曰"明日以白玉"，人君與其臣語不當稱白。又其賦曰"他人莫睹，玉覽其狀，望余帷而延視兮[二]，若流波之將瀾。"若宋玉代王賦之，若玉之自言者則不當。自云"他人莫睹，玉覽其狀"，既稱"玉覽其狀"，即是宋玉之言也，又不知稱余者誰也？以此考之，則"其夜王寢，夢與神女遇"者，"王"字乃

"玉"字耳。"明日以白玉"者，以白王也。"王"與"玉"字誤書之耳。前日夢神女者，懷王也。其夜夢神女者，宋玉也。襄王無預焉，從來枉受其名耳。

　　文光案：《補筆談》第四卷皆考證之文，此其中之一條。依沈氏説，讀之文理甚順，可發千古之疑。又《齊論語》有《問王》、《知道》二篇，或以《問王》爲《問玉》，此亦王、玉二字之當辨者也。

　　考證家宏徵博引，不難於取，而難於棄，故易蔓延。如《五禮通考》采及天文，《學海堂經解》多收算學，雖嗜奇者割愛誠難，而按之體例不免疵累。予有所得，即寫於書目之額上，行間有與本書無涉者，棄之可惜，遂并存之。"昔金陵盛仲交家多藏書，書前後附葉上必有字，或記書所從來，或記他事，往往盈幅，皆有鈐印。常熟趙定宇閲《舊唐書》，每卷末必有硃字數行，或評史，或閲之日所遇某人某事，一一書之。馮具區校刻監本諸史，卷後亦然，并以入梓。前輩讀書，游泳嘗[三]味處可以想見。"此遁園居士語，見《香祖筆記》。漁洋曰："此語良然。予所見劉欽謨官河南督學時所刻《中州文表》，每卷亦然。予勸宋牧仲開府重刊《文表》及《梁園風雅》二書，且云欽謨諸跋當悉刻之，以存其舊，亦遁園先生之意。又嘗觀袁中郎所刻《宗鏡摘録》亦復如是。弇州先生《讀書後》同此意也。"歷觀漁洋所記，讀古人書原不妨題識，然必有關於本書或有益於讀書，尚可傳後。若所謂記他事遇某人者一一刻之，引以爲例，甚不可也。明人題跋更無根據，余甚無取焉。文光記。

《十六國春秋》一百卷

魏崔鴻撰

欣託山房本。乾隆四十六年汪日桂校刊。此即嘉禾屠伯子本，刊板雖工，實非原書。按黃氏《士禮居題跋記》云：“明人刻偽本《十六國春秋》，不知崔本猶在人間。”據此則蕘圃猶見真本，惜無好事者廣爲流傳也。

錢氏曰：“今世所傳凡兩本，其一見於何鍾所刻《漢魏叢書》，僅十六卷。寥寥數簡，殆出後人依託。其一明萬曆中嘉興屠喬孫、項琳之所刻，前有朱國祚序，凡百卷，鈔撮《晉書》載記，參以他書附合而成之，亦贗本也。考《宋志》，《崇文總目》，晁、陳、馬三家書目，不載崔鴻《十六國春秋》，則鴻書失傳已久，宋人無見此書者。明人好作偽，書不直一哂。考《北史・崔鴻傳》，有《序例》一卷，《年表》一卷，今本俱無。又鴻子子元稱：‘亡考刊著趙、燕、秦、夏、西凉、乞伏、西蜀等遺載，爲之贊序褒貶評論。’今本有序事而無贊論，此其罅漏之顯然者。”錄於《養新錄》。

洪氏曰：“近時崔鴻《十六國春秋》系明人所輯，不足據憑。惟《太平御覽》中所錄及諸輿地圖經所引尚屬當日舊書，而簡略特甚。”錄於《更生齋集》。

楊氏曰：“師古云：‘毌邱、毌邱本一姓。’《索隱》曰：‘毌音貫。邱，古國名，衛之邑也。’漢有毌邱長，魏有毌邱儉，皆同族也。複姓今分爲二姓，曰毌，曰邱，而毌爲父母之母，非是。”錄於《升菴集》。

文光案：毌邱儉見《十六國春秋》。刻《文選》者爲毌邱裔，五代時人。葉氏綠竹軒《文選例誤》以爲毌邱儉，其誤始於王明清《揮塵錄》。朱氏《經義考》於刊板中則儉、裔兩見，亦不加辨。因讀《十六國春秋》，遂識於此。又詳辨於《十六國春秋》“毌”，古“貫”字，作“母”，作“毋”皆非是。

《十六國疆域志》十六卷

國朝洪亮吉撰

原本。嘉慶三年刊於京師。

洪氏自序曰："《十六國疆域志》，固與《東晉疆域》相輔而行者也。乙巳歲客開封節樓，燕居多暇，因雜取諸書輯成之。其附書山川、宮闕一如《東晉志》之例。他若田融、段龜龍等書之僅存者，并一一録入之。非廣異聞，亦所以存故事也。"

《十六國年表》一卷

國朝張愉曾撰

《昭代叢書》本。叢書爲張潮所刻。庭碩，其從子也，故收此表於乙集而爲之跋。是書以崔鴻所録十六國事，仿《史記·十二諸侯年表》之例，年經國緯，條理分明，便於省覽。潮跋謂不識崔鴻何以不列年表，今得此書可以補其闕略。不知崔書本有年表，今刻失之，非原書也。又孔尚任《十六國年表》二十二卷，是書雖以年表爲名，實非旁行斜上之體，特改崔書列傳爲編年。

《釣磯立談》一卷

南唐史虛白撰

《知不足齋》本。前有自序，末有吳翌鳳、方漫士、何小山、鮑廷博四跋。附録鄭文寶《南唐近事》一條，龍袞《江南野史》一條，馬陸《南唐書》二條，吳任臣《十國春秋》一條，皆記虛白之事。又刊誤一條。此本内不署名，每段後有論，降一格書之，冠以"叟曰"，凡三十條。南唐興廢，盡在是矣。《簡明目録》不著名氏，《宋志》以爲虛白作，誤也。

吳氏跋曰："《敏求記》稱叟爲山東人，不著名氏。清泰中避地江表，營釣磯以自隱。李氏亡國，追記南唐興廢事，得百二十餘疏于此書。今本直刊爲史虛白，不知何所據也。"

鮑氏跋曰："作者自稱曰叟，不署名姓。據《十國春秋》，以爲南唐史虛白撰。棟亭曹氏刻於維揚，遂以其名列之首簡。予以自序及他書考之，蓋虛白仲子之筆也。元本凡百二十條，已亡佚過半。棟亭刊本復多殘闕。枚菴漫士得汲古閣舊鈔，凡「殷、徵、桓、構、惇、廓」等字俱諱末筆，一仍宋刻之舊，頗稱完善。因就曹本詳加讎勘，補錄自序一首，脫簡二牘，訂其缺誤，復數百字，頓還舊觀矣，遂命梓氏亟刊正之。」

盧氏曰：「是書於忠佞功罪之迹可稱實錄。《江南錄》誣潘佑死以妖妄，叟書佑以直諫死，用意甚至。何小山本較完善。」錄於《抱經堂集》。

《金華子雜編》二卷

南唐劉崇遠撰

《讀畫齋》本。海寧周廣業校注。前有劉崇遠序，末采《說郛》一條，《紺珠集》一條，《唐詩紀事》一條，皆補入。附徐鉉《稽神錄》一條。

劉氏自序曰：「自念髫齔之後，甚能記聽。今雖稚齒變老，耄忘失憶，十可一二猶存乎心耳。併成人游宦之後，其間耳目諸詳，公私變易，知聞傳載可繫鉛槧者，漸恐年代浸遠，知者已疏，更積新沈故，遺絕堪惜宜編序者，即隨而釋之云爾。」

周氏跋曰：「此本乃館臣就《永樂大典》錄出者，傳鈔不無訛漏。愛其叙事簡明，措詞雅飭，寫其副加校注補綴焉。案：崇信仕南唐為大理司直，馬、陸二書俱無傳。據《稽神錄》知為廣南節度崇龜從弟也。自序少慕赤松子兄弟，因以金華自號。赤松子，即丹谿皇初平，入婺州金華山得道叱石成羊者也。其兄初起，後改名赤魯班。事見《真誥》及《神仙傳》。觀劉生所慕，其人志趣概可想見。是編《通志》作三卷，注云記大中、咸通後事，今止二卷。而第一條詳序烈祖之興、昇元之盛。自序'皇上憂勤大寶'云云，正謂李氏疑所逸一卷，南唐事為多。然《紺珠集》、《唐詩紀事》所引而今無文者，仍皆東京舊聞，簡册斷殘，無可證明矣。然實足以補唐史之闕遺，以視鄭文寶《江表志》、龍袞《江南野史》，正未易以軒輊言也。”

烈祖時，有以學王右軍書一軸來獻，因償十餘萬繒帛副焉。由是六經臻備，諸史條集，古書名畫輻湊絳帷，俊傑通儒不遠千里，而家至户到，咸慕置書。

段郎中成式博學精敏，文章冠於一時，著書甚衆。《酉陽雜俎》最傳於世。牧廬陵日，常遊山寺，讀一碑文，不識其間兩字，謂賓客曰：“此碑無用於世矣。成式讀之不過，更何用乎？”客有以此兩字遍諮字學之衆，實無有識者，方驗郎中之奥古絕倫焉。

《錦里耆舊傳》八卷

宋勾延慶撰

《讀畫齋》本。前後無序跋。

馬氏《通考》引陳《録》曰：“前應靈縣令平陽勾延慶昌裔撰。開寶三年，秘書丞劉蔚知榮州，得此傳。其詞蕪穢，請延慶修之，改曰《成都理亂記》。天成之後，別加編次，起咸通九載，迄乾德四年，百餘年蜀事大略具矣。《續傳》，蜀人張緒所撰，起乾德乙丑，迄詳符己酉。自平蜀之後，朝廷命令、官僚姓名及政事因革，以至李順、王均、劉旰作亂之迹，皆略載之。知新繁縣太常博士張約爲之序。”

《簡明目録》曰：“記王氏、孟氏據蜀時事。陳《録》作八卷，述成書始末甚詳。然謂此書起唐懿宗咸通九年，此書實起僖宗中和五年。又謂所記下迄祥符己酉，此書實開寶中作，不應預見祥符。或所見別一續補之本歟？”

文光案：此書第五卷起中和五年，《簡明目》所云蓋誤以五卷爲首卷。是書自明嘉靖戊午姚咨作跋時已佚其前四卷，今《簡明目》亦止著四卷，而不云殘闕。其云下迄祥符者，蓋張緒所續，非延慶本書也。緒所續者，余未之見，亦不知爲幾卷。此本亦止末四卷，蓋即姚咨之本。又案：今本《通考》所引陳說，"昌裔"下脫"撰"字，"迄乾德"下脫二十字，其文曰"迄乾德乙丑，迄祥符己酉"，中間顯有脫文。殿本《通考》亦脫。當時館臣據此脫本，反以陳氏所見八卷之本爲有增益，蓋因誤而益誤矣。又案：武英殿聚珍本《直齋書錄解題》標目爲《錦里耆舊傳》八卷續十卷，其文不脫。

《江南餘載》二卷

宋鄭文寶撰

《函海》本。是書續南唐近事，蓋取鄭書爲之。此本題鄭文寶，則考之未審也。《簡明目錄》不著撰人名氏，甚是。文寶有《南唐近事》二卷、《江表志》三卷，是書與《江表志》互相出入。鮑氏叢書本較此爲勝。

《五國故事》二卷

不著撰人名氏

《知不足齋》本。前有乾隆癸巳吳長元序。

吳氏序曰："是書分紀楊行密、李昇、王建、孟知祥、劉巖、王審知六國事，而末附以朱文進諸人。其曰五國者，合前、後蜀爲一國也。此書蓋吳越間人所著，故於諸國皆書姓，而漢獨稱彭城氏，與林坰等撰《吳越備史》同例。向無刊本，傳鈔多謬。《十國春秋》採錄此書最詳，獨遺徐知誥取知客綃巾及王延羲塞幃整花二事。細案之，亦他本所佚也。此冊爲明代劍光閣舊鈔，較他本爲勝。江南藏書家多從借錄，題名具存。鮑君以文請以付梓，遂贈之。"

《蜀檮杌》二卷

宋張唐英撰

《函海》本。按唐英自序云"余家藏《前蜀開國記》、《後蜀實録》三十六卷"云云，是書即本二書爲之編年排次，於王建、孟知祥據蜀事最詳。歐《史》二蜀世家最略，得此可補其遺。彭氏注《五代史》所採此書甚多。唐英所撰《嘉祐名臣傳》，其書已佚。此書一名《外史檮杌》，今本亦非完帙。《藝海珠塵》誤題張南英。唐英字次功，自號黄松子，蜀州新津人。丞相商英之兄，事蹟附《宋史·張商英傳》。

《南唐書》三十卷

宋馬令撰

明本。嘉靖庚戌年顧汝達依元刻校刊，有跋，板甚精工。前有馬令序二首，先主、嗣主、後主書五卷，女憲傳一卷，宗室傳一卷，義養傳一卷，列傳四卷，儒者、隱者、義死、廉隅、苛政、誅死、黨與、歸明、方術、談諧、浮屠、妖賊、叛臣、滅國傳十七卷，建國譜、世系譜一卷。每篇首有引，末有論。書成於崇寧己酉，末有嘉靖庚戌東海晉明姚昭跋。是書今有周雪客注本，又湯應泰注本，皆極精善。又有馬、陸二書合訂本。明李清所撰考證極詳，而傳本甚少。

傳曰："太熙之後，述史者幾乎罵矣。唐季五代，大盜割據，各亦有史，而太熙之風往往有之。南唐寖滅，史官高遠慮貽後悔，悉取史草焚之而死。徐鉉、湯悦奉太宗皇帝勅，追録所聞而忘遠取近，率皆疎略。先祖太傅元康。世家金陵，知多南唐故事，旁搜舊史遺文，并集諸朝野之能道其事者，未及撰次，遽捐館舍。今輒不自料，纂先志而成之，列爲三十卷。雖有愧於筆削，而誅亂

尊王亦庶幾焉。"_{馬氏第一序。}

姚氏跋曰："馬令《南唐書》自謂誅亂尊王，遠邁《元經》，而操觚紀事頗類於稗官、《虞初》，亦未窺遷、固家法。顧子汝遠博覽窮搜，厭家藏元刻舛訛，校讎而梓之，聊備史家一種，且以志俗原也。南唐自烈祖開拓，偏安一隅，規模雖淺狹，而元宗、後主奕世典學，綽有故家文獻之風。自孔壁、汲塚以來，經、史、子、籍及晉、魏法書名畫多萃於南唐，觀保儀黃氏之《掌記》可徵已。其一時君臣詞華秀麗如奇葩豔萼，聲律清徹如龍管鳳簫，騷壇號爲絶唱，固有自哉。厥後見俘於宋，取累世寶藏一炬而燼，深爲可惜。然太平崇文館繙閱者，半皆籍煜之遺。迄今江左人文甲海內，而好市古書畫，輒傾囊橐，故逷方人士遊歷茲土，見者目爲吳癡。流風餘韻，千載猶存，讀是書者可以想見矣。"

宮中圖籍萬卷，尤多鍾、王遺迹，國主常謂所幸保儀黃氏曰："此皆累世保惜，城若不守，爾可焚之，無使散逸。"及城陷，文籍盡煬。昇元寺閣因山爲基，高可十丈，平旦閣影半江，梁時爲瓦棺閣。至南唐，民俗猶因其名。士大夫暨豪民富商之家，美女少婦避難於其上，迨數百人。越兵舉火焚之，哭聲動天，一旦而燼。宮門開，國主降。_{錄於本書第五卷。}

《桃溪客語》曰："宋馬令輯《南唐書》三十卷。其祖元康世家金陵，多習南唐舊事，未及撰次而卒。令纂成之崇寧時也。書中多言徐鉉、湯悅被詔作《江南錄》之疏略。元戚光撰《金陵志》，求得其書，併爲之音釋，書始顯於世。令，陽羨人，志乘多闕載。"_{錄於《藝海珠塵》。}

《南唐書》十八卷　《音釋》一卷

宋陸游撰，《音釋》元戚光撰

汲古閣本。前有元趙世延序，次音釋，次目錄。烈祖、元宗、後主本紀各一卷，列傳十五卷，後有毛晉跋。是書毛本之外未見別本，毛氏與《劍南詩稿》、《渭南文集》、《老學庵筆記》合刻爲一部，而陸書備於是矣。

趙氏序曰：“天曆改元，余待罪中〔四〕執法，監察御史王主敬謂余曰：‘公向在南臺，蓋嘗命郡士戚光纂輯《金陵志》，始訪得《南唐書》，其於文獻遺闕大有所考證，裨助良多，且爲之音釋焉。’因屬博士程熟等就加校訂錄板，與諸史并行之。越明年，余得告還金陵，書適就，光來請序。按《南唐本紀》，李昇 音弁。系出憲宗，四世間關困阨，纔有江淮之地，僅餘三十年，卒不復振，而宋滅之。雖爲國褊小，觀其文物，當時諸國莫與之并。其賢才碩輔〔五〕固不逮蜀漢武侯，而張延翰、劉仁瞻、潘佑、韓熙載、孫忌、徐鍇之徒，文武才業，忠節聲華，炳耀一時，有不可掩。矧其間政化得失、興衰治亂之迹，有可爲世鑒戒者，尤不可泯也。竊謂唐末契丹雄盛，虎視中原，晉、漢之君以臣子事之惟謹。顧乃獨拳拳於江淮小國，聘使不絕，嘗獻橐駞并牛馬千計。高麗亦歲貢方物，意者久服唐之恩信，尊唐餘風，以唐爲猶未亡也邪？宋承五季周統，目爲僭僞，故其國亡而史錄散佚不彰。然則馬元康、胡恢等迭有所述，今復罕見。至山陰陸游著成此書，最號有法，傳者亦寡。後世有能秉春秋之直筆，究明綱目統緒之旨者，或有所考而辨之，姑識其端，以俟君子。余前忝史館，朝廷嘗議修宋、遼、金三史而未暇。他日太史氏復申前議，必將有取於是書焉。”

毛氏跋曰：“是書凡馬令、胡恢、陸遊三本。先輩云‘馬、胡詮次識力相似，而陸獨遒邁，得史遷家法’。今馬本盛行，胡本不傳，放翁書僅見於鹽官胡孝轅秘册函中，又半燼於武林之火。庚午夏仲，購其焚餘板一百有奇，斷蝕不能讀，因簡家藏抄本訂正付梓。至若與馬元康異同繁簡，已詳見胡、沈兩公跋語云。”

　　文光案：胡、沈二跋未見。胡恢，金陵人。博聞强記，善篆隸。韓魏公當國，令篆太學石經，詳見王漁洋《池北偶談》。

　　杭氏曰："南唐文物爲九國之冠，記載尤繁。戚光所數者，曰《烈祖開基志》，曰《烈祖實錄》，曰《吳錄》，曰《江南錄》，曰《江南別錄》，曰《南唐近事》，曰《江表志》，曰《江南野史》，曰《江南餘載》，并馬、胡二家凡十一種。余所見者，《近事》、《野錄》二書而已。高遠撰《吳錄》，未成而卒。徐鉉、湯悅撰《江南錄》，悅無一字可考，鉉論見於陸書記後，僅數百言。《別錄》見於《十國春秋》，今不可覓。馬元康記唐事，書未成而卒，孫令繼成書，法仿《春秋》，探索甚精。胡恢所記，今已不傳。馬、陸二家互有異同，馬詳而陸略。胡聲甫著《南唐雜詩百首》，提要鈎元，論斷在中。"錄於《道古堂集》，凡《南唐書》之不可見者，彭氏全收於《五代史注》中。

《吳越備史》六卷

宋錢儼撰

　　明本。前有萬曆二十六年王遴序，次趙挹清序，次武肅王二十五世孫岱序，次目錄。曰年號考，曰世系圖，曰諸王子弟官爵封諡表，曰十三州圖，曰十三州考，凡五篇，不在卷內。武肅王二卷，文穆王一卷，忠獻王一卷，附忠遜王、大元帥、吳越國王二卷，末爲雜考。卷內題"武勝軍節度使掌書記庄峒、武勝軍節度巡官林禹撰"。《簡明目錄》以爲儼所假託。又一行題"越中十九世孫德洪、吳中二十四世孫受微、二十五世孫達道校梓"。第五卷末題"嘉祐元年四代孫中孚寫"。又紹興二年七代孫渙跋。謹案：《提要》作休渙，未知孰是。此書有論有注，第六卷爲補遺。引曰："舊本《備史》皆止於戊辰年，而忠懿之事未終。此卷不知作自何人，蓋參本傳及《秦王首奉録》、《家王故事》爲之，或以合於《備史》，今釐正之。"案：是書當題"《吳越備史》五卷，《補遺》一卷，《附考》一卷"。此本總爲六卷，與所云釐正者不合。《四庫全書目》作"四卷，《補遺》一卷"，與此本不合。是書自宋季以來已非完帙。此本《十三州考》後有嘉靖甲午馬蓋臣記。十三州者，曰杭，曰越，曰湖，曰蘇，曰秀，曰婺，曰睦，曰衢，曰台，曰温，曰處、曰明，曰福。《年號考》自唐光啓三年起，至宋端拱元年，共一百單四年。《世系考》前存武肅之三世，後存忠懿之七世，蓋起唐更五代與宋而終焉。古之得國者，自秦漢而下未之有也。四卷末有跋二首，一題中孚，一題七代孫休澣。末卷有達道跋，又姜性、劉勅二跋，視他本稍爲完備。是書不曰家乘而曰備史者，蓋以備國史之所不能悉也。武肅名鏐，字具美，杭州安國縣人。大中六年生，生時紅光滿室，其父將棄於井，其祖姚不許，因小字曰婆留，而井亦以名焉。唐僖宗乾符二年，董昌戍石鏡鎮，始委質爲偏將。光啓三年，授武衛大將軍，充杭州刺史。昭宗乾寧二年四月，制授檢校太傅、彭城郡王。天祐元年，進封吳王。至後唐明宗長興三年薨，年八十一。在位四十一年。文穆名元瓘，字明寶，武肅第七子也。長興三年即位，悉用藩服之儀，從治命也。至晉高祖天福六年薨。忠獻名弘佐，字元祐，文穆第六子也。天福六年即位，至開運四年薨。忠遜即位六月即廢。忠懿名俶，字文德，文穆第九子也。晉齊王開運四年即位，至宋太宗端拱元年薨。

　　錢岱序曰："范、林二記室撰《吳越備史》五卷，至十九世緒山公，命門人馬生補忠懿遺事，合六卷刻之姑蘇學署。予叔柱峰封公虞前刻不能徧吳中子姓，遂并平日手輯雜考六條付五鄉弟刻之充中，以補吾譜之大備。"

　　文光案：雜考一曰宗派，二曰國治，三曰舊宮，四曰鐵券，五曰鐵箭，六曰鐵幢。

錢達道跋曰："《備史》五卷，成於范、林二掌記，而四世孫修撰公中孚繕而録之，事核而筆精，可稱雙絶。亡何失去，迨七世孫迪知公涣得之臨安蔡子發家，遂携以歸，猶未登之剞劂也。矧忠懿遺事半爲缺典，十九世孫比部公德洪授旨於門人馬蓋臣續而補之，始刻之蘇學。今藏之西湖王祠中，每支頒得一帙。大江以南子姓林摠，吾虞一支又分爲奚浦、鹿園二派，不啻千億，藉令人人索之，日不暇給矣。家封公以原本械發充中，命不肖重梓，删訛訂贗，成一家言，猗與盛矣。"

陳氏《書録》曰："《吳越備史》九卷。按《中興書目》，其初十二卷，盡開寶三年。後又增三卷，至雍熙四年。今書止石晉開運，比初本尚闕三卷。又《吳越備史遺事》五卷，全州觀察使錢儼撰，俶之弟也。其序言《備史》亦其所作，託名林、范。而遺名墜迹、殊聞異見、闕漏未盡者，復爲是編。時皇宋平南海之二年，吳興西齋序，蓋開寶五年也。"

陸氏曰："錢氏名佐，此書左字皆改爲上。"又云："吳越在五代及宋興最安樂少事，然廢立誅殺猶如山，吾家無一人仕於其國者。"録於《老學菴筆記》。據放翁之説，則《備史》所記爲不誣。

楊氏曰："胡致堂云，司馬氏記弘佐復税之事，《五代史》不載；歐陽修記錢氏重斂之虐，《通鑑》不取。予案宋代别記，載歐陽永叔爲推官時昵一妓，爲錢惟演所持，永叔恨之。後作《五代史》，乃誣其祖以重斂民怨之事。若然，則挾私怨於褒貶之間，何異於魏收輩耶？"録於《升菴集》。宋人説部書，多不可信。

錢氏曰："陳直齋謂是書爲錢儼所作，託名林、范。《宋志》十五卷，亦云錢儼撰，託名范坰、林禹。又别有錢儼《備史遺事》五卷。今世所傳乃明錢德洪刻本。前五卷唐五代及宋開寶戊辰，後一卷起開寶己巳，訖端拱戊子，與史志卷數不合。五卷末題四代孫中孚寫。錢岱序謂范、林二記室撰《備史》五卷，至十九世孫緒山公命門人馬蓋臣補《忠懿遺事》，合六卷刻之姑蘇。今考蓋臣所撰，唯《吳越世家疑辨》一卷，德洪序中初不言補遺出其手，蓋考之未審。錢遵王藏本止四卷。考忠懿終始歷然，何緣更有補遺？又曰補遺系明人妄改，惜不得遵王本正之。"<small>錄於《養新錄》。</small>

《十國春秋》一百十四卷

國朝吳任臣撰

此宜閣本。乾隆癸丑周昂校刊，補拾遺一卷、備考一卷。前有康熙十一年魏禧序，次康熙丁巳農祥<small>任臣之弟。</small>跋，次康熙八年自序，次凡例，次周昂拾遺、備考序，次乾隆五十三年周昂跋，次目錄。吳十四卷，南唐二十卷，前蜀十三卷，後蜀十卷，南漢九卷，楚十卷，吳越十三卷，閩十卷，荆南四卷，北漢五卷，十國紀元表一卷，世系表一卷，地理表二卷，藩鎮表一卷，百官表一卷。自注甚詳。

吳氏自序曰："古史於正統特詳，至偏霸人物事實，恒略而不備。《晉書》僅列劉、石、慕容等於載記。魏崔彥鸞撰《十六國春秋》以補之，今雖殘闕非全書，而視晉史已稍稍加詳。歐陽《五代史》附《十國世家》於末，敍事多遺漏，立傳者數人，又於十國時事有未覈。任臣爲本紀二十，世家二十二，列傳千二百八十二，人以國分，事以類屬。又爲紀元、世系、地理、<small>《提要》作地理志。</small>藩鎮、百官五表，總一百一十四卷。大抵南唐敦文事，江左以興；吳越效恭順，國祚克永。楚以侈靡喪厥家，閩以淫暴傾其國；楊氏孱弱而隨失，高氏無賴而倖存。前、後蜀之恃險無備，其迹同也；南、北漢之先滅後亡，其勢異也。知此而十國得其要領矣。"

吳氏跋曰："家志伊此書精研十年，蒐羅最富，多耳目所未見，誠足補歐史之闕。藏在篋中數年，幸有同人助刻，宋氏兄弟任其半。"

宋初路振編《九國志》，不列南平，以南平止江陵一隅，不予其爲國也。後振孫綸作《荊南志》續之，或稱《十國志》焉。神宗時劉恕又著《十國紀年》，蓋從《五代史》例也。今十國仍以歐《史》爲斷，而南平易曰荆南，從《通鑑》。年號一以碑文是正，金石遺文足糾史繆，卷中多錄廟碑塔文於注。花蕊夫人《宮詞》有二本，所載略異。　卷中偶獲瑣事纖語，不忍遽棄，備載之。以上凡例。

周氏序曰："載籍可以牽引附會者，約得三百條有奇，總以《拾遺》名之。彼此互異或端委未明，別爲《備考》，并詩詞與賦附焉。宋明人之考證亦附焉。"

文光案：魏冰叔序無所考證，前半泛言作史以班史爲詳略得宜，《史記》、歐《史》皆失於簡。後半泛論天下分合之勢，以爲《十國春秋序》可略改數字，爲《十六國春秋序》，亦無不可。冰叔爲古文名家，乃如是。是書原印本甚少，今所傳皆重刊之本。

彭氏跋曰："吳任臣撰《十國春秋》，載銅柱記文，取校之，訛數十字，蓋由未見拓本。康熙戊午，博學鴻詞與薦者雲集京師，竹垞得此，不與任臣共之，何也？李皋名少一字，蓋宋人避宣祖諱，非歐陽子誤。《五代史補》亦作李皋。竹垞云，柱在辰州府百餘里溪蠻境上。案：雍正七年改土歸流，以永順宣撫司爲永順府，保靖宣撫司爲保靖縣隸焉，即宋下溪州地也。柱在今保靖縣十里舊茅灘東。拓本四紙，蓋柱形正方，其越行處多屬入街名，不可讀。考所列保靜、感化、高來、南富諸州，皆宋誓下二十州之名，而《宋史·谿峒諸蠻傳》載彭文綰事，在天聖三年，上距晉天福五年八十五年矣，蓋皆後來蠻酋所增鑿也。今移裝於末，仍標明若干行下。傳云太平興國七年，詔辰州不得移部内馬氏所鑄銅柱。至天禧元年，凡三十五年，卒移之。蓋當時漢、土以桐柱爲界也。碑中人名見《宋史·谿峒諸蠻傳》者，一建隆四年前溪州刺史田洪贇歸順，此云弘贇，宋避諱也；一咸平六年南高州義軍指揮使田彦强來貢；一是年谿峒團練使彭文縮送還先陷漢口五十人，詔授檢校太子賓客，知中彭州，後爲彭儒猛所攻殺，則與碑銜名俱同矣。碑中多覃姓，讀若蟬，《通志·氏族略》始見注。溪蠻姓它，字書、氏姓書俱無之。馬楚《復溪州銅柱記》三跋。翁方綱曰：銅柱之字，人無知者。考之傳記，《水經注》云，馬文淵建金標爲南極之界。《林邑記》云，建武十九年，馬援植兩銅柱于象林南界，與西屠國分漢之南疆，銘之曰："銅柱折，交阯滅。"交阯人至今怖畏。有守銅柱户數家，歲時以土培之，僅露五六尺許。《道里記》云，林邑大浦口有五銅柱。《水經注》言，銅柱在林邑。其在欽江者，唐節度馬總所植也。按史，元和中馬總爲安南都護，立二銅柱於漢故處，纔著唐德。《廣東新語》云，馬援所立在林邑，則分茅嶺銅柱必馬總之遺也。據此，則分茅嶺銅柱又當有唐刻字矣。嶺在欽州西三百里，州志云在州治之西貼浪都古森峒。明萬曆間，有貼浪峒民，曾至分茅嶺親見之。嶺上茅南北分披，嶺去銅柱半里許。交人年年以土培之，今高不滿丈，大不幾許，柱上字蹟莫識。問其路所由，則曰自貼浪扶隆行七日至八尺石橋，行八日方抵其處云。"

毋昭裔，字缺二字。河中龍門人。博學有才名，性嗜藏書，酷好古文，精經術。嘗按雍，都舊本九經，命張德釗書之，刻石於成都學宫。且請後主鏤板印九經，又令門人句中正、孫逢古書《文選》、《初學記》、《白氏六帖》，刻板行之。後子守素齎至中朝，諸書遂大彰於世。所著有《爾雅音略》三卷。《十國春秋》卷五十二《後蜀》五案：龍門即今之河津縣。今《山西志》河津縣人物内無毋昭裔，聞喜縣有毋邱儉。

王明清曰："毋邱儉貧賤時，嘗借《文選》於交遊間，其人有難色。發憤異日若貴，當板以鏤之遺學者。後仕王蜀爲宰，遂踐其言，刊之印行。書籍創見於此，事載陶岳《五代史補》。《經義考》卷二百九十三案，毋邱儉字仲恭，襲父爵爲尚書郎，進封安平侯。正始中數討高句麗，刻石紀功。齊王廢，儉感明帝顧命，舉兵討司馬，不克被殺。乃三國時魏人。刻《文選》者爲母昭裔，其誤爲母邱儉，即始於《揮麈餘話》。又案：昭裔仕孟蜀，非王蜀。又案：今陶岳《五代史補》無此條，晁《志》稱一百七事，此本少三事。此條或即在遺佚之數與？又《經義考》引孔平仲曰，周廣順中，蜀毋昭裔請刻印板九經。同在一卷之中而一人互異。又案：《五代史補》原文止曰仕蜀，明清引之增一字曰仕王蜀，餘俱原文，惟母昭裔不作毋邱儉。王以毋爲母。《溪州銅柱記》，馬希範據湖南時立，其誓文首云天福五年正月十九日，而不題大晉。其誓詞云蒙王庭發軍收討，案，本書作祠，恐誤。又云歸明王化，又云凡是王庭差綱收買溪貨，并都幕採伐土產，不許輒有庇占，蓋其時知有藩鎮不知有朝廷久矣。記後列銜名，吳氏《十國春秋》并不載，吾友武虛谷《授堂題跋》始具錄之。記文空處多攙入宋人題名，字迹較劣。而知州、通判、都監、鈐轄，皆宋時官名，斷非天福元刻，虛谷未及別白也。《宋史·西南溪峒諸蠻傳》，彭氏有文綰者，知中彭州，即忠順州也。石刻有知忠彭軍州事彭文綰，蓋即其人。中、忠字互異，當依石刻爲正。傳稱文綰以景德二年知忠彭州，天聖三年爲彭儒猛所殺，則題名當在天聖以前也。吳志伊未見石刻，所載記文多誤，又不錄誓文。予所藏本，乃畢尚書總制楚中時所貽。此柱今在永順府境，人迹罕至，椎拓頗不易。"錄於《養新錄》。

武氏曰："《復溪州桐柱記》，天福五年七月李宏臯撰。臯即馬希範依其父殷所置學士十八人之一也。《舊五代史·希範傳》：'谿州洞蠻彭士愁寇辰、澧二州，希範討平之。士愁以五州乞盟，乃銘於銅柱。希範自言伏波將軍之後，故鑄銅柱以繼之。記文見《十國春秋·宏臯傳》。按《記》'五溪初寧'，傳作'初輯'。'式昭恩信'，傳作'或昭恩德''載敘厥事'，傳作'敬載厥事'。'蓋聞牂牁接境，盤瓠遺風，因六子以分居，入五溪而聚族'，傳作'牂牁接境，五溪遺風'。'洎師號精天'，傳作'師號滑服'。'漢則宋均置吏，稍靜溪山。唐則楊思興師，遂開辰錦'，傳作

'宋均甫肇靖溪山，楊興師遂開展境'。'溪州彭士愁'，傳作'士然'。'故能歷三四代，長千萬夫'，傳'歷'作'立'，'千'作'百'。'必不虐於小民'，傳'必'作'亦'。'剽掠耕桑'，傳作'擾掠'。'肇創丕基'，傳作'大創方振'。'聲明'，傳作'聲名'。'各請効命'，傳作'各効命'。'土付以偏師'，傳作'士以結寨'。'馮高'，傳作'結阻'。'固甘衿甲，豈暇投戈'，傳脫'豈暇投戈'，惟作'因甘矜恤'。'彭師杲'作'嵩'。'崇侯感德以歸周'，傳作'崇虎'。'就加檢校太保'，傳無'就'字。'底平疆理'，傳作'居平'。'荷君親之厚施'，傳作'厚德'。'垂于子孫'，傳作'予'。'敢忘賢哲之蹤'，傳作'可忘'。'我王鑄柱庇黔黎'，傳'我王'作'誕'。'今五溪之衆不足馮'，傳作'不足平'。'溪人畏威仍感惠'，傳作'思'。'納質歸明求立誓'，傳作'棄汙歸□'。按任臣依記文爲傳，蓋未收銅柱元文，所據《名山記》及廖道南《楚紀》，或近方志所載，是以脫謬至此也。記後勒誓詞與彭氏官屬衙名，任臣亦未收，予具録如左。"

文光案：吴書舉此一篇已誤數十處，其他所採既繁，難保無誤，安得佳本一一證之？彭氏有銅柱記三跋，見《讀書跋尾》。朱竹垞、錢竹汀、畢秋帆所見同此拓本。朱云"柱在辰州府百餘里溪蠻境上"。錢云"記文空處多攙入宋人題名，斷非晉天福年元刻"。余已録錢、彭二跋，又得授堂跋復録於此，可以互證。又案：立銅柱者三人，皆爲馬氏。其在林邑者，漢伏波將軍馬援所植，以標南極之界，見《水經注》。其在欽江者，唐節度馬總所植，見《廣東新語》及《粤東金石志》。其在溪州者，後晉江南諸道都統、天策上將軍馬希範所植，即吴書所載是也。援柱或云二或云五，總立二柱，希範柱一，人知有伏波銅柱而已。漢柱立於建武十九年，唐柱立於元和中，應有唐刻，世無傳者。後晉柱立於天福五年，希範《銅柱記》惟《池北偶談》所録最備，行款悉如柱之次第，并宋人題名亦録之，較授堂本尤詳。末有四十一字，他本所無。其文曰：“銅柱高丈二尺，内入地六尺，重五千斤，并石蓮花臺。維天禧元年十一月十五日移到，至十六日豎立記。”至於柱之道里，相去不知幾何，姑俟暇日再考。

吳氏長元曰：“《五國故事》漢先主名巖，後名龔。注云‘後又名龔’。傳本脱去‘龔’字，又誤注文‘後’字爲俊。《十國春秋》據其本遂云一名俊，復注云無考，不知爲後字之訛也。”

洪氏亮吉曰：“吳書搜採極博，然如前蜀安康長公主見《後蜀紀》及徐光溥傳，僧醋頭見僧智諲、後蜀賈鄴、王昭遠傳，而《前蜀・公主傳》、《後蜀・僧衆傳》不列及之，何也？”

吳越王鏐用強弩射潮，箭所指處立鐵幢識之。幢制，首圓如杵，徑七八寸。近世賦鐵箭者，誤指幢首爲鏃首。《夷堅志》之説尤謬。

《南唐拾遺記》一卷

國朝毛先舒撰

全集本。十四種之一。稚黃所著都不足取。是書皆習見之事，名曰拾遺，亦非其實。

毛氏自序曰：“略採宋江南遺事不見正史者，附於馬、陸二書，文寶《近事》、彭年《別録》、陳霆《唐餘記傳》之後。

《西夏書事》四十二卷

國朝吳廣成撰

小硯山房本。道光六年趙逢源、石韞玉序。目録起唐僖宗中和元年，盡宋理宗紹定五年，有凡例十四條。

趙氏序曰：“是書仿《綱目》之體，加以案語，繫以論斷。宋有天下幾三百年，西夏、遼、金并雄西北，而遼、金有史，西夏弗能詳，散見諸史者不過數端。即歷朝一統志，陝甘通志，綏、靈、寧、夏各州衛志，自拓跋啓疆，職方失考。其專紀夏事者，羅氏《夏國世紀》久佚，王氏《西夏事略》，即《東都事略》中之《夏國傳》，乃好事者抄出別題。孫氏《夏國樞要》已入《宋史》傳中。劉氏《西夏須知》訖於神宗之世，較之正史反不逮遠甚。而見於《遼史》者失之誣，見於《金史》者失之簡。《宋史》援引稍精，亦多罣漏。當修三史時去夏未遠，而諸傳乖違已難悉數。西齋氏勾稽載籍，抉摘異同，佚者補之，謬者糾之，於立國之始終，傳祚之世數，以及夫朝政之理亂，主德之昏明，燦然在目，洵得古良史之遺意焉。"

吳氏例曰："西夏之稱始於宋，然自思恭秉節夏綏，綿延五代，爵晉西平，擬之當時荊南、吳越諸國，無多讓也。首卷追述中和，蓋亦討本尋源之意。李氏系出羌戎，稱臣唐宋，故自始迄終，悉以中國冠元。至元昊僭號，始書改元某年，備列年數於後。西夏統系自思恭至彝昌而一絕，自仁福至繼捧而再絕，因其尚未成君，僅附總論。自元昊稱國主，偶附小論。"

石氏序曰："拓跋氏，漢西羌之別種，而見於載籍，則自晉建元元年爵拓跋猗盧爲代王始。《北史·魏本紀》，魏之先出自黃帝，黃帝以土德王，北俗謂土爲拓，謂后爲跋，遂以爲氏。隆安間拓跋稱帝，歷晉、宋、齊、梁，享國日久。迨高洋族魏，子姓遂微，間有散處於幽、朔間者。越三百三十年而拓跋復興，豈其苗裔歟？或曰黨項部落南雜春桑，北連吐谷渾，其間八姓并強，而拓跋氏爲最富。唐李分崩、五代擾攘之際，而拓跋竊據西土，思恭、仁福創肇於前，德明、元昊鴟張於後。結好契丹，雄視中土，時而攄誠，時而搆釁，開邊通市，奮揚其志，而饕餮其欲，拓地數千里，傳世十餘禩。雖以藝祖、太宗之英武，僅僅示尊寵，申盟約，有宋之世羈縻之而已。職其故，寧夏古羌戎地，漢曰朔方，晉林連勃勃所都，山有賀蘭之險，水有奢延之廣，右達嘉峪，左抱榆林，自古西戎必爭之地。加以元昊梟獍之雄，馭桀驁之衆，人爲之用，而威在遠夷。立國之由，雖曰地利，人事有焉。迹其建學校、設兵防、班爵禄、備禮樂，文修武舉，儼然西陲一大國矣。防之遼、金，本無多讓。雲間吳子輯拓跋氏三百四十一年之事，不蔓不支，有條有序，與遼、金二史相發明，雖并垂不朽可也。"

河西李氏自思恭授鉞於中和，仁福折珪於乾化，傳至元昊，僭稱尊號，凡十世而降於蒙古。自古偏隅傳世，未有若是之歷年多者。《唐書》廁諸西域，歐陽《五代史》撰十世家，擯而不與。元修《宋史》，置西夏於外國，與高麗、日本同科。遼、金二史因之。是書採自正史、司馬《通鑑》、李氏《長編》、畢氏《續通鑑》，旁及稗官野乘，奏議文集，苟可掇拾，無不搜羅以供疏證。例曰參考互訂，數載於兹，亦可謂勤矣。貞觀八年，以松州爲都督府，擢赤辭西戎州都督，賜姓李，遂職貢不絶。赤辭，思恭之始祖也。李思恭、思敬，本兩人，歐《史》誤合爲一人。

《金史・夏國傳》敍夏國世次，元魏衰微，其居松州者復姓爲拓跋氏。夏州當在今榆林府界内。

《南漢書》十八卷　《考異》十八卷　《南漢叢録》二卷　《南漢文字略》四卷

國朝梁廷枏撰

《藤花亭》本。前有道光己丑廷枏自序。凡本紀六卷：曰《烈宗》、曰《高祖》，曰《殤帝》、曰《中宗》、曰《後主》。列傳十二卷：曰《后妃》、曰《諸王公主》、曰《諸臣》、曰《女子》、曰《宦官》、曰《方外》、曰《叛逆》，終以《外傳》。當時諸州分據者四人，如唐之藩鎮，故列之於外。其《考異》十八卷，各附於每卷之後，使便覽焉。是書本記各傳前皆有引，所採書甚多，考異更爲詳悉，并足證諸書之誤，是可尚已。《南漢書》撰成，尚多軼聞雜事，無年可例，且例不得入紀傳者，雜引舊文，隨手錄之，故曰《叢錄》。文錄有文無序，凡文二卷、詩二卷。文內有王定保《摭言序論》、龔承樞《法性寺西鐵塔銘》、李托《法性寺東鐵塔銘》。

梁氏自序曰："南漢偏國短祚，干戈俶擾，少載筆之士，紀纂荒缺。胡賓王《興亡錄》久佚不傳，周克明撰國史未竟。粗具崖略者，宋路振《九國志》、國朝吳任臣《十國春秋》。吳書惟南唐、吳越較詳。《南漢紀傳》事蹟既不能悉備，踳駁尤復錯出。近人《南漢春秋》，又止錄吳氏舊文。故千餘年來勒爲專書，如馬、陸之《南唐》，錢氏之《備史》，曾未之見。予少寓訶林，拓讀兩塔題銜，核與吳書多不合。近數年翻閱藏帙，遇事涉南漢者，輒首尾錄存巨冊。今秋取所積，薈萃而條理之，釐爲十八卷。《考異》卷如其數，而義例附焉。大抵根據正史、《通鑑》與地理諸書，旁及說部、金石，事同則採其古，事異則採其詳，說有不可通則旁推曲引，務求必當。至單詞片語，散存羣籍，苟於史例無害，亦并綴補靡遺，蓋三月內寢食以之矣。自茲以往，當以續得更爲補編，使其事實燎然，共知興霸之由、敗亡之故，著千古炯戒，不獨資考證、廣異聞已也。撰成，次其目如左。"

塔記鑄鐵爲之，已剝蝕不完。"卯"、"輪"、"躬"數字已缺，《萃編》"咸"下又缺一字，《南漢春秋》是"底"字，《廣東通志》作"使"字，以拓本考之，固"使"字也。又"佛"上"一"字，《萃編》誤作"十"字。"千"上兩本均缺一字，實空格也。今據《南漢春秋》本補正之。

右載記類

載記者，《七略》之僞史，《隋志》之霸史也。恭讀《四庫全書總目》，以偏方諸史皆非當時僭撰之本，曰僞曰霸，殊失其實。班《史》、《晉書》皆列載記，實立乎中朝以敍述列國之名也。因準其例、總題曰載記，於義最爲允當。今所錄者凡十八家，皆偏方僭亂之遺蹟也。其書皆後人所追記，且多殘缺不完之本，所題撰人名氏亦或彼此互異。書中之誤，考據家偶有校及者，亦未能悉復其舊也。

校勘記

〔一〕"民"，據宋呂大防《華陽國志引》補。

〔二〕"兮"，原作"分"，據《神女賦》改。

〔三〕"嘗"，《四庫全書・香祖筆記》作"賞"。

〔四〕"中"後原衍一"書"字，據宋趙世延《南唐書序》刪。

〔五〕"輔"，原作"輯"，據同上書改。

史部十

時令類

《夏小正戴氏傳》四卷

宋傅崧卿撰

《通志堂》本。紀候之書，今冠於時令之首，最爲允當。《史記》"孔子正夏[一]時，學者多傳《夏小正》云"，是其書本自別行，漢人採入記中。戴德爲傳亦別行，故《隋志》載《大戴禮》十三卷，別出《夏小正》一卷。政和中關澮所藏亦別爲一卷，惟傳與本文混淆爲一。崧卿因關本分別之，列正文於前，列傳於下，且爲之注。關本原注二十三處，則云"舊注"別之。月爲一篇，凡十二篇，釐爲四卷。是書成於宣和辛丑。《夏小正》經傳之分，實始於此；注釋之詳，亦自崧卿始。關本舊注無考。厥後朱子有考定之本，見《儀禮經傳通解》。金履祥有續作之注，見《通鑑前編》。世皆重之。《宋志》《夏時考異》一卷，其書已佚。元末史季敷《經傳考》三卷，危素爲之序。其書證以傅氏本，采《儀禮集解》參究同異，附以音釋，復取先儒解經所引語及事相附近者，綴於傳文之下，脫衍者列敘於後。明趙有桂《集解》一卷，王禕序之，以爲卓絶，而真本不傳。王廷相《集解》病諸注疏謬誤，因傳其義之通者，闕其不可知者。楊慎《解》一卷，因王氏訛謬未訂，遂是正之。國朝張氏爾岐取金履祥注輯爲一卷，黃氏叔琳增訂之，養素堂單行本。乾隆乙未年刊。畢氏《夏小正考注》一卷，刻入《經訓堂叢書》。李氏《箋》一卷，刻入《函海》。庄氏《考釋》十卷，刻入《珍埶宧遺書》。洪氏《疏義》四卷，刻入《學海堂經解》。王氏《正義》爲鄂宰四種書之一，蓋至今益精益密矣。人但知《夏小正》爲《大戴禮》之一篇，第四十七經傳不別。而不知別行之本，其來已久，古有李軌注，久佚。夏四時之書也。此本出於汲古影宋鈔，面題"夏小正解"，每葉二十行，行二十字，正文并傳皆傅注。前有宣和辛丑九月崧卿序，第四卷末題"男右通直郎知泉州晉江縣事頪刊版，孫右迪功郎前靜江府修仁縣尉檜校勘"，降四格雙行平書。頪，《説文》邾本字。檜，《玉篇》音儈，耕具。父子同部。

傅氏序曰："鄭注《月令》，引《小正》者八，欲睹其全，未之得。政和中，閱外兄關澮藏書，始得而讀之。關本合傳爲一卷，而不著作傳人名氏。漢、唐《志》不載，惟《隋志》有其目，曰'《夏小正》一卷，戴德撰'。疑澮所藏即此書。後讀孔穎達《禮記正義》，其疏《月令》注曰：'《夏小正》，《大戴禮》之篇名也。'因求集賢所藏《大戴禮》版本參校，信然。關本《戴禮》皆以《夏小正》文雜諸傳中，文辭弗類，且所訓疑有失本指者。乃仿《左氏春秋》，列正文於前，而附以傳。月爲一篇，凡十有二篇，釐爲四卷，名曰《夏小正戴氏傳》。《大戴禮》無注釋，關本注釋二十三處，懼與今注相糅，則云'舊注'別之。"

《夏小正箋》一卷

漢戴德傳　國朝李調元注

《函海》本。前有自序。

李氏序曰："《隋志》始於《大戴禮》外別出《夏小正》一卷，注云戴德撰。吳陸氏《草木鳥獸蟲魚疏》引《大戴禮夏小正傳》，言舊本無傳，戴德爲之作傳，遂自爲一卷。後盧辨作注，始採其傳入經文下。《隋志》所謂撰者乃傳也。以其傳別於經者，實自崧卿始。《夏小正》或云子夏作，雖未必然，然文句簡奧，實三代之書。近有徐氏傳之解，黄叔琳之注，諸錦之詁，雖博稽廣注，苦多穿鑿，未愜於心。且舛訛脱淆，如經傳有合爲一行者，有經大書而傳小書者，亦無定本。近得永樂副本，經文抬頭而傳空一字，俱大書，此可遵也。因去其繁蕪，約爲之箋，以正諸家之鑿。至於徐氏之以爽死爲爽鳩，以五日爲夏五；黄氏以丹白鳥爲螢火，納卵蒜爲兩物；諸氏之以雉震斷爲兩句，孚粥之斷爲祝雞，通則通矣，其如鑿何？故曰予之爲箋也，所以正諸家之鑿也。"

《七十二候考》、《易緯通卦驗》所記氣候與《夏小正》互有同異，《月令》疏多引之。説者謂比之《逸周書·時訓》晚者二十有四，早者三，未嘗定五日一候也。《吕氏春秋》有十二月紀，漢馬融取以入《小戴記》中，每月之候與《夏小正》略同。《月令》雖出《吕覽》，而今《禮記》所載，有與《吕覽》互異者，而敍次同漢，初無五日一候之説，惟《逸周書》分五日一候。

盧氏曰："戴氏之傳《夏小正》，可謂精矣。所辨析不過字句之間，而有以通乎古人之本意。張氏爾岐采金仁山之注附於傳而又爲之説，今崑圃黄先生復因其本增訂之。於綏多女士，見夏道尊命，近人而忠焉；於豺祭獸，見夏之先賞後罰，先禄後威焉；於終篇再書隕麋角，以爲聖人扶陽抑陰之意，故於夏不言隕鹿角，且證以姤復之義焉。又如公田入學之制可以考見，明王廷相、楊慎皆有纂輯，未見。"錄於《抱經堂集》。

《夏小正考注》一卷

國朝畢沅撰

《經訓堂》本，乾隆四十八年校刊。前有畢氏序。是本經用篆書，遵《説文》也。傳用隸書，與經文相聯。注以“沉曰”別之，另行降一格。予所見金履祥本即黃氏所增訂。案畢序則金本、黃本爲兩本，未知畢氏所見黃本爲何本也。畢本有經無傳者四條。

畢氏序曰：“《大戴禮》八十一篇，今止四十篇。《小正》蓋其第四十七篇也。唐《大衍曆·日度議》曰：‘《小正》雖頗疏略失傳，乃羲和遺蹟。’今檢所列觀象、授時諸事，與《堯典》之旨合，稽之《明堂》、《月令》，有所不同，後世歲差之論當有所自矣。天時有不同，物候亦因之而換，《小正》於天象、時制、人事、衆物之情，無不具稽，洵一代之巨憲。司馬遷曰：‘孔子正夏時，學者多傳《夏小正》。’此書之所由來歟？《小正》經爲禹、啓所製，歷二千餘年而戴德始作傳。沉所見各家《大戴記》外，其傳本有宋朱子本、刻入《儀禮通解》。關澮本、傅崧卿本、王應麟本、元金履祥本、本朝黃氏叔琳本、秦氏蕙田本、戴氏震本、今學士盧文弨本、主事孔繼涵本，皆分經傳，亦并有異同。案引者又有鄭康成、郭璞、孔穎達、歐陽詢、徐堅、李善、一行諸人，因遂加參校，附以鄙釋，名曰《夏小正考注》。今經既殘破，傳復訛亂，盧辨注又不傳，若據考不精，是誣之矣。”

戴氏曰：“建寅之月，夏以爲正月。於時日躔降婁，初昏日已過中，猶云參中者，舉大體言之，非若後代求諸度分之細也。凡夏時日躔所在，與今差二次，與周時差一次。星之見伏旦昏中，悉因之而異。”録於《東原集》。

任氏曰：“朱子集禮，別其經傳列《月令》前。朱子定《小正》之文，無‘囿有見韭’四字，無‘蜉游殷之時也’一句。金氏因之採入《通鑑》，於傳稍有異同。北平黃師以張氏爾岐本見示，因遂成之，弁數言。”釣臺序録於《清芬樓遺稿》。

畢氏曰：“《大戴禮》有兩七十三，或云兩七十四。按《漢志》，七十子後學者所記《禮》百三十一篇，別無大、小戴之目。

今《禮》小戴四十九，大戴八十一，合之正得百三十篇之數，較《漢志》少一節，即後學者所記歟？"

《夏小正經傳考釋》十卷

國朝庄述祖撰

原本。前有述祖自序。第一卷爲《夏時》、《明堂》、《陰陽經》。首經文一篇，名曰夏時，無注。次《大戴禮記夏小正經傳考異》，先考經，次考傳注於各句下，所據者惟集賢本與闕本。此卷凡三篇，每篇後各有論說。第二、三卷爲《夏時說義》上、下。第四卷至第九卷爲《夏小正等例文句音義》。第十卷爲《夏小正等例》，有補。此十卷凡四種，總名《夏小正經傳考釋》。是書考各本之同異，明小正之大義，正文句，辨音義。凡句之應斷者皆提行，又另行注曰絕句。凡脫文、誤文悉爲是正。終之以例，曰大正之例，如正歲、年正、四時等例是也；曰小正之例，如正五時之物、正五地之物等例是也；曰王事之例，如經野、授時等例是也；曰通例，如古言、闕文等例是也。此統大正、小正、王事三例言之，惟大正有補。自序云因何氏《公羊解詁》條例爲之，其《夏時雜議》則未卒業。庄氏於《小正》用功甚至，考訂亦精，惟戴聖刪大戴之書爲《小戴記》，其說出於《隋志》，決不可從。陸氏《釋文》誤引，而庄氏《載籍足徵録》仍之，不能正也。

庄氏序曰："崧卿得《小正》於闕澮，校以集賢所藏《大戴禮》，以爲《小正》夏書，德所撰傳耳，謂之《夏小正》戴氏傳，其實不然。《夏小正》當屬明堂、陰陽，禮家録之，謂之《禮記》，非戴氏作也。孔子得夏四時之書而正之，是謂夏時，其後爲《夏小正》。自隋以來，不詳其所授。崧卿僅得一錯訛舊帙，參考慎擇而析之，間誤以經爲傳，以傳爲經，莫能是正。世所傳《夏小正》傳寫失真，今以古文大小篆校正其經文，共四百六十五字，定爲夏時。而以《夏小正》爲傳，考其異同，稽其義例，名曰《明堂陰陽夏小正經傳考釋》。《大戴禮》盧辨注，《夏小正》闕不具。關澮本有注解音，崧卿所云舊注是也，亦間見於他書所引。今以某本某書注別之，未敢質爲盧注也。《困學紀聞》云‘《大戴禮》盧辨注非鄭氏注’，朱文公引《明堂篇》鄭氏注云法龜文，未考《北史》也。”《盧辨傳》，《周書》與《北史》同。

孔氏書，太史公云‘孔子正夏時，學者多傳〔二〕《夏小正》’。今其遺篇上紀星文之昏旦、雨澤之寒暑，下陳草木秀秀之候、蟲羽飛伏之時，旁及冠昏、祭薦、耕穫、蠶桑之節，先王所以敬授人時，與《明堂》、《月令》實表裏焉。漢世諸經解詁皆與本書別行，故《熹平石經》《春秋傳》不載經文，《小正》亦別有全經，此特其傳耳。傳或一事分釋，或兩言兼訓，後人復就此篇分別經傳，失其真矣。《記》本文頗脫誤，單行《夏小正》惟崧卿所定可取。

莊氏曰：“傅崧卿字子駿，山陰人。宋政和中爲考功員外郎。林靈素作《神霄錄》，公卿以下羣造其廬拜受。崧卿與李綱、曾幾移疾不行，爲所譖，出爲蒲圻縣丞。自序題宣和辛丑，蓋謫蒲圻時作也。”

《大戴禮》舊本，宋淳熙中韓元吉刊於建安郡齋，即《中興書目》所云四十篇者。傅崧卿校關澮書，有集賢所藏《大戴禮》校本，與韓本互有得失。其錯脫略同關本，前後失倫尤甚，然多古字古言，此皆舊本之未經改竄可依據者也。夏時古經傳自孔氏，出於秦火之餘，故有古籀之異，隸草之訛，俗師曲爲之説，駁而不純固宜。以上莊氏之説錄於本書，下同。

十有二月隕麋角，失也。《易》終《未濟》，《書》終《秦誓》，《詩》終《商頌》，《春秋》終於西狩獲麟，《夏小正》終於隕麋角。戒之哉！戒之哉！隕，墜也。先隕而後麋角者，有命之者也。文光案：此説甚好，因此隕字可識。姤卦有隕自天之隕，而《象傳》命字亦得其解。隕糜角或以爲聖人扶陽抑陰之義，或以爲失閏，皆臆説也。

《夏小正正義》一卷

國朝王筠撰

原本。《鄂宰四種》之一，咸豐二年刊於鄉寧。前有道光二十九年自序二首，凡例五條。次經文一篇，凡四百六十三字。總列此篇，以明經傳別行之意，蓋古書之體例也。次正義，先經文，傳降一格，冠以"傳曰"。經、傳皆有注，春、夏、秋、冬分冠四時，傅氏所爲也。按《鄂宰四種》，一曰《夏小正正義》，二曰《弟子職正音》，三曰《毛詩重言》，四曰《毛詩雙聲疊韻譜》，皆著於録。

王氏序曰："宋淳熙中，韓元吉刻《大戴禮》十三卷，《夏小正》在其中。乃前此《隋志》亦十三卷，而《夏小正》別出，蓋齊梁間久有單行本矣。傳文小正字凡四見，《竹書》亦云頒小正，知此書本以小正名。今冠以夏者，蓋大戴以其書最古，特題曰夏也。嘉慶四年，筠得《夏小正》鈔本，傳文多刪節，有金仁山説、張爾歧説、黄叔琳説，頗爲詳備。今夏覆檢大戴本，有傳無經。攡越經傳始於後漢之費直。《儀禮經傳通解》於傳中別出之爲經，而間有遺漏。仁山之説不甚考故實，崐圃考之矣，而或以己意竄易舊文。余乃合抄爲一本，異文則參合用之，疏解概用三家之説，間亦竊附己意，疑者仍闕之，命之曰《正義》，竊取唐宋經疏之名也。"

王氏又序曰："越歲庚戌，復取傅氏本讀之。傅氏名崧卿，山陰人，官給事中。其序曰'政和宋徽宗年號。中得闕澮本，有注釋二十三處。以集賢《大戴禮》參校，兩書互有得失'。傅氏所校雖不精，而古本之誤具見於此矣。黄蕘圃得明袁尚之所刻傅氏本，以《通志堂》本、惠定宇手抄本校正數十事。又以長川顧梧生鳳藻所撰《夏小正經傳集解》并鋟板行之。顧氏所據以韓元吉所刻《大戴禮》爲主，其或謬誤，則正以傳本，博觀約取，體例謹嚴，稱其爲經生家言也。予讀《集解》，於素所未明者已多辨晢，《小正》必無古於宋本者，故予再抄撮之。於諸本不同之字句，詳悉書之。即其謬誤顯然者，亦皆甄録，反覆改之至八九過，亦僅略可屬讀而已。"

　　文光案：《隋志》《夏小正傳》一卷，戴德撰。《史記》："孔子正夏時，學者多傳《夏小正》云。"《宋志》《夏時考異》一卷，張方撰。名夏時者，僅此一種。《夏小正辨》一卷，吳觀萬撰。《夏小正傳》一卷，朱申撰。《宋志》三書俱佚。《夏小正集解》三卷，元末鄞人史季敷撰，危素序。取傳本及朱子《通解》參究同異，附以釋音。復取先儒解經所引《小正》語及事相附近可以考訂者，綴於傳文之下。此本惜不傳。《夏小正集解》一卷，明趙有桂撰。王禕序，稱其考覈詳，論辨密，卓見絶識，往往而是。《夏小正集解》一卷，王廷相撰。正德庚辰自序。《夏小正解》一卷，楊慎撰。自序云："宋金履祥、王應麟嘗爲斯學，予病二氏本訛謬未訂，乃是正之。提經於上，抑傳於下。"凡此皆單行之本，王本所未及者，因詳著之。余家所藏有《夏小正注》一卷，宋金履祥注，張爾岐輯定，黃叔琳增定，乾隆乙未年養素堂刊本。此即王氏所云三家注本也。《夏小正疏義》四卷，洪震煊撰。附《釋音異字記》。合所録四本爲六本，而《夏小正》可讀矣。諸本以國朝名家所定者爲精密。明人讀書鹵莽，所著多不足據。此經非聖人不能作，上通天時，下達地理，昆蟲之情狀，草木之變動，無不詳悉，非聖人其孰能知此乎？於此可以治曆明時，可以格物致知，其所關豈淺鮮哉！古書雖散佚之餘，只患不讀，不患不能考也。多聚善本，詳玩衆說，則諸家之見解皆我之見解矣。予於此書讀之甚細，故所録不厭其複云。

《月令章句》一卷　《問答》一卷

漢蔡邕撰　國朝馬國翰輯

《玉函山房》本。前有馬氏序。蔡邕有自序，未採。是書《隋志》十二卷，《唐志》無之。別有戴顒《月令章句》十二卷，恐誤題蔡邕爲戴顒也。其書已佚，馬氏蒐探遺説，并録《問答》於後。伯喈作《月令章句》，又設爲《問答》以明之，凡十三則。《蔡中郎集》載之，陶宗儀刻入《説郛》，皆非完本。然吉光片羽，尤可珍也。《華陽國志》載景鸞《月令章句》，《後漢書》亦云。朱考曰佚。

唐明皇御刊定《禮記月令》一卷，李林甫注。釋文正義，篇第仍舊。林甫作相，抉摘微瑕，蔑棄先典。明皇因改易舊文，附益時事，號《御删月令》，升爲《禮記》首篇，《曲禮》次之。宋監本《禮記》仍依唐，次刻林甫之注。端平中，李至判國子監，請復古本，胡旦等皆以爲然，獨王元之不同，遂寢。後數有言者。《通志》載《復月令奏議》一卷，當時朝廷祭祀儀制多本唐注，故官本竟不能改，而私本則用鄭注。今則林甫等注，知者鮮矣。

黄諫《月令通纂》四卷，盧翰《月令通考》十六卷，俱存。

文光案：《月令》有單行本，而流傳甚罕。朱氏《經義考》載《月令章句》，《後漢書》：景鸞注。《明堂月令》四卷，高誘注。朱曰：「高誘注《禮》，諸志不載。予獲舊本，其字句與今《月令》不同，蓋從《吕覽》抄出者。」《月令章句》十二卷，蔡邕撰。自述曰：「《月令》不宜與記書并行，記家記之又略，前儒章句皆非本旨。光和元年，予被謗章，罹重罪，憂怖之中眛死成之。旁貫五注，參互羣書，至及國家律令制度，遂定歷數，盡天地三光之情。辭繁多而蔓衍，非所謂禮約而達也。梁《月令圖》，《七録》：一卷。唐明皇《御刊禮記月令》一卷，李林甫箋注。《長編》：「景祐二年，賈昌朝請以鄭[三]注《月令》復入《禮記》第五，其李林甫所注自爲《唐月令》別行。從之。仍詔《唐月令》以備四孟月宣讀。」葉夢得曰：

"監本《禮記月令》，唐明皇删定，李林甫所注也。私家用鄭注。"羅泌曰："唐刻五經，《禮記》以《月令》冠篇，《曲禮》次之。"朱曰："《唐月令》亂其篇次，增益其文。王冰寶應初官太僕令，宜奉明皇刊定《月令》，而《素問注》所引《月令》又異，不可解也。"《通志》："李林甫《月令》并《時訓詩》一卷，王涯《月令圖》一卷，杜仲連《月令詩》一卷。又《復月令奏議》一卷，不著名"。《月令論》，范浚撰。載《香溪集》。《月令圖》一卷，《宋志》：劉先之撰。《月令解》十二卷，張慮撰。張萱曰："宋端平間，祭酒張慮入侍，輯熙講幄，解釋其義。"朱曰："連江陳氏書目有之，凡十二篇。"《月令通纂》四卷，黃諫撰。自序曰："曩時見方藥之良者，輒録之。第修爲必以時，或先後則弗驗，亦奇矣哉！讀書之暇好爲圃，栽植失時，多不茂。有以《農桑撮要》遺予者，用之驗甚。傀學士以周榕《月覽》見示，懼其雜而弗純，乃删其涉於誕者，與《撮要》輯爲一書，仍附所録方藥。依時修爲者，又於逐月所載，取《禮記·月令》冠諸首。"《月令通考》十六卷，盧翰撰。秦鳴雷序曰："旁搜博採，一言一事，足前民用者，附於各月之下。"自序曰："隸以十類。"《月令纂要》一卷，陳經邦撰。《月令廣義》，朱曰："馮公講學參研於主静窮理之間，乃所輯《月令廣義》冗雜不倫。至采及帝釋天神誕日，是豈儒者之言乎？"黃虞稷曰："應京字可大，盱江人。萬曆壬辰進士，湖廣按察使僉事。學者稱慕岡先生。"《月令采奇》，李巨川撰。李光縉曰："本《月令》記候之意，博采羣書，凡有奇事可前民用者，靡不攟載。"《月令明義》四卷，黃道周撰。鄭開極曰："凡古今之建言行事合於《月令》者，悉附焉。"《月令説》一卷，錢甄撰。朱曰："钱氏之说谓《月令》于刘向《别录》属《明堂阴阳记》，则是篇本古明堂遗制，吕氏从而录之。秦有天下，不闻有事于明堂，盖非韦所撰。而蔡邕、王肃、张华皆言是周公作，必有所据。吕氏录《明堂阴阳记》旧文于首，以为纲，附以八览、六论为目，中间杂入秦官，无足怪也。且言太尉为秦官者，据《汉百官表》之文也。然《晋语》公使祁奚为元尉，韦昭注云中军尉也；铎遏寇爲舆尉，韦昭注云上军尉也。管子分州以爲十里，里爲之尉。又曰笑龠藏於里尉。则尉之称不自秦始，亦周官之名矣。其辨俱详核。"凡此皆單行之本，各冠"月令"二字，即時令之專書也。予向輯《目録學》，時令一門甚覺寥落，僅得《玉燭寶典》一書，遂以冠首。而凡近於農家類、譜録類者，悉删之。又遍閱諸家書目，此門亦甚空匱，而時令之説亦鮮，因録此以廣所未見。其書散佚已多，略存其説，亦目録中之要事。光於此獲益不少也。

《玉燭寶典》十一卷

隋杜臺卿撰

《古逸叢書》本。遵義黎氏覆刊舊抄卷子。陳《録》十二卷，今缺第九卷。臺卿字少山，博陵人，官著作郎。此《古逸叢書》之十四。杜氏自序不著年月，書内亦不署名。每月爲一卷，序後爲正月孟春第一。先《禮·月令》，有注。次蔡邕《月令章句》。次總釋春時在孟春之末。次集諸説，間有注。各月皆然。每葉十八行，行大小皆二十字，如其手書刻之。書末有"星吾東瀛訪古記"印。

杜氏自序曰："昔因典掌餘暇考校藝文，《禮記·月令》最爲備悉，遂分諸月，各以冠篇首。先引正注，逮及衆説，續書月別之下，增廣其流。史傳百家，時亦兼采。詞賦綺靡，動過其意，除非顯著，一無所取。載風土者體民生，而積習論俗誤者，冀勉之以知方。始自孟陬，終於大吕，以中央戊巳附季夏之末，合十二卷，總爲一部。其文不審，則注稱'今案'以明之。若事涉疑殆，理容河漢，則別起正説以釋之。世俗所行節者，雖無故實，伯升之諺載於經史，亦觸類援引，名爲附説。又有序説終篇，括其首尾。按《爾雅》四氣和爲玉燭，《周書》武王説周公推道德以爲寶典，因以《玉燭寶典》爲名焉。"

黎氏序目曰："其書用《小戴記·月令》爲主，博引經典集證之，較《周書·月令解》、《吕覽·四時紀》、《淮南·時則訓》加詳，此爲專書故也。開皇中奏上，號爲詳洽。《直齋書録》猶載之，其亡當在宋以後耳。"

《經籍訪古志》："《玉燭寶典》十二卷，貞和四年鈔本，楓山官庫藏。末有'貞和四年某月某日校合畢，面山叟記'。五卷末有'嘉保三年六月七日書寫并校畢'舊跋。按此書元明諸家書目不載之，則彼土早已亡佚耳。此本爲佐伯元利氏獻本之一，從加賀侯家藏卷子本抄出。"原按，嘉保三年，宋哲宗紹聖三年。貞和四年，元順帝至正八年也。

《月令廣義》二十四卷

明馮應京撰

明本。秣陵陳邦泰校刊。前有萬曆壬寅顧起元、陳九鼎、李登序并馮氏自序，凡四首。首卷敘由一首，廣義篇端即凡例。二十一首，圖説凡四十一圖。

馮氏序曰："予取《禮記·月令》，彙古今事變以利民用。戴山人文光案：末有戴任記。實同筆研，增三之二，就厥師如真翁文光案：李登號如真。正焉。"

馮氏例云："占候之文，歷無明效，而雜説謬陳，互相矛盾。""陰陽家煩説歧宗，甲可乙否，亡所適從。太史公謂使人拘疑畏忌，信然。楊氏以十三忌日惑世，似此之類，斷不可憑。""佳詞麗句，附録百一。""百家醫方，效者略載之。""衛生之要，大都以靜心寡欲爲本，而服食節宣之宜，亦所不廢。"

戴氏記曰："是集昉於《禮記》，上自經史，下及百家、類書、小説，凡二百餘種，不贅其目。""廣義之槩，稽天時，襲地利，資政教，勅身心，洽人情，寫物理，禪術藝，燭百工，搜故實，供藻繪。要之撮簡撷綱，非曰具籍。""每令大目，則政教、文言、古事、藻林、名數、氣候、主屬、物理、衛生、起居、宜忌、授時、藥食、服食、陰陽、占候等篇，其遺逸不侔者，別爲雜記以終焉。"

李氏序曰："潁人盧子羽氏嘗爲《月令通考》，月爲一卷。其書詳於占候，略於率履。《廣義》一書，初名《士民月令》，大都草創未潤。乃付新安戴肩吾，購求百家，起凡立例，增修又至數倍，冠以諸圖，屬陳大來氏付梓於留。"

《月令粹編》二十四卷

國朝秦嘉謨撰

琳琅仙館本。前有嘉慶壬申吳錫麒、陳壽祺序，凡例，總目，宋本《歲時廣記》二十圖。是書圖説一卷，不在卷内。歲令總一卷，每月令一卷，春、夏、秋、冬總四卷，每月日次十二卷，閏月令一卷，晝夜時刻一卷，補遺三卷，附《明堂月令章句》。是書《唐志》已佚，然其文多散見於諸史、類書中。秦氏拾若干條輯爲一卷，宜與《玉函山房》本互觀之。《章句》首爲《明堂月令論》，見《中郎集》，次集諸書，末爲《月令問答》，引《中郎集》。

秦氏例曰："《歲華紀麗》簡而未備，《古今類傳》雜而不純。是書意在博取，尤在去瑕。《月令廣義》首載政典，次載養生，無補詞章，不敢沿襲。董書於每段末妄附自著，腐詞俚句任意採入，是爲狗尾。《麗句通用》亦屬惡札，是編不敢襲。"

陳氏序曰："是書仿《歲華紀麗》、《古今類傳》，擇其尤雅，正其疵謬，其去取頗精當。生之言曰：'古之以時序著説者，《管子》五政與《小正》、《月令》相表裏；《吕氏》、《淮南》祖之；京房治《易》，首重卦氣；中郎釋《禮》，則有問答，經籍之膏腴也。下至《荆楚歲時》、《齊民要術》、《四民月令》，大之關乎朝廷政事之美，小之切乎民生日用之實。生所輯，掇拾糟粕，烏足道。'予謂不然。日用之不知，遑言高遠乎？其書良完美，因以予與生所言者筆諸簡端。"

吳氏序曰：“伏讀《欽定月令輯要》一書，帝典授時，明堂施政，體大思精，固非里巷小儒所能窺於萬一也。惟生當明備之世，讀聖賢書，且無論其遠者大者，即此日用飲食，必求所以無失乎人者，而後可以自立，其不肯玩時而愒日也明矣。”

文光謹案：《月令輯要》二十四卷，圖一卷。康熙五十四年御製序，首十八圖并說。歲令二卷，每月令一卷，春令一卷，正月、二月、三月令各一卷，夏令一卷，四月、五月、六月令各一卷，土王令一卷，秋令一卷，七月、八月、九月令各一卷，冬令一卷，十月、十一月、十二月令各一卷，閏月令一卷，晝夜令二卷，時刻令一卷。每類分六子目，曰天道、曰政典、曰民用、曰物候、曰占驗、曰雜記。每月令，天道下增日次一子目。十二月令、閏月令，天道下增節序、日次二子目。門目仍《月令廣義》之舊，刊除蕪雜，增所未備，其爲舊本所有者標題“原”字，今本所加者標題“增”字。秦曰《廣義》戴任所續成，其書較盧翰《月令通考》差詳，而亦多猥雜。如諸神誕辰之類，皆本道書，非可筆之儒籍者也。

《粹編》補遺有《月令考》，考《月令》與《夏小正》、《通卦驗》、《呂覽》、《淮南》、《戴記》及諸史之不同者。又《月令》雖出《呂氏春秋》，而皆《禮記》所載，有與《呂氏春秋》互異者，亦一一證出。字句雖小異，而敘次同。每月應候之多寡仍無一定，是漢初尚未有五日一候之說也。惟《周書》分七十二候，自北魏後所行時令皆因之。唐初所用傅仁均之戊寅術、李淳風之麟德術，與《時訓》、《月令》皆不符，故唐大衍術議其不合經義，且其中十候有唐、宋以後所不用者。今所用之十候，又皆《北魏志》、《隋志》所不用者。夫《北魏書》所載各候，既取之《月令》，即宜每月用六候乃五候，四候、八候、九候既已參差，分配節氣亦不能適均。匪特此也，蟄蟲咸動，啓戶始出，詞本相連，而分爲兩候。既收蟄蟲啓戶矣，何以獨遺蟄蟲瑾戶？既收戴勝降於桑矣，何以獨遺鳴鳩拂其羽？此皆義有未協者也。若《唐志》所載之七十二候，係一行所定之大衍術，不用魏、隋相承之節候，而取之《周書·時訓》，然亦有未安處。《金志》、《元志》略同唐史，皆有所改。

《七十二候考》一卷

國朝曹仁虎撰

《藝海珠塵》本。此可與葉氏《七十二候贊》參看。葉氏藏書甚富，徵引浩博，可廣見聞。予所藏初印本甚佳，因記於此，以告同志。月令、氣候互有不同，蓋周因《小正》而作《月令》，秦又更定之，故有二本。分五日一候，爲七十二候。後儒疑爲東漢人僞託，非周公之舊。自北魏頒爲時令，至今因之，大同小異，正如周、秦月令之互有乘除也。

《直齋書録》前史時令之書皆入子部農家類。今案諸書上自國家典禮，下及里閭風俗悉載之，不專農事也。故《中興館閣書目》別爲一類，列之史部，是矣。今從之。文光案：陳《録》每門總論或有或無，豈有所佚與？

右時令類

庖犧仰觀天象，《堯典》敬授民時，自古帝皇皆以節候爲重。《春秋》每年書春王正月，言王者上奉天道，下布政於十二月也。其勒爲成書者，夏有《小正》，周、秦有《月令》，舊皆雜於大、小《戴記》、《周書》、《呂覽》之中。其專爲一書而義兼衆美者，莫詳於杜氏之《玉燭寶典》矣。代有作者，漸失其旨。上録天宗帝籍之宜，下及條桑剗草之勢，故前史列之農家類。今仍依陳《録》別爲一類。夫時令一門，體尊而事重，非確是其書不當收也。兹所録者凡十家，《夏小正》近多單行之本，且爲時令之專書，因以冠首。其餘皆以月令爲綱而推廣之者。他如《荆楚歲時》偏於一方，《歲華紀麗》近於類典，別入他部，概不及焉。

校勘記

〔一〕"正夏"，原作"夏正"，據《史記·夏本紀》乙正。

〔二〕"傳"，原作"稱"，據同上書改。

〔三〕"鄭"，原作"讀"，據《續資治通鑑長編》改。

史部十一

地理類一

《山海經》十八卷

晉郭璞注

　　明本。吳琯校刊。謹案《四庫全書總目》，《山海經》入小說家類，以其說百無一真也。今此書大顯於世，於地理甚有關係，且的係古本，因依陳《録》冠地理之首，亦非無所本也。

　　陳氏《書録》地理類："《山海經》十八卷，漢侍中、奉車都尉臣秀所校，秀即劉歆也，晉郭璞注。按《唐志》，二十三卷，《音》二卷。今本錫山尤袤延之校定。世傳禹、益所作，其事見《吳越春秋》，曰：'禹東巡，登南岳，得金簡玉字，通水之理，遂行四瀆，與益共謀，所至使益疏而記之，名《山海經》。'此其爲說，恢誕不典。司馬遷曰'言九州山川，《尚書》近之矣。至《禹本紀》、《山海經》所書怪物，余不敢言之也'，可謂名言。故尤跋明其爲非禹、伯益所作，而以爲先秦古書無疑，然莫能名其爲何人也。洪慶善補注《楚詞》，引《山海經》、《淮南子》以釋《天問》。而朱晦翁則曰'古今説《天問》者，皆本此二書，今以文意考之，疑此二書皆緣解《天問》而作'，可以破千載之惑。古今相傳既久，姑以冠地理書之録。"

文光案：以《山海經》爲解《天問》而作，予未敢深信。明楊慎《山海經補注》，《函海》本二卷，《藝海》本一卷。慎又有《水經補注》，未見。

《山海經圖讚》一卷

晉郭璞撰

《藝海珠塵》本。此本有讚無圖。璞，河東聞喜人，撰筮驗六十餘事，名曰《洞林》。又撰《新林》十篇、《卜韻》一篇。注釋《爾雅》，別爲《音義》、《圖譜》。又注《三蒼》、《方言》、《穆天子傳》、《山海經》及《楚詞》、《子虛》、《上林賦》數十萬言。詩賦誄頌亦數萬言。張駿亦作《圖讚》。

《山海經廣注》十八卷　圖五卷

國朝吳任臣撰

原本。今所通行者即此本。

劉歆《校書表》曰：“臣秀所校《山海經》凡三十二篇，今定爲一十八篇。已定《山海經》者，出於唐虞之際，禹別九州，任土作貢，而益等類物善惡，著《山海經》，皆聖賢之遺事，古文之著明者也。其事質明有信，博物之君子其可不惑焉。”《山海經》三十四篇，秀《表》四誤爲二。

張華曰：“太古書，今見存有《神農經》、《山海經》。道元注曰：‘禹著《山經》’。鄭玄注《尚書》，服虔注《左氏傳》，皆用《山海經》。其疑此書者自杜佑[一]始。”

畢氏曰：“楊慎所著，多由蹈虛而非徵實，其於地理全無發明。任臣則濫引《路史》、六朝、唐、宋人詩文以及《三才圖會》、《駢雅》、《字彙》等書以證經文。《路史》錯謬，既不足取，詞章所稱，又豈經證？至於《三才圖會》、《駢雅》等書，近世才人依託俗本經文撰述成帙，字迹訛謬，百無一得。任臣所注，多在於斯經之底也，故無取焉。”

積石山在今甘肅西寧縣一百七十里。《海外北經》云：“鄧林，禹所導積石之山，在其東。”《地理志》云：“金城河關積石山在西南羌中。”《括地志》云：“積石山，今名小積石山，在河州抱罕縣西七里。”又云：“黃河源從西南下，出大昆侖東北隅，東北流逕於闐，入鹽澤，即〔二〕東南潛行，入〔三〕吐谷渾界大積石山。又東北流，至小積石山。”見《史記正義》。是唐人有二積石。按《夏書》，積石之山不當太遠，唐人所言河源亦不足信，大積石或其附會也。近人閻百詩、胡渭以大積石之說爲《夏書》之山，小積石爲唐述窟，蓋不取焉。

　　文光案：積石、黑水從無確證。凡遇考此二事者輒錄之，取其近是者。

《水經》中有云某水出某山，下云某山在某地，又云入河或入海，下云某縣南或北，詳其文義，是非一人之書。今詳餘暨、彭澤、朝歸、淮浦等皆前漢縣，是知劉秀校時所釋也。　詳本文，是說圖之詞，必古所傳《山海經》有水道圖。文有云象郡、云長城，知是秦人所著，而其所見之圖則是禹鼎也。　世疑《山海經》非古書，特以此一篇有漢郡縣耳。顏之推《家訓》云：“禹、益所記而有長沙、零陵、桂陽、諸暨，皆由後人羼入，非本文也。”之推不以之病全經，而不能定其何時所羼。陳振孫等以古今說《天問》者皆本《山海經》、《淮南》二書，疑此書皆緣《天問》而作。如其言，則古今說經皆本《爾雅》，豈五經亦爲解《爾雅》而作乎？必不然矣。　此經有古圖，亡。有漢所傳圖，有梁張僧繇等圖。十三篇中《海外》、《海內經》所說之圖當是禹鼎，《大荒經》以下五篇所說之圖當是漢時所傳之圖也。　漢世著縣名於《山海圖》上，秀校時并錄其文，亦或然也。　《海外》、《海內經》末題云："建平元年四月丙戌待詔太常屬臣望校治，侍中光禄勳臣龔、侍中奉車都尉光禄大夫臣秀領主省"。以上皆畢氏之説，録於《新校正》。

　　　文光案：劉向《七略》以《山海經》有圖，故在形法家。《漢志》因之。《道藏》以言神收入太元部竞字號。秋帆於此書用功甚深，予先借得《新校正》本，録其説於吳注之下。後得《經訓堂叢書》，因復標一目，詳録於後。

《山海經新校正》十八卷

國朝畢沅撰

　　靈巖山館本。乾隆四十六年校刊。前有畢沅自序，次郭璞序，次目録，次《古今本篇目考》，次陽湖孫星衍後序，次劉歆《校進表》。郭注即用歆所校之十八篇，篇爲一卷。《海内東經》舊本合岷三江首已下云云爲篇，畢氏已岷山以下爲《水經》，疑隋、唐《志》所云《水經》二卷次在《山海經》後者即此。雖前人無是説，然詳其文義，的是《水經》，與《海内》諸經不類，當從其説也。

　　畢氏自序曰："《山海經》作於禹益，述於周秦，其學行於漢，明於晉，而知之者魏酈道元也。《五藏山經》三十四篇，實是禹書。禹與伯益主名山川，定其秩祀，量其道里，類別草木鳥獸。今其事見於《夏書》、《禹貢》、《爾雅・釋地》及此經。《南山經》已下三十四篇，列子引夏革云、吕不韋引伊尹書云多出此經。二書皆先秦人著，夏革、伊尹又皆商人，是故知此三十四篇爲禹書無疑也。《海外經》四篇，《海内經》四篇，周秦所述也。禹鑄鼎象物，使民知神姦。按其文有國名，有山川，有神靈奇怪之所際，是鼎所圖也。鼎亡於秦，故其先時人猶能説其圖以著於册。劉秀又釋而增其文，是《大荒經》以下五篇也。《大荒經》四篇，釋

《海外經》、《海內經》一篇，釋《海內經》當是漢時所傳，亦有《山海經》圖，頗與古異。秀又依之爲說，即郭璞、張駿見而作讚者也。秀《表》云：'可以考禎祥變怪之物，見遠國異人之謠俗。'郭注云：'不怪所可怪，則幾於無怪矣；怪所不可怪，則未始有可怪也。'秀、璞此言足以破疑《山海經》者之惑，而皆不可謂知《山海經》。何則？《五藏山經》，古者土地之圖，《周禮·大司徒》用以'周知九州之地域，辨其山川之名物'，《管子》'凡兵主者必先審知地圖'，皆此經之類，故其書世傳不廢，其言怪與不怪皆末也。《南山經》其山可考者惟誰山、句餘、浮玉、會稽諸山，其地漢時爲蠻中，故其他書傳多失其迹也。《西山經》其山率多可考，其水皆雍、梁二州之水，見於經傳，其川流沿注至今質明可信者也。《北山經》其山皆在塞外，古之荒服，經傳亦失其迹，而有渤澤及河原可信。《北次三經》以下其山亦多可考，其水皆冀州之水，見於經傳，其川流沿注又至今質明可信者也。《東山經》其山水多不可考，而有泰山，有空桑之山，有灤水，有環水，是爲青州之地也。《中山經》起薄山，是禹所都，故其山水之名尤著，其水皆豫州之水。《中次八經》起景山。《中次九經》其水皆荊州之水，見於經傳，其川流沿注又至今質明可信者也。郭璞之世，地里書尚多不能遠引，其注山水不按道里，其有名同實異，即云今某地有某山水，未知此是非。又《中山經》有牛首之山及勞、滀二水，在今山西浮山縣境，而妄引長安牛首山及勞、滀二水。霍山近牛首則在平陽，而安多引潛及羅江、鞏縣之山。其疏類是。酈注乃以經傳所紀方土舊稱考驗此經山川名號，按其涂數十得者六，始知經云東西道里信而有徵。後之撰述地里者多從之，是其功百倍於璞也。然酈注僅述水道所逕，其他山水紀傳所稱足爲經證者亦間有焉。《西山經》有女牀之山，薛綜云'在華陰西六百里'。今山不可考，而道里則合於經也。《西次三經》云'洱水注

洛’，《隋志》‘洛原縣有洱水’，必其水也。《北次三經》云‘泜
水注彭水’，《隋志》‘房子有彭水’，亦必其水也。又《太平寰宇
記》云‘保安軍有吃莫川注洛，其水不勝船筏’，今在陝西靖邊
縣。按《西次三經》有弱水注洛，亦必其水也。《海內經》淩門之
山當即龍門之山，今陝西韓城是；楊汗之山當即秦之楊紆，今陝
西潼關是。而古今地里家疑其域外，是由漢魏以來不知聲轉，斯
爲謬也。凡此諸條皆郭、酈所未詳，又沅之有功於此經者也。又
《山海經》未嘗言怪鷗，鳥及人魚皆云人面。人面者，略似人形，
而後世圖此遂作人形，此鳥及魚今常見也。又崇吾之山有獸焉，
名曰舉父。郭云或作誇父。按《爾雅》有玃父，即猿猴之屬。舉、
誇、玃，三聲相近。郭注二書，不知其一，又不知其常獸，是其
惑也。以此而推，則知《山海經》非語怪之書矣。又經所言草木
治疾，多足證發內經，非後人所及也。《海外》、《海內經》八篇，
多雜劉秀校注之詞，詳求郭意，亦不能照酈注多連引其文，今率
細書以別之。沅校注此書凡閱五年，自經、傳、子、史、百家傳
注、類書所引無不徵也。其有闕略，則古者不著，非力所及矣。
既依郭注十八卷不亂其例，又以考定目錄一篇附於書。其云新校
正者，仿宋林億之例，不敢專言賤注，將以俟後之博物也。”

孫氏後序曰：“秋駧先生作《山海經注》，其考證地理則本
《水經注》，而自九經箋注、史家地志、《元和志》、《寰宇記》、
《通典》、《通考》、《通志》及近世方志無不徵也。自漢以來，未
有知《山海經》爲地理書，故馬遷不言而班固不取。道元所稱
《太康地志》、《十三州記》、《晉書地道記》等書，山名水源多有
自古傳説，合於經證。李吉甫諸人亦取諸此，以此顯經，故足据
也。先生開府陝西，假節甘肅，粵自崤函以西，玉門以外，無不
親歷。又嘗勤民灑通水利，是以《西山經》四篇、《中次五經》諸
篇，疏證水道爲獨詳焉。其《五藏山經》，郭璞、道元不能遠引，

輔其識者奚啻十五？先秦簡册皆以篆書，偏旁相合，起於六代。六書之義，假借便亡。此書甚者，大苦山之‘茖’，袚袚之‘袚’，蒲鸚之‘鸚’，徧檢唐宋字書都無所見。‘茖’即苦字，‘袚’、‘鸚’未聞。後世字書乃遂取經俗寫以廣字例。先生若螕鼠云當爲鼣，浖水云當作浲，楞木云當作枔，其類引据書傳改正甚多，寔是漢唐舊本如此，古今續者不加察核，其在近世可與戴校《水經》并行不倍。”

《海經》目録總十八卷：南山經第一，西山經第二，北山經第三，東山經第四，中山經第五，海外南經第六，海外西經第七，海外北經第八，海外東經第九，海内南經第十，海内西經第十一，海内北經第十二，海内東經第十三，大荒東經第十四，大荒南經第十五，大荒西經第十六，大荒北經第十七，海内經第十八。沅曰“目録下注本若干字，注若干字”，今本所無。《道藏》本有《海内經》注，云此《海内經》及《大荒經》本皆進在外，蓋古本十三篇，秀校進時又附五篇於後爲十八篇也。此郭注與？

南山經第一，南次二經第二，南次三經第三，西山經第四，西次二經第五，西次三經第六，西次四經第七，北山經第八，北次二經第九，北次三經第十，東山經第十一，東次二經第十二，東次三經第十三，東次四經第十四，中山經第十五，中次二經第十六，中次三經第十七，中次四經第十八，中次五經第十九，中次六經第二十，中次七經第二十一，中次八經第二十二，中次九經第二十三，中次十經第二十四，中次十一經第二十五，中次十二經第二十六，海外自西南陬至東南陬第二十七，海外自西南陬至西北陬第二十八，海外自東北陬至西北陬第二十九，海外自東南陬至東北陬第三十，海内東南陬以西第三十一，海内西南陬以北第三十二，海内西北陬以東第三十三，海内東北陬以南第三十四。沅曰：“三十四會稽山，在大楚南。以下是水經。”

《漢志》形法家有《山海經》十三篇。沅曰“劉向校經時所題也”。向合《南山經》三篇以爲《南山經》一篇，《西山經》四篇以爲《西山經》一篇，《北山經》三篇以爲《北山經》一篇，《東山經》四篇以爲《東山經》一篇，《中山經》十二篇以爲《中山經》一篇，并《海外經》四篇、《海内經》四篇，凡十三篇。漢時所合。班《志》取之《七略》，而無《大荒經》以下五篇也。十八篇劉秀所增。

《水經》二卷，郭璞注。隋、唐二志皆次在《山海經》之末，當即《海内經》中文也。杜佑誤以郭注爲桑氏之書，其謬甚矣。道元又誤以所注之《水經》爲《禹書》。《中興書目》：《山海經圖》十卷，張僧繇畫，咸平二年校理舒雅銓次。館閣圖書見繇蹤尚有存者，重繪爲十卷，載工侍朱昂《進繇畫圖表》於首。每卷中先類所畫名，凡二百四十七種。《崇文總目》同。《初學記》馬部引張駿《山海經圖畫讚》云云。《音》二卷，郭璞撰，古本別行，後人合於注中。

《新校正》一考篇目，古本與漢時所傳可得而定。二考文字，灼知俗寫者据書改正，餘則證以《玉篇》、《廣韻》。然二書亦取俗本，實不足据。三考山名水道，地理家所紀山水名同而道里不合者皆所不取，所取者證以書傳，非由附會，前人未之及也。

　　文光案：畢氏所考信而有徵。《山海經》實爲地理書，與《齊諧》志怪者不同。細玩篇目文義，亦與小説家不類。館臣以爲百無一真，蓋未之詳校也。自劉歆進表，以其事質明有信，而引董仲舒睹重常《玉篇》作鶾鵲。之鳥，劉子政曉貳負之尸，二語見《論衡》。以明此經之不妄。當時朝士以爲奇，而文學大儒皆讀之，是在漢時固無有疑之者。唯師訓莫傳，山川名號多有舛謬。至景純作注時，疑者已多，故反覆辨論，著爲經序，然亦未能解人之惑也。至宋而疑者更衆，且未有依其山水詳爲考核者，咸以爲誕，幾於廢墜。至我朝吴氏注出，畢、郝繼起，山川道里、名物同異，博考諸書，悉爲證明，厥功偉矣。讀此書者不弗以怪誕置之，則考證之力也。夫天地之大，草木鳥獸之繁，其奇怪百出，吾恐《山海經》有不及載者。非天下之至通，其孰能與於斯？

《山海經箋疏》十八卷　《圖讚》一卷　《訂訛》一卷

國朝郝懿行撰

還讀樓本。光緒丙戌李氏校刊。前有阮相國序，又海上蔡爾康序，校勘爵里姓氏自相國以下共十八人。末有劉秀《進書表》，郭璞序，郝懿行序。

阮氏序曰：“《左傳》稱禹鑄鼎象物，使民知神姦。禹鼎不可見，今《山海經》或其遺象歟？《漢志》列《山海經》於形法家，《後漢書·王景傳》‘明帝賜景《山海經》、《河渠書》以治河’。然則是經爲山川輿地有切世道之古書，非語怪也。且與此經相出入者，則有如《逸周書》、《王會》、《楚詞·天問》、《庄》、《列》、《爾雅》、《神農本草》諸書。司馬子長於山經怪物不敢言之，史家立法之嚴固宜耳。然上古地天尚通，人神相雜，山澤未烈，非此書末由知已。郭景純注于訓詁地理未甚精徹，然晉人之言已爲近古。吳氏《廣注》徵引雖博，而失之蕉雜。畢氏校本於山川考校甚精，而訂正文字尚多疏略。今郝氏究心是經，加以箋疏，精而不鑿，博而不濫，粲然畢著，斐然成章。余覽而嘉之，爲之刊版以傳。郝氏名懿行，字蘭皋，山東棲霞人，户部主事。余己未總裁會試，從經義中識拔，實學士也。家貧行修，爲學益力，所著尚有《爾雅疏》諸書。蘭皋妻王安人，字瑞玉，亦治經史，與蘭皋共著書于鹿車[四]春廡之間，所著有《詩經小記》、《列女傳注》

諸書。于此經疏并多校正之力，亦可尚異之也。嘉慶十四年夏四月。"

蔡氏序曰："吾友李君澹平以所刊《山海經箋疏》际予，乃爲泚筆書之。曰凡人足迹之所未到，耳目之所未經，則闕疑而不敢信。伊古輿地家，言多詳域內而略域外，故皆右《禹貢》而左《山海經》。甚者目爲荒誕，等諸《齊諧》、郯說。余以爲是昔人之固陋，非《山海經》之荒誕也。今國家懷柔遠人，通道重譯，窮髮赤裸、燋齒梟睄之族相與梯山航海，不遠千萬里而至。而輶車四發，復仿周官大行人之職，分赴諸國。足迹所到，耳目所經，援古證今，往往吻合，不止如曼倩之辨異鳥，劉向之識石室人而已。然則《山海》一經，不誠宜與《禹貢》并行哉？惟考是編初著録於漢代，繼注讚於景純，自時厥後，續家稀絶，途徑榛蕪。我朝稽古右文，吳氏、畢氏先後有《廣注》、校本之作。嘉慶間棲霞郝氏《箋疏》成，得儀徵相國審定刊行，然後斐然粲然。惜其原板已不可得，李君憾焉。爰取篋藏初印本精梓而詳校之，讀是編者快無疑已！"

文光案：郝氏所著《山海經》外，《春秋說略》十二卷，《春秋比》二卷，《爾雅義疏》十九卷。積數十年之精力而成，有《郝氏全書》本。《爾雅》、《山海經》有翻本。

郝氏自序曰："《山海經》古本三十二篇，劉子駿校定爲一十八篇，即郭景純所傳是也。今考《南山經》三篇，《西山經》四篇，《北山經》三篇，《東山經》四篇，《中山經》十二篇，并《海外經》四篇，《海內經》四篇。除《大荒經》已下不數，已得三十四篇，則與古經三十二篇之目不符也。《隋志》《山海經》二十三卷。《舊唐書》十八卷又《圖讚》二卷《音》二卷，并郭璞撰。此則十八卷，又加四卷才二十二卷，復與《隋志》二十三卷之目不符也。《漢志》十三篇，不言有十八篇。所謂十八篇，《南山經》至《中山經》本二十六篇，合爲《五藏山經》五篇，加《海外經》以下八篇，及《大荒經》以下五篇，爲十八篇也。所謂十三篇者，去《大荒經》以下五篇正得十三篇也。古本此五篇皆在外，與經別行，爲釋經之外篇。及郭作傳，據劉氏定本復爲十八篇，即又與《漢志》十三篇之目不符也。酈善長注《水經》，云《山海經》薶緼歲久，編韋稀絶，書策落次，難以緝綴，後人假合，多差遠意。然則古經殘簡，非復完篇，殆自昔而然矣。《漢志》不言此經誰作，今考《海外南經》之篇而有説文王葬所，《海外西經》之篇而有説夏后啓事，夫經稱夏后，明非禹書；篇有文王，又疑周簡，是亦後人所羼也。至於郡縣之名，起於周代，《周書·作雒篇》云：‘爲方千里，分以百縣，縣有四郡。’《左傳》云：‘克敵者，上大夫受縣，下大夫受郡。’杜注云：‘縣百里，郡五十里。’今考《南次二經》云‘縣多土功’，‘縣多放士’。又云‘郡縣大水’，‘縣有大緜’。是又後人所羼也。《大戴禮·五帝德篇》云：‘使禹敷土，主名山川。’《爾雅》亦云‘從《釋地》已下至九河，皆禹所名也。’觀《禹貢》一書，足覘梗棸。因知《五藏山經》五篇，主於紀道里、説山川，真爲禹書無疑矣。而《中次三經》説青要之山，云‘南望墠渚，禹父之所化。’《中次十二經》説天下名山，首引‘禹曰’。一則稱禹父，再則述禹言，亦知此語必皆後人所羼矣。然以此類致疑本經則非也。何以明之？周官大司徒，以天下土地之圖周知九州之地域廣輪之數。士訓掌道地圖、道地慝。夏官職方亦掌天下地圖，山師、川師掌山林川澤，致其珍異。邍師辨其丘陵、墳衍、邍隰之名物。秋官復有冥氏、庶氏、冗氏、翨氏、柞氏，薙氏之屬，掌攻夭鳥、猛獸、蟲豸、草木之怪蠱。《左傳》稱禹鑄鼎象物，百物[五]而爲之備，使民知神姦。民入山林川澤，不逢[六]不若，魑魅魍魎[七]莫能逢之[八]。周官、左氏所述，即與此經義合。禹作司空，灑沈澹災，燒不暇擳，濡不給扱，身執虆垂以爲民先，爰有《禹貢》。復著此經，尋山脈川，周覽無垠，中述怪變，俾民不眩。美哉禹功，明德遠矣。自非神聖，孰能修之？而後之讀者類以《夷堅》所志，方諸《齊諧》，不亦悲乎！古之爲書有圖有説，《周官》地圖各有掌故，是其證已。范《書》賜王景《山海經》、《河渠書》、《禹貢圖》，是漢世《禹貢》尚有圖也。郭注此經而云圖亦作牛形，又云在畏獸畫中。陶徵士讀是經亦云‘流觀《山海圖》’，是晉代此經尚有圖也。《中興書目》所載之圖已異郭、陶所見。今所見圖復與僧繇、舒雅有異，良不足据。然郭所見圖，即已非古。古圖當有山川道里，今考郭所標出，但有畏獸、仙人，而於山川脈絡即不能案圖會意，是知郭亦未見古圖也。今《禹貢》及《山海圖》遂絶迹不復可得。《禹貢》雖無圖，其書今要爲有師法。而此經師訓莫傳，迄於今日脱亂淆訛，益復難讀。又郭注《南山經》，兩引‘璨曰’，其注《南荒經》昆吾之師，又引《音義》云云，是必郭以前音訓注解。惜其人無考，良可於邑説世名家。吳氏徵引極博，汎濫於羣書；畢氏山水方滋，取證於耳目，二書於此經厥功偉矣。至於辨析異同，刊正訛謬，蓋猶未暇以詳。今之所述，并採二家所長作爲箋疏，箋以補注，疏以證經，卷如其舊，別爲《訂訛》一卷附於篇末。計創通大義百餘事，是正訛文三百餘事。凡所指摘雖頗有依據，仍用舊文因而無改，蓋放鄭君注經不敢改字之例云。嘉慶九年甲子二月廿八日。”

胡氏曰：“《山海經》專以古人陳迹附會怪神，而讀者往往不能察。如‘上三嬪於天，得《九辨》、《九歌》’以下，此本《離騷·天問》二章之説而訛者。《竹書紀年》記殷王子亥，其文甚明，蓋商上世之王子有賓於他國者，爲其君所殺，商侯滅之。《山海經》遂誣爲困民國之王亥，其詭誕不足辨也。其外夷奇產，六合之大，詎曰盡誣，而浮誇太甚，世并疑之，悲夫！《海内西經》

云：'貳負之臣曰危，危與貳負殺窫窳，帝乃桔之疏屬之山，桎械，反縛兩手與髮，繫之山上木。'漢宣帝使人上郡發磐石，石室中得一人，跣裸被髮，反縛，械一足。以問羣臣，劉子政按此言對之。然《大荒北經》又云：'北海之內，有反縛盜械、帶戈常倍之佐，名曰相顧之尸。'據前貳負之臣本文但言帝桔之疏屬之山，不言殺也；但言繫之於樹，不言石室也。則子政之對當曰相顧之尸，不當曰貳負之臣也。然而上郡所得豈即斯人哉？姑識此，與中壘景純作小劇云。"錄於《少室山房筆叢》。

文光案："帝乃桔之疏屬之山，桎其右足"，胡本作"桎械"，非也。反縛盜一條爲《海內經》文，胡氏以爲《大荒北經》，豈所見之本與今不同與？抑誤記與？經云"繫之山上木"，注云"得之石室中"，所未詳也。劉逵注《吳都賦》引此注云"陷，得石室，其中有反縛械人"云云，與今本異。《漢志》上郡雕陰即疏屬之山，在今陝西綏德州城內。跣裸，胡本"跣"誤作"徒"，宜改正。胡氏以《山海經》常羲即嫦娥之所本，又謂《山海經》與《穆天子傳》其文其義相同，説皆可取。其云子政當云相顧之尸，則非也。上郡所得當是貳負之臣，蓋貳負臣在上郡也。若反縛盜則在北海之內矣，地理不相合。胡氏考核多未精，此其一證也。

《三輔黃圖》六卷　《補遺》一卷

不著撰人名氏

《經訓堂》本。乾隆甲辰畢沅校刊，前有畢氏序，次原序，次目錄。《平津館》本所謂今本妄分條目者，即此是也。末有嘉定跋。汪鈵書內有原注，有畢案。是書《隋志》一卷，記三輔宮觀陵廟等事。此本作六卷，蓋唐人所輯，故雜用晉以後書。今本更非宋本之舊。第一條三輔沿革尤屬淺陋。第四條誤以鐘官爲鐘宮，唐宋人必無此謬。鐘官如鐵官、瓦官之類。畢本於此等處亦略正其誤，復取《水經注》、《太平御覽》、《長安志》諸書所引《黃圖》爲《補遺》一卷，視顏方伯光敏所刻較爲完備，然未若孫本之善也。

原序云："昔孔子作《春秋》，築一臺、新一門必書於經，謹其廢民時、奪民力也。今裒采秦漢以來宮殿、門闕、樓觀、池苑在關輔者，著於篇，曰《三輔黃圖》云。東都不與焉。"

毛西河有《辨三輔黃圖》三條，見《西河集》。今錄於此。其一宣曲宮，武帝時已有。《黃圖》云："宣帝曉音律，嘗於此度曲，是故名。"不知元帝好度曲，語見《本紀》。而宣帝度曲，《漢書》實無其文。其一誤以細柳觀爲細柳營。漢有三細柳，在長安西，而兩在西北，一在西南。其在西北者，則細柳觀與細柳倉也。其在西南者，則細柳營，而與西北之細柳觀實異地焉。其一魏明帝徙承露盤，《黃圖》誤以爲魏文帝。漢宮有兩承露盤，一在建章神明臺，即明帝所徙；一在甘泉通天臺，漢時已亡。至魏文所徙，乃始皇之十二銅人，非漢武承露之銅人也。《水經注》云"魏明徙金狄"，即徙銅盤也。金狄而銅人，混名也。

　　文光案：宣曲宮、細柳營、承露盤三條，毛氏所考最確，而所見之本則訛。畢本於此三條無所是正。孫本於宣曲宮下注云："《玉海》引如此。'宣帝曉音律'十五字乃後人所增。"據孫注則原本止"宣曲宮在昆明池"七字耳。細柳觀下孫氏無注，原文只"細柳觀在長安西北"八字，證以毛說亦不誤。建章宮神明臺無銅人承露之說，蓋其說出於廟記。孫本於雜入他書者皆削去之，以還舊觀。如《三輔故事》、《西京雜記》，後人妄入者甚多。毛氏所謂誤，皆出於他書，非《黃圖》原本之謬也。於此知古本足貴，又可知孫本之精，并可知《玉海》所據與毛氏所見皆六卷分類之本，而後人之妄增與誤合兩事爲一者，非毛氏之證不能明也。至《水經注》所云明帝徙金狄與文帝徙十二銅人兩事，最易相混。毛氏以酈注所云金狄即漢武承露銅人，其證更精，因備録之以爲考古之助。但未知畢氏、孫氏校是書時曾檢及毛跋否耶。又始皇銅人即金狄，詳見《廣川書跋》目下，宜互觀之。又王漁洋在杭太廟前尹氏書肆見彩畫《三輔黄圖》一部，甚精妙，見《池北偶談》。京兆、左馮翊、右扶風爲三輔，皆在長安古城中。是書雖非出於漢魏，恐不在齊梁以後。唐人分析卷次，遂以唐地名附之，與晉灼等所引不同。宋敏求、程大昌、陳振孫、王應麟所見皆此六卷本也，而《玉海》所引不同。是唐以後舊本已佚，今本亦非宋舊矣。

《三輔黄圖》一卷

國朝孫星衍　庄逵吉同校定

《平津館》本。書校於乾隆五十年，在畢校後一年。原刻未見，此嘉慶十九年重刊之本。不載原序，不分三十六類，注皆簡質，條例分明，勝畢本遠矣。是書亦名《西京黄圖》。孫氏以爲漢末人所著，敘與圖俱亡，其文特爲標識，故詞甚簡。後人益以注解，多引他書，傳寫者又亂入本文。樂史、宋敏求所引勝於南宋本。《雍録》、《玉海》所引不能別擇，多前此所無。《玉海》引序云：“始於三輔治所，終於雜録，一帙，凡一十九條。”其篇目已非《隋志》之舊。今本於三輔治所前增三輔沿革，又分十九條爲三十六條，是又非宋本之舊矣。今本牽連抄撮，或非三輔宮觀妄附本書，蕪累甚矣。王應麟弟應鳳有《訂正三輔黄圖》，其本已佚。孫氏得宋紹興撫州本，較明本頗有異同，亦無殊絶，因刺取舊文，依《隋志》成一卷，以續應鳳之舊。而唐人所引《三輔故事》諸書，存者絶少，削繁補遺，亦相輔而行，雖不必原書如是，而在今本中可稱獨絕已。

《水經注》四十卷

魏酈道元注

浙江重刊聚珍本。《唐志》云："《水經》，漢桑欽撰。"欽在班固前，固引其說，與《水經》違異。郭璞《注》三卷，唐時猶存，已不知《水經》爲何人之作。東原據《水經》考之，爲魏人所撰無疑，而名氏不能詳矣。道元，後魏人，東原所考爲三國時魏人。此戴震所校官本，凡補其闕者二千一百二十八字，刪其妄增者一千四百四十八字，正其臆改者三千七百一十五字。

戴氏序曰："《崇文總目》：'《水經注》云亡者五卷。'今所傳即宋之殘本，後人又加剖裂以傅合四十卷之數。如注文'江水又東逕巫縣故城南'，注訛剟爲經，遂與前經文'又東過巫縣南'割分異卷。《唐六典》注云：'《水經》所引天下之水百三十七'。今自河水至斤員水，凡百二十三，應脫逸十有四水，蓋在五卷中者也。王伯厚《通鑑地理通釋》引《水經》四事，惟魏興安陽一事屬經文，餘三事咸酈注之訛爲經者，故其作書時世蓋莫能定。《水經》立文，首云某水所出，已下無庸重舉水名。而注內詳及所納羣川，加以採摭，故實彼此相雜，則一水之名不得不更端重舉。經敘次所過郡縣，如云又東過某縣之類，一語實賅一縣。而注則始溯縣西，以終於東，詳記所逕委曲。經據當時縣治，至善長作注時，縣邑流移，是以多稱故城。經無言故城者也。凡經例云過，注例云逕，以是推之，雖經注相淆，而尋求端緒，可歸條貫。史言善長好學，廣覽奇書，故是注之傳或以其綜覈，或尚其文詞。至於觸類引伸，因川源之派別知山勢之逶迤，高高下下，不失地防，取資信非一端。然訛舛既久，雖善讀古書如閻百詩、顧景范、胡朏明諸子，其論述所涉猶輒差違，斯訂正之不可以已也。審其義例，按之地望，兼以各本參差，是書所由致謬之故，昭然可舉而正之。若四十卷之爲三十五，合其所分，無復據證。今以某水各自爲篇。北方之水莫大於河，而河已〔九〕北河已南，衆川因之得其敘矣。南方之水莫大於江，而江已北江已南，衆川因之得其敘矣。惟以地相連，篇次不必一還其舊，庶乎川渠纏絡〔一〇〕有條而不紊焉。"錄於《東原集》。

戴氏記曰："《禹貢錐指》所引《水經注》，其謬不勝悉數。晁公武云欽爲此書而後人附益，王伯厚云酈氏附益，皆非也。其書實出一手。今酈注考定經文別爲一卷，兼取注中前後倒紊不可讀者爲之訂正，以附於後。是役也，爲治酈氏書者棼如亂絲而還其注之脈絡，俾得條貫，非治《水經》而爲之也。"同上。

《戴譜》："壬辰，主講浙東金華書院。刊自定《水經注》，未及四之一，後在都踵成之。今不用校語之本是也。聚珍本依舊時卷第，全載校語，而經注相淆者悉更之。得之者可以知宋後本之無不舛訛。自刻本悉去校語，悉將正文改定，於注文循其段落，每節跳起，難讀處可一目了了，而不分卷數，爲十四冊。以今所存水百二十三，每水爲一篇，以河、江爲綱，按地望先後分屬於河、江，左右爲次。得之者可以撤棄校定，專壹考古。善長之書合二本無遺憾矣。自刻本有先生自序及孔戶部序，與聚珍板同時而出者也。《水經注》自北宋以來無善本，不可讀。《永樂大典》本較勝於各本。又有道元自序，補缺刪妄，正其臆改。"錄於《經韻樓集》。

文光案：東原無校語本與自刊不分卷本，俱未之見。《永樂大典》所載之書類多散入各韻，分析破碎，殊無體例。是書亦其一也。全樹山校本最精。吾邑楊氏刊本未成，今京師印行者止百餘葉。明有朱謀㙔箋本，今所傳者是也。杭大宗跋云："鬱儀序稱與謝耳伯、孫無撓共爲此書，爲酈氏尋源采隱，可謂博雅士矣。"然無撓以"土峉"爲"西崤"之誤，是讀書猶未徧也。錢竹汀謂《水經注》載漢時侯國，難以盡信。見《養新録》。東原云："欲知山之脉絡，祇看水之去來，無有不依山脉者也。"此語甚爲有見。又云："《水經注》水流松果之山，鍾伯敬本'山'訛作'上'，遂連圈之，以爲妙景，可笑如此。松果之山見《山海經》。"案：鍾、譚評語大抵如此，其書實無可取，而書肆以爲寶。余所藏鍾評本甚多，遂一舉而付之，亦甚快也。

楊升菴本慎序云："《水經》舊録凡三卷，紀天下諸水。首河終斤江，凡一百十有一。曰出，曰過，曰逕，曰合，曰分，曰屈，曰注，曰入，此其出入例也，而水道如指諸掌矣。又紀《禹貢》山水澤地所在，凡六十以爲卷終。限華夷，別疆域，利灌溉，通輓運，具考是焉，蓋祖述《禹貢》而憲章《山海》者也。陳振孫謂未精審，無乃厚誣與？酈氏注'河水'二字，汎引佛經、怪誕幾數千言，亦贅已。"又曰："吴中新刊《水經》，規制裝潢甚精，恨爲淺陋人妄改。如'立碑樹桓'，改'桓'爲'柏'。枉人山本名枉人，已見《哀江南賦》，今改'枉'爲'杜'。'弱年崽子'，崽，子改切，楚人謂子曰崽。今不知'崽'字，妄改爲'弱年女子'。焚山刻石妙在'焚'字，今乃改'焚'爲'焚'，何異小兒語耶？"又曰："《水經注》所載事多他書所未有，其敘山水奇勝，文藻駢麗，比之宋人《卧遊録》、今之《玉壺冰》，豈不天淵？又其中載古歌謠皆可入詩材，勝看《韻府羣玉》遠矣。"録於《升菴集》。

文光案：明人刻書多好妄改，觀升菴之説可知其概。酈注引佛經怪誕之詞，所謂憲章《山海》是也。升菴三卷本未見，明本多不足據。

《水經注》四十卷

後魏酈道元撰

湖北崇文書局本。光緒三年校刊，此即戴校官本。前有道元序并考證，次目録、提要。首卷《御題水經注六韻并序》，《御製熱河考》，又灤水、濡水源考證。

酈道元序曰：“《易》稱天以一生水，故氣微於北方，而爲物之先也。《玄中記》曰：‘天下之多者水也，浮天載地，高下無所不至，萬物無所不潤。及其氣流屆石，精薄膚寸，不崇朝而澤合靈宇者，神莫與并矣。是以達者不能測其源沖而盡其鴻深也。’昔大禹記著《山海》，周而不備；《地理》誌其所録，簡而不周。《尚書》、《本紀》與《職方》俱略，都賦所述，裁不宣意，《水經注》雖粗綴津緒，又闕旁通，所謂各言其志，而罕能備其宣導者矣。今尋圖訪蹟者極聆州域之說，而涉土游方者寡能達其津照，縱髣髴前聞，不能不猶深屏營也。余少無尋山之趣，長違問津之性，識絶深經，道淪要博，近無訪一知二之機，退無觀隅三反之慧。獨學無聞，古人傷其孤陋；捐喪辭書，達士嗟其面牆。然室求深閉，舟問遠行，故亦難矣。然毫管窺天，歷箭時昭；飲河酌海，從性斯畢。竊以多暇，空傾歲月，趣述《水經》，布廣前文。《大傳》曰：‘大川相間，小川相屬，東歸於海。’脈其枝流之吐納，正其沿路之所躔，訪瀆搜渠，緝而綴之。經有謬誤者考以附，正文所不載，非經水常源者，不在記注之限。但綿古芒昧，華戎代襲，郭邑空傾，川流戕改，殊名異目，世乃不同。川渠隱顯，書圖自負。或亂流而攝詭號，或直絶而生通稱。枉渚交奇，洄湍決澓，躔絡枝煩，條貫系夥。十二經通，尚或難言；輕流細漾，固難辯究。正可自獻逡見之心，備陳輿徒之說，其所不知，蓋闕如也。所以撰證本經，附其枝要者，庶備忘誤之私，求其尋省之易。”

《水經注》有酈道元敍，各本俱缺。新從《永樂大典》中得其全文。武進臧生鏞堂之高祖玉琳先生，嘗借得絳云樓宋板書對校，與《大典》亦有一二字之異。此敍初出，見者尚少，今故備録以公世，且擇其善者從之。

《大禹經》，《大典》作“記”，今從臧本。“尋圖訪蹟”，《大典》作“蹟”，誤。“觀隅反三”，《大典》作“三反”，今從臧本，對上“訪一知二”較整。“歲月輒注”，《大典》作“述”，今從臧本。“書圖白負”，疑是“賈”字。“枉渚交奇”，書中亦每以“奇”爲“歧”。“洄湍決復”，新本書之多加水旁作“澓”，今從舊本。“尋省之易耳”，《大典》無“耳”字，臧本有。_{以上《酈序考}

證》。

張氏壽榮曰：“酈亭原序何義門深以不見爲憾，孫潛夫從柳大中抄本録得，惜其失亡大半。明中葉此序未亡，而楊、黃二家刻書遺之，何也？”_{録於趙氏《水經注釋》。}

《水經注》自明至今惟朱謀㙔校本行世，其文與杜佑《通典》、樂史《太平寰宇記》所引經注往往不合，又多意爲改竄，殊失本來面目。近因裒集《永樂大典》散見之書，其中《水經注》雖多割裂，而按目稽核，全文具存，尚可彙輯。與今本相校，既有異同，且載道元自序一篇，亦世所未見，蓋猶據宋人善本録入。茲經館臣排綴成編，凡篇目混淆、經注相錯者，悉加釐訂。其脱簡有自數字至四百餘字者，亦并爲補正。以數百年叢殘缺佚之書，一旦復還舊觀，若隱有呵護者然，亦藝林佳話也。

道元仕於北魏，雖曾出使關中，而足迹未嘗一至塞外，故《水經注》中所載邊地諸水形勢未能盡合，即如濡水之源流分合及所經郡縣多有訛舛。至江淮以南，地屬齊梁，道元亦未親履其地，詳爲考訂，只據傳聞所及，襲謬沿疑，無怪其説之多盭也。

自河水至斤江水，凡一百二十五水，江以南至日南郡二十水，終以《禹貢》山水澤地所在。惟河水多至五卷，渭水三卷，江水三卷。河水二字原本誤連經文，今改正，別題一行。河水下有一二等字，乃明人妄加，今刪。

《水經注釋》四十卷　《附錄》二卷　《刊誤》二卷

國朝趙一清撰

原本。趙注補原佚五卷，中二十一水甚有確證。《簡明目錄》無《附錄》二卷，段大令與友人書謂趙書似戴書，反覆數百言，見《經韻樓集》。後撰《東原年譜》，亦知其非抄襲。今二書實相輔而行，讀《水經》者宜互觀也。

《戴譜》："東原先生改正經注互淆者，使經必統注，注必依經，其功最鉅。此乃先生積久頓悟所成，非他人能贊一辭也。杭州趙東潛精於地理之學，研摩《水經注》者數十年，但其校本從未至京師。先生與趙雖或相聞，未嘗相識，其所業未嘗相觀也。四庫館搜討遺書，趙書亦得著錄。其書校正字句及剖析地理最詳，而更正經注一如戴書者，蓋趙精詣絕羣。全榭山七校是書，深窺秘奧。兩公交最深，或閉户暗合，或麗澤相取，而其說往往與先生同。是可知著書精美，不患千年後無校讐是正之人。而學問深醇，即未相謀面，所言如一。且趙書經梁處素校刊，有不合者攄戴本以正之，故今二本大段不同者少也。"錄於《經韻樓集》。

《水經注釋》四十卷　《附錄》二卷　《刊誤》十二卷

國朝趙一清撰

蛟川華雨樓本。《秋樹根齋叢書》之一。光緒庚辰鞠齡張壽榮重校刊，有序。次道元序。次全祖望序。次畢沅序。次趙一清自序。次參校諸本。次《北史·酈道元傳》，有注。次目録，有注，有跋。

張氏序曰："今世所重《水經注》校本之善者三家，東原戴氏、東潛趙氏及我郡謝山全氏。三家之書，剖析經注不使混淆，體略同，而趙書博取旁證，稽核詳明，故其論説多精卓諦，當有裨實用，突過於戴、全二書，蓋劬數十年心力而爲之者。又麗澤相深，所以綜攬諸家，用集大成，蔚爲鉅册而不朽矣。板舊燬於兵燹，世尠其書。予因訪求善本，重爲校讎，付諸手民，俾廣其傳。"

全氏序曰："安定君之注《水經》，雖其於《禹貢》之故道不能一一追溯，而漢晉以後原委畢悉，尤詳於陂塘堤堰之屬，固有用之書也。乃以過於嗜奇，稱繁引博，反失之龐，讀者眩焉。要其纏絡，未嘗不釐然可按也。所苦唐以後無完書。據《崇文總目》則館閣所儲本亦只三十五卷。據元祐無名氏跋，則蜀本且只三十卷。是以歐陽兖公尚未見四十卷之著録。及何聖從本，幸復其舊，然已云篇帙不無小失。而以《太平寰宇記》諸書校之，則逸文之不見於今本者不下數百條。説者以爲原本當有弱、黑、溼、洛、虖諸篇，而今不可得見矣。是豈小失乎哉？柳大中、謝耳伯、趙清常、朱鬱儀、孫潛夫之徒再四讎定，不過正其十之三，如盤洲石柱之疑，而於其大者未之能及也。百年以來乃有專門之學，顧亭林、顧宛溪、黃子鴻、胡東樵、閻百詩五君子合羣籍以通之，購舊槧以校之，竭精思以審之，是書始漸見天日。趙君東潛藏書數十萬卷，稟其家庭之密授，從事於根柢之學，一時詞章之士莫能抗手。爰有箋釋之作，拾遺糾繆，旁推交通，哀然成編。而正甫之書，謂其不忘可也。"

文光案：弱、黑諸水，趙本已補其佚。全氏三世校此書，卒未畢業，見於此序。則錢校本爲未完之書，非吾邑楊氏刻之不全也。

畢氏序曰："是書先得我心，粗有知解，略列數條於後。"

趙氏自序曰："是書補於元，刊於明，日月寖久，訛舛實多。南州朱鬱儀中尉起而箋之，疑人之所難疑，發人之所未發，論者以爲三百年來有數之作。余愛之，重之，忘其固陋而爲之釋。釋之云者，所以存朱氏之是，兼弼酈亭之違也。録取片長，便成佳證；助之張目，足爲快心。若夫箋有謬盩則削而投之，所遺漏則補之，別爲《刊誤》，不欲羼入卷中，惑人視聽。間關歲月，始勒成編。"

楊慎刊《水經》三卷。黃省曾刊本。歸有光舊抄本。柳僉舊抄本。趙琦美三校本最佳。吳琯刊本。朱之臣本引辛氏《三秦記》補《渭水篇》神女唾瘡事，義門稱之。周嬰著《巵郦》，見《巵林》。陳仁錫刊本。鍾、譚評點刊本。全氏雙韭山房舊校本。錢曾所藏宋刊本。黃宗羲刪本十卷，未成。孫潛用柳趙影宋鈔本再校本。顧炎武《肇域志》、《利病書》、《日知録》、《昌平山水記》辨證《水經注》極多。顧祖禹《方輿紀要》引《水經注》多所補正。黃儀本依酈注，每水各寫一圖，兩岸翼帶諸小水，精細絶倫，參伍錯綜，各得其理。割正渭水篇，《錐指》從之辨誤。劉獻廷作《水經》注未就，存其説於《雜記》。胡渭《禹貢錐指》悉本《水經注》，渭水、沔水二篇是其鰲定。姜宸英校定本。何焯再校本。沈氏本，不詳何人，見義門校本。沈炳巽本，謝山引用最多。董熜本。項維本，用朱箋，略加刪節。杭世駿本，手校朱箋。齊召南本。全祖望七校本。以上諸本，予悉取之。馮夢楨勾乙經注本未見。

《水經注圖説》 四卷

國朝董佑誠撰

原本。此《方立遺書》之六。或歷引諸地志證明本經，或辨戴、趙、全之誤，或注某山水當在今某地。惜其未完，至涑水而止，殘稿也。

基誠序曰："方立年二十五，始究心地理之學。嘗節取《水經注》，證以今之水道，分圖系説，自成一書。爲之累年，僅得四卷。卷中圖説俱備，惟河水自採桑津以下，有圖而無説。圖大者徑數尺，小者亦徑尺許，當別爲一册。今録入遺書者，僅其説也。方立以本朝幅員之廣遠過前代，康熙、乾隆兩朝内府輿圖世不多見，乃多方求得之，精心參校，敬謹摹繪。更復博稽掌故，旁采方志，自乾隆迄今數十年間，凡疆域之沿革，水道之改易，罔不考證確實，著之於圖。以道光二年爲斷，東至費雅哈，西極蔥嶺，北界俄羅斯，南至於海，爲圖四十一。時方奉命修《一統志》，儻得上之史館以備裁擇，庶無負作者之志云。"

注曰："河水又東逕墨山國南"。説曰："趙氏據此注謂《漢書》'山國'脱去'墨'字，以正小顔之誤。案：注稱墨山國治墨山城，西至尉犂二百四十里，蓋皆《西域傳文》，是今本《漢書》更脱去'治墨山城'四字也。"

注曰："《地理志》曰漢宣帝神爵二年置河關縣。"説曰："今本《漢書》無此文，蓋脱簡也。"

注曰："下封有水。"説曰："戴氏曰'下封未詳，疑是地名。'趙氏引全氏説，謂下封即下邽，避道武帝諱。然下邽與此相距絶遠，當從戴氏闕疑爲正。"

注曰："隴水即《山海經》所謂濫水也。"説曰："今本《山海經》濫水西流注於漢水，漢字當誤。"

經曰："奢延水注之"。説曰："五字舊刻及《永樂大典》本俱作'經'。戴氏以不言從某來改爲注文，以五字仍作經文，正與水道相合。其不言自某來者，或更有脱佚，而注中奢延水一條，當移在離石水口之下，則經注皆符矣。"

文光案：方立所考，於戴、趙二家之書大有補正，因録數條以見其概。其專功在圖，惜傳本甚尟，不能見也。今所刻水道圖凡十數種，試取《水經注》一一對勘，當必有補於戴、趙之説也。又張匡學《水經注釋地》四十卷，《水道直指》一卷《補遺》一卷，嘉慶二年刊本，亦讀《水經》者所不可少之書也。

《今水經》一卷

國朝黃宗羲撰

《知不足齋》本。此黃氏續鈔堂原本，前有乾隆癸巳元孫黃璋跋。

黃氏自序曰：“《水經》之作，亦《禹貢》之遺意也。酈注補所未備，可謂有功於是書矣。然開章河水二字注以數千言，援引釋氏，無稽於事實，何當已失作者之意。余，越人也。以越水證之，以曹娥江爲浦陽江，以姚江爲大江之奇分，茗水出山陰縣，具區在餘姚縣，沔水至餘姚入海，皆錯誤之大者。以是而駮百三十有七水，能必其不似與？歐陽原功謂郭璞作經，酈善長作注。璞，南人。善長，北人。當時南北分裂，故聞見有所不逮。予以爲不然。璞既南人而習南水矣，其南水又不應錯誤至此。後之爲《水經》之學者，蔡正甫補正《水經》，惜不獲見。朱鬱儀《水經注箋》，毛舉一二傳寫之誤，無所發明。馮開之以經傳相淆，間用朱墨勾乙，未曾卒業。若鍾伯敬《水經注鈔》，所謂割裂以爲詞章之用者也。予讀《水經注》，參考之以諸圖志，多不相合。是書不異汲冢斷簡，空言而無事實。其所以作者之意，豈如是哉？乃不襲前作，條貫諸水，名之曰《今水經》，窮源按脈，庶免空言。”

黃璋跋曰：“先高祖遺書廑有存者。《今水經》、《匡廬遊錄》二帙，係學子初握管者所錄，字多魚魯，因先取《今水經》校閱一過。友人鮑君以文一見忻然，即任剞劂，而屬識於後。《今水經》之作，先之以表，次分疏其節目，一切卮言剿説汰盡不留。承學之士省覽即得，殆用力寡而勝於力多者矣。近時胡徵士纂《禹貢錐指》，人多遺議。齊侍郎述《水道提綱》，侍郎，浙人也，其述浙水即有誤，則此書其質的也與？"

徐氏宏祖曰："《禹貢》岷山導江，乃汎濫中國之始，非發源也。中國入河之水爲省五，入江之水爲省十一，計其吐納，江倍於河。按其發源，河自崑崙之北，江亦自崑崙之南，非江源短而河源長也。"

文光案：凡山經、地志、水道諸書，非足迹所至，訪問周知，不能保其無誤也。且古今有變易，則書不足據；界域有改移，則時不可知。嘗考一方一隅，而犬牙交錯之處竟不能詳，況天下乎？胡氏《禹貢錐指》、齊氏《水道提綱》二書，皆今世所重，而屢經改正，尚多遺議。閉戶著書，出門合轍，難矣哉！

校勘記

〔一〕"佑"，原作"祐"，據《舊唐書・杜佑傳》改。

〔二〕"即"，原作"郎"，據《史記・夏本紀》改。

〔三〕"入"，據同上書補。

〔四〕"鹿車"，原作"車鹿"，據清申涵光《靈巖寺》詩乙正。

〔五〕"百物"，據《左傳・宣公三年》補。

〔六〕"不逢"，原作"禁御"，據同上書改。

〔七〕"魑魅魍魎"，原作"螭魅蝄蜽"，據同上書改。

〔八〕"之"，原作"旃"，據同上書改。

〔九〕"河已"，據清戴震《水經注序》補。

〔一〇〕"絡"，原作"綿"，據同上書改。

史部十一

地理類二

《鄴中記》一卷

晉陸翽撰

聚珍本。共七十四條,《説郛》所載非完書。

石季龍與皇后在觀上,爲詔書五色紙,著鳳口中。鳳既銜詔,侍人放數百丈緋繩,轆轤回轉,鳳凰飛下,謂之鳳詔。鳳凰以木作之,五色漆畫,脚皆用金。

皇后出,女騎一千爲鹵簿,冬月皆著紫衣巾、蜀錦袴褶。《太平寰宇記》所引與此互異。

銅爵、金鳳、冰井三臺,皆在鄴都北城西北隅,因城爲基址。建安十五年,銅爵臺成,曹操將諸子登樓[一],使各爲賦。陳思王植援筆立就。金鳳台初名金虎,至石氏改今名。冰井臺則淩室[二]也。金虎、冰井皆建安十八年建也。銅爵臺高一十丈,有屋一百二十間,周圍彌覆其上。金鳳臺有屋百三十間。冰井臺有冰室三,與涼殿皆以閣道相通。三臺崇舉,其高若山云。至後趙石虎,三臺更加崇飾,甚於魏初。於銅爵臺上起五層樓閣,去地三百七十尺,周圍殿屋一百二十房,房中有女監、女伎。三臺相面,各有正殿,上安御牀,施蜀錦流蘇斗帳,四角置金龍頭,銜五色流蘇。

又安金紐屈戌〔三〕屏風牀。牀上細直女三十人，牀下立三十人。凡此衆妓，皆宴日所設。又於銅爵臺穿二井，作鐵梁、地道以通井，號曰命子窟。於井中多置財寶飲食，以悅蕃客，曰聖井。又作銅爵樓，巔高一丈五尺，舒翼若飛。南則金鳳臺，有屋一百九間，置金鳳於臺巔，故名。北則冰井臺，有屋一百四十間，上有冰室，室有數井，井深十五丈，藏冰及石墨。石墨可書，又爇之難盡，又謂之石炭。又有窖粟及鹽，以備不虞。今窖上石銘尚存焉。三臺皆甎甓，相去各六十步，上作閣道如浮橋，連以金屈戌〔四〕，畫以雲氣龍虎之勢。施則三臺相通，廢則中央懸絕也。此條見《河朔訪古記》。

　　文光案：銅爵臺人所共知，金鳳、冰井二臺知之者鮮，故錄之。

《元和郡縣志》四十卷

唐李吉甫撰

聚珍本。是書先標某府，夾註戶若干。次志，有注。次府境，次八到，次貢賦，次管縣。前有吉甫原序，後有淳熙二年程大昌後序并跋，又洪邁跋、張子顏跋。地理志傳於今者，惟此書爲最古，其體例至善。內有闕卷，此爲四庫館重編之本，仍著所闕於卷中，以存舊第。

李吉甫自序曰：“前上《元和國計簿》，審戶口之豐耗；續撰《元和郡縣圖志》，辨州域之疆理。古今言地理者凡數十家，尚古遠者或搜古而略今，採謠俗者多傳疑而失實，飾州邦而敘人物，因邱墓而徵鬼神，流於異端，莫切根要。至於邱壤山川、攻守利害，本於地理者皆略而不書。此臣之所以精研，聖后之所宜周覽也。謹上《元和郡縣圖志》，起京兆府，盡隴右道，凡四十七鎮，成四十卷。每鎮皆圖在篇首，冠于敘事之前。并目錄兩卷，總四十二卷。”

程氏序曰：“吉甫取蕭何收秦圖書而究天下阨塞户口多少者以爲準則，其體要卓然可紀也。吉甫再相，蓋元和六年。此志自載其所常建白者二事，改復天德舊城，則在八年；更置宥州於經略軍，則在九年。是年十月，吉甫遂薨於位，則是書又其當國日久，乃始纂述。此於唐家郡縣疆境、方面險要必皆熟按當時圖籍言之，最爲可據。圖今亡矣，志傳寫久有闕逸，又訛誤，不敢强補，謹書其有益者以示可傳而已。”

程氏跋曰：“所記地理多唐家制度。本朝疆理天下，率多本唐，則是書之備稽究特與今宜。予嘗即蓬山藏本之末列敍其所以可傳者矣。今録寄幾仲，以遂其雅好。幾仲名子顔，今以敷文閣待制在鎮。”録於陸《志》。

洪氏序曰：“《元和郡縣圖志》，唐元和八年丞相李趙公吉甫所上也。後三百六十有三年，今京西牧待制張公幾仲始刻板於襄陽幕府。按《新唐志》著録是書爲五十四卷，《會要》析而兩之，一曰州縣郡國圖三十卷，一曰郡國圖五十四卷，皆冠以元和。三者了不相似，以今所刻證之，皆非也。方趙公爲相，彊藩悍帥，狃貞[五]元餘習，擅地自予，朝廷莫敢訶，而能以期年間易三十六鎮。魏田季安病，公請以滑任薛平，戍重兵邢洺。因圖上河北險要。憲宗張於浴堂門壁，每歎曰：‘朕日按圖，信如卿料。’則其所著書蓋已見之行事矣，豈直區區紙上語而已哉。”

張氏跋曰：“故人程刑部寄《元和郡縣圖志》，亟用板傳，以資有志者。又得程、洪二鉅公題品詳贍，斯文爲不朽矣。”

項籍滅秦，分其地爲三。以章邯爲雍王，都廢邱；司馬欣爲塞王，都櫟陽；董翳爲翟王，都高奴，謂之三秦。廢邱，今興平縣。高奴，今延州金明縣。

文光案：陸氏《藏書志》所著影宋鈔本，淳熙刊本。爲惠

定宇舊物，卷中有"惠棟之印"、"紅豆書屋"印。又舊鈔本，
洪稚存藏。惜無好事者翻此二本，使得見宋刻之舊。二本皆
題"圖志"，而圖則宋時已亡。其志在宋已闕，今得嚴氏補
足，何快如之！又案：《括地志》，閻氏《釋地》引之，而傳
本甚鮮，今刻入《槐廬叢書》。

《元和郡縣補志》六卷

國朝嚴觀撰

蒲廬學舍本。前有乾隆四十年盧文弨序。

盧氏序曰："李吉甫《圖志》詳略得中，記序有法，故隋、唐
《志》所載地理書多逸而此獨傳。其書闕六卷，而第十八卷亦不
全。好古者彌加珍惜，不因其不完而棄之也。余見汪退谷士鋐集
中自言曾補其闕，每思借抄以成完書，往來吳中訪求數十年卒未
遇也。今金陵嚴子子進承其家學，因元書之體例，採掇於《通
典》、新、舊《唐書》以及《通鑑》、《通志》、《通考》，復旁涉於
《寰宇記》、《御覽》諸書，整齊薈萃。於是向之所闕皆完然具備，
因即慫惥其開雕焉。"

嚴氏例曰："家君言，輿地圖經，隋唐以來史志所錄率多散
佚，總志存者惟《元和郡縣圖志》最古，體例亦最善。宋志如
《太平寰宇記》、《元豐九域志》、《輿地廣記》，尚爲該洽。後此中
原不入職方，《輿地紀勝》、《方輿勝覽》僅載東南半壁，其餘所志
皆都會、郡縣、山水、古蹟之屬。李書元明以來缺第十九、二十、
二十三、二十四、三十五、三十六凡六卷。五卷、十八卷、二十
五卷各缺其半。至《寰宇記》，缺河南道第四卷，江西道第十一至
十七卷。《九域志》缺四京第一卷，次卷亦多缺文。《輿地廣記》
缺首二卷。好事者或購宋槧，或詳考他書，次第補苴，以成完本，
刊在藝林，誠嘉話也。觀謹識之。先取《元和志》搜討綴輯，凡

六卷。李書圖在篇首，《唐志》五十四卷，或合圖言之。州縣沿革，李氏原文散見他書者，俱爲採録。其間援引既多，不能逐句備載書名，因加‘案’字，以取其條貫，非掠美也。李氏各縣下載及山川古蹟，所引不多，體甚簡要，今準其例。杜氏詳核遠過樂、王兩家，今多從《通典》。元和以後不録。”

《太平寰宇記》二百卷

宋樂史撰

影宋本。《古逸叢書》之二十六。補闕五卷半，後有楊守敬記。

樂史《進書表》曰：“臣今沿波討源，窮本知末，撰成《太平寰宇記》二百卷并目録二卷，起自河南，周於海外。至若賈耽之漏落、吉甫之闕遺，此盡收焉。萬里山河，四方險阻，攻守利害，沿襲根源，伸紙未窮，森然在目。臣職居館殿，志在坤輿，輒撰此書，冀聞天聽。謹上。”

黎氏《敘目》曰：“四庫著録原缺自一百十三卷至一百十九卷。此宋槧，從日本秘閣借出，亦殘闕不完，幸存闕卷自一百十三至十七，及十八之半卷，因影照刻補。而以太政大臣往來函件附後，以著同文佳話。桂林陳蘭森《補闕》視此可廢矣。”

楊氏記曰：“是書宋刊本久不存，抄本缺七卷。而乾嘉間江西萬氏、樂氏兩刊本更缺河南道第四一卷。竹垞所見池北書庫本亦缺河南道第四，則審缺八卷矣。予於森立之《訪古志》見有此書，宋槧殘本，藏楓山官庫。借之以出，計二十五册，爲蝴蝶裝，其存者不及半焉。重刊之《古逸叢書》中，并刊其卷首一表。有疑其僞造者，予考之，非後人所能臆補。江西兩刻皆據傳抄及活字本入木，互有脱誤，而萬本臆改尤甚。”

《太平寰宇記》二百卷

宋樂史撰

萬氏刊本。嘉慶八年，萬廷蘭依影鈔宋本彙諸舊本補完缺卷，附《補闕》、《紀元表》。伏讀《四庫全書提要》，曰：“宋太宗時，始平閩越并北漢，史因合輿圖所隸，考尋始末，條分件繫以成此書。始於東京，迄於四裔。其書採摭繁富，惟取賅博，於列朝人物一一并登。至於題詠古蹟，若張祜《金山》詩之類亦皆并録。後來方志必列人物藝文者，其體皆始於史。蓋地理之書記載至是書而始詳，體亦至是而大變。然史書雖卷帙浩博，而考據特爲精核，要不得以末流冗雜，追咎濫觴之源矣。”《提要》所云可知此書之大旨，而後來諸志率本乎此。此變風之始也。

李氏曰：“隋竇威撰《寰宇圖志》五百餘卷，虞世基撰《十郡志》一千二百卷。敘山川則卷首有山川圖，敘郡國則卷首有郡邑圖，敘城隍則卷首有宮館圖。其圖上山水、城邑題書字極細，并用歐陽詢書，即率更令詢之長子也。”録於《六研齋筆記》。

錢氏曰：“余所藏爲朱寄園所贈，其闕卷與曝書亭藏本同。其書成於太平興國中，尚無十五路之分，故仍唐十道名目。幽、涿、雲、朔諸州雖未入版圖，猶著於録，亦見當日君臣志未嘗忘山前後也。是書體例雖因李吉甫，而援引更爲詳審，間采稗官小説，亦唯信而有徵者取之。宋代志輿地者，當以樂氏爲巨擘。竹垞有意貶抑，謂不若《九域志》、《輿地記》之簡要，豈其然乎？”録於《十駕齋養新録》。

《元豐九域志》十卷

宋王存等

聚珍本。《提要》曰：“明毛晉影抄宋本乃元豐年間經進原本，後藏徐乾學傳是樓，佚其第十卷。今以蘇州朱焕家抄本補之，首尾完具。”

朱氏曰：“本朝《九域志》自大中祥符六年修定，至熙寧八年都官員外郎劉師旦言：‘自大中祥符至今六十年，州縣有廢置，名號有改易，等第有升降，兼所載古蹟有出於不經者，乞選有地理學者重修之。’乃命趙彥若、曾肇就秘省置局删定，今世所刊者是也。崇寧末，詔置局編修，前後所差官不少，然竟不能成。”録於《曲洧舊聞》。

文光案：據朱弁所云，則此爲重修之本，而原本不傳矣。原本成於真宗朝，朱云大中祥符六年修定。名《九域圖》。此本修於神宗朝，熙寧十年，元豐八年。故名《元豐九域志》，舊書名圖而無繪事，故改圖爲志。十卷亦重修所定，原本不知幾卷。晁公武《讀書後志》有新、舊《九域志》之目，則原本猶存也。此《志》州縣皆依路分隸，首具赤、畿、望、緊、上、中、下之名，次列地里，次列户口，次列土貢。每縣下又詳載鄉鎮，而名山大川之目亦併見焉。其於距京距府、旁郡交錯、四至八到之數縷析最詳。其土貢一門備載貢物之額數，足資考核，諸志不及。其詞多出於曾肇，而王存總其事，删定者光録丞李德芻也。前有存等進書序。

盧氏曰：“從吳槎客借得新定《元豐九域志》，卷帙無異，惟兼載古迹，然亦無《方輿紀要》之詳。前書各縣下兼載山水，而此不録。竹垞謂民間流行之本，理或然也。”録於《抱經堂集》，此又一本。

《輿地廣記》三十八卷

宋歐陽忞撰

聚珍本。前有政和十一年廬陵歐陽忞序。是書先列《禹貢》九州所屬之地，每州後總論風俗習尚，間及形勢，文極簡潔。次舜十二州，次七國，次秦四十郡，漢十三郡，三國魏地、吳地、蜀地，晉十九道，內有原缺葉。唐十五道，採訪使八藩鎮，五代梁、唐、晉、漢、周所有之州。宋郡國先四京，次三十一路。所謂綱也。以下列宋之郡縣，言其沿革，間有徵引，要而不煩。《提要》曰："其書前四卷先敘歷代疆域，提其綱要，五卷以後乃列宋郡縣名，體例特爲清析。其前代州邑宋不能有，如燕雲十六州之類者，亦附各道之末，名之曰化外州，亦足資考證。雖其時土宇狹隘，不足括輿地之全，而端委詳明，較易尋覽，亦地理家之佳本也。"

歐陽氏自序曰："地理之書雖非有深遠難見之事，然自歷世以來，更張改作，先王之制無一在者。自非專門名家而從事於此者，其孰能知之？予自少讀書留意於此，嘗自堯舜以來至於今爲書凡三十八篇，曰《輿地廣記》。凡自昔史官之作，與夫山經地志，旁見雜出，莫不入於其中，庶幾可以成一家之言，備職方之考，而非口傳耳受嘗試之説者也。地理之書，紛雜淆亂，卒然視之，漫不可省，其所以處之，將必有道矣。夫以今之州縣而求於漢則爲郡，以漢之郡縣而求於三代則爲州，三代之九州散而爲漢之六十餘郡，漢之六十餘郡分爲今之三百餘州，雖其間或離或合，不可討究，而吾胸中蓋已了然矣。譬如三十輻之車制之以轂，二篇之策統之以乾坤，豈不約而易操乎！是以願廣其書於世，必有能辨之者。世之君子其試以是觀之。"

冀州，《禹貢》不言封界，蓋堯都所在。以餘州見之，疆域尤廣。梁州境宇雖遐，遠而雜以夷獠。中夏惟冀州最大。

《輿地紀勝》二百卷

宋王象之撰

《粵雅堂》本。咸豐五年伍崇曜依影宋抄本校刊，有序。此爲大字本，不在叢書內。前有嘉定辛巳象之自序，寶慶丁亥眉山李埴序，曾巧鳳劄子一通。目錄内著缺卷缺頁。凡全卷一百三十二，缺卷三十二，餘皆缺頁。象之，字儀父，金華人。慶元中進士，知江寧縣。是書《四庫》未及收，目錄類《輿地碑目》即此中之四卷。文詞華美，故以"紀勝"爲名。自序云收江山之精華以助筆端，誠不誣也。

《揅經室外集》："今於江南得影宋抄本二百卷，前有象之自序，略云：'余披括天下地理之書，參訂會粹，每部自爲一編，以郡之因革見之編首。而諸邑次之，以及山川人物、詩章文翰皆附見焉。東南十六路，則仿范蔚宗《郡國志》條例，以在所爲首，而西北諸郡亦次第編集。'今考其成書之年在南宋嘉定十四年，故其所指在所以臨安府爲首，而一切沿革亦準是時。又宮闕殿門壽康宮下引《朝野雜記》云'寧宗始受禪'云云，則是作序在嘉定，全書之成又在理宗時矣。是書自卷一行在所起，至劍門軍訖，共府廿五，軍三十四，州一百零六，監一，共府、軍、州、監一百六十六。内或有一府一軍而分爲上下二卷，故與總數不合。共闕三十一卷，至各卷内之闕葉，又皆注明於目錄卷數之下。"

錢氏曰："予於錢塘何夢華齋中見影宋抄本。此書所載皆南宋疆域，非汴京一統之舊。然史志於南渡事多闕略，此所載寶慶以前沿革詳贍分明，裨益於史事者不少。此書體裁勝於《方輿勝覽》，而流傳絶少，共缺三十二卷。"錄於《養新錄》。

孫氏曰："此本從宋板影摹，每葉廿行，行廿字，左右欄線外俱標卷數篇目，共缺三十五卷。"錄於《平津館鑒藏書籍記》。以上諸本缺卷不同，摹皆宋本，恐不出於一本。

《紹熙雲間志》三卷

宋楊潛撰

古倪園本。嘉慶甲戌年沈恕校刊。其本得之袁廷壽家，乃錢竹汀所抄以貽王蘭泉者。袁氏好收書，因抄得之。沈司馬恕，字屺云，園多藏書。刻未竟而卒，其弟慈字千峰。續成之，寫刻甚工。前有宋如林、孫星衍二序，後有錢大昕、顧廣圻、王芑孫三跋。書成於紹熙四年，蓋潛知秀州華亭縣時所作。楊序後列同修銜名四人。此志後出，《四庫》未收。其書按據舊圖經，搜羅古碑碣，詳載故實、題詠，繁簡得中。宋時華亭縣兼有今松江府全郡之地，康熙間知府郭廷弼作郡志，似見此書。而改易散落，舛誤甚多，則此書不可不刊行矣。余據此志辨顧譜之誤，已詳本書目下。蓋張氏未見是書也。書末諸記爲後人所入，書中訛缺，顧千里以《嘉禾志》校之，十得八九云。宋志多佳本，而流傳甚罕。此志雖有刻本，而行於北方者亦少，是可寶也。紹熙爲光宗年號。

《剡錄》十卷

宋高似孫撰

嵊縣本。此嵊縣志也。道光八年知縣李式圃重刊，有跋，又朱淥校書跋。前有嘉定八年高似孫序，縣令鄞人史安之序，目錄。卷一曰縣紀年，漢剡縣屬會稽郡，唐立嵊州，宋改嵊[六]縣。道書曰"兩火一刀可以逃"，言剡多名山可以避災也。自漢以來擾亂不少，故剡稱福地。縣有嵊山，字書曰："四山爲嵊，四水爲剡。"曰城境圖，城、門、坊、鎮、寨、境、鄉，一字一目，次行爲說。南門開，即有寇。曰官治志，即官署也。曰古令長，凡四人，有傳。以下皆題名，附贈令詩，皆名作。又丞、簿、尉題名。曰社志，祇一條。曰學志，凡二條。曰修學碑，凡五通。又新學并新學記。曰淵源堂，周氏所作，王十朋記。曰進士登科題名，曰鱠雪樓，史安之新創。曰戴溪亭，有詩，附放生池。曰版圖，地畝、賦稅、戶口。曰兵籍。凡三條，三百人。卷二曰山水志，用酈注《水經》例。卷三曰先賢傳，仿謝承《會稽先賢傳》、鍾離岫《會稽後先賢傳》之例。唐修《晉史》，凡晉人士奇辭逸語往往刊落，知者惜之。今取諸晉雜史，庶於晉人風度有所載焉。分人士、孝行、列女、仙道、高僧五目。卷四曰古奇迹，舜井、禹嶺之類。曰古阡，漢晉人墓，凡五條。卷五曰書，二戴著書一本經學，人但以隱逸推之，非知二戴者也。案：二戴，謂逵與容也。曰文。凡十四首。安道文章不可見，今得六篇。卷六曰詩。此卷分上下，晉唐爲上，宋爲下。詩中有及剡者採焉。卷七曰畫，八圖四像。曰紙，紙之妙者，越之剡藤。又玉葉紙、玉版紙。又敲冰時爲之，益佳名敲冰紙。曰古物。鐘、琴、硯、洗等十一事。卷八曰物外記。分道館、僧廬二目，詩隨其地祠附。卷九、十曰草木禽魚話上、下。考證最詳。此書序例詳明，高簡有法，可爲志式。

高氏序曰："山陰蘭亭，禊剡雪舟，一時清風，萬古冰雪。王、謝抱經濟具，二戴深經學，奈何純曰高逸也？嗚呼！山川顯晦，人也。人隱顯，天也。天下多奇山川，而一禊一雪致有爽氣，可謂人矣。江左人物如此，然二戴剡，王、謝亦剡，孫、阮輩又剡，非天乎？漢迨晉永和六百餘年，右軍諸人乃識剡。永和至皇宋嘉定幾千年，史君尹剡，訪孫錄剡事，剡始有史。桑欽《水經》，酈道元注。道元，魏人，先儒辨其北事詳南事略。似孫，鄮人也，如其精覈，俟剡人。"文光案：孫名綽，阮名裕。

李氏跋曰："宋高似孫，字續古。父文虎，慶元中官翰林學士。淹貫多聞，嘗修宋朝四史，研覈詳審，爲世所推。似孫稟承家學，以賅洽見稱。所著有《子略》、《硯箋》、《蟹略》、《緯略》、《騷略》、《疏寮小集》諸書。《剡錄》，爲邑令史安之作，自唐鄭言《平剡錄》、宋俞瑞《剡東錄》湮佚失傳，而嵊之有志自《剡錄》始。凡唐以前遺文軼事多所考證，實爲康對山《武功志》、韓五泉《朝邑志》藍本。國朝采入四庫，民間并無鋟板。即四明范氏天一閣蒐羅最博，亦無其書。今所存惟山陰杜氏鈔本，傳寫既多魚豕之訛，藏弄又有蟲蟫之患。余既纂輯縣志，恐此書歲久失傳，因釐其卷帙，校其訛舛，捐俸付梓，永垂勿替云。"

梅福《四明山記》曰："魏楊德祖至四明山，逢一老人。老人曰：'我見澗中湧泉流一金刀，兩仙人把神火趁之，可往尋之。'德祖行，見兩人把神火。及得水中金刀，可長二尺。二人者見德祖倏去。德祖曰：‘兩火成炎字，炎邊得刀，是爲剡字。’因號剡溪，又曰剡山。德祖爲銘二百字刻此峰。”羅隱《剡景詩》“兩火一刀罷亂後，會須乘興月中行。”《十道志》曰：“齊僕射張稷宰此縣，生子名嵊，字四山。”縣有嵊山，《水經》曰：“嶀山與嵊山相連。”

《景定建康志》五十卷

宋周應合撰

仿宋本。前有嘉慶六年費淳序，孫星衍序，馬光祖序，進書表，目錄，修志本末。此志以《留都錄》冠首，行宮記載規制、留守并圖爲一卷，詔令二卷，御製御書一卷，馬光祖序。次建康地圖。次年表。起周元王四年，至中興建炎以來。次十志。次十傳，曰正學，曰孝悌，曰節義，曰忠勳，曰直臣，曰治行，曰耆舊，曰隱德，曰儒雅，曰正女。此志雖分十傳，僅七十四人，惟耆舊三十四，分傳以外有二人一傳者，可知其不濫及矣，且詳於表志而略於傳。按目錄，表九卷，志三十二卷，傳止三卷。其表第一層曰時，考其世年而記其災祥；第二層曰地，郡縣之沿革與疆土之分合；第三層曰人，牧伯之更代與官制之因革；第四層曰事，得失之故，成敗之由，美惡具書，勸戒寓焉。其年月可考者爲年表，不可考者爲世表，世不可考者隨代附見。又傳前有古今人表，正行分六格，曰“生於此，居於此，職於此，墓於此，祠於此，封於此”，旁行自周至宋。此皆例之最佳者，修志者可奉爲圭臬也。

費氏序曰：“宋馬光祖期以文相尹留都時，屬幕僚周應合撰此志，板存府學紬書堂，傳本絕少。迨開四庫館，馬氏裕以家藏本獻，錄入史部。余以嘉慶四年奉命節制兩江，檢署中藏書，有康熙間敕賜《景定建康志》，紙墨精好。適孫觀察星衍僑居金陵，謁余道故，以爲宜廣流傳，乃醵金校刊。中州有宋敏求《河南志》，竟不可得。吾浙嘉泰《會稽志》、至元《嘉禾志》雖存，亦無刊本。金陵爲吴、晉、宋、齊、梁、陳、南唐建都之地，賴有此志以徵文獻。元張鉉《至正金陵新志》十五卷，傳本亦少。復望好事踵而刊之。"

孫氏序曰："是志用白金七百餘兩，半載竣工。舊有宋史正《乾道志》、吴琚《慶元志》，元時已不存。《景定志》亦毁於火，至正中重刊於慶元路，即明所存南雍板本也。此志體例最佳，各表紀年録事，備一方掌故，山川古迹，加之考證，俱載出處。所列諸碑或依石刻書寫，間有古字。蒙謂一方修志，如有宋元舊本，自宜刊刻。原書在前，依例增續，或辨證古人得失，別爲一卷。近時作志，動更舊例，删落古人碑板、引書出處，增以流俗傳聞、蕪穢詩什，甚爲不典。陳開虞《江寧府新志》即所不免。金陵自明太祖建都，城盡毁，六朝碑碣古物較他郡尤少。頻年搜訪，惟得古磚，有錢文爲'大泉五百'四字，知是吴後苑城磚。又見攝山千佛嶺龕中有宋王雱、胡恢等題名，及昔在句容所見吴衡陽太守葛府君碑、梁天監井銘，皆方志所缺載。此志地理十五圖，宋印本止存七圖，餘皆補畫，本蕘圃影抄本，共十九圖。今據補入其圖，與目録不符，未知其審。又《城闕志》廿二卷，黄氏影抄本多出古南苑諸條，凡三葉，亦据補入。疑是宋元板之異，姑存疑云。"

例曰："《留都宫城録》冠於篇首，而建康地圖、年表次之，十志又次之，十傳又次之。傳之後爲拾遺，圖之後爲地名辨。表之緯爲四，曰時，曰地，曰人，曰事。志之中各著事迹，名爲考證。而古今記詠各附於所爲作之下，凡圖、表、志、傳，卷首各爲一序。"

留都録四卷，地理圖及地名辨一卷，年表十卷，官守志四卷，儒學志五卷，文籍志五卷，武衛志二卷，田賦志二卷，古今人表傳三卷，拾遺一卷。此皆乾道、慶元兩志之所無而創爲之也。若疆域三卷，目録作二。山川志三卷，城闕志三卷，目録作四。祠祀志三卷，因前志者十之四，增所無者十之六，合爲五十卷。"

文光案：凡例所列十志止得其九，蓋失載風土志二卷也。其卷數與目録不合，與五十之數亦不合，不知爲原書之誤，抑重刻之誤也。文籍志止有書目，無卷數、人名。子書類特標理學書目，專收周、程、張、朱五子之書并文集、語類。十傳以正學爲首，則二程子、真西山先生三人也。此志成於宋理宗景定二年，可知當時之所尊尚已。

金陵，古揚州之地，在周爲吳，春秋末屬越。楚滅越，始名金陵。秦改秣陵，漢屬丹陽郡，吳孫權改秣陵爲建鄴，晉武帝建興初改爲建康。元帝渡江都焉，曰江乘，曰江寧，曰昇州，其名不一。　晉成帝咸和中新宮成，名建康宮，即臺城也。吳之後苑，地在府北五里。　越臺，即越城之故址，勾踐、范蠡之所營也。考之史傳無異詞。近人作《越臺曲》者，以爲越女嫁江南國主爲妃，以其地卑濕，運越土築此臺以居焉。并爲一説，牢不可破。景陽井欄有蘇易簡記。以上地理。

開寶八年平江南，得金陵圖書六萬餘卷，分送三館及學士院。其書讎校精審，編帙全具，與諸圖書不類。雍熙中，太宗皇帝以板本九經尚多訛謬，重加刊校。史館先有宋藏榮緒、梁岑敬之所校《左傳》諸儲，引以爲證。祭酒孔維上言："其書來自南朝，不可按據。"章下有司，檢討杜鎬引正觀四年敕，以經籍訛舛蓋由五胡之亂天下，學士率多南遷，中國經術寖微之致也。今後并以六朝舊本爲正。持以詰維，維不能對。　紹興初，葉夢得爲守，捐軍賦餘緡六百萬以授學官，使刊六經。後七年夢得復至，又捐公廚羨錢二百萬，徧售經史諸書，爲重屋以藏，名之曰納書閣。後毀於火。至紹興十六年，高宗皇帝親書九經，刻石於國子監，首以石本賜建康，今藏於府學之御書閣。

御書《周易》三卷、《尚書》三卷、《毛詩》四卷、《周官》一卷、《禮記》一冊、《春秋經傳》十五卷、《孝經》一卷、《論語》二卷、《孟子》五卷、《文宣王贊》一卷、《樂毅傳》一卷、《羊祜傳》一卷。

十三經有監本、建本、婺本、川本、正文本、注本、疏本、注疏本、正義本。《孟子》有五臣注、《朱子要略》。 史書有《歷代制度》、《垂拱龜鑑》,《七制三宗》。《通鑑》有監本、蜀本、建本。《長編》有全本、節本。 子書《家語》有監本、建本。理學書有《諸儒鳴道集》。文集有《極目亭詩詞》、《集韻》、《杜詩押韻》、《張孟押韻》。圖志有《江行圖》、《麟鳳圖》、《元和郡縣圖》。類書有《職林》、《書林》、《四庫闕書》。字書有《字寶》、《經典法帖》、《文公法帖》、《説文解篆》、《類語》。刑法書有《刑統》、《紹興勅令格》。醫書有《神農本草》、《大觀本草》、《圖經本草》、《膏肓灸經》。書板有《周易終説》、《學易蹊徑》、《語孟拾遺》、《諸史精語》、《通鑑筆義》、《六朝事蹟》、《集賢注記》、《棠陰比事》。以上文籍。

文光案:葉夢得所藏悉爲灰燼,此亦一厄也,而諸家鮮言。宋高宗御書九經今已難得,馮銓快雪堂所刻《毛詩》,或以爲高宗御書,未知確否。《文宣王并七十二子像贊》,近有傳本,凡四冊,板甚古雅,似從宋翻刻者,然未必爲高宗御書。近所傳《元和郡縣志圖》已亡矣,而此志猶著其圖,則宋時圖未亡也。其餘諸本不傳者,多因録之以寄慨。又案:鄭俠讀書清涼寺,與荆公最厚,後因新法不合被謫。志列之《直臣傳》,始末甚詳。《流民圖》命畫工爲之,非自繪也。南軒先生《修志訓》曰:"削去怪妄,訂正事實,崇厚風俗,表章人才。"此志有焉。

錢氏曰:"建康思陵駐蹕之所,守臣例兼行宮留守,故首列

《留都録》。又六朝、南唐都會之地，興廢攸係，宋世列爲大藩，南渡尤稱重鎮，故特爲年表，經緯其事。此義例之善者。古今人表傳意在崇正學，獎忠勳，不專爲一郡而作，故與它志之例略殊。淳叟自江東帥幕入爲史館檢閱官，忤賈相意，嗾言者劾去之。官至朝議大夫，知瑞州而卒，蓋宋季豪傑之士。而《宋史》不爲立傳，史臣不得辭其責也。"録於《潛研堂集》。

《齊乘》六卷

元于欽撰

鈔本。前有至元五年蘇天爵序。次目録，曰沿革、曰分野、曰山川、曰郡邑、曰古蹟、曰風土、曰人物，凡七門。山川分山、水二子目。古蹟分城郭、亭館、丘壟三子目。古蹟四類止有三類，四曰志聞，有目無書。風土門先引書後案。各門間有夾註，末有至正十一年其子潛識語。

蘇氏序曰："于公生於齊，官於齊，考訂古今，質以見聞，歲久始克成編，辭約而事核。公以文雅擅名當時，既卒，其家蕭然，獨遺是書於其子潛。予於公之言重有感焉，謂三代兩漢人材本乎學校之教養，謂風俗自漢晉以降愈變而愈下。美昔人之賑饑有道，歎近世之採金病民，以稷下學術流於異端，以海上求仙惑於神異，斯亦足以概公之志矣。夫公諱欽，字思容，益都人。潛擢南行臺掾云。"

于潛跋曰："昔我先人任兵部侍郎，奉命山東，於是周覽原隰，詢諸鄉老，考之《水經》、《地記》、歷代沿革，分門類別，爲書六卷，名之曰《齊乘》，囑潛刻之。兹幸居官兩浙，始克鏤板以傳。"書刻於思容歿後。

古蹟類例有四：一曰城郭，記古井邑。二曰亭館，該乎棟宇。三曰邱壟，邱陵墳衍係焉。四曰志聞，碑銘詩説終焉。凡此皆古人之蹟也。蹟於書者，人存其政舉；蹟於地者，人亡其處在。

南至於穆陵。穆陵即大峴山，或以爲泰山南龜山北之穆陵山，非也。或又以爲光州固始縣南之穆陵關，此南北朝之關塞，以爲古齊履可乎？　大峴山即穆陵關也，沂山東南曰大弁山。大弁，今人訛作大屛，又訛作太平，山當從《水經》作大弁是。大弁東南，即大峴也。　雲門山，不聞於天下，有富文忠公題名七人，歐陽公六人，趙清獻公二人，吳文肅公奎十一人，安撫使梁子美十七人，金益都少尹夾谷璋十一人。牛山，臨淄南十里。文光案：牛山在臨淄縣南，趙注以爲東南山，誤也。《括地志》：「管仲塚與桓公塚連，在牛山上。」酈《注》：「牛山亦名南郊山，天齊淵出焉，齊以此得名。　猛山，臨淄南十五里。「遭我乎猛之間」，即此山也。《漢書》作巁，亦作巏，與猛通。孤山，濰州西四十里。伯夷避紂居此，因立廟祀夷齊。後人疑於東蒙之說，遂誤以龜山當蒙山，蒙山爲東蒙，而隱没龜山之本名。今定蒙山爲龜山，東蒙爲蒙山，以復古焉。《世紀注》謂窮桑在東蒙山，未知是否。梓桐山，般陽府城東十餘里，有鬼谷洞。《典略》：鬼谷弟子張儀、蘇秦輩五百餘人。鬼谷爲作窟，深二丈，曰「有能在窟中說使泣者，則能分人主之地矣。」秦下說之，鬼谷泣下。即此洞。歷山，濟南府南五里，一名舜耕山。世謂象爲之耕，鳥爲之耘，非也。蓋耕者如象步，耘者如鳥喙。歷山南屬泰山。岳陽山，即原山。淄水北逕馬陵，俗名長峪道。晉郤克追齊至馬陘，賈逵曰「一作馬陵」，俗以爲龐涓之馬陵，非是。以上山。

莒城，城三重，皆崇峻。無知之難，小白奔焉。樂毅攻齊，守險全國。《列女傳》：「齊人杞梁殖襲莒戰死，其妻哭於城下，七日而城崩。」《琴操》一說殖死，妻援琴悲歌曰：「樂莫樂兮新相知，悲莫悲兮生別離，哀哉皇天！」城爲之崩。一說妻泣曰：「上則無父，中則無夫，下則無子，人生之苦至矣。」乃放聲長號，杞城爲之頹，遂投水而死。其妹朝日悲之，爲作是歌。皆後來追述，後説近是。以上城。

博興城内有呂仙翁祠，即韓氏酒壚。仙翁嘗飲於此。書屋壁云"呂嵒獨酌。洞濱宣和壬寅六月書"，凡十三字。後盜焚民居殆盡，惟韓氏完，土人因名爲辟火符。按仙翁多稱回道人，此顯書姓名，賓字加水，豈以避火而然耶？費縣東五十里諸滿村顔魯公祠碑陰米芾云："公之使賊也，謂餞者曰：'吾昔遊江南，遇道士陶八八，得刀圭碧霞餌之，自此不衰。嘗云七十後有大厄，當會我於羅浮山，此行幾是。'後公死於賊，歸葬偃師北山。有賈人至羅浮山，觀道士奕託書至偃師北小顔家。及往訪之，則塋也。守冢蒼頭識公書，大驚。家人卜日開壙，棺已空矣。"《去堂閒話》載，公遭難後十餘年，家僕於洛邑見公衣白衫張蓋歸城隅菜園，有破屋數間。僕隨入拜之，公出懷中金十兩以寄其家，戒僕勿言。公之子亟至，但見滿目榛蕪而已。時人皆云魯公屍解得道，然此或即一事而記有異同。公英烈之氣在天地間，非仙即神，無足疑者。以上祠。

三士冢，臨淄南一里，一墓三墳。或曰晏嬰賢相，豈有殺士之名？蓋曹操既殺孔融、楊修，又送禰衡荆州，假手黃祖。三子者，天下之望也。武侯《梁父吟》殆爲此設。然則《晏子春秋》反因《梁父吟》而附會，如《山海經》之於《天問》耳。以上墓。自城至此皆古蹟。

韓熙載，青社人，投南唐，官至中書侍郎。多置妓妾，日夜歌舞。知時不可爲而能沉晦以免禍，其智亦足稱也。辛幼安，濟南人。宋《名臣言行録》黜稼軒不取。朱文公稱曰："稼軒帥湖南，賑濟只用八字，雖只粗法，便見他有才。"況其忠英之氣，見於辭翰者不一。嘗言曰："讎虜六十歲後必滅，虜滅而宋之憂方大。"其識如此。宋人既以傖荒遇之而不柄用，中原又止以詞人目之，爲可惜也，故識之。以上人物。

秦亡，臨淄、博陽、即墨號爲三齊。劉貢父云"益都爲天齊，濟南爲中齊，沂海爲南齊"，非是。

《列仙傳》王喬有三人，吹笙王子晉，一名王喬，在周；飛舄王喬，在葉縣；食肉芝王喬，在益州北平山。齊地琅邪者無之，俗附會耳。以上書内雜考。

　　文光案：是書多所考訂，要而不煩，可爲修志之法，因録十數條以見其概。元刻本未見，抄本亦少。此鈔字尚工整，錯訛亦少，惜無好事者爲之刊行也。凡鈔本以精鈔爲上，字法惡劣者舛誤必多，不足存也。

《故宮遺録》一卷

明蕭洵撰

《知不足齋》本。前有萬曆四十四年清常道人趙琦美序，又吳節序。

趙氏序曰："《故宮遺録》者，録元之故宮也。洪武元年滅元，命大臣毀元氏宮殿廬陵，工部郎蕭洵實從事焉，因而紀録成帙。有松陵吳節爲之序。"

吳氏序曰："凡門闕樓臺殿宇之美麗深邃，闌檻瑣窗屏障金碧之流輝，園苑奇花異卉峰石之羅列，高下曲折以至廣寒秘密之所，莫不詳具該載，一何盛哉！洵因宰湖之長興，遂傳於是邦。"

《明一統志》九十卷

明李賢等撰

萬壽堂本。洪武初有《大明志》，其書不傳。此志成於天順五年，前有明英宗御製序，職官銜名、進書表、全圖并序。伏讀《四庫全書提要》曰："考輿志之書，出自官撰者，自唐《元和郡縣志》、宋《元豐九域志》外，惟元岳璘等所修《大元一統志》

最稱繁博。國史《經籍志》載其目，共一千卷，今已散佚。雖《大典》各韻中頗見其文，而割裂叢碎，又多漏脫，不復能排比成帙。惟浙江汪氏所獻書內尚存原刊本二卷，頗可以考見其體製。知明代修是書時，其義例一仍元志之舊，故書名亦沿用之。其時纂修諸臣既不出一手，舛訛牴牾，疏謬尤甚。是書本無可採，仍錄存以備一代之掌故焉。"謹案：是書不足依據，誠如《提要》所云。今《大清一統志》久已頒行海內，此志直可廢棄。大抵明代官修之書皆此類也，豈可與皇朝比隆哉！

王氏曰："《大業記》載煬帝命虞世基等撰造《郡邑圖志》一千二百卷，卷頭有圖，別造新樣紙，卷長二尺。敘山川則卷首有山水圖，郡國則卷首有郡國圖，城隍則卷首有公館圖。上題書字即細字，并用歐陽肅書。肅草隸爲時所重，書家載詢子通而不言肅，蓋肅重於隋，通重於唐也。"錄於《四部稿》。

文光案：李賢有《古穰集》，尚傳於世。其人去明初不遠，凡所記載，可與史參。

《武功縣志》三卷　《續志》二卷

明康海撰

綠野書院本。嘉慶甲戌年校刊。邑人孫景烈評注，有序。秀水張樹勳續，有跋。是書初刻於正德己卯，呂柟、何景明序。再刻於許令，趙崡序。三刻於乾隆辛巳，即評注之本。此第四刻也。其續之者，有韓、沈、錢三家。張氏合三家之書爲一，共述七篇以續康志，即今所傳之本是也。板刻尚工，惟評點不佳，悉宜刪去。

康氏自序曰："《武功志》，先君子嘗述之，予卒成先人之志，略序撰之。凡山川城郭與風俗推移，皆地理所具，作地理第一；官署學校及諸有司所興行，皆建置之事，作建置第二；治民人者先其神，故祠祀興焉，作祠祀第三；有田則有賦，有身則有役，田賦之政國所重焉，作田賦第四；疆域人民非官不守，禮樂教化非官不行，作官師第五；文獻之事，邦邑所先，以稽古昔，以啓後賢，作人物第六；科貢制行，士由以興，作選舉第七，凡七篇。”

胡可泉曰：“康太史志武功，童太史志沔陽，猶存史體，可放也。”石邦教曰：“七篇文簡而明，事覈而要，且其義昭勸鑒，尤嚴而公，鄉國之史莫良於此志矣。”陳稼門曰：“《武功志》凡作記載，悉關國計民生、人心風俗，確乎可傳。”孫景烈《邰封聞見錄》曰：“武功沿革，自康氏之志得其實者半，失其實者亦半。”王阮亭曰：“近世志書文簡事覈，訓詞爾雅，無如康對山之《武功志》，次則王渼陂之《鄠志》、吕涇野之《高陵志》、韓五泉之《朝邑志》、喬三石之《耀志》、胡可泉之《秦志》、趙浚谷之《平涼志》、孫立亭之《富平志》、張光孝之《華志》，皆秦人也。又馬燧之《同州志》、劉九經之《郿志》，皆稱作者。史蓮勻知汾州之介休，作志七卷，義例精覈。何大復《雍大記》與康同時，作於關中。”又曰“《武功·官師志》，學柳子厚《先友記》。”

文光案：阮亭是説見於《蠶尾集》，又見於《池北偶談》，大略相同。漁洋説部諸書并文集互見復出者甚多，不止此一條也。

王氏曰：“康對山與李空同善，李爲韓忠定草疏，劉瑾欲置之死，康往見瑾救之，得免。瑾敗，康坐罷去，益縱情聲妓，恣遊山水。李議論嚴刻，馬中錫作《中山狼傳》以詆之，王渼陂遂填詞爲《中山狼》院本。”錄於《山志》。

趙氏曰：“其書以山川、城郭、古蹟、宅墓併入地理，以官署、學校、津梁、市集併入建置，以祠廟、寺觀併入祠祀，益以田賦、官師、人物、選舉，凡七門，而藝文則附於各條之下。其病既失之太簡，而官師人物尤多可議。大抵明人多不知而作，有意新奇，破壞古法，而一時耳食者羣相附和，至今不悟。"錄於《亦有生齋集》。

文光案：乾隆間刻《武功志》，并刻《對山集》，見本書序。《對山集》四庫已收。

《滇略》十卷

明謝肇淛撰

明本。此書乃其官云南時所作。凡分十門：一曰版略，志疆域也；二曰勝略，志山川也；三曰產略，志物產也；四曰俗略，志民風也；五曰績略，志名宦也；六曰獻略，志鄉賢也，七曰事略，志故實也；八曰文略，志藝文也；九曰夷略，志苗種也；十曰雜略，志瑣聞也。滇，古濮地。楚庄王之苗裔稱滇國，漢置郡縣，元爲雲南。

杭氏曰："《滇略》在杭輯，詳遠略近，博觀約取。予舊有寫本，又有萬曆末年刊本。"錄於《道古堂集》。

李氏曰："《滇載記》一卷，升菴居滇，記蒙、段七姓之事也。七姓者，張氏、蒙氏、鄭氏、趙氏、楊氏、段氏、高氏，即史稱西南彝靡莫之屬也。其屬以千數，而滇最大。元封中以兵臨滇，王舉國降。時未有稱，及張氏受姓，後世遂爲長司。然七姓之中，惟蒙、段最久。升菴戍滇時，求蒙、段之故於圖經而不得。聞其籍於舊家，有白古通元峰《年運志》，其書用僰文，義兼象教。稍爲删正，令可讀，故曰《滇載記》。"錄於《雨村集》。

文光案：《滇載記》，李氏刻入《函海》。升菴別有《滇程記》一卷，傳記類之書也。又《滇考》二卷，馮甦撰。贍詳雅馴，今有《名山堂叢書》本。

《明職方地圖》三卷

明陳祖綬撰

明本。崇禎八年爲兵部職方司主事時所著也。凡京、省、邊鎮、川海諸圖，河運、海運、江防、海防諸書，靡不搜採。又與十數同志朝夕研究，故勝於羅念菴之《廣輿圖》。其弱水、黑水圖説，亦較諸家爲詳。前有自序，目録。上卷爲南、北兩京并十三省圖，各有表有説，冠以《禹貢》、《周職方》一統圖表并序。中卷爲邊鎮圖表十九篇，或論或考。前有序例，後有跋。下卷爲川海地圖十五篇，有解有考，或立表。前有小序，末爲清漠始末圖、貢夷圖并表。板幅甚寬大，傳本亦少，故録之。

文光案：《寰宇通志》一百十九卷，明陳循等奉勅撰，有景泰刊本。英宗復辟，以其書汎濫，命儒臣約爲《一統志》。自《一統志》行而是書遂晦。今張氏藏書猶著此書志，恐亦非佳本，然可知《明一統志》之所由來也。《輿地紀勝》近刊本甚佳。其書採集菁華，綴於篇後，大可爲詩文之助，亦諸地志所不及，宜家置一編也。

校勘記

〔一〕“樓”，原作“棲”，據《河朔訪古記》改。

〔二〕“室”，原作“雲”，據同上書改。

〔三〕“戌”，原作“戍”，據同上書改。

〔四〕同上。

〔五〕“貞”，原作“正”，據宋洪邁《元和郡縣志序》改。

〔六〕“嵊”，原作“剩”，據本書本篇改。

萬卷精華樓藏書記卷四十四

史部十一
地理類三

《南方草木狀》三卷

晉嵇含撰

明本。《漢魏叢書》之一種。宋麻沙舊板，前題"永興元年十一月丙子，振威將軍、襄陽太守嵇含撰"。諸本但題"譙國嵇含"，《陳録》但題"晉襄陽太守"。此書自《宋志》始著録，唐以前不甚顯，故史志不載。凡分草、木、果、竹四類，共八十種。敘述典雅，本亦完整。花譜、地志多引之，絕非僞書也。

《洛陽伽藍記》五卷

後魏楊衒之撰

綠君亭本。明繆希雍校刊。是書專記洛陽城內外寺院。晉永嘉時有寺四十二所，其後漸多。大和十七年，後魏高祖遷都洛陽，詔司空公穆亮營造宮室，洛陽城門依魏晉舊名。爾朱之亂，城郭邱墟，衒之追述斯記。前有自序，後有毛晉跋。

楊衒之序曰："京城表裏凡有一千餘寺，今日寮廓，鐘聲罕聞，恐後世無傳，故撰斯記。然寺數最多，不可遍寫。今之所録，上大伽藍，其中小者，取其詳世諦事，因而出之。先以城內爲始，次及城外，表列門名，以遠近爲五篇。」

毛氏跋曰：「鋪揚佛寺，而因及人文著撰、園林歌舞，鬼神奇怪、興亡之異，以寓其褒譏。妙筆葩芬，奇思清峙，雖衞叔寶之風神、王夷甫之姿態，未足以方之矣。」

文光案：綠君亭本余藏數種，其本板心不刻字。毛氏《津逮秘書》所收繆希雍《葬經翼》，即綠君亭本也。

《荆楚歲時記》一卷

梁宗懍撰

淡生堂本。《餘苑》之一種。宗懍本梁人，官吏部尚書，見於《梁書》及《南史·元帝本紀》。舊本題晉人，誤也。此書皆記楚俗，自元日至除日凡三十六事，故陳《録》列之時令類。但其所記者爲一方之故事，與《小正》、《月令》用意不同。《四庫》改入地理類，最爲允當，今敬遵之。其注相傳爲隋杜公瞻所撰，故多引杜臺卿《玉燭寶典》。《唐志》宗懍《荆楚歲時記》一卷，又出杜公瞻《荆楚歲時記》二卷，蓋注本分二卷，今本又合爲一卷也。《直齋書録》載懍自序凡五十九字，今聚珍本陳《録》自序止一句。《癸辛雜識》引張騫乘槎事，謂出自《荆楚歲時記》，而今本無之，則所佚恐不止此也。

宗懍自序曰：「傅元之朝會，杜篤之上巳，安仁秋興之敘，君道娛蠟之述，其屬辭則已洽，其比事則未宏。率爲小説，以録荆楚歲時風物故事。」序凡四十八字。

《北户録》三卷

唐段公路撰

《古今説海》本。是書記嶺南風土甚詳，《學海類編》作公璐，蓋字之訛。其書徵引極博，如《淮南萬畢術》、《廣志》、《南越志》、《南裔異物會要》、《靈枝圖記》、陳藏器《本草》、《唐韻》、郭緣生《述征記》、《臨海異物志》、陶朱公《養魚經》、《名苑》、《毛詩義》、《船神記》、《字林》、《廣州記》、《扶南傳》諸書，今皆不傳，藉此以存。其注爲段龜圖所撰。

《嶺表録異》三卷

唐劉恂撰

浙江重刊聚珍本。《提要》曰：“粤東輿地之書俱已不傳，諸家所據者，以恂是編爲最古。而《百川學海》及《説郛》所載寥寥數頁，首尾不完，蓋原本久佚，惟散見《永樂大典》者條理較詳，尚可編次。謹逐卷裒輯，而佐以旁見諸書，排比其文，仍成三卷，以復《唐志》之舊。雖《永樂大典》闕卷數函，無從考驗，或不免一二之遺，而證以諸書，似已十得其八九焉。其中記載博瞻，文章古雅，於蟲魚草木所録尤繁，訓詁名義，率多精核。歷來考據之家皆資引證，蓋不特圖經之圭臬，抑亦《蒼雅》之支流已。”

《長安志》二十卷　附圖三卷

宋宋敏求撰

靈巖山館本。乾隆五十二年畢沅校刊。前有熙寧宋神宗年號。九年趙彦若序，次新校正序，次王鳴盛序。第一卷，曰總敘，曰分野，曰土産，曰土貢，曰風俗，曰四至，曰管縣附户口，曰雜制。第二卷，曰雍州，曰京師，曰京兆尹，曰府、縣官。第三至六卷曰宮室。第七至十卷曰唐京城。第十一至二十曰縣。《長安志圖》每卷題“河濱漁者編類圖説，前進士潁陽張敏同編校正”。此圖實元李好文所撰。自漢三輔圖至唐驪山宮圖，凡十四圖，附以雜説，爲上、中二卷。涇渠圖説爲下卷，凡六篇，圖二。前有至正二年御史樵隱必申達而序，後有總論。志與圖本爲二書，別行爲是。明人合刻之，不但圖與志不相應，且圖居於前，世次顛倒。畢氏《經訓堂》本依舊刻之，未及改正，且冠趙氏《長安志》序於李圖之前。新校正序又云附以圖三卷，均屬未安。李圖原本未見，朱竹垞所藏有影寫元刻本。明本爲西安府知府李經所錄，與敏求所作強合爲一，題曰《長安圖記》，似此圖因宋《志》而作，其實不然也。此圖乃因舊本《長安圖記》而更爲補訂，詳見至正二年東明李好文序。其結銜爲中順大夫、陝西諸道行御史臺治書侍御史。今本李序佚。

趙氏序曰："雍之爲都涉三代，歷漢唐之全盛。宜有明册大典，暴天下耳目。而圖牒殘脫，宿老無傳，求諸故志，唯韋氏所記爲一時見書，遺文古事悉散入他説，孰能收其軼而追成之？《長安志》者，今史官常山公所定著也。公以文章世家紀述自命，蓋考論都邑，網羅舊聞，詞人所銳精而載筆之尤務也。乃創屬體緒，纘次其言，絕編斷簡，靡不總萃隱括而究極之，上下浹通爲二十卷。"

王氏序曰："秋帆先生撫陝，搜得《長安志》校正刻之，附以圖三卷。唐以前地志存者寥寥，宋元人作存者不下二十餘，然皆南方之書。北方惟有此志與《齊乘》耳。宋書綱條明析，贍而不穢。《雍錄》好發新論，穿鑿支離，不及宋氏遠矣。先生既刻此，又糾正踳駁，疏釋蒙滯，附於各條之下焉。"

《雍錄》："古有《長安記》，至此改記爲志，明非一書也。宋氏家多書，如《宮闕記》、《宮闕疏》、《關中記》、《廟記》、《三輔黃圖》、《三輔故事》，皆所採據。而制度因革多本諸圖經，圖經又皆本之梁載言《十道志》也。凡求關雍曲折者，此志引類相從，最爲明悉，然亦不免時有駁複也。"

唐韋述《西京記》已佚，此志訂長安古蹟最號精博，非他志

可及。_{以上録自本書。}

李氏序曰："圖舊有碑刻，亦嘗録付《長安志》後，今皆亡之。有宋元豐三年，龍圖待制呂公大防爲之跋，且謂之長安故圖，則是前志圖固有之。其時距唐世未遠，宜其可據而足徵也。然其中或有後人附益者，往往不與志合，因與同志校其訛駁，更爲補訂，釐爲七圖。又以漢之三輔及今奉元所治，古今沿革廢置不同，名勝古迹不止乎是，涇渠之利澤被千世，是皆不可遺者，悉附入之。總爲圖二十有二，名之曰《長安志圖》，明所以圖爲志設也。"_{節録元本。}

《雍録》十卷

宋程大昌撰

明本，新安吳琯校刊。每葉二十行，行二十字。前後無序跋，亦無目録。傳本甚少，故漁洋以未得爲恨。此本之外，惟明嘉靖十七年李經重刊本有康海序并李序，此本亦難得。伏讀《四庫全書提要》，曰："是編考訂關中古蹟，以《三輔黄圖》、《唐六典》、宋敏求《長安志》、呂大防《長安圖記》及紹興秘書省圖諸書互相考證，於宮殿、山水、都邑，皆有圖有説。蒐羅既富，辨證亦詳，輿地中最善之本也。謹案：是書如邰、邠、豐、岐，可以考經；入關幸蜀，可以考史。五卷中特創漢唐用兵攻取守備要地一圖，微意可見。其他可以解注詩賦者，尤不勝數。雖爲例不純，間有雜出之處，而證據精確，其參校之力可謂勤矣。以數書證一書，則一書自明，而數書之錯誤亦因之而出。此考證家最要法也。"

今世所傳《三輔黄圖》，載漢制特詳，最爲要書。而其間有與正史不合者。晉灼所引《黄圖》，多今本所無，則今書非古書矣。今圖唐人增續成之，初非親生漢時目擊漢事者也，故隨事必當立辨。

唐世制度皆在《六典》，或云書成未嘗頒用，非也。

元豐三年，呂大防知永興軍，檢按長安都邑、城市、宮殿故基，立爲之圖。凡唐世邑屋宮苑至此時已自不存，特其山水、地望悉是。睹見今故，本而言之，若與古記不合，亦加訂正。其稱閣圖者，即紹興祕書省本也。

> 文光案：《長安圖》爲呂大防所撰，據此無疑。今本爲元人所增訂，其非呂圖明矣。呂圖在當日已與古記不合，今圖與敏求志亦不合。李氏序謂圖爲志設，以余考之，殊不然也。據《雍錄》所記，是大防檢按長安故基，據所目見者立爲圖，初非爲志作也，是烏能與志合哉？然舊本已附圖於宋書之後，李氏不審，遂謂圖爲志設，以疑誤後人。惟《簡明目錄》分別著之，最爲允當。今畢本又合之，是呂圖、李圖別無單行本也。

《禹貢》：“黑〔一〕水、西河惟雍州。”言雍州之境，西南則包黑水，而東距冀河也。冀河，龍門河也。堯都冀州，龍門河正在其西，故曰西河也。黑水遠矣，在唐爲小勃律以及交廣皆是。若流沙，則又出蔥嶺之西也。秦嘗名其都爲雍縣，唐嘗名其州爲雍州，皆本《禹貢》也。雍，壅也，四面有山，壅塞爲固也。

《岐陽石鼓文》凡六篇，《祭天金人》凡三篇，《上林賦說》凡三篇，杜牧《阿房宮賦》，歐文忠入閣之製，皆有可疑者。以上皆錄於本書。

《都城紀勝》一卷

宋灌園耐得翁撰

棟亭本。曹氏五種之一。前有端平二年自序。目錄凡分十四門，曰市井、曰諸行、曰酒肆、曰食店、曰茶坊、曰四司六局、曰瓦舍衆伎、曰社會、曰園苑、曰舟船、曰鋪席、曰坊苑、曰閒人、曰三教外地，皆紀杭州瑣事，敍述頗詳。

序曰："自高宗皇帝駐蹕於杭，而杭山水明秀，民物康阜，視京師其過十倍矣。豈昔日洛陽名園之比？僕遭遇明時，寓遊京國，不得不爲之集録。已見於志者，不重舉。"

《東京夢華録》十卷

宋孟元老撰

汲古閣本。此《津逮》之一種。前有紹興丁卯自序，後有毛晉跋。書名取夢遊華胥之義，其意則黍離之意也。伏讀《四庫全書提要》，曰："元老始末未詳，蓋北宋舊人，於南渡之後，追憶汴京繁盛而作此書也。自都城、坊市、節序、風俗及當時典禮、儀衞，靡不賅載，雖不過識小之流，而朝章國制，錯出其間，核其所紀，與《宋志》頗有異同，可以互相考證，訂史氏之訛舛，固不僅歲時宴賞，士女奢華，徒以怊悵舊遊，流傳佳話者矣。"謹案：是書可以考史，最爲有用。多見於諸家叢書，而單行本未聞。其後吳自牧《夢粱録》即仿此爲之，而語尤拙，沿用俗字、俗句故也。

《會稽三賦注》四卷

宋王十朋撰　明南逢吉注　尹壇補注

明本。前有圖說，陶望齡序，南逢吉序。三賦者，一曰《會稽風俗賦》，并序三卷，史曰紹興戊寅冬作。一曰《民事堂賦》，一曰《蓬萊閣賦》。俱有序，共一卷。堂在府治北，龜齡簽判日始創。史曰戊寅冬作。閣在今府廳之後，五代錢鏐所建。史曰此作固在二賦之後，然其中所述即戊寅之中秋，蓋追思而作者也。三原李錫齡以此本刻入《惜陰軒叢書》。

南氏序曰："周世則氏注首賦矣，顧若核而或疏。史鑄氏注後二賦，又增注首賦矣。然蔓而多支，是以又注也。是以周之所竄者十之三，史之所竄者十之七也。”

陶氏序曰：“會稽山水清淑，君子之仕於斯，其登高而賦多矣。其傳者，唐爲微之蘭亭絕唱，宋龜齡三賦而已。風俗等賦迺更流傳，髫秀之童無不上口。其家傳户習，殆似元和之誦微之也。若夫南公解故於渭南，則又會稽之盛事，將與三賦俱稱不朽。”

圖説曰：“右南宋紹興府圖也，列諸首則讀賦者易爲解矣。按紹興古荒之國，禹平水土，畫在揚州之域，其東巡狩，會諸侯於國之苗山以計功，始更名其山曰會稽云。會稽者，會計也。建炎三年，高宗自杭州如越，明年改元紹興，用唐德宗興元故事，始升爲紹興府。當是時，龜齡未第。後二十七年，王始狀元及第，明年幕紹興，三賦之製政其時也，故圖一以當時爲據。賦不題紹興而曰會稽者，本古郡以山得名云爾。”

路氏跋曰：“先是嵊縣周世則注前一賦，郡人史鑄病其不詳，又爲增注，并注後二賦。南注補周之疏，節史之冗，最爲詳核。”錄於《惜陰軒》本。

　　文光案：元史鑄注本今刻入《湖海樓叢書》，有史鑄序，有陳春跋。潤生諸序跋略述大意，多未愜心。其課士諸作或尊之太過，或苦其難學，皆未之深究故也。

黃氏曰：“宋本剡谿周世則注，郡人史鑄增注。史序作於嘉定丁巳。此刻注中有注，每半葉九行，行大十八字，小三十二三字不等。”錄於《士禮居題跋記》。

《洛陽名園記》一卷

宋李薦撰

汲古閣本。前有紹興八年圖國張琬德和序，後有毛晉跋。記後有論一段。所記名園凡十九處，始富鄭公而終於吕文穆。

毛氏跋曰：“昔人記載山川園林之勝，稱洛陽爲天下第一。讀《伽藍》、《名園》二記，雖文筆差殊而感慨係之，中妙風景尚依然在目也。因合刻以公之同好。”

《直齋書録》：“《洛陽名園記》一卷，禮部員外郎濟南李格非文叔撰。記開國以來公卿家園圃之盛，其末言天下治亂之候在洛陽之盛衰，洛陽盛衰之候在名園之興廢，使人感慨。格非以不肯與編元祐章奏入黨籍，國史《文苑》有傳。世所謂易安居士清照者，其女也。格非苦心爲文而集不傳，館中亦無有，惟錫山尤氏有之。《文鑑》僅存此跋，蓋亦未嘗見其全集也。”

　　文光案：易安詩詞尚有傳本，而文叔之集不可見矣。余嘗輯易安事略，方得十數條。友人以新刊《癸巳類稿》見贈，其末卷所載易安事蹟最爲賅備，因不復採録。人苦不多見書，慎勿妄作也。

《中吳紀聞》六卷

宋龔明之撰

《知不足齋》本。此汲古閣毛氏訂本，前有明之自序，至正二十五年盧熊記，毛晉跋。

龔氏自序曰：“少從父黨游，皆名人魁士。凡疇昔飫聞而厭[二]見者，往往後輩所未喻。今年九十有二，恐其説之無傳也，口授小子昱，俾抄其大端，可以稽考往迹，資助談柄。其間有裨王化、關士風者頗多，皆新舊《圖經》及《吳地志》所不載者。”

盧氏記曰：“書凡二百二十五條，及其子昱所敘行實附後。原本缺帙甚多，周君正道以録本見示，所存二百條，其餘亦皆缺失，遂得校正增補，尚恨未完。”

毛氏跋曰：“吳中風土人文，范文穆公《吳郡志》無餘憾矣。崑山龔希仲又考新舊《圖經》及《地志》不載者曰《中吳紀聞》，命次子昱鰲爲六卷。自敍云効范忠公《東齋紀事》暨蘇文忠公《志林》體，皆取其有戒於人耳。即中援引詩句居十之五，往往借說詩寓感時索隱之意。其卷首載范文正公條陳急務十條，且云抱負奇偉，不容不見於設施，自非聖君賢相，委曲信任之，亦安能行其所學？殆亦蹭蹬名場，昌黎所謂不得其平而鳴者歟？二百年後，武寧盧熊修《蘇州府志》輒取材焉。讀其跋，可想見其尚友深情云。或曰字熙仲，宗元之曾孫。父況，與蘇過齊名於朝，人號‘龔蘇’。居崑山黃姑別墅，作期頤堂，日飲其間。年九十二，臨終預知時至，遺命二子晃、昱曰：‘毋設仙釋像，於柩前供一花一水，誦《論語》、《孝經》足矣。’其孝行詳本傳。”

吳中舊傳池館林木之勝，惟辟疆園爲第一。辟疆姓顧氏，晉人，見於題詠者甚衆。今莫知其遺迹所在。

唐張繼宿楓橋詩云：“姑蘇城外寒山寺，夜半鐘聲到客船。”昔人謂鐘聲無半夜者，《詩話》辨之，云姑蘇寺鐘多鳴於半夜。予以其說爲未盡，姑蘇鐘惟承天寺至夜半則鳴，其他皆五更鐘也。原注：此張繼詩。王氏《學林新編》誤以爲溫廷筠。文光案：今坊本皆作張繼。

唐人劉綺庄爲崑山尉，研窮今古，緗帙所積甚富。嘗分類應用事注釋於下，如《六帖》之狀，今其書尚傳。

姑蘇城隍廟神乃春申君也。《吳地志》云，春申君嘗造蛇門以御越軍。其廟食於此也，固宜。原注：《越絕書》云幽王立封春申君於吳，其說又似不同。當以《史記》爲正。

慧聚寺有毘沙門天王像，形模如生，乃唐楊惠之所作。惠之初學畫，見吳道子藝甚高，遂更爲塑工，亦能名天下。徐稚山侍郎以此像得塑中三昧，嘗記其事，謂其旁二侍女尤佳，且戒後人不可妄加塗飾。近爲一俗工修治，遂失初意。

范文正公幼孤，隨其母適朱氏，因從其姓。登第時姓名乃朱說也，後請於朝，始復舊姓。

文光案：文正歸本宗後，作啓曰：“志在逃秦，入境遂稱於張禄；名非霸越，乘舟偶効於陶朱。"用范睢、范蠡，皆當家故事。

萬壽寺有禪月閣。禪月者，唐僧貫休也。生於婺之蘭溪，自祝髮爲僧，徧參名德。又善作詩文，有《西岳集》行於世。性好圖畫古佛，嘗自夢得十五羅漢梵相，既而尚缺其一，未能就。夢中復有告之曰："師之相乃是。"遂如所告，因照水以足之。今其畫尚傳。既至吳，寓迹萬壽甚久。後入蜀死，葬於成都。平生行業具載《白蓮塔銘》。

常熟海隅山有石室十所，昔太公避紂居之。常熟去東海止六七十里，故孟子謂之海濱。著作王先生，程門高第，諱蘋字信伯，世居福之福清，與門人陳長方、楊邦弼講道於震澤，如楊龜山、尹和静、胡文定皆深推讓。吳中道學之傳，莫盛於先生。紹興二十三年卒於家，葬湖州長興縣。吳中、閩中皆祠於學。其子大本，兩浙安撫司參議。先生平生所著《論語集解》、《古今語説》，著作文集并高宗所賜敕及遺像、《震澤記善録》至今藏於家。

崑山翠微有主僧沖邈，年八十有八。生平好爲詩，所著號《翠微集》。予得此集三册，板甚古雅，當是宋刻。光記。

宜興士人單諤嘗著《吳中水利書》。元祐中，東坡在翰苑奏其書，請行之。

方子通詩"春江渺渺抱牆流"，荆公親書方册間，因誤載《臨川集》。

《桂海虞衡志》一卷

宋范成大撰

鈔本。前有淳熙二年至能自序。書凡十三篇，曰志巖洞、志金石、志香、志酒、志器、志禽、志獸、志蟲魚、志花、志果、志草木、雜志、志蠻。每篇各有小序，皆志其土之所有。馬氏

《通考》四裔類引此書志蠻之文幾盈一卷，而今本無之。陸《志》載明抄本亦止一卷，恐亦非完書也。此志又刻入《二十一種秘書》，刪削更甚。石湖有《吳郡志》，宋槧本，注中有注。

范氏自序曰："始余自紫薇垣出帥廣右，姻親故人張飲松江，皆以炎荒風土爲戚。余取唐人詩，考桂林之地，少陵謂之宜人，樂天謂之無瘴，退之至以湘南江山勝於驂鸞仙去，則宦遊之適寧有踰於此者乎？既以解親友而遂行。乾道八年二月，既至郡，則風氣清淑，果如所聞。而巖岫之奇絶，習俗之醇古，府治之雄勝，又有過所聞者。予既不鄙夷其民，而民亦矜予之拙而信其誠，相戒毋欺侮。歲比稔，幕府少文書，居二年，予心安焉。承詔徙鎮全蜀，亟上疏固謝，不能留。再閱月，辭勿獲命，乃與桂民觴客於途。既出郭，又留二日始得去。航瀟湘，絶洞庭，泝灕湏，馳驅兩川，半年達於成都。道中無事，時念昔遊，因追記其登臨之處與風物土宜，凡方志所未載者，萃爲一書。蠻陬絶徼，見聞可紀者，亦附著之，以備土訓之圖。噫！錦城以名都樂國聞天下，予幸得至焉。然且惓惓於桂林，至爲之綴緝瑣碎如此，蓋以信予之不鄙夷其民，雖去之遠且在名都樂國，而猶弗忘之也。"錄於《知不足齋》本。

《嶺外代答》十卷

宋周去非撰

《知不足齋》本。是書有聚珍本。凡分二十門，一門存其子目而佚其總綱。《提要》曰："自序謂本范成大《桂海虞衡志》而益以耳目所見聞，錄存二百九十四條，蓋因有問嶺外事者，惓於應酬，書此示之，故曰代答。其書條分縷析，視嵇含、劉恂、段公路諸書敍述爲詳。所紀西南諸夷多據當時譯者之辭，音字未免舛訛；而邊帥、法制、財計諸門，實足補正史所未備，不但紀土風物產徒爲談助已也。”謹案：陳《錄》及《宋志》皆作十卷，《大典》本併作二卷，蓋非其舊，故以鮑本著錄云。

《莆陽比事》七卷

宋李幼傑撰

明本。前有邑人陳讜序，又嘉定甲戌林瑑跋。

陳氏序曰：“吾莆山川清淑，風俗醇美，民生其間，率多秀異，固炳靈之助，亦漸靡使然也。舊志間多疏略，覽者不無遺憾。今國家貢士李君俊甫慨然有志斯事，上考史記，旁搜紀錄，下至諸家文集、行實、碑碣、書尺，悉從采掇。詢於耆舊，參諸故老。積十餘年心目之勤，釐爲七卷。彙諸科分，聯比而書，又爲綱目於前，偶儷成編，尤便披閱，可謂勤矣。書成，適國子博士三山林公來牧吾郡，李君以其書獻，一見歎賞，命書吏就抄，給以筆札，不閱月而畢。親翰抵僕，誘以序。若又固辭，恐幼傑用心之勤，與使君樂善之懿終無以表見，是題於卷首云。”

林氏序曰：“僕至郡之三月，李君幼傑來訪，出其書一編。閱之，《莆陽比事》綱目也。其言纔千有餘，其事上下千百年間，可法可勸，可喜可愕，無所不有。於是嘉其工，歎其勤也，命工就錄全帙，延訪儒生，往復訂正，九踰年而書始成，乃鋟木以傳後。”

文光案：閩中地志，宋元以來自《淳熙三山志》外，不少概見。是書別創一格，取莆陽山川、風俗、古迹、名勝、人物、科第以及道流、釋家，仿《急就》、《蒙求》體爲四言韻語，自爲之注，分門別類，有條不紊，故曰比事。所采如《十六國志》、《長樂志》、《信安志》、《游洋志》、《南恩圖經》、《本朝元輔表》、《閩川名士傳》、《林氏積慶圖》、《木蘭家譜》、《離塵不夜編》、《搜神秘覽》、《唐登科記》、《探花

集》、《鐵研集》，今且無有知其名者，軼事遺聞，所載尤夥，
洵史庫中秘笈也。近日傳本甚罕，藏書家有抄本亦多出自明
刻，而宋本久亡，尤足珍也。

《夢梁録》二十卷

宋吴自牧撰

聚珍本。前有自序。《提要》曰：“所記南宋郊廟宫殿，下至
百工雜戲之事，委曲瑣屑，無不備載，然詳於敍述而拙於文采。
觀其自序，非不解雅語者，要其措詞質實，與《武林舊事》詳略
互見，均可稽考遺聞，亦不必責以詞藻也。自牧自序云，緬懷往
事，殆猶夢也，故名《夢梁録》。末署甲戌歲中秋日，考甲戌爲宋
度宗咸淳十年，其時宋尚未亡，不應先作是語，意甲戌字傳寫誤
歟？”近有知不足齋刊本。

《武林舊事》十卷

宋周密撰

《知不足齋》本。前有周密自序，目録。題四水潛夫輯。第七
卷爲乾淳奉親，前有小序云益所未備，通爲十卷，可知其原本十
卷，又可知七卷以後爲益所未備。遵王抄本缺後四卷，蓋當日有
六卷之刻本，故傳抄者以足本爲難。此本附録正德戊寅宋臣佐巡按
浙江監察御史，奉天人。跋一則，陳氏《秘笈》舊序一首，《敏求記》
一則，《西湖志》一則，又祝靖跋一則，澹生堂祁氏本。澹翁跋一則，
瓶花齋吴氏本，萬曆壬子。鑒園跋一則，末有鮑廷博刊書跋。

周氏自序曰：“乾道、淳熙間，三朝授受，兩宫奉親，古昔所
無。一時聲名文物之盛，號‘小元祐’，豐亨豫大[二]，至寶祐、
景定，則幾於政、宣矣。予曩於故家遺老得其梗槩，及客修門閒，
聞退璫老監談先朝舊事，輒耳諦聽，如小兒觀優，終日夕不少倦。

既而曳裾貴邸，耳目益廣，朝歌暮嬉，酣玩歲月，意謂人生正復若此，初不省承平樂事爲難遇也。及時移物換，憂患飄零，追想昔遊，殆如夢寐，而感慨係之矣。歲時檀欒[四]，酒酣耳熱時，爲小兒女戲道一二，未必不反以爲誇言欺我也。每欲萃爲一編，如呂滎[五]陽《雜記》而加詳，孟元老《夢華》而近雅。病忘慵惰，未能成書，世故紛來，懼終於不暇紀載，因摭大槩，雜然書之。青燈永夜，時一展卷，怳然類昨日事。而一時朋遊淪落如晨星霜葉，而予亦老矣。噫！盛衰無常，年運既往，後之覽者能不興愾我窹歎之悲乎！"

宋氏跋曰："杭郡地卑隘，不可以國。宋高宗南播，樂其湖山之秀，物產之美，遂建都焉。傳五帝，享國百二十有餘年，雖曰偏安，其制度、禮文猶足以仿佛東京之盛。可恨者，當時之君臣忘君父讎而沉酣於湖山之樂，竟使中原不復，九廟爲墟。數百載之下，讀此書者，不能不爲之興歎！書凡六卷，潛夫不知爲誰。其紀武林事較他書爲備，因命工刻置郡庠，使博雅者有考焉。武林，杭郡名。"

《敏求記》曰："流俗本止六卷。予從元鈔錄得後四卷，又購得一本，添補數則，并錄入潛夫前序一篇，此書始無遺憾矣。"

《西湖志》："《武林舊事》足本凡十卷，有明正德間宋廷佐刊置郡庠本。又嘉靖間杭郡守陳柯翻刻本，止前六卷。海鹽姚士麟續刻後五卷，目曰《後武林舊事》。五卷者，即就原本後四卷内析出一卷爲五卷也。郎瑛《七修類稿》云：'杭刻其六，全者在吳人袁飛卿家。'是疑續刻五卷猶未全，不知原本止有十卷，見於忻厚德跋，并未嘗有十二卷也。又《類稿》云：'公謹居齊之東，作《齊東野語》。居杭癸辛街，作《癸辛雜識》。居華不住，號弁陽老人。'四水者，湖城以苕水、餘不水、前溪水、北流水合而入於霅溪。唐人詩'四水交流霅霅聲'，據此則四水乃吳興之名。公謹生於湖，中年遷杭，晚仍還弁。"

文光案：是書不題周密之名，四水潛夫得《西湖志》而始明。原書十卷，自序甚明，正不必以忻跋爲據，蓋偶未覽及也。忻厚德，字用和，其跋作於至元後戊寅正月。六卷刊本元時已然，不自明始也。

忻氏跋曰："《武林舊事》乃弁陽老人草窗周密公謹所集也。刊本止第六卷，山村仇先生所藏本終十卷。予假於西河莫氏，因手鈔成全書。"

澹翁跋曰："是書齋中所有止六卷，趙元度本多四卷。古書爲市人刊削，以圖省工牟利，往往如此。予借趙本增入者數十種，不獨此書也。"

鑒園跋曰："《秘笈》刊本誤别一卷，微汲古舊本，幾不見原書矣。大抵明季人刊書俱犯妄作之弊，而《秘笈》與《説郛》、《稗海》則尤謬戾之甚者。"

文光案：是書第九卷爲《高宗幸張府節次略》。姚曰：張浚附秦檜贊和議，不踰年而劾罷。思陵幸第時，解柄之明年也。視其進奉珍玩之夥，此皆鬻賣中原，牙儈錙貫耳。

《洞霄圖志》六卷

宋鄧牧撰

《知不足齋》本。此本有志無圖。伏讀《四庫全書提要》，曰："洞霄宮，宋世嘗以舊宰執之奉祠者領提舉事。政和中，唐子霞作《真境録》紀其勝，後不傳。端平間有續録，今亦無考。牧於大德己亥入洞霄，止超然館。住持沈多福爲營白虎山房居之，遂屬牧偕本山道士孟宗寶搜討舊籍，作爲此志。凡六門，曰宮觀；曰山水；曰古蹟，附以異事；曰人物，分列仙、高道二子目；曰碑記。門各一卷。前有元教嗣師吳全節及多福二序，後有錢塘葉林、台州李洧孫二跋。牧文章本高曠絶俗，故所録[六]皆詳略有法。人物門有牧及葉[七]林二傳，前題續編二字，不知續之者爲誰，姑并存之。"謹按：《提要》所著甚詳，敬録於此。洞霄宫在余杭縣大滌洞，《天道書》七十二福地之一。

校勘記

〔一〕"黑"，原作"異"，據《禹貢説》改。

〔二〕"厭"，原作"厥"，據宋龔明之《中吴紀聞序》改。

〔三〕"大"，原作"太"，據宋周密《武林舊事序》改。

〔四〕"樂"，原作"樂"，據同上書改。

〔五〕"熒"，原作"榮"，據同上書改。

〔六〕"録"，原作"律"，據《總目》改。

〔七〕"葉"，原作"宗"，據同上書改。

史部十一
地理類四

《南海百詠》一卷

宋方信孺撰

《嶺南叢書》本。道光元年吳蘭修校刊，前有葉孝錫序，後有康熙己亥金桌跋，吳氏刊書跋。信孺字孚若，莆田人。此其尉番禺時詠古之作，每題各疏緣始，時有考證，足以正《嶺表録異》、《番禺雜誌》諸書之失，不僅以韻藻稱也。

金氏跋曰："是書大德間鏤板行世，未有重梓之者。予家向有抄本，承訛踵謬，恨不能一一正之。今春苕賈錢仲先携一册，點畫精楷，裝潢鄭重，卷端有印曰'絳云樓錢氏'，乃知爲虞山家藏善本也。借觀三日而校勘之，因命學徒重爲繕寫，珍諸篋笥。"

吳氏跋曰："是集刻於元大德間，黃泰泉《廣東通志》多引之，而吳任臣作《十國春秋》、厲樊榭作《宋詩記事》，皆不及見，則明季以來流傳已尠。予從江鄭堂先生假得鈔本，爰爲校正，并稽其事蹟書於卷末。"

《海語》三卷

明黃衷撰

《嶺南叢書》本。嘉應吳氏校刊。前有嘉靖十五年黃衷自序，族子延年跋。後有道光元年吳蘭修跋。鐵橋以致政之暇，間與海客談，談而蠡者書之。凡分四類，曰風俗，曰物產，曰畏途，曰物怪，皆舟師舵卒所親見，與純搆虛詞者大異。間附論斷，詞致高簡，時寓勸戒。《廣東通志》作一卷。此甘泉江氏鈔本也。

吳氏跋曰："《海語》刻於明嘉靖間，及陳氏《秘笈》俱未見。予從江鄭堂先生借得寫本，與張海鵬《學津討源》本對勘，互有得失，悉釐正之，分注各字之下。舊有黃學準注，與海無涉，張氏刪之是已。今從之。"

《嶺海輿圖》一卷

明姚虞撰

《嶺南叢書》本。阮氏小琅嬛仙館抄本，吳氏重刊。前有嘉靖壬寅湛若水序，姚虞自序并凡例。凡十二圖，圖各有序。巡按廣東時所作，詳於武備，略於文事，志乘中別爲一體，古者輿圖不過如是。

> 文光案：是書首爲廣東全圖，故《簡明目錄》與都會郡縣爲類。《南海百詠》，詠古蹟也。二書皆廣東之志乘，雖以海名，非爲海作也。《海語》專言海，本外紀之類，因吳氏刻爲叢書，遂連記之。若《籌海圖編》，則邊防之類，大半通於兵家，尤宜有補實用，與《海語》用意自別，未可混同也。

《籌海圖編》十三卷

明胡宗憲撰

明本。天啓甲子年重刊。胡思伸序云："少保公曾孫維極以是編原板毀於隣熖，不忍泯先澤，獨捐金重梓。"前有嘉靖壬戌茅坤序，目錄，凡例，又引書目。首爲輿地全圖，次沿海山沙圖；次《王官使倭事略》，附《入倭鍼經》。次《倭國入貢事略》；次《倭國事略》，附倭國圖、入寇圖；次廣東、福建、浙江、直隸、登萊五省沿海郡縣圖、倭變圖、兵防官考及事宜，惟登萊易郡縣爲遼海；次《倭患總編年表》；次《寇蹤分合圖譜》；次《大捷考》；次《遇難狥節考》，次《經略》。欲知倭事者，可於此得其詳焉。凡城守、保甲、貢道、互市及一切兵仗戎器，靡不周洽。所採輿圖、海圖凡二十種，平倭、備倭、海防諸書爲明人所著者無不蒐錄，不但俞大猷、戚繼光、唐順之三人之條陳已也。

茅氏序曰："崑山鄭君伯魯從諸生後，好言兵事，公於是幣聘過幕府，裒次其事。自王公大人以至處士布衣之俠，自朝廷建畫以至將帥部署之史，苟其一言之係乎當世，無不句比字櫛。而中所論列，亦共爲異同，似未可席之施行者。但旁搜幽討，固宜如此。袟既完，君因自名之曰《籌海圖編》。其體裁多出自邵君芳。邵，丹陽人，深沉有大略，君能下之，遂相與訂畫而成其書。"

文光案：是書出自鄭手，而仍題胡名者，如聘修縣志例署縣令名也。其書博採衆説，依例次之。例則邵芳所訂也。明鄧鍾《籌海重編》十卷，即取鄭若曾書刪輯之。若曾字伯魯，號開陽。《籌海圖編》即《鄭開陽雜著》之一種，胡氏刻之別行者也。今所傳《鄭開陽雜著》十一卷，乃康熙中其五世孫起泓重編之本，皆在胡幕中所論著。凡《萬里海防圖論》二卷，《江防圖考》一卷，《日本圖纂》一卷，《朝鮮圖説》一卷，《安南圖説》一卷，《琉球圖説》一卷，《海防一覽圖》一卷，即《萬里海防圖》之初稿，互有詳略，故兩存之。《海運全圖》一卷，《黃河圖議》一卷，《蘇松浮糧議》一卷，共十種。意在海防，末二種附及者也。宗憲所著有《三巡奏疏》、《督撫奏疏》、《世寶録》并《續録》，凡四種。

《三關圖説》三卷

明康丕揚撰

明本。萬曆三十五年刊，板甚闊大，以藍印之。前有康丕揚自序，巡按山西時所作也。三關皆晉地，東路雁門，中路寧武，西路偏老。

康氏自序曰：“謀之撫院，同檄三道，各出舊畫，繕成一帙。凡爲義例者五，如虜落之住牧，道里之險夷與兵馬額設，主客糧餉及防援機宜，地各爲圖，而圖各爲説焉。嗚呼！備矣。三關遂從此有志，是在相時者善用之。”

今之雁平道乃昔之雁門道也，駐代州，設于成化二十二年。三關皆所綜理，稱雁門道。嘉靖戊午始設偏寧道，至己未改偏寧道爲岢嵐道，更設寧武道。而在雁門者則節制東路，稱雁平道。

雁、代密邇京師，四衝八達，三關之命脉積於此，四方商販必出於此。以上邊防。

《河防通議》二卷

元沙克什撰

文瀾閣傳抄本。從《永樂大典》錄出。凡分六門，治河之法無不賅備。前有至治初元真定沙克什自序，至元四年亞中大夫、嘉興路總管兼管內勸農事和元昇跋。

沙氏自序曰：“水功有書尚矣，《禹貢》垂統於上，而《河渠書》、《溝洫志》纘緒於下，後世間亦有述。逮宋金而河徙加數，爲害尤劇，故設備益盛，而立法愈密。其疏導則踐禹迹而未臻，其壅塞則擬宣房而過之矣。金時都水監有書，詳載其事，目曰《河防通議》，凡十五門。其體制類今簿領之書，不著作者名氏，殆胥史之紀錄也。今都水監亦存而用之。愚少嘗學算數於真定，壕寨官張祥瑞之授以是書，且曰：‘此監本也，得於太史若思。’後十五年復得汴本，其中全列宋丞司點檢周俊《河事集》，視監本爲小異。雖無門類，而援引經史，措辭稍文，論事略備，其條目纖悉，則弗若之矣。署云朝奉郎、尚書屯田員外郎、騎都尉沈立撰。愚患二本之得失互見，其叢雜紛糾難於討尋，因暇日摘而合之爲一，削去冗長，考訂舛訛，省其門，析其類，使粗有條貫，以便觀覽而資於實用云。”

和氏跋曰：“六府三事允治，禹功莫大焉，猶幸其書之存而可考也。僉憲贍公得之，講求修齊。治平之暇，取《金宋河防通議》一書，合而訂正之，可謂有用之定學。僕貳郡真定，嘗得而推行之。兹來嘉禾，鋟梓於學，以廣其傳。三吳水利能取則焉，則是編又豈止於防河而已哉！”

文光案：河防與海防不同，河防防水患也，海防防外患也。河防以治水爲要，海防以治兵爲要。二書體用迥然不同，故四庫列河防於河渠類，列海防於邊防類，以示區別，讀者未可混同也。宋有《水利書》，河防之名始見於此。據沙序，則克什合二書爲一書。據和序，則贍公取《金宋通議》〔一〕合而訂之。原本署贍思名，其爲刻書者亦未可知也。今本題沙克什，則四庫館臣所改正也。凡水利書以後出者爲佳，設法則愈想愈奇，議論則愈推愈精，且前人佳本無不備採，有所取則，故易爲力也。又水利書與兵家書宜有補於實用，紙上空談者不足錄也。

《浙西水利書》三卷

明姚文灝撰

明本。前有弘治十年姚文灝自序，弘治戊午葉晨跋。輯宋以來言浙西水利者爲一書，時有異宜，故多所筆削。此類書翻刻者少，明本之外未見他本也。葉氏跋云：“水利之書一出，非惟見姚君有益於上下，且其用世之才亦於是可知矣。使天下皆若人焉，則夫許國之誠，忠君之心，順民之意，端可想見。世之君子與我同志，則未必以我之爲迂而棄之焉”云云。此等泛泛跋語，毫無當於本書，不存可也。

《河防一覽》十四卷

明潘季馴撰

明本。萬曆庚寅年刊，陳昌言編次。前有潘季馴自序。伏讀《四庫全書提要》，曰：“季馴在嘉靖、萬曆間凡四奉治河之命，在事二十七年，著有成績。嘗於萬曆七年工成時彙集前後章奏及諸人贈言纂成一書，名《塞斷大工錄》。既而以其猶未賅備，復加增刪，輯爲是編。首敕諭圖説一卷，次河議辨惑一卷，次河防險要一卷，次修守事宜一卷，次河源河決考一卷，次前人文章之關係河務及諸臣奏議凡八十餘篇，分爲九卷。後來言治河者雖時有變通，終以是書爲準的。”謹案：此河防之書與歸震川《三吳水利錄》同稱佳本，治河者萬不可少之書也。以上河渠。

《天台山記》一卷

唐徐靈府撰

遵義黎氏本。《古逸叢書》之二十五。前題方瀛觀徐微君纂，後題回融藏本。所刻蓋抄本也。記中述白云先生桐柏觀最詳。天台石橋諸説不一，正如蓬萊方丈，可望而不可及也。天台訪石橋，雖有其詩，未嘗訪得。道士所記，援引他書，非其親見，如此類者不必深考也。記中多説神仙，故黎氏以爲小説家言。然如前後所紀，固不誕也。《四庫附存目》有《天台山志》一卷，無撰人名氏，恐非此書也。余所藏《名山記》爲《道藏輯要》本，別有《名山記》四十八卷，亦通行之本。二書皆紀游也。《平津館》有《茅山志》十五卷，金華道士何道堅所刻。此志編於元劉大彬，傳於趙孟頫，贊於虞集，書於張伯雨，世稱四絶。孫本以爲伯雨所書，而有明道士張全恩序，則非元本矣。

天台山高一萬八千丈，周迴八百里，山有八重，四面如一。當牛斗之分，以其上應台宿，光輔紫宸，故名天台，又曰桐柏、棲山。陶隱居《登真隱訣》云：“大小台乃桐柏山，六里乃至二石橋。先得小者，後行百餘里，更得大者，在最高處，采藥人髣髴見之。”據此説，天台與桐柏二山相接而小異也。按長康《啟蒙記》云：“石橋長數十步，忘其身者然後能度，度者見仙物異種。”據此則神異之所，非造次可睹焉。今遊人所見者，蓋非此橋。天台山在會稽郡，州取山名曰台州，縣隷唐興，即古豐縣也。蕭宗上元二年改爲唐興縣。山去州一百四十八里，去縣又一十八里。予以元和十年自衡岳移居台嶺，定室方瀛，至寶曆初歲已逾再閏。修真之暇，斯採經誥，以述斯記。

黎氏敘目曰：“是書見《書録解題》及《通志略》，與《瑯玉集》皆小説家言。以唐人著述日少，故收之。”

陳氏曰：“唐道士徐靈府，元和中人也。予偶見此記，録之以寄臥遊之意。”録於《直齋書録》。

《西岳華山志》一卷

金王處一撰

鈔本。前有大定癸卯泥陽劉大用器之序。

劉氏序曰：“凡古之士，合作神藥，必入名山福地，不止小山之中，何則？小山無正神爲主，多是木石之精，千歲老物，此輩蘊邪之氣，不念爲人作福故也。謹案：《山經》云：可以精思合作神藥者，華山、泰山、霍山、恒山、嵩山。餘係中州，或在諸侯五服之外，其間稱名山者以百數，迺不可以遍舉。此皆有正神在其山中，或隱地仙之人，又生芝草，若有道者登之，則此山神助之爲福，其藥必成矣。吾鄉金城千里，控壓三河，川英岳秀，太華位焉。夫太華者，坐挹三公，抗衡四岳，終南、太白卻立而屏息，首陽、王屋不敢以爭雄。西觀昧谷之稍昏，東顧扶桑之已白。更無峻極，惟戴高穹，蓋得太素之元精，稟金火之爽氣，作成萬物，分主兌方，預之於十大洞天之中，則極真[二]爲號。含[三]藏日月，吐納雲煙，生象外之樓臺，匪人間之風物。目之於十八水府之數，則車箱有潭，東南江海，地脈潛通，載祀典而爲常經，投金龍，進玉簡。若夫仙掌雲空，蒼龍日出，千山捧岳，嵐氣川流，翠撲客衣，經時不落。已而斜陽映山，蓮峰弄色，如金如碧，匪丹匪青，奇麗萬千，不可名狀。松生琥珀，夜即有光；地出醴泉，爲國之瑞。固宜降五靈元老，隱函谷真人。或星冠羽衣，乘雲而謁帝王者有之；或寶車羽蓋，駕龍而覲大羅者有之。招邀[四]真聖，總集仙靈，則此又華山爲一都會也。吾友生王公子淵，先覺而守道，獨立而全和，每語人曰：‘我欲曳杖雲林，捧觴霞巔，斯志積有年矣。方畢婚娶，棄家入名山，修煉金液，不有太華，其孰留意焉？’人曰：‘可矣。’公遂取舊藏《華山記》一通，慮有闕遺，更閱本郡《圖經》及劉向《列仙》等傳，有載華山事者，悉采拾而附益之，俾各有分位，不失其敘。以山水觀之，則峰穴、林谷、巖龕、池井、溪洞、潭泉之境，可得而見；以祠宇觀之，則宮殿、寺廟、藥爐、拜壇、諸神降現之處，可得而知。語其所產藥品，則茯苓、菖蒲、細辛、紫柏，俱中炎帝之選；錄其所出仙人，則清虛裴君、白羊公、黃初平十六真人盡預玉皇之遊宴，而不與下界相關乎。噫！華山仙蹤聖迹，於是大備，無不包也。其文僅七十餘篇，命工鏤板，務廣流傳，則豈曰小補之哉？既成，請予以文冠其首。予或拒且賀曰：‘予才乏卿雲，無力挽千鈞之筆，然喜見公之志即我之志也。我亦欲入名山，合作神藥，未知明指。會公有此，乃成我之志也歟？’大凡入名山之中合作神藥，必有所依。《書》曰：爲巫者鬼必附之，設像者神必主之。況修仙藥而入名山，豈山之正神而不佑我耶？其藥之成可立而待也，但勿謂青[五]天空闊，白龍來遲，一旦造元洲，會羣仙，翔紫霄，朝太一，聽鈞天之樂，享九芝之饌，行亦未昧。其他有諸天之隱語，空洞之靈章，約與公異日道也。”

《金華赤松山志》一卷

宋倪守約撰

鈔本。前有松山羽士倪守約自序。

序曰：“予自齠齔，慕希夷之風，覬爲葛天氏之民。家寓松山之左，耳所聞，目所見，凡赤松子、二皇君得道之由來，雖未能詳知而歷貫，亦已默契乎胸中矣。遂舍家辭父母，來投師資。粵自承恩備冠裳末數，積今四十餘年，晨香夕鐙，未嘗敢懈。每靜坐丹晨，靖中無他念想，惟恐靈蹤仙迹無以啓迪後人耳。家山舊有刊本，事實歲久而磨滅不存。予曰既爲二皇君之子孫，忝冲和先生之餘裔，其可使祖師之道不顯乎？乃採摭源流，舉其宏綱，撮其機要，定爲一編，號曰《赤松山志》，俾來者有可考焉。若夫神仙傳記之所録，經典碑銘之所載，父老之所傳，風月之所詠，觀乎此，則不待旁搜而後知之也。偈曰：挂一漏萬，擇焉而不精，語焉而不詳，則負罪，其奚以文？”

《仙都志》二卷

元陳性定撰

鈔本。前有至正戊子五月既望無名氏序。仙都山在處州括蒼縣，即縉雲山，道家所謂第二十九洞天也。蜀亦有仙都山，在酆都縣，道家所謂第四十二福地也。書分六門，曰山川、曰祠宇、曰神仙、曰高士、曰草木、曰碑碣題詠。獨峰山長番陽吳明義仲誼校正。性定字此一。

序曰：“疆理之書，肇於《禹貢》而具於《職方》，然水有經，郡邑有乘，此《仙都志》所由作也。仙都，東吳勝事，在道家書爲祈仙洞天。爰自發蹟軒轅，由唐逮宋，錫名薦祉，符瑞屢臻。聖朝延祐間，貞士趙虛一載奉璽書來領釐事，山川草木，昭被寵光，獨峰煉溪若增而高浚而深也。住山陳君此一載筆於編，沿革瑰奇，巨細畢録，其有功兹山者歟！吾聞蓬萊在望而風輒引去，桃源既入而路忽迷，則名山大川豈人人之所能周覽哉？此編目擊道存，可以臥遊矣。”

文光案：山志自《山經》以外，漢晉以來無有傳本，或有所佚，未可知也。今以山志證《山經》，《山經》所記未必皆妄，而或者以荒誕目之。然玩其文義，實非後人所能及。因以《山海經》冠地理類之首，次以《水經注》，明其皆古書也。余所藏山志甚多，五岳皆備，然皆近人之作，因擇其尤雅稍古者著之於此，其餘不及備載。凡山經地志，佳本誠難，然無論其雅俗，兼收遍覽，其中必有可取。余得《紹熙雲間志》，方知顧譜誤注林亭；得《關中勝蹟圖》，方考得杜陵與少陵；得《恒山志》，方知明時有經藏；得《絳州志》方見《絳守園池記》之注。由此推之，地志之有益於讀書者甚多，惟患見之不廣，擇之不精，不患其俗陋也。

《西湖遊覽志》二十卷　《志餘》二十六卷

明田汝成撰

明本。前有嘉靖二十六年田汝成自序，萬曆己未商濬序。

《簡明目録》曰：“是書雖以游覽爲名，而實非游記。大抵因名勝而附以事迹，可以備史家之考核。《志餘》則於南宋軼聞分門臚載，兼及杭州之事，不盡有關於西湖，故別爲一編。蓋有此以消納冗碎，而後本書不病蕪雜，是其體例之善也。”以上山水。

文光案：以《志餘》消納冗雜，比例最佳，可以爲法。

王注蘇詩，附《蘇海識餘》以消納一切，亦其例也。余欲取地志中有關史者彙爲一書，以備考核，是亦有用之書也。唐《創業起居注》載宋老生戰死事甚悉，余以《霍州志》證之，老生墓在霍州，即其戰處。小有異同，更得其詳，則地志之有關於史豈淺鮮哉？

《長春真人西遊記》二卷

元李志常撰

《連筠簃》本。靈石楊氏校刊。前有西溪居士孫錫序，後有道光壬午程同文、董祐誠跋，張穆記。下卷附錄詔書，聖旨，請疏，侍行門人十八人，護持蒙古四人，錢大昕跋，徐松跋。徐跋與程跋考證最精。長春子姓邱氏，名處機，字通密，登州棲霞人。未冠出家，師事重陽真人，而住磻溪龍門十有三年，真積力久，學道乃成，暮年還海上。此本爲何秋濤所校。

程氏序曰："《長春西遊記》二卷，爲元邱長春弟子真常子李志常所述，憲宗紀元年以道士李真常掌道教事，即其人也。前有孫錫序，作於戊子二月，蓋睿宗監國之歲也。長春以太祖辛巳二月八日發軔宣德州，赴太祖西域之召，至癸未七月回至雲中，往返二年餘。真常實存山川道里，皆其親歷，且係元初之書，譯文得其本音，非如世祖以後文人著述則往往窒閡不能通者有之。此册爲葉雲素給諫所贈，龔定庵嘗借抄。既而徐星伯復就抄於定庵而爲之跋，跋中疏證處，皆其得之目驗。《元史》蕪漏特甚，有元載籍有關史學者亦少矣，此記豈可因其爲道家言而略之。"

錢竹汀曰："此記於西域道里風俗多可資考證者，而世鮮傳本。予始從《道藏》抄得之。邨俗小說演唐玄奘故事，亦稱《西遊記》，乃明人所作，蕭山毛大可據《輟耕錄》，以爲出處機之手，真郢書燕說矣。"

邱長春以丁亥七月卒，而元太祖之殂亦即在是月，此事之可異者，當拈出之。竹汀居士記。

竹汀借玄妙觀《道藏》本抄訖而爲之跋。硯北居士段玉裁識。

阮氏曰：「處機字通密，又號長春子。金大定時曾自終南召令赴闕，賜以巾冠，待詔天長觀。後放還山。及元太祖時，常召至雪山之陽，眷渥倍至。後居燕之天長觀，年八十餘。著有《磻溪集》六卷，各詩清真平淡，多可誦云。」以上皆錄於本書。

《游志續編》一卷

元陶宗儀撰

鈔本。是書繼陳仁玉《游志編》而作，故云《續編》。前有宋天台陳仁玉《游志編序》。所載皆唐、宋、金、元人游覽之文，頗有世不經見者。如劉祁《西山記》、《北使記》等編，他書未載。其存佚之功爲不小矣。

陳氏序曰：「淳祐癸卯，置閏在秋，景氣極高。迴望屋角山光，與天合碧，左右矗矗獻狀，似相招相延竚，有不勝情者。而予適病趾，弗能遊焉。時獨雉首引酌，誦《遠遊》、《招遊》諸篇以自宣暢。因懷古，自山川之美，人物之勝，登覽遊從之適，雖其有得於是有感於是者不能盡同，而皆超然無有世俗垢氣物欲之累。意謂古今樂事，無過此者。乃取自‘詠沂’而下二千載間，迄於近世張朱氏衡山之游，高情遠韻，聚見此編。若身參其間而目與之接，胥應和而俱翱翔也。吁！世亦有好遊若予者乎？旬有五日編成，是爲序。」

《揅經室外集》：「是編所載自樊宗師、柳公權、元結而下凡四十有八家，選擇精審，并足以資考證。書中有存其目而書未採者，若《洛陽名園記》、《驂鸞錄》、《吳船錄》，後人遂疑爲未成之書。」張云以有傳本，故不錄，其文非殘缺也。按：朱彝尊云宗儀所著各書有裨史學，此其一也。

《霞客遊記》十三卷　《外編》一卷　《補編》一卷

明徐宏祖撰

葉氏水心齋本。嘉慶戊辰年校刊。前有趙翼題詞，次葉廷甲刊書序，次族孫徐鎮序，次楊名時前、後二序，次陳泓跋，次凡例，次目録。《外編》爲書牘墓誌，附《介立公傳》、諸本異同并辨訛。《補編》爲題贈諸作。

葉氏序曰："是書能詳人所略，爲從來史志所未備。嘉慶十一年，徐板歸予。廷甲見有益之書，不惜重價得之，積至萬有餘卷。丹鉛甲乙，目不暇給。前既校刻《楊氏全書》，今復得此板，朽蠹頗多，乃借楊文定公手録本暨陳君體靜所校本，與徐本悉心校勘，而文義不可通者亟爲改正。徐刻分十册，與進呈之楊本卷帙不同，此無從更正者。楊、陳二本於《滇遊日記》卷首俱有提綱，楊本每記有總評，陳本每記有旁批，此又無從增補者。惟是霞客有遺詩數十首，石齋黃公欵爲詞意高妙，忍令其秘藏而弗彰乎？一切題贈諸作，足以考霞客之素履，又安可不傳？十三年春，延梓人於家，訛者削改，朽者重鐫，又增輯《補編》附於後。前人謂霞客西出石門關，至崑崙山，窮星宿海。今所刻之本暨楊、陳二鈔本，其遊覽日記不過滇南雞足而止。聞郡城庄氏家有鈔本六十卷，今已散失，此刻不過六分之一耳。然一展卷而浙而閩而江右，自豫而秦而荆襄，又自燕而雁門而雲中，又自楚而粵西而貴竹而滇南，其所經歷之山川，無不辨其源委脈絡，而一一詳記之。至土風、民俗、物産，亦隨地附見焉。文定楊公於《遊記》手録二過，山川之名所以周知，此固千古不易之書也。"

楊氏序曰："歷數萬里，垂三十年，其自記遊蹟，計日按程，鑿鑿有稽，不失質實詳密之體。而形容物態，摹繪情景，時復雅麗自賞，足移人情。因手錄而存之。”

文光案：此刻即文定公所編之本，以地理區分，蓋即其殘帙而重訂者也。

陳氏跋曰：“吾邑三書皆卓絕，王梧溪《詩集》、黃蘭溪《邑志》、徐霞客《遊記》是也。”以上遊記。

《宣和奉使高麗圖經》四十卷

宋徐兢撰

《知不足齋》本。前有徐兢自序，乾道三年徐蕆跋，目錄。建國一卷，世次一卷，城邑一卷，門闕一卷，宮殿二卷，冠服一卷，人物一卷，儀物二卷，仗衛二卷，兵器一卷，旗幟一卷，車馬一卷，官府一卷，祠宇一卷，道教釋氏一卷，民庶一卷，婦人一卷，皂隸一卷，雜俗二卷，節使一卷，受詔一卷，燕禮一卷，館舍一卷，供帳二卷，器皿三卷，舟一卷，海道六卷，同文一卷。附錄《徐公行狀》，乾道三年張孝伯撰。徐兢字明叔，建州甌寧縣人。善書畫，長於歌詩，訓釋鐘鼎彝器，悉有依據。鄙章句學，而漁獵古今，靡不貫通。末有鮑廷博跋。

徐氏序曰：“臣聞天子元正大朝會畢，列四海圖籍於庭，而王公侯伯，萬國輻輳，此皆有以揆之。故有司所藏嚴毖特甚，而使者之職尤以是爲急。高麗在遼東，非若侯甸近服，可以朝下令而夕來上，故圖籍之作，尤爲難也。臣愚獲聯使屬之末，謹因耳目所及，博采衆説，簡汰其同於中國者而取其異焉。凡三百餘條，釐爲四十卷。物圖其形，事爲之説，而遐陬異域舉萃於前，蓋仿聚米之遺制也。臣在高麗纔及月餘，耳目所及，亦粗能得其建國立政之體，風俗事物之宜，使不逃乎繪畫紀次之列，庶少逭將命之責也。有詔上之御府，謹掇其大概爲之序云。宣和六年八月六日，奉議郎、充奉使高麗國信所提轄人船禮物、賜緋魚袋臣徐兢謹序。"

鮑氏跋曰："是書遭靖康之變，已亡其圖。乾道三年，從子藏始刻於澂江郡齋。仁和趙氏小山堂又有高麗本，不知刻於何時，今俱不可得見矣。近世流傳惟明末海鹽鄭休仲重刊本，其間脱字凡數千，第二十七卷又錯簡不可讀。同里胡夏客曾以鈔録宋本讎對，亦僅正十數字而已。予家所藏雖繕寫不工，較爲完善，因參合鄭本，刊以行世。"

《清波雜誌》："宣和奉使高麗，路允迪、傅墨卿爲使介。其屬徐兢仿元豐中王雲所撰《雞林志》爲《高麗圖經》，考稽詳備，物圖其形，事爲其説，蓋徐素善丹青也。宣和末，先[六]人在歷陽，雖得見其圖，但能抄其文，略其繪畫。乾道間刊於江陰郡齋者，即家間所傳之本，圖亡而經存，蓋兵火後徐氏亦失元本。《雞林志》四十卷，并載國信所行移、案牘，頗傷冗長。時劉逵、吳栻并命而往，是行蓋俾面諭高麗國王顒，云女直人尋常入貢本朝，路由高麗，如他日彼來修貢，可與同來。顒云明年本國入貢時，彼國必有人同入京也。海上結約，此爲禍胎。"

《高麗史》一百三十九卷

明朝鮮臣鄭麟趾等撰

抄本。高麗王氏，自梁末帝時，代高氏有其國，傳三十二主，爲其臣李成桂所篡，國亡。此書世家、志、表、傳，專紀王氏一朝之事，附存書目三卷，此則足本也。

《東西洋考》十二卷

明張燮撰

《惜陰軒》本。前有萬曆丁巳西昌蕭基序，次月溪主人周起元序，次萬曆戊午金陵王起宗序，次凡例九條，次修書姓氏六人，次目録。西洋列國考四卷，東洋列國考一卷，外紀考一卷，稅餉考一卷，舟師考一卷，稅璫考一卷，藝文考二卷，逸事考一卷。每考之末各繫以論。西洋凡十五國，又附四國。東洋凡七國，又附十二國，皆通互市者。外紀記日本及紅毛番，雖不通貢市，以其梗賈船，故書之。每國各列一傳，如《一統志》例，後附山川方物，終以交易，各繫以論。稅餉分水餉、陸餉、《四庫全書提要》作水編、陸編，乃刊板之誤。職官、公署四子目。職官下各誌數語，有碑可採者亦載之。此考源流甚詳。稅璫紀神宗時内官高寀通番擾民之事，宋見《萬曆野獲編》，此特詳備，并附《逐璫疏》，出考。書中爲卷八，蓋因稅餉記稅璫，次第宜然。目録誤刻舟師考爲卷八，而以稅璫考爲卷九，《提要》因之，悉宜更正。舟師分七子目，曰内港水程，曰二洋鍼路，曰祭祀，曰占驗，曰水醒、水忌，曰定日、惡風，曰潮汐。舶人舊有航海鍼經，俚俗難辨，紹和譯而文之。原載鍼路不相聯者復鎔成一片，沿途直敘而迁路分途，由某入某之界，條理分明。此數篇最切實用。是書凡所稱引，俱本先正所論次而折衷之。其於明代之事，則採於邸抄與故老所誦，下及沽客舟人，咸借資焉。向來有傳抄本，未見刻本。李氏所刻叢書，人不之重，而書不可泯，因著録云。

周氏序曰："上下二十四代，戎夷叛服、互市沿革之變，史未嘗不特書，然未有仿郡國志勒成一家言者。予友紹和張君淹貫史籍，沈酣學海，將收千古歸之筆端，豈於耳目睹記失之？爰次《洋考》，用補前人所未備。"

王氏序曰："同寅如城蕭公署郡篆，與予時進商民，細詢疾苦，粗及島外事，時有新語。蕭公謂予曰：聞前令陶君嘗禮聘孝廉張紹和載筆從事，功未及竣。時孝廉方滅景山棲，予強出之，俾竟斯局。自秋杪至冬終，凡四閱月，考既成而鋟劂亦就。是職方之外紀，主客之逸叢也。"

例云："歐公作《五代史》，誤稱占城前代不入中國。非窮搜千卷，鮮不迷亂。"

文光案：文瀾閣傳抄本有《島夷志略》一卷，元汪大淵嘗兩附舶東西洋所，過輒採錄其山川、風土、物產之詭異，居室、飲食、衣服之好尚，與貿易費用之所宜，非其親見不書。一島嶼間或廣袤數千里，島人浩穰，其君長所居，多明珠、麗玉、犀角、象牙、香木爲飾，橋梁或甃以金銀，若珊瑚、琅玕、玖瑁，人不以爲奇也。四海之外，夷國以萬計，唯北海以風惡不可入。東、西、南數千萬里，皆得梯航以達其道路，象胥以通其言語。煥章足迹半天下，又浮海者數年，歸而成書，皆所經歷，故人以爲可信。然六合之外，存而不論可也。前有至正十年翰林修撰河東張翥序，至正己丑三山吳鑑序。據張序有自刊本，據吳序則附錄《清源續志》之後。今自刊本不傳，此本即附於《清源續志》者也。《清源前志》已佚，《續志》爲至元九年高昌偰守泉時所修。吳鑑同修《續志》，故既序《續志》，又序《島夷志略》云。

《赤雅》三卷

明鄺露撰

《知不足齋》本。前有鮑廷博序。露字湛若，此其遊廣西時記所見聞，雖不免於粉飾，而文詞華美，人豔稱之。李衛公《上西岳書》，昔人曾議其僞。是書誤以爲真，則考之未審也。

鮑氏序曰："鄺先生湛若，南海奇士也。以连邑令，棄家走粵西，爲猺女雲鬃孃之客。因悉其山川、風土、儀物及歌舞、戰陣之制，撰爲此書。瓌奇藻麗，昔人方之《山海經》、《西京雜記》，非溢美也。百餘年來爲世珍秘而流傳蓋寡，予亟爲校刊，與海內嗜奇之士共欣賞焉。舊有懷寧兩阮序引，削而不錄，懼爲先生辱也。先生少嘗師事大鋮[七]，崇禎間爲阮序《詠懷堂詩》，稱門人某百拜。洎阮羅織東林，乃貽書絶交，侃侃千言，可與侯氏《壯悔堂集》中一書并傳。予友陳君用舟，曾於金陵市上見之，惜乎不獲附此書以行也。"

五月五日，聚諸蟲豸之毒者并寘器内，自相吞食，最後獨存者曰蠱。有蛇蠱、蜥蜴蠱、蜣螂蠱。視食者久暫，卜死者遲速。蠱成，先置食中，味增百倍。歸或數日，或經年，心腹絞痛而死。家中之物，皆潛移去，魂至其家，爲之力役，猶虎之役倀也。其後夜出有光，熠[八]如曳彗，是名飛蠱。光積生影，狀如生人，是名挑生。影積生形，能與人交，是名金蠶。於是任意所之，流毒鄉邑，殺人多者蠱益靈，家益富。恭富昭賀，蠱術公行。峒官提陀潛得其狀，令巫作法厭之，取婦埋地中，出其首，澆蠟然之，以召冤魂。魂不爲附，獞[九]婦代鬼返罵，乃死。否則，不能置之法也。

文光案：諸書記蠱者甚多，惟此爲詳，故録之。他書所記金蠶，其色如金，其形如蠶，斷之不死，火之不滅，與此微異。或金蠶化人，人復化爲金蠶，本屬一事，亦未可知。其不欲養蠱者，厚其貲積，送之曠野，任人取携，謂之嫁金蠶。諸書所記蠱種不一，而金蠶爲最毒。凡蓄蠱之家，纖塵不染，門隙窗櫺，掃除必淨。入其室者，以此驗蠱。醫家有治蠱之法，今人又編爲一集，名曰《治蠱新方》。書出於西粤，驗不驗未能知也。

木客形如小兒，行坐衣服，不異於人。出市作器，工過於人。好爲近體詩，無煙火塵俗氣。自云秦時造阿房宫，采木流寓於此。蘇長公云"山中木客解吟詩"即此，然則詩學淵源其來遠矣。予家羅浮，有鳥名木客，與此不同。

文光案：此條可補蘇詩之注。旅寓無長書，未知今人蘇詩注曾引及此否。或以木客爲木中之怪，與山魈并稱，得此可以解惑。又鳥名木客，出於羅浮，人所鮮知，并識於此。案：羅浮山在廣東惠州府博羅縣西北三十里，即道書十大洞天之一。昔有山浮海而來，博於羅山，合而爲一，故曰羅浮。然則湛若乃博羅縣人也。博羅建置於宋，至今因之。

緑珠井在白州雙角山下，有七孔。汲此井者，誕女必麗。今以巨石塞其一孔，女絶麗者必損一竅。緑珠姓梁，石崇爲交趾採訪使，以珍珠三斛致之。善吹笛，傳其弟子宋偉，後入宋明帝宫。梁氏爲白州望族，立祠春秋祭之。笛譜猶存，予謁祠得借抄覽。緑珠玉笛，尸滲土花，斑駁如繡云。自巢賊發宋諸陵，笛殉宫人宋偉，後入交趾，清夜聞歌，每能自叫。槃公以名馬五十匹易之。

文光案：此條可知緑珠之所自出，玉笛并笛譜，皆人所鮮知，故録之。《太平廣記》以井爲梁氏之居，又云閭里以生女無益，遂鎮井以巨石，與此稍異。案白州即今之博白縣，漢爲合浦縣地，唐初析置南州并置博白縣，以山爲名，尋改南州爲白州。宋廢州，以縣隷鬱林州，至今因之。雙角山在縣西十五里，兩峰角立，亦名二角。又緑珠渡在縣西南一十里。宋徐罃詩云“早出緑羅村，晚過緑珠渡。日落白州城，草荒梁女墓。江水流古今，滔滔不相顧。今人不見古時人，依舊青山路如故。”

楊妃井最冷冽，飲之美姿容，下多香草，在容州雲凌里。妃名玉奴，字玉環，號太真。母葉氏孕十三月而生，都督部署楊康求爲女，才貌雙絶。楊元琬爲長史，以勢求之，携至京師，選入壽邸，時年十四。明皇召見，賜西王母服色入宫，杜詩“西望瑶池降王母”，蓋諷之云。

文光案：楊妃井，諸志所載未若此詳，兼可補杜詩注，故録之。容州即今之容縣，梧州府所屬，本漢合浦縣地。唐置銅州，尋改爲容州，明初改爲縣。在府西南二百二十里有容山。《容水志》云，楊妃嘗飲此井，故名。今埋廢。許子貞《記》云父維母葉氏，而失其本姓。太真與綠珠同産西粵，容州去白州相隔二百餘里，皆古合浦縣地。此亦考古者所當知也。

伏波銅柱，一在憑祥州思明府南界，一在欽州分茆嶺交祉東界。馬文淵又於林邑北岸立三銅柱爲海界，林邑南立五銅柱爲山界。唐馬總安南都護建二銅柱於漢故地，五代馬希範平蠻立二銅柱於溪州。何銅柱之多，皆出於馬氏也？又蒼梧郡有銅船，云伏波[一〇]所鑄。又伏波銅鼓深三尺許，面徑三尺五寸，錦紋精古，翡翠煥發。東粵則懸於南海神廟，西粵則懸於制府廳事。

文光案：伏波銅船在鬱林州。《郡國志》云馬援造銅船濟海，後令沉於渚，天霽往往望見。一名越王船。伏波廟在馬門灘旁，宋封爲王。《廣西志》：“鬱林有銅鼓山，昔有銅鼓現於此。又有銅鼓潭，昔有銅鼓浮水而出，擊之聲震村落。又有銅鼓神廟，在岑溪縣。”何銅鼓之多也？

無量壽佛，姓周名全真，號寂照大師。按竺典諡法，以慧而覺者曰熾盛光佛，以文而覺者曰無量壽佛。　土司惟諸岑最強，胄出岑彭。

猩猩人面猿身，最機警，通八方言，學蟲鳥語，無不曲肖。聲如二八女子，啼最清越。嗜酒好屐，虞人以此誘之，毀罵而去。予在綠鴉山見之，羣相語曰：客必東人也。寄酒少許，召而飲之，未飲先謝，既飲輒醉。予恐爲後人所害。忽古木間一雙飛下，囂然相謂曰：“上客過勞，兒當負之而去耳。”以上外紀。

文光案：嘗記一書云，猩猩不能言，亦久居其地而目所親見者。夫猩猩能言，出於《曲禮》。以爲不能言，是顯與古說相違。然鸚鵡能言，亦有不能言者，不足怪也。惟通八方言，更解世故周旋，則未免粉飾太過矣。大抵山經海志，荒渺難稽；文人之筆，隨意所之，非所習見，又易於售欺，固未可據爲典要也。《廣西志》云，猩猩出鬱林州，似黄犬，人面能言，音如女子，與所謂猿身者又異。考證家將何所適從耶？《論語》曰"文獻不足故也"，若此者文獻皆足，而亦不足徵也。

　　戊子夏寓津門，重録書目，至地理外紀類。《赤雅》之文，人所愛重，因取行篋所携書略證數條，以消永日，賢於博奕遠矣。伏波銅柱，詳見《廣東通志》，其銅柱之存否未及細考也。《赤雅》所記山川古蹟多見於《廣西通志》，惟詳略不同，可互參也。

　　猺女雲韎孃，相思寨兵也。能以少擊衆，諸猺盡服，遂握兵符，開幕府，使鄘海雪主記室。韎孃美而饒智勇，部署有法，文雅多識。詳見《楚庭稗珠録》。豈山川靈秀之氣，不鍾於男子而鍾於婦人耶？

校勘記

〔一〕"議"，原作"識"，據本書本篇改。

〔二〕"真"，原作"其"，據金劉大用《西岳華山志序》改。

〔三〕"舍"，原作"舍"，據同上書改。

〔四〕"邀"，原作"遨"，據同上書改。

〔五〕"青"，據同上書補。

〔六〕"先"，原作"老"，據《戒庵老人漫筆》改。

〔七〕"鍼"，原作"鍼"，據清鮑廷博《赤雅序》改。

〔八〕"熠"，原作"慴"，據《赤雅》卷上改。

〔九〕"獞"，原作"猩"，據同上書改。

〔一〇〕"波"，原作"渡"，據《赤雅》卷下改。

史部十一

地理類五

《盛京通志》三十二卷

乾隆八年敕撰

武英殿本。前有凡例，目録，盛京城圖，大政殿圖，長白山圖，醫巫閭山圖，北鎮廟圖，千山圖。聖制三卷，御製一卷，京城壇廟、宮殿、山陵一卷，星土、建置、沿革、疆域、形勢一卷，山川二卷，城池一卷，關郵一卷，户口一卷，田賦一卷，職官二卷，學校、公署一卷，選舉一卷，兵防一卷，名宦一卷，人物三卷，忠節、孝義、文學一卷，隱逸、流寓、方技、仙釋一卷，列女一卷，祠祀古蹟一卷，風俗、物産、雜志一卷，藝文六卷。

郡國有志，與史相表裏，惟部分整齊，摭採詳實，體例簡嚴，考證精核，方可永存掌故，副在職方。今因舊志删煩訂訛，釐其次第，補其缺逸，併省卷帙，使無複雜，蓋奉詔重修，不敢不加慎云。

全遼重地，兵防爲要，今特補入。

前志有帝王門，後妃附焉。然帝王體大勢尊，事具前代，專史不必更入志中。其人物内凡係宗室、王封，亦并不録，惟有陵墓可考者載在古蹟，俾考古者知所徵信。

人物紀其傑然可傳者。

前志爲卷四十有八。考《遼東志》創於明畢恭者九卷，李輔重修者十二卷。前志大抵因之，然爲卷太多，今薙繁約要，凡三十有二卷云。

各門條内有疏析者，即附諸條之後，加“按”字以别之。

《皇輿表》十六卷

康熙四十三年

武英殿本。原書成於康熙十八年，此爲增修之書。先京師，次盛京，次江南，次山東，次山西，次河南，次陝西，次浙江，次福建，次江西，次湖廣，次廣東，次廣西，次四川，次貴州，次云南，次朝貢諸國，曰朝鮮、曰安南、曰琉球、曰暹羅、曰荷蘭，凡例一卷，目録一卷。

是書仿史表以地繫代，詳書郡縣沿革，據歷代正史中地理、郡國等志考定，志略則證以《通典》、《通考》等書，各處通志亦多採入。存擬者俱用按語附正文後。唐虞三代，止舉九州封域。秦始置郡縣，然郡數可考，縣名難稽。今所載秦縣皆史傳有據者，餘止書某郡地。漢晉以來之州，唐之道，宋之路，元之省，明之兩京、十三布政使司，皆分統諸郡，各隨郡之所屬，於郡内書之。三國、梁、陳、北齊、後周諸史皆無地理志，《五代史》有《職方考》，亦略而不詳。今參考諸書，有考則書，餘依漢唐。漢以後增設之縣，所書止從初置日爲始。州自故明以來皆自治其土，不設倚郭縣，雖名爲州，實則前此一縣之地。今州内沿革，俱追考舊縣地書。

《皇清職貢圖》九卷

乾隆十六年

武英殿本。首上諭、御製詩，次諸臣恭和詩，次目録，次于敏中恭跋，次諸臣職名。所圖諸國曰朝鮮、曰琉球、曰安南、曰暹羅、曰蘇錄、曰南掌、曰緬甸、曰大西洋、曰小西洋、曰英吉利、曰法蘭西、曰喘國、曰日本、曰馬辰、曰汶萊、曰柔佛、曰荷蘭、曰俄羅斯、曰宋腒、曰臓、曰車埔塞、曰呂宋、曰咖喇吧、曰嘛六甲、曰蘇喇亞利晚，凡二十五國，各系以説，釐爲八卷。自乾隆二十八年以後四裔之奉表入貢及款塞内附者，又爲續圖一卷。并一一徵諸實見，非同前代之傳聞。

《日下舊聞考》一百六十卷

乾隆三十九年敕撰

武英殿本。朱彝尊《日下舊聞》四十二卷，《簡明目録》曰："此考於朱彝尊十三門外增苑囿、官署二門，而石鼓考併入國子監。凡原本所引古書并删繁補漏，所列古蹟一一勘其所在，證驗有無，自古記述都邑未有如是之徵實不誣者也。"謹案：凡爲朱彝尊原文者刻"原"字，有所增補者刻"增"字，補字皆陰文書。末有譯語。《總目》、《簡明目》并作一百二十卷，恐誤。

朱彝尊自序曰："自軒轅氏邑於涿鹿之阿，周以薊封其後，北燕都之，慕容燕又都之，迨至遼曰南京，金曰中都，元曰大都，明曰北京，皇朝因之。彝尊謫居無事，捃拾載籍及金石遺文會粹之，分一十三門，曰星土、曰世紀、曰形勢、曰宮室、曰城市、曰郊坰、曰京畿、曰僑治、曰邊障、曰户版、曰風俗、曰物產、曰雜綴，而以《石鼓考》終焉。刑部尚書崑山徐公捐貲俾鋟木。計草創於丙寅之夏，録成於丁卯之秋，開雕於冬，迄戊辰九月而竣。復命兒子昆田以剩義補其闕遺，附於各卷之末。昔衛正叔纂《禮記集説》，病世儒取前人之説以爲己有，而曰他人著書惟恐不出於己。予此編惟恐不出於人，竊取正叔之義，至旁及稗官小説、百家二氏之書成，或有未足盡信者，世之君子毋以澤焉不精罪我，斯幸矣。"

姜宸英序曰："唐韋述譔《西京記》，宋宋敏求演之爲《長安志》十卷，最稱淹博。朱檢討居京師久，博採經史子集幾千卷，及遊覽所至所訪聞於遺賢故老者，集爲此編。又間以己意辨論其是非，援據精確，辭雅義暢，前未有此書也。誠能仿其例，於十三布政司志各配以一書，志爲之經，此爲之緯，豈不甚快！惜乎作者之不易得也。"

徐元文序曰："予兄弟祗命充《一統志》總裁官，因得遍閱天下郡邑所上志書，其間舛錯漏脱不可勝舉，以是知地理之難言。若崔後渠之《彰德府志》與康對山之《武功縣志》，誠未易才也。劉氏《帝京景物略》一書，漫無考據，識者病之。予友朱竹垞館丈有《日下舊聞》，探摭故書，無有損益，而注其出處曰某書，所謂信以傳信，疑以傳疑，蓋其慎也。其間間出己意案斷，則有云疑作某者，有云當以某爲是者，有云某書記載與某書不合而不敢定其爲孰是者。夫亦深疾夫劉氏之專且固，而於考據之功猶謙讓未遑居歟？其自序云，所鈔羣書凡千六百餘種。予伯兄藏書頗多，悉出相示，其他殘編斷碣，搜考殆盡。從來著述家所抄，未有若此之富者也。"

王原跋曰："原學文於先生，嘗聞爲學由博而入，歸諸潔净精微，乃臻極至。基始之難，莫如考據。若夫論世辨物，必要諸瑣屑，不如是不能極其情狀，識其歸趣。是書之輯，殆亦博文之別流，掌故之小乘也。"

竹垞在翰院有《瀛洲道古録》，使官翰林者知職守之所在。被謫後留都居古藤書屋，著《日下舊聞》。

《東湖集》："中秘書在文淵之署，約二萬餘部，近百萬卷。刻本十三，抄本十七。"

《鬱岡齋筆麈》："文淵閣藏書皆宋元秘閣所遺，雖不甚精，然無不宋元板者。因典籍多，贅生既不知愛重，閣老亦漫不檢省，往往爲人竊去，今所存僅千百之一矣。”

《明成祖實録》：“永樂四年，上視朝之暇，御便殿閱書史，問文淵閣經史子集皆備否。解縉對曰：‘經史粗備，子集尚多闕。’上曰：‘士人家稍有余貲尚欲積書，況於朝廷乎？’遂召禮部尚書鄭賜，命擇通知典籍者四出購求遺書，且曰：‘書籍不可較值，惟其所欲與之。’又顧縉等曰：‘置書不難，須常覽閱乃有益。凡人積金玉，亦欲遺子孫。金玉之利有限，書籍之利豈有窮也？’”

《翰林記》：“館書目永樂間所定。三殿災，書籍淆亂，理二載而後復舊。”

《明世宗實録》：“嘉靖四十一年，選善書人百人，重録《永樂大典》一部。”以上俱録於本書。據此，《永樂大典》有二部。

　　文光案：朱氏原本採書千餘種，可謂博極羣書矣。而官本所增補多至三倍，可知天府所藏非外間所得見，而學問無窮博，固不足矜也。徐氏以原書爲未有若此之富，使見官本，又將何如稱頌也？

《江南通志》七十六卷

康熙二十三年

官修本。前有序文，凡例，目録。一圖考，二沿革表，三星野，四祥異，五疆域，六山川，七風俗，八城池，九兵制，十河防，十一江防，十二海防，十三水利，十四封建，十五户口，十六田賦，十七漕運，十八關税，十九鹽政，二十驛傳，二十一蠲卹，二十二物産，二十三職官，二十四公署，二十五學校，二十六選舉，二十七祠祀，二十八陵墓，二十九古蹟，三十帝王，三十一名宦，三十二人物，三十三孝義，三十四列女，三十五隱逸，三十六流寓，三十七仙釋，三十八方技，三十九藝文。

序曰："江南地居藩首，財賦繁重，文物宏多。通志卷帙勢難從簡，然既奉部頒秦、豫二志爲式，則不得不刻意裁斂，以就謹嚴。周侈淹通，非所尚矣。"

"建置沿革，以論爲綱，以表爲目。綱舉其要，目舉其全，凡論所弗及，詳於表著之，表所不必贅，則於縣詳之。前後互見，以省繁文。此仿史體也，亦遵《河南志》例也。"

"山川之利，鹽筴爲大，因時制宜，期於公私互濟。兹所引不厭其詳，錢法附後。"

"黄河爲患大矣，由前史迄本朝，悉紀年月。其隨宜施治之策，亦見一斑。"

"江防、海防應繪全圖，用識要害。"

"處士易盜虛聲，盛代何容肥遯。隱逸一途，寧嚴勿濫，所以杜終南之徑，防北山之文也。"

"釋道流品溷雜，且依託雲水，踪迹難稽。兹擇〔一〕著聞者登之，俾清净門庭，一掃蕪穢。"

"六朝偶儷之作，柔曼之音，濫觴江左。陳言務去，僞體須裁，宜於是編三致意焉。文則取其根本經術，詩則取其溯洄風騷，非合是選暨有關地方者摒擋殆盡。若奏疏碑銘之類，掌故足徵，在所當録，勿拘體裁。"

熊賜履《下學堂書目序》曰："七年之中積八萬餘卷，合前共十萬卷有奇。繕寫目録，構屋五間，額曰'下學堂'。"

《河南通志》八十卷

雍正九年

官修本。伏讀《四庫全書提要》曰："河南之名，宋代惟屬洛陽一郡，故宋敏求作《河南志》，僅記西都典故而不及他州。自明初設河南布政司，所屬八府實跨河以北，而未有統爲一書者。明嘉靖中始創爲之，亦僅具崖略而已。國朝順治十八年，復加續修，條理粗備，黃之雋謂康熙中嘗頒諸天下以爲式。後閱六七十年未經修葺，郡邑分併與新制多不合。雍正九年，河東總督田文鏡承命排纂，乃延編修孫灝、進士顧棟高等開局蒐討。文鏡歿後，王士俊代爲總督，乃成書表上。"

《續河南通志》八十卷

乾隆三十二年

官修本。首聖制四卷，前有序例，銜名、目録，十志各有子目。輿地志曰輿圖，曰沿革，曰星野，曰疆域，曰山川，曰城池，曰公署，曰壇廟，曰陵墓，曰寺觀，曰古蹟。河渠志曰河防，曰水利。食貨志曰田賦，曰户口，曰積貯，曰漕運，曰鹽法。學校志曰學宮，曰禮樂。武備志曰兵制，曰郵傳。職官志曰總部，曰文職，曰武職，曰名宦。選舉志曰進士，曰舉人，曰武科。人物志曰列傳，曰孝友，曰文苑，曰列女。藝文志曰賦，曰詩，曰疏，曰贊、頌、銘、策論、辨、考、傳，曰序跋，曰記。凡子目三十九。舊志分四十四門，不立十志之綱。謹案：十志首聖制不在八十卷内，其餘門類仍依舊次，已見前志者不復載，間有所遺依類補入。

余奉簡命巡撫河南，檢閱通志缺而未備。徵士之博洽多聞者於三十一年春二月開局於開封，蒐討排纂，越明年五月書成。長白阿思哈序。

前志輿圖自併分易隸之後，形勢頓異，因別繪一圖以備參考。分野舊説率多異同，今據史爲編，庶補前志之缺。壇廟惟祀典之正則書，鄉俗所建多不可紀，槩不書。寺觀惟名蹟古刹則書。古蹟見在者書，廢置者亦書，既興懷古之思，亦寓存羊之意。黃河爲害滋甚，故前志獨詳。今書宜防事宜一一書載，另列章程附後。

河渠尤關民利，再三加意，務極詳明。食貨仿《漢志》，戶口田賦悉依新定《賦役全書》。前志兵制甚詳，今多更定，故悉從新例。職官志照前志，名宦另列。藝文選擇頗嚴，前志逸者補十之三四。奏疏係地方利害者悉爲載入，不厭其多，崇實政也。災祥、封建、風俗、物產諸類，前志已詳，兹不重述。沿革依前志作表，復加考證，而三十年間所更易者，悉爲釐正。田賦曰則壤，曰成賦，曰雜賦。民地分一則、二則、三則，有上、中、下，有沙地、礆地、好地，別有更名地、衛地、額外地諸目。民地有九則、五則之不等，有金地、銀地、銅地、鐵地、石地之不同。漕運水道詳前志，所續爲漕糧。學校後志書院。職官總部自總督至道，文職自府以下，武職自城守尉以下。豫志文獻無徵，且迫以歲月，載籍未備，於府、州、縣志中參互裁酌，必求至是。

汝州攀龍附鳳碑，虞世南書。字大如斗，辟易萬夫。立伊陽學宮後壁。

劉青芝國朝人。《韓文公河陽人辨》曰：“河陽，古孟津，武王會諸侯於此。春秋時爲晉河陽地，漢置河陽縣，明爲孟縣，今仍之。南陽以郡言，懷、孟皆其故地。南陽故城在修武，明《志》以公爲修武人，誤矣。今修武四邑皆爲南陽。《新唐書》云，公鄧州南陽人。宋子京不解古有兩南陽，遂以太行南大河北之南陽爲嵩山南漢水北之南陽，而妄加鄧州二字也。舊書云公昌黎人。昌黎韓公，猶隴西李氏，乃氏之通稱，史體亦不應爾。公祖塋在孟縣蘇家庄古尹村也。左臂高塚爲公埋骨處，旁一小邱被盜發，驗其誌石，乃公子昶墓銘也。文公塋名黃龍飲水形。”

《山西通志》二百三十卷

雍正十二年

官修本。前有序例，纂修職名。目録，曰圖考、曰星野、曰沿革、曰疆域、曰城池、曰關隘、曰山川、曰水利、曰學校、曰公署、曰田賦、曰鹽法、曰風俗、曰物產、曰兵制、曰武事、曰驛站、曰古蹟、曰帝王、曰封爵、曰氏族、曰科目、曰職官、曰名宦、曰人物、曰孝義、曰隱逸、曰寓賢、曰列女、曰仙釋、曰藝術、曰祥異、曰祠廟、曰寺觀、曰陵墓、曰經籍、曰辨證、曰遺事、曰藝文、曰雜誌，凡四十門。

舊志始於明成化甲午，督學僉事胡謐創修。越九十年嘉靖癸亥，督學副使周斯盛重修。越五十九年萬曆辛亥，按察使李維楨重修。至國朝康熙壬戌，學使劉梅重修。凡五易稿，越九年而告竣，分類三十有二。今則較舊加詳，訂訛補缺，差為美備。

晉志文獻不足徵，自程機《上黨記》、王松年《三晉記》外，其見於《四庫書目》者，止傳《太原事蹟雜記》、《壺關錄》以暨永寧公、狄梁公諸記傳。其見於《崇文總目》者，止傳龍門、王屋、羊角山記，《鹽池錄》，《晉陽見聞要錄》以暨溫公、豐公諸事狀。遐搜博覽，裁酌折衷，毋敢濫，毋敢苟，必求至是。

三晉古稱用武地，十六國割據，迄遼、金、元南北紛爭，代有兵革。明世廟時，俺答憑陵，或歲一至，或歲數至，被禍尤酷。隆慶後休養數十年，至懷宗末造，闖賊又起。入本朝乃有姜逆之亂。為守御，為剿撫，亦守土者所宜取鑑也。舊志無武事一類，今補之。

舊志不志封爵，然晉自上古臺駘實沈以來，唐虞三代班瑞析圭，漢唐功臣食邑，公主湯沐。十六國春秋更不可殫述。迄有明，晉藩與國終始，河山帶礪，是亦稽古之一助也。若仿龍門為世表，簡帙太煩，且疑於史矣，故僅署始封以概其後。

晉之方技較他國為奇古，如古董父、劉累之豢龍，師曠、師涓之曉音律，卜招父、桑田巫之占筮，蓋聶、衛縚之擊劍戲車，郭璞之數學，內史叔服、姑布子卿、李淳風之相術，扁鵲之為醫，利物濟時，非尋常方技者比，故另志藝術。

山西舟檝不通，書賈絕迹，自古少收藏家。然天地大文《虞書》、《夏書》、《汲冢周書》，皆晉書也。元立經籍所於平陽，明養德書院時雕遺書，今備列其目，令學者集古廣益焉。

晉著姓最多，甲於齊、秦、楚。其後支分派別，各氏其氏，而溯厥初祖，不過數大姓，故仿後魏《官氏志》、唐《宰相世系》之義，志氏族。

宋司馬光《易説》三卷、《繫辭説》二卷。司馬光等《無逸講義》一卷。司馬光、程灝、張載三家《冠婚喪祭禮》五卷。司馬光《古文孝經指解》一卷，又《孝經錯緯》。司馬光等六家《大學中庸解義》。司馬光《大學中庸廣義》一卷、《疑孟》一卷。司馬康《孟子解》二卷。以上經。

司馬光《資治通鑑》二百九十四卷，又《通鑑舉要曆》八十卷，《通鑑前例》一卷，《稽古録》二十卷，《曆年圖》六卷，《通鑑節要》六十卷，《帝統編年紀事珠璣》十二卷，《歷代累年》二卷，《修書帖》一卷。司馬康《通鑑釋文》六卷。史炤《通鑑釋文》三十卷。王應麟《通鑑地理考》一百卷，又《通鑑地理通釋》十四卷。胡三省《通鑑廣注》九十七卷，《論》十篇，《辨誤》十二卷。金楊云翼《續通鑑》。宋文彥博、高若訥《紀年通譜》十卷。晉汲冢《古文瑣語》四卷。郭璞注《穆天子傳》六卷。王勃《漢書注指瑕》。王應麟《通鑑答問》四卷。張栻《通鑑篤論》三卷。范冲編《司馬光紀聞》十卷。金元好問《野史亭稿》，吕思誠等《金史》本之。婁機《通鑑外紀辨證》。晉王接《列女後傳》。《冊邱儉記》三卷。唐太行山人韓昱《壺關録》一卷，紀李密事。武后《列女傳》一百卷，《孝女傳》二十卷，《古今內範要略》十卷，《保傅》七卷，《鳳樓新誡》二十卷。以上史。

司馬光《涑水紀聞》三十二卷、《日記》一卷、《文中子傳》

一卷、《河外諸目》、《温公朔記》，又《續温公齋記》。文彦博、高若訥《大饗明堂記》二十卷。文彦博《大饗明堂記要》二卷、《潞公私記》一卷。司馬光《徽言》三卷、抄諸子書《道德經注》二卷、《潛虚》一卷、《集注四家揚子》十三卷、《集注太元》六卷、《家範》十卷、《師望元鑒》十卷。以上子。

唐《樊宗師集》二百九十一卷、《詩集》一卷。司空圖《一鳴集》三十卷，又《擬綸集》兩篇、《詩集》十卷。宋《高若訥集》二十卷。《文彦博集》三十卷、《補遺》一卷，又《顯忠集》二卷。《司馬光集》八十卷，又《全集》一百一十六卷、《續詩話》一卷。王晟《絳守園池記注》一卷。薛瑄《河汾集》，門人張鼎輯。以上集。

郭璞撰《水經》三卷，《注山海經》二十三卷、《音》二卷、《圖》十卷、《圖贊》二卷。司馬光《遊山行記》十二卷、《書儀》八卷、《涑水家儀》一卷、《居家雜儀》一卷、《百官公卿表》十五卷、《官制遺稿》一卷、《學制遺稿》一卷、《切韻指掌圖》一卷、《名苑類編》四十四卷、《宗室世表》三卷、《臣僚家譜》一卷、《醫問》七卷、《占課禽宿情性訣》一卷。南宋賈淵《十八州氏族譜》百七十餘卷。唐高士廉《大唐氏族志》百卷。文彦博《藥準》一卷。魏王象《皇覽》四十餘部，每部四十一篇，通八百余萬字。以上補遺。

《禹迹圖》在稷山保貞觀，共石五千七百八十一，志《禹貢》山川古今州郡。潘師旦《絳帖》二十卷。薛尚功《重廣鐘鼎篆韻》七卷、《歷代鐘鼎彝器款識法帖》二十卷。劉次庄《絳帖釋文》二卷。黃庭堅《絳帖跋》一卷。榮芑《絳帖釋文并說》一卷。無名子《絳帖字鑑》二卷。姜夔《絳帖平》二十卷。韓霖《絳帖考》。《東庫帖》二十卷。元李肯堂《西溪法帖》。明晉世子奇源《寶賢堂帖》十二卷。靈邱府朱𪷁鍾《崇理帖》一卷。王元雅《清晝堂帖》。陶滋《石鼓正訛》一卷。李中馥《石鼓考》。隋王劭《開皇二十年書目》四卷。唐薛稷等《道藏音義目録》一百十三卷。柳仲郢《西堂書目》。宋《晉陽王氏碑目》。明韓霖《卉乘樓書目》。金王庭筠《品第法書名畫記》五百五十卷。以上法帖書目。

　　文光案：經籍一卷，以經、史、子、集爲次，擇其有切於考證者録之，不遍及也。温公所自著凡九百四十卷，今所存者不及其半。樊宗師所著，余僅見一文一詩。《一鳴集》抄傳本只有文十卷。《潞公集》求之三十年尚未得也。其他亦多所未見。志中以婁機爲明人，以《樂府詩集》爲一卷，時有小誤，惟名家著述散佚殆盡，深可惜也。藝文有《禹貢地域國序》，又孫沖《絳守園池記序》，皆可備參考。古蹟類有可補《山右金石志》之缺者，宜摘出以備增修。文潞公有《汾陰寶鼎賦》，見《圖書集成》。藝文中失載，宜補入，可知潞公集久不傳矣。石刻有未載者，《蘭亭序》上黨本舊在長治縣署，縣令苟好善於署內瓦礫中得之，筆法瘦勁有神，後有董文敏跋。今在咸陽程杏牧家，建寶蘭軒藏之，石尚完好。潞府有黃庭經《荷花札》二帖，與《蘭亭》一時刊行，則是帖亦明代所摹刻也。陶淵明手書《雜詩》石刻，今在沁州張氏致遠堂。靖節一書法未有稱及者，張孝程得所草《雜詩》十二首，古勁流逸，墨蹟宛然。携至京，鑴之石。是卷有武后手書御覽及鳳閣小璽，前有袁昂、沈約二跋，後有狄仁傑等奉敕題，又王十朋跋。所來甚遠，固不偶也。《聖教序》集右軍書，在太原府學。劉儒秀跋云："《黃庭》、《蘭亭》楷，《荷花札》草也。潞已俱刊行，行如《聖教序》，獨可缺乎？"故今陽曲崔尹廷槐詔原生銜模諸貞瑉，而布諸學宮云。三石惟《蘭亭序》、淵明詩爲希世之珍，而吾晉之誠堪寶也。集右軍書有在絳州夫子廟者，宋人所集，見《金石萃編》。有在長子縣慈林寺者，唐人所集，見《潞安府志》。有在安邑縣運城察院者，宋人所集，見《授堂金石三跋》。其他處集右軍書者甚多，摹刻形似，風流都盡矣。

《山西志輯要》十卷

不著名氏

合河康氏本。此與《清涼山志輯要》同爲康氏所刻，袖珍本，板甚精工。前有凡例，謹遵《大清一統志》并參省志以輯其要，以府、州、縣分編，繪圖二十弁於各卷之首，無經籍、藝文二門。

孝文碑在右玉，可辨者六十餘字，漢孝文帝駐兵於此。孔子廟庭碑，魏太和元年立，在鳳臺。先師像，吳道子筆也，今在長子先師廟。夫子廟堂碑，顏真卿書，在太原儒學。

唐太谷令安廷堅美政碑，唐房璘妻高氏書，筆劃遒麗，不似婦人。唐高氏鐵彌勒像頌碑，在交城縣。歐文忠云：“予入晉中拓得高氏碑二通，宛然二王家法。”張懷器去思碑，盧照隣撰，在翼城縣。魏文侯墓碑，在孝義。“壯觀”，李太白書，在渾源。宋祚德三侯廟敕碑，元封四年七月詔封程嬰成信侯、杵臼忠智侯，賜敕建祠。崇寧三年又封韓厥爲義成侯。廟在太平縣。魏賈逵碑，歐陽修書，在曲沃縣。按本傳逵爲絳縣長，降賊。而碑云爲賊所執，不屈而已。陳壽作傳好奇，所得非實。姑射山南洞古碑，唐物也。字畫甚精，在臨汾縣。宋文廟記碑，在高平，有吳道子畫像，最真。宋二聖配享碑銘，石高丈餘，二聖謂太祖、太宗也。宋邢昂墓詩碑，文彥博、范仲淹等十四人贈詩，在太原縣。王輔道《紫團詩》石碣，在壺關。金趙秉文草書《陰符經》，元遺山題名。元西蜀廉訪使梁公神道碑，趙子昂書。梁公禱雨碑。宋嘉禾碑。金王拱碑，在山陰。石鼓在天鎮。宣和尚書省牒，金許安仁書，勒石并爲之記。金翰林侍讀學士王晦碑。唐泌水碑，虞世南書，在文水縣學。金建太清觀碑，大定初狀元李俊民撰，在陽城。周八士墓，在猗氏，明隆慶中崖裂石出裁辨。唐崔府君墓碣，在沁源。金楊文獻公神道碑銘，在樂平。智伯鐘在盂縣。宋學士張商英碑。白書梵字，在五台。天涯石鼓在崞縣。禹廟題名石刻。文水縣城西二十五里石峽山洞中，藏陶淵明白蓮社文、《金剛科儀》等書。錄於古蹟類。

　　文光案：舊本《山右金石志》只載碑目二百餘通，余考之諸書，又得百餘通。茲所錄者，皆舊本所無。光緒己丑重修《山西通志》，聞《金石志》已成，錄得千餘事，可謂富矣。此數條未知收入否？尚未及檢對也。余幼遊綿山，見有金時碑，未及細考。余村西資壽寺有元朝碑，由是推之，深山古刹，窮搜力采，必有所得。物聚於所好，特患好事者無其人耳。摩崖、宇廟中記無甚考證，而書法佳者爲上。余曾收得數十種，搨工不佳，精采頓失。荒塚古墓，偶有所得，其文可以證史，則不論其字之工拙，皆可貴也。又府縣志有關金石者，亦不可忽。余嘗讀阮氏《積古齋鐘鼎款識》，衍聖公府所藏有慮㡰銅尺，"慮㡰"二字不解。後見《五台縣志》，乃知縣故漢慮㡰縣也。《地理志》屬并州太原郡，顏師古音爲"盧夷"。某縣偶忘縣名。有毌邱儉墓，毌，古貫字。按：志以毌邱冠名者不一人，則毌邱爲複姓。余初知儉爲三國魏人，既又知爲山西人，又知毌邱爲複姓，則志之有益於讀書可知也。五代時刻《文選》者爲毋昭裔，王明清誤以毌邱儉，則毌邱之外，又有毋姓，氏族之難明如此。碑可證史，其用甚廣。宋韓侂冑，"侂"字不知所出。偶閱《絳志·碧落碑》，"託"作"侂"。此碑唐韓王元嘉四子爲母房太妃立，侂冑名本此。偶舉一字，可例其餘。然據碑以證史則可，執碑以疑史則不可。《三國·魏志·賈逵傳》以逵爲降，碑以爲不屈，碑在曲沃，但言不屈，未言及死。歐公遂疑壽《志》失實，則泥碑故也。逹之遺愛在人，是其實蹟，惟降與死不能明，裴注引《魏略》，以爲賊郭援捕得逹，諸將逸之，與壽《志》不同。未可意斷。碑固有不足信者。李靖《上西岳文》，昔人多議其僞，王氏《金石萃編》以文義證之，僞尤顯然。若此者，不必辨也。

《山東通志》六十四卷

康熙十一年

官修本。前有康熙十一年禮部諮文，次凡例十二條，次修志姓氏。總裁：山東巡撫趙祥星。纂輯：樂安生員李煥章、益都生員薛鳳祚、濟陽生員張爾岐。次目録，凡圖考一卷，建置、沿革二卷，星野一卷，疆域一卷，山川二卷，風俗一卷，物産一卷，封建一卷，戸口、田賦一卷，衛所戸口、田賦一卷，城池一卷，學校一卷，兵防一卷，河防、漕河一卷，鹽法、驛傳一卷，古蹟一卷，宮室一卷，祀祠一卷，陵墓一卷，公署一卷，橋樑一卷，職官二卷，選擧二卷，聖賢一卷，雅樂一卷，名宦七卷，人物七卷，孝義、隱逸、仙釋、流寓、方技、列女各一卷，藝文十二卷，災祥一卷，雜志一卷。按明《志》五十二目，又附十目，刪併爲三十八目，與《四庫》所著之本不同，因詳録之，使讀者有考云。

修志之役，欽奉諭旨，遵照河南、陝西《通志》，接古續今，纂輯成書。故是書綱目、體例一如兩書。例。

黄河入山東二百里，漕河入山東七百餘里，曰河、曰閘、曰湖、曰泉、曰淺、曰壩，舊志疏漏者詳明開載，備書治法。例。

詩文用二志式，以各體彙編爲卷，凡經傳、史集、撰述出自東土者，悉載其目於藝文之前。例。

泰山曰天孫，言上際也。四方施舍，歲不下萬金，皆有司掌之，以濟一方之用。

東海曰渤海，北海亦稱渤海。東海中有蓬萊、方丈、海市、樓臺、城郭、人物、旌旗之狀。

《括地志》：「兗州曲阜西南三里有闕里，中有孔子宅與廟。」謂之闕里者，《水經注》云：「孔廟東南有雙石闕，即靈光之南闕，北即殿基。又其東有兩觀闕。闕里之勝，環以洙、泗，二水之中，即夫子講堂之所也。」《從征記》曰：「洙、泗二水交於魯城東北十七里。郭緣生謂泗水在魯城南，則非矣。」楊奐《東遊記》：「孔林東三里講堂也，林與堂俱在洙北泗南者是已。」

漕運，昉於《禹貢》之入河達河。汶水自古東北入海，以智力導引，使南接淮泗，北通白衛，實自元人始，終元之世海運不廢。明尚書宋禮等復浚會通河，於是漕利通而海運罷，膠萊故道亦遂湮廢。漕河者，萬世之通利也；海運者，備不虞之變也。膠萊故道，翼海運以成功也，皆不可廢也。漕河起臨清至徐州七百里，置閘四十四，入黃河。伯顏始創海運，未幾，又開會通河。

分野有三，其一時憲曆，新法；其一大統曆，明時舊法；其一漢、晉《天文志》及古法。明末湯羅來自西域，殫精講解。皇清用之爲時憲曆，轉入較細，故漢世之差以日計。今差不過分，其疏密何如也？

　　文光案：此志爲薛氏所纂。薛氏長於曆學，故其說曆可
　　觀。所著有《曆學會通》，凡數十種。余有其書。詳見《疇人
　　傳》。

《東坡集》：「河北、京東，天下視爲安危。」半指今東省地。周封齊、魯爲諸侯雄，而曹、莒諸國亦多在山東。魏、晉之間，封其地者，止食其租。唐、宋徒有爵名，無復胙土。迨明初酌古定制，開封錫田，而封建之典復存於郡縣之中矣。唐制，諸王亦存虛名，受封之始，內府需給，其後不過食解租於京師，不得治於其國。肅、代而後，田氏據七州，李氏據十二州，朱滔以賜據

二州，皆今山東地也。宋鑒藩鎮之禍，諸王封爵僅止其身，王爵無世襲也。

山東臨黃河地方，上自河南考城縣起，下至江南碭山縣地界止，共長二百里。　河防一門，著歷代黃河之決。　明總督河道潘季馴《河議辨惑》七條。

曲阜自大庭、炎帝、金天氏，凡三建都。

　　文光案：《藝文》首皇清御製，歷朝御製。次典籍，分經、史、子、集。經部備收鄭氏、二孔、二王五家之注，間引陳《錄》、晁《志》。子部有《黃帝八五經》一卷，謂八卦、五行、相墓、德用；又注《難經》五卷，皆所未見。次詩、賦、表、疏、序、碑、論、議、對、頌、說、贊、銘、文、辨、書、傳、考、記，凡十九目，皆集類也。宋薛近洙《博文約禮論》謂訓詁割裂文義，與聖賢心法相去甚遠。論雖高而不真切，蓋欲合博約爲一，而未免混博於約。凡所謂博，皆約也。大抵博約之說確當者極少，理學家棄博而言約，漢學家舍約而言博，博與約幾成兩事。薛論以躬行言之，不知行博行約，皆說不去。或又言一貫，更失由博反約之旨，不可爲定論也。

《廣東通志》六十四卷

雍正九年

官修本。前有進書表，凡例，修志官員，目錄。首爲典謨志，以下曰星野、曰輿圖、曰疆域、曰沿革、曰編年、曰禮樂、曰海防、曰山川、曰城池、曰水利、曰學校、曰公署、曰坊都、曰貢賦、曰兵防、曰屯田、曰鹽法、曰職官、曰選舉、曰封蔭、曰名宦、曰謫宦、曰人物、曰列女、曰風俗、曰物産、曰古蹟、曰壇祠、曰塋墓、曰仙釋、曰嶺蠻、曰外番、曰藝文、曰雜事，凡三十五門。伏讀《四庫全書提要》曰："此雍正七年廣東巡撫郝玉麟等承命所輯，開局於雍正八年六月，竣事於九年五月。告成視他省爲獨先，故中間或沿襲舊文，失之冗蔓；或體例不一，彼此牴牾，皆未能悉加訂正。然首尾詳明，可資檢閱。"

首列詔詞爲《典謨志》，緣舊志抑諸《藝文》，近不庄也。并《禮樂》、《編年》、《海防》玆四卷，俱屬新增。

粵東沿革繆轕特甚，尋源竟委，冀免晦雜。《疆域志》據前總督吳興祚進呈刻本。粵東事略自五帝顓頊始，暨今雍正八年，記以年經月緯，曰《編年志》。南海縣有編年府志，亦多此例。謹訂現行大典曰《禮樂志》。舊志《職官》始自前明，今補秦漢迄元，以存歷代官制。謫宦萃於廣南，仙釋夥於韶惠，各加捃載。海澨山陬，嶺蠻殊族，悉爲編入。至外番貢舶由廣東者，細載方物；島洋接廣東者，略紀風土。藝文以行遠也，大而夸，廉而劌，迂而固者，雖出鉅手，未敢輕躋。舊志殿以後論，游談無根，今惟附"謹案"數語。

顓頊創制九州，南至於交趾。堯命羲叔宅南交。舜巡狩至衡山之南，奏韶樂於其上，因名韶州。夏禹聲教訖於四海。《通典》："至南海交趾。"商湯始定南越獻令。《周書》："諸侯來獻方物，定爲獻令。"周武王十三年，南海定爲藩服。成王七年，周公測景至於南海。《通曆》："周公問商高，立周髀以測日景。"王會諸侯，南人致衆者皆北向。注云：南越，今廣東地。宣王二年，命召公虎疆理南海。顯王三十五年，越伐楚，楚子大敗之，越遂散處江南海上，是爲百粵。秦始皇南征百粵，悉定其地，置南海郡。漢高帝元年，南海尉任囂卒，趙佗代爲尉。佗改南海爲南武，自立爲南武王，都番禺。十一年，封佗爲南越王。佗入貢，築臺朝漢。高后五年，佗背漢稱制。文帝元年，諭南越王佗稱臣奉貢。武帝建武四年，南越王佗卒，孫胡嗣。

海防第一爲嚴洋禁。引明萬表、唐順之二家之説。

分茅嶺在欽州城西三百里交趾界，山頂茅草南北異向，馬援立銅柱於此。各志俱誤載在城西南三百六十里，非欽州境矣。

廣州府城，周報王初，粤人公師隅爲越相，度南海築城，號曰南武。任囂、趙佗相繼增築，是爲越城。後稱五羊城。《寰宇記》云，周時南海有五仙人，騎五色羊，各持穀穗，一莖六出，衣與羊色各如五方。遺穗與州人，騰空而去，羊化爲石。城號五羊以此。趙佗始築之，在廣州府南海縣。

《沿革表》與《河南志》異，《學校》附社學、義學、書院。

鐵柱十二，周七尺五寸，高〔二〕一丈二尺。五代南漢鑄建乾和殿，在南海。銅柱在州治西貼浪都古森峒上。雁塔在東莞縣道家山，宋淳祐中建。邑有舉進士者，題名其上。羅、浮二山合體，上有石室七十二間。南海廟銅鼓大者，自海中浮出，有花草蟲魚之狀。九成臺舊名聞韶臺，宋改今名，在韶州府。

《峒溪纖志》：“李德裕卒於崖州，子孫遂爲獠族，數百人自相婚配。贊皇誥敕尚存。”

銅柱非一。《異物志》：“昔馬文淵積石爲塘，達於象浦，建金標爲南極之界。”《林邑記》：“馬援植兩銅柱於象林南界，今尚存。”《隋書》：“劉方敗林邑，經伏波銅柱南，八日至其國都，石刻紀功。”《唐・南蠻傳》：“林邑南大浦有五銅柱，馬援所植也。唐明皇時，何履光以兵定南詔，復立馬援銅柱乃還。”柳文：“安南都護張舟復立銅柱”，“元和中馬總建二銅柱於漢故處”。《五代史》：“馬希範平羣蠻，自謂伏波之後，立銅柱於溪州。”

文光案：銅柱之説甚多，余備録之以資考證。伏波銅柱或以爲二，或以爲五，必有一誤，當細考也。《唐書》所云復立銅柱，或因其廢而重鑄之，或因其圮而復立之，皆未可知。今之銅柱果漢物耶？抑唐物耶？必當有辨之者。又案：舊志有黄佐序二。《蘇雷儋集》有明林齊聖序。元符三年，譚粹輯刻《羅浮集》，有自序。

校勘記

〔一〕"擇"，原作"釋"，據《江南通志·序》改。

〔二〕"高"，據《南漢書·高祖紀》補。

史部十一
地理類六

《四川通志》二百二十六卷

嘉慶二十一年

官修本。首聖制二十一卷，歷代誥敕一卷。前有序三首，奏摺一通，目録，凡例，重修職名并原修姓氏，原目，原序三首，附明人序五首。是書分十二志，天文志曰星野；輿地志曰建置沿革，曰疆域，曰形勢，曰山川，曰江源，曰堤堰，曰城池，曰公署，曰關隘，曰津梁，曰祠廟，曰寺觀，曰陵墓，曰古蹟，曰金石，曰風俗；食貨志曰田賦，曰户口，曰徭役，曰榷政，曰鹽法，曰茶法，曰錢法，曰木政，曰倉儲，曰蠲賑，曰物産；學校志曰學校，曰書院，曰祀典；武備志曰皇朝武功，曰兵制，曰屯田，附屯練、團練，曰驛傳，曰鋪遞，曰邊防，曰土司；職官志曰題名，曰政績，曰忠節，曰謫宦，曰雜傳；選舉志曰進士，曰舉人，曰貢生，曰武科，曰封蔭，曰薦辟；人物志曰忠節，曰孝友，曰行誼，曰隱逸，曰流寓，曰藝術，曰仙釋，曰列女，曰雜傳；經籍志曰經部，曰史部，曰子部，曰集部，曰別部，曰附録；紀事志曰紀事，曰西域；雜類志曰紀聞，曰外紀，曰祥異，曰辨訛。凡七十子目。此志體例謹嚴，搜採繁富，其成書之歲月甚寬，故得以悉心商訂，裁酌盡善，補闕增新，不濫不略。其沿革表先冠以圖，後終以説。詩文分繫於山川古蹟之下，尤便循覽。凡所引證，俱注出典。各門小序，文皆典雅，且多實際，非若雍正《廣東志》諸序之多浮詞也。徵引舊事條理井然，不知幾經刪潤而後成書，非若升菴之鹵莽從事也。閲開卷分野一篇，已異於他志矣。因詳録之，以備修志之式云。

星野謹遵《大清一統志》所定，附採各史占驗於後。

地圖四隅八至，多與鄰境相錯。兹每繪一郡，先以墨點畫清邊界，凡境外毘連之邑與水道經流所在，亦各繪出，使知境外之某某州縣即在本邑之某某隅，不必注明若干里，一覽可知。江源一門分條詳記以補舊志之闕。蜀稱沃野千里，專指成都而言。此外重山峻阪，耕鑿維艱者十居八九。通省水利悉資堤堰，兹直以堤堰名之。金石舊附於古蹟之末，今別爲一目，徧采諸書，詳加考證。

舊志兵制只列官名，於營衛佈置之宜、邊裔控馭之要，概未之及。今分別詳列，復録重臣奏疏及改設營制之由，附於其後。團兵於蜀地尤要，保障全蜀之良法也。土司舊志頗詳，今加釐正。

職官悉遵皇朝職官志，各立一表，表各有説。

史家之體，彰癉并行，志則隱惡揚善，然好惡之公不容偏廢，使前愆炯鑒常懸心目，未必不收懲創之益。昔陳壽作《益都耆舊傳》，末有雜傳記；歐陽修撰《五代史》，記別立雜傳，兹仿其例。

經籍志敬遵《四庫提要》之例，凡蜀人著録彙爲一編，其詩文則散附山川、古蹟門内，賦居首，文次之，詩又次之[一]。衷録藝文，必有關於蜀中山川風土、利弊因革者，嚴其程格以定去存。若一一登載，是選集，非作志體也。有袁氏《成都文類》、楊氏《全蜀藝文志》，在兹弗概及。舊志有古帝王、僭竊二門，分標名目，牽綴不倫，兹取三五以來創業傳緒及封爵賜土者爲一卷，乘時割據及寇賊姦宄者別次一卷，總名爲歷代紀事，成敗顛末，悉著於篇。

志中徵引各書，以《大清一統志》爲首，其餘各書俱依時代詮次。節錄各史原文，不敢增改。徵引各書，無所附麗而足資考證者，均載雜類志。其遺言畸行爲紀聞，貞符咎徵爲詳異，搜神志怪爲外紀，各門紀載之傳聞異詞者爲辨訛。考證異同，詳加甄錄，綴於末簡，即以爲全志之總彙也可。以上凡例。

嘉慶十五年，予奉命制蜀，索省志閱之，與今多不合。舊志成於雍正八年，迄今八十年未嘗續修故也。有堂方方伯亦以爲言，遂奏請開局。以有堂在蜀最久，一切委之。自壬申春肇事，訖甲戌冬稿本初就，而有堂卒删訛補遺又年餘，乃克成書。卷凡二百二十六，視舊志撰次較爲得體，而卷帙之增不啻十倍過之。夫江水出於巴薩過拉木山，黑水實爲喀喇烏蘇河，此桑經、酈注未悉之山川也。職貢極於廓爾喀，郡縣列於大小金川，此堯封禹甸未辟之疆域也。糧站抵於唐古特，屯戍接於巴勒布，此漢主唐宗未立之邊防也。賨[二]人斂舞而力農，巴女罷歌而輸織，此太史公未錄之土風也。升菴以放廢老滇，此度以亂離去蜀，此陳承祚未紀之耆舊也。眉山之義旗拒賊，石砫之嫠婦勤王，此常道將未誌之士女也。獻賊以竊據被誅，教匪以左道致戮，此張唐英未編之檮杌也。江源繪於蕃部，天文畫於鶉首，此唐宋未緝之圖經也。茶綱通乎藏衛，鹽井濟於滇黔，此班固未書之食貨也。嗚呼！備矣。爰綴是序以誌顛末云。嘉慶二十年歲次乙亥嘉平月，總督四川等處地方、志勇巴圖魯長白常明撰。

　　文光案：舊志四十七卷已稱詳備，此則詳而又詳。武王代紂，巴蜀從之，前歌後舞。見《華陽國志》。

黃帝時已有蜀山氏，而《牧誓》之庸、蜀更無論矣。其開國於蠶叢魚鳧以前者，不知幾千百年，惜乎揚雄《蜀本紀》不存，而羅泌掇其殘闕編於《路史》，猶可約略。舉似志地理者，可不知所昉乎？國朝雍正七年，各直省始修通志，四川因明志而衰益之。兵燹之後爲之誠難，今則湮埋。盡發私家，亦有成書，及此修輯，固易事也。吾師松雲先生方守成都，力主其事。先聚書數千卷，金石文復數百卷，延楊蓉裳户部、譚鐵簫司馬發凡起例，總其大綱。又妙簡寮屬，廣攬儒紳，分司其目，銖積寸累，日計歲要，蓋四閲寒暑，此書之遷久而難成乃如是耶！四川布政使、陞任云南巡撫古閩陳若霖撰。

> 文光案：方方伯名積。松雲李先生名堯棟，浙江人。楊户部名芳燦，江蘇人，官户部員外郎。會典館總纂譚司馬名光祐。并繪圖所列銜名八十人，三江四十人。當時人才會聚，文獻皆足，故較諸志爲美備也。

古九州分野，書不傳，《史記·天官書》或有沿誤。《漢書》言巴蜀分野，誠爲特見。《晉志》雖詳大旨，不出於班《書》，支離穿鑿，以求合於《天官書》。舊志據之，誤矣。唐一行《兩戒山河説》，頗有精義，劉誠意、薛儀甫諸人多採之。然細按其説，間有附會，未爲盡善也。今遵《大清一統志》爲斷。

> 文光案：分野之説，不免衆議，非深通其故者不得其解。各省志皆有分野，聊以備其門目而已。

盟吐蕃碑，在前藏之伊克招廟大門右，上刻長慶初唐與吐蕃會盟之文。按長慶乃穆宗年號，《西域志》及《西藏志》、《衛藏圖識》屬之德宗，誤甚。

中和三年，賜功臣劍南節度使陳敬瑄鐵券文。

王象之《輿地碑目》，搜羅最富。李調元《蜀碑記補》十卷，能補王之漏略。兹本王、李二家所輯，加之考證，而以器物譜附焉。

舊志古石刻二十三，皆古名，書内有仙筆四，今在成都至公堂。漢《文翁石柱記》即《周公禮殿記》。

《碑目考》：雁塔題名在赤水縣廨。宣和間，柳璃始刻置長安慈恩寺。榮州雁塔題名，開禧二年立。宋代榮州登進士科者一百五十五人。

石皷在定遠廳東北七十里，高八尺，寬如之，左右二面平如皷。顏書"霄漢閣"三字，在廣安治西。

畫苑碑在蒼溪縣，晉顧長康畫，《雲臺山記》。又飛白書"峻仙洞"三字，其大如箕。

瘞麟銘在巴州，淳化中牛生麟，民以爲妖而斃之，瘞於縣北十五步。楊義仲作銘。

唐萬歲通天碑在石泉縣前，內供奉書手王惠元書，其石清亮類玉音。新絳帖，資州石刻，今佚。

趙明誠跋《漢巴官鐵量銘》在巫山縣。《漢鹽鐵盆記》即《巴官鐵量銘》，永平七年。

銅碑在莪山絕頂，光可鑒面。高四尺六寸，立風雨中幾二百年。刻王毓宗文，皆記潘藩造金殿事。

"大莪石"三字，呂純陽書，在神水側。

梁縣藏經閣鐵瓦三片，上有"大周二年"四字。

石本九經，孟昶時所刻，平泉令張德釗書，在成都學宮。眉州得一石鼓，高三尺，類岐皷，無文可考。

諸葛石皷與八陣相對，武侯用以教戰。漢南夷爲變，武侯爲之作圖譜，先畫天地、日月、君長、城府，次畫神龍生彝、牛、馬、羊，後畫部主吏乘馬，幢蓋，巡行安卹。又畫牽牛負酒，齎金寶詣之之象。以賜夷，夷甚重之。又賜瑞錦鐵券。　諸葛銅鼓九十三面，奇文異狀，疑武侯製以鎮蠻。　西昌縣有銅鼓，大如斗，篆文不可識。

明萬曆中，總督李化龍收軍中銅鍋改鑄鼎，頒發各土司，刻銘其上，永爲鑒戒。李化龍鑄銅柱，高一丈三尺，刻銘其上。

西充縣南岷寺銅尺，兩股可開合，寺僧世以一人藏之，疑爲隋程真人故物，鑴有"西洋鏡尺古越陳惟謙製"字。岷山寺即程太虚修煉故處。

晉刻漏，相傳爲郭景純守嘉州日所製，規制奇絕。范成大有《銅壺閣落成》詩。

昆明傅順孫令德陽時得古鼎，高三尺五寸，厚二寸，圓四尺五寸，龍虎雕畫，細如毛髮。其質非鐵非石，體作丹砂駁文。發之，黃金滿鼎，可百餘斤，身後子孫蕩盡。蓋許真君作丹代民租，以其餘瘞地中而人不知，迄今千有餘年。

《郫縣志》：甕夫人像鑄甚精巧，皆刻甕夫人字，不知何代人也。甕店即夫人所居。

資州博雅堂記碑，今佚。宇文紹奕聚書萬餘卷，手所校録者幾半。爲資守摹刻漢石經及他碑凡五十四卷，覆以石柱大廈，名其堂曰"博雅"。資縣旗鼓寺前岡特起一石，高五丈餘，題曰"天柱"。

> 文光案：蜀中金石最富，又多奇石，而《全蜀金石志》未見。此志據楊、李二家之書，不免遺漏，而考證亦疏，非專門之書故也。諸葛銅鼓有僞造者，并無奇形異狀，亦無刻字，而肆中居奇，甚可怪也。孟蜀石經傳本也少，宇文所摹漢石經未知世間尚有其本否。蜀中新出土碑甚多，金亦不止《通志》所載，定有金石家收拾成書，不至終湮没也。經藏當附於經籍之後，志入之金石類，未允。今録於後。

蹇氏祖蹇叔。唐有侍臣曰蹇道原，從僖宗西巡。僖宗謂曰蹇不利東北，因更氏曰蹇。

> 文光案：蹇叔之後傳至唐末，可謂盛矣。屈原《離騷》"吾令蹇修以爲理"注："蹇修，伏羲之臣也。"則蹇姓其來更

遠。蹇，跛也。《庄子》“聾盲跛蹇”，《易》“王臣蹇蹇”。古本作“謇”，忠貞也。“寋”義未詳，字書有“謇、寋”二字，或刻本訛作“寋”，未可知也，俟再考。

晁《志》、馬《考》不過條其篇目，撮其意旨，非列詩古文詞以爲藝文。至楊慎采摭篇什，始變其例。西蜀自漢以來名作如林，《四庫》著錄以外，見於全史及諸家書目者尚多。謹遵《全書》之例，分類排纂，并節錄提要大凡。而遺佚諸書亦附存其目，間采前人論説於後，蓋亦仿陳《錄》、朱《考》之遺意也。

唐李陽冰《説文》刊定《説文字原》一卷。賈耽見陽冰書，歎其精絶，因命陽冰姪騰集《説文》目録五百餘字刊於石，以爲世法云。

宋李燾《紹興日曆》一千卷，重修《徽宗實録》二百卷，《考異》二十五卷，《目録》二十五卷，《國朝史稿》五十卷，《思陵大事記》三十六卷，《阜陵大事記》二卷。

晉陳壽《益都耆舊傳》十四卷，又《益州耆舊雜傳記》二卷。元費著《氏族譜》。唐李遠武《孝經》一卷。

明范文光《豳風考略》三卷。吳三桂據蜀，欲招致之，仰藥死。詳見《劍閣芳華集》。

元趙世延、虞集同編《經世大典》，凡十篇。

五代蜀楊九齡《經史目録》七卷。宋劉涇《成都刻石總目》一卷。楊慎《水經注碑目》一卷，疏舛特甚。西川李氏《萬卷樓書目》十卷，李調元撰。

明趙台鼎《脈望》八卷，雜論三教，於道藏尤詳。

萬曆初，楊應龍爲播州宣慰使，恃險作亂。總督李化龍討平之，著《平播全書》十五卷。

唐大陶《潛書》四卷，略仿《論衡》，凡九十七目，自心性法術以至處世淑身之理，無不具列。陶與魏禧友善，故其文格相類。

李舜臣《江東十鑑》，徒爲大言，未核事勢也。李道傳《江東十考》蓋補其父之書，然皆儒生坐談之見也。書各一卷，十考有自序。《潛書》、《十鑑》，國朝人所著。

梅彪《百藥爾雅》二卷，釋諸藥隱名，元和丙戌自序。

元費著《歲華紀麗譜》，自正月元日迄冬至日，各紀其遊宴盛事。又撰《氏族譜》，自吳氏至新都沈氏，凡四十五族，表宋朝以來世系之盛。二譜皆附於《風俗志》後。《氏族譜》本書重出，宜刪前一條。

《道園遺稿》十六卷，虞集從孫堪編，較《類稿》多五百餘篇，以補學古之遺也。《道園集》八册，前七册題《學古錄》，後一册題《類稿》，皆不列卷數，疏舛實多。首題崇仁虞集，其生平詩文皆自稱蜀人，不當以僑寓之地改其祖貫。此必撫州書賈所爲，欲引集以重其鄉土，不足據也。虞伯生《詩續編》三卷，詩九十餘首。有至元後庚辰劉氏日新堂識語，題目字句往往舛訛，坊賈射利之本也。

來知德《釜山詩集·游吳稿》，有自序，凡詩三百餘首。

胡世安《秀巖集》三十一卷，凡詩二十二卷，文九卷。前有順治丙戌自序。卷首逸目十六種，存目十九種，中已刻者十種。今所見者《異魚圖贊》、《褉帖綜聞》、《操縵錄》數種而已。冷時中《石皷吟》一卷。

《劍閣芳華集》二十卷，明費經虞及子密輯明代及勝國蜀中諸遺老詩。

《成都文類》五十卷，宋程遇孫等撰。按諸家著錄皆稱宋袁説友編，是本前有袁序，蓋慶元五年爲四川安撫使時所作。然卷首別有銜名一頁，程遇孫等凡八人，而不列説友之名。説友序亦無自爲裁定之語。然則此集之編出説友之意，此集之成則出八人之手，當時原本題識本明，後人因序而誤題，非其實矣。凡賦一卷，詩歌十四卷，文三十五卷。上起西漢，下迄孝宗淳熙間，凡一千篇有奇，分爲十一門，各以文體相從，故曰《文類》。

文光案：《四川經籍志》五卷，附錄一卷，凡宦遊於蜀及蜀中所輯刻者爲附錄，較《山西經籍志》略有考證，未甚詳明。凡時代皆冠於第一人之首，以方圍之，不便檢尋。其中足資考證者錄之，以備修目，非挂漏也。《潛書》不盛傳，知者亦少，余有其書，未細審也。《道園類稿》、《學古錄》，自元至今刻者甚多，或有卷或無卷，其本不一，惟《遺稿》未見。余所見《草廬集》凡五十卷，黄籤校正本未見刊行，外間恐無其書。《成都文類》，《簡明目錄》著錄五十卷，此即《全蜀藝文志》之祖本也。蜀人宋李燾、明楊慎著述最富，此志搜括殆盡，然巽巖之書多不傳。《長編》有新校本，《繫年要録》有新刊本，其餘未見傳本。升菴之書多瑣碎。李雨村刻入《函海》。經部明人著述無可取者，集部浮濫詩文并目可棄，故所録者甚少也。

楊慎《藝文志序》曰："先君子在館閣日，嘗取袁説友所著《成都文類》、李光所編《固陵文類》及《成都丙》、《丁》兩記，《輿地紀勝》一書，上下旁搜，左右採獲，欲纂爲《蜀文獻志》而未果也。辛丑之春，大中丞東臯劉公編録全志，而謬以藝文一局委慎。乃檢故簏，探行篋，參之近志，復采諸家，擇其菁華，襭其煩重，拾其遺逸，翦彼稂稗。支郡列邑，各以乘上。又得漢太守樊敏碑於蘆山，漢孝廉柳庄敏碑於黔江，文無銷訛，刻猶古剞。乃博選而約載之，爲卷尚盈七十。中間凡名宦游士篇詠關於蜀者載之，若蜀人作僅一篇傳者非關於蜀亦得載焉，用程篁墩《新安文獻志》例也。諸家全集如杜與蘇，盛行於世者祇載百一，從吕成公《文鑑》例也。同時年近諸大老之作皆不敢録，以避去取之嫌，循海虞吳敏德《文章辨體》例也。開局於静居寺宋、方二公祠，二十八日以畢，乃屬鄉進士劉大昌、周遜校正而付之梓人。"

文光案：周復俊所編《全蜀藝文志》凡六十四卷，視《文類》爲詳，案語亦多所考證。升菴所編不祇以《文類》爲藍本，且蒐採有年，故視周書爲尤備。若《文類》，則遺漏多矣。

漢制設爵二等，曰王，曰侯。異姓以功封者謂之徹侯，大者不過萬家，小者五六百戶，以爲差降。其諸侯功德優盛，朝廷所敬異，有賜特進者，其位在三公下。其次列侯有功德，天子命爲諸侯者，謂之朝侯，其位次九卿下。又有關内侯，以封臣子有功者，雖有侯號而居畿内，無國邑。晉封建五等之制，王公分大國、次國、小國，以下有公、侯、伯、子、男。又王有縣王，公侯有郡公、郡侯。縣王制度如郡侯、郡公。宋、齊、梁皆晉制。隋制，國王、郡王、國公、郡公、縣公、侯、伯、子、男，凡九等。至煬帝，惟留王、公、侯三等，餘并廢之。唐制爵九等，曰王，曰嗣王、郡王，曰國公，曰開國郡公，曰開國縣公，曰開國縣侯，曰開國縣伯，曰開國縣子，曰開國縣男，皆有封邑。凡封戶三丁以上爲率，歲租三之一入於朝廷，食實封者得真戶。宋建爵之等猶沿唐制，唯食邑有一萬戶、八千戶、七千、六千、五千、四千、三千、二千、一千戶、七百、五百、四百、三百、二百、一百戶之差。文臣少監、少卿以上，武臣副率以上，内職崇班以上有封爵。丞、郎、學士、刺史、大將軍諸司使以上有實封，但以增戶數爲差，不系爵級。邑過其爵，則并進爵焉。縣公或贈侯者，無"開國"字。元制爵八等，王正一品，郡王從一品，國公正二品，郡公從二品，郡侯正三品，縣侯從三品，郡伯正四品，縣伯從四品，縣子正五品，縣男從五品。凡勳爵郡王、郡公時有除拜者，餘則止於封贈用之。明制，有親王以封同姓，有公、侯、伯以封功臣及外戚，有流有世功臣則給鐵券。其封贈之典，凡公、侯、伯之進封，皆遞進一等。公、侯、伯視一品，生曰封，死曰贈。

國朝自親王、郡王而外，有公、侯、伯、子、男五等，其中又各分三等以爲差次，皆世襲。至任子之法，即古之所謂世禄，漢以來，吏二千石以上視事滿三歲，得任同産若子一人爲郎。名公鉅卿出於其途者甚多。

文光案：此條可考歷代封爵之制，故録之。任子自漢劉向始，胡庄敏從全史中輯得四百餘人，美惡備載以自鏡。其書已著録傳記類，兹不復贅。漢制無專書，王應麟《漢制考》亦未詳備，可與魏了翁《古今考》參看。《古今考》漢制甚詳，此書乃讀《史記》、《漢書》者所不可少之書也。

巴蜀在上古即通中夏，後以秦、楚阻隔不得與列國會盟。至漢世而炎祚，四百始終，梁、益之間遂爲王迹所肇。自時厥後，割據寇攘，代有其人。俶擾之餘，綏靖匪易，未可略而弗識也。

黄帝之子昌意居蜀。昌意子三人，長乾荒取蜀山氏女曰樞，生顓頊。夏禹生蜀，《水經注》曰：“廣柔縣石紐山，禹所生也。”《括地志》：“山在汶川縣。”《華陽國志》：“武王伐紂，實得巴蜀之師。”《牧誓》：“庸、蜀、羌、髳、微、盧、彭、濮人。”又赧王元年，秦封子通國爲蜀侯。周失綱紀，蜀侯蠶叢始稱王。《左傳》：“巴子使韓服來聘，請鄧爲好。”原按：“巴蜀封國久遠，事見經傳者皆在周時。”

漢高祖起漢中，即古梁州。夏殷之交爲蠻夷地。秦置漢中郡，漢高改梁曰益，武帝分隸益州。昭烈帝都蜀。晉成都王穎，武帝第十六子也，太康八年受封。永興二年，穎據洛陽，劉興以僞詔賜死。隋蜀王秀，高祖第四子也，好武藝。帝嘗曰：“秀必以惡終。”宇文化及欲立秀爲帝，羣議不許，於是害之。唐玄宗幸蜀，改成都曰南京。上元元年罷。僖宗幸蜀，避黄巢之亂。唐封蜀二十三王。宋封蜀八王。明封蜀十九王。

後漢公孫述據蜀，劉焉、劉璋牧蜀。晉李特據蜀。南北朝梁武陵王紀據蜀。五代王氏據蜀，孟氏據蜀。宋有王小波、李順之亂，王均之亂，吳曦之叛。元明玉珍據蜀，號曰大夏。明李自成寇蜀，張獻忠入蜀。明中葉蜀盜劉烈嘗劫漢中，所至相驚，官軍圖形捕之，終不得。保寧賊藍廷瑞自稱順天王，鄢本恕自稱刮地王，其黨廖惠稱掃地王，衆十萬餘，延蔓陝西、湖廣之間。嘉靖間，白蓮邪教之江津人周嘉，大足人蔡伯貫、田絖等，皆妖妄嘯聚，旋即撲滅者也。

　　文光案：《紀事》二卷，用紀事之體，如公孫述據蜀、李氏據蜀之類，悉其本末，引書而件繫之，條理井然。《雜類志》引書最多，間有複出者。卷帙既多，在所不免也。終以辨訛，皆舉舊志之訛，條分而詳證之。蜀志紀載之書十倍於他方，故修志者得所依據，然疑誤即從此生，故又不得不辨。茲所辨者，據其所知言之，其訛實不止此也。是書以雜類爲志，終覺未安，雜傳自是史體，雜類則子部之名目也。大抵志書名目全美者甚少。帝王體尊勢重，與僧竊門連綴，固屬不倫；居人物之前，亦不可。或改作編年，或改作紀事，編年則時代不能相屬，紀事則本末未必兼備，二者皆有所未允。帝王事具專史，不待志傳，讀史可也。

　　明神宗慈延寺敕書：「命所司印造全藏，六百七十八函，施捨在京及天下名山寺院。本寺僧敬奉珍藏，不許褻玩。特賜護敕，以垂永久。欽哉！故諭。萬曆四十年六月十五日。」寺在峨眉山。

　　文光案：此《經藏》也，大致與《道藏》相類。《恒山志》備列其目，子書最多。《道藏》有借抄借校者，而《經藏》無聞，則知者少也。川志於此等處亦不留意，蓋以所頒皆釋典，而不知其不儘然也，故特表而出之。

《湖廣通志》八十卷

康熙二十三年

官修本。前有序例，目錄，修志姓名，圖考。凡分三十一門，曰建置沿革；曰星野，附祥異；曰疆域，附形勢；曰山川，附關津橋樑；曰風俗；曰城池；曰兵防；曰堤防；曰封建；曰戶口；曰田賦；曰物產；曰職官；曰公署；曰學校，附貢院，書院；曰選舉，附武勳；曰祠祀；曰陵墓；曰古蹟，附寺觀；曰帝王，附后妃；曰名宦；曰人物；曰孝義；曰列女；曰隱逸；曰流寓；曰方技；曰仙釋；曰藝文；曰雜辨；曰備遺。藝文三十四卷，幾部之半，其他甚略。湖北、湖南各有專志，此則其合編也。

楚之士大夫奮庸熙載於朝，耆儒宿學就閑修德於家，皆好學深思，殫見洽聞，各出所知，闡揚逸事。是集也，序次有規，編輯有體，分條析目，據事直書，俾山川風俗、人物土宜、因革損益，蓋莫不昭陳燦列，瞭如指掌。臣不敢妄出末見，以考訂刪補於萬一。竊以爲天下之大，文章茲編其一也。巡撫湖廣臣王新命謹書。

《禹貢》荊州之域、商奄九有，始言荊楚。自春秋垂戰國，楚延袤六千里而遥。伏羲之後爲風國，在今沔陽州。《元和志》云："州本古之風國，今五華山有風城，即古風國之故城云。"祝融地無考。神農氏起於厲山，在今隨州厲鄉。師古注："隨，故厲國也。"有苗，緒雲氏之後，爲諸侯作五虐之刑，殺戮無辜。堯遏絕其世，舜竄其惡甚者於三危。迨三危既宅，大有功敘，乃其次之。在舊都者尚桀驁不服，又命禹徂征，七旬乃格。三苗本有苗之族，分爲三，在長沙、衡陽之間。今爲猺洞。

漢獻帝時，長沙桓氏死，月餘復生。武陵女子葬於城，十四日復生。

　　文光案：《小學》云，人固有死而復生者，此其證也，説部所載甚多，不止於此。

嘉靖五年麻城婦生兒兩頭、四臂、四足。

萬曆五年，均州有山西蒲州僧明惠朝山，化爲驢，五日死。

《福建通志》七十八卷

乾隆二年

官修本。此即《四庫》所著録者。卷首典謨四卷，圖一卷，次序例，目録，纂修銜名。凡三十門，曰星野；曰建置沿革，有表；曰山川，曰疆域，附形勝；曰城池，附水利橋樑；曰風俗；曰物産；曰田賦，附鹽課；曰户役，附屯政；曰典禮；曰祠祀；曰兵制，附驛站；曰封爵；曰學校，附社學、書院并正音書院；曰公署；曰職官，官制一卷，歷代職官題名八卷。曰名宦；曰選舉，附武科、武功、任子；曰人物；曰孝義；曰文苑；曰流寓；曰隱逸；曰列女，分名媛、節孝、貞烈三目；曰方外；曰技術；曰古蹟，分宮室、寺觀、宅墓三目，附石刻；曰外島；曰雜紀；詳異一卷、叢談二卷。曰藝文。著述一卷，表疏、文記、詩賦十卷。因舊文而增所未備，考證亦詳。

七閩久增爲八，臺灣設而爲九閩，福寧陞而爲十閩。其中縣復分縣，縣復改州，大非昔日規模。而閩海之外，臺領四縣，延袤數千里，盡入版圖。至我朝爲最大，至吾閩爲獨遠，於此觀極盛焉。

閩故瀕海，於周爲閩。漢初爲蠻服，漢遷民於江淮而虛其地。唐隸嶺南道，改隸江南東道，遥控之而已，而説者謂文物之盛肇於唐。迨其末，爲王氏所據。五季之間，攘奪無虛日。宋初，陳洪進納土，稱威武軍，其後理學、氣節遂高天下。然屬兩浙西南路，不得入省會。元則併入江西行省。省之建自明祖平陳有定後始也，明之時科名盛焉。

《禹貢》：“揚州之域，閩亦其地。”《周禮·職方氏》：“辨邦國都鄙以及七閩、九貉之人。”鄭注：“閩，蠻之別也，熊渠之後。叔熊自濮如蠻，後子孫分爲七種，故謂之七閩。”

少康封庶子無餘於會稽，守禹塚。無餘二十傳爲勾踐，又六世至無疆，爲楚所滅，子孫播遷海上。七世至無諸，爲閩越王。秦并天下，取百越爲閩中郡，閩越王廢。漢高帝復立之，都冶。成王封熊繹於楚蠻，其五世孫熊渠得衆心。秦屠睢始經略，稱閩中。唐大曆六年始名福州，爲福建。

通志即小史、外史所掌。明翰林黃仲昭修《八閩通志》，世稱善本。《八閩通志》大目十八，小目四十二，合八府一州之事以次列之，爲八十七卷。唐林諝《閩中記》十卷。黃璞《閩川名士傳》，明王應山《全閩大記》五十卷。《閩都記》三十二卷。明何焵《閩書》五載始成，葉向高序。《閩大記》、《中記》俱未見，今所傳者惟《小記》。馬森、陳暹皆富藏書，鄧原岳、謝肇淛、曹學佺皆有書嗜，見《閩小記》。

樂章依部頒新本。閩多封土。選舉，非立三不朽爲邦國光者不入。閩省烈女最著。非閩而繫屬於閩者爲外島。例。海島全圖十一葉。

考亭書院。鼇峰書院。鼓山。木蘭陂。壺公山。南浦橋。武夷山。九龍灘。

《建寧志》云："朱文公倡道東南，彬彬然道義之鄉，登館閣者輩出，里中絃歌相聞。"

《六一歸田錄》："蔡君謨爲永叔書《集古目錄序》刻石，字尤珍重。慶曆六年，蔡襄知州日，作《太平聖惠方後序》，親書於碑。"序見《三山志》。

文光案：興化府多蔡襄石刻，襄宅在府城南門外。《端明集》難得，此志藝文中尚可採輯。君謨所書《茶錄》不一本，如右軍《禊帖》。俗傳襄爲蛇精。

王十朋《蔡襄集序》曰："遺文郡與學皆無之，訪於故家得其善本，教授蔣君親手校正之，鋟板於郡庠，比它集爲最全。"

文光案：此集爲王梅溪守溫陵郡時所刊，不記年月。古、律詩三百七十首，奏議六十四首，雜文五百八十四首。君謨兩守溫陵，故故家有其集。歐公稱其文清逴粹美，後有善文詞好議論者，莫能改。《簡明目録》著《蔡忠惠集》三十六卷，而傳本絶少。余求之數十年竟不一見，因於藝文中録得文數篇，詩十餘首。其文雖不及歐、蘇，亦自成家，而人鮮稱道，蓋以書法掩其風節，并掩其文章也。地志中所採詩文浮濫，固所不免，而名集之散佚者往往有之，不可忽也。

宋陵收骨事，王英孫所爲。王好客、唐玉潛、林霽山皆在其門，因時忌諱，故私志有異同。當時共事者不止一人，如鄭朴翁、謝皋羽皆在其中。

陳第《尚書考》。考古文篇次。林侗《來齋選古》十卷、《井野識塗》一卷，《昭陵石蹟考略》一卷，《金石考略》三卷，合刻。李忠定新、舊《年譜》一卷，有序。蔡襄《奏議》十卷，《莆陽居士集》三十六卷，《荔枝譜》一卷，《茶録》二卷，《墨譜》一卷。朱子《生徒問答》八十卷，《別録》十卷。鄭厚、鄭樵《二鄭詩集》一卷，《二鄭六經圖辨》一卷，鄭樵《夾漈〔三〕書目》五十八部，《西溪文集》十五卷。方崧卿《叢書老人集》一卷。周之夔《海寇策》。

文光案：《來齋金石考》，《四庫》著録，凡二百二十碑，皆目所親見者。《荔枝譜》、《茶録》有石刻，在《古香齋帖》中，餘書俱未見。鄭樵，莆田人，居夾漈山。

何喬遠《閩書》云，延平府尤溪萬山之中有巫師之傳，習爲符呪。蠱事發，供吐請神，呪“茅山一郎、茅山二郎、金華小姐、梅花小娘，蠱到爐前，存留形迹。”

琉球國在大海中，始名流虬，言地形如虬浮水面。一作流求，《元史》曰瑠求，永樂中改琉球國。有三十六島。蘇録國在西洋海島中，爲猓子種類。雍正五年來貢方物。

《福建續志》九十二卷

乾隆三十三年

官修本。首典謨四卷，補圖一卷。我朝《福建通志》一成於康熙甲子，再成於乾隆丙辰。此本概從舊志分之，自爲一書，合之可成全帙。其與前志異者，星野折衷於《數理精蘊》；沿革一遵《皇輿表》；易賦役爲户口，以本朝盡罷雜役，滋生日繁故也。彙輯防邊事宜附於兵制之内，以永息海氛故也。此其例之最佳者。人物之前立理學一門，猶《宋史》例也。移技術於列女之前，置方外於列女之後，而附以寺觀，微意存焉。以雜記殿志末，於義亦允。其他前志所遺者補之，已採者不録，踵事增華，於前志多所補正，在諸志中可推傑作。

郡國之志始於常璩，閩志則晉太守陶夔倡爲之，書未及傳。宋咸淳中，知州梁叔子輯《三山志》，元致和續之，久亦遂廢。明時通志有三獨黄氏所撰，世稱詳核。國初康熙中，詔修《一統志》，廣徵直省諸乘，時福建則鄭宫諭開極修之。雍正間，謝閣學道承即鄭本復輯，皇上御極始進，即兹編所謂前志也。予得披閲八閩掌故，自儕外史，附鄭、謝兩志而列名於後，亦平生之厚幸也。賜博學宏詞出身、山東按察使、前翰林院編修仁和沈廷芳拜譔。

　　　　文光案：時先生在籍，主鼇峰書院講席，延修續志，詳文所謂名宿在兹是也。此志有福州府城、三山全圖，嵩山書院，太姥山，釣龍臺。

前志有十郡分表，無總部表，實爲疏漏，今志補之。福建省布政使司。夏商揚州。周七閩地。秦閩中郡。兩漢閩越國。三國吴揚州建安郡。晉揚州建安郡。宋、齊、梁、陳江州建安郡。隋泉州。唐嶺南道。五代福州大都督府。宋兩浙西南路威武軍節度使。元福建行中書省。明福建布政使司。

　　文光案：此條志沿革甚詳，一覽可知，勝於前志，故録之。自晉以後，分郡析州，總表最詳。陶唐氏始立城郭，流虯之都如丸螺浮海上。

七閩爲周所服國，考《史記·楚世家》，叔熊乃周宣王時人，其子孫不應先見於周官，鄭注最確，賈疏誤。

　　文光案：此條可知考證之精，故録之。

《理學》六卷，按史傳重編，與前志人物門所載不同。三代之隆，道在鄒魯。宋之中葉，道在濂洛。南渡以來，羣儒講述，道在於閩。海濱鄒魯之稱，誠爲不誣，故各綜其行事而別爲此志。陳祥道、鄭樵雖非理學正傳，以著述宏富，足翼吾道，咸并列焉。

　　文光案：理學一門雖沿《宋史》之例，而不列儒林，自爾允當。若《宋史》道學與儒林分傳，至今爲詬病，甚不可也。黄仲昭名潛，以字行，莆田人。《明史》有傳。

陳第《麟經直指》。曹學佺《春秋闡義》十二卷，《蜀中著作記》十卷，野史。宋蒲宗孟《省曹寺監事目格子》四十七卷。明羅泰《福建書目》。徐渤《徐氏家藏書目》四卷。林章《述古堂書目》二卷。唐黄滔《泉山秀句集》三十卷。宋曾慥《宋百家詩選》五十卷，《百家類纂》六百二十餘種。鄭方坤《嶺海文編》、《嶺海叢編》。明黄用中注《駱賓王詩集》十卷。

　　文光案：此志列經籍於藝文之前，書少故也。鄭方坤有《全閩詩話》并《全閩詩》，余已著録，而志未收。《文編》、《叢編》俱未見。全閩石刻多不存，志中所録惟磨崖石刻。

《榕陰詩話》云：“《二藍集》人無知者。《閩書》藍仁有《藍山集》，藍智有《藍澗集》。竹垞輯入《詩綜》中，以爲十子之先。閩中詩派實其昆友倡之。集本合刻，《藍山集》是洪武時刻，有蔣易、張椠[四]二序，與朱説合。而《藍澗集》究不可購，此集之亡久矣。”

　　文光案：《榕陰詩話》不知何人所著，當考。《藍山集》、《藍澗集》原本久佚，四庫館從《永樂大典》録出，各爲六卷，始有傳本。焦竑《國史經籍志》有仁集而無智集，則其佚更久。今時并出，何其幸歟！

《鹿川初集》：“全閩九郡一州，以福州爲省城，興、泉、漳在其南，爲下四府。福寧州在其東，俱處於大海。汀州在其西，延建郡在其北，爲上四府，皆處深山。臺灣一府，又在大海千里中，全省東南之保障也。山則高峰萬疊，俯泰岱若培塿；溪則自辟源泉，不肯受鄰省涓滴。大海汪洋，萬里無際，江浙、登萊、關東、天津視若户庭，琉球、吕宋、蘇録、噶羅吧、暹羅、安南諸番若兒孫環繞膝下。氣象雄壯，非他省所可比倫。”以上皆録於本書。

　　文光案：《鹿川初集》，國朝藍鼎元撰，有通行本。鹿川講經世之學，所著《平臺紀略》已徵諸實用，與空言者大異，宜其書之流傳也。

《臺灣府志》二十六卷

國朝余文儀撰

官本。臺灣孤懸海外，自古不入版圖。明代爲紅毛所據，外無防禦，倭患蔓延。後鄭芝龍據之，亦負嵎猖獗，誠重地也。聖祖仁皇帝削平鯨窟，命靖海侯等俘鄭克塽。康熙二十三年，廷議設臺灣府，隸福建布政使司，領縣三，曰臺灣、曰鳳山、曰諸羅。雍正元年增設縣一，曰彰化，從藍鼎元平臺善後之議也。并增設淡水廳。五年增設澎湖廳。今領四縣二廳。郡志創始於康熙三十三年，觀察高君拱乾成之，凡十卷。其後副使劉君良璧重修於乾隆六年，凡二十卷。此志成於乾隆庚辰，爲綱十二、子目九十二。

前有序例、總目、全圖。其中如官庄、學田存留經費詳於他志。其船政、潮信、風信、番語、番曲、番社、風俗之類，則此志之所獨也。每門之後各有附考，則採諸書爲之，其草木蟲魚足資博物。得此一部，可作數十書觀之也。

明周嬰《東番記》。沈光文《臺灣輿圖考》一卷，《臺灣賦》一卷，《草木雜記》一卷，《流寓考》一卷。施琅《靖海記》二卷，《平南事實》一卷。季麒光《臺灣雜記》一卷，《山川考略》一卷，《海外集》一卷。沈朝聘《省軒郊行》一卷。林謙光《臺灣紀略》一卷。孫元衡《赤嵌集》四卷。郁永〔五〕河《稗海紀遊》一卷，《番境補遺》一卷，《海上紀略》一卷。藍鼎元《東征集》二卷，《平臺紀略》一卷。陳夢林《遊台詩》一卷。黃叔璥《赤嵌筆談》四卷，《番俗六考》三卷，《番俗雜記》一卷。三書共八卷，統名《台海使槎錄》。張嗣昌《巡臺錄》一卷。尹士俍《臺灣志略》三卷。張湄鷺《瀛壖百詠》一卷。劉良璧《臺灣風土記》一卷。六十七《臺海採風圖考》一卷，《番社采風圖考》一卷，《使署閒情》一卷。范咸《婆娑〔六〕洋集》一卷。庄年《澄臺集》一卷。

　　文光案：臺灣記載之書三十一種，作者十八人，皆志中所採錄。其中惟《東征記》、《平臺紀略》刻入《藍氏全書》，《番社采風圖考》刻入《藝海珠塵》，餘多未見，故此志可珍也。所錄番曲并竹枝，皆有注。坊肆傳《臺灣外紀》一書，書體甚俗而事則不僞。所記鄭芝龍始末甚詳，亦可觀也。此志災祥門記鄭芝龍、朱一貴事。成功，芝龍之子也，爲東海大鯨。《平臺紀略》所紀者，平朱逆事也。時鼎元在其兄總兵官廷珍幕中，故所見特詳。《東征集》六卷，皆案牘之文，代其兄作者也。此作二卷，豈本有不同與？

《赤嵌筆談》：「朱文公登福州鼓山，占地脉曰：龍渡滄海，五百年後海外當有百萬人之郡。」今歸入版圖，年數適符。

西瓜盛於冬月，臺人元旦多啖之。臺山無虎，故多鹿。熊類不一，豬熊、狗熊、馬熊、人熊，各肖其形。毛勁且厚，矢不能入。有利爪，能緣木升高，蹲於樹巔。

　　文光案：《臺灣府志》又一本，題巡臺給事中六十七、御史范咸重修。此本與余志悉同，而序跋各異，蓋非一板所刻。余本有庚辰自序，此本刻於丁卯，則余本依此本重刊，非依此本重修也。而兩序俱云取新、舊志增損之，不知何以雷同也。

《羅江縣志》十卷

國朝李調元撰

《函海》本。前有自序。

李氏自序曰：“取先君所纂舊志遍加考訂，復與登山臨水，凡有半碣殘碑，莫不手自摹搨。家故有萬卷樓，又復獺祭漁獵，互相校讎，去其無徵，摘其可據，歷三寒暑以成此書。所採金石文俱照式繪圖於旁，其門則分沿革、城池、縣署、名宦、各署、城內、東鄉、南鄉、西鄉、北鄉、人物、節孝、道釋、技術、土產，共十五門。藝文附見於名勝古蹟之後，以便查閱，皆低一格。有考證，則低二格，附‘按’焉。”

《汾州府志》三十四卷

乾隆三十五年

官修本。知府孫和相聘戴東原所修，考訂精核。爲例三十，曰沿革、曰星野、曰疆域、曰山川、曰城池、曰官署、曰食廠、曰學校、曰壇壝、曰關隘、曰營汛、曰驛鋪、曰戶口、曰田賦、曰鹽稅、曰職官、曰宦績、曰食封、曰流寓、曰人物、曰義行、曰科目、曰仕實、曰列女、曰古蹟、曰塚墓、曰祠廟、曰事考、曰雜識、曰藝文。首卷爲例言，爲圖，爲表。

體例應繫之府者，州、縣志固不得而詳。況各志具存，纂次多非其人，往往因陋就簡，稽其山川形勢及民間利病，啓卷茫然，用是訪輯成書，不敢少待矣。

志之首，沿革也，有今必先有古，古曰州、曰國，國有分邑，其後爲郡縣，又其後設州以統郡，郡以統縣。而隋唐間州與郡無別，惟稱名互改而已。明以來曰府、曰州、曰縣，其間分合移徙，隨時不同。昔人考地不詳，徒檢史書中涉乎西河、汾州、中都、平遥、介休、永寧之名者，取而列諸名宦、人物，因又祀於名宦祠、鄉賢祠。論其世，考其地，實非官於斯，産於斯者也。而此地之名宦、人物，往往遺失之。故沿革定而上考往古，乃始無惑。

分野次乎沿革，其說起於《周禮》。《漢書》以郡縣隸之，與古不合，蓋已失其傳矣。

文光案：由東原之説推之，人非其地，地無其人者，應不止一郡也。《汾陽縣志》亦東原同時所修，至今人并重之，修志者取以爲式。余家所藏府縣志甚多，不及備載。

校勘記

〔一〕"之"後原衍一"高"字，據嘉慶《四川通志·凡例》刪。

〔二〕"賨"，原作"賨"，據《華陽國志·巴志》改。

〔三〕"澡"，原作"浹"，據《宋史·鄭樵傳》改。

〔四〕"榘"，原作"渠"，據《千頃堂書目》卷十七改。

〔五〕"永"，原作"承"，據《稗海紀遊》改。

〔六〕"娑"，原作"婆"，據乾隆《臺灣府志》改。

萬卷精華樓藏書記卷四十八

史部十一
地理類七

《歷代宅京記》二十卷

國朝顧炎武撰

來賢堂本。首徐元文序，次阮元序，次目録。凡總序二卷，自伏羲氏都於陳，迄於元完大都城。關中四卷，雒陽三卷，成都一卷，鄴上一卷，鄴下一卷，建康一卷，雲中一卷，晉陽、太原、大名一卷，開封一卷，宋州、臨安一卷，臨潢一卷，幽州一卷，遼陽、大定、會寧、開平一卷。嘉慶戊辰五世姪孫錫祉跋。

徐氏序曰：“舅氏亭林先生繼古人絶學，當明之末，欲有所樹立。迄不得試，乃退著書以自見。有曰《肇域志》，囊括《一統志》、二十一史及天下府、州、縣之志書而成者也。繼又摘其有關政事者爲《天下郡國利病書》，而復彙從來京都沿革之故，參互考訂，輯成是編。余曩者大廷對策，謬荷先帝國士之知，先生勗語：‘必有體國經野之心，而後可以登山臨水；必有濟世安民之識，而後可以考古論今。’元文請事斯語。”

阮氏序曰：“寧人顧氏崎嶇南北，所考山川、都邑、城郭、宮室皆出在實踐。當先生盛游之時，一驘二馬，載書自隨。所至阨塞，即呼老兵土民詢其曲折，或與平日所聞不合，則即坊市中發書對勘。或平原大野無足留意，於鞍上默誦諸經注疏，偶有遺忘，則又發書而熟讀之。其精審如此。《肇域志》未成，其稿本散出四方者，雙行夾註，頗難讎校。惟《宅京記》爲顧竹樓所藏，釐訂修整，具有條理。然此書閣本有之，取而校其異同，不更善乎？"

顧錫祉跋曰："先五世祖所著《宅京記》，立齋徐相國曾爲之序。向未鏤板，祇以此書爲讀經史所急需，爰取家藏舊本，并遍假藏書精抄本細爲讎校，呈阮大中丞是正，序而付諸剞劂氏。《肇域志》散佚已久，僅存自序。行將訪求善本，續謀付梓。"

元世祖中統四年，陞開平府爲上都，至元元年改燕京爲中都，四年城中都，五年改中都爲大都，二十年完。

《揅經室集・肇域志跋》曰："世之推亭林者，以爲經濟勝於經史。然天下政治隨時措宜，史志、縣志可變通而不可拘泥，觀《日知録》所論，已或有矯枉過中之處，若其見於設施，果百利無一弊歟？《四庫書提要》論亭林之學經史爲長，此至論，未可爲腐儒道。此《肇域志》稿本，未成之書，其志願所規畫者甚大，而《方輿紀要》實已括之。此帙密行細書，無一筆率略，始歎古人精力過人，志趣遠大。世之習科條而無學術，守章句而無經世之具者，皆未足與於此也。"《肇域志》未見梓行，想已散佚無存。

《天下郡國利病書》一百二十卷

國朝顧炎武撰

抄本。莫《録》："稿本，皆細行雜鈔，不出一手。以朱筆校改誤字。每件後時有零星小件，行書密行，或亭林筆也。"末有黄丕烈跋曰："乾隆己酉秋，友人張秋塘以原稿示予，共三十四册，此亭林真蹟，是傳是樓舊[一]物。予以殘缺不及收。壬子秋，五柳書友[一]攜是書來，亟以數十金易之。每本旁有册數一至三十四，唯缺第十四本。今之强分十五爲十四者，僞作也。每本部葉標某省或某府字樣，次序先後，起自北直，而他省不分府，南[三]直獨分者，亭林所籍，紀載加詳也。每本有備録字。案《肇域志》序云：‘本行不盡則注之旁，旁又不盡則別爲一集曰備録。’則此書與《肇域志》相出入，否則如《利病書》序所云有得即録，共成四十餘帙，一爲輿地之記，一爲利病之書，兩書本合而存之與？《蘇州府志》載是書爲一百卷，而外間傳寫又分一百二十卷。今觀原稿并無卷次，則分卷之説，俱不可信。且各省先後傳寫本不復加原稿次第，其本數已分三十四爲六十，有原稿部葉別之，仍可弗亂。”此跋又見《士禮居藏書題跋記》。是書皆抄集志乘史傳，予在都門見此稿本，皆細行密書，索金一千，恐不足據。

《天下郡國利病書》一百二十卷

國朝顧炎武撰

龍氏本。道光三年甘肅鞏秦階道龍萬育仿聚珍板，合《讀史方輿紀要》刊行崑山顧氏二家之書，前有壬寅顧炎武自序，此未成之書也。

顧氏自序曰：“崇禎己卯，予秋闈被擯，退而讀書。歷覽廿一史以及天下郡國志書、一代名公文集，間及章奏文册之類，有得即録，共成四十餘帙。一爲輿地之記，一爲利病之書。兵火散佚，亦或增補，未定義例。又多往代之書，地勢民風與今不合，年老善忘，不能一一刊正，姑以初稿存之篋中，以待後之君子斟酌去取。”

阮氏曰：“《利病書》流傳雖多，强半爲抄手割落。《四庫書》中僅列存目，民間無從是正。”録於《揅經室集》。

《譎觚十事》一卷，見《亭林遺書》。自序曰：“僕自三十以後，讀經史輒有所筆記，歲月既久，自成卷帙，而不敢録以示人。忽見時刻尺牘，有樂安李象先名焕章。《與顧寧人書》，辨正地理十事，竊念十年前與此君曾有一面而未嘗與之札，又未嘗有李君與僕之札，又札中言僕讀其所著《乘州人物志》、《李氏八世譜》而深許之，僕亦未嘗見此二書也。其所辨十事，僕所著書中有其五事，然李君亦未嘗見，似道聽而爲之説者。而又或以僕之説爲李君之説，則益以見李君之未見鄙書矣。不得不出其所著以質之君子，無俾貽誤後來學者，非好辨也。諒之。"

文光案：舊刻《亭林遺書》十種，此其中之一種。吳震方刻入《説鈴》[四]。新刻本二十種，未及見。

《讀史方輿紀要》一百三十卷 　《輿圖勝覽》四卷

國朝顧祖禹撰　彭元瑞注

《敷文閣》本。龍萬育刊。前有景范自序三首，熊開元、吳興祚、彭士望、魏禧四序，凡例二十六則。是書皆取正史，故書名冠以讀史。原刻本最佳，龍刻活字本不善。

是書以古今之方輿衷之於史，即以古今之史質之於方輿，故曰《讀史方輿紀要》。

地理志始於班固，最爲雅馴。劉昭補《後漢·郡國》參入古今地名，爲功不少，所惜微有謬誤耳。《晉志》僅存郭郭，《齊志》略標形勢。沈約《州郡》詳而未精，魏收《墜形》穢而不備。《隋志》兼及梁、陳、齊、周，裨益頗多，而經緯未盡。劉昭《唐志》略於天寶以後，歐陽氏略於天寶以前，功過不相掩也。《五代史》薛《志》曾見數條，較歐《志》頗勝。歐《志》無乃過略，與宋《志》詳略失倫。遼、金二《志》，《金志》差勝。國初元《志》缺露又在宋《志》之下。是書本之正史，他書所見亦節取焉。

方輿之書，自經而外彬彬成家者，魏晉以降代有其人。原注：余輯《方輿書目》二卷，約千餘家。自唐以前傳者絕少，宋元可見者亦不過數家。《元和志》考古太疏。《寰宇記》引據不精，指陳多誤。《廣記》考核有餘，而於形勢險夷未盡晰。《勝覽》以下偏於詞章。

六經而外，《左》、《國》、《史》、《漢》皆有銓釋。古人散佚之書，見於古人援引者爲多，是書悉爲搜討。至杜、鄭、馬三家之書，其言方輿皆資採取，而杜氏尤長。王厚齋《玉海》一書，中所稱引類多精確，而《通釋》一種爲功於《通鑑》甚鉅。胡省之從而益暢其説，搜剔幾無餘蘊。余尤所服膺，故採輯尤備。

酈氏《水經注》，杜佑病其荒繆，蓋河源紆遠，尚依《史》、《漢》舊文，而江漢以南又皆意爲揣測，宜其未盡審也。若其掇拾遺文，參稽往蹟，良爲考古之助。余嘗謂酈氏之病在立意修辭，因端起類，牽連附合，百曲千回，文采有餘，本旨轉晦。使其據事直書，從原竟委，恐未可多求也。原注：河防籌海諸書，惟潘氏《河防》、張氏《三吳水利》二書差有可採。《川瀆》一書略仿《水經》，務期明確，無取辭費。

前代之史易讀，近代之史難讀。司馬公作《通鑑》，於《史》、《漢》、《三國》採取最多。晉宋而降，則旁稽博考，參取成書，其正史所存什或未能三四也。十七史以後，宋、元二《史》最爲蕪繆。近時史學益荒，方輿一家尤非所屬意。是書於宋、元諸史不能盡存，而近時聞見尤用闕如，蓋不欲以可據之方輿亂以無稽之記載也。原注：志猶憑實，史全踞虛。説者曰風后受圖，九州始布，此輿圖之始。山海有經，爲篇十三，此地志之始也。《周禮》大司徒而下，職方、司書、司險之官，俱以地圖周知險阻。蘇秦、甘茂之徒，皆據圖而言天下險易。儒者自鄭玄、孔安國而下，皆得見圖籍驗周、漢山川。余採集諸家圖説，手爲摹寫，既成，病其略，乃殫力於書。

余初撰次歷代鹽鐵、馬政、職貢及分野共四種，尋皆散佚，惟分野僅存，未遑補綴。其大略僅錯見於篇中，以俟他時審定。以上凡例七條。

戴氏曰："是書祇是大體好，細處未能盡善。"録於《東原集》。

彭氏曰："是書多詳山川阨塞，意主兵事，但取正史，故專而精。《利病書》凡邊防、水利、漕運、河渠、賦稅、户口、物産、風俗有關利病者著於録，其體更大，脫漏亦多，蓋惜乎其爲未成之書也。有此兩書，而《太平寰宇記》以下諸輿地之書皆讕言讇說矣。"録於本集。

江氏曰："顧祖禹，無錫人。父柔謙，字剛中，精於史學，著《山居贅論》一書。祖禹少承家訓，經史皆能背誦如流。性好遠遊，足迹遍天下，無所遇而歸，閉户著書。撰《歷代州域形勢》九卷，《南北直隸十三省》一百十四卷，《川瀆異同》六卷，《天文分野》一卷，共一〔五〕百三十卷；又用方法繪《地圖》四卷，總名曰《讀史方輿記要》。凡職方、廣輿諸書承訛襲謬皆一一校正，詳於山川險要及古今戰守之蹟，而景物名勝，皆在所略。其書可以不出户牖而周知天下之形勝，爲地理之學者莫之或先焉。世所稱三大奇書，此其一也。其二則《歷算全書》、《南北史合抄》。然合抄本人所易爲，李清書尤嫌疏漏，豈能與顧氏、梅氏之書稱鼎足哉？"録於《師承記》。

文光案：《南北史合注》江氏誤爲合抄，故云易爲。李清合注最精密，惟改易原文，既非延壽舊書，亦非自撰新書，不可爲訓也。三書之外，如秦氏《五禮通考》、畢氏《續通鑑》，皆奇書也，後有作者莫可及已。又案：《南北史合注》，《簡明目録》著一百五卷，而《四庫全書總目》不收，莫詳其故。此書傳本甚少，《師承記》所云恐亦是臆度之詞，未嘗親見其書也。

《一統志案説》十六卷，題曰"崑山顧亭林先生原本。"案：此書抄自《方輿紀要》，與《利病書》合刊，抄書時未及細檢，遂誤題祖禹爲亭林。又題徐乾學纂，亦誤。是書爲吳兆宜所抄，道光十五年張青選以聚珍板印行。諸家多言是書之僞，而不知雜纂《方輿紀要》總論爲一書。《顧譜》云坊賈所爲，不足辨也。

《杭志三詰三誤辨》一卷

國朝毛奇齡撰

《西河合集》本。是書因杭州舊志踳駁，故辨之。凡詰問者三條，誤有所由者三條，又附載宋之問《靈隱寺》詩、吳越王鐵幢浦二條。以爲不足辨者，不在所詰所辨之數焉。又《蕭山縣志刊誤》三卷，亦合集本。以《蕭山縣志》多所失考，因逐條爲之釐正，凡八十條。

《天下山河兩戒考》十四卷

國朝徐文靖撰

原本。《位山六種》之一。雍正元年自序，二年黃叔琳序。戒，界也。前八卷注唐僧一行《大衍曆》，後六卷參考晉、隋、宋三史，位山所附。前爲略例，後爲二十四圖。是書專言分野，故列之地理類。伏讀《四庫全書提要》曰："分野之說，見於《周禮》，保章氏以星土辨九州之地，所封封域皆有分星以觀妖祥。鄭注云'大界則九州'，州中諸國之封域，於星亦有分焉。其書亡矣。堪輿雖有郡國，所入度非古數也。如鄭氏所言，以九州爲大限，而諸國地域遠於國都者，其上應之星自不得盡同。是星野不主乎列國，而主乎其地。《漢書・地理志》於漢時郡縣略著梗概，至唐而僧一行又據山河以分，於義尤近。然其說有云，魏徙大梁則西河合於東井，秦拔宜陽而上黨入於輿鬼。彼此遷就，益涉支離。特其文詩綜博，足以自達所見，故後代言分野者悉宗之。文靖廣採羣書以爲之注，此八卷是也。自卷九至卷十四則文靖所續補，亦引羣書爲之注。自漢以降，星野之書已亡，説者徒就《春秋内外傳》以其所及推其所不及，牽合附會皆所不免。是書雖詳於考古，不涉占驗，然博引曲證以資談論則可，於實用毫無所當也。"謹案：都會諸志皆有星野一門，恭讀此條可以曉然矣。其録《步天歌》及繪星圖者，皆非也。

《宋東京考》二十卷

國朝周城撰

六有堂本。雍正辛亥太原王珣序，乾隆戊午韓江詹廣譽序。凡引書三百五十二種。前十卷爲京城、西京、宮城、殿閣、諸司三省官治，後十卷自壇臺、池囿至關梁、井墓，凡三十八類，門目瑣碎。考北宋一百七十年遺蹟，隨境搜羅，罔不備載。事實、論斷則采諸家記載，各附於遺蹟之下。

《水地記》一卷

國朝戴震撰

《微波榭》本。曲阜[六]孔氏校刊。

《戴譜》："此書刻於孔户部，祇一卷，自崑崙之墟至太行山而止。洪舍人《行狀》則曰未成之書。《水地記》七册，蓋所屬草稿尚不止此。茨谷取其可讀者爲一卷刻之，其叢殘則姑置之。國朝之言地理者於古爲盛，有顧景范、顧寧人、胡朏明、閻百詩、黄子鴻、趙東潛、錢曉徵，而先生乃皆出乎其上。蓋從來以郡國爲主而求其山川，先生則以山川爲主而求其郡縣。《水利記》固將合天下之山爲一山，合天下之川爲一川。而自《尚書》、《周官》、《春秋》之地名，以及戰國至今歷代史志建置沿革之紛錯，無不依山川之左右曲折安置妥帖，至賾而不亂。此書固非旦夕之所能成。

先生志願之大，以爲必有能助之者，而不料其所成止此也。《水地記》亦《七經小記》之一，使經之言地理者於此稽焉。」

《七經小記》者，欲爲此以治經也。所謂七經者，《詩》、《書》、《易》、《禮》、《春秋》、《論語》、《孟子》是也。治經必分數大端以從事，各究洞原委。始於六書九數，故有詁訓篇，有原象篇，繼以學禮篇、水地篇，約之於原善篇。聖人之學如此而已。

元使求河源，誤以《禹貢》之積石爲崑崙。而自昔相傳《禹本紀》、《山海經》、《淮南子》及《水經》諸書所言崑崙河源，輾轉蹈襲，鮮能證實。按《史記·大宛列傳》，張騫明言河注中國，源出鹽澤南。下乃云其後騫死，漢使窮河源，河源出于寘。于寘乃注鹽澤者之源，非騫所指注中國河源也。鹽澤去長安可五千里，在西安府少北邊外。唐劉元鼎爲吐蕃會盟使，記其所見曰：「由洪濟梁西南行二千里，水益狹。其南三百里，三山中高而四下曰紫山，直大羊同國，古所謂崑崙也。」山東距長安五千里，《唐會要》：「大羊同國東接吐蕃，西接小羊同，北直于闐。」鹽澤去玉門、陽關千三百餘里，兩《漢書》脫「千」字。

三危自古原無確證，爲地、爲山、爲水俱不可知。謂三危山在敦煌，始於《水經》而詳於《括地志》。然敦煌并無有水南流能越雪山而逕沙海者。《漢志》於《禹貢》某水某山一一明指，獨於黑水、三危不言何地，安知烏江所經之諸山非即《禹貢》所名之三危，而後世失之者歟？

黑水之名以色，其委入南海，其流經梁、雍之間。今潞江水色深黑，本名烏江，源出藏地布喀池。池廣五百里，自發源至麗江府界三千餘里。又南經野入界，又南逕永昌府及潞江安撫司境，又南逕緬甸國，又南入海。布喀池直河源西南一千八百里。潞江水色深黑，源遠流長，不必遠求敦煌之有無黑水也。

齊氏曰：「漢敦煌，今沙州衛是。布隆吉河南北哈拉池以來皆古郡地也。玉門關在沙州西北三百餘里，陽關在西三百餘里。由北而西爲噶思池，即古鄯善國。由此西北爲洛普池，即古蒲昌海，所云鹽澤者矣。又曰今河州西之積石，自後人名之，非禹所名也。大崑崙即古積石，在塞外二千餘里。其下即星宿海，漢時爲羌地，唐初爲吐谷渾地。段熲追羌，行四十餘日，至河首積石山；侯君集隨李靖平吐谷渾，追至星宿川，達柏海，北望積石山，觀河源之所出；劉元鼎使吐蕃，訪河源，得之於悶摩黎山，亦即大積石也。可知漢唐時已知河源，但自星宿以下曲折次第，則都實爲詳悉耳。"又曰："三危，西夷之山，在敦煌縣南。漢敦煌郡，今沙州衛，即《左傳》所云秦人追逐羌戎之祖吾離於瓜州，及允姓之姦居於瓜州也者。雪山在沙州南百餘里，冬夏積雪不消，即古祁連山也。依《魏書》則三危山尚在雪山之北，而沙州近流沙，西即白龍堆，西北望蒲昌海，已爲雍州最西之地。是以《括地志》直云三危山在敦煌南三十里，山有三峰，故曰三危，俗名卑羽山。"

《關中勝蹟圖》三十卷

國朝畢沅撰

原本。首提要，次進書表，次目録。西安府二十四圖，同州府十四圖，鳳翔府四圖，漢中府六圖，延安府一圖，榆林府一圖，商州二圖，乾州一圖，邠州二圖，興安州二圖，鄜州三圖，綏德州一圖，凡五府六州，共圖六十一幅。其圖先疆域，次山川古蹟，圖後爲志。志有四目，曰地理、曰名山、曰大川、曰古蹟。此畢公巡撫陝西時所著也。書成於乾隆四十一年。陝省諸志多佳本，自《三輔黄圖》、《西京雜記》而下，如宋敏求《長安志》、程大昌《雍録》、何景明《雍大記》、李應詳《雍勝略》諸書，尤其顯焉者。然彼此互異，或有舛訛。是書薈萃羣書，折衷一是，加以案語，詳爲考證，且爲行部所詢，與閉戶著書者自異。凡志之名圖者，圖最可貴。如《高麗圖經》，圖已佚矣，人競惜之。是書按籍披圖，瞭然在目，尤非諸志之可及也。

古小、少字通用，師古稱少陵爲小陵。杜甫家於此，故自稱杜陵老，亦曰少陵也。少陵原在咸寧縣，漢宣帝許后葬杜南，是謂杜陵南園。

> 文光案：名曰杜者，古杜伯國也。曰陵者，漢宣帝陵在杜原之上，許后陵在少陵原之上，相去十八里。少陵爲杜陵南園，蓋在杜陵之南也。

《史記》：秦嶺，天下之大阻也。諸書所言未確。《通鑑地理通釋》指終南爲秦嶺，非也。秦嶺特南山東北一支嶺耳，北控全秦，南通荊楚，古稱阨要之地，故曰大阻。《一統志》云終南山脊爲秦嶺，於地勢最爲脗合。

漢細柳有兩所，并名柳市，一在渭北，一在昆明池。亞夫所屯之處在昆明池，南即北原是也。

終南、太白、太乙、武功四山一實數名，致成聚訟。竊謂關中迆南一帶，自古統號南山，而終則止於螯屋。太一當屬今之南五台。《漢志》之垂山，則武功也。《禹貢》之惇物，則太白也。似此分屬，較爲指掌瞭如。《禹貢錐指》謂太乙、垂山皆《禹貢》之惇物，則又蒙漢垂山。古文，以爲惇物，一語而誤，更不足據。

《漢書・西域傳》謂于闐南山與漢南山相屬。《大宛傳》又云南山即連終南山，至蔥嶺萬餘里，即更荒渺不可究詰矣。

天下山河之象，存乎兩戒。北戒自積石、終南，負地絡之陰，而東及太華；南戒自岷山、嶓冢，負地絡之陽，而東及太華。河自北戒之首，循雍州北徼以達華陰；江自南戒之首，循梁州南徼以達華陽。是太華者，兩戒山河之會也。

《括地志》、《雲笈七籤》皆以華山爲惇物，非是。

《長安志》載昭陵陪葬名位，本據《陵廟記》圖所載，差舛頗多。陪葬名位當以《會要》爲本，而證之史傳及《通考》。《通考》足補《會要》之缺。

文光案：是書考陪陵臣工各位并神碑石極詳，他書多疏漏。太宗昭陵在醴泉縣東北四十里九嵕山。

唐國子監今爲西安府學，監中有虞世南所書夫子廟堂碑、明皇所書石臺《孝經》、鄭賈等所進石壁九經及《五經文字》、《九經字樣》。自宋元以來，凡郊野寺觀所有碑題刻石委棄榛莽者，皆界至學中，今時呼爲碑洞，亦謂之碑林。自秦、隋至元約計七十種。

文光案：今有《碑林全目》，約二百餘種。茲云七十種，蓋錄其佳者。

黃帝葬橋山。橋陵在關中者舊志有三，一在慶陽之正寧，一在延安之安定，一在中部，三縣皆漢上郡。歷代祀典相沿，總在中部，尤爲有據也。至如記載所志，如畿輔之平谷、山東之曲阜、河南之閿縣皆有其陵。《文選》注黃帝葬西海橋山，語更荒渺，而無從考信也已。

中部縣屬鄜州，西北有橋山，去縣一里。關中北境大山以橋山爲稱首，《釋名》："形作橋也。"

熊耳山在雒南縣，洛水至此始大。《禹貢》："導洛自熊耳。"《一統志》載入盧氏縣，今從《陝西通志》列入雒南。其爲禹施功之處無疑。雒南屬商州。

熊耳山有四，一在商州，一在盧氏縣，一在河南宜縣，一在河南陝州。

《河套志》六卷

國朝陳履中撰

寓園本。乾隆七年刊，前有儲大文序。伏讀《四庫全書提要》

曰：“凡河套之建置、沿革、山川、城堡、關塞、古蹟、物産，悉分門彙載。末附以藝文二卷。如引《魏書》以證涿祁山之爲榆林府地，引《册府元龜》藥彥稠爲邠州節度使，補五代沿革之闕；又證後魏代郡之即漢朔方郡，據《通鑑》注大城之屬朔方以證《漢書》列傳之大城塞，徵引頗爲繁富。”

儲氏序曰：“質夫陳君嘗分巡寧夏。寧夏東四十里橫城東即河套，東西袤二千里，南北廣八九百里，首尾或五六百里，或三四百里。明人議河套疏無慮百十家，而河套訖棄，緣圖志胥佚無年考覈故也。是志綜奉邊紀而舉其要者也。”按序作一卷。質夫一作執夫，商邱人。

《乾隆府廳州縣圖志》五十卷

國朝洪亮吉撰

原本。乾隆戊申刊起，至嘉慶癸亥工竣。前有洪亮吉自序，嘉慶七年丹徒于宗林跋。

于氏跋曰：“此江北先生未通籍時，歷客陝西、河南時所著也，余任剞劂之費。此書非僅考鏡古今，釐析中外，實經世之志所寓也。自唐以來專志郡縣之書不過數家，《寰宇記》既苦太繁，又寡持擇。《九域志》卷帙寥寥，難資鏡古。惟《元和郡縣志》採擇較嚴，義例亦整，然其失有數種，詳於先生自序；又其圖已亡，缺卷至五六，非完書矣。此書體例雖仿之吉甫，而有其謹嚴，除其舛雜，于古今方名水道凡有合於《禹貢》、《山經》、《左氏傳》及前、續《漢書》二志者，惟缺所疑，餘悉詳録。又溝渠之通塞，道路之利便，以迄五金所出之山，近鹽便民之所，有益於民生國計者，均一一登載焉。先生又言域中最要者山川，然山形則亘古不變，水道則時有遷徙，故水之源委疏記獨詳。圖所不能盡者，兼以表綴。州縣既訖，始録牧地與新疆、外藩，末附以朝貢諸國，蓋新疆、外藩、屬國，三者截然不同。列聖以來開闢之地，有將軍統領大臣駐紮者爲新疆，統於理藩院者爲外藩，統於鴻臚寺及太常寺四譯館者爲屬國。此書雖詳內略外，義例不容紊也。本朝地理之學最著者爲顧氏炎武、閻氏若璩、吳氏任臣、胡氏渭、顧氏祖禹五家。亭林識解最精，雖間有疏漏，十不過一二。閻氏、吳氏則意在考古，經史外不旁及。胡氏《錐指》洵有發前人所未發者，然其論三江及東西漢水以迄大伾在黎陽之類，顯背正經，反崇俗說，則亦得失參半焉。顧氏《方輿紀要》卷軸浩繁，搜採不擇雅俗，又大半空言形勢，不知形勢所在今昔互殊。如秦楚交戰，則鴻溝、滎陽最要；南北分裂，則懸瓠、玉壁尤衝。今則并爲腹內之地，并無所謂衝要矣。若此書，則今昔之要害，中外之鉅防，何嘗不隨地附見，而不涉議論，不事附會，則所見不又出於《方輿紀要》等上乎？其他若詳略之得宜，增損之不苟，則讀者自知之。書成於乾隆五十三年，故建置即以此年爲斷。"

　　洪氏自序曰："裴秀舉地官之職，惟表川原。蕭何得御府之圖籍，知阨塞必有資乎經圖，非欲助夫遊觀。乃今觀吉甫所采，則嚴光江岸、庄子濠梁、前喆釣遊，有而必錄。此郭象述征之記，延之攬勝之編，非地里之要也。昭仁等慈丹臺、仙觀二宗，創置靡不畢詳，此又名僧西域之經，高士老君之傳，非地理之要也。又有甚者，夫挂劍徐君之壠，灑酒喬公之墟，同係昔賢，均堪憑弔，然與其有詳有略，何妨概屬闕如。今則關中諸兆存班固而削馬遷，江左崇封登陶侃而芟卞壺，載籍并存，無疑可闕，而乃如此者，洵莫詳其用意焉。又如《周禮》職方、《春秋》國邑，孟堅一志，文命一書，洵海宇之權輿，肇山川之名號。今則《春秋》土地視杜預而尤疏，《禹貢》方名較魏收而益誤。且其言曰古今言地理者凡數十家，尚古遠者或搜古而略今，採謠俗者多傳疑而失實，飾州邦而敘人物，因邱墓而徵鬼神，旨哉斯言，實皆自背。

今者每政司所轄各冠以圖，統以三京，爲圖二十。昔則赤、緊、畿、望，今則衝、繁、疲、難。道里之數，一準近圖；戶口所憑，要於今册。故城舊縣，有作必書；鑿嶺開渠，遠而必録。此則遵彼良規，無容改作。至若金牛聖渚，因水利而登編；白鹿神禾，以分疆而入録。此外則畸人逸士、昔賢前聖之遺迹，概不列焉。五岳四瀆，圭瑁之尊，同於牧伯，故并列其祠，浮圖、宫觀不與焉。帝升王降，弓劍之所，比於山陵，故各詳其地，外此即聖賢冢墓亦不及焉。同知通判，分駐必詳，則班生記都尉治所之意；郵亭鎮堡，隨方亦録，則馬彪載郡國鄉聚之遺。五金利用，標所出之山；近鹽便民，記置場之所。水道則據今時出入而綴以故名，陂塘則記歷代廢興而并詳創始。形勢所在，非可空言戰爭之區，因事附録。又名之可合於《禹貢》、班《書》、《左傳》者，疑則或闕，徵則必書，此又復古之初心，作書之微旨也。"

　　文光案：序所云三京，謂京師、興京、盛京。興京東與吉林爲界，西與奉天府爲界。是書每府先人丁，_{雙行夾註}。次建置沿革，次府境東西南北相距，次八到，次土貢，次管縣幾州幾。每縣先沿革，次山川。余居靈石縣，至霍州一百里，此云五十里，誤。夏門，村名也，此云夏門鎮，亦誤。

《唐兩京城坊考》五卷

國朝徐松撰

《連筠簃叢書》本。前有徐松自序。西京四卷，凡六圖。東京一卷，凡四圖。西京者，長安也。東京者，洛陽也，一名東都。有注，有案，有穆案，多所辨證。

　　徐氏自序曰："己巳之歲，奉詔纂輯唐文，於《永樂大典》中得《河南志圖》，以《玉海》所引、《禁扁》所載，灼是次道舊帙，其源亦出於韋述《兩京記》而加詳焉。亟爲摹抄，愛同球璧。

校書之暇，採集金石傳記，合以程大昌、李好問之《長安圖》，作
《唐兩京城坊考》，以爲吟詠唐賢篇什之助。"

周、漢皆都長安，而皆非隋、唐之都城。文王作豐，在今西
府鄠縣。武王宅鎬，在今咸陽縣西南。漢都城在唐城西北十三里，
自劉聰、劉曜、石勒、苻健、苻堅、姚萇，所據皆漢城也。隋開
皇二年始移於龍首原。

周武王克殷，定鼎郟鄏。《書》云："我乃卜澗水東，瀍水西，
惟洛食。"所謂王城，即郟鄏也。又云："我又卜瀍水東，亦惟洛
食。"所謂成周也。王城爲朝會之所，周公留後治之。成周則謂之
下都，以處殷頑民。兩城相去四十里。平王東遷居王城，敬王避
王子朝之亂，乃遷成周。城小不能受王都，故晉合諸侯以城之。
都城皆成周也。隋煬帝始於舊成周之西十八里、舊王城之東五里
築京城。

開元五年，於東都乾元殿東廊寫四部書，因號乾元院。

文光案：徐松字星伯，大興人。長於史學。地理爲史學
要領，國朝史家皆精於此，星伯尤爲專門名家。《城坊考》是
刻之外未見原書。又《新疆識略》十卷，代松筠撰，有刻本。
今志之雅贍有法者，總志之外如汪中之《廣陵通典》，揚州局本
十二卷。張澍之《蜀典》，自刻本十二卷，未見。《續黔書》，自刻本，
八卷。方式濟之《龍沙紀略》，借月山房本，一卷，《述本堂詩集》附，
刻本。皆切於用，可遍覽也。

《歷代地理韻編》二十卷　《皇朝輿地韻編》二卷　《歷代地理沿革圖》一卷　《皇朝一統輿圖》一卷　《歷代紀元編》三卷

國朝李兆洛撰

塌葉山房本。光緒戊子席氏合申耆五種重校刊。《地理韻編》

前有同治十年李相國序，光緒四年馬貞榆序并識誤十九條。李氏凡例五條，目録一束至十七洽，末有馬氏校勘記。《輿地韻編》前有毛岳生序，末附校勘記并《唐志補闕正誤考異》。《沿革圖》，六氏承如所繪，《韻編》之綱領也。内有屬伯符所補，未能盡善。前有馬徵麟序并目録，共二十二圖。《一統輿圖》共二十圖。《紀元編》前有六承如序并目録。卷上紀元總載，自漢至明，附歷代僭竊年號、外國年號、道經《雜記》所載年號、擬議不用年號、錢文年號。卷中紀元甲子表。卷下紀元編韻，附三字、四字、六字年號。卷末《紀元韻編補》附《補韻》。年號與陵名相同者，《寓簡》、《甕牖閑評》皆以爲忌，因編之以資考核。

李相國序曰："輿地之學爲讀史第一要義，治化興替、利病之由，形勢重輕、兵家勝負之迹，皆於是觀之。武進李申耆大令究心輿地沿革，爰取正史之有地志者凡十四部，析其郡縣之名，以韻隸之，萃及門之英，閱十餘年而後成。其書舊用活字排印，鄧少白始爲鋟板，皆流布未廣。爰校讎一過，重付剞劂，冀永其傳。"是書斷自漢《志》，古地理不能知，惟晉地理有出於畢秋帆補正之外者，其他尚多疏漏，不能無疑。

馬氏序曰："此書有三本，其葦學齋本爲李氏初刻，湖北有憶蒼山館本，板字略小，復有合肥李相國本。今取李本翻刻，并附校勘記於後。"

六氏序曰："歷代紀元之書見於《玉海》者皆亡，惟伯厚《歷代年號》一卷存。近有鍾映淵《歷代建元類考》、沈德符《正閏考》、李茵《甲子圖》，皆未見。所見者，章實齋《紀元韻編》、江慎修《紀元部表》、趙月聲《紀元彙考》、錢東垣《建元類聚》，各有不同。吾師爲葉兩垞校刊《紀元通考》，因別爲部命，承如輯録既成，傅識簡末。"以上總志古蹟。

《居濟一得》八卷

國朝張伯行撰

《正誼堂》本。康熙戊子年刊。前有自序。伏讀《四庫全書提要》曰："是編乃伯行爲河道總督時相度形勢録之以備參考者。前七卷條議東省運河、壩閘、堤岸及修築、疏浚、蓄洩、啓閉之法，於諸水利病條分縷析，疏證最詳。後附《河漕類纂》一卷，則僅撮大概，蓋伯行惟督河工，故漕政在所略也。伯行平生著述，惟此書切於實用。"

張氏自序曰："余自庚辰歲效力河工，日夕奔馳於淮揚、徐泗數百里之間。考古人之制度，驗今日之情形，源流分合，高下險夷，亦既悉其大概矣。數年以來，詢之故老，考之傳記，凡蓄洩、啓閉之方，宜沿宜革，或創或因，偶有所得，輒筆之於書，以備參考。積久成帙，聊以自盡其一得之愚云爾。善乎！印川潘公有言曰：'時勢可行則行之，不可行則緩之，慎無使我誤後人，後人更誤後人。'此即余之素志也。抑有説焉，事不歸一，則功敗於垂成，如同築舍。前明宋尚書之已事可鑑已。"

《治河方略》十一卷

國朝靳輔撰

聽泉齋本。乾隆丁亥年刊。崔應階重編，有序。原本八卷，名《治河書》。今合陳潢《河防述言》一卷、《河防摘要》一卷爲十卷，首卷一卷。前有黄河全圖，張靄生所作。靄生述其友陳潢之論，故曰《述言》。是書與《居濟一得》皆出於親歷，非同紙上空談。潢字天一，靳文襄之幕客，治河多資其經畫。

《行水金鑑》一百七十五卷

國朝傅澤洪撰

原本。雍正三年刊。是書可校《水經注》。其綜括古今，臚陳利病，敘水道者未有若是書之最詳者矣。其摘録諸書，貫穿首尾，尤有條理。卷首所冠諸圖，刻繪皆工。所稱三大奇書皆不及此。

《水道提綱》二十八卷

國朝齊召南撰

傳經書屋本。乾隆丙申戴殿海校刊。前有王傑序，辛巳孟春自序，淮南阮學浚序，門人戴殿海、殿泗跋。

王氏序曰：“息園先生曩在一統志館纂《水道提綱》，晚歲養疴山中，益加考覈，簡而能周，博而有要，其援據尤慎，凡書之稍涉荒邈者，汰弗録。且郡縣之名悉從《皇輿表》，以本朝所定爲斷，使讀者展卷瞭然。而瀦防宣洩之法，黍稷粟麥之宜，轉運飛輓之利，胥於此得其概焉。”

阮氏序曰：“先生著述甚夥，而其最大者則《水道提綱》一書。間嘗面叩所以作是書之由，蓋在《一統志》纂修時，同館前輩楊農先、王次山兩先生相與議論，謂天文地理之書愈久愈詳，惟水道未有全書。今欲成一大書，非君莫屬。次山，先生之座主也。承命旬日，撰就海之一則，兩前輩斂袵歎服。積十餘年，反覆考訂，而後出全書以示人。《一統志》總裁宗伯溧陽任公，凡勘定諸纂修分輯書俱委之先生。同時總裁一鉅公素負盛名，傲狠不相下。一日忽踵門，舉外藩蒙古屬國書再拜屬之先生，蓋東海徐尚書原稿所未備，而檔册譯語多不可曉，文人學士所未載筆，無可依據。先生迺按内府圖籍，獨創爲之。其圖縱橫數丈，列之中庭地上，扶服諦審，黔識會通，此他人所五色目迷者而先生一覽無遺，亦可見其天姿絕異之一端矣。”

齊氏自序曰：“自漢後地志日多，專言水者惟《水經》及酈道元注。道元於西北諸水鉅細不遺，可謂詳矣。後儒言水，或解《詩》、《書》、《春秋》，或釋班《志》，或於寰宇略撮梗概，或於郡邑各記方隅。其志存經濟者，於治河、防海、水利、守邊，博考古今，暢言得失，政理所係，援引雖多，不厭其繁雜。若夫志在藝文，情侈觀覽，或於神怪荒唐，遙續《山海》；或於洞天梵宇，揄揚仙佛；或於遊蹤偶及，又逞異炫奇，形容文飾，祇足供詞賦採用以爲美談。從未有將中國所有巨瀆經流，實在共聞共見，可筏可舟，不枯不涸，如孟子所言源泉混混放乎四海者，用《水經》遺意，上法《禹貢》導川，總其大凡，芟除地志繁稱遠引，分名號附會穿鑿之陋，務使源委了然，展卷即得。此《水道提綱》之所以作也。"

戴氏跋曰："先生予告南歸，掌教敷文書院。編纂書成，方擬上呈乙覽，旋捐館舍，願未得遂。壬辰歲，恭逢恩旨，搜訪遺書，先生子式遷敬繕潔本，送書局進呈，先生之願藉以獲申矣。甲午秋，式遷復介槐堂汪五丈沆寄書，來浦陽山中，囑爲開雕。此海等夙志也，遂奉先生手定原本束裝抵杭，約同志鮑君廷博、周君璙詳加讐校，以授剞劂氏。"

海爲百川之匯，自鴨綠江口，西襟盛京南、京師、直隸東南，又南襟山東之北而東，古所謂渤海也。東爲大海，經其東南，又南襟江南浙江之東，又南經福建東，折而西經其南，又西經廣東之南，凡兩京、五布政司地際海，《禹貢》冀、兗、青、徐、揚五州。《漢志》遼東、遼西、漁陽、廣陽、渤海、平原、千乘、齊郡、北海、東萊、琅琊、東海、臨淮、廣陵、會稽、南海、合浦十七郡國也。共得巨川曰九，曰鴨綠、曰大遼、曰天津、曰大清河、曰河淮、曰大江、曰浙江、曰閩江、曰粵江。

鴨綠江即古馬訾水也，源出長白山南麓。

京畿東南曰直沽，本大河入海之口。河即南徙，衡、漳以北恒、衛大陸諸水悉匯此爲尾閭，實運河南北總會也。

黑龍江即古漠北之黑水，靺鞨、室韋所居，亦曰完水，又名室建河。

海多河即古蔥嶺河。星宿海多泉，若列星。

自西安府沙州而西北，沙漠千餘里，有大澤曰蒲昌，即古蔥嶺、于闐二河所匯。《水經注》誤依舊聞，謂至此潛流，下復發於積石爲河源者，實則非也。

黃河源出星宿海西巴顏喀喇山之東麓。

大雪山即古積石山，《元史》所謂亦耳麻不莫剌，譯言騰乞里塔，而誤指爲崑崙者。黃河依山南麓。以上河渠。

《泰山志》二十卷

國朝金棨撰

通行本。嘉慶三年刊。前有阮元序，孫星衍序，文移，凡例，目錄。天章紀二卷，盛典紀二卷，圖考一卷，岱志三卷，支山志一卷，川泉名一卷，祠廟志一卷，秩祀志一卷，封禪志一卷，郡邑志一卷，人物志一卷，金石記四卷，逸事記一卷，敘志一卷。此板藏於岱廟。泰山諸志以是本爲最善，藝文各繫於古蹟之下，金石先錄全文，後爲之記。

阮氏序曰："昔管子舉封禪之典以告齊桓公，蓋以上古質樸，未有史策之文、朝覲之禮，故七十二代之興盛，合諸侯於泰山下以定天位，因刻石於其上，以紀有天下之號，如後世之修史也。然則刻石之制先於漆書，七十二代先於典諝，又何論於諸史乎？山莫大於泰山，史亦莫古於泰山。泰山之必當有志，重於天下之山經地志遠矣。前明汪子卿作志，既詮序混淆，而查志隆之重修《岱史》，宋燾之《泰山紀事》，蕭協中之《泰山小史》，以及國朝林杭學之《泰山輯瑞集》，皆疏略淺陋，不足以紀岱宗。休寧金太守來守泰安，始爲修志之舉，本聶鈫《泰山道里記》、《金石記》，朱孝純《圖志》，而廣徵典禮，博採貞珉，作紀三卷、圖一卷、志十卷、記五卷、敘録一卷，總爲二十卷。經始於乾隆乙卯，告成於嘉慶戊午。序述賅備，體例謹嚴，爲岱宗勒成一史。元舊爲《封泰山論》一篇，今太守亦刻於卷中。爲《泰山志》發凡原始，或有取焉。”

孫氏序曰：“五岳無古志，惟南岳有唐宋人《小録》、《總勝》二集。中岳如明人《説嵩》之屬，亦非佳作。金索中以名人蒞任，乃取舊名徵實更新之，所載故迹具有古書名目，是正舛誤，搜尋金石，增廣遺文軼事凡數十百條，間以己意爲之考辨，歷四載而書成。又三年而郡伯以親老告養去，僑居常州，歸板於東省。後竟不出，往來江湖間以文籍自娱，其致如此。”

《恒山志》六卷

國朝桂敬順等撰

渾源州官修本。乾隆二十八年刊。前有總目，孫大山序文。圖考爲第一卷，御製爲乾集，以下元、亨、利、貞四集，自星野至詩志，凡十五門。

孫氏序曰：“自宋時遷恒之祀於曲陽，錯訛謬濫，不知所宗。我朝始釐正之。因而大建廟宇，以位神靈，知我國家有崇祀名山之典，而予景仰之志在是矣。”

山在城之東南。舜巡北岳，詣大茂山，阻雪望祀，而廟傍飛一石墮帝前。又五載，石飛於真定之曲陽。三代而下，秦、漢、隋仍祀北岳於渾源之恒山。五代失河北，宋祀於真定之曲陽。前明馬文升有正祀之請，竟不果。順治庚子，科臣疏請改正祀於渾源，事下廷臣議，復上，可其奏，移祀於渾源之大茂山，數千載曠舉也。

恒山在城南二十八里，高十里，周百三十里。山頂建北岳廟，有十八景。

大茂山在阜平縣東北七十里，接曲陽界，乃恒山之脊。土人名神尖石。石，晉與遼分界地也。阜平、曲陽、唐縣皆緣大茂之麓。大茂山，恒岳之別名。渾源恒山，距阜平縣大茂山三百餘里。

衡山僻在南服，非用武必爭之地。岱宗時起東方，絕不包絡郡邑，南徐北青，以爲望而不可以固也。洛陽之守在虎牢，不在嵩。長安之守在潼關，不在華。獨恒山南包全晉，東跨幽燕，西控雁門，北纏代郡，都之南以肩背扼邊疆，都之北以嗌吭制中原，形勢甲天下，真常山蛇矣。

漢諱孝文名，改恒山爲常山。宋諱真宗名，亦改曰常山。

唐元和十五年，恒陽縣更名曲陽，又更恒岳曰鎮岳。此即曲陽岳廟之始。

渾源岳廟創自元魏大延元年，屢圮屢建。歷代祀北岳皆在上曲陽。顧亭林集有《北岳辨》，以祀於真定爲是，馬文升改祀之請爲非，是未見《恒山志》也。《恒山志》所載更詳，似不必辨。

恒山經藏：《陰符經》、《陽符經》、《陰符經注》二十家，《周易圖》、《大易象數鈎深圖》、《易象圖説內篇外篇》、《玄玄子十圖》、《黃帝宅經》、《黃帝龍首經》、《黃帝授三子玄女經》、《通占大象曆星經》、《靈棋經》、《廣黃帝本行記》、《穆天子傳》、《漢武帝內傳外傳》、《列仙傳》、《續仙傳》、《疑仙傳》、《歷世真仙體道通鑑》并續編後集、《道教靈驗記》、《歷代崇道記》、《録異記》、《江淮異人傳》、《神仙感遇記》、《仙苑編珠》、《十洲記》、《都仙志》、《洞天圖經》、《道德經古本》、《道德經注》四十九家、《沖虛至德經注》五家、《南華經注》十二家、《大滌洞天圖記》、《墉城集仙録》、《太上肘後玉經方》、《藥食爾雅》、《參同契注》九家、《易外別傳》、《易巫通變》、《易圖通變》、《真誥》、《內經素問》、《內經靈樞集注》、《內經遺篇》、《素問入式運氣論奥》、《玄珠密語》、《難經》、《鬼谷子》、《素履子》、《無能子》、《元真子外篇》、《劉子》、《山海經》、《皇極經世》、《化書》、《陶隱居集》、《千金方》、《急救仙方》、《外科秘方》、《長春子磻溪集》、《譚先生水雲集》、《太古集》、《鶡子》、《公孫龍子》、《尹文子》、《子華子》、《鶡冠子》、《墨子》、《韓非子》、《素書》、《孫子》、《太玄集注》、《抱朴子内外篇別旨》、《肘後方》、《黄庭中景經》、《長春真人西遊記》、《道藏闕經目録》、《明道藏目録續目録》、《李氏易因》、《古易考原》、《易林》、《搜神記》、《老子翼》、《庄子翼》、《意林》。

萬曆二十四年印造《道大藏經》，頒在京及天下名山宮觀，有明神宗手敕。萬曆二十七年遣内監白忠齋《道大藏經》置恒山，總五百十二函。明末散失四十八函，乾隆間道士劉一雲在京師白雲觀鈔補。

文光案：《恒山志》經藏一卷，凡一千五百餘種。除佛經、丹訣、呪語不録，録其可以考證諸書者。或爲名山之遊，得見是本，其取資正不少也。《四川志》有敕而無目，此志有目而無敕，可以互觀。據敕爲六百七十八函，此僅五百十二函，定有所佚。聞近時所佚更多，惜哉！

《岱覽》四十卷　　《附録》一卷

國朝唐仲冕撰

果克山房本。此陶山爲泰山書院院長時所著也。首編七卷，目一卷，五覽三十二卷，總四十卷。附録諸詩并汪庚、余廷燦、王芑孫三跋。

汪氏跋曰："先生以弱冠葬太夫人於岱西陶山之上，因以陶山爲氏。及主泰山講席，熟於岱故，登覽考證，纂爲是書。由陶山以述泰山，即藉泰山以存陶山，其用意獨深，爲從來志岱所未有。其書與《史》、《漢》相表裏，首編如本紀，目録如表，總覽如書志，分覽如列傳，博覽如循吏、儒林、遊俠、貨殖諸篇，敘覽則太史公之自敘、班孟堅之敘傳矣。先生自言託始於乾隆之四十七年，成於通籍展墓之時，爲乾隆之五十八年。閱十年，爲嘉慶九年始付梓。歷官之暇，時加删訂，則用力之勤，而成書之不易也。讀者慎勿徒視爲遊覽之書可耳。”

余氏跋曰：“體例極正大，一洗志書沿習之陋。尤愛其每篇敘次，提頓轉摺，與山勢爲起伏，讀之如躡屐登臨，心目俱迥。”

王氏跋曰：“此書體大物博，極有酈道元筆意，較之《洞霄》諸志，小小自名，遠過之無不及矣。”

明孫克宏《碑目》、明白雲齋《道藏目録詳註》、蜀杜光庭《洞天福地岳瀆名山記》、李興祖《靈巖志》、徐祖望《岱宗小史》、劉其旋《泰山紀略》、成城《泰山勝槩》、聶鈫《泰山金石考》。按泰山之説，散見羣書，所輯諸覽，首尾聯貫，各成一章。中間援引載籍，不能備舉書名，屬詞之體使然也。爰於目録，謹依《四庫書目》次第分録，以志來歷。其續出之書附於後。

古皇紀號，立石埒岳，宋祁《筆記》“孔子登岱觀七十二家”字，皆蔑有存矣。

文光案：目録凡分五類，曰岱覽圖、曰岱覽卷目、曰金石録要、曰藝文總録、曰徵引書目。所引《石嶺文集》乃陶山之父所撰。石嶺又注古本四書。陶山別有《文録》、《詩録》行於世。以上山。

《顔山雜記》四卷

國朝孫廷銓撰

原本。康熙四年刊。前有趙敬美序，益都孫廷銓伯度自序，男寶仍校録書後。此記於朝章典故多所考正，藝文亦不濫收。

趙氏序曰：“孝水爲鄉，於縣最僻遠。城之者王元美，記之者李于麟。李所爲文於王則不誣，而於孝鄉則少書矣。相國沚亭孫公里居多暇，因成《顏山雜記》，簡而有法，潔而多姿。上追《考工》、《爾雅》，下亦不失應劭、道元。其文之工足以傳遠，而其實則父老子弟所終日耳而目之，里巷誦說無異物、無異詞也。"

孫氏自序曰："顏山上古長城乃齊楚之防塞，去於陵百里。甲辰長夏無事，聊疏鄉里間事，或一日、間日、三數日輒得一條，手自錄之，數月遂成卷帙，題曰《顏山雜記》。"

《十三經注疏序》，任尚書浚按吳時所作也。此文雖有毛刻行世，訛誤頗多。聊爲校勘，附載於此。

古長城在羗嶺之巔，西絕孝水，跨鳳凰嶺、團山迤南入泰山、萊蕪界。東踰秋谷，東皐而東皆長城舊蹟也。《水經注》："平陰城南有長城，東至海，西至濟[七]。"始皇之前，趙、魏、齊、燕皆築長城，見於《史記》及《竹書》。

《顏文姜靈泉廟記》："孝爲天地之經，神乃陰陽不測。生當異矣，死則廟焉。顏娘之神是其徒也。事姑至孝，汲水爲勞。聿有靈泉，潛生密室，孝婦之水，因兹以名。圖經備詳，此得略述。距淄之南五十里，有水發源於山，昔人搆室於源上以爲祠，故目其地曰顏神鎮。水曰孝水，圖經具載，祈雨獲應，宋熙寧八年封爲順德夫人。"

《陋巷志》載烈女文姜，蓋顏子之裔。《續述征記》、《藝文類聚》、《初學記》皆記顏神事。

王氏曰："田雯《黔書》七十六篇，有似《爾雅》者，有似《考工記》者，有似《公》、《穀》、《檀弓》者，有似《越絕書》者。故相孫文定公作《顏山雜記》，文筆奇峭亦如此。"錄於《居易錄》。

文光案：《黔書》二卷，有《古懽堂集》本。又有嘉慶戊辰李氏刊本，文詞具美。

《簡明目録》曰："廷銓家於益都顔神鎮，採其地舊聞新事輯爲此書，分十有六目，敍述瑣屑，工於造語。王士正《居易録》嘗以配田雯《黔書》。"

《閩小紀》四卷

國朝周亮工撰

賴古堂本。雜記閩中物産民風，頗及遺聞瑣事。是書著於《簡明目録》，而《全書》、《總目》不收。黎定國有《續閩小紀》一卷，凡七十六條，見《附存書目》。明王世懋有《閩部疏》，陳鳴鶴有《閩中考》，唐人有《閩中記》，其書尚傳，皆雜記類之書也。

《東林書院志》二十二卷

國朝高廷珍撰

梁溪高氏麗澤堂本。雍正癸巳年新刊。前有高廷珍跋，任蘭枝、刁承祖、刁顯祖、張師載、胡廷琦、胡慎、王允謙序。次總目，建置第一，院規第二，會語第三，祀典第四，列傳第五，公移第六，典守第七，文翰第八，著述第九，軼事第十。次高氏刊書例十二條。次目録。列傳六卷，所載凡八十七人。東林，江南常州府無錫縣書院名也，宋楊龜山先生所建，後廢爲僧寺。顧涇陽自吏部罷歸，購其地建先生祠，同志數公開講其中。高忠憲爲入室弟子，華鳳超而外必推陳幾亭。魏璫憾諸君子，遂興大獄，慘動天地。明盛時各省俱有書院，江陵當國，始行嚴禁。江陵歿，稍稍建置。至是首毀京師書院，而天下之書院又廢矣。《院志》，嚴佩之所編，衹二卷。高文孝續得數卷，廷珍廣爲二十二卷，即此本也。宋自楊龜山而外，有羅仲素從彦、尤遂初袤；明則邵二泉寶、顧涇陽憲成、顧涇凡允成、錢啓新一本、高景逸攀龍、馮少墟從吾、劉念台宗周、華燕超允謀、華鳳超允誠、繆西溪昌期、楊大洪漣、文湛持震孟、黃石齋道周，俱院中之表表者。孫蘇門奇逢、陳幾亭龍正、鄒南臬元標、刁蒙吉包皆從祀。

尤遂初著《梁溪集》五十卷，《遂初小稿》六十卷，《內外制》三十卷，《遂初堂書目》一卷，又《周禮辨義》、《全唐詩話》、《老子音訓》三種。

鄒經畬名期楨，有傳。《一簣軒隨筆》云：“《容春堂集》有《官家天下論》，細繹其指，乃折衷大禮，議論極正當而渾然不露。學史皆取前言往行有大關係者以己意為之論斷，鑿鑿不刊。取而讀之，凡國朝二百六十餘年以來大變故、大危疑、大是非，無不可借為定案。昔王昶戒子云，徐偉[八]長生平有所是非，則托古人以見意，當時無所褒貶。文莊之意其在斯乎？此可奉為立言之法。”錄於《院志》。

《崇川咫聞錄》十八卷

國朝徐緙　楊廷撰同撰

芸暉閣本。道光庚寅徐氏校刊。前有周燾、劉邦鼎、王汝霖序。此郡志之稿本，史家之長編，若《桂勝》、《桂故》、《吳興掌故》、《吳興備志》之類。凡分十五門，一疆域，二形勢，三建置，四山川，五文徵，六獻徵，七方技，八仙釋，九名宦，十寓賢，十一勝蹟，十二雜稽，十三列女，十四物產，十五志餘。惟列女為表，餘皆為錄。

《海曲拾遺》：“通州東北通遼海，西南通吳、越、楚界，通之得名以此。”

通州又號小揚州，東至海，西至鎮江府丹徒縣，南至蘇州府昭文縣，北至揚州府泰州。唐之通州，今四川之達州。

通郡襟山帶海，大端皆載於志。而乾隆乙亥重修以後，垂八十載，諸所傳聞，宜有紀述。徐君鷺坡、楊君述臣所以掇拾叢殘，由郡而及郡所隸之泰興、如皋二邑，并附郡之海門鄉。自正史、省志，泊家乘、別集，下逮叢書、小説，遇有一節可傳者，靡不網羅貫串。復訪諸故老，證之同人，而自爲一書。《文徵》、《獻徵》，尤其精力所寄。將以供輶軒之採，備方志之遺，其所益豈淺鮮哉！

王坦《琴旨序》："余日受琴於先君子，始命以習其器，繼則導以窮其理，且曰：'後世琴家立調命名多與古謬，慎勿踵其誤。以無累之神，御有道之器，意可會，言不可傳也，惟小子之善悟而已。'予挾琴走四方，往復質證，未得一當。歸而假《樂律》諸本，於琴制總無定説。而隋廢旋宮一語，自唐迄今無有易之者。惟《管子·地員篇》有審音之法，《白虎通》有絲爲離音之義，兩説奧衍，罕知其解。余反覆潛玩，以五聲之數敷其理，然後悟一弦之爲徵也。引而伸之，爲論爲辨，爲説爲圖，五易寒暑，編成三萬餘言。條分縷析，發其覆而觀之，無有不本於天地自然之數者。請俟諸知音之君子。"以上《雜稽》。

文光案：《簡明目録》《琴旨》二卷，在樂類，即王氏書也。又案：國朝地理之學勝於明代，專門名家如顧祖禹、胡渭、齊召南、戴震、洪亮吉、徐松、李兆洛、張穆，凡所指陳，皆得其要領，然足迹所不至，則遺誤實多。古書偶不檢，則未免妄論。求其確然可信，其中無一毫舛誤者，實無一卷。卷帙多者謬誤尤甚。故地理一門，尤宜詳考也。又案：《嶺南風物記》一卷，吳綺撰。是書敍述簡雅，可與范成大《桂海虞衡志》相伯仲。《東城雜記》二卷，厲鶚撰。是書敍述典雅，考據詳明。二書皆雜記可舉以爲法者。他如顧炎武之《山東考古録》、《京東考古録》，吳震方刻入《説鈴》中者，未必爲寧人所自撰，則僞書也。孫承澤之《天府廣記》未免泛濫，畢振姬之《四州文獻》摘鈔失之紛雜。求其煩簡適中，華實并茂者，蓋亦難矣，故所録者不濫及也。

校勘記

〔一〕"舊"，原作"書"，據《士禮居藏書題跋記》改。

〔二〕"書友"，原作"居"，據同上書改。

〔三〕"南"，據同上書補。

〔四〕"鈴"，原作"鈴"，據《説鈴》改。

〔五〕"一"，原作"三"，據《漢學師承記》改。

〔六〕"曲阜"，原作"阜曲"，據《水地記》乙正。

〔七〕"濟"後原衍一"河"字，據《水經注》删。

〔八〕"偉"，原作"緯"，據《三國志・王昶傳》改。

史部十一

地理類八

《海國聞見錄》二卷

國朝陳倫炯撰

《珠塵》本。上卷記八篇，皆記其所親歷，故曰聞見。下卷圖六幅，以意爲之，殊不足據。諸島名與他書所記不同，蓋以閩音繹番語已多恍惚，而以漢字書番語，尤言人人殊，故雖身歷其地亦不能得其本名也。

昆侖大小二山，或作崑屯。爲南洋必由之路，山産佳果，幽寂人蹟，神龍所宅。昔荷蘭失臺灣，歸途過昆侖，欲建爲埔頭，龍與爲患。荷蘭以大礮與龍鬥，久之，多發狂病斃，乃揚帆去，至噶羅巴而舟覆。康熙間荷蘭又圖昆侖，就海濱營埔頭，夜輒爲鱷魚所吞。又爲廣南海盜所刦殺，乃仍虛其地。凡中國洋艘過昆侖，天時極晴霽，瞥見黑雲一點，蜿蜒搖曳，狂風立至，頃刻而止，俗呼鼠尾龍雲。雲白者風尤烈，日兩三作，或四五作。舟人焚雞毛、鱟殼，使龍觸穢氣而遠避。過昆侖即無此事。

文光案：昆侖奴以此山得名，非織皮之崑崙。

《簡明目錄》曰："倫炯少隨其父昂習知海道，又歷官皆濱海重鎮，故以所聞見著爲此書。事事得諸閱歷，視鄭若曾等據圖籍而談海防者，固確有據焉。"

《中山沿革志》二卷

國朝汪楫撰

原本。册封琉球國王時所作。專紀中山世系，附以考據。前有自序，目次。别有《使琉球録》，載封册典禮及山川景物。徐葆光《中山傳信録》、潘相《琉球入學見聞録》、周煌《琉球國志》皆可參看。琉球，東洋小國也。周環三十六島，南北四百餘里，東西不足百里。舊分山南、山北、中山三國，後并入中山爲一，故稱中山王。

《琉球國志略》十六卷

國朝周煌撰

聚珍本。前有進書表，凡例，採用書目。首卷御書、詔、敕、諭、祭文，次則星野至鍼路，凡十二圖。卷一星野，卷二國統，卷三封貢，卷四輿地風俗，卷五山川，卷六府署，卷七祠廟，卷八勝蹟，卷九爵秩，卷十賦役，卷十一典禮，卷十二兵刑，卷十三人物，卷十四物産，卷十五藝文，卷十六志餘。

使之有録，自明陳侃始。侃直曰《使録》。郭汝霖、蕭崇業皆曰《使録》，各一篇。謝傑《使事補遺》始分八款，有《日東交市記》。至夏子陽《使録》，則海圖之外亦列八款。國朝張學禮則《紀略》、《雜録》各自成卷。汪楫則疏抄外《中山沿革志》二卷、《雜録》五卷。至徐葆光《中山傳信録》，較爲賅備，然條類繁多，不相統系。今所纂薈萃諸録，互相考證，併參前史，旁及百家，有關琉球事實者兼收彙輯，質以親所見聞，爰成此書。

《薄海番域録》十二卷

國朝邵大緯撰

原本。道光九年自刊。邵氏嘗輯《古今氏族紀里》、《古今名勝紀里》。是書原名《名勝紀里》，徐氏《瀛環志略》多引此書，因著録之。

邵氏自序曰："辛巳採辦例木在朗江署中，有見輒録。"

《北徼彙編》六卷

國朝何秋濤撰

龍威閣本。同治四年陳必榮校刊。此書稿本甚繁，凡説俄羅斯者彙爲一書。咸豐間進呈，旋毀。今本仍題何名，蓋所存者皆中國之書也。首冠以《皇朝文獻通考・四裔考》，以下爲國朝十三家之著述，凡十八篇，分爲六卷。咸豐戊午祁相國序。

祁氏序曰："何願船比部素研諸史輿地之學，近出所輯《北徼彙編》，咸載原文，加以疏證，瑣事軼聞，別加綴録，訂訛抉謬，附於簡末。其紀述則信而有徵，其蒐採則博而不雜，其辨別是非則確而不可移易，豈非所謂實事求是者哉！"

徐元文《俄羅斯國定界碑》、七十一《鄂羅斯傳》、趙翼《簷曝雜記》、松筠《綏服紀略》、俞正燮《俄羅斯佐領考》、《俄羅斯事輯》、《俄羅斯長編稿跋》、張穆《俄羅斯事補輯》、《月齋籤記》、林則徐《俄羅斯國總記》、魏源《盟聘記》、姚瑩《俄羅斯方域》、《記英俄二夷搆兵》、徐繼畬《俄羅斯國志略》、艾儒略《職方外紀》、《奉使俄羅斯行程録》、何秋濤《俄羅斯進呈書籍記》、圖理琛《異域録》。

俄羅斯，北邊之大國也。東界海，西接西洋諸國，東西距二萬餘里，南北自一千里至三千餘里不等。秦漢時，匈奴并有其地。

控噶爾，西北方回子最大之國。地包鄂羅斯東西界之外。何按：此説不足據。

道光二十五年，其國王盡繕所有書籍來獻，凡三百五十七號，每號爲一帙，人不能識。例須先譯書名，好事者爭相傳録，因次其書目於左。

文光案：《異域録》錢氏熙祚刻入《指海》。《簡明目録》
作一卷。此本上、下二卷。

《瀛環志略》十卷

國朝徐繼畬撰

原本。道光戊申年刊。前有劉韻珂、彭藴章、鹿澤長序，陳
慶偕跋，又自序，凡例十三條。是書以圖爲綱領，圖從泰西人原
本鈎摹。外域地名、國號，展轉淆訛，方向遠近，言人人殊。近
時閩粵人遊南洋者記録可據，是書依之。外國地名最難辨識，十
人譯之而十異，一人之譯而前後或異。一波斯也，或譯爲白西，
轉而爲包社、巴社，訛爲高奢。泰西，人口述之則曰百爾，設筆
書之則曰比耳西。以漢字寫番語，不能脗合者十之七八。

陳氏跋曰："松龕中丞治閩，得泰西人所繪地圖，反覆詢譯，
參以史録所記，訂其舛誤，閱五年成《瀛環志略》一書。凡各國
之沿革建置，與夫道里風俗、人情物産咸備焉。又於奇奇怪怪之
中，芟夷古今荒唐之説，歸於實是，以是歎公之精於窮理也。"

鹿氏序曰："中丞徐松龕先生筮仕以來，徧歷海疆。近開封七
閩，時古大秦所分諸國，悉遣渠酋航海梯山，翕然麇至。先生撫
綏之暇，每咨訪其形勢，得所謂地毬圖并泰西人所繪各國地圖，
暨東南海島諸國山川風土、物産習尚，與夫古今沿革變遷之故，
瞭如指掌。又考訂古籍，箸爲之説。此《瀛環志略》一書所由
作也。"

徐氏自序曰："地理非圖不明，圖非履覽不悉。大塊有形，非
可以意爲伸縮也。泰西人善於行遠，帆檣周四海，所至輒抽筆繪
圖，故其圖獨爲可據。道光癸卯，因公駐廈門，晤米利堅人雅裨
理，西國多聞之士也，能作閩語。携有地圖册子，繪刻極細，苦

不識其字，因鈎摹十餘幅，就雅裨理詢譯之，粗知各國之名，然匆卒不能詳也。明年再至廈門郡司，馬霍君蓉生購得地圖二册，一大二尺餘，一尺許，較雅裨理册子允爲詳密。并覓得泰西人漢字雜書數種。余復搜求得若干種。其書俚俗不文，淹雅者不能入目。余則薈萃採擇，得片紙亦存録勿棄。泰西人，輒披册子考證之，於域外諸國地形時勢，稍稍得其涯略。乃依圖立説，採諸書之可信者衍之爲编，久之積成卷帙。每得一書，或有新聞，輒竄改增補，稿凡數十易。自癸卯至今，五閲寒暑，公事之餘，惟以此爲消遣，未嘗一日輟[一]也。陳慈圃方伯、鹿春如觀察見之，以爲可存，爲之删定其舛誤，分爲十卷。同人索觀者多慫恿付梓，乃名之曰《瀛環志略》，而記其緣起如此。”

東洋浩渺，一水直抵亞墨利加之西界，數萬里别無大土。附近中國者，止有日本、琉球二國。日本古稱倭奴，在東海中，平列三大島。北曰對馬島，南界高麗、一夜可達。中曰長崎，土較大，與浙海普陀山相直，内地商船互市於此。南曰薩峒馬，與浙之温台相直，明嘉靖間擾閩浙之倭寇即此。三島之外小島甚多。范書云倭凡百餘國，武帝滅朝鮮後通漢者三十許國。是日本在漢時并非一國，且不名日本。宋初，遣國僧奝然浮海貢獻，傳國已六十四世，溯之當在商周。由對馬島千餘里至三神山，居民多徐姓，自云皆徐福之後。海中諸嶼此最秀麗。《十洲記》所云海東北岸扶桑、蓬邱、瀛州，周方千里者也。按三神山本方士夸誕之説，果係日本小島，何爲求之不得？范書“海外有夷洲及澶洲。秦始皇遣方士徐福將童男女數千人入海，求蓬萊神仙不得，徐福畏誅，遂止此洲。世世相承有數萬家，時至會稽市”，或即夷澶之類。至三神山之名，其爲傅會無疑也。日本人皆覆姓。單姓者，徐福配合之童男女也。徐福所居之地名徐家村，不知在日本何地。

琉球自古未通中國，隋時有海船望見之，始知其地。唐宋以後漸通中土。王尚姓，自紀載以來一姓相傳。國小而貧，逼近日本，屬役良苦。海風最烈，屋瓦常飛，故搆屋甚卑，簷與肩齊。王居與使館較軒昂，以大繩繫柱而釘於地，防海風也。

南洋濱海大國三，曰越南，曰暹羅，曰緬甸。小國一，曰南掌。四國內附多年。

越南即南古之交阯，秦以後唐以前皆隸版圖。南界之林邑，漢末即自立爲國，後稱占城國。安南至後五代時乃列外藩，今并占城爲一國，復兼真臘。北境安南故地，南境占城、真臘故地，稱曰廣南。《利病書》云，秦開嶺南，以交阯隸象郡。漢武帝置交阯、九真、日南三郡。光武中女子徵側、徵貳反，馬援討平之。建安中改爲交州。前五代并因之。唐初改安南都護府，安南之名始此。又云占城，古越裳氏地，在交州之南，秦爲象郡林邑縣。漢末大亂，功曹子區連殺縣令，自號爲王，謂之林邑國。周顯德五年遣使朝貢，始自稱占城國。宋慶元五年，真臘伐占城，俘其王以歸，國遂亡，其地悉歸真臘，因名占臘云。按占城自漢末立國，相傳千餘年，後爲安南所并，名其地爲廣南。真臘本扶南屬國，隋時始通中國。唐初并扶南有之。唐人《虬髯客傳》疑是寓言。國中有金墉、金橋，飲食用金盤、金盌，故俗稱富貴真臘云。今爲越南之嘉定省。占城、真臘之亡於何時，竟未有能言之者。

暹羅，南洋大國也。其地古分兩國，北曰暹，南曰羅斛。元至正間暹始降於羅斛，而合爲一國。其地土曠人稀而田極肥沃，易於耕獲。閩粵人皆有，而粵爲多，約居土人六分之一。米極賤，每石值銀三星。然其國多蠱，崇信符呪，風俗政治遠遜安南，蓋終古荒服，僅達梯航，故宜其相徑庭也。一種人善呪法，刀刃不能入身，王養以爲兵衛。其入貢由海道抵粵東。

緬甸，蠻部大國也。其俗剽悍，性多詐。國有五城，以木爲之。其王稱達喇瓦底，向由雲南入貢。

南掌，地甚褊小，本緬甸別部。國朝內附，貢馴象。按滇南諸蠻部即漢之徼外西南夷，種類甚繁。列外藩者僅有南掌、緬甸兩國。

中國之南洋，萬島環列，大者數千里，小者數百里，或數十里。野番生聚，自爲部落。西漢時諸番始通貢獻，唐以後市舶集於粵東。迨明中葉以後歐羅巴諸國東來，據各島口岸建立埠頭，流通百貨，於是諸島之物產充溢中華，而閩廣之民造舟涉海，留而不歸者，如呂宋、噶羅巴諸島，閩、廣流寓殆不下數十萬人。

呂宋，在臺灣鳳山縣沙馬崎之東南，原係土番。明時華人販呂宋者，積至數萬人，娶本地土番婦者，必入其教，禮天主堂，用油水畫十字於印堂，焚父母神主，老終歸天主堂，土親膚而埋之，三年一清，棄骸骨於深澗。土番善爲蠱，母傳女而不傳子，如牛皮火腿，呪法縮小如沙，令人食而脹斃。計其地三千里有奇，南北長而東西狹。土番戶口不下數十萬餘，金珠、玳瑁、冰片、燕窩、海參、烏紅木、魚鹽之利甲於海內。

由呂宋正南視之，有大島分四支，如人臂股。荷蘭於南北兩支各立埠頭。諸島物產與呂宋略同。

蘇祿，南洋小國，接連三島俱渺小，而戶口頗繁。本巫來由一作無來由，南洋部落之統名。番族，悍勇善鬥，民多習爲海盜，分東、西峒，有三王，累世朝宗。

由呂宋西南視之，有大島曰婆羅洲，周迴數千里，諸番皆巫來由種類。山中別有獠人，凶頑喜殺，然不敢出山。息力大山，金礦極王。別有銓山，產銓石，即金剛石，俗名金剛鑽。有五色，金、黑、紅者爲貴，歐羅巴人以爲至寶。大如碁子者，值數萬金。細碎者，釘磁之工用之。近年粵人開礦，屯聚日多，自相婚配，已逾數萬人。婆羅一名文萊，相傳國王閩人。國有木、石二城，止存木城。滿山皆旃檀，至伐爲薪。荷蘭人於南洋各島遍設埠頭，諸番皆奉命惟謹。噶羅巴即爪哇國,古訶陵。者,南洋大島,爲泰西諸國東來必由之路。其國東西橫亘約千餘里,以火焰山爲屏障,自古爲南洋名國,附近諸番島半歸統轄。前明中葉,荷蘭取巴地沿海一帶,并歸荷蘭統轄,巴王由是爲荷蘭所制。荷蘭鎮以大酋,於海口建城邑,設市廛,貨物充牣。閩、廣之海船,大、小西洋之夾板,每歲往來以千百計,遂爲南洋第一都會。

巴布亞爲東南洋極大之島,自古未通別土,草木蒙翳,深昧不測。荷蘭人調兵防守,物産未詳。

蘇門答臘以東大小數十島,處處有荷蘭埔頭。自泰西據南洋諸島,城池堅壯,樓閣華好,市廛繁富,舟楫精良,與前此番族之荒陋氣象固殊。而中土之多事,亦遂萌牙於此。英吉利諸埔頭在息力以西,南洋諸島非其有也。然國事既強,西班牙、荷蘭非其匹敵,莫敢逆視,其視諸島若己有之。今之南洋乃歐羅之逆旅,履霜冰至,豈伊朝夕,蓋三百餘年於茲矣。

東南洋番島甚多,或有酋長成部落,或野番散處。野番皆黑面矬身,與獸無別。或有別土人登岸,則磨牙吮血,攫而食之。

四海之中惟大洋海最大,四萬里芒芒巨浸,別無廣土,即島嶼亦晨星落落。由東道往,水程當十餘萬里。由西道往,途既險遠,又無利可牟,故商船罕有至者。惟捕鯨之船專鶩大洋,無所不到,於諸島數數遇之,乃得稍通聲聞耳。

大地之土,泰西人強分爲四,曰亞細亞、曰歐羅巴、曰阿非利加、曰亞墨利加,本不足爲典要,姑仍其舊。

亞細亞者,北盡北冰海,東盡大洋海,南盡印度海,西括諸回部,西南抵黑海,在四土中爲最大。中國在其東南。歐羅巴者,亞細亞極西北之一隅,比之亞細亞不過四分之一。部落甚多,大者十餘國。其人性情精密,工於製器,長於用舟,四海之內無所不到。越七萬里而通於中國,凡中國之所謂大西洋者,皆此土之人也。阿非利加在亞細亞之西南，東西南三面皆大洋，北面內海界隔紅海、地中海。僅一線，與亞細亞相連。其地廣莫，約得亞細亞之半。迤北有回部，餘皆黑夷。天時炎酷，土脈粗頑，人類混沌，在四土中爲最劣。亞墨利加與三土不相屬，其地自剖判以來未通別土，歐羅巴人於前明中葉始探得之。

土之外皆海也，强分爲五，曰大洋海、曰大西洋海、曰印度海、曰北冰海、曰南冰海。此海一帶尚有國土，廣狹未詳。大洋海即中國之東洋大海，泰西人因其風浪恬平，謂之太平海。洋面之廣闊，以此爲最。大西洋海遠者萬餘里，近者不足萬里。印度海者，由適中之印度一土而南望，故西人以此稱之，即中國之南洋暨所傳之小西洋。北冰海近岸千百里，霜雪凝結，堅冰不解。海有大魚能吞舟，庄子所謂"北溟有魚，其名爲鯤"者，殆謂是歟？南冰海氣候與北冰海相若。

亞細亞，即土耳其。本西土國名，有東、中、西三土。其中土名嘗諾，今稱小亞細亞。泰西人於此土之東統名曰亞細亞。

印度有五，《漢書》謂之身毒，又稱天竺。六朝以後釋典皆稱印度。東西約五千餘里，南北約七千餘里，地本雕題種類，爲佛教所從出，故自古著名。自後漢通中國，元起北方五印度爲蒙古別部。全土共二十余國，今歸英轄者十之七。五印度東南諸國，大半爲英所滅。中國之布，從前皆麻以織。自元太祖征印度，乃得棉花之種，流傳中土。乃鴉片之毒，亦出於此。宇宙浮犖之氣，乃獨鍾於佛國，何其怪也。小西洋即俄亞。西北境爲大西洋，即葡萄牙。所轄地土番名盈丟，奉蛇爲神，所畫蛇有人面九首者。死葬於土。中國船無至小西洋各國者。

印度爲佛教所從出，晉法顯、北魏惠生、唐玄奘，皆遍歷其地，訪求戒律。大乘要典紀載特詳。諸佛、菩薩、羅漢繪塑之像，多裸上體，或耳帶環，脛束釧，乃印度本俗，至今未改。佛法至南北朝達摩東來演教外，別傳緇流，遂佈滿中國。紅衣喇嘛教起於烏斯藏，其地本毗連印度，至明宗喀巴演爲黃教，内外蒙古暨瓦剌各部靡然從風，其教盛矣。然自回教興於唐初，由天方漸傳東北，不特玉門以西多花門種類，而佛法最盛之五印度亦大半舍牟尼而拜派罕。派罕，回教之祖也。蓋自宋元以後，五印度佛教已不如回教之多，至今日而印度各國備歐羅巴之東藩，又參以耶蘇教，而佛教愈微矣。五印度者，漢之天竺、身毒、安悉、即波斯。條支、大秦國也。天竺自古爲弱國，其人怯懦，不善戰。波斯爲回部大國，雄富多寶貨，與中國貿易最早，所謂碧眼波斯胡也。立國在有夏之初，唐以後波斯爲回回國。

　　上古時波斯、天竺皆事火神，拂箖以西皆事[二]天神。事[三]火神者，拜旭日，或燃柴薪向之禮拜，民非火化不生，非白日則宇宙無賭，古有此俗至今。禮拜義起報本，非邪神也。事天神在商初，託言天神降於西奈山，垂十誡以教世人，七日安悉即起於此，乃天主教之所自出，非即天主教也。拂箖國爲摩西所建，事天神始於摩西，耶蘇乃其裔孫，在千餘年後。前五代時中國有祆神祠，又有胡祆祠、火祆祠，已混火神於天神。唐時有波斯經教，即火神教。又有《景教流行中國碑》。景教者，依傍於波斯之火神，潤色以浮屠之門，又牽涉天主教，碑云判十字以定四方，七日一薦。蓋胡僧之黠者，牽合三教創爲景教之名以自高。中國不知其原委，從而崇信之。正昌黎所謂"惟怪之欲聞"者耳。案，此碑見於金石書，得此可知其詳。景即丙，亦火教也。有摩哈麥者，少年爲商，後入山讀書，著書曰《可蘭》，謂摩西耶蘇之教不能遍及，獨一真主，上帝復命摩哈麥立教以補其缺。入其教者，焚香、禮拜、念經與天主教同，所異者僅不食豬肉一端。其後徒黨日衆，不入教者，率衆攻之，回教遂蔓延西土，周廻數萬里靡然從之。其教始於唐高祖武德四年，即以四年爲元紀。今回教稱一千二百幾十年，即本與此。《西域聞見錄》言諸回部最詳，惟訛謬不止一端。所稱大西洋諸國，大半影響，間有三數條可補《一統志・四裔考》所未備，餘則不足深考矣。又《新疆識略》及《西域水道記》其地形、方向，諸書或同或不同，不可辨識也。

歐羅巴一土，中國所謂大西洋也。自夏以前土人游獵爲生，食肉寢皮，如北方蒙古之俗。漢初疆土四闢，成泰西一統之勢，漢史所謂大秦國也。明初西闢亞墨利加全土，東得印度南洋諸島國，聲勢遂縱橫於四海。現大小共十餘國。各國惟俄羅斯與中國互市不由海道。其至粵東貿易者，英吉利船最多，居各國十分之六；西班牙之船幾過於英吉利；佛郎西貨船每歲粵不過三四隻。葡萄牙即居澳門之大西洋，其本國商船來者甚稀。英吉利、西班牙、葡萄牙皆女主。荷蘭分南、北二王。瑞士無國王，民自推鄉長理事。西北之耀武功始於漢，故稱中國爲漢人。嶺南之聚番船始於唐，故稱中國爲唐人。歐羅巴諸國之東來，先由大西洋而至小西洋，建置埔頭，漸及於南洋諸島，<small>胡椒，南洋產也。</small>然後內嚮而聚於粵東，萌芽於明中，<small>唐時番船不過南洋、小西洋諸島之國。</small>濫觴於明季，至今日而往來七萬里，遂如一葦之航。天地之氣，由西北而通於東南，亦運會使然耶？

俄羅斯，四裔第一大國也。古稱薩爾馬西亞，自唐以前爲西北散部，受屬於匈奴。元時爲蒙古別部，至明闢地日廣，分爲四大部，長約二萬餘里。然較之英、佛諸國，總覺土滿。舟楫之利，火器之精，心計之密，又遠遜於諸國，特因其疆土之廣，諸國未敢輕視。水戰非其所長，不能於大海中與諸國角勝，故未能定霸於一方也。奧地利亞，歐羅巴大國也，疆土數千里。普魯士亦歐羅巴大國，古時爲北狄所據，今稱爲善國。日爾曼，歐羅巴古大國也，縱橫皆數千里，爲歐羅巴適中之地。西土以爲貴種，佛郎西、英吉利立國之祖皆日爾曼人。諸國每遭喪亂，輒招致日爾曼列侯，其西分三十六部，列爵如三代之制。或世子爲王，殆西土王氣之所鍾歟？瑞士國，東西約五六百里，南北約三四百里，萬山疊嶂，中峰高接霄漢。其地山水清奇，甲於歐土。國無苛政，風俗淳良，數百年不見兵革，眞西土之桃花源也。今分十三部，推鄉官理事，不立王侯。

土耳其，回部大國也。地分三土，西土在歐羅巴界内，中土、東土在亞細亞界内。約四五千里。西國之昏虐無政，未有如土耳其之甚者。其西土古希臘十二國之地。中土曰買諾，舊稱樂土，近困於土耳其之苛政，凋敝甚矣。東土創闢最早，自夏至漢爲西域著名之地，聲名文物悉萃於此。土耳其本回部賤族，竄身買諾，遺種繁滋，恃其兵力蠶食東西，遂使名城墮毀，典册散亡。三土之民困於氊汗，何不幸之甚也！回回之性多殘暴，而土耳其尤甚。歐羅巴人最惡回教，土耳其之昏虐又諸國所鄙夷。其未爲我所兼併者，由英、佛兩大國護持之也。我土得歐羅巴之大半，若兼併三土，西方諸國豈能宴然？故英、佛之存土，非愛土也，懼我之兼土而事未已也。

歐羅巴文士遊學者，不於希臘即於猶太，蓋泰西絃誦之區也。猶太，唐以後中國稱爲拂箖，宋、明、唐書誤以拂箖爲大秦別名，史因之。古希臘十二部，乃今土耳其全土。新希臘則雅典一部，最講文學，爲泰西之鄒魯。國雖小，方興未艾云。嘉慶二十五年始立國。

意大利亞，歐羅巴古一統之國，西土羨爲福地。《漢書》所謂大秦國也。自周以前爲土番散部，今爲佛郎西藩部。分其地爲九，大國四，小國五。羅馬，一稱教宗國，古羅馬舊都也。當全盛時，文物聲名爲西洋第一大都會。至劉宋時，爲北狄所據。天主教之徒乘機招誘，黨羽日繁。佛郎西既滅峨特即北狄。族，遂以其地歸天主教。師號曰教主，其教傳佈各國，有不遵者輒夷滅之，或教其民叛主。前明，日爾曼人別立耶穌教，稱爲正教，斥天主教爲邪説，於是諸國半歸耶蘇教，而教王之權頓衰。教王大怒，令諸王捕殺耶蘇教人，然其教已盛行，不可遏止。由是君與民因分教相殺，國與國因分教相攻，數百年來西土之民肆市朝、膏原野者，不知幾百萬，皆因爭教而起也。荷蘭善於操舟，能行遠，故歐羅巴海市之通行自荷蘭始。其地爲歐羅巴澤國，受水患最甚，享水利亦最優。古時爲土番部落，明季稱爲紅毛。近年以來，小西洋諸島國以英吉利爲主，東南洋諸島國除呂宋屬西班牙，餘皆以荷蘭爲主。地本彈丸，而圖國計於七萬里之外，歷數百年無改，亦可謂善於運籌者歟！

　　歐羅巴諸國皆好航海，立埔頭。彼以商貿爲本計，得一埔頭則擅其利權而歸於我。荷蘭尤專務此。

　　佛蘭西，歐羅巴強大之國也。縱橫二千餘里，古爲野番部落，至今已千餘年。中間雖迭遭變故，而代立者皆其宗黨。西方用武之國以佛郎西爲最。水戰、陸戰之法，無不講求。其人心思精敏，工於製器，自來火之鎗、火輪之車船，皆其所創。都城有鐘錶匠二千人，其法奇幻百出，他國不及。城中大書院藏印本書三十六萬册，鈔本書七萬册，遊學之士許住院借讀。又設醫院十四所。又有繁術院，居各項藝術之師。王居殿闕，巍峩層樓，複閣相望，文彩精麗，西土殆無其比。城外離宮別苑數十處，列肆密如蜂房，往來者晝夜不絶。歐羅巴都會之盛，推爲第一。其國物産豐盈，製作精巧，售之各國已利市十倍，_{葡萄酒最佳、一瓶有值洋銀數十圓者。}故商船來中國者極少。舊分三十三部，今改爲八十六府。西班牙，亦歐羅巴大國。東北與佛郎西接壤，西界葡萄牙，約二千餘里。古時五方之人雜處，明成化十五年諸部仍合一，是爲西班牙復建之始。西土稱爲金穴。其俗長於泛海，善於行遠。前明中葉探得呂宋，立爲埔頭，人稱大、小呂宋，而西班牙之名轉隱。至今各國行用之洋錢，大半稱呂宋番，宜其富強莫與京矣。然富而無政，故近年衰弱，且貧苦甚也。葡萄牙，本西洋小國。粵東之居夷，自葡萄牙居澳門始，廣築樓館，綿亘萬廈。歐羅巴諸國來粵者，倚爲東道主人，或久居不去。諸夷之浸淫狎熟於粵東，由澳門爲之權輿也。林富一代名臣，而謀國之疏若此。語云“涓涓不絶，將成江河”，可不慎哉！英吉利，歐羅巴強大之國也。地本三島，孤懸大西洋海中，附近島甚多。揆其幅員，與臺灣相若。亞墨利加，一土孤懸宇内，亘古未通聲聞。英人於前明萬曆間探得之，遂益萬里膏腴之土，驟致不貲之富。迨南境爲米利堅所割，又得五印度，即天竺佛國。英人於康熙間立埠頭，後諸部散弱，遂大半爲英所役。又産鴉片，利市十倍，由是漸拓東南，遍置埠頭，四海之内，無所不到。凡有土有人之處，無不睥睨相度，思睒削其精華。其俗男不得娶妾，犯者流之七年。男恒聽命於女，舉國皆然。

阿非利加一土，在亞細亞之西南。南北一萬八千里，東西一萬六千里，與回部相連，沙磧居半，炎燸特甚，瘴癘尤毒。天時、地氣、人物在四大土中爲最劣。其北境古多名國，今皆回部。迤南皆黑夷諸國，多買爲奴，蠢如豕鹿。然其人願而馴，豢之終身，無逃叛者。

亞墨利加一土，別一區宇，與三土不相連。南北兩土計長二萬八千餘里，自剖判以來未通別土。其人似中國而面色如紅銅，其土西班牙、葡萄牙得其南，英吉利得其北，倚爲外府者數百年矣。極北之境環北冰海，夏亦見雪。其海産鯨魚，諸國有釣船百餘隻，得鯨魚油與骨，皆獲重價。得海犬、海馬，則食其肉而取其油。釣鯨最險，或觸冰碎舟，或鯨吞餌牽舟没重淵，然利之所在，不遑恤也。有木曰擺樹，高二三十丈，圍四五丈。南北亞墨利加袤延數萬里，精華在米利堅一土，天時土脈與中國無異。合衆國二十六國。以爲國，不設王侯之號，不循世及之規，公器付之公論，創古今未有之局，一何奇也！孛魯爲南亞墨利加著名之國，西人著書以爲金穴。其民謂地中有寶，不屑耕稼，有懷金而啼饑者。金玉非寶，稼穡維寶，信然。自古爲土番建國，後爲西班牙所據。道光元年逐西班牙，守者遂自立國，推擇長官理事，地分七部。西洋諸國行用番錢，成色高者，歐羅巴、印度所鑄。其常行者分四種，曰墨西哥、曰秘魯、即宇魯。曰玻利非亞、曰智利。成色高下不同，粤東人能辨之，閩人不能辨也。智利西距大洋海，南北約四千五百里，東西約四百餘里。地分八部，山産金銀銅礦，紅銅尤多。其民雖多攻礦而以農功爲重，故夙稱富庶，異於秘魯之荒本逐末。巴他峨拿，南亞墨利加之極南境，即世所傳之長人國。東距大西洋海，西距大洋海，南距南海，北界智利，南北約三千餘里，東西半之。其地草木荒穢，人皆野番，肢體長大，如常人一身有半，遍體生毛，攫食野獸，不成部落，亦不與他國往來，諸國亦未嘗過而問也。各島野番黝黑醜怪，亦不過白黑妍媸之別，而五官四體[四]要無大異，乃知長耳比肩之民，飛頭貫胸之國，皆古人恢奇之説，後人信之，不亦愼乎！

　　文光案：松龕據圖爲書，恐四方之地有圖繪不到者，然亦得其十之七八矣。因録其略以廣見聞。

《蒙古遊牧記》十六卷

國朝張穆撰

壽陽祁氏本。同治六年刊，何秋濤校。前有咸豐年壽陽祁相國序。

祁氏序曰：“海内博學異才之士嘗不乏矣，然其著述卓然不朽者厥有二端，陳古義之書則貴乎實事求是，論今事之書則貴乎經世致用，二者不可兼得。而張氏石州《蒙古遊牧記》獨能兼之。始余校刊先大夫《藩部要略》，延石州覆加校讎，石州因言：‘自來郡國之志與編年紀事之體相爲表裏，昔司馬子長作紀傳，而班孟堅創修《地理志》，補龍門之闕，而相得益彰。今《要略》編年書也，穆請爲地志以錯綜而發明之。余亟慫恿，俾就其事。殺青未竟而石州疾卒，以其稿屬何願船比部整理。願船爲補其未備，又十年始克成編。余詳爲披覽，究其終始，見其結構，則詳而有體也，徵引則瞻而不穢也，考訂則精而不浮、確而有據也。擬諸古人地志，當與酈亭之箋《水經》，贊皇之志郡縣并駕齊驅，樂史、祝穆以下無論已。雖然石州之成此編，豈第矜博奧、蒐僻隱成輿地一家言哉？蓋嘗論之，蒙古輿地於中國邊塞相接，其部族强弱關係中國盛衰，非若海外荒遠之區可以存而不論。塞外沙漠南北之地，唐以前不入版圖，史弗能紀。至遼、金、元皆嘗郡縣其地，乃三史地志虛存其名，而山川形勢、都會阨塞闕焉無考，是則欲知古事，不外斯編矣。如科爾沁土默特之拱衛邊門，翁牛特烏硃穆沁之密邇禁地，四子部落環繞雲中，鄂爾多斯奄有河套，至於喀爾喀、杜爾伯特、土爾扈特諸部，或跨大漠杭海諸山，或據金山南北，或外接俄羅斯、哈薩克諸國，所居皆天下精兵處，與我西北科布多塔爾、巴哈台諸鎮重兵相爲首尾，是皆講經制者所當盡心也。"

《環遊地球新錄》四卷

國朝李圭撰

原本。前有光緒四年李相國序，次自序，次目録，次凡例。美會紀略一卷，遊覽隨筆二卷，東行日記一卷。前卷爲會院全圖、美國設會緣起、會院總略、各物總院、機器院、繪畫石刻院、耕種院、花果草木院、美國公家各物院、女工院、總理會務官公署。次二卷記美國諸城，英國、法國城，華人寄居美國始末情形，蘇爾士運河述略，中外旅居商民述略，交遊西國淺要説，自來水説，客寓説，西人待客説，車聲説，附地球圖。

大清光緒紀元之二年，歲在丙子，爲美利堅立國百年之期。美人設會院於費里地費城，廣集各國珍玩古器、日用服御、生潛動植諸物，區分部畫，各有其所。與斯會者，中國而外凡三十有六國，名曰百年大會，亦曰賽奇公會。美國又稱米利堅，俗稱花旗，泰西強大國也。與中國腹背相對，自昔不通聲聞。乾隆四十年，華盛頓自立爲國。前與英人血戰七八年，自是北境屬英，南界膏腴悉以歸順。光緒二年爲有國百年，慶其開國。時十三省，今三十九省，人數四千萬。因建五院，用洋錢四百五十萬圓。又小房屋一百五十餘處，并一切費用，共洋錢八百五十萬圓。除正帑一百五十萬圓，其餘富商均股湊足。七月興工，正月告成。總理官一員，幫辦官三十二員，另選宏博之士二百人，考察各物優劣。巡捕八百名專司巡察。各處司閽司事工人難更僕數。送物赴會者三十七國，管理會務官四十六員，又官紳二三百人，公幹人員約二千人，送物工商等約六萬人。位置六月始能齊備，遊人縱觀兩月，始遍陳物之地。美國最大，次英，次法、德、俄、奧，至小莫若智利、秘魯。就會售賣者，先給憑單，其物仍列原處矣，俟會期滿日持單付銀。四月十七日開會，九月二十五日會終，每日巳初啓門，西正封閉。觀會者二十五萬人，每日可六萬人。會畢，惟留繪畫石刻院，傳爲勝蹟，餘皆毀。中國赴會之物七百二十箱，約銀二十萬。遊時萬寶雜陳，心目俱駭。將欲考究物產，修好睦鄰，蓋仿歐洲賽會而創爲是舉也。江寧李圭以東海關稅務司德君璀琳之薦往赴於會，自上海東行，經日本，越大東洋，抵美屬之三藩謝司戈城，又陸行萬餘里至其地。入院縱觀四月有奇，復以其閒往遊華盛頓都城及哈佛、紐約等處。會事既畢，乃自費城涉大西洋，東抵英國倫敦、法國巴黎都城，遂由地中海巡蘇愛士河，過紅海，歷錫蘭、新加披、西貢、香港而還。途中所歷皆有紀載。是役也，水陸行八萬二千三百餘里，往返凡八閱月有奇。是錄於物產之盛衰，道里之險易，政教之得失，以及機器製造之精巧，人心風俗之異同，一一具載，非耳目所及則略焉弗詳。方今中外通好，幾若一家，若英、德、法、美各邦，朝廷特簡重臣往駐其都。又分遣生徒出洋肄業，我國在美肄業幼童一百十三人，聰敏好學，互相親愛，年餘者西語亦精熟。此次觀會，又增識見。問何物最佳，曰外國日宇法、中國雕牙器。問想家否，曰想也無益，惟一意攻書，終有歸期。問飲食起居，曰飲食較潔，起居有定時。有時必須行動，舒暢氣血，尤卻病良法。問居停主人照料何若，曰若其子弟，稍有感冒尤關切。問何以作洋人裝束，則曰不改裝，有時不方便，我儕規矩惟不去髮辮、不入禮拜堂兩事耳。言皆簡捷有理，心甚愛之。西學所造，正未可量。聞西國作人不尚虛文，專務實效，是以課程簡而嚴，詳而摯，教師弟情如骨肉。尤善在默識之心通，不善誦讀。雖遊覽，必就所見聞令作爲文，正以勵學而審其智識也。五洲重譯，有若户庭，輶軒往來不絶於道。有志之士果能殫心考究，略其短而師其長，則爲益於國家者甚遠且大，豈僅一名一物足資考鏡也哉！序。

　　木造極古屋三間，中一間亂疊稻草麥莖，若農居。内皆泥像木偶，衣飾怪異，有坐者、跪者、哭者、笑者。又一女絶美，合掌稽首，中置草筐卧嬰兒，後繫一牛，以鼻嗅之，爲耶穌生時情景。嬰兒即耶穌。美女，耶穌之母馬利亞也。左間亦即其母，今天主教人拜跪之像。右一間金碧輝燦，男女皆彩衣，中立一像，衣紅衣，爲耶穌。脚面有創痕，乃登天時景像。乍睹之千真萬確，回首一想都出僞造。

　　德國在歐洲爲自古文物之邦，今來赴會，書籍、圖畫、樂器、紙筆爲最夥，瓷器尤良，香水、花露不下數十百種，皆絶品也。西國文士多工琴，德人稱最，製琴之法最精。

　　義大利國以石琢像冠絶諸國，草帽一頂值二百圓。日出之先，日落之後，以麥莖編就，恐目力爲日光所掩，工細可知。有銅人一座，若千載以上物，苔蘚剥蝕，古氣盎然，造成僅半年。蠶桑之法，得自中國，即以奪中國之利，可不慮哉！古銅器若鐘鼎文，剥蝕不可辨。銅鏡、銅石、圖印與中國式樣同，多二千年以上之物。按義大利即往昔歐洲大一統之羅馬，《漢書》爲大秦國，曾與中國通。

　　瑞司國時辰表稱寰宇獨步，價目四圓至二千五百圓不等。内一隻，小若洋鈕扣，能走六日，價二千圓。筆管一枝，長四寸許，金製，上方下圓，上嵌三表，皆小若鵝眼。上一表定時刻，中一表定西人禮拜，下一表定日月，共價二千二百圓。又金約指一枚，面嵌表，小僅如豆，字迹幾不能辨，亦走六日，價二千五百圓，雖用數年無少差。

秘魯國屍骸數具，皆坐像，筋骨不散，皮肉乾枯，黑色。

美國地大人稀，凡一切動作莫不恃機器以代人力，故製造之精，他國不逮。汲水器、救火器，無不精巧。造紙器首尾七具，自入磨至告成僅數時事。每日約成紙二千三百斤，工省事倍。廢紙敗絮皆可爲紙，誠至善也。

繪畫石刻院堅固無比。石刻像不一而足，白石者居多。懸畫無空隙，大幅寬至二三丈，長至一二丈，價數十圓至千萬圓。亦有家藏之件，無價值，專送入會考察者。

初會內擬將女工之物附列總院，不另建屋，舉國女子都不滿意。自建一室，新巧異常，用十萬圓。凡婦女所著各種書籍、天文、地理、格致、算學并女紅、烹飪等書。繪畫圖卷、鍼黹之物并巧技妙法，悉萃於此。另一室用陳女塾器具、女師法程。居院執事之人盡選婦女爲之，精巧器具亦多樂爲人道，娓娓不倦。泰西風俗，男女并重。英國大書院，男女一律入學考試。德國生女八歲，例必入塾讀書，否則罪其父母。美國女師女徒多至三四百萬人。天下男女數目相當，教男不教女，十人僅作五人之用。外國生男喜，生女亦喜，無所重輕也。若無以教導之，終歸埋没。

倫敦爲英國京城，泰西第一大都會，未申之交，萬家燈火。大書庫藏書七十萬册，中華書約萬册，富紳室最大。

巴里，法國京城也。整齊華麗，英美不及。無晝夜，車馬往來不絕。居人喜遊宴，衣尚鮮華。倫敦爲天下財貨薈萃之區，巴里爲泰西第一名勝之所，大博物院內藏古今名人繪畫極富，有三四千年銅、石器，中華之物亦有之。

道光二十八年秋，相傳美地產金，華人往者見利甚厚，力勸親友航海，此華人赴美之始。至同治元年，相引日多，創大會館。<small>在三藩城，皆粵東人所建。</small>華人在美者男女約十六萬口，居三藩城者約四萬人，居卡省別城者約十萬人，餘皆散處腹地各屬。婦女約六千人，良家十之一二，餘皆娼妓。華人從前商利甚厚，近則輪船日至，貨難居奇。

英、法、美人多敏爽靜潔，通達而不執滯，反是者輕之。其處事雖頭緒紛繁，糾纏輳輻，不移晷已經緯了然。惟敏故爽，不屑左牽右掣，瞻前顧後，見到即行。爽誠由敏，能敏者，靜也，有事尤靜。其議政也，君臣士庶萃集，千百是非可否數言以定，雖或辯論，亦甚安詳。平居無疾言遽色，比屋而居，終日不聞家庭有聲。歷練久，見聞廣，不讀閒雜無用之書，故通達而不滯。居無纖塵，身無點垢，不隨在涕唾，反是必訕笑而厭薄之。往彼者宜隨在審慎。

是國富庶之區皆萃於東北各省，各省中又以三大城稱最，一曰紐約，二曰費里地費，<small>設會於此，取意立國時華盛頓與英定盟處也。</small>三曰波士登。此序貿易之繁盛，若地方之大，屋宇之多，街道之廣，費城實居第一。以地球各大都會言之，則居第十二。電線木竿，舉目皆是。<small>有一杆懸五六十條者。</small>居民八十一萬七千有奇，華人來此者三百餘人，洗衣捲煙爲業。五月十三日，<small>西曆七月初四日。</small>爲華盛頓有國首日。先一日邀各國會務官筵宴，各街燈火燭天，礮聲震地，陳百戲，放煙火，懸旗張樂，一連三日。各國遊人日以數萬計。新開大客寓甚多，民居亦賃爲寓，仍不敷住。赴紐約城住宿，早至晚歸。紐距費三百餘里，輪車不及二時即到。物價較上海加六七倍，因會大獲大熱，死者一百九十八人，馬斃無數。聞此間六十八年以來無此酷熱。秋初圍爐。

輕犯監獄高大若方城，四無居人，登梯而入。右首爲議事廳，爲飯廳，左爲客堂，後爲公事房、醫生房、司事巡捕房。一室內設卓凳、洋稱、量身尺。犯人初至者，入室少坐過稱，由司事將其姓名、形貌、案情、身重若干、長若干登記號簿，令進浴房洗身換衣，衣青黑鑲藍邊。然後定入何號房居住。又一室爲犯人親友探問所。親友至，則喚犯出，不限時刻，任其暢言，管監者絲毫無需索。又一室甚寬大明敞，多設長卓長凳，爲吃飯所。另有浴室數間，每七日必洗身一次。洗面所、廁所皆潔淨無穢氣。睡房每犯一間，深廣約五六尺，地鋪木板，牆壁潔白，內設一榻、一卓、一凳、一鏡、一扇、一巾，七日被褥一洗換。又一室極黑暗，犯案尤輕居，二三日不見天日，使自省己過，釋之。至三層樓爲女犯作工處，手不停工，言笑自若，頭面頗光潔，聞爲飲酒滋事者。第二層爲男犯作工處，每日限定成物若干，<small>如木器、皮器、織布等事，不能者教之</small>。無鞭扑之苦，亦令休息。有病者另居一室，逐日診視，醫藥備至。<small>又重犯二所，大略相同。每日三餐，饅、酒、肉、蔬菜、茶湯俱備，無隔宿者</small>。外國監獄迴異中華，第一務潔淨，第二飲食調勻，第三作息有節，第四可習技藝，第五總管司事體貼人情，殆將真以囹圄爲福堂也。

　　幼童二人爲一班，分住各紳士家，隨其子弟就傅，習洋文。每人房食、脩束每年需銀四百兩。局內延中華教習二人，幼童以三箇月一次來習華文，每次十二人。十四日爲滿，再換十二人，以次輪流，周而復始。每日卯正起，亥初就寢，其讀書、寫字、講解、作論，皆有一定課程。寫家信亦有定期，每月兩次，雖細端亦極周至，頗得羣居切磋之樂。彼此若水乳交融，是中西幼童皆受其益也。他日期滿學成，體用兼備，斯不負聖朝作人之至意。<small>以上《外紀》。</small>

　　　右地理類

　　　三代秦漢之專志久佚不傳，載於《周禮》、班《史》者，其大略也。唐志存者寥寥無幾，間有殘闕，亦無從考補。宋志詳於南方，其佳者皆有所依據，蓋當時舊本猶存，故得以奉爲圭臬也。其踵事增華，承源衍流，《太平寰宇記》即今志之祖本。明關中人善修志，以有數書在前故也。其夸餙土風，標板鄉賢，雖明志之陋習，而名作亦有所不免。我國家肇造區夏，統括寰瀛，四方大其和會，百産益以蕃昌。乾隆八年，詔修《大清一統志》，補前朝輿地之遺，正歷代史書之誤，蓋其盛爲自古所未有。故是編亦自古所未聞，誠總志之極軌也。省志初纂之本略具厓岸，而訂訛補漏，視明爲優。其續修之本愈後愈勝，或久於歲月，或出自名手，體例既允，考證尤確。光嘗合新舊志互觀之，因詳知略，因密見疏，於此中得益不少也。方今治化昌明，羣賢輩出，地理且有專家如顧、如錢、如戴、如洪，其昭昭者也，凡所著述皆足垂法。惟府州縣志纂次非人，則蕪雜殊甚。其人物百不能識一也，其藝文十不能取一也。然以晉志論，人物雖繁，有遍考而不得者，如河汾諸老是也；藝文雖濫，有瞥見而可喜者，如《絳守園池記注》是也。以此推彼，他方皆然矣。好古者無論精粗，廣爲蒐羅，苟得十一於千百，則所資於考證者不少也。況乎名山可以臥遊，斷碑可以稽古，所謂不出戶庭而周知天下者，此學是也。若夫秉筆修志，大體宜知。沿革居首，因前以統後也；而以星野爲始者，非是也。藝文殿末，以後而證前也；而以文體備數者，非是也。其中有官事焉，有民事焉，有守土之鑑焉，有居鄉之鑑焉。邊防通於兵，水利通於農。兵農具修，通於政典；山川兼考，通於故實。紀載通於傳記，談論通於説部，歲時通於《月令》，物産通於《倉》、《雅》。苟非積學功深，知周識遠，佐以考證之文，裁以簡雅之筆，未易肩斯任也。平日之聞見不孤，臨時之舉動自適，若繙閲數本，依例爲之，雖差强人意，究非根柢之學也。謹案《四庫全書總目》，地理類凡分十目，總以六綱。首尊宸居，宮殿之屬；次大一統，總志之屬；次辨方域都會，郡縣之屬；次崇實用，河防邊防之屬；次備考核，山川、古蹟、雜記、遊記之屬；次廣見聞，外紀之屬。今所録者，凡八十五家，擇其尤雅者登之，分爲八卷。古志自周至明爲四卷，上卷則最古之志與總志、郡縣各志也。今志官本爲二卷，私家名作爲二卷，其山川、古蹟、雜記之屬皆列下卷，而亦無甚區別，惟以外紀終焉。有志於地理之學者，可以觀其大略矣。昌黎韓文公曰："土地之書未嘗一得其門户，且謂古之人未有通此而爲大賢君子者，方欲退而往學焉。"此學之重可知矣。

校勘記

〔一〕"輟"，原作"轗"，據《瀛環志略·自序》改。

〔二〕"事"，原作"是"，據《瀛環志略》改。

〔三〕同上。

〔四〕"體"，原作"禮"，據同上書改。

史部十二

譜牒類

《歷代名賢氏族言行類稿》六十卷

宋章定撰

鈔本。前有嘉定己巳武夷章定自記。

章氏記曰："傳曰:'學士大夫則知尊祖矣。'族之所在,祖之所自出也,其可以不敬乎? 予讀陶淵明《贈長沙公》與杜子美《示從孫濟》二詩,未嘗不掩卷太息焉。因取歷代迄皇朝名賢言行可紀之迹,類姓成帙,以便記覽,庶幾稍知尊祖之義。屬將行役,崑山留之,尚恨文籍不備,多所遺闕,嗣有所得,當續書之。"

文光案:是書抄本之外未見刻本,且流傳甚罕。自記中有誤處,因未全録。氏族書佳本甚少,此書更不易得,因亟著之。

《姓解》三卷

宋邵思撰

影北宋本。《古逸叢書》之十七。黎氏敘目曰:"是書爲姓氏譜別裁,原槧甚精,頗類唐石經,北宋本之極佳者。向山黃村所藏。"

邵氏自序曰："氏族至衆，人皆著書，譜系志原，遂有數本，靡不廣引流派，窮極枝葉。善則善矣，而卷帙浩博，尤難傳寫。由是自散羣書，纂爲《姓解》，且以歷代功臣名士布在方策者次第書之，其餘疏族異望一皆削去，使開卷易見。欲一概注釋，未免雷同；將四聲拘收，又屬疑混。必不得已，輒取偏旁類之，當使便於檢尋，固無懟於簡易。凡言姓者，孰不覽焉？"

《經籍訪古志》："自序末記'大宋景祐二年上祀圜丘後五日序'，後接題目。每卷首題《姓解》卷第幾，次行署雁門邵思纂。一卷首題目下夾註記。凡三卷，一百七十門，二千五百六十八氏。卷末記廟諱，中六姓今自改焉。下夾註'敬、殷、匡、胤、弘、桓'皆缺筆。又記一十七氏附別部。每半板十行，行十七字。注雙行二十五六字。界長七寸二分，幅五寸左右，雙邊。文字端正，紙墨古樸。其書以偏旁分部，始人部，終暢部。引用各書如何氏《姓苑》、《三輔決録》、《山公集》、《姓書》、《陳留風俗傳》、潁川棗氏《文士傳》、《春秋公子譜》、《世本》、《郭泰別傳》、王僧孺《百家譜》、《祖氏家傳》、呂靜《韻譜》、《孝子傳》、賈執《英賢傳》，世久失傳，賴此以存其梗概，洵宋初舊帙也。"

耿，國名，晉滅[一]。耿子孫以國爲氏。前漢大司農耿壽昌。《後漢書》史臣曰："耿氏自漢中興之後至建安末，大將軍二人，將軍九人，卿十三人，尚公主三人，列侯十九人，刺史、二千石數十百人，與漢興衰。"蓋耿況、弇、純、恭、舒而下，不可盡載也。

文光案：是書以庄姓始於庄姜，大謬。因庄公稱庄姜，庄非姓也。且自古得姓受氏未有始於婦人者。其誤應不止此。嚴子陵本姓庄，詳見《螢雪叢説》。

《萬姓統譜》一百六十卷

明凌迪知撰

汲古閣本。前有自序并凡例。所録譜籍二百餘種，加[二]吳逵

《帝王姓系總譜》一卷，劉向《世本》二卷，宋衷《世本》四卷，宋均《帝系世本》七卷，又《世本別録》一卷，王氏注《世本王侯大夫譜》一卷，又《世本譜》二卷，皆久佚之書，人所難見者也。

凌氏自序曰："余慨姓學不明，輯《姓譜》卷一百又五十。而於古今帝王不敢雜於凡民，別爲六卷，題曰《帝王姓譜》，示尊也。載僭竊者，益所以尊帝王也。"

姓氏書有論地望者，如《世本王侯大夫譜》、《英賢録》是也。以貴賤爲主，然貴賤無常，安得專主地望？有論國氏者，如《氏族要狀》、《通志·氏族》是也。乃以本源受氏爲主，然乏世系者，復列以韻，則混淆無辨。有論聲者，乃以四聲爲主，如《姓氏韻略》、《姓源珠璣》是也。然平仄不調，東冬不別，以梁惠王爲梁，齊宣王爲齊，則舛謬可鄙，何取於姓也？有論字者，乃以偏旁爲主，如《仙源數譜》、《姓氏秘録》是也。然拘於點畫，不論其理，但可爲字書，於姓氏無與也。有仿姓書編者，如《合璧事類》、《尚古類氏》、《翰墨全書》是也。然族系未廣，搜羅未備。是編遠自上古，近迄昭代，海内古今之姓悉具簡册，而名賢碩士一舉目無遺矣。

是編以韻爲先後，以朝代爲次第，每一姓下一曰望，二曰音，三曰氏，使姓各得所系之本，不失受氏之宗，庶爲氏族全書。

文光案：此本《帝王姓譜》六卷，自伏羲至萬曆，末附《皇明盛事》。次《氏族博考》十四卷，有吳京序。次《古今萬姓統譜》一百四十卷，王世貞序。宋章定著《名賢氏族言行類稿》六十卷，蓋合譜録、傳記爲一書。凌氏仿之爲《統譜》，而搜羅益廣。今所行之《萬姓統譜》，乃後人翻刻之本，其源亦出自汲古，而毛本原刻今難得矣。

《帝王姓系統譜》六卷　　《氏族博考》十四卷
《萬姓統譜》一百四十卷

明凌迪知撰

明本。是本一百六十卷，自序一百五十卷，《簡明目錄》一百二十六卷。前有萬曆己卯王世貞序。

《西溪叢話》："姓氏之學，莫盛於《元和姓纂》，皆自南北朝，以官職富貴相高。溢至於唐，崔、盧、李、鄭，糾紛可鄙。若以聖賢所本，如子姓、嬀姓、姬姓、姜姓之類，各分類聖人受姓所從來，以訖《春秋》所紀，用《世本》、荀況《譜》、杜預《公子譜》爲法，則唐虞三代、列國諸侯俱可成書，此似是太史公欲爲未就者耳。漢以後精力博求，不難考其淵源至今也。"

《容齋隨筆》："姓氏所出，後世茫不可考，不過證以史傳，然要爲難曉。自姚、虞、唐、杜、姜、田、范、劉之外，餘蓋紛然雜出。且以《左傳》言之，申氏出於四岳，周有申伯，然鄭又有申侯，楚有申舟，又有申公巫臣，魯有申繻、申棖，晉有申書，齊有申鮮虞。賈氏，姬姓之國，以國氏，然晉有賈華，又狐射姑亦曰賈季，齊有賈舉。黃氏，嬴姓之國，然金天氏之後又有沈、姒、蓐、黃之黃，晉有黃淵。孔氏出於商，孔子其後也。然衛有孔達，宋有孔父，鄭有孔叔，陳有孔寧，齊有孔虺，而鄭子孔之孫又爲孔張。高氏出於齊，然子尾之後又爲高彊，鄭有高克，宋有高哀。國氏亦出於齊，然邢有國子，鄭子國之孫又爲國參。晉有慶鄭，齊有慶克，陳有慶虎。衛有石碏，齊有石之紛如，鄭有石癸，周有石尚，宋有石彊。晉有陽處父，楚有陽丐，魯有陽虎。孫氏出於衛，而楚有叔敖，齊有孫書，吳有孫武。郭氏出於虢，而晉有郭偃，齊有郭最，又有所謂郭公者。千載之下，遙遙世祚，將安所質究乎？"

《容齋四筆》：“姓氏之書大抵多謬誤。如唐貞觀《氏族志》今已無其本，《元和姓纂》誕妄最多，國朝所修《姓源韻譜》尤爲可笑。姑以洪氏一項考之，云五代時有洪昌、洪杲，皆爲參知政事。予按二人乃五代南漢僭主劉龑之子，及晟嗣位，用爲知政事。其兄弟本連弘字，以本朝國諱，故《五代史》追改之，元非姓洪氏也。此與洪慶善序丹陽弘氏，云有弘憲者，元和四年嘗跋《輞川圖》，不知弘憲乃李吉甫之字〔三〕耳，其誤正同。”

《池北偶談》：“予在儀曹，苑平人有碧某者，吏誤呼作‘碧’，其人不應。問之，云‘碧’音如樊。《萬姓統譜》、《奇姓通》諸書所不載者。高密有亣〔四〕姓，音閔〔五〕，又禚姓音卓。諸城有見〔六〕姓音支，又壽光有鼇姓，河南有驢姓，吾邑有俳姓，四川有副榜麃謀，音拓，明有指揮八通、副將九聚，山西鄉試榜有峯姓、因姓。”

文光案：奇姓甚多，不止如阮亭所云。姓氏書善本最少，譜學久絶故也。明宣德間金陵楊信民有《姓源珠璣》，建陽書棚刊《氏族大全》。林寶撰《元和姓纂》，李肇《國史補》嘗推之。寶又撰《姓苑》、《姓史》、《五姓證事》諸書，譜學最精。然林以字爲氏，寶以爲長林之後，自姓不知，杭大宗曾譏之。錢氏《養新錄》第十二姓氏一卷内有古今同姓名，可與姓氏書參看。家譜多不可信，《通志·氏族略》伯益一條，《古今考》取之，有論。

《姓氏辨誤》二十卷

國朝張澍撰

棗華書屋本。是書依韻爲次。

《梁谿漫志》：“氏族之僞久矣，凡將、邢茅、胙祭，周公之胤也。三者實一姓，寖遠則爲三姓。退之謂徐與秦俱出韓，與何同姓之類是也。揚子雲於蜀無他揚，今此揚姓不復見，亦皆雜於楊矣。錢鏐有吳越，吳越人避其諱，以劉去偏旁而爲金；王審知據閩，閩人避其諱，以沈去水而爲尤，二姓實一姓也。今之稱複姓者，如司馬曰馬、諸葛曰葛、歐陽曰歐、夏侯曰侯、鮮于曰于，如此之類甚多，相承不已，複姓又將混於單姓矣。唐永貞元年十二月，淳于姓改爲于，以音與憲宗名同也。至今二于無復可辨。如豆盧，蓋唐大族，欽望、瓊、革皆嘗爲相，而此姓今不復見，其殆混於盧耶？”

《北〔七〕軒筆記》：“伯陽生李樹下，遂指李爲姓。馬援本趙奢後，奢能馭馬，號馬服君，子孫因以爲姓。胡廣本姓周，以端午生，不舉，用葫蘆盛之，棄水，爲〔八〕吳姓者所得，及長，託胡爲姓。陸羽，有人得之水濱，及長，筮得鴻漸于陸，因以陸爲姓。車千秋，齊田氏族也，年老，乘小車出入省中，人謂車丞相，子孫因以爲氏。席豫本姓籍，避項羽名改姓爲席。束晳，本疏廣後，因避難去正爲束。棘據以避仇，改姓爲棘。《代醉篇》中尚有姓原之可考者，兹僅錄其所見。”

　　文光案：臨川布衣洪景修著《古今姓氏遥華韻》，甲至癸九十六卷，創始於咸淳戊辰，刊板於至大戊申，凡千一百八十九姓。忠臣、孝子、義夫、烈女、相業、將略、家法、官箴，有益民彝世教者必加詳錄。前有安性仁序并自序。所引《元和姓纂》多今本所不載。而流傳甚罕，只有天一閣傳抄本。

《易是類謀》曰：“聖人興起，不知姓名，當吹律聽以別其姓。”黃帝吹律定姓是也。律，六律也，故有五音姓之說。《堪輿經》有黃帝問天老五姓。而《援神契》亦謂聖王吹律有姓。《白虎通》云聖王吹律定姓。《演孔圖》云，孔子曰：‘邱援律而吹，命陰得羽之宮。’而李房《吹律》亦謂五音生於本姓，遂自定爲京。

氏定而繫之姓，庶姓別於上而戚殫於下，婚姻不可以通，所以崇倫類遠禽獸也。陳殷曰：'姓者，統其祖考之所自出氏者，別其子孫之所自分。'晉惠帝時摯虞進《族姓昭穆》十卷。北魏太祖立大師、小師，以辨姓族。唐貞觀十二年，頒《氏族志》。按《高士廉傳》，初太宗嘗以山東士人尚閥閱，後雖衰，子孫尤負世望，嫁娶必多取資，故人謂之賣婚，由是詔士廉與韋挺、岑文本、令狐德棻責天下譜牒，參考史傳，檢正真偽，進忠賢，退悖德，先宗室，後外戚，退新門，進舊望，右膏梁，左寒畯，合二百九十三姓六百五十一家爲九等，號曰《氏族志》。高宗時，許敬宗以不敘武后世，又李義府恥其家無名，詔改《氏族志》爲《姓氏錄》。"

《隋志》：《世本》二卷，劉向撰。《世本》四卷，宋衷撰。《漢氏帝王譜》。《百家集譜》。《姓氏英賢譜》一百卷。按梁有《諸姓譜》百十六卷，梁武帝總責境內《十八州譜》六百九十卷，亡。魏孝文《列姓譜牒》。《吉州諸姓譜》。《謝氏譜》。《楊氏血脈譜》，又《支分譜》。《齊永元中表簿》。漢初得《世本》，敘黃帝以來祖世所出。而漢又有《帝王年譜》，後漢有《鄧氏官譜》。諸多遺失，今錄其存者以爲譜系篇。

《唐志》：《齊梁宗簿》。《氏族要狀》。《官族傳》。《大唐氏族志》一百卷。《姓氏譜》二百卷。《姓族系錄》二百卷。《衣冠譜》六十卷。《皇唐玉牒》一百一十卷，開成二年李衢、林寶撰。李匡文《天潢源派譜》一卷。《玉牒行樓》。《孔子系葉傳》。《東萊呂氏家譜》。《吳郡陸氏宗系譜》。《劉氏家史》。《韋氏諸房略》。右譜牒類，十七家，三十九部，一千六百一十七卷。

《宋[九]志》：《姓苑》，又《姓史》。《五姓證事》。李利涉《姓氏秘略》三卷，又編《古命氏》三卷。《五聲類氏族》。《同姓名譜》六卷。《宋玉牒》三十三卷。《仁宗玉牒》四卷。李林甫《唐室新譜》一卷，又《天下郡望姓氏族譜》一卷。《元和縣主昭穆譜》。《宰相甲族》。《祖宗屬籍譜》。《錢氏慶系譜》。蘇洵《蘇氏族譜》一卷。《千姓編》。徐筠《姓氏源流考》七十八卷。《百族譜》。李燾《晉司馬氏本支》一卷。右譜牒類，一百十部，四百三十七卷。

《通考》：《偕日譜》一卷，唐李匡文撰，從唐以來列聖下諸王、公主，逐帝書出。偕日，與日齊行之義也。匡文時爲圖譜官，又著《天潢源派譜》、《玉牒行樓》、《皇孫郡王譜》、《元和縣主譜》、《李氏房從譜》。《千姓編》以四字爲句，每字爲一姓，文義相屬。《帝王系譜》一卷，自漢迄周顯德，每代略具數語。其論曹操迫脅君后，無復臣禮，逆節已顯。會其病死，故纂竊之惡漏在身後。昔人謂其不敢危漢者，亦不覈其情耳。

《通志》：以國爲氏，如唐、虞、夏、商、殷、周之屬是。以郡國爲氏，紅、番、郴、東、陽、信、都。以邑爲氏，尹、毛、蘇、劉。以鄉爲氏，裴、閻、胡、母。以亭爲氏，糜、採、歐陽。以地爲氏，城、池、橋、門。以姓爲氏，姜、任、姬、姞。以字爲氏，林、方、公冶。以名爲氏，神、甲、軒轅。以次爲氏，孟、仲、第二、第五、第八。以族爲氏，昭、左、長勺。外國大姓，朴、紙、黌、沓。以官爲氏，席、錢、山、帥、內史、王人。以爵爲氏，皇、公、不更。以凶德爲氏，莽、梟、兀、勃。以吉德爲氏，冬、日、老、成。以技爲氏，巫、卜、豢龍。以事爲氏，車、冠、青牛。以諡爲氏，庄、文、袁、幽。以爵系爲氏，公、子、士、孫。以國系爲氏，唐、孫、齊、季。以族系爲氏，魚孫、福、子。以名爲氏，士、吉、巫、咸。以國爵爲氏，戎、子、息夫。以邑系爲氏，原伯、申叔。以官名爲氏，師、宜、尹、午、侍、其。以邑諡爲氏，苦成、丁若。以諡氏爲氏，共、叔、尹、文。以爵爲氏，成公、成王。代北複姓，吐門、奇斤。關西複姓，魯步、同蹄。諸方複姓，天餘、波斯。代北三字姓，侯伏斤、赤小豆。代北四字姓，自死獨膊、井彊六斤。

同名異實：唐氏有二，堯之後爲唐，周以封晉，此晉之唐也，伊祁姓；爕父之後，封於唐，爲楚所并，此楚之唐也，姬姓。有虞氏有二，姚姓之虞，舜後也；姬姓之虞，仲雍之後也。夏氏有二，夏后之後以國爲氏；陳宣公之子子夏之後以字爲氏。商氏有二，成湯之後爲商；衞鞅封商君，其後亦爲商。周氏有五，後稷之後爲周氏；又姬姓，唐先天中避諱改爲周氏；又暨氏，上元中準制改爲周氏；又代北賀魯氏、普氏，後魏并改爲周氏。秦氏有三，秦國爲秦氏；魯有秦邑亦爲秦氏，秦非是也，楚亦有秦商。劉氏有五，堯之後有劉累，爲劉氏；成王封王季之子於劉邑，亦爲劉；漢賜項氏、婁氏并爲劉氏；又匈奴之族從母姓劉。

改氏：裴氏改爲疊氏。羊舌氏改爲吉氏。

改惡氏：馬氏以何羅逆誅，馬后惡之，改爲莽氏。梟氏，隋煬帝誅楊玄感，改爲梟氏。

變裔：去斤之爲艾。俟亥之爲亥。吐門之爲門，叱門亦爲門，庫門亦爲門。以上二字變裔。吐谷渾之爲渾，步六孤之爲陸，庫若干之爲干。以上三字變裔。

變於裔：李弼之爲徒何氏。王熊之爲拓王氏。蔡氏之爲大利稽氏。南氏之爲宇文氏。鄭曰："後周宇文氏官制一遵三代，而姓氏用邊陲，何相反之如是？"

避諱：籍氏避項羽諱改爲席氏。庄氏避漢明帝諱改爲嚴氏。敬氏避宋諱改爲文氏，又爲恭氏。

音訛：黨氏爲掌氏。歐氏爲區氏。王孫賈之後亦爲古孫氏者，賈近於古故也。苦成子以成子食苦邑，故以爲氏，後訛爲古成，又爲庫成。夫餘氏爲鳧臾氏。冊邱氏爲曼邱氏。簡雍本姓耿，幽州以耿爲簡，遂爲簡氏。

省文：邵之爲召。邾之爲朱。橋之爲喬，去木。

省言：馬服之爲馬。冊邱之爲冊。

避仇：章氏避仇爲章仇氏。疎氏避王莽之亂，去足爲束。又云疎廣之曾孫彥避王莽於太原，改爲太傅。牛金之子逃難改爲牢，又改寮，後又爲牛氏。鄭曰：“避仇之説多非。或省文，或訛首，何必爲避仇也？”然疏之爲束，牛之爲牢，又爲避地之事明矣。以上《通志》。

《史記・黃帝本紀》：“黃帝二十五子，其得姓者十四人。”按四母之子別爲十二姓，姬、酉、祁、己、滕、葴、任、荀、僖、姞、儇、依是也。《路史》：“黃帝有熊氏作玉律以應候氣，薦之宗廟，察[一〇]治忽，以知三軍之消息，以正名百物，明民共財而定氏族。”

文光案：族之從矢，昔嘗疑焉。後閲王復齋《鐘鼎款識》，商子父己爵有 字，下注雙矢，有架。吳侃叔云：“雙矢有架，謂棲矢之器。稽六書象形，族字即其形，疑即其器之名。南宮中鼎族作 ，全即二矢形， 所以幹矢，其用當與日同。 ，旌旗之幹也。族，屬也，以其爲矢鏃所聯屬，故謂之族，亦讀如秦蔟之蔟。《説文》：‘族，束矢族族也。’阮相國謂格上三矢或二矢，古人銘器，用旌武功。”吳説洵可補《釋名・釋器》之闕。余得此説，方知合族之義因矢鏃聯屬而起，故字從矢。㫃，當是古旐字。《説文》“㫃”義從止，止即㫃之異文。胡氏《説文管見》云：“《説文》有㫃部，㫃，旌旗之游。”《釋文》引云：“旌旗得風靡也。讀若偃。”晉有籍偃、荀偃，鄭有公子偃，孔子弟子有言偃，皆以子游、伯游爲字。石鼓文有 二形是也。從中，曲而下垂，从从塞之兒，右半是入字，今《説文》作㫃，蓋傳寫者以隸改之也。

《元和姓纂》：“周平王少子，生而有文在手曰‘武’，遂以爲氏。”《姓源韻譜》：“盤庚妃姜氏夢龍入懷，孕十二月而生，手把‘南’字。長封荆州，號南赤龍。”《鮮于血脈譜》：“子仲之子曰文，生而有文在手，左曰‘魚’，右曰‘羊’。及長，封漁陽，爲燕附庸。”《唐表》云：“昭王少子，生而有文在其手曰‘閻’，康王封於閻城。”鄭曰：“武氏以諡爲氏，南氏以字爲氏，武王封箕子於朝鮮，支子仲食采於于，故有鮮于氏。武王封太伯曾孫仲奕於閻鄉，故有閻氏。安得無稽之言流於後世。”

王圻《續通考》：大騩氏之後有隗氏、大隗氏，大隗氏。出《姓苑》。渾沌氏之後有渾氏、沌氏、屯氏。出《姓苑》。大庭氏之後有大氏、大庭氏。出《風俗通》。有巢氏之後有巢氏，巢父其後。出《路史》。朱襄氏之後有朱襄氏。出邵氏《姓解》。

伏羲生咸鳥，咸鳥生乘釐，是司水土。乘釐生厚炤，厚炤生顧相，降處於巴，是爲巴人。出《華陽國志》。巴人五子爲五姓，有巴氏、樊氏、曋氏、相氏、鄭氏，世居武落山。有赤黑二穴，巴氏居赤穴，四姓居黑穴。未有君長，共立巴氏子務相，是爲廩君。徙居夷城，後有顧相氏、務相氏。出《蜀志》。其遷漢中者爲車、巴，遷略陽者爲巴氏。漢高帝發巴氏定三秦，復其渠帥七姓，有羅氏、朴氏、督氏、鄂氏、度氏、夕氏、龔氏。出《漢書注》。伏羲風姓，後有風氏、佩氏、颮氏、飌氏。出《纂文》。風后爲黃帝臣，國在沔之景陵。黃帝封伏羲之後于任，爲己姓，有任氏、己氏。出《路史》。夏禹封伏羲之後于庖，爲姒姓，有姒氏、庖氏。出《世族譜》。周武王封伏羲之後于宿，乃有密、宿、須句、顓臾，邑于沱上，以爲東蒙主。後滅於魯，有臾氏、顓臾氏、東氏、東蒙氏、胊氏、須胊氏、宿氏、罔氏、密氏。出《路史》。伏羲之後又有伏氏、虙氏、宓氏、服氏、犧氏、戲氏、希氏、包氏、炮氏、鮑氏。出《帝紀》。伏羲之弟郝骨氏，《唐表》作郝省。裔孫子期弟乙封於太原，後有郝氏、郝骨氏。出《姓纂》。

少典氏娶有僑氏女曰安登，生子二人，長襲少典氏，是爲黃帝之祖，次爲炎帝神農氏。神農氏生子十有三人，數世而有炎帝器，器生子三人，曰鉅、曰伯陵、曰祝庸。出《山海經》。鉅爲黄帝師，受封土，謂之封鉅。夏有封父、封文侯，至周失國。後有封氏、鉅氏、巨氏、封父氏、富父氏。出《世本》。伯陵爲黄帝臣，始封逢，改封齊。生子三人，曰殳、曰鼓、曰延。殳之後有戕，爲堯臣。鼓與延始作編鐘。鼓生靈㓞，靈㓞生氐人，後有逢氏、逄氏、殳氏、延氏、氐氏、齊氏。後漢有氐人齊鍾。《魏書》："孟觀擒氐人齊萬年。"祝庸爲黄帝司徒，生衒〔一一〕囂。衒囂生子二人，曰條、曰勾龍。條喜遠遊，死爲祖道之神。《風俗通》作共工之子修，非是。勾龍爲后土，後世祀於社。生子二人，曰垂、曰信。信生夸父，善走，爲丹朱臣，有夸氏、勾氏、勾龍氏。垂爲帝嚳臣，又爲堯臣，生伯夷，封於吕，其别派封於申許。許由之後有由余氏、余氏。伯夷生太岳，太岳生先龍，先龍生元氏，其别派爲青、白、蚺之三氏。有羌氏、羌戎氏、楊氏。《齊書》曰："楊氏、符氏，并略陽羌種。"蒲氏，蒲洪改爲符氏。符健據長安稱帝，號秦，五世而亡。周武王封太岳之後於申，申伯爲周卿，而楚侵其壤。宣王封元舅申伯於謝，後有宇氏、申氏、申叔氏、申鮮氏、謝氏、射氏。《三輔録》云："後漢謝姓改姓射。"周賜申徽爲宇文氏。魏賜謝懿爲大野氏。吕侯爲穆王司寇，訓刑。宣王時始稱吕甫，後有吕氏、旅氏、吕祖氏、甫氏、共氏、龔氏、藥羅氏。唐藥羅真本姓吕，爲回紇養子，因從其姓。商周之時，有吕涓，字子牙，文王以爲友，是爲尚父太公望。武王封之營陵，曰齊。十五世小白伯於諸侯，又數世而田和移其祚，蓋立國七百餘年。盧若虚録太公之後止四十八姓，而唐扶碑乃有三閭氏、葵氏之類，皆非是。炎帝器數傳而有炎帝參盧，是爲榆罔，黄帝封之於潞，以主炎帝之祀於陳。潞子之裔滅於晉，後有潞氏、路中氏、露氏、甲氏、榆氏、留吁氏。潞之支派繁於河北、河東，商周列爲赤、白之狄。潞氏、甲氏、留吁，赤狄别種也，後有隗氏、狄氏、落氏、落皋氏、戎氏、戎子氏、斛律氏。回紇九姓，高車十二族，皆其派也。其戎子遁居朔野，有葛烏釋者，世統鮮卑，故又有俟斤氏、嗣汾氏。而俟汾之派則又有宇文氏、宇氏、普氏、俟豆氏、庫莫奚氏、費也頭氏。《唐表》“也”作“㐌”。炎帝姜姓，姜之支國十三，曰怡、曰伊、曰紀、曰淳、曰甘、曰州、曰舟、曰駘、曰戲、曰向、曰薄、曰列、曰賴。夏禹封怡以祀烈山，是爲默台。商湯分于離支，是爲孤竹。商季伯夷、叔齊讓國，中子仲憑立，後有竹氏、竺氏。《後漢書》謂夜郎竹侯以剖竹得兒，《姓纂》謂竺出天竺，俱妄。孤竹氏、孤氏、墨氏、墨台氏、怡氏、伊氏、台氏。伊耆之裔有伊摯，爲湯阿衡，是爲伊尹。後有伊秩氏、耆氏、伊氏、伊耆氏、伊祈氏、尹氏、阿氏、衡氏、衡伯氏。出《風俗通》。紀侯失國，以其弟奉酅入齊，後有紀氏、邢氏、裂氏、酅氏、鄩氏。淳之後有淳氏、淳于氏、于氏。姜之派又有烈氏、烈山氏、列山氏。屬氏、屬山氏、麗氏、麗山氏、巫氏、神氏，《後漢·神曜傳》云出神農。

　　黃帝元妃西陵氏生子三人，曰昌意、曰元囂、曰龍苗。次妃方纍氏生子二人，曰休、曰清。第三妃彤魚氏生子二人，曰揮、曰夷彭。第四妃嫫母生子二人，曰蒼林、曰禹陽。凡妃之子九人，庶妾之子十六人，共二十五人。別姓者十二，祈、酉、滕、箴、任、荀、釐、佶、儇、依及青陽、夷彭爲二紀也。其十三人皆姬姓。昌意，姬姓，生子三人，長曰乾荒，次曰安，季曰悃。乾荒生帝顓頊，是爲高陽氏。顓頊元妃鄒屠氏生駱明，又生八凱，曰蒼舒、曰伯益、曰檮演、曰大臨、曰龐江、曰庭堅、曰仲容、曰叔達。蒼舒之後有蒼氏、蒼舒氏、淵氏。伯益字隤敳，出益廟碑。佐舜澤虞，是爲百蟲將軍，嵩山有廟。佐禹治水，封於梁，禹讓以位，辭焉。年逾二百歲。支庶分封大敖，後有伯氏、聖氏、梁氏、敖氏、蟲氏。檮演之後有檮氏。大臨之後有臨氏。龐江之後有龐氏。庭堅封安，後裔分封蓼，安、蓼并滅於楚。後有安氏、蓼氏。安即六也，六乃皋陶之後，而蓼則庭堅之後。仲容之後有容氏。叔達之後有達氏、叔達氏。駱明生伯鯀，伯鯀生禹，禹生子二人，曰啓、曰均。啓繼夏。均生固，固生伎來，伎來生循鞈，其裔居兜牟山，號突厥。寶歷魏晉十代而屬蠕蠕，其後滅蠕蠕，是爲阿史那氏，又分爲史氏。禹之支子有封於辛國者，辛甲事紂，七十五諫不從。文王以爲史，封之長子。昭王南征，辛由靡爲御，拯王而俱溺。封其子於西翟，後有辛氏、計氏、司空氏、宇文氏。崇侯滅於文王，後有崇氏。鯀封於崇，爲崇伯。啓生太康，太康之弟五人，分封於衛，是爲五觀。其支於莘者爲莘氏、幸氏、甡氏、觀氏、卜氏。

仲康生相，仲康之支封於鄧者爲鄧氏。相生少康，少康生子九人。長帝杼，杼封其弟曲列於繒，後爲莒所滅，有繒氏、郜氏、曾氏。又封扞於鄅中，處會稽以奉禹祀，是爲無餘，歷數十傳而爲編氓。至東周時有曰無壬者，百姓率而君之，是爲甌粵、東粵。無任生皪，皪生元常，國始大。元常生執莢，是爲勾踐，滅吳而伯焉。七世無顓逃位，其弟無疆，又破於楚，族散江南海上，於越、東野、勾餘、姑于迭爲君長。無疆之長子居琅琊，次子蹄守甌餘之陽，後有歐氏、謳氏、漚氏、餘氏、烏氏、烏餘甌氏、歐侯氏、歐陽氏、歐羊氏。庶子無諸及餘善，無諸保泉山，居閩中；餘善與孫搖分保海之東隅，謂之三越。而吳門姑、越、漚、勾、章、餘、復、黃、林、餘、不、甌、鄧，皆其屬也。初，帝杼之母有仍氏方娠，逃難，自竇而出，生子曰龍留，居有仍，爲竇氏。六十有九世，鳴犢仕晉，後裔入鮮卑拓拔部，居代郡，爲没鹿氏、紇豆陵氏。魏武時歸華，複爲竇氏。竇懷正以惡戮，賜爲毒氏。湯放桀於南巢，乃封少康之後於杞，以主禹祀。後封於曹東之樓，是爲東樓、西樓公。周興，復封東樓之後於杞，九世成公遷於綠陵，又十一世而簡公滅於楚。弟佗奔魯，封於陽樊。後去魯徙沛，分沛立譙，有夏侯氏、侯氏、杞氏、題氏、樓氏、僂氏、婁氏、劉氏、丏氏、雒邱氏、郁釐氏、孫氏、杞氏。婁敬賜姓劉。杞若避董卓難改姓杷。夏禹姒姓，其以封國爲氏者，有沈氏、肜氏、褒氏、男氏、有南氏。有南之國以二臣爭權而分，宣王時有南仲者，其裔也。褒君以女亡周。肜伯事商。沈子滅於蔡。姒敬叔仕齊，采于鮑，爲鮑氏、包氏。成王封夏公，有夏后氏、夏氏、差氏、禹氏。桀之子淳維，丞桀之衆妾，遁於北野，徙董育，又入於冒頓，支派繁盛。其後感漢祖和親，乃爲劉氏。扶羅助漢而死，生子豹，豹子淵居於離石，西晉時稱漢，五世而滅於石勒。其別支有勃勃者，興於朔方，爲赫連氏，稱大夏，三世而滅于後魏。有鐵伐氏、雲氏，其始姓虛連題，是爲攣鞮氏，其後又有呼衍氏、蘭氏、須卜氏、邱林氏、雕氏、凋氏、盧氏、呼盧古氏、宕昌氏、宕氏、庫氏、黨氏、渾氏、房當氏、白狼氏。顓頊次妃勝奔氏生子三人，伯稱、卷章、季禺。卷章或作老童。季禺生叔歜。卷章娶根水氏，生二子，曰黎、曰回。黎爲祝融，生二子，曰長琴、曰噎。噎處西極，長琴居搖山、落風。黎卒，帝嚳以回代之，封於吳，是爲吳回。吳回生陸終，其支庶爲陸終氏。陸終娶鬼方氏，生子六人，曰樊、曰惠連、曰錢、曰求言、曰晏安、曰季連。《路史》云“一乳産六，圻左削右，各生三人”，甚謬。樊爲己姓，封昆吾，後有昆氏、吾氏、昆吾氏，《戰國策》有楚將吾得。扈、顧、溫、蘇、廖、董、諸斟，皆己姓也。扈滅於夏啓，顧滅於商，溫滅於狄。蘇伯見伐於紂，以妲己免，後滅於周，有蘇氏。司寇，蘇之支子，封郯，又爲郯氏。廖之叔安異封於董，董父、豢龍封於鬷川，別爲鬷夷，又別爲關龍。董廖、關龍滅於夏，鬷滅於商，後有廖氏、颿氏、飂氏、董氏、關龍氏、關氏、李氏。唐李忠臣本姓董。諸斟則有灌潯、戈介。灌潯滅於夏，戈介滅於商，後有斟氏、戈氏、斟戈氏、潯氏、尋氏、暞氏、鄩氏、斟灌氏、灌氏、介氏。其己姓之封於祝產者爲祝產氏。惠連，妘姓，封於參胡，而鄢子其裔也。籛字鏗，封於彭，是爲彭祖，以養性事堯，歷夏、商，壽七百六十七年。夏封其元孫豕於韋，是爲豕韋。而而禿、暨、諸稽、舟人，皆彭姓也。韋遷於夏，暨與諸稽滅於商，禿與舟人滅於周。錢鏐稱吳越王，百年而入于宋，後有籛氏、錢氏、彭祖氏。求言，妘姓，封於鄶，是爲鄶人。其後滅於重國，有鄶氏、鄶氏、會氏。儇、云、路鄔、偪夷，皆妘姓也。儇侯滅於鄭。云子近楚，滅於若敖，有云氏、員氏、云氏、鄖氏、妘氏。路鄔、偪夷滅於晉。晏安封於曹，爲曹氏，而邾婁、騶、絳、倪、莒、小邾、根牟，皆曹姓也。武王封曹，挾於邾，是爲邾婁。邾之傳國二十九世，而邾支以父武公伯顏之功封於倪，三世居騶，從齊尊周，是爲小邾。子小邾傳國十四世後去邑，爲朱氏。姓書謂春秋後八世滅爲朱氏，然哀公時已有齊大夫朱毛，而都昌侯朱軫亦其裔也。至唐末而溫出，乃稱後梁。至宋朝而熹出，爲世大儒。我太祖國號大明，豈非顓頊之遺烈哉？朱之派有侏氏、婁氏、邾婁氏、庶其氏、顏氏。仲尼之門，顏有八人。季連，羋姓，其裔爲季連氏，夏禹時居荆州，生子附敍，始封於熊，是爲穴熊。夏時有楚狐父，周文王時有鬻熊子。成王時熊氏叛，乃征之，封其子繹於荆，居丹陽，是爲楚。十七世，通，稱王。通生貲，遷於郢。又十八世，橫，遷於陳。凡三十五世，滅於秦。堯封重黎之後爲羲和。後有重氏、童氏、和氏、縈和氏。商封和之後於程，有程氏、司馬氏。程之後有嬰，死趙之難。有顥與頤，爲宋大儒。司馬之後有遷，作《史記》。有懿，事魏而取之。濮、羅、歸、越、賓、滇、麠，皆羋姓也，後皆入於楚。其百濮之裔有濮氏、高氏。百越之裔有駱氏。駱之分，又有李氏。李嗣興，本姓駱。顓頊始都若水，徙都商邱，後有項氏、玉氏、若氏，商邱氏。其長子孺帝之，後有孺氏。八凱之後又有凱氏。昌意次子安居於西土，是爲安息，其後有安氏、李氏。《唐表》云，安息國後漢末遣子世高入朝，因居洛陽，後徙遼左，又徙武威，唐時賜抱玉、抱真爲李姓，是爲武威李。昌意季子悃遷於北土，後統黨項爲拓跋氏。至鬱律生二子，長曰沙莫雄，次曰什翼犍。什翼犍生子七人，曰寔君、曰翰、曰閼婆、曰壽雄、曰紇根、曰力真、曰窟咄。寔君生後魏道武帝，改爲元氏，傳十五世而滅於北齊。初沙莫雄爲南部大人，號拓跋氏。道武爲宗室之長，改爲長孫氏。至孝文以獻帝之長兄爲紇骨氏；次兄普氏爲周氏；又次兄爲達奚氏；又次兄爲伊婁氏，改爲婁氏；又次兄敦邱氏，改爲邱氏；又次兄俟氏爲萬俟氏。叔父之後乙旃氏爲叔孫氏，疏屬車焜氏爲車氏，是爲十姓。又有乞伏氏、禿髮氏。乞伏氏有國仁者稱西秦，三世而亡。禿髮氏有烏孤者稱南涼，二世而亡。又道武改元覽爲元氏，太武賜禿髮傉檀爲源氏，節閔賜周瑤爲車非氏。拓跋思敬以討黃巢功，唐賜姓李氏。拓跋是黃帝之苗裔，北俗謂土爲拓，后爲跋，以黃帝土德而言也。黨項之種亦有拓跋氏，是爲鮮卑，與此不同。按黨項在西，西戎也。鮮卑則在中國之東。元囂姬姓，生帝嚳高辛氏。帝嚳元妃有駘氏，收育其棄子名曰棄，舜封於邰，號后稷。娶姞人氏，生漦璽。漦璽生叔均，世爲后稷。及夏之衰，有不窋者失其官，竄居尉李。不窋生鞠陶，鞠陶生公劉，公劉生慶節，始國於豳。慶節生皇僕，皇僕生弗差，弗差生僞隃，《史記》作“毁隃”。僞隃生公非，公非生高圉，高圉生侯牟，侯牟生亞圉，《史記》無侯牟。圉之弟雲都生祖叔紺，是爲祖類。祖類生亶父，是爲古公。《姓匯》謂祖類生太公，太公生亶父，非也。古公避獯鬻，居岐陽，亦娶有駘氏，生子三人，太伯、仲雍、季歷。泰伯、仲雍逃之荆蠻，居梅里，荆人義而君之，號爲吳伯。卒，仲雍繼之，號虞仲。武王封其曾孫仲於西吳，亦曰虞仲。十二世滅於晉。仲之支孫卿於周，封於樊，爲樊氏、皮氏、虞氏。自虞仲滅而吳始大，二十有四世，滅於越。有夫餘氏、慶忌氏、公冶氏、劉氏、太伯氏、漆雕氏、夫氏、椓氏。其以邑者有州來氏、延陵氏、棠谿氏、堂谿氏、唐谿氏、或氏、成氏、梁氏、公氏。越之滅吳，流其長子鴻於婺源，而鄞與無錫皆吳派。季歷居程，生文王。周之初，大封同姓，文王之祚十八。帝嚳次妃有娀氏生契，爲堯司徒，封於商，賜姓子氏。子昭明生相土，始居商邱，孫冥爲司空。又十二世而湯興，至於紂而失天下。武王封微子於宋，三十二世而齊、魏、楚共滅之，三分其地。有微氏、幾氏。其支於戴者有戴氏。初，微仲之孫潛公生弗父何，四世爲孔父嘉，遭華督之難，子木金父逃于魯，爲孔父氏。孔氏生祈父，爲防大夫。子房叔生伯夏，伯夏生叔梁紇，封於鄹，生孟皮，襲鄹爲鄹氏。又娶顏氏女，生仲尼，是爲夫子。《洪武正韻》注曰：「孔字，子從乙。乙者燕也，不忘玄鳥之祖也。」黎、萊、蕩、巢、比、梅、條、徐、蕭、索、長、尾、陶、施、繁、錡、樊、饑、終、蔡，皆子姓也。西伯戡黎，武王復以封湯，後其裔滅於舒，有黎氏、犁氏。萊侯與太公爭營邱，後遷於郳，有萊氏、浮萊氏。蕩滅於秦，巢滅於吳。比干受剖，梅伯受醢。有蕩氏、比氏、梅氏、枚伯氏。比干死，其子堅逃於長林，爲王氏、林氏。成王以商之六族條氏、徐氏、蕭氏、索氏、長勺氏、尾勺氏賜魯公，又以商之七族陶氏、施氏、繁氏、錡氏、樊氏、饑氏、終葵氏賜康叔。蕭滅於楚，後有桐門氏、還氏。蕭道成纂宋稱齊，七世而亡於蕭衍。衍稱梁，四世而亡於陳。後有孛氏。箕子，周封朝鮮，有鮮氏、朝鮮氏、鮮于氏。帝嚳三妃陳豐氏生堯，堯初娶富宜氏，生朱，不肖，封於丹。舜移封於房，爲房侯，謂之虞賓。朱生陵，以父封爲丹氏、房氏、防氏。陵之三十五世鍾事昭王，采於靈壽，生沈爲沈氏。朱之兄考監明先死，朱之弟九其封於留者爲留氏、劉氏。劉累豢龍，事孔甲，賜爲御龍氏，以代豕韋董之業，後遷於魯。商時居大夏者爲唐氏、御氏、擾氏、擾龍氏。周時封堯後於鑄，分于祝，又分於隨，有鑄氏、祝氏、隨氏。劉累之裔封于方城，爲唐公，後併於楚。其徙杜者爲杜氏、唐杜氏、屠氏。杜蒯，《史記》作“屠耆”。杜伯之子隰叔奔晉，生士蒍，世爲士師及司空之官，故有士氏、司空氏。蒍生士蒍，爲蒍氏。蒍生士會，采於隨，爲隨氏。佐文襄有功，又采于范，爲范氏。子燮采於枸櫟，爲枸櫟氏。士鮒采于彘，爲彘氏。臬夷采於函與，爲函與氏。陶氏、朱氏、陶朱氏、鴟夷氏。范蠡姓。初士會入秦而歸晉也，有子留於秦，生明，爲劉氏。明生遠，遠生陽，十世孫獲爲魏大夫，生清，徙居沛。清生仁，號豐公。仁生煓，是爲漢太公。太公季子邦滅秦、項而有天下，後滅於曹魏。劉裕起南朝，稱宋，而八傳滅於齊。知遠起五代，稱後漢，而二傳滅於後周。知遠，沙陀人，自云劉漢之後。《唐表》云，獨孤氏出自漢光武之後。劉進伯擊匈奴，敗因孤山下，生尸利單于，爲谷蠡王，號獨孤部，因以爲氏。先是房之後有貍氏，裔子大騄夏后封之傅，爲傅氏。傅說臣商，後有傅餘氏、餘氏。其封於冀者爲冀氏。帝嚳四妃有陬氏生帝摯及八元。《姓匯》於帝摯之下有“十日”二字，謂以天干記號，有十人焉，而以《左傳》“天有十日，人有十等”爲證，愚謂其非也。《淮南子》“十日并出”之言固甚妄誕，而今又以十人明其十日之說，則所謂焦禾殺稼者，又將何以釋之？豈非以妄而正妄哉！八元爲虞舜布教，曰伯奮、曰仲堪、曰叔獻、曰季仲、曰伯虎、曰仲熊、曰叔豹、曰季貍。後有奮氏、堪氏、獻氏、虎氏、豹氏、貍氏。實沈、閼伯、續牙、晏龍、巫人、叔戲、厭越皆帝嚳庶子也。實沈、閼伯居曠林，兄弟不相能，閼遷於宋，是爲商。沈遷於大夏，是爲參。後有實參氏。續牙爲舜友，後有續氏。晏龍爲納言，生司幽，封司幽之國，後有龍氏。巫人封巫爲巫氏。主戲民，戲民，昐姓也。戴音替。叔戲生搖氏，後有搖氏。厭越居昌黎，爲東胡之祖，漢時居鮮卑山，是曰烏丸。後有慕容氏，晉時稱前燕、後燕、南燕、西燕。前燕二主滅於苻堅，後燕四主滅於馮跋，西燕七主滅於慕容垂，南燕二主滅於晉。龍苗生吾融，爲吾氏。吾融生卞明，封於卞，爲卞氏。卞明棄其國居南裔，生白犬，是爲蠻人之祖。白犬，卞明子名也。史傳盤瓠之説甚謬，不録。帝休釐姓，繼黃帝以治，是爲帝鴻氏。生子二人，曰白民、曰嘻。嘻生季格，娶任己氏，生帝魁。白民銷姓，降居於夷，是爲白民之祖。出汲冢書。帝鴻之裔有防風氏、縉云氏。防風亦釐姓，守封禺之間，出《寰宇志》。至商爲汪芒氏，更爲漆姓。後有汪氏、罔氏、汪罔氏、汪芒氏。縉雲娶土敬氏，遺腹而生驩兜，驩兜生苗民，河西諸羌皆其種也。夏禹又分北有苗，又有防風氏、縉雲氏、長狄氏。清，紀姓，封於清，是爲青陽，娶於類氏，生少昊青陽氏。少昊元妃生倍，代居緡淵，封於蒇，至夏末爲桀所滅，後有倍氏、緡氏、蒇氏。少昊次妃生般，爲弓正，主祀弧星，封於尹城，後有尹氏。少昊有庶子曰昧，爲元冥師。昧生二子曰允格、曰臺駘，俱爲帝嚳臣。臺駘以治水功封汾州，沈、姒、蓐、黃，世守其祀。後有臺氏、沈氏、姒氏、辱氏、蓐氏、郮氏。允格封於婼，有子婼姓，舜投之幽州，是爲陰戎之祖。《左傳》“秦晉遷陸渾之戎”注云：“允姓之戎也。”少昊四叔，曰重、曰熙、曰修、曰該，爲五官。堯之羲仲、羲叔，皆重之後也。後有羲氏、重氏。少昊入踐帝位，其屬有紹青陽之國胙者，恃強侵伐。重邱氏苦之，遣以妹惑而不治，青陽氏遂亡。少昊支子娶高陽氏女，生大業，大業娶少典氏女，生陶，爲舜士師。封於皋，是爲皋陶。生子三人，長伯翳、次仲甄、季封。封於偃，爲偃姓，而州、絞、舒、皖、貳、軫、鳩、庸、龍、蓼，皆其派也。州滅於魯，絞滅於宋，舒、皖、貳、軫、鳩、庸、龍、蓼則入於楚。仲甄事夏，封於六，後分於英，俱滅於楚。伯翳能馴鳥獸，知其話言，事虞。夏初采於嬴，爲嬴氏、盈氏、郕氏，以功受皁斿、元玉。妻以堯女，而封於費，是爲大費。生子三人，曰大廉、若本、恩成。大廉事大禹，爲鳥俗氏、路俗氏，後裔有孟虧、仲衍。孟虧能述伯翳之業，封於蕭，是爲蕭孟虧。夏衰，孟虧去而鳳鳥隨焉。仲衍臣於商。太戊其裔曰戎胥軒者，娶酈山氏，生仲潏。仲潏生處父。處父善走，是爲飛廉。生二子曰革、曰季勝。革即惡來也，事紂爲周所殺。季勝生孟增，幸於成王，封皐狼，生造父。造父事穆王，封于趙，七世叔帶隸於晉，又九世而武立，又再世而分晉，又三世而主父益強，又六世而滅于秦。有趙氏，趙之後有宋太祖。傳至度宗，幼主革之。五世曰非子，孝王封之秦谷，使復嬴氏。又五世而襄公勤於平王，賜之岐豐，以爲侯。又二十九世而呂政併天下，二世滅于漢。有秦氏、非氏。秦仲既封於襄，又封其少子康於夏陽，爲梁伯，有梁漢氏。莽以梁攘爲修遠伯，奉少昊之祀；而梁之後運期氏，其采於運者爲運氏。自運分于掩，爲掩氏。采于鍾離者，滅于吳，爲鍾氏、離氏。鍾離氏其爲附庸者，有尋氏、衙氏、良氏、菟裘氏、不羹氏、修魚氏，樗里氏。秦鍼奔晉，封于裴中，爲裴君。六世陵遷于解，爲解君。後有裴氏、苣氏，斐氏、解氏，履氏。若木事夏，襲伯翳之封，後有費昌事湯，費仲事紂。其封于淮者亦爲嬴氏。夏世以徐伯主淮夷，三十二世而徐君偃滅于楚。周王録其子宗，又十一世而滅于吳。有徐氏、蟲氏。徐世勣改姓李。恩成之裔以理爲姓，理徵事娶契和氏，逃難伊墟，爲李氏。利貞生仲師，家于苦，生彤德。其曾孫碩宗事康王，因以苦封焉。五世孫乾，《舊唐書》作敬，字元昊，爲周上柱史。娶洪氏，娠十二年，蓎左而生聃，曰元禄，是爲伯陽。生而皓首，謂之老子，名耳而字聃，邑於苦之賴。賴即萊也，故曰老萊子。桓莊時爲柱下史，簡靈時守藏史，孔子嘗問禮焉。孔没十九年而聃入秦，著

《道德經》，西歷流沙以化胡，壽四百又四十歲。聃生宗，食采於段干，後裔淵革隋而興唐。昪養於徐，爲徐氏，後復李氏，號南唐，三世而亡。有里氏、理氏、相里氏、李氏、聃氏、儋氏、段氏、段干氏、宗氏、老氏、老陽氏、柱氏、丙氏。李陵裔孫見魏帝於丙殿，賜姓丙。北狄賀蘭、堅吾二氏，皆李陵後。北魏賜李虎爲大野氏，後周賜李弼爲徒何氏。剡、眞、茲、蒲、沈、耿、譚、縠、巴、復、江、黃、邧、弦、時、麋、白、祁，皆嬴脈也。剡滅于越，眞滅于徐，茲、蒲滅于周，沈、耿滅于晉，譚、縠滅于齊，巴、復滅于夔，江、黃、邧、弦、時、麋、白、祁滅于楚。沈子逞奔於楚，逞生嘉，嘉生二子尹丙、尹戌。尹戌爲右司馬，生諸梁，采于葉爲葉氏、尹氏、諸梁氏、郜氏。此與平興之沈不同。耿之後又有諫氏、柬氏、簡氏。譚後又有覃氏、談氏、倓氏。黃之後又有胡氏。白之後又有白侯氏、武安氏。周封少昊之後于祁而置莒。其後茲輿徙于計，二世茲丕復歸莒，至紀公乃復紀姓，傳三十世而滅于楚，有莒氏、莒子氏、興期氏、茲丕氏、庶其氏、羊氏。其以邑者有林氏。少昊之後有昊氏、皓氏、星氏、桑氏、金氏、雉氏、芒氏、句氏、曋氏、皞氏、秋氏、伯氏、西方氏、桑邱氏、空桑氏、龍邱氏、五鳩氏、有偃氏。揮造弧矢，封于張，爲弓氏、張氏、李氏。東方朔，父張夷，母田氏，遺腹三日母卒，鄰母育之。生時東方始明，因以爲氏。張軌稱前涼，五世而亡。夷彭紀姓，其子封於采，是爲左人。有采氏、左人氏、夷彭氏。蒼林姬姓，生始均，居北狄，爲始氏、蒼林氏。禹陽任姓，任分封十國，有謝氏。歐陽修撰《謝絳碑》云，黃帝後任姓十族，謝其一也。至周宣王時，營謝以賜申伯，而任姓之謝始失國。謝之後有射氏、大野氏。後魏賜謝總爲大野氏。一云申伯之後。禹陽之裔曰禹號者，生子三人，長曰禹京，次曰倕梁，季曰儋人。禹京居北海，禹號居南海，是爲海司。後有禹強氏、強氏。倕梁生

番禺，主舟楫。生奚仲，奚仲生吉光，主車，封于薛。十二世仲
虺爲湯左相，其裔祖己、七世孫成始遷于摯，有女歸周，是生文
王。逮武王，復封于薛。薛之爲國，歷三代六十四世而滅于楚，
後有薛氏、祖氏、奚氏、仲氏、摯氏、李氏。奚廷珪改姓徐，光
祚本姓薛。佟氏，任姓之後，又有狂犬氏。黃帝庶子結姓之後伯
條封于南燕，伯爵也。有吉氏，姞氏、孔氏、衛孔氏。氏出於姞，
即文子也。黃帝庶子箴姓之後有箴氏、濟氏、滑氏。黃帝庶子依
姓之後有依氏、髡民氏。黃帝之後舜封爲侯伯者十有九。武王封
黃帝之後于薊，以復剗。後有剗氏、薊氏。黃帝別脈又有橋氏、
喬氏、陳氏、有熊氏、軒轅氏、公孫氏。

　　有幕氏，虞舜之系。初，窮蟬父曰幕，世稱有幕氏，能聽風
以成樂。窮蟬生敬康，敬康生句望，句望生橋牛，橋牛生舜父。
生而天盲，是爲瞽叟。瞽叟生舜及象。《史記》謂自窮蟬至虞舜皆
微爲庶人，辨之者謂窮蟬既爲帝顓頊之子，何得謂微爲庶人？婚
姻，同姓百世不通，舜既堯之五世從元孫，又安得尚堯二女也？
況舜姓姚，而黃帝嗣裔實無姚姓，且以舜爲堯之從孫，禹乃舜之
從祖，祖孫傳位猶顓頊與帝嚳也，豈得謂之以天下與人哉？此其
辨甚當。故羅泌《路史》謂虞舜不出於黃帝，而陳士元《姓匯》
亦別爲之系，謂窮蟬非顓頊庶子，今從之。舜元妃娥皇無子，次
妃女英生子二人，曰義均、曰季釐。季釐封於緡，其後爲桀所滅。
義均封於商，是爲商君。商君不肖，惟喜歌舞。禹封其子於虞，
其後虞君至夏季而亡。或以虞爲象之後，非。舜三妃癸比氏生女
二人，曰宵明、曰燭光。處於河澤，靈照百里，是爲湘神。舜庶
子七人，其後裔得封國者，當夏之世有箕伯、直伯。成湯封箕伯
之裔于遂，遂之後滅于齊，後有箕氏、遂氏。按箕伯與箕子本是
二姓，箕子乃紂諸父。《姓匯》以箕子爲箕伯之後，非矣。圭、
衛、薄、傅滅于商，胡、潘滅于周。息、負、盧、鄒至春秋時皆

入于彊國，後有傅氏、胡氏、潘氏。其支裔又有幕氏、有虞氏、合博氏、李氏。漢胡不害封合博。唐李文思本姓胡。胡公之後闕父爲陶正，武王以太姬配其子胡公滿，賜以蕭慎之瑤，封于陳。二十五世而滅于楚。初陳宣公殺其太子禦寇，而敬仲奔齊。致陳樂，齊桓公以爲工正，采于田，爲田氏。七世成子弑簡公，分齊國。又三世而田和移齊祚，又六世滅于秦。有敬氏、皮氏、車氏、薛氏、王氏、文氏、苟氏、光氏、紇于氏、尉遲氏。後魏田宏固爲紇于氏，陳忻爲尉遲氏。齊宣王田僻疆封弟于母，爲胡母氏、胡非氏、何母氏、威氏、慈母氏、慈氏。漢封舜之後嬀昌爲始睦侯，以主祀。後有始睦氏。漢高祖徙諸田於關中，有第一氏、第二氏、第三氏、第四氏、第五氏、第六氏、第七氏、第八氏。田千秋乘小車入殿，稱車丞相，後有車氏。禹封舜之少子于西戎，至秦厲公時有羌無弋爰劍，其曾孫曰忍、曰舞。忍生九子，爲九種。舞生十七子，爲十七種。其曰研者號研種，十七種之一也。研之十三世孫曰姚，居代雄、洮罕之間。至西晉時姚弋仲者，其裔也。弋仲子曰萇，弑符堅號後秦，歷三世而滅于晉。後有研氏、無弋氏、東氏、迷氏。無弋之支庶曰印，南徙祈，支分爲三種，有氂牛氏、白馬氏、參狼氏。象封于有庳，後有象氏、庳氏、畁氏、鼻氏。

同姓異派：戴氏有二。戴國爲鄭所滅，子孫以國氏；又宋戴公後以謚氏。梁氏有二，伯益後封于梁，以國氏；又跋列蘭氏改梁氏。楊氏有六，唐叔虞後封楊以封氏；又周宣王子尚父封後爲氏；又周景王後；又晉公族楊食邑於羊舌，凡三縣，一曰楊氏；又楊突，周賜姓獨孤氏，隋復本姓；又有莫胡盧氏，改楊氏。裴氏有三，伯益後封裴鄉，以鄉氏；又晉平公封顓帝裔於裴中，號裴君，子孫以爲氏；又唐開元右驍衛大將軍疎勒王裴夷健之後。蒙古七十二種，三字姓至八字。又色目三十一種。

匈奴單于姓攣鞮氏，後冒漢姓爲劉氏，又爲林連氏。遠屬爲羯，曰石氏。在遼東塞外曰宇文氏，在北涼爲沮渠氏，俱稱帝。回紇一云匈奴種。俱出《續通志》。

耿氏，姬姓，商時侯國，閔公元年爲晉所滅[一]。今河中龍門縣南十二里故耿城是。《尚書》“祖乙遷於耿”，是此地也。《通志》“以國爲氏，周同姓國。”《尚友録》：“耿、高、陽、宮、音，又望出扶風河東。”以上皆録於《古今圖書集成·明倫彙編·氏族典》。

右譜牒類

昔伏羲氏始正姓氏，女皇氏正姓氏以判萬民，黄帝定氏族別其子爲十二姓，此姓氏之所由昉也。舜以禹治水功成，乃賜土姓，此賜姓之始也。周設小史以奠繫世，設瞽矇以誦世繫。天子謂之帝繫，諸侯謂之世本，氏姓之書由來遠矣。漢王符《潛夫論》志氏姓，《隋志》有譜系，唐、宋《志》，馬氏《通考》有譜牒，所以明昭穆，辨親疏，昭明德，廢幽昏也。謹案《四庫全書》氏族入類書類，今以其書甚多，且關係甚重，謹遵《皇朝通志》立譜牒一門，次於地理之後。所録凡十一家，而附諸説於後，使修譜者有所依據云。

宋邵思著《姓解》，以莊姓始於莊姜，望之瞿然。後數年恭讀《欽定圖書集成》，莊姓始於莊善，楚人，死白公之難，恐姜字是善字之訛，蓋上半相同也。別本以莊姓始於莊周，此本先莊善，次莊暴，次莊周。其以謚爲氏者亦有之，未知所出同否。

光緒戊戌十月十九日録畢。

校勘記

〔一〕“滅”，原作“减”，據《史記·晉世家》改。

〔二〕“加”，據上下文意疑爲“如”字之誤。

〔三〕“字”，據宋洪邁《容齋隨筆》補。

〔四〕“髙”，原作“高”，據清王士禛《池北偶談》改。

〔五〕“閲”，原作“閩”，據同上書改。

〔六〕“則”，原作“則”，據同上書改。

〔七〕“北”，原作“東”，據元陳世隆《北軒筆記》改。

〔八〕“棄水爲”，原作“棄爲水”，據同上書乙正。

〔九〕“宋”，原作“家”，據《宋史》改。

〔一〇〕“察”，原作“廢”，據《路史》改。

〔一一〕“衙”，原作“術”，據《史記·五帝紀》改。

史部十三
職官類

《漢官》一卷

國朝孫星衍校集

《平津館》本。前後無序跋。其官首太傅，每官之下注所屬各幾人。刺史治下各注去洛陽幾里。

太史待詔三十七人，其六人治歷，三人龜卜，三人廬宅，四人日時，三人易筮，二人典禳，九人籍氏、許氏、典昌氏，各三人，嘉法、請雨、解事各二人，醫二人。

文光案：是書久佚，不易得，因録此一條以見其概。各本引此條俱作《漢官儀》。《唐六典》引太史屬員有理歷六人，避唐諱改。《直齋書録解題》史部有職官類。

《漢官解詁》一卷

漢胡廣注

《平津館》本。孫星衍校集。其官引書爲綱，多採《北堂書鈔》，設官部，注降一格，亦採之各書藝文。《藝文類聚》有職官部，注多刺取之，以外則《初學記》、《太平御覽》、《續漢志補注》爲多。

《隋志》："《漢官解詁》三篇，漢新汲令王隆撰，胡廣注。"《唐志》作三卷。《後漢書・胡廣傳》"所著詩、賦、銘、頌、箴、弔及諸[一]解詁凡二十二篇"，不言此書卷數。《續漢志補注》引廣注，述此書始末極詳。王隆字文山，建武中人，爲新汲令。見《文苑傳》。《漢官》仿《凡將》、《急就》，四字一句，故在小學中。今以隆書爲正文，列廣注於下，末附胡廣《漢制度》十條。

《漢制度》之名不見於《隋志》，《續漢志補注》引謝沈書曰："太傅胡廣博綜舊儀，立漢制度，蔡邕因以爲志。"

首題"王隆《漢官篇》"。注曰："前安帝時越騎校尉劉千秋校書東觀，好事者樊長孫與書曰：'漢家禮儀，叔孫通等所草創，皆隨律令在理官，藏於几閣，無記録者久，令二代之業闇而不彰。誠宜撰次，依擬《周禮》，定位分職，各有條序，令人無愚智入朝不惑。君以公族元老，正丁其任，焉可以已？'劉君甚然其言，與邑子通人張平子參議未定，而劉君遷爲宗正衛尉，平子爲尚書郎太史令，各務其職，未暇恤也。至順帝時，平子爲侍中，典校書，方作《周官解說》，乃欲以漸次進漢事。會復遷河間相，遂莫能立也。述作之功，獨不易矣。既感斯言，顧見故新汲令王文山小學爲《漢官篇》，略道公卿内外之職，旁及四夷，博物條暢，多所發明，足以知舊制儀品，蓋法有成易而道有因革。是以聊集所宜，爲作解詁，各隨其下，綴續後事。今世施行，庶明厥旨，廣前後憤盈之念，增助來哲多聞之覽焉。"

文光案：此序之在注中者足備一格，且可見漢人筆札，故全録之。

光禄大夫，諫議大夫，揖讓羣卿，四方則之。案：此漢人之小學也，四字爲句，以便誦也。習此一條，使知書體。孫氏所輯無正文者，以小字補之，如將軍、如光禄勳等是也。

帝之下書有四，一曰策書，二曰制書，三曰詔書，四曰誡救。

此胡廣之《漢制度》也，詳見《光武紀注》。策書制長二尺，短者半之，有篆書，有隸書。制、詔、敕不知其制。

文光案：秦漢二十級爵名，一公士、二上造、三簪裊、四不更、五大夫、六官大夫、七公大夫、八公乘、九五代夫、十左庶長、十一右庶長、十二左更、十三中更、十四右更、十五少上造、十六大上造、大良造即大上造也。十七駟車庶長、十八大庶長、十九關内侯、二十徹侯。臣瓚曰：爵者，禄位。民賜爵，有罪得以減也。按《漢書》商鞅爲法，戰，斬一首賜爵一級，欲爲官曰五十石，故名曰爵級，又曰首級。詳見《古今考》。

《唐六典》三十卷

唐玄宗明皇帝御撰　李林甫奉敕注

掃葉山房本。嘉慶庚申席世臣校刊。宋本刊於紹興四年，嘉興縣主薄詹棫校刊，有序。明正德己亥，浙江按察使席文同、李立卿重刻於蘇郡。王鏊序曰：“世無傳本，間於中秘得其書，手録以歸。席君不知何自得之，捐俸刻之蘇郡，未竟陞任去。繼任者李君立卿實成之。”

陳氏《書録》：“按韋述《集賢記注》，開元十年，起居舍人陸堅被旨修《六典》，上手寫白麻紙，凡六條，曰理典、教典、禮典、政典、刑典、事典，令以類相從，撰録以進。張説以其事委徐堅，思之歷年，未知所適。又委毋煚、余欽、韋述，始以令式入六司，象《周禮》六官之制，其沿革并入注，然用功艱難。張九齡又以委苑咸，二十六年，奏草上。至今在書院，亦不行用。今按《新書·百官志》皆取此書，即太宗貞觀六年所定官令也。《周官》六職，視《周禮》六典已有邦土、邦事之殊，不可考證。唐制内外官與周制迥然不同，而强名六典可乎？善乎？范太史祖禹之言曰：'既有太尉、司徒、司空，而又有尚書省，是政出於二也。既有尚書省，而又有九寺，是政出於三也。'本朝裕陵好觀《六典》，元豐官制盡用之。中書造命，門下審覆，尚書奉行，機事往往留滯，上意頗以爲悔云。"聚珍本案：《唐志》委苑咸者，乃李林甫也。至云二十六年奏草上，考《新書》，九齡以二十四年罷知政事，程大昌謂書成於九齡爲相之日，當在二十四年。林甫注成奏進，當在二十七年。故是書卷首止列李林甫，不及九齡也。文光案：李林甫不學無術，其注當是諸賢所作，特以奏進列名爾。

《大唐新語》："開元十年，玄宗詔書院撰《六典》以進。時張説爲麗正學士，以其事委徐堅。沉吟歲餘，謂人曰：'堅承乏已曾七度修書，有憑準皆似不難，唯《六典》歷年措思，未知所從。'説又令學士毋㬅等檢前史職官以今式分入六司，以今朝《六典》象周官之制。然用功艱難，綿歷數載。其後張九齡委陸善經，李林甫委苑咸，至二十六年始奏上，百寮陳賀，迄今行之。"

《麟臺故事》五卷

宋程俱撰

聚珍本。前有紹興元年進書狀，與《北山集》字句互異。原書十二篇，今存其九，曰沿革、曰省舍、曰儲藏、曰修纂、曰職掌、曰選任、曰官職、曰恩榮、曰禄廩。所記皆宋初館閣之事。儲藏、修纂二門皆記三館書籍，末有俱後序一篇。

程氏自序曰："昔三入秘書省，皆以簿技隸太史氏，頗記祖宗三館故事與耳目所見聞。老吏奔散，死亡之餘，亦尚有存者。或取故牘煨燼泥塗中，參考裁定，事以類從，法令略存，因革咸載，爲書十有二篇，列爲五卷。録上尚書，副在省閣，以備有司之討論。"

國初循前代之制，以昭文館、史館、集賢院爲三館，通名之曰崇文院。按《崇文總目》即崇文院書目。慶曆元年十二月，翰林學士王堯臣等上新修《崇文院總目》六十卷。端拱元年五月辛西，詔置秘閣於崇文院中，仍選三館書萬餘卷以實其中，及内出古畫墨迹藏其中。三館秘閣所藏，亦有謬濫及不完之書。

王者藏書之府，自漢未央宫即麒麟、天禄閣在其中，典校皆在禁中，書即内庫書也。東漢藏之東觀，亦在禁中。至桓帝始置秘書監，掌禁中圖書秘記，謂之秘書。及魏分秘書爲中書，秘書監掌藝文圖籍之事，而蘭台亦有所藏之書。故薛夏云蘭臺爲外臺，秘書爲内閣。然則秘閣之書藏之於内明矣。晉宋以還，皆有秘閣之號，隋寫秘閣畫分爲三品，於觀文殿東西廊貯之。然則秘閣之設，其來久矣。及唐開元五年，亦於乾元殿東廊寫四庫書以充内庫。至十三年乃更爲集賢殿，因置集賢書院。雖沿革不常，然秘閣之書皆藏於内也。李至等言。

景祐元年九月，詔翰林學士張觀等刊定《前漢書》、《孟子》，下國子監頒行。議者以爲前代經史皆以紙素傳寫，雖有舛誤，然尚可參讎。至五代，官始用墨板摹六經，誠欲一其文字，使學者不惑。至太宗朝，又摹印司馬遷、班固、范蔚宗諸史，與六經皆傳，於是世之寫本悉不用。然墨板訛駁，初不是正，而後來學者更無他本可以刊驗。會秘書丞余靖建言《前漢書》官本差舛，請行刊正，因詔靖及王洙[二]盡取秘閣古本校對，踰年乃上《漢書刊誤》三十餘卷。至是改舊摹板以從新校，然猶有未盡者，而馬、范史尤多脱略，惜其後不復有古本正其舛謬云。以上俱録於本書。

文光案：《麟臺故事》，《士禮居》有景宋舊抄本三卷，與聚珍本不同。其《才令篇》敘次多異，雖有缺卷，實世間稀有之寶也。

《翰苑羣書》二卷

宋洪遵撰

《知不足齋》本。盧文弨校本，鮑氏刻入叢書。《簡明目》十

二卷。此本上下二卷，共十二種，皆詞林故事。上卷七種，曰翰
林志、曰承旨學士院記、曰翰林學士記、曰翰林院故事、曰翰林
學士院舊規、曰重修承旨學士壁記、曰禁林讌會集。下卷五種，
曰續翰林志、曰次續翰林志、曰學士年表、曰翰苑題名、曰翰苑
遺事。

洪氏自跋曰："曩嘗粹遺事一編，以家舊藏李肇、元稹、韋處
厚、韋執誼、楊鉅、丁居晦泊我宋數公，凡紀於此者，并刊之木，
仍以年表題名附。"

盧氏序曰："是編爲宋洪景嚴氏所彙輯，自唐以來事例略可考
見。余有是書，因借本錄竟，手自校對，漫識數語於其端。"

陳氏曰："自李肇而下十一家，及《年表》、《中興後題名》
共爲一書，而以其所錄遺事附其末，總爲三卷。遵後至籤樞，父
皓、兄适、弟邁四人入翰苑，可謂盛矣。"錄於《直齋書錄》。

文光案：陳《錄》《翰苑羣書》三卷。《簡明目》題十二
卷，"十"爲衍文。

錢氏曰："宋時翰林與館職各有司存，錢文清之《金坡遺事》、
李昌武之《翰林雜記》、洪文安之《翰苑羣書》、何同叔之《中興
學士院題名》，此翰林故事也。宋匪躬之《館閣錄》、羅琦之《蓬
山志》、程俱之《麟臺故事》、陳騤之《中興館閣》，此館職故事
也。館職亦呼學士，乃儕輩相尊之稱，如武臣例稱太尉，非真學
士也。"錄於《十駕齋養新錄》。

錢氏又曰："是書於唐宋學士題名搜訪幾備，缺唐僖、昭以後三十
餘年，宋熙寧以後六十年。予於《大典》中抄得《中興學士院題名》，自
淳熙至嘉定，詞臣拜罷姓名悉具，當取以補此書所未及。"同上。

《玉堂雜記》三卷

宋周必大撰

抄本。前有周必大自序，後有紹熙元年丁朝佐跋，紹熙辛亥

蘇森跋。

丁氏跋曰："朝佐頃者官桂陽，獲觀今丞相周公《鑾坡録》，愛而傳之。兹如武林，又得其《玉堂雜記》，益聞所未聞，蓋中興以來九重之美德，前輩之典刑，恩數之異同，典故之沿革，皆因事而見之。此尤不可不傳也，乃手抄一通藏於家。竊聞公在翰苑，知無不言，朝庭有大命令，人所不敢議者，公從容敷奏，皆當上意。凡所以障隄狂[三]瀾、護養元氣者，豈止一事？而公不書，何其謙也。然盛德偉烈，表表在人耳目，公雖不書，其能使之弗傳哉？"

《宋宰輔編年録》二十卷

宋徐自明撰

明本。前有萬曆戊午陳邦瞻、吕邦耀序。

趙氏序曰："宰輔者，安危治亂之所寄也。漢四百年稱蕭、曹、丙、魏，唐三百年稱房、杜、姚、宋，豈不戛戛乎其難矣哉！國朝自建隆以至嘉祐，趙韓王普、李公昉、宋公琪、張公齊賢、吕公蒙正、吕公端、李公沆、向公敏中、畢公士安、寇公準、李公迪、王公旦、王公曾、晏公殊、杜公衍、富公弼、文潞公彥博、韓忠獻王琦，又何其彬彬然盛也！中間不幸而王安石相，姦庸相繼。庸則陳升之、吳充、韓絳，姦則王珪、蔡確、韓縝。元祐更化，幸而有司馬文正公光、吕正獻公公著、范忠宣公純仁數人。不幸而章子厚相，姦凶復相繼。蔡京過於章子厚，王黼過於蔡京，若曾布、趙挺之、何執中、劉正夫、余深、鄭居中微不及子厚、京、黼。造禍者姦，成禍者庸。禍極於吳敏、何㮚輩，而不可制矣。若二人者，又姦庸相半者也。嗟夫！人耶？天耶？天將開建隆以來之治，故名臣相項背；天將兆靖康之禍，故姦凶接武。李公忠定綱，言驗於疏水，功驗於圍城，高皇帝以其爲命世之英，而相之不越七十有五日。間之者黃潛善也。忠定，昭武人，潛善亦昭武人，并生而并相，豈非天乎？潛善罷，而忠定亦竟不得志。趙公鼎、張公浚，忠定之亞也，相皆不得久。而久於其位者，秦檜也。忠定、張、趙，敵所惡也。檜，敵所喜也。久其位，天意可知矣。自後相有可稱者，陳公康伯、陳公俊卿、趙公汝愚而已。中興而後，又何其太寥落耶？佗冑之徒，則世目以爲京、檜者。賢者則不見久，而佗冑之徒皆得久於位，此豈人耶？予嘗論三代而上，伊、傅、周、召，皆以儒者相。大儒如孔子，不過攝相而已。孔子而後以儒得相者惟司馬文正公，豈非盛哉！然亦不得久。向若神宗以所以待安石者早相司馬公及程公顥，天下豈不被儒相之福耶？論皇宋宰輔者，每爲之三太息。常博之爲是錄也，於美惡者皆不没其實，賢於世之類書多矣。”

　　文光案：此序作於寶祐五年，結銜爲龍圖閣學士、朝奉大夫、新知西外宗正事，而缺其名。

《官箴》一卷

宋呂本中撰

抄本。前有寶慶丁亥永嘉陳昉跋。

陳氏跋曰：“昉顓蒙之資，蚤膺吏事，塵囂馳騖，無所津梁。既得此書，稍知自勉，敬鋟於梓，與有志者同之。”

《晝簾緒論》一卷

宋胡太初撰

抄本。前有端平乙未天台胡太初自序。

胡氏自序曰：“析圭分爵，從政涖民等爾，而於治邑獨憚焉。鑊湯以喻其煎熬，償債以仿其不得已之意。嘻！邑非果不可爲也，或者才與學未之副也。外舅通直，天才家學，見稱於時。試邑香溪，游刃[四]無全牛矣。將有行也，規規問政，若無所能者，豈非以衆所憚不敢易視歟？謙訪再三，既不獲命，乃退而冥搜疇昔鯉庭所[五]親見、所習聞者，條爲十有五篇，目曰《畫簾緒論》，以代郊餕之什。夫爲政固不可以言語文字傳也，而所能言者又特政之糠秕，烏用是呶呶哉？傅琰父子爲令，并著能名，乃有所謂《理縣譜》，然則言語文字容可傳也？神物啟秘，縣譜復出，是編幸投之苦海云。"

《歷代職官表》六卷

乾隆四十五年敕撰

《三長物齋》本。道光二十六年黃本驥校刊，以便約觀。《欽定歷代職官表》七十二卷，首卷上諭、御製詩、表文、諸臣銜名、目錄。卷一宗人府，二、三、四內閣，五吏部，六戶部，七戶部三庫，八戶部倉場衙門，九禮部，十樂部，十一禮部會同四譯館，十二兵部，十三刑部，十四、五工部，十六戶、工二部錢局，十七理藩院，十八、九都察院，二十五城，二十一通政使司，二十二大理寺，二十三翰林院，二十四經筵日講起居注官，二十五文淵閣閣職，二十六詹事府，二十七太常寺，二十八壇廟各官，二十九陵寢各官，三十光祿寺，三十一太僕寺，三十二順天府，三十三鴻臚寺，三十四國子監，三十五欽天監，三十六太醫院，三十七、八內務府，太監職制附，三十九內務府上駟院，四十內務府奉宸院，四十一內務府武備院，四十二鑾儀衛，四十三領侍衛內大臣，四十四八旗都統，四十五前鋒護軍統領，四十六步軍統領，四十七火器健銳虎槍各營，四十八盛京將軍等官，四十九盛京五部等官，五十總督巡撫，五十一學政，五十二司道，五十三知府、直隸州知州等官，醫學、陰陽學等官附，五十四知州知縣等官，五十五各省駐防將軍，五十六提督，五十七總兵副將，五十八參將遊擊等官，五十九河道各官，六十漕運各官，六十一鹽政，六十二關稅各官，六十三各處駐扎大臣，六十四宗室封爵，六十五世爵世職，六十六聖賢後裔，六十七師傅保加銜，六十八文武官階，六十九王府各官，公主府官附，七十新疆各官，七十一藩屬各官，七十二土司各官。謹案目錄實七十二卷，《四庫全書總目》題六十三卷，《簡明目錄》不著卷數，想其時書未成也。御製詩注："《職官表》古無成編。茲因辦理《四庫全書》，俾館臣等綜核考鏡，自經史及説部，博採旁稽，上下四千餘年因沿改革，一覽瞭然。"《提要》曰："將相及百官之表始自馬、班二史，後如《唐書》之宰相表，《宋史》之宰輔表，俱沿其例。然所紀僅拜罷年月，與官制無關，且斷代爲書，不相通貫，尋檢頗難。"

《簡明目錄》曰："每一曹司爲一表，悉以國朝官制爲綱，而歷代官制列於下。表後詳述建置，亦以國朝居前，歷代列後。凡今有而古無、古有而今無、與名同而實異、實同而名異者，并一一引據舊文，詳爲考證。"

文光謹案，此表自各史百官志、三通、《唐六典》以及碑板文字，無所不采，并加案語，辨其得失。凡各書中撰人結銜有未詳者，悉可於是考焉。

《環濟要略》曰："三公，太師、太傅、太保也。殷時有阿衡伊摯佐之，太甲改爲保衡，皆三公官也。按鄭注以阿衡爲官名，杜以保衡、太保立義各異。以今考之，古人所稱有官有號，伊尹之稱阿衡，當由湯倚任至重，加以殊名，如周之有師尚父，非商設有此官，以伊尹充之也。洎乎太甲之世，則以伊尹爲太保，遂兼其官而稱之。謂保衡，亦如唐宋宰相出鎮稱使相，宰相封公稱公相，兼二名而言之，非至太甲之世又改名保衡也。故《書》稱'罔俾阿衡，專美有商'；《詩》稱'實維阿衡，實左右商王'，皆不出伊尹名姓，而後人知爲伊尹之專號故也。使阿衡爲商代之官名，豈有專歸一人以爲稱謂者哉？今從《禮記》杜佑之説，定商爲有太保，而阿衡之名表中亦删不録焉。”

《路史·黄帝紀》：“乃立四輔、三公、六卿、三少、二十有四官。”又云：“陶唐氏立三公、六卿、百揆暨百執事。”然則虞、夏、商、周之前，已有師保明矣，非至虞、夏、商、周始創是官也。注曰：“《靈樞經》有黄帝問少師之文，與羅泌之説合，知舊籍所載黄帝時嘗有是官也。”

前代文武階不分，分之自唐始。故武階表亦自唐始，而隋以上不復贅列云。

右職官類

官制莫詳於《周禮》，而歷代之專書傳者甚罕。其見於諸史百官志及《通典》、《玉海》諸籍者，皆撮舉大凡而非其專書。今所録者十家，孫觀察所輯《漢官》數書，乃斷簡殘編，非其原帙。《唐六典》雖具一代典章，而官多重複，且不免宋人之議。《麟臺》、《漢苑》二書所紀僅一官一曹，難云核備。恭讀《欽定歷代職官表》，貫穿羣書，兼綜百代，原原本本，罔弗具矣。《漢舊儀》本儀注之屬，宜入之政書類，陳《録》列之此部，未允。《御史臺精舍碑》、《郎官石柱題名》亦職官類之書，以其爲石柱爲碑，又録至石本，遂入之金石類。《牧民忠告》、《百察金鑑》凡屬官箴者，亦職官類之書也，所收甚繁，皆存其目，兹不贅列。考陳氏《書録》有《唐職林》三十卷，馬永錫撰。以《唐六典》爲主，而附以新史所載，事實頗采傳記、歌詩之屬。又《職林》二十卷，楊侃撰，未知藏書家猶有此本否。然私家著述多記典故，恐與官制無涉。司馬温公有《官制》、《學制》各一卷，今亦未見。錢宫詹於此學最精，想於職官一類詳細讀之矣。

校勘記

〔一〕“諸”，原作“新”，據《後漢書·胡廣傳》改。

〔二〕“沫”，原作“沫”，據《麟臺故事》卷二改。

〔三〕“狂”，原作“汪”，據《玉堂雜記·丁朝佐跋》改。

〔四〕“刃”，原作“及”，據《畫簾緒論·自序》改。

〔五〕“所”，原作“視”，據同上書改。

史部十四
政書類

《漢舊儀》二卷　《補遺》二卷

漢衛宏撰

《平津館》本。前二卷多孫氏案語，《補遺》二卷孫氏所輯，多采《北堂書鈔》。

孫氏序曰："《後漢書·衛宏傳》：'宏作《漢舊儀》四卷，以載西京舊事。'《隋志》：'《漢舊儀》四卷，衛敬仲作。'南監本作《漢書儀》。陳《録》題'《漢官舊儀》三卷，漢議郎東海衛敬撰。或云胡廣聚珍板所刊。'《永樂大典》本亦作《漢官舊儀》。案：胡廣撰《漢官解詁》，非撰《舊儀》。或後人見此書所載多官制，因加'官'字。今以聚珍板二卷本爲定，依宏本傳作《漢舊儀》，以諸書所引校證於下，別作《補遺》二卷。《漢舊儀》本有注，魏、晉、唐人引《漢儀》注，悉是此書，今不復分別，惟《大典》本所存原注仍以小字書之。"

《直齋書録》："宏本傳作《漢舊儀》四篇，今此惟三卷，而又有漢官之目。《唐志》亦無官字，舊在儀注類。以其載官制爲多，故著於此。"聚珍本元案："官"字爲後人妄加者。

《漢官儀》二卷

漢應劭撰

《平津館》本。孫星衍校集，多采《北堂書鈔》、《後漢書注》、《初學記》、《御覽》等書。應劭字仲遠，《漢官儀》作仲瑗。陳《録》：“今存一卷，全書亡矣。”

孫氏序曰：“《隋志》：‘《漢官》五卷，應劭注。《漢官儀》十卷，應劭撰。’《後漢書·應劭傳》：‘建安二年，詔拜劭爲袁紹軍謀校尉。始遷都於許，舊章湮没，書記罕存，劭慨然歎息，乃綴集所聞著[一]漢官禮儀故事。’劭所撰止一書，不知《隋志》何以分爲二。又劭傳云：‘凡朝廷制度、百官典式，多劭所立。初，父奉爲司隸時，并下諸官府、郡國，各上前人像贊，劭乃連綴其名，録爲《狀人紀》。’今諸書引《官儀》有諸人姓名、狀人紀者，疑[二]即其書中篇名。陳《録》有應劭《漢官儀》一卷，載三公官名及名姓州里。李埴補一卷，俱不傳。諸書引有作應劭《漢官儀》，亦有彼此互舛，不可分別。今併録爲二卷。《續漢志》劉昭補注引《漢官》不標名應劭者，悉是。目録不知何人所撰，別爲一卷，以存其舊。”

《漢官典職儀式選用》一卷

漢蔡質撰

《平津館》本。孫星衍校集。陳《録》：“《儀式》二卷，今存一卷。李埴[三]續者，皆出於史。”

孫氏序曰：“《隋志》：‘《漢官典職儀式選用》二卷，漢衛尉蔡質撰。’《唐志》：‘蔡質《漢官典儀》一卷。’諸書所引又有作蔡質《漢官典職》、《漢官典職儀》者，皆後人省文也。陳《録》題《漢官典儀》一卷，雜記官制及上書謁見禮式，李埴續補一卷，

俱不傳。今録成一卷，名從《隋志》。質字子文，蔡邕叔父。見
《後漢書・蔡邕傳》、《晉書・蔡豹傳》。"

《漢儀》一卷

國朝孫星衍校集

《平津館》本。第一行目下題"吳太史令丁孚撰"。凡十二條，
采之《續漢志補注》。

孫氏序曰："丁孚《漢儀》，《隋志》不載。《唐志》丁孚《漢
官儀式選用》一卷，與蔡質書同名，不知實本一書，或後人誤合
爲一。今録成一卷，題曰吳太史令者，見《三國志・薛綜傳》。"

陳氏曰："《續曲臺禮》三十卷，唐王彥成撰。元和十三年，
嘗獻《曲臺新禮》三十卷。至長慶中，又自元和之末，次第編録，
下及公卿士庶昏姻喪祭之禮，并目録爲三十卷，通前爲六十一卷。
前書未見。《開寶通禮》二百卷。開寶四年五月，命御史中丞劉溫
叟等以開元禮重加損益，以成此書。《政和五禮新儀》二百四十
卷、目録五卷，議禮局官、知樞密院鄭居中等撰。首卷祐陵御製
序文，次九卷御筆指揮，次十卷御製冠禮。餘二百二十卷，局官
所修也。"録於《直齋書録》。

《漢禮器制度》一卷

國朝孫星衍校集

《平津館》本。書内題"漢奉常叔孫通撰"。所輯僅九條，採
之《周禮》、《儀禮疏》及《左氏正義》。

孫氏序曰："《漢書・叔孫通傳》：'通爲奉常，定宗廟儀法。
及稍定漢諸儀注，皆通所論著也。'《後漢書・曹褒傳》：'章和元
年正月，乃召褒詣嘉德門，令小黃門持班固所上叔孫通《漢儀》
十二篇，敕褒依禮條正。'鄭君注《周禮》，引《漢禮器制度》，

賈公彥釋曰：'叔孫通前漢時作，多得古之周制'。《漢志》、《隋志》皆無此書。"

延平陳氏曰："叔孫通朝儀頗采古禮，與秦儀雜就之。夫秦儀尊君抑臣而已，夫尊君抑臣，則人主之於禮也不難矣。高祖患其難，叔孫通爲其易，此固兩生之所不肯行也。"録於《古今考》。通爲使者，徵魯諸生三十餘人，魯有兩生不肯行，曰："公所事者且十主，毋污我。"案：通事秦二世爲博士，從項梁，從懷王，事項王，降高帝，弟子百餘人。

《開元禮》一百五十卷

唐蕭嵩等撰

觀稼樓鈔本。此宋本也。前有周必大序。次爲集説，自《唐禮樂志》以下凡十條。次爲序例。是書載入《通典》者三十五卷，傳本甚少。孫氏《書目》："《開元禮》一百五十卷，前有序文，附録《新唐書·禮樂志》及《通考》諸條。"引《集賢注記》云："《開元禮》序例三卷，吉禮七十五卷，賓禮五卷，嘉禮四十卷，軍禮十卷，凶禮二十卷。"此本賓禮二卷并序例三卷，爲百五十卷，又賓禮在嘉禮之前，俱與《集賢注記》異。案：此亦抄本，與予家所藏正同。言有序而不及其人，想是佚必大名。賓禮本二卷，注記五卷，不知是佚是誤。賓禮在軍禮之前，嘉禮在軍禮之後，孫氏所云恐是誤訂，不足異也。益公序本集失載。

周氏序曰："太宗文皇帝視隋禮不足盡用，乃詔房玄齡、魏徵與禮官、學士等增修五禮，成書百卷，總一百三十篇，所謂貞觀禮是也。高宗纂成之，復詔長孫無忌、杜正倫、李義府以三十卷益之。然義府輩務爲傅會，至雜以令式，議者非焉。所謂顯慶禮是也。二書不同，蓋嘗并用。春官充位，莫之或正。開元皇帝綏萬邦，撫重熙，於是學士張説奏言：'儀注矛盾，盍有以折衷之?'乃詔徐堅、李鋭、施敬[四]本載加撰選，繼以蕭嵩、王邦仲等，歷數年乃就，號曰《開元禮》，吉、凶、軍、賓、嘉至是備矣。凡百五十卷，各以類從，讀者如按圖知四方矣。”

《直齋書錄》：“《開元禮》一百五十卷，唐集賢院學士蕭嵩、王仲邱等撰。唐初有貞觀、顯慶禮，儀注不同。而顯慶又出於許敬宗希旨傅會，不足施用。開元十四年，通事舍人王喦請删《禮記》舊文而益以今事，張說以爲《禮記》不可改易，宜折衷貞觀、顯慶以爲唐禮。乃詔徐堅、李銳、施敬本撰述，蕭嵩、王仲邱繼之。書成，唐之五禮之文始備，於是遂以設科取士。新史《禮樂志》大略采摭著於篇，然唐初已降凶禮於五禮之末，至顯慶遂削去。國恤一篇，則敬宗詭諛諱惡，鄙陋無稽，卒不能正也。”聚珍本案：《唐志》不著徐堅姓氏。

《直齋書錄》：“《開元禮百問》二卷，不著名氏，以古今異制設爲問答，凡百條。”聚珍本案：《唐志》亦稱蕭嵩撰。

《畫墁錄》：“《開元禮》不著凶禮，以爲預凶事。凡朝廷大故，倉卒裁處，絕無所考據。柳子言之詳矣。唐定邊事三十年，國史無一字言之，以諱國惡；《傳燈錄》不著二祖償宿債，此皆切要因緣，俗學所諱。”

《大唐郊祀錄》十卷

唐王涇撰

鈔本。是書《崇文總目》、《通志》、《直齋書錄》皆著其目，而世無刊本。此從錢唐何氏本傳錄，前有王涇上表。凡例三卷，祀禮四卷，祭祀一卷，饗禮二卷。稽歷代郊祀之制，述有唐沿革之由，中如祀九宮貴神於東郊，升風師雨師爲中祀，及岳鎮海瀆之封爵，風雨雷師之樂章，皆《開元禮》所未載，可補其闕。注中所引多未見。陳《錄》云圖其堂屋升降之序，今圖已亡矣。

《通典》二百卷

唐杜佑撰

明本。前有唐左補闕李翰序，總目。食貨十二卷，選舉六卷，職官二十二卷，禮一百卷，歷代沿革六十五卷，開元禮三十五卷，樂七卷，兵十五卷，刑八卷。兵刑爲一門，大刑用甲兵。其次五州、郡十四卷，邊防十六卷。其各卷細目詳載本門卷首，其篇第之旨詳於自序。

李氏序曰："《通典》採五經羣史，上自黃帝，至有唐天寶之末，每事以類相從，舉其始終。歷代沿革廢置及當時羣士論議得失，靡不條載附之於事，如人支脈散綴於體。凡有八門，非聖人之書，乖聖人之微旨不取焉，惡煩雜也。事非經國禮法程制，亦所不錄，棄無益也。若使學者得而觀之，不出戶知天下，未從政達人情，罕更事知時變。爲功易而速，爲學精而要，其道直而不徑，其文甚詳而不煩。推而通，放而準，語備而理盡，例明而事中，舉而措之如指諸掌，不假從師聚學而區以別矣。非聰明獨見之士，孰能修之？淮南元戎之佐曰：'尚書主客郎京兆杜公君卿，雅有遠度，志於邦典，篤學好古，生而知之。以大曆之始，實纂斯典，累年而成。'杜公亦自爲序引，各冠篇首，或前史有闕，申高見發明以示勸戒，用存景行。翰嘗有斯志，約乎舊史，圖之不早，竟爲善述者所先，故頗詳旨趣而爲之序。"

魏了翁跋曰："杜氏《通典》之書，包括古今，涵貫精麄，人習焉而不察，例以類書目之。予自成都嘗仿其書爲《國朝通典》，因得以孰復終帙。今起家守瀘，帑有刊本，而文字漫漶，半不可識，將盡易之。而先是有已經修者，棄之亦可惜，乃命工易十之四，凡二千葉，爲文五十七萬有奇。"錄於《鶴山題跋》。

文光案：此跋作於端平元年，見《鶴山集》。毛氏以《鶴山題跋》刻入《津逮秘書》，余因錄之。據此則宋朝《通典》

實魏鶴山所撰，陳氏未見此跋，故曰或言。

《直齋書録》：“《通典》採五經羣史，歷代沿革廢置、羣士論議，迄於天寶，凡爲八門，曰食貨、選舉、職官、禮樂、刑法、州郡、邊防。貞元中表上之，李翰爲之序。初劉秩爲《政典》三十五篇，佑以爲未盡，廣而成之。《續通典》二百卷，翰林學士承旨大名宋白太素等撰。咸平三年奉詔，四年九月書成，起唐至德初，迄周顯德末。王欽若言：‘杜佑《通典》上下數千載，爲二百卷，而其中四十卷爲開元禮。今之所載二百餘年，亦如前書卷數，時論非其重複。’《國朝通典》二百卷，不著名氏，或言魏鶴山所爲，似方草創未成書也。”陳《録》《通典》在典故類。

吳氏序曰：“杜佑合周秦以來之法度萃爲一書，使興禮樂、修政刑者考證於此而損益之。所因所革，近如指掌，故先哲鉅儒亦有取焉。惜無善本。盱守谷侯精釋詳校，鋟板郡庠，命直學吳溥來索序引，其措意遠矣。侯名嵒輔，河南人。”録於《文正公集》。

杭氏曰：“唐劉秩採古事之有益治道者，仿《周禮》六典之意，爲《政典》三十五篇，迄於天寶而止。房琯以爲過於劉向。至德宗時，京兆杜佑更益以大曆以來時典故，爲《通典》[五]二百卷。其創體造論固與《唐六典》、《開元禮》等書及前所撰之《理道要訣》，皆所以佐治而出化，固非徐堅等之纂類可比。劉昫列之類家，擬非其倫。晁公武謂其書三十六年而後成，蓋經世之書具於此矣。”録於《道古堂集》。

文光案：明李元陽刊本有增入宋儒議論。此本出於元大德本，有李伯仁跋。字畫清晰，較勝俗刻。明嘉靖戊戌巡按廣東提學僉事吳鵬刊本，方獻夫爲之序。

《通志》二百卷

宋鄭樵撰

三山郡庠本。元至治二年九月印造，大字單欄，猶是宋本之式。流傳已少，誠可貴也。前有至治元年五月福州路總管可堂吳繹跋，又有至治二年跋。跋後列江浙等處福建道福州路官七人。

吳氏跋曰：「《通志》書，宋先儒夾漈鄭先生樵所述也。天啓文運，皇元肇興，爰命臣工勒諸三山郡學。雖經呈進，而北方學者概不多見。余既共同寅徵工印造，開發中原諸郡庠，庶遠近學者見聞如一。」

吳氏又跋曰：「是集繡梓於三山郡庠，既獻之天府，藏之秘閣，然北方學者猶未之見。予叨守福唐，迺募僚屬，仍捐己俸，槀褙之省府，摹褙五十部，散之江北諸郡，嘉惠後學。」

吳氏曰：「儒者之學分而三，秦漢以來則然矣，異端不與焉。有記誦之學，漢鄭康成、宋劉原父之類是也；有詞章之學，唐韓退之、宋歐陽永叔之類是也；有儒者之學，孟子而下，周、程、張、朱數君子而已。夾漈，記誦者之學也，而亦卓然有以自見於世論者，因其所長而取之可也。庸齋惜其不及伊洛之門，相與切劘格物之學，而反博於約，其意固爲忠厚。然在昔遊伊洛之門而不得其學者亦衆矣，使夾漈而生於其時，其反博而約也，可必乎？況夾漈之博，非顏子之博，何能遽一反而於約哉？夫聞見所以致知也，聞見雖得於外，而所聞所見之理則具於心，故外之物格則內之知致，此儒者內外合一之學，而非如記誦之徒博覽於外而無得於內，亦非如釋氏之徒專求於內而無事於外也。誦記之徒雖有聞有見，而實未嘗有知也。朱子嘗言之矣，曰：『此以反身窮理爲主，而必究其本末是非之極致，是以知愈博而心愈明。彼以狥外誇多爲務，而不覈其表裏真妄之實，然是以識愈多而心愈窒。』夾漈徒知其物而不覈其實，此古今記誦者之通病也。」錄於《文正公集》。

文光案：此吳文正評《通志》語也。如其說，則秦漢以來無儒者之學，而鄭康成與韓、歐二公皆不得爲儒者矣。其說恐有所未安。至謂夾漈之博不可以反約，然則反約者爲何如之博？恐博無二致也。夾漈之病，全是不約，不可説他博得不是。又謂非顔子之博，何能一反而至於約，語亦有病。必如顔子之博而後可以反約，則顔子之外無反約者矣，恐不然也。蓋其視約也太深，故其論博也不當。其於聞見辨之甚明，而博約之説究未詳盡。其以格物致知當博學，則是而約無所著落，但曰内外合一之學而已。似乎約之一字，空空洞洞，無可指名，使望約者不至，務博者忘反，非聖人立言之旨也。夫約非縮丈爲尺，總千言於一句，貫萬殊以一本之謂也。我欲約，斯約至矣。吾嘗讀“禮之用”章而有會於博約之説也，請試言之。禮苦其束縛而濟之以和，則從容不迫，斯爲美矣，此由内而之外也。故曰用博恐其泛騖，而約之以禮，則檢束身心，庶無過矣。此由外而之内也，故曰反。私欲淨盡，天理流行。此顔子之約，由人而反之於天者也，非人之所能也。失之者鮮不畔於道，此學者之約，由表而反之於裏者也，人人之所能也。而博學之士氣象多不和平，制行多不檢點，不獨夾漈爲然也。故學宜博也，博宜約也，舍禮何以約哉？《記》曰“博聞强識而讓”，讓即禮也。今博聞者多不讓，是未嘗約之以禮也。夫致飾於外而無恭敬之心，不可謂禮。泛覽於文而無收斂之意，斯有害於博矣。此徒博者之所以見譏，而記誦之學不免於俗儒也。夫約難知也，而不約易知也。大凡博者多不約，其昭昭者可見也。或放言高論，或肆口譏評，或毁謗先儒，或凌虐前輩。或因一字而起争，惟我所云獨是；或因片言而相辱，使人無地自容；甚則蕩檢踰閑，發狂蔑敬，其無禮孰甚焉？氣傲而性拗，行陂而言駁，其於涵養省察之功絶乎無有，而於謹身克己之説又槩指爲宋學，而鬬之惟恐不力，徒恃其博而病痛深矣。博近於肆，如和之易流；約主於斂，知禮之本嚴。博與約，相需而相反，故執博者而使之約，駁駁乎有不能之勢也。自不博者視博，則博爲難，蓋不繼其繁苦也。自博者視約，則約尤難，又不受其拘束也。二者皆私意之橫於中，一則怠，一則慢也。故君子庄敬日強，安肆日偷。吾不能知約而識其不約，或可因是而知約也。

《通志略》五十一卷

宋鄭樵撰

金匱山房本。乾隆十三年于敏中重刊明本，即三山郡學本也。此本依于本，而以本紀、年譜、列傳、載記諸卷散見諸史，故不刻。獨取其自氏族、六書至昆蟲之廿略。御史陳宗夔按閩時所刊也。前有正德庚戌龔用卿序；次于敏中刊書序，書於武林試院。次鄭樵序，次吳繹序，次目錄。是本卷帙無多，便於尋覽，鄭氏之學備於此矣。伏讀《天祿琳琅書目》曰："《通考》云：'按此書刊本元無卷數，止是逐略分爲一二耳。'《中興四朝藝文志》別史類載《通志》二百卷，其後序述云：'中興初，鄭樵采歷代史及他書，自三皇迄隋，爲書曰《通志》，仿遷、固爲紀傳，而改表爲譜，改志爲略。'則其爲書似是節抄刪正歷代之正史，如高峻之《小史》、蘇轍之《古史》，而非二十略之書也。但二十略序文[六]後言：'於紀傳，即其舊文，從而損益。制誥書疏寘之別錄。《唐書》、《五代史》本朝大臣所修，非微臣敢議，故紀傳及隋。若禮樂、刑政務存因革，故引而至唐云'。則亦略言其作書之意。豈彼二百卷者自爲一書，亦名曰《通志》，而於此序附言其意耶？或并二十略共爲一書耶？"云云。今以歷代刊本《通志》考之，係并二十略爲一書，共成二百卷，并非別有所謂《通志》者。端臨所見刊本，蓋僅有二十略耳。是書吳繹序作於元英宗至治二年。繹，《元史》無傳。考《江西通志》，吳繹字思可，信都人。泰定間曾守吉州。

龔氏序曰："巡按御史少岳陳公來按於閩，謂是書實先生自得之學。自氏族、六書至昆蟲，凡二十略，謀諸署學政張公，刻之以廣其傳。徵言於卿以識之。陳公名宗夔，湖之通山人。張公名謙，浙之慈谿人。"

胡氏曰："校讎略皆前人未發，當熟參者。然其失多自蹈之，如詩集類，崔曙以盛唐置晚唐，許渾以晚唐置初唐，此例不一。又《玉格》一卷，記鬼神祥異而類之譜録中，以爲品玉之書。元撰《樹萱録》一卷，入草木類，蓋以爲種樹之書，皆可絶倒。"録於《筆叢》。

孫氏曰："《通志》二百卷，前有總目一卷，總序一篇，下題右迪功郎鄭樵。吳序下有'繹可堂'、'吳氏'兩木方印。《隱居通議》云：'近大德歲間，東宮有令下福州刊《通志》，凡萬幾板。'然則此書是元初刻於閩中，繹摹印頒行，記歲月於後，非繹所刊也。大字本每葉十八行，行二十一字。《欽定續通志》五百二十七卷，紀傳、譜録一仍鄭氏之舊，別立二臣傳，校諸原書體例實詳，考證尤爲精核。《欽定皇朝通志》二百卷，二十略之目與鄭樵原書同，而紀傳年譜則省。二十略中有原本繁而今汰者，有原本疏而今補者、原本之所未聞者，蒐羅宏富，辨證精詳，非樵所能知矣。"録於《平津館書籍記》。

宋淳熙間鄭樵作《通志》，是非頗謬於前哲。若其貫串百代，綜核異同，練氏族，校六書，正七音，刪列史之荒蕪，成六經之奧論，則自司馬彪、沈約、魏收、于志寧以後一人而已。大抵明人之學泛而疏，宋人之學慎而密，《山堂考索》、《玉海》、《黃氏日抄》博聞多識，學有可觀。録於舊稿。

　　文光案：鄭氏《通志》帝紀十八卷，皇后列傳二卷，年譜四卷，略五十一卷，列傳一百二十五卷。紀傳刪録諸史年譜，仿《史記》諸表之例，間以大封拜、大政事。二十略一曰氏族、二曰六書、三曰七音、四曰天文、五曰地理、六曰都邑、七曰禮、八曰諡、九曰器服、十曰樂、十一曰職官、十二曰選舉、十三曰刑法、十四曰食貨、十五曰藝文、十六曰校讎、十七曰圖譜、十八曰金石、十九曰災祥、二十曰草木昆蟲。全帙之菁華在此二十略。氏族、六書、七音、都邑、草木昆蟲五略，爲舊史所無。又案：虞山錢氏藏本，另一刻有"牧翁蒙叟"朱文印、"金星焕廣熙氏"朱文印。又案：《函史》上編即史，下編即此二十略，蓋仿《通志》，而書不足觀。

《文獻通考》三百四十八卷

元馬端臨撰

明經廠本。前有嘉靖三年世宗御製序，次至治二年江浙行中書省下樂平州刊書劄，次延祐六年宏文輔道粹德真人王壽衍進書表，次馬氏自序并各門小序，次目録。此本爲明司禮監奉敕所刊，每葉二十行，行二十字。伏讀《天禄琳琅書目》曰："元板史部《文獻通考》六函六十册，元馬端臨撰。端臨字貴與，樂平人。咸淳中漕試第一，元初起爲柯山書院山長，終於台州儒學教授。《元史》有傳。書分二十四門，曰田賦七卷，曰錢幣二卷，曰户口二卷，曰職役二卷，曰征榷六卷，曰市糴二卷，曰土貢一卷，曰國用五卷，曰選舉十二卷，曰學校七卷，曰職官二十一卷，曰郊祀二十三卷，曰宗廟十五卷，曰王禮二十二卷，曰樂十五卷，曰兵十三卷，曰刑十二卷，曰經籍七十六卷，曰帝系十卷，曰封建十八卷，曰象緯十七卷，曰物異二十卷，曰輿地九卷，曰四裔二十五卷。前有至大戊申李謹思序。"謹案，殿本及明廠本俱無李謹思序。予所見經廠本紙墨皆佳，每册首有廣運之寶。但司禮監豈解校勘？寵任貂璫，何至如是？《宮史》内監職掌條内稱“司禮監掌印秉筆，秩尊視元輔，權重視總憲”云云，悖妄極矣。《宮史》爲奄人所著，肆無忌憚筆之於書，前明閹黨之禍所以最烈也。

杭氏曰：“佑之識正，樵之學博，端臨之所見者大。非《通典》無以括以來之制度名物，非《通志》無以刊隋以上之蕪説累辭，非《通考》無以綜兩宋之國典、要典、會要諸書之沿革。凡此三書，鼎撐角立，廢一不可。”錄於《道古堂集》。

孫氏曰：“題宋鄱陽馬端臨貴與著，明蘄陽馮天馭應房校刊。前有李謹思序。每葉二十六行，行二十四字。收藏有‘卓顯卿’白文方印。”錄於《平津館書籍記》。

馬端臨以宰臣子當宋紀受成之後，不復干進，別輯《文獻通考》，若潁濱蘇氏，平園周氏，景盧洪氏，浯溪汪氏，攻媿樓氏，石林、水心二葉，永嘉薛氏、陳氏，五峰胡氏數十家之説，掇其菁華，折衷於至善，可不謂經制之集大成者與？乃事實湮没，良可惋惜。錄於舊稿。

馬《考》斷自宋寧宗嘉定以前，所敍宋事雖以世家遺蔭多識舊聞，然計其編摩，實在入元以後，故典章放失，疏不略詳。理宗以下三朝，以國史北移，闕無一字。

文光案：《宋季三朝政要》序曰：“理宗以後國史，元兵載以北歸。”

王圻《續文獻通考》自序曰：“貴與《通考》文詳獻略，余故續增節義、氏族、六書、謚法、道統、方外、諸夷，以補不備。”

文光謹案：王圻續馬氏之書，益以遼、金、元、明之制，卷帙雖多，重複舛陋，《四庫全書》子部類書類附存其目，不足以續馬《考》也。《欽定續文獻通考》二百五十二卷，採宋、遼、金、元、明五朝事蹟議論，彙爲是書。二十四門仍從馬氏之原目，事蹟先徵正史而參以說部雜編，議論博取文集而佐以史評語錄，其王《考》所存不及十分之一。考證異同，辨訂疑似，本本元元，各附案語，典核精密，非二書所能及也。《欽定皇朝文獻通考》二百六十六卷，別立羣廟一門，增原目爲二十五。又案：宋咸平中宋白奉敕續《通典》，胡注《通鑑》引之，其書今不可得。鄭樵子翁歸更續父書，祇見之何喬遠《閩書》，當世亦無傳本。

《唐會要》一百卷

宋王溥撰

聚珍本。首提要，次題辭，晁《志》、陳《錄》、《玉海》三則。次目錄。凡分五百十有四目。按《唐會要》四十卷，唐蘇冕撰，敘高祖至德宗九朝沿革損益之制。《續會要》四十卷，楊紹復等撰，次德宗以來事，至宣宗大中六年，以續冕書。二書見《太平御覽》引書目。溥因二家原本，採宣宗至唐末事爲新續《唐會要》一百卷。書成於建隆二年正月，文簡理備，太宗嘉之，詔藏史館。

武德五年，購募遺書，專令繕寫，數年間羣書畢備。貞觀二年，校定四部書。乾封二年，上以四部羣書傳寫訛謬并亦缺少，集儒學之士刊正，然後繕寫。景雲三年，令京官分行天下，搜檢圖籍。開元三年，整比四部書成，上令百姓、官人入乾元殿東廊觀書，無不驚駭。七年九月，寫四庫書各於本庫，每部爲目錄。有與四庫書名目不類者，依七略排爲七志，以時代爲先後，以品秩爲次第。其《三教珠英》既有缺落，宜依舊目隨文修補。十九年冬，車駕發京師。集賢院四庫書總八萬九千卷。天寶三載七月，敕《尚書》應古體文字并依今字繕寫施行，其舊本仍藏書府。其載十二月，敕令天下家藏《孝經》一本。貞元七年十二月，祕書監包佶奏《開元禮》所與《月令》相涉者，請選通儒詳定。從之。

大中四年二月，集賢院奏大中三年正月一日至年終寫完貯庫書籍三百六十五卷，計用小麻紙一萬一千一百七張。經籍。

　　貞觀六年正月八日，命整治御府古今工書，鍾、王等真迹。得一千五百一十卷。太宗嘗謂魏徵曰：“自虞世南死，無人可與論書。”徵云：“褚遂良下筆遒勁，甚得王逸少體。”太宗即日召命侍讀。嘗以金帛購求王羲之書迹，天下爭齎古書，詣闕以獻。當時莫能辨其真僞。遂良備論所出，一無舛誤。十四年四月二十二日，太宗自爲真草書屏風，以示羣臣，筆力遒勁，爲一時之冠。十八年二月十七日，召三品以上，賜宴於玄武門。太宗操筆作飛白書，羣臣乘酒就太宗手中相競，散騎常侍劉洎登御床，引手然後得之。其不得者共稱洎登床，罪[七]當死，請付於法。太宗笑曰：“昔聞婕妤辭輦，今見常侍登床。”開元十六年五月，内出二王真迹及張芝、張昶[八]等古迹，總一百六十卷，付集賢院依文搨四本進内，分賜諸王。初，貞觀中搜訪王羲之真迹，人間古本畢集，令魏徵、虞世南、褚遂良等定其真迹，及小王、張芝等，亦各隨多少，勒爲卷帙，以“貞觀”字爲印，印縫及卷之首尾。其章迹又令遂良真書小字，貼紙影其古本。亦有是梁、隋官本者，梁則滿騫、徐增、朱异等，隋則江總、姚察等署記。太宗又令魏、褚等卷下更書名記其後。《蘭亭》一本，相傳云將入昭陵；又一本，長安神龍之際，太平安樂公主奏借，出入搨寫，因此遂失所在。開元五年，檢校見換總八十卷，陸元悌奏云，前代名賢押署之迹，唯以己之名氏代焉。上自書“開元”二字爲[九]印，以印記之。王右軍凡一百三十卷，小王二十卷，張芝[一〇]、張昶此字疑誤。書各一卷。右軍真行書唯有《黄庭》、《告誓》等四卷存焉。書法。

　　武德七年，歐陽詢奉敕撰《藝文類聚》成，上之。貞觀五年，魏徵撰《羣書政要》上之。十三年，李襲譽撰《忠孝圖》二十卷奏之。十四年五月二十一日，詔以魏徵所撰《類禮》賜皇太子及

諸王。微删戴聖之說，以類相從，爲五十篇，合二十卷。十五年，魏王泰上
《括地志》五十卷，四年而成。四月十六日，呂才等撰《陰陽書》
五十三卷，并舊書行者四十七卷，其妄穿鑿拘忌者，才駁之。內載
呂才駁議一篇。其年十月，申國公士廉等撰《文思博要》成，凡一千
二百卷。二十三年，太宗撰《帝範》十三篇。永徽三年三月三日，
符璽郎顏楊庭上其父師古所撰《匡謬正俗》八卷，令[一]付秘閣。
顯慶元年，詔許敬宗等修[一二]殿新書。三年正月五日，修新禮成，
一百三十卷。其年五月九日，令史官撰《西域圖志》六十卷。十
月二日，許敬宗撰修《文館詞林》一千卷上之。六年正月二十七
日，李善上《注文選》六十卷。龍朔元年，許敬宗等撰《累璧》
六百三十卷上之。三年十月二日，皇太子進所撰《瑤山玉彩》五
百卷。儀鳳元年，皇太子賢上所注《後漢書》。調露二年，詔李延
壽撰《政典》。永隆元年，李淳風進注釋《五曹》、《孫子》等十
部算經，分爲二十卷。垂拱二年，太后撰《百寮新誡》。大足[一三]
元年，張昌宗撰《三教珠英》一千三百卷成，上之。二十六人同撰，
於《御覽》、《文思博要》外，更加佛、道二教及親屬姓名、方城等部。此書可議。開
元[一四]七年，劉子元請黜河上公《老子注》，升王弼所注。河上公，
漢史實無其人。然所注以養神爲宗，以無爲爲體。請河、王注俱行，
從之。九年，元行沖上《羣書四部録》二百卷。其後毋煚又略爲
四十卷，爲《古今書録》。十年，上注《孝經》。天寶二年，上重
注，亦頒於天下。十五年五月一日，集賢學士徐堅等纂經史文章
之要，以類相從，上制名曰《初學記》。至是上之。欲令皇太子及諸王
檢事綴文。十七年，張説修《八陣圖》十卷及《經》二卷成。十九
年，徐安貞等撰《文府》二十卷上之。二十三年三月二十七日，
上注《老子》并修《疏義》八卷，并製《開元文字音義》三十
卷。廿七年，張九齡等撰《六典》三十卷成，上之。乾元二年，
四明山人沈若進《廣孝經》十卷。大歷十二年，顏真卿[一五]撰

《韻海鏡原》三百六十卷，表獻之。建中元年，張鎰撰《五經微旨》十四卷、《孟子音義》三卷上之。貞元十一年，裴澄撰《乘輿月令》十二卷上之。十二年二月，夏州節度使韓潭進《統載》四十卷。十四年賈耽撰《郡國別録》六卷、《通録》四卷上之。十七年七月，太常寺進《大唐貞元新集開元復禮》二十卷。十月，宰臣賈耽撰《海內華夷圖》一軸并序，《古今郡國縣道四夷述》四十卷上之。耽好地理學，四方之使自蕃方來者，必問其土地、山川之所終始。凡三十年，問既備，因撰《海內華夷圖》，廣三丈，縱三丈二尺，率以一寸折一百里。人有披圖以問其郡人者，皆得其實，無虛詞焉。十九年二月，淮南節度使杜佑撰《通典》二百卷上之。書凡九門。佑多該涉，尤精歷代之要，修《通典》，識者知其必登公輔之位。其書既出，遂行于時。又杭州刺史蘇弁撰《會要》四十卷。弁與兄冕纘國朝故事爲是書，弁先聚書至二萬卷，皆手自刊正，今言蘇氏書次於集賢、芸閣焉。陸贄著《集注春秋》二十卷、《君臣圖翼》三十五卷上之。元和四年七月，製《君臣事迹》十四篇，上自製序，寫於屏風，列之御座之右。八年，李吉甫撰《元和州縣郡國圖》三十卷、《百司舉要》一卷成，上之。吉甫又常綴録東漢、魏、晉、元魏、周、隋故事，記其成敗損益，因爲《六代略》，凡三十卷。分天下諸鎮、絕域、山川、險易、故事，各寫其圖於篇首，爲五十四卷，號爲《元和郡國[一六]圖》。十三年，王彥威撰《元和曲臺新禮》三十卷，上之。其年十二月，馬宇撰《鳳池録》五十卷成，上之。長慶二年，韋處厚、路隨撰《六經法言》三十卷成，上之。寶曆二年，韋公肅注太宗《帝範》十二篇上之。太和元年，徐郿上《周易新義》三卷。八年，裴潾撰《通選》三十卷。其年九月，李德裕進《御臣要略》，次柳氏舊史。九年，御集《春秋左氏列國經傳》三十卷。開成二年，王彥威以所撰《唐典》七十卷上之。其年十月，改《三教珠英》爲

《海内珠英》。會昌二年七月，宰臣德裕進《異域歸忠傳》兩卷。大中五年，姚思廉撰《通史》三百卷上之。《通史》自開闢至隋末，編年纂帝王、美政、善事、詔令，可利於時者必貳。於時政、鹽鐵、筦榷、和糴、賑貸、錢陌、兵數虛實、儲糧、用兵、利害、邊事、戎狄，無不備載。下至釋道燒煉、妄求無驗，皆敘之矣。十二月，又撰《帝王政統》十卷上之。七年十月，尚書左僕射、門下侍郎、平章事崔鉉上《續會要》四十卷，修撰官楊紹復、崔瑑、薛逢、鄭言等賜物有差。修撰。

貞觀十二年，修《氏族志》一百卷成，正月十五日。上之。先是，山東士人好自矜誇，以婚姻相尚。太宗惡之，以爲甚傷教義，乃詔禮部尚書高士廉等及四方士大夫諳練族姓，普索天下譜諜，約諸史傳，考其真僞，以爲《氏族志》。合二百九十三姓，千六百五十一家，分爲九等，頒於天下。顯慶四年九月五日，詔改《氏族志》爲《姓錄》。初，貞觀《氏族志》稱爲詳練。至是許敬宗以其書不敬明皇后武氏本望，李義府又恥其家無名，乃奏改之，并焚舊志。乾元元年，賈至撰《百家類例》十卷。元和七年，王涯撰《姓纂》十卷上之。氏族。李守業以諳時氏族，時人謂之肉譜。虞世南曰肉譜實可畏。許敬宗曰肉譜非雅名也。

開元十九年，命有司寫《毛詩》、《禮記》、《左傳》、《文選》各一部，以賜金城公主，從其請也。秘書正字于休烈上表言曰："臣聞戎狄，國之寇也；經籍，國之典也。國之利器不可以示人。昔東平王求《史記》、諸子，漢朝不與。蓋以《史記》多兵謀，《諸子》雜詭術。夫以東平帝之懿戚，尚不欲示征戰之書，況西戎國之遠番，可貽經典之事？必不得已，請去《春秋》。"二十六年，渤海遣使求寫唐禮及《三國志》、《晉書》、《三十六國春秋》，許之。番夷請經史。

貞觀初，纂《五禮》一百卷。永徽二年，重加緝定，勒成一百三十卷。元和十三年，集開元二十一年已後至元和十三年五禮，裁制敕格爲《曲臺新禮》。開元十四年，王喦疏請撰《禮記》，削去舊文，而以今事編之。王邱撰成一百五十卷，名曰《大唐開元禮》。五禮篇目。《開元禮》，諸臣論撰歷年不就。《曲臺新禮》并目卅卷。

《直齋書録》："按《唐志》蘇冕《會要》四十卷，《續會要》四十卷，楊紹復等撰，崔鉉監修。而《會要》稱杭州刺史蘇弁與兄冕纂國朝故事爲是書。弁聚書至二萬卷，次於集賢、芸閣。"

《五代會要》三十卷

宋王溥等撰

聚珍本。是書采梁至周典故纂次，建隆初上之。

經籍鏤板，昉自長興。千古官書，肇端於是。此編足補歐史之闕，并能正歐史之訛。讀五代史者不可無是書。

文光案：《五代會要》傳本尚多，《宋會要》難得，姑記於此。宋《三朝會要》一百五十卷，章得象編。《六朝會要》二百卷，王珪續之，文簡事詳。《續會要》三百卷，虞允文等上。《中興會要》二百卷，梁克家等上。《宋會要總類》五百八十八卷，李心傳合三書爲一，刻於蜀中。俱詳於《通考》經籍類。洪曰："國朝會要自元豐三百卷之後，至崇寧、政和間復置局修纂。宣和初，王黼秉政，罷修書五十八所。時會要已進一百十卷，餘四百卷亦成，但未及上。而黼務悉矯蔡京所爲，故一切罷之。官吏即散，文書皆爲棄物矣。"據《容齋隨筆》所記，與馬氏所載卷數不合，其已成之四百卷未知其後何如，不能詳考也。

《建炎以來朝野雜記》四十卷

宋李心傳撰

《函海》本。前有嘉泰二年秀嵒野人自序。《提要》曰："心傳於史學，凡朝章國典，多所諳悉。是書取南渡以後事蹟，分門編類。甲集二十卷，分上德、郊廟、典禮、製作、朝事、時事、雜事、故事、官制、取士、財賦、兵馬、邊防十三門。乙集二十卷，少郊廟一門，而末卷別出邊事，亦十三門。每門各分子目，雖以雜記爲名，其體例實同《會要》，蓋與《建炎以來系年要録》互相經緯者也。書前各自有序，掇拾羣言，失眞者固亦不免。然於高、孝、光、寧四朝禮樂、刑政之大，以及職官、科舉、兵農、食貨無不該具，首尾完贍，多有《通考》、《山堂考索》及《宋史》諸志所未載。《居易録》稱其大綱細目粲然悉備，爲史家之巨擘。言宋事者，當必於是有徵焉。其書在宋有[一七]成都辛氏刊本，并冠以國史本傳，暨宣取《繫年要録》指揮數通。今惟寫本僅存。案：張端義《貴耳三集序》稱，心傳告以《朝野雜記》丁、戊二集將成，則是書尚不止於甲、乙二集。而《書録解題》及《宋史》本傳均未之及，殆以晚年所輯，書雖成而未出，故世不得見歟？”此本上方有校語。李氏自序曰：“心傳年十四五時，侍先君子官行都，頗得竊窺玉牒所藏，金匱石室之秘；退而過庭，則獲飫聞名卿才大夫之議論。每念渡江以來，紀載未備，使明君、良臣、名儒、猛將之行事猶鬱而未彰。至於七十年間，兵戎財賦之源流，禮樂制度之因革，有司之傳，往往失墜，甚可惜也。乃輯建炎至今朝野所聞之事，凡有涉一時之利害與諸人得失者，分門著録，起丁未迄壬戌，以類相從，凡六百又五事，勒爲四十卷。”

　　陳氏曰：“上自帝系帝德、朝政國典，下及見聞瑣碎，皆録之，蓋南渡以來野史之最詳者。”録於《通考》。

　　　文光案：《通考》題甲、乙集共四十[一八]卷，在史部傳記類。

《西漢會要》七十卷

宋徐天麟撰

聚珍本。前有提要、目録。

《簡明目録》曰：“取《漢書》所藏典章制度見於紀、傳、表、志者三百六十七事，以類相從，分十五門，編載略與《唐會要》相似。其可隸者，亦依蘇冕舊例，以雜録括之，頗爲淹貫。惟所採止於《漢書》，未免稍隘耳。”

《東漢會要》四十卷

宋徐天麟撰

聚珍本。前有提要、目録。

《簡明目録》曰：“凡三百八十四事，門目與《西漢會要》同。惟《西漢會要》但録事蹟，此書則間有論斷，爲例小殊。”

馬氏曰：“以二史所載漢家制度、典章散於紀傳者，仿唐以來會要體，分門編纂，其用力勤矣。其言范書志稿，爲謝儼蠟以覆車，劉昭因范遺緒注而補之。夫既曰蠟以覆車，安得復有遺緒？蓋未考昭之所著，實司馬紹統《續漢書志》也。”録於《通考》。

《漢制考》四卷

宋王應麟撰

《玉海》附刻本。前有自序。是書先列注疏，次引史文，亦有止列注疏而無史文者。凡《周禮》二卷，《儀禮》、《禮記》共一卷，《詩》、《書》、《論語》、《孟子》、《國語》、《公羊》、《春秋》、《説文》共一卷。因《漢書》諸志制度多略，以此補遺。而鄭注“某物即今某物”，亦一一證明，可稱賅洽。

王氏自序曰：“漢制載於史者，先儒考之詳矣。其見他書者，未之考也。吁！三代遠矣！漢詔令，人主自親其文，猶近於《書》之典誥也。郎衛執戟之用儒生，猶近於王宮之士庶子也。司徒府有百官朝會殿，以決大事，猶近於外朝之詢衆也。收守有子孫，郡國有辟舉，庶幾建侯之舊。丞相進見，御坐爲起，在輿爲下，庶幾敬臣之意。三老掌教化，孝悌、力田置常員，鄉遂之流風遺韻亦間見焉。是之取爾君子尚論古之人，以爲漢去古未遠，諸儒佔畢、訓故之學，雖未盡識三代舊典，而以漢制證遺經，猶幸有傳注在也。冕服、車旗、彝器之類，多以叔孫通禮器制度爲據。其所臆度，無以名之，則謂若今某物。及唐儒爲疏義，又謂去漢久遠，唯漢法亦不可考。蓋自西晉板蕩之後，見聞放失，習俗流敗，漢世之名物稱謂知者鮮焉，況帝王制作之法象意義乎？此漢制之僅存於傳注者，不可忽不之考也。愚少嘗有聞，老弗敢墜，因細次爲編，以俟後之君子自流溯原，三代之禮庶乎其可識矣。”

《五子之歌》六馬，正義：“經傳之文，惟此言六馬。漢世此經不傳，餘書多言駕四者。《春秋公羊》說天子駕六。《毛詩》天子至大夫皆駕四。”文光案：授堂因石鼓有六馬字，逆定爲漢鼓，其說尤誕。南方蠻閩從虫，北方狄從犬，東方貉從豸，西方羌從羊，此六種也。文光案：數之只五種，不知何以言六種。西南僰人僬僥從人，蓋在坤地，頗有順理之性。惟東夷從大，大人也。夷俗仁，仁者壽，有君子不死之國。原注：孔子曰道不行，欲之九夷，桴浮于海，有以也。文光案：所謂六種者，或以蠻狄爲四，合僰、夷爲六耶？此說甚新，然不免於鑿。

《大清律例》四十七卷

乾隆五年敕撰

武英殿本。凡律目一卷，諸圖一卷，服制一卷，名例三卷，六曹律三十四卷，總類七卷，比引律條一卷。

吳文正公《元通制條例綱目後序》曰：“周官六典，已亡其一。五者雖存，特其大綱耳。當時必別有細目而不傳於今也。刑屬三千，已無其書，律十二篇，蓋其遺法。自秦以來，官府之所遵守，吏師之所授受，而各代頗有釐革者也。李唐增修，視前加密。柴周續纂，比舊尤精。所因據古律正文所損所益，或附敕令格式。敕者，時君之所裁處；令者，官府之所流布；格式者，各代之所造設也。與律相參，歸於允當。宋建隆間，命官重校，號稱《詳訂刑統》。仁宗皇帝命廷臣類集累朝條畫體例爲一書，其綱有三，一制詔，二條格，三斷例。延祐三年書成，英宗皇帝申命兵府、憲臺暨文臣一同審定，名其書爲《大元通制》，頒於天下。古律雖廢不用，如此書爲皇元一代之新律矣。以古律合新書，文辭各異，意義多門，其於古律暗用而明不用，名廢而實不廢，何也？制詔條格，猶昔敕令格式也。斷例之目曰衛禁、曰職制、曰戶婚、曰廄庫、曰擅興、曰賊盜、曰鬭訟、曰詐僞、曰雜律、曰捕亡、曰斷獄，一猶古律篇題之次第而類輯。古律之必當從，雖欲違之而莫能違也。宋儒謂律是八分書，而士之讀律者亦鮮。吾郡張紹漸漬儒術，練習法律，爲律吏師。《通制》未成之時，編録詔條及省部議，擬通行之例，隨所掌分隸六部，題曰《大元條例綱目》，枚莖朗例，采拾該徧。由初逮今，垂四十載，功力勤甚。紹已自序於前，而予嘉其可以輔《通制》之書，故又爲之後序。"録於《文正公集》。

《讀律佩觿[一九]》八卷，王明德撰。其書於律母律眼及以準各類，皆撮大要，就律言律，本經史傳記而爲之解。前有讀律八法，發明律中意義。

《國朝謚法考》一卷

國朝王士正撰

《漁洋全書》本。始於國初，下迄康熙三十四年。自親王至外藩，賜謚者咸録焉。宋蘇洵《謚法》四卷，《提要》曰："自《周公謚法》以後，歷代言謚者有劉熙、來奧、沈約、賀琛、王彥威、蘇冕、扈蒙之書，然皆糅雜附益，不爲典要。至洵奉詔編定六家謚法，乃取周公《春秋廣謚》及諸家之本，删訂考證，以成是書。

凡所取一百六十八謚，三百十一條，較諸家義例嚴整，後鄭樵《通志·謚略》大都因此書而增補之。蓋其斟酌損益、審定字義皆確有根據，故爲禮家所宗。而歷代相傳之舊典，猶可以備參考焉。"

明鮑應鰲《明臣謚彙考》二卷，最爲精核。如某人謚某字，皆分注當日定謚取義之文於下。又如謝枋得謚忠節，紀信、文天祥謚忠烈，鄧文進謚忠襄，蘇緘謚忠壯，史或不載，世所罕知，賴此以存。

《文廟從祀先賢先儒考》一卷

國朝郎廷極撰

原本。前後無序跋。伏讀《四庫全書提要》曰："歷考從祀先賢先儒各氏之同異，未免疏漏，惟所辨文翁之圖較《家語》多五人，《家語》較文翁之圖多九人。及正殿配享、東西兩廡位數，引據頗爲典核。"

《聖門禮樂統》二十四卷，國朝張行言撰。內有《四配十哲先賢先儒列傳》、《從祀啓聖祠先賢先儒列傳》、《改祀罷祀諸儒列傳》。

《學宮備考》十卷，國朝彭其位撰。從祀諸儒，各爲之傳。

《孔廟禮樂考》，從祀諸弟子，編爲歌括，殊乖體例。

《闕里文獻考》、《闕里誌》皆可考從祀先賢先儒，但此二書近刻多訛。

郎廷極字紫衡，鑲黃旗漢軍。此本題曰廣寧，其原籍也。書僅一冊，便於誦讀。錄於舊稿。

文光謹案：《欽定國子監志》內有《配位》二卷，詳載殿廡及崇聖祠諸位號。是書衹有抄本，非人間所能窺。其略見於《大儒詩鈔》。

《國學禮樂録》二十卷

國朝李周望　謝履忠同撰

原本。前有國子監祭酒李周望序、司業謝履忠序，次目録。太學文廟諸圖一卷，孔子世家至賢儒列傳八卷，祀典三卷，禮樂經志樂器名義一卷，樂譜音譜圖一卷，禮器樂器圖一卷，舞譜舞俏圖一卷，奏樂位次圖、神位圖、陳設圖一卷，文廟現行儀注則例一卷，石鼓文音訓一卷，昭代祭酒司業題名碑記一卷。李序曰："采《志》、《統》諸書，薙其繁冗，少爲編次。"謝序曰："僅即《禮樂統》、《太學志》、《禮樂志》抄撮大椠。監中經籍、書板、射器、法帖等件，湮没難稽。"據二序所云，其書未能詳盡可知也。

石鼓文見存三百八十六字，辛鼓一字今滅。

文光案：明李之藻《頖宮禮樂疏》十卷，其中儀注有《明會典》及《南雍志》所未載者。之藻明於算法，論樂更爲一家之學。明翟九思《孔廟禮樂考》六卷，考證最詳，勝於他家。

《歷代帝系年號考》二十卷

國朝劉宗魏撰

春山堂本。前有乾隆癸未自序，又梁國治序。

劉氏自序曰："《竹書紀年》旨約事該，第止於周末。宋宋庠《紀年通譜》，畢仲荀續之，今皆不傳。惟鍾廣漢《歷代建元考》考據精詳，又不大行於世。因取廿二史中帝系年號，蒐輯參考，始自庖羲，迄於明代。"

梁氏序曰："柚航侍御，余同年友也。請養家居，輯爲是編。凡大宗小宗，同母異母，井井有條，麗括無漏。若漢之淮南，明之建文，涉於疑似者，各有折衷；而外藩竊據，亦附載簡末。可與《綱目》相發明，且補前人所未逮。"

《路史》十二紀類多荒渺，諸王獨詳。漢晉屢有叛逆，難考親疏。鄭麟趾《高麗史》并無建元，悉遵中國年號。日本則有改元鑄錢之事，其史名《吾妻鏡》。又有朝鮮申叔舟《海東諸國紀》，皆未得見。惟黎崱《安南志略》流傳中國，兹附於末。

齊召南《歷代帝王年表》一卷，自伏羲至明。陸費墀《歷代廟謚年諱譜》一卷，自漢至明。六承如《紀元編》三卷。黃本驥《歷代統系録》六卷，《歷代紀元表》一卷。劉翊泰《歷代紀元歌》二卷。陳景雲《紀元要略》二卷，《補》一卷。

《元號略》四卷

國朝梁玉繩撰

《清白士集》本。前有自序。

梁氏自序曰："自漢孝武假天瑞名年，冠以建元，而紀號於是乎始。說者謂昉於周之共和，非也。厥後義例乖違，單複錯雜。或改元而未踰年，或踰年而不改元，或一年而三易元，一帝而十餘，或取先皇之號而仍用之，或昧昔朝之號而謬襲之，又或與前代宮殿陵謚及州之縣名相同，其他僭偽迭出，難以縷數。余因輯《年號略》，考訛校異，依韻類編，聊爲讀史之小助云。"

自漢迄今，分專號、重號，編爲三卷。其擬而未用及無考者，別爲佚號一卷。惟輯年號，不排甲子。末有補遺。

《皇朝謚法考》五卷　《補遺》一卷

國朝鮑康撰

原本。同治三年刊，續至十一年。

樓氏曰："以'清'爲謚者，求之周公之法及《春秋廣謚》，沈約、扈蒙諸書，皆無‘清’字。惟賀琛之書乃有其三，曰弗爾聲色曰清，弗殖貨利曰清。蘇[二〇]老泉之書有其一，曰避遠不義曰清。如趙清獻公、豐清敏公，皆世所歸重。若趙清憲，則未免物議。葛文康之父，後亦諡清。曾文清公得此名，公論爲之翕然。”錄於《攻媿集》。

齊氏召南《名臣諡法考序》曰：“武進錢先生博雅多名，出所編《明臣諡法考》二卷相示。愚讀其自序及例言十則，歎先生識見甚高，持論確不可易。又遍觀篇中，依類區分，後先次第，同異犁然。大書姓名，細注字號、出身、官職、得諡早晚，而其人之賢否與其諡之當否，一展卷燦若列眉，可刮明史之大綱。此豈徒以蒐采之富、考訂之確爲勝朝備掌故已哉？諡法暫除於秦，旋復於漢，自漢後職在太常博士，代有駁議，載於史書。其總條諡如《白虎通》、《獨斷》所述，沈約、賀琛所撰，至宋眉山而義已判，至夾漈而論尤詳矣。有明定制，自親王外不用單諡，職在禮部，議自翰林。洪武僅崇勳爵，永樂漸及文臣，洪熙始厚贈舊德官僚，特恩也。其有官品，應得許奏乞恩，暨積年久遠，聽從補賜。弘治以來，大典亦爲明備，然求名肖其行，可法可傳，使盡如徐武寧、常忠武之爲武，王文節、劉文成、薛文清、王文成之爲文。自殉難死事外，如于忠肅、楊忠愍、海忠介之爲忠也，豈不磊落軒天地？而蹇夏稱忠，李稱文正，溫稱文忠，得無名實相反耶？蓋自風氣遷移，事不師古，以文爲詞館閣臣專業，以武爲世爵軍衛通名，當賜諡時，恩有輕重視乎君上，誼有厚薄視乎友家，勢有盛衰視乎子孫，而名有上、中、下，隨意所定，人之賢否，諡之當否，皆非真知灼見，實有以合天地之公心，其果可爲定論焉否？觀斯考者，論其世即知其人，諡法特其一端也。”

杭氏曰：“江聲前爲內閣侍讀時，在閣中翻閱四朝實錄及國史、玉牒、八旗檔案、家譜及禮部新舊册籍，始知漁洋所著《國朝謚法考》多謬誤，或重見疊出，或有官無名，或無謚而誤爲有謚，并名字舛錯不一，因細加評正增益，至今頗爲詳慎。惜其書未傳，漁洋之書單行，無有起而證之者。"錄於《道古堂集》。

《山左金石志・任城太守孫夫人碑》桂馥跋曰："碑云昔臧武仲先犯齊壯，不令與己邑。考《左傳》，齊庄公將爲武仲田，與之言伐晉，武仲以鼠爲喻，遂不與田，碑指此事。謚武而不遂曰莊。此莊字本作壯，晉時《左傳》本尚作壯，後改爲莊。漢趙充國，蜀漢關羽，魏曹休、桓階、許褚、龐德、徐晃、文聘、州泰，并謚壯侯，可據也。"

文光案：明郭良翰《明謚記彙編》二十五卷，輯有明一代謚法，最爲詳備，所據多閣中故籍。沈氏《廿二史四譜》內有謚法譜。

右政書類

謹案：《四庫全書總目》政書類，一曰通制之屬，如《通典》、《通考》、《會要》、《會典》、《李氏雜記》、《漢制考》，以一代之書該六職之全者是也；二曰儀制之屬，如《漢官儀》、《開元禮》、《謚法》、《元號略》、《帝系年號考》、《國學禮樂錄》、《文廟從祀考》，凡春官所掌是也；三曰邦計之屬，如《救荒活民書》、《錢通》、《康濟錄》是也；四曰軍政之屬，如《歷代兵刑補》、《漢兵志》、《馬政紀》是也；五曰法令之屬，如《律例》是也；六曰考工之屬，如《營造法式》、《武英殿聚珍板程式》，凡百工之司於官者是也。錢溥《秘閣書目》有政書一類，故《全書》據以標目。隋、唐《志》載故事數十家，皆臺閣府署舊制及諸遺風曩迹。西漢有掌故之吏以主故事，則名之所起遠矣。考馬氏《經籍志》所載，如《貞觀政要》、《通典》、會要、聖政、寶錄、年號宮殿等名、會計錄、賑濟錄、財賦志、和買事宜、貨泉錄，即政書類也，而皆以故事總之。其職官、刑法、地理、時令、譜系、目錄，皆與故事爲一門，而其中不盡爲朝章典故，則其類有當有不當矣。《書目答問》政書類以三通爲歷代通制之屬，以《會要》、《謚法》、《漢官》、《唐六典》爲古制之屬，以《大清會典》、《通禮》、《吾學錄》爲今制之屬，甚爲允當。私家書目悉宜依之。今所錄者凡二十一家，皆通制、古制、今制之屬，其非國政朝章者不及。《通志》本在別史類，今以殿本三通合爲一部，因類及之。錢譜有關於錢法者，方入政書類。其專爲考訂文字者，可入之小學類；其有圖無錄者，可入之譜錄類；其有圖有説者，可入之金石類。今之好古者，錢譜幾爲一家之學，與鐘鼎并詳爲考核，而不及錢法，則金石書也。今日官書，如品級、處分、賦役、漕運、鹽法、學政、科場、軍需、刑案、工程、物料、旁規、各部則例之屬，各有專書，所司掌之。其綱要已具《會典》，散見《經世文編》。

校勘記

〔一〕“著”，原作“者”，據《漢官儀・孫星衍敘錄》改。

〔二〕“疑”，原作“然”，據同上書改。

〔三〕“塡”，原作“植”，據本書卷五十二《漢官儀》篇改。

〔四〕“敬”，原作“欽”，據《舊唐書》改。

〔五〕“典”，原作“考”，據本書本篇題名改。

〔六〕“文”，原作“史”，據《文獻通考・經籍考》改。

〔七〕“罪”，原作“罰”，據《唐會要》卷三十五改。

〔八〕“祀”，原作“旭”，據同上書改。

〔九〕“爲”，原作“給”，據同上書改。

〔一○〕“張芝”，據同上書補。

〔一一〕“令”，原作“合”，據《唐會要》卷三十六改。

〔一二〕“修”，原作“終”，據同上書改。

〔一三〕"足"，原作"定"，據同上書改。

〔一四〕"元"，原作"成"，據同上書改。

〔一五〕"卿"，原作"册"，據同上書改。

〔一六〕"國"，原作"縣"，據同上書改。

〔一七〕"有"，據《總目》補。

〔一八〕"十"，據《文獻通考·經籍考》補。

〔一九〕"鑴"，原作"鐫"，據《清史稿·藝文志》改。

〔二〇〕"蘇"，原作"書"，據《攻媿集》改。

史部十五

金石類一

《石經考》一卷

國朝顧炎武撰

《亭林遺書》本。漢石經引《後漢書》六條，魏石經引《晉書》一條、《魏書》一條，晉石經引《晉書》一條。次爲石經存没之迹，引《晉書》、石季龍《載記》、《魏書》、《水經注》、《伽藍記》、《雒陽記》、《北齊書》、《隋書·經籍志》。次爲雜著論跋，引《集古録》、《西溪叢話》、《畫墁録》、《邵氏聞見後録》、《天下碑録》、《金石録》、《東觀餘論》。次《隸釋》石經殘碑五篇并洪跋，又張縯石經跋。次唐明皇御書《孝經》四卷，引《金石録》。次唐石經，引《舊唐書》、《唐會要》、《新唐志》、《中興書目》。次蜀石經，引《成都記》、《玉海》、晁公武《石經考異序》。次宋開封府石經，次高宗御書石經并引《玉海》，次晁公武《石刻古文尚書序》。皆引舊文，略加案語。

《困學記聞》：“石經有七，漢熹平則蔡邕，魏正始則邯鄲淳，晉裴頠，唐開成中唐玄度，後蜀孫逢吉等，本朝嘉祐中楊南仲等，中興高廟御書。”

孔安國當武帝之世，已稱蝌蚪書無能知者，邕安能具三體書法於安國之後三百年哉？蓋邕以三體參檢其文，而書丹於碑則定爲隸。如安國之《書傳》，不復從蝌蚪古文。又漢石經字體不一，是時書丹者亦不獨邕也。

唐太和七年二月，敕唐玄度覆定石經字，十二月敕於國子監立石。僞蜀相母昭裔取太和本刻石於成都學宮，與後唐板本不無小異。晁公武參校二本，取經文不同者三百二科，著《石經考異》并序，亦刻於石，凡二十一碑，在石經堂中。張耒又校注文同異，爲《石經注文考異》四十卷。

晁氏序曰："國子監所摹長興板本差誤多矣。議者謂太和石本校寫非精，時人弗之許。而世以長興板本爲便，國初遂頒佈天下，收向日民間寫本不用。然有訛舛，無由參校。判知其謬，猶以爲官既刊定，難於獨改。由是而觀，石經固脫錯而監本亦難盡從。公武命學官讎校石本，與監本傳注不同者尤多，不可勝紀，獨計經文猶三百二科。迹其文理，雖石本多誤，然如《禹貢》'夢土作乂'；《毛詩・日月》篇'以至困窮而作是詩也'；《左・昭十年》'六物之占在宋、衛、陳、鄭乎'；《論語》'舉一隅示之'、'敬其事而後食其祿'之類，未知孰是。必有能考而正之者。"

《金石文字記》：漢魏石經，其不同者有四，一曰漢五、六、七經之不同，二曰魏石經三體、一體之不同，三曰堂西所立石爲魏爲漢之不同，四曰後魏所存石諸經之不同。《後漢書》《本紀》《儒林》《宦者傳》皆云五經，《蔡邕》《張馴傳》則以爲六經。《隋書・經籍志》又以爲七經，此言漢五、六、七經之不同也。《衛恒傳》言魏初傳古文者出於邯鄲淳，至正始中立三字石經轉失淳法，因蝌蚪之名更效其形；《水經注》亦云三字石經在堂西；而《伽藍記》以爲表裏隸書；《隋志》則謂之一字石經矣，然則所謂效蝌蚪之形而失淳法者安在耶？此言魏石經三體、一體之不同也。《伽藍記》二十五碑爲三種字，四十八碑表裏隸書；《水經注》謂漢碑在堂東側，而四十八碑爲魏經，在堂西；乃《雒陽記》不言東側有碑，而云堂前有四十六枚，上有馬日磾、蔡邕名，又不言字之爲三體、一體，無乃并《水經》之所謂魏者而指之爲漢歟？此言堂西所立石爲魏爲漢之不同也。《伽藍記》云《周易》、《尚書》、《公羊》、《禮記》四部，《雒陽記》則多一《論語》，而趙明誠《金石録》言其家所收又有《詩》、《儀禮》，苟非其傳拓之本出於神龜以前，則不應以宋人之所收而魏時猶未見也。此言後魏所存石諸經之不同也。凡此，皆不可得詳矣。又曰舊史謂石經立後數十年名儒皆不窺之，以爲蕪累甚矣。愚初讀而疑之，又見《新書》無貶辭。及得其本而詳校之，乃知經中之謬戾非一，而劉昫之言不誤也。”

先誤而後改者甚多，凡“二十”字皆作“廿”，“三十”字皆作“卅”，如于三十里、三十維物，皆四言也，當爲“三十”字，今改經文，非矣。《左傳》文公、宣公卷，字更濫惡，而“成”、“城”字皆缺末筆，此爲朱梁所補刻。前人但言移石，不言補刻，然“成”字缺筆，其爲梁諱無疑。昔人固未嘗徧讀而博考也。

唐石經御删定《月令》在《曲禮》之前。張參曰：“今文《尚書》改就今字，删定《月令》，依其時進本，與釋文音訓頗有不同。”見《五經文字序注》。

段氏玉裁曰：“乾隆初年，武英殿刊注疏校《毛詩》，諸臣引蜀石經自《周南》至《邶風》、《静女》凡四十一條，以後則不引，蓋所見祇三而已。錢唐張君名賓鶴，能詩歌篆隸，親見蜀石《毛詩》全部，‘昔育恐育鞠’無下‘育’字，‘天夭是椓〔一〕’‘夭夭’疊字。記此二處與世間本絶異。《樊榭詩集》亦載蜀石‘愻如輖饑’，與今本作‘調饑’異。”

方岳《石經跋尾》云：“右石經殘碑在洛陽張景元家，世傳蔡中郎書，未知何所據。漢靈帝熹平四年，邕以古文、篆、隸三體書五經，刻石於太學。至魏正始中，又爲一字石經，相承謂之七經正字。今此所傳皆一體隷書，必魏世所立者。然《唐志》又有'邕今字《論語》二卷'，豈邕五經之外復爲此乎？據《隋志》，凡言一字石經皆魏世所爲，有一字《論語》二卷，不言作者之名，而《唐志》遂以爲蔡邕所作，則又疑唐史傳之之誤也。蓋自北齊遷邕石經於鄴都，至河濱岸崩，石没於河水者幾半。隋開皇中，又自鄴運入長安，未及緝理，尋以兵亂廢棄。唐初魏鄭公鳩集所餘，十不獲一，而傳拓之本猶存秘府。前史所謂三字石經者，即邕所書。然當時一字石經存者猶數十卷，而三字石經止數卷而已，由是知漢石經之亡久矣，不能若此之多也。魏石經近世猶存，五代湮滅殆盡。往年洛陽守因閱營造司所棄碎石，識而收之，遂加意搜訪，凡得《尚書》、《論語》、《儀禮》合數十段。又有《公羊》碑一段，在長安。其上有馬日磾等名號者，魏世用日磾等所正定之本，因存其名耳。案《洛陽記》，日磾等題名本在《禮記》碑，而此乃在《公羊》上，益知非邕所爲也。《尚書》、《論語》之文與今多不合者，非孔安國、鄭康成傳之本也。獨《公羊》當時無他本，故其文與今文無異。皆殘闕已甚，句讀斷絶，一篇之中或不存數字，可勝嘆惜哉！"

　　文光案：匋跋録於宋本《泊宅編》，王氏《金石萃編》所録與此本同。朱氏《經義考》亦載此條，中少十七字，蓋朱氏所見者《稗海》本耳，與此本詳略互異。匋爲勺之弟，博學好古，未壯而卒。勺撰《泊宅編》，録匋二跋，其一乃《秦誦楚文跋尾》也。勺字仁聲，匋字仁宅。《稗海》本石經跋後署紹聖甲戌秋八月題，此本無之。

　　《廣川書跋》："經廢於世，無傳聞久矣。當秦未滅詩書，其學已失舊法，況在後世耶？漢承秦亡，諸儒妄度聖人，隨誤釋謬，至其不得於言則疑於經，不得於經則疑於學，師習各異，黨學相

伐，至改‘滋荄’、‘周由’等以就其學，有不合者則私定泰書以
應其誤。獨蔡邕鐫刻七經，著於石碑，有所檢據，隱括其失而周
盡。當時號洪都三字，其異文者附見此。於已殘之經，收其遺逸，
僅存而可貴也。纔三十年，兵火繼遭，碑亦損缺。魏又立一字石
經。周大象中詔徙鄴城石經於洛，時軍人破毀，至有竊載還鄴者。
船壞没溺，不勝其眾也。其後得者，盡破爲橋基。隋開皇六年，
由鄴京載入長安，置於秘書内省，營造之司用爲柱礎。貞觀中十
不存一。魏徵考驗拓本至詳，謂不盡爲邕、如馬日磾[二]輩相與成
之。然漢隸簡古，深於法度，亦後世不及，故併存之。趙綽曰：
‘唐造防秋館時，穿地多得石經，故洛中人士逮今有之。’考當時
所得已是漢世所遺没而得者。國初開地，唐御史府得石經十餘石，
此又唐末淪没之所出也。”廣川又曰：“秘書郎以石經《尚書》示
余，爲考而識之。蔡邕以經籍去聖久遠，文字多謬，俗儒穿鑿，
疑誤後學。熹平四年，奏求正六經文字。邕乃自書於碑，大屋覆
藏，立太學門外，號鴻都石經。屋覆四面欄障，開門於南，河南
郡設吏卒視之。昔朱越石與兄書曰：‘石經文碑高一丈許，廣四
尺，駢羅相接。’太學在南明門外，講堂長十丈，廣三尺。堂前石
經四部，本碑四十六枚。元魏時西行《尚書》、《周易》、《公羊
傳》十六碑存，十二碑毀。南行《禮記》十五碑悉崩壞。東行
《論語》三碑毀，《禮記》但存諫議大夫馬日磾、議郎蔡邕名。當
是時尚有碑十八，蓋《春秋》、《尚書》作篆、隸、蝌蚪，復有
《周易》、《尚書》、《公羊》、《禮記》四部。陽衒之曰：‘石經《尚
書》、《公羊》爲四部。’又謂《春秋》、《尚書》二部。《書》有二
經，當是古文已出。衒之出北齊，謂得四十八碑，誤也。洛陽昔
得石經《尚書》段，案：《萃編》段上有幾字，此所錄者汲古本。殘破不屬，
蓋《盤庚》、《洪範》、《無逸》、《多士》、《多方》，總二百三十六
字，其文與今《尚書》盡同，間有異者纔十餘，然則古文《尚書》

蓋已見於此。"

　　文光案：董氏謂古文《尚書》已見於漢石經，後半語多影響，究未證明，故不全錄。又謂古經已廢於漢魏，至晉其書已絕，不言梅賾之僞又爲歐陽夏侯所傳，殆異於古文，此其所知者。石經之考，諸家紛紛，今成書已有數家，具見於目。其未成一書而詳爲考證者，朱氏《經義考》，王氏《萃編》亦已成卷，其他不可枚舉。諸家以一字爲漢石經，三字爲魏石經，幾成定論。據董跋，則漢石號洪都三字，蓋漢石經三體各爲一碑，而魏石經則一字連書三體。其以一字傳者，傳蔡邕之小八分書耳。漢石經亦非蔡邕一手所書，且有一石而筆迹不同者，董氏已言之。而《萃編》所考更詳，別撰一表附於後。言邕書經未畢，得罪遠徙，決非一人所書也。

《文字記》第五卷表石經脱誤。《畫墁録》："嘉祐末得石經二段於洛陽城，乃蔡邕隸書。又無甚異，唯求之與？抑與之與？"九經并《孝經》、《論語》、《爾雅》及《五經文字》、《九經字樣》，今在西安府學。《東觀餘論》："漢石經與今文不同者殊多，今略記之。"案：黄伯思所記凡二十七科，曰略，應不止於此也。晉裴頠轉國子監祭酒，奏修國學，刻石寫經，而《水經注》諸書無言晉石經者，豈頠嘗爲之而未成耶？石經有古文、篆二體，未知出於何人。中郎之隸，蓋隨俗爲之。"予有亂臣十人"，"臣"字旁注。

《石經考》一卷

　　國朝萬斯同撰

　　《省吾堂》本。此考可與顧考互證。顧詳於魏晉，萬詳於唐宋。是書前後無序跋，先引諸書，附以案語。凡石經之見於各史諸傳、各史經籍志者，無不備録。自漢至今諸家之説，亦無不備採。條分件繫，最便省覽。常熟蔣光弼校刊。

《禮記》不立學官，洪氏石經殘碑有《儀禮》，無《禮記》。《洛陽記》言《禮記》碑者，誤也。

《隋志》："一字石經《周易》一卷，《尚書》六卷，《魯詩》六卷，《儀禮》九卷，《春秋》一卷，《公羊傳》九卷，《論語》一卷，《典論》一卷。唐時存七經三十四卷。三字石經《尚書》九卷，《尚書》五卷，《春秋》三卷。"案：《新唐·志》三字石經，舊《書》"三"作"今"，誤。萬云："漢碑一無所損，魏人必不重立，則其殘闕可知。然五六十年遂致殘闕，則遭董賊之禍無疑也。"

唐文宗開成二年，宰相鄭覃進石壁九經一百六十卷，曰《周易》，曰《尚書》，曰《毛詩》，曰《周禮》，曰《儀禮》，曰《禮記》，曰《春秋左氏傳》，曰《公羊傳》、《穀梁傳》。九經并《孝經》、《論語》、《爾雅》、《五經文字》、《九經字樣》，今在西安府儒學。其中謬戾非一，當時名儒皆不窺之。顧氏所校詳見於《金石文字記》，名曰九經，實十二經也。

蜀石經《周易》并略例十三卷，孫逢吉書；《尚書》十三卷，周德真書；《毛詩》二十卷、《禮記》二十卷，皆張紹文書；《周禮》十二卷，孫朋吉書；《左氏傳》三十卷，不題書人；《論語》十卷，張德鈞書，詳見晁《志》。凡七經皆刻於廣政中。廣政，僞蜀孟昶年號也。晁公武作考異并序。凡二十一碑，具在成都府學石經堂。顛倒缺訛，不一而足。按席益《記》云："廣政七年，以雍都舊本九經重書刻石。"范大成《石經始末記》引晁子止序云"蜀之立石，蓋石經，盡用太和本"，則晁《志》七經之外，尚有《儀禮》、《孝經》、《爾雅》，而不著錄何也？趙清獻《成都記》云："皇祐中田元均補刻《公羊》、《穀梁》二傳，然後十二經始全。至宣和間，席文獻又刻《孟子》參焉。"此成都之石經也。

宋代石經不彰於世，或疑未成，而《宋志》有七十五卷。考《宋史》諸傳，皆當時善篆、隸者所分書，而不傳於世。觀《金史》劉彥宗説二帥語，其果爲金人携去耶？深可惜已。宋趙克繼、謝鈹、章友直，皆書石經者。

文光案：北宋石經，李氏《長編》載之最詳，而季野未之引及，則當時《長編》傳本甚少故也。周密《雲煙過眼録》記嘉祐石經在汴梁太學，一行篆字，一行真字，季野亦未引及，則疏漏矣。據洪氏《石經考異》序云，宋自至和刊立二體石經，南渡播遷，淪没鴻水。《知聖道齋詩》亦云"一從大盗壅洪流，難向黄河沙底求"，則萬氏以爲金人携去者，亦意度之詞也。今嘉祐殘石尚有存者，馮氏考之最詳，惜季野未之見耳。又萬氏所考蜀石經，亦未若馮敘之詳明。

錢氏曰："石經一字、三字之分，紀載各殊。趙、洪諸人考定以一字者爲漢刻，三字者爲魏刻，確不可易。季野執《漢書》欲翻此案，甚矣其惑也。衛恒，晉初人，其撰《四體書勢》則云正始中立三字石經矣。道元《水經注》則云：'漢碑五經立於太學講堂前，悉在東側。碑上悉刻蔡邕等名。魏正始中又立古、篆、隸三字石經，樹之堂西矣。'兩人真目睹石經者，并以三字爲正始刻，則一字爲漢刻何疑？蔚宗習聞太學有三體石經，誤認爲漢熹平所刻。後來又承蔚宗之誤不能訂正，季野亦憒憒若是。"録於《養新録》。

文光案：《後漢書・儒林傳》及《洛陽伽藍記》并言漢立三字石經，故萬氏據之以爲兩朝石刻皆用古文、篆、隸三體無可疑矣。又言范書之言必不誤，而不知其非也。

彭氏曰："嘉祐石經存者計十二版三百五十四行，向來記石刻者不之及。《河南志・古蹟》亦無之，深可慨也。朱、萬兩考亦未見。此十二版近始出土中，邵學士晉涵揚以貽予，因紀其梗概，附裝册末。"録於《讀書跋尾》。

文光案：此十二版皆《周禮》，彭氏謂萬考簡略，殆未成之書。

《石經考異》二卷

國朝杭世駿撰

杭氏七種本。是書補顧氏之遺。

漢靈帝熹平四年，蔡邕書丹刻石立於太學門外，此石經之始。厥後魏正始，唐開成，孟蜀廣政，宋至和、嘉祐、紹興俱仿前規，以示模式。《集古錄》不載唐石經，《金石錄》、《隸續》僅殘缺遺字。晁子止《石經考異》其書不傳。范蔚宗、楊衒之、魏徵、魏收諸家皆誤以漢石經爲三字，不知一字爲漢，三字爲魏。

> 文光案：魏碑補漢碑之缺，故見於《隋志》者止有《尚書》、《春秋》。郭頒《魏晉世語》曰："黃初之後，掃除太學之灰炭，補舊石碑之缺壞。"此竹垞所引也，惜萬《考》未引及此。

趙嶧曰："漢石經，光和六年初刻也，熹平四年再刻也。"朱按：二刻皆中郎書，非再刻。趙曰："魏正始第三刻也。"朱按：嵇康所書。朱《考》："晉石經佚，裴頠書。見本傳。"趙曰："北魏石經第四刻也。"朱按：欲補治未刻，趙氏誤。朱《考》："唐石經有黎持記，在石經之側。碑爲安民所鐫，不肯刻黨人者也。"趙曰："唐天寶中刻九經，此五刻也。太和七年敕定石經，開成二年告成，此第六刻也。"呂陶曰："蜀石經皇祐中附以《儀禮》、《公》、《穀》，九經備焉。"案：蜀石經或云宋補爲九經，或云補爲十二經，衆說不同。楊慎曰："蜀九經最爲精確。"宋國子監石經，至和元年命皇姪克繼書。《玉海》爲篆、隸二體，刻石兩楹。胡恢篆太學石經。《長編》："嘉祐六年，以篆國子監石經成，賜章友直銀百兩、絹百疋。"北宋石經在開封，陳頎猶見殘碑，惜無摹搨者，今沉於黃河矣。宋胡元質得中郎石經四千二百七十字有奇，以楷書釋之。又得三體石經遺字八百一十九，并鐫之錦官西樓。有記，宇文紹弈跋。金太學石經在舊燕城南。元汴梁城修復石經，有李師聖記。

文光案：朱氏《石經考》在《經義考》中，較顧、萬、杭三家所採皆富，因録趙子函以下十五條以補萬書所不及。光和在熹平之後，趙氏以光和爲初刻，謬矣。杭大宗所考多所辨正，而亦不出朱氏所引。書成於雍正十三年，前有厲鶚、全祖望序，後有趙昱、許燏跋。

杭氏曰："熹平四年邕所正定者六經，光和立石祇五經。"全氏曰："漢初經、傳別行，故石經《公羊》無經文。《隋志》'《春秋》一卷'，當是黄初時邯鄲淳書以補之也。"朱子注《論語》，多依蜀石經。

翁氏曰："乾隆癸酉，黄秋菴購得石經殘字，《尚書》五行，《論語》十二行，方綱手摹，屬張芑堂勒之石。又三年校士江西，得見金匱錢氏所藏石經殘字十段，合前之三段勒石於南昌學宫，凡爲石四塊，共六百七十五字。"洪文惠所得殘石千九百餘，鐫之會稽蓬萊閣。顧云："熹平石經殘石一見於鄒平張氏，一見於京師孫氏。"何義門曰："退翁所藏乃越州石氏摹本。"吳生寫華亭王氏所藏退谷本。如皋姜氏重摹退谷研山齋本。張本、孫本皆後人所摹，未必爲熹平原石也。

文光案：翁氏石經殘字見於《兩漢金石記》，每段後有考證，又附考於後，謂全氏漢刻五經爲揣測之説；謂中郎書經在鴻都未立學之前三年，後人稱熹平石經爲鴻都石經者，誤也；謂厲序杭書側字一條甚精；謂朱《考》引《字原》書存若干字，誤以碑目次數爲書存字數；謂顧氏《隸辨》抄寫洪釋，未見漢碑，并未見宋槧《字原》，皆確論也。黄氏《金石文字》第一爲石經殘碑，所考不同，翁跋亦異，可互證也。紹興府學與南昌刻石同。

《魏三體石經遺字考》一卷

國朝孫星衍撰

《平津館》本。嘉慶十一年刊於金陵，前有孫氏自序，後有顧廣圻跋。三體皆陰文，各字之下爲考，雙行夾註，楷書。

孫氏自序曰："《隸續》所載三字石經，蓋魏正始中立石，宋皇祐時蘇望得搨本摹刻於洛陽。古文三百七，篆文二百十七，隸書二百九十五，凡八百一十九。爲《尚書》《大誥》、《呂刑》、《文侯之命》，《春秋左氏》桓、庄、宣、襄四公經文，亦有傳。考孔子壁中書有《禮記》、《尚書》、《春秋》、《論語》、《孝經》，皆蝌蚪古文，漢世藏於秘府，亡於晉永嘉之亂，魏初邯鄲淳猶得目睹而手摹之。故衛恒《四體書勢》稱淳爲傳古文，又謂正始立石失淳法，則淳書實孔壁古文也。其石在洛陽太學講堂西，石長八尺，廣四尺，碑石四十八枚，廣三十丈，見於《水經注》。淳既得見古文，所書當有他經。而獨存《尚書》、《春秋》者，《太平御覽》碑部引《西征記》曰：'國子堂前有列碑，南北行，三十五枚，刻之表裏。書《春秋》經、《尚書》二部，大篆、隸、蝌蚪三種字，碑長八尺。'是時亦止見二種。魏、齊先後徙洛陽石經於鄴都，多没於水。隋開皇時又徙於長安，以亂廢爲柱礎，但有傳拓之本存於秘府。故《隋志》載三字石經，唯《尚書》九卷，《禮》五卷，《春秋》三卷，比之《七錄》所有卷數且失大半。其餘《易》、《書》、《詩》、《儀禮》、《春秋公羊》、《論語》、《孝經》，即一字石經而已。然其時石經猶有存者，唐貞觀中，魏徵請置三字石經十數段於九成宮秘書監，武后時移於著作院，或鄴都、長安之餘。又有開元五年得三字《春秋》一十三紙，至周顯德中，嗣太子傳寫之。唐世書學博士教國子監生以石經《說文》、《字林》爲業，石經三體限三年業成，即用此諸本。郭忠恕取以入《汗簡》，多出《隸續》四十餘字。至宋夏竦之爲《古文四聲韻》，增多之字無殊絶者。宋金之亂，中原淪喪，石經既失，隋唐故府本暨北宋摹刻俱不存焉。唯餘《隸續》所載，傳寫亦稀善本。三體石經之學於是幾絶於世矣。今就《隸續》遺字考其篆法，足以補正《説文》及經傳者不少。如余作畬，可證許氏余從舍省；丑爲丑，可證許氏丑象手形；替作暜及瞀，可證《漢書》引‘不敢僭上帝命’；黄爲㶊，可證《漢律》苛爲‘止句’之變體；盧作旅，證《新附》“旅弓”之俗字。至以鐘虡爲莒，淖水字爲朝，鬲爲歷，婼爲若，殸爲穀，笱爲郇，又可知古文假借之義，或合於《説文》所載古文、重文，或足補《説文》未備。尋繹字畫，實爲小學圭臬。唐宋以來不究古篆，傳寫音釋頗多訛舛，至釋㲃爲副，釋彊爲僵，如狄字作㹞，潞字作㲊，幾不知所從。蘇氏又以《尚書》、《春秋左氏》錯雜釋文，命爲《左傳》，不知分别。倘有令甲，如唐世課士，其學無由復興，豈不惜哉！因就《隸續》所載，證以經典、字書，爲之音釋，又得嚴孝廉可均、洪明經頤煊互相是正。既成，寄顧茂才廣圻於江寧刊刻傳遠。”

顧氏跋曰：“蘇氏得魏氏石經，其經斷剥，字多亡缺，取其完者摹刻之，題曰《石經左傳遺字》，載《隸續》第四卷者，雜糅顛倒，了不可知。淵如先生理而董之，分别《尚書·大誥》等篇，於是讀者始燎然也。”

《集古録目》：“石經遺字，古文、篆、隸三體凡八百二十九字，世傳蔡中郎書，今其石亡失。蘇望得模本《左傳》於故相王文康家，取其完者刻之，莫辨其真訛也。”

《石經殘字考》一卷

國朝翁方綱撰

《後知不足齋》本。光緒癸未年刊，前無序文。首題“漢石經

殘字",又一行注云"方綱所得見者一十二段",以下依石經行數
各段刻之,皆楷書,半缺者如之。每段後注某書某篇幾行幾字。
凡《尚書》三段,《魯詩》二段,《儀禮》二段,《公羊》一段,
《論語》四段。全段之後,各附以說。又引洪書、婁書互證之,較
諸家所考特爲精核。末引竹垞跋一則,自述三篇,案語二則,自
跋一則,歌二首。

　　翁氏自跋曰:"愚摹黃氏藏本於齋中。其後三年,門人吳樁堂
於華亭王氏摹寫孫退谷峴山齋本來相校,《盤庚》篇多出半行,冊
後戊戌八月退谷手記,竹垞二跋,林佶一跋。又後四年,見皋
姜氏重摹研山齋《盤庚》,第六行僅存一'德'字,蓋摹勒偶有詳
略。又後三年,始得見金匱錢氏所藏,凡十段,合前摹之三段,
於是摹爲一十二段。時校士江西,乃勒石於南昌學宮,共六百七
十五字。"

　　《隸釋》、《廣川書跋》皆言碑高一丈,廣四尺。今以漢尺度
之,每字高廣一寸。以諸書所記碑石之數核之,則所謂表裏隸書
者,當得其實爾。

　　洪氏錄熹平石經,於它經未嘗計其每行字數,惟於《儀禮》
云"此碑每行七十三字"。今所見殘本《聘禮》六行,其第一行
"命"字、第二行"曰"字,洪皆不著,是本非洪氏越州蓬萊閣之
刻本明矣。又此二段共十三行,行皆七十四字,惟前一段之第四
行乃七十三字。

　　《公羊》殘碑非洪本,彼此所得不同。據此石本知古本經自爲
經,傳自爲傳。

　　《論語》四段,并洪《釋》所有。洪云"櫌板則櫌",婁則云
"《說文》:'摩田器。《論語》"櫌而不輟",或從未。'"此條足補
洪《釋》。"或從未"三字,今《說文》板本遺失,此又足以補
《說文》也。

《書》云"孝乎惟孝"，《古文尚書》脫"孝乎"字，以"惟孝"屬下句讀者，唐人尚未嘗如此也。《盤庚》之文與今本異者尤多。

《石經考異》六卷

國朝馮登府撰

《學海堂》本。此《續經解》之一種。國朝石經一卷，漢一卷，魏一卷，唐一卷，蜀一卷，北宋、南宋一卷。此考專以諸本互證文字，最有益於讀經。各卷有自序，凡《學海堂經解》本序俱在書後。

馮氏自序曰："石經惟唐本最爲完備，然亦有補刻之訛。我高宗純皇帝於乾隆五十八年詔刊十三經於太學，即長洲蔣衡所書。勘定立石依開成石經，參以各善本，多所定正。彭尚書元瑞曾撰《考文提要》十三卷，以證校正所自。當時因急於告竣，未及盡改。迨我仁宗睿皇帝嘉慶八年，尚書奏請重修，於是復命廷臣磨改，以期盡善，故前後搨本不同。茲從改定石本，以各石經泊宋本考證明閩、監、毛本之訛，間采《提要》及阮宮保元《十三經校勘記》以覈其同異。其間板刻相沿之誤或虛字增損無關義禮者，從略焉。"

文光謹案：國朝石經十三經俱備，最爲精核，非唐、宋諸石所及。《周易》用朱子本，與監本、毛本多有異同。《尚書》依孔傳本，惟《書序》一卷在後。《詩》與今本同，惟《詩序》合爲一篇，在經之末。其間異字脫簡，足訂今本之訛。《儀禮》脫誤最多，唐石經亦多，王堯惠補缺之誤。馮氏所考於《儀禮》最詳，惟無《孝經》。

漢石經或云五經，或云六經，或云七經，俱非也。覃溪閣學所考殘字，備載原委，而於古今文異同之辨則略焉。唐時雖非完本，卷帙定多，張參據以校正五經，僅存字體七十餘字。至五代後散佚無存，其遺字僅見於《隸釋》及《東觀餘論》。今援洪氏例，仰討故訓，俯參時説，彙爲一卷。洪、黃所未見者，旁證以補之。至《呂氏讀詩記》所載石經等文，皆見《説文》。“子衿”作“祫”以外，俱無可考，恐出董氏私見。至任啓運謂“有婦人焉”，漢石經作“殷人”，更爲臆説。附記於此。漢石經《周易》惟釋文一條，《尚書》洪氏載五百四十七字，皆伏生《今文》文也。今校石經，以明今文之學，而以孔、許、馬、鄭諸家參之，知古今文之異有不可强合者。中郎習《魯詩》，故書丹用之，今存百七十三字。又一段二十餘字，剥蝕不成文，其間有齊、韓，蓋敘三家異同。《魯詩》之僅留一線者，賴此耳。附釋文、詩考二條，以補洪所未及。《洛陽記》謂《禮記》十五碑悉皆崩壞，此無徵不信之説。《隸釋》所載四十五字，皆《大射儀》文。《隸續》所載三十一字，皆《聘禮》文。洪云字畫不明白，故不釋。《公羊》三百七十五字，有傳無經，嚴氏學賴石以傳。《論語》九百七十一字，每篇必計其章，終篇又總其字，凡廿篇，萬五千七百一十字。又載諸家不同之説，所書本魯論，間及齊古，足與鄭孔本、皇侃本、高麗本互校，以明古義。

　　文光案：洪氏所載《易》、《書》、《詩》、《儀禮》、《公羊》、《論語》，共是六經，其餘見諸隋、唐《志》者，究不能定七經、九經之數也。

魏石經遺字載於《隸續》者，《左傳》古文三百七十七，篆文二百十七，隸文二百九十五，有一字而三體不具者。外此蘇望民所刻，凡文八百一十九，名曰《石經遺字》，即《集古目》所載者。夏文庄《古文四聲韻》所收石經數十字，亦互有不同，總不出洪氏之外。至明所傳正始石經，爲豐坊僞撰。其餘遺文不槩見矣。《汗簡》所録石經多古文，即正始本，其序言之。雖忠恕間有僞説，而證之羣書，此文皆合，足補番陽所未及。但於經文無可分屬，特爲標出以俟考焉。《尚書》文連重文二百九十四，據藏氏琳分爲六段，以經文屬之。《左傳》文八段，連重文四百九十八，較《尚書》字畫爲正，而經文舛遷更甚。孫淵如釐正《尚書》、《春秋》，究有未合，仍照原文校正存之。《汗簡》古文一百五，與洪合者廿九，可訂正訛缺廿六，餘六十三足補洪氏所未及。

　　文光案：三體可與孫氏本互證，各字下所考亦詳。

　　嘉慶庚午春，余著《漢石經異文考》二卷。辛未，又成《魏石經考》二卷、《蜀石經考》二卷。夫中郎石刻，漢學之最古者也。開成去古未遠，然幾經後人之手，一誤於乾符之修改，再誤於後梁之補刊，三誤於北宋之添注，四誤於堯德之謬作，遂失鄭唐之舊，然尚可以校勘之功分別之。至俗所傳裝潢本，取明板本剪綴爲之，乃不可復別矣。亭林客西安，親撫石本，正其誤字及文異義同者，著於《金石文字記》。其間有不盡誤者，乾隆石經多從唐石經以正監本。他如錢竹汀、王西莊、翁覃溪諸先生，亦以顧氏所勘未盡，各有訂定，未見成書。爰搜羅附益，會最此卷，以存愚者一得云爾。

　　文光案：此卷各條皆正顧氏之誤。凡十一經，無《孝經》，無《孟子》。

　　後蜀石經凡十三經，呂陶謂九經者，誤也。刊始於廣政元年，歷八年而以次告成。《春秋》三傳至宋皇祐元年九月始訖工。宣和五年，益帥席升猷刻《孟子》；乾道六年，晁公武刻《古文尚書》，皆謂之蜀石經。經皆有注，尤稱詳備。晁云經文不同者二百八十六科，傳注不同者尤多。洪文敏謂字體清謹，有正觀遺風。南宋時猶存，宋儒引經并據此本，與小字本、岳本往往相合。元、明無稱之者，殆亡於嘉熙、淳祐以後也。其間遇唐諱皆缺筆，沿開成本也。察字、祥字缺筆，則避本國諱也。按知祥父名道，此刻屢見不諱。《蜀檮杌》云名巘，則歐《史》名道誤也。搨本罕有流傳，惟屬樊榭、丁龍泓、全謝山諸人曾見。《毛詩》二卷，乃廣仁義學所遺，僅著"輖饑"異文，未及詳考。近王氏《萃編》及嚴氏傑載《毛詩》殘碑已佚第一之上半卷，以板本參校，間多疏略。錢氏大昕又得《左氏·昭二年》殘搨，趙氏魏又得《周禮·夏官》殘本，各有著録，異同之釋從略焉。余彙諸宋本、明監本、毛本，以石經校之，足證板刻之訛，差可附公武《考異》之末云。

> 文光案：此卷先《毛詩》、《周禮》、《左傳》殘碑，次《尚書》、《毛詩》、《左傳》、《論語》遺字。《周禮》，趙晉齋得之蕭山市，手摹其文凡三十六行。《左傳》錢氏摹本三百九十五字，注二百六十七字，吳門陳芳林所藏。遺字見於晁氏《考異序》及《樊榭詩注》。

嘉祐石經至明不完，彭尚書元瑞曾得《周禮》十二葉，三百五十四行。《金石存》載顏賈親向開封府學搨得嘉祐石經，尚有《周易》二碑、《尚書》三碑。迨畢尚書沅撫中州，詢之開封學官，碑已無存，惟陳留僅存《周禮》數石而已。錢氏《跋尾》所言亦同彭本。此卷余得之，已少八十三行。又從方履籛得《禮記》殘碑，方有《易》、《書》殘本，惜未及寄。凡石經古文并足證刊本之誤，因據毛本略釋同異，以補向來言石經者所未及云。《周禮》殘碑凡六列，篆一行，真一行，每行十字，每葉三十行。《禮記》存《檀弓》一碑，在開封，爲諸家所未見。凡六列，每列三十四行，每行十字，一行篆，一行真。

宋高宗留意翰墨，紹興十三年，以次頒所書小楷《易》、《書》、《詩》、《左傳》四經刊石。十六年，又書《論語》、《孟子》，皆付之石，立於太學。至淳熙四年，建光堯石經閣，置碑其中，重勒高宗御筆行書《中庸》、《大學》、《學記》、《儒行》、《經解》五篇，以補《禮記》之闕。《玉海》言之詳矣。宋亡，幾遭楊禿之厄。元明間屢經徙學移碑，遂有殘缺。今杭州府學所存碑八十六石，諸經皆非足本。證之楊一清所記碑目尚符。竹垞云八十七石，誤也。宋搨流傳，好古家絕不可得。今就可識者，考其異文，補以他書，足見宋槧之善，可訂今本之訛，亦言石經者之一助也。"貞"作"貞"，避仁宗諱。"禎"作"禎"，"徵"、"懲"缺筆，皆避仁宗嫌名。"徵招"不缺。《論》、《孟》中改"貞"爲"正"，"恒"作"恒"，改爲"常"，避真宗諱。"宣"字亦缺筆，"敬"作"敬"，改爲"欽"，避翼祖諱。凡"警"、"竟"、"儆"皆缺筆。"桓"改爲"威"，避欽宗諱。"匡"作"匡"，改爲"正"，避太祖諱。"殷"作"殷"，改爲"商"，避宣祖諱。"佶"作"仕"，避徽宗諱。"讓"作"讓"，改爲"遜"、爲"青"，避濮安王諱。"樹"作"樹"，改爲"植"、爲"立"，避英宗嫌名。"朗"作"郎"，避祖先諱。"頊"作"項"，避神宗諱。石經因諱改字，惟《論》、《孟》有之，他經皆從缺筆。

文光案：右石經考凡五家，顧《考》爲椎輪之始，萬氏、杭氏皆補其所未備，然寥寥無幾。惟竹垞所采爲最富，非萬、杭二書所及。後蜀、北宋石經莫備於馮書，余故詳略之。孫氏、翁氏、黃氏以漢魏殘字自珍，而馮書不取，惟以番陽爲據，其識甚高。得馮書而至漢迄今源流悉具矣。

校勘記

〔一〕"椓"，原作"作椓"，據《詩經·小雅·正月》刪改。

〔二〕"誤"，原作"義"，據《廣川書跋·蔡邕石經》改。

〔三〕"碑"，原作"邕"，據同上書改。

史部十五

金石類二

《石鼓文音釋》三卷　《附錄》一卷

明楊慎撰

原本。是本無序跋，不署名。首卷自甲至癸十鼓，每字一篆一今文。第二卷音釋。第三卷今文，附錄韋應物、韓退之、蘇子瞻、唐愚士、李東陽五家之《石鼓歌》。時東陽爲慎之師，故題李文正公，此即楊慎所撰之僞《石鼓文》也，共五百五十二字，重文四十六。板本古雅，惟不足依據。諸家議楊本者甚多，詳載於《目錄學》，玆不具論。李氏刻之《函海》者，不若此本之佳。前有楊序，餘同。按序“有李文正手書之石，玆以文正舊本屬善書者錄之”，語亦難信。李文正所書之石，諸家未有論及者，惟此本篆法頗佳，其爲善書者所爲無疑。孫淵如又取楊本刻諸虎邱，孫子詞見《履園叢話》。是本應有楊序，坊賈見其紙板之古，印記之多，可充宋元本欺人，遂去其序，蓋序有正德辛巳字也。

《石鼓考》三卷

國朝朱彝尊撰

抄本。朱氏《石鼓考》在《日下舊聞》〔一〕之末。玆所錄者，依《日下舊聞〔二〕考》朱氏原文，每鼓篆下有注，後有案語。

第一鼓凡十一行，行六字，重文不計。字之全者四十九，不全者十二，闕者五。第二鼓凡九行，行七字，末行五字。字之全者三十七，不全者七，闕者十七。第三鼓凡十行，行七字，末行六字。字之全者三十九，不全者二十，闕者十。第四鼓凡十行，行七字，末行六字。字之全者二十八，不全者十九，闕者二十二。第五鼓凡十一行，行六字，末行四字。字之全者十一，不全者三，闕者五十。第六鼓凡十一行，行五字，末行二字。字之全者四十一，闕者十一。第七鼓凡十行，行七字，末行三字。全者六，不全者二，闕者五十八。第八鼓凡五行，行五字，文全闕。第九鼓凡十五行，行五字，末行四字。字之全者二十七，不全者五，闕者四十二。第十鼓凡十行，行八字，末行二字。全者二，不全者六，闕者六十六。以上《國子監志》所摹，現存鼓文與《國學禮樂志》字數不同。

《周秦刻石釋音》、《獵碣考異》、《帝京景物略》，石鼓文重文不計，共字六百二十，闕者三百六字，不全者七四十字，全者二百又四十字，較《帝京景物略》所載計少八十五字。《古蹟記》、《書斷》、《述書賦注》、《元和郡縣志》、周氏《法書苑》、《東皋雜錄》、《宣和書譜》、蔡襄《石鼓文跋》、《山谷集》、《鐘鼎款識》、《金石錄》、《倦遊雜錄》、《墨客揮塵》、《湘素雜記》同。趙彥林《東坡詩注》、趙夔《東坡詩注》、諸道《石刻錄》、《能改齋漫錄》、《資古紹志錄》、《東觀餘論》、《雍錄》、《九朝編年備要》、《復齋碑錄》、《石鼓音》、《古文苑注》、《緯略》、《朱子詩傳遺說》、《羣書考索》、《淮海集》、《止齋集》、《嵩山集》、《字府》、《釋夢英十八體書》、《鐘鼎篆韻》、《朱子大全集》、《封氏聞見記》、《庚谿詩話》、《伐檀集》、《陵川集》、《道園學古錄》、《學古編》、《吳文正公集》、《研北雜記》、《石鼓文音訓》、《潛溪集》、《王忠文集》、《鐵網珊瑚》、《格古要論》、《王文端集》、《東里集》、《素齋集》、《金薤琳琅》、《丹鉛錄》、

《升菴集》、《金石古文》、《金臺紀聞》、《四部稿》、《名勝志》、《古今印史》、《野獲編》、《墨藪》、《書畫跋跋》、《長安客話》、《學古緒言》、《石墨鐫華》、《紫桃軒雜綴》、《古詩紀注》、《書影》、《兩京求舊錄》、《六書統》、《說文長箋》、《炙硯錄》、《墨蝶齋小牘》、《西神脞說》、《檀雪齋集》、《鴻雪錄》、《書則》、《石鼓文正誤》。以上各條皆考證石鼓爲周宣王時作。

《集古錄》、《籀史》、《黃氏詩解》、《天慵集》、熊仁本《石鼓論》、《宋文粹》孫何解。以上各條皆疑石鼓非宣王時作，其論始於宋歐陽修。

《廣川書跋》、《雍錄》、《金石史》、《風雅逸篇》、《洛水集》、《韻語陽秋》、《畫學聖蒙》、《查浦輯聞》、《書學聖蒙》、《匡林》、《茹古錄》。以上各條皆謂石鼓爲周成王時作，其說始於宋程大昌。

《石鼓考序》、《書錄解題》、《通志略》、《衍極》、《丹鉛錄》。以上各條皆言石鼓爲秦制，其說自宋鄭樵倡之。

《通雅》、《中州集》、《筆乘》、《姚氏殘語》、《金石文字記》。以上各條謂石鼓爲西魏宇文周所作，金馬定國始爲此說。

　　文光案：萬季野遵亭林之說定爲宇文周作，其論甚辨，見《羣書辨疑》。武億以鼓中有六馬字定爲漢鼓，見《金石三跋》，乃從來未有之說也。

周伯溫《石鼓賦》，見《近光集》。李丙奎《石鼓賦》見《文翰類選》。羅曾賦見《燕都遊覽志》。韋應物詩，韓愈歌，梅堯臣詩，蘇軾、蘇轍、張采歌，洪适詩，張養浩、揭傒斯、宋褧、馬臻、吳師道、吳萊詩俱見本集。顧文昭、盧原質詩見《鐵網珊瑚》。唐之淳、程敏政詩見本集。李東陽、王家屏、朱國祚、沈德潛歌俱見本集。

　　文光案：自朱氏作《石鼓考》之後，余所見者，《金石萃編》所記最詳，惟篆文不佳。《金石存》依鼓行次爲《今文金石索》，摹篆并圖鼓形，最爲明白。其説之散見諸書者，如《挈經室集》、《小滄浪筆談》、《何氏學》、《海南日抄》、《珍蓺宦遺書》、《退菴題跋》、《述學外編》，余已録其文於《目録學》，而著其略於此。吾邑楊氏有拓本，不知其所自出。阮太傅所刻《石鼓文》未見。翁覃溪有《石鼓考》八卷，未見。余所録有見於朱氏《考》者，誠恐復引原書，層見疊出，因備録朱氏所引之書如右。是目瞥有所見，即隨手抄録，故防之。

《石鼓文鈔》二卷

國朝許容撰

縮臨太學石鼓本。首康熙戊辰孫岳頒序，次周金然序，次許嗣隆序、胡兆鳳跋。

朱竹垞《石鼓考》三卷，已縮小本付梓，復就太學手摹。此本別梓單行，每鼓先摹篆，次釋文，考證潘、薛之誤。

《御史臺精舍碑題名》一卷

國朝趙魏手録

《讀畫齋》本。前有乾隆丙午吳騫序。碑在西安府學。碑文八分書，題名楷書。《唐語林》紀御史臺甚詳，《廣川書跋》亦載此碑，考精舍甚詳。《訪碑録》："御史臺精舍碑，崔湜撰，梁昇卿書，開元十一年。趙魏字洛生，一布衣祭酒，諸生，浙東西收藏家莫之過。"

吳氏序曰："題名刻石大抵昉於漢世。漢碑中往往以門生故吏姓名題於碑陰，至唐人則多列職官名銜，如御史臺精舍碑、郎官石柱等，甚多。雖與門生故吏有間，然後之論世者猶得藉以考見。如司馬温公所謂某也忠，某也詐，某也直，某也曲。以視漢碑之出錢或數百，或數千，羣然大書，深刻於石者，其輕重又何如哉？御史台精舍、郎官石柱二刻并在西安府學宫，向見帖括估持來，多闕而不全。予友趙君洛生篤嗜金石，往遊關中，蒐漢唐碑碣，雖單行隻字不肯放過。問以所録二刻本見示，乃其手拓之全碑，所列姓名較子函、亭林、竹垞輩所見多十三四。蓋諸家所據以考證者，大抵皆工人拓本，故往往遺漏不全。是本非特可補碑刻之闕，自唐初至於宣宗之世，上下二百餘年，三院諸司，姓名爵秩，班班可考，其有補於史傳豈小也哉！"

黄文獻公溍跋《唐御史臺精舍記》曰："漢史列傳具載包咸、劉淑、檀敷、李充所立精舍，而唐御史臺精舍史缺弗録，蓋彼四人者皆以講授諸生，此則以奉浮屠氏，故略之耳。幸有此碑可存當時故事也。"

文光案：唐韓琬[三]《御史臺記》十二卷，李構《御史臺故事》三卷，馮潔己《嘉祐御史臺記》五十卷，俱見陳第《世善堂書目》。

《郎官石柱題名》一卷

國朝趙魏手録

《讀畫齋》本。石在西安府學中，凡七面，面各四層，正書。末題"大中十二年十一月十二日書，□□石柱記"，又一行題"左司郎中唐枝"。

曾南豐《金石録》曰："《尚書省郎官石記序》，陳九言撰，張顛書。顛草縱放可怪，此序楷字精勁嚴重，出於自然，非强爲者。其楷字罕見於世，此序尤可貴也。"

王惲跋曰："古人稱長史得草聖不傳之妙，豈知真書在唐爲一代精絶，所謂能行而後善走者也。魯公書學氣侔造化，真楷得法多自公始。郎官帖精絶爲至，舊刻在京兆，今亡。或云淪湮瘞廳事址下。

近從曹生季衡得墨本全文，蓋丞相壽國高公故家物也。老眼增明，伏玩不置者累旬，真希代寶也。”

《雍州金石記》云：“《壒畫録》、《金石文字記》、《分甘餘話》皆述此石。細考石柱之記已漫滅，無一字可識，其年月之下有唐枝名，疑爲唐枝所書。以臆度之，《集古録》張旭所書石記當另爲一石。今戲鴻堂所刻長史石記爲開元廿九年，更爲信而有徵，《畫壒録》未及分析言之。其後張書之石已失，今存之石已不可讀，遂混而爲一。鄙意若此，未知果然否耶？”又云：“形如石幢，高八尺餘，凡八面，面各三層或四層。”又云：“《石墨鐫華》記之甚詳，或其時尚可識也。”

文光案：趙氏魏所録尤詳於趙子函，而以爲七面，何也？當時親至石下録之，不應有誤。或七爲八之訛與？《石墨鐫華》亦云柱八面，又曰題名不及左丞者，自五品以下也，十二司各百餘人。又案：洛生録石柱，時爲乾隆丙午。朱氏《金石記》撰於乾隆己卯，相去僅三十餘年，已三面磨滅不能辨，餘亦殘缺，則是書誠可寶也。

《廣川書跋》：“長史《郎官記》備盡楷法，隱約深嚴，筋脈結密，毫髮不失，乃知楷法之嚴如此，而放乎神者，失解也。”

《石墨鐫華》：“柱八面，每面爲三段或四段。按唐制，二十四司以尚書左右丞領之，左右司爲之副，此皆左丞之屬也。題名不及左丞者，自五品以下也。十二司，司各有百餘人，後題‘大中十二年十一月書鐫上石’，故自唐初迄宣宗諸名臣多在焉。唐諸司官名或改或復，或省或復置，今不書所改者，從舊制也。書者不知爲何人，筆法出歐、虞、河南，雖骨力不逮，而法度森然。蓋唐世以書判取士，故人多習書，且多用歐、虞、褚、薛之法。”

《集古録》十卷

宋歐陽修撰

抄本。此周益公所編全集本也。後人另爲抄出，未及刊行。前有歐公自序,此序著《集古録》之意。及嘉祐八年七月二十四日書。此記《集古録》既成,無謝尹之知音,恨聖俞之不見。次熙寧二年二月棐記,《集古録》既序而刻之,跋於諸卷之尾者二百九十六篇,復命棐作《集古録目》,凡十卷,附於跋尾之後。次益公跋。原本隨得隨録,不復銓次。此本以時代爲先後,每目下注元第幾。林億校《黄帝素問注》全,元起本第幾,正與此同。古器銘間有篆文,附之以釋,復跋其尾。碑注年代,不録文,每跋之後或標右真蹟、右集本。有疑爲稿本者,雙行細字書之跋中。間注集本,作某,集本有、集本無。此非歐公原書,其曰真蹟者,當是方崧卿所裒集。其曰集本者,蓋采自集中。然僅四百餘跋,其千卷之藏并目失去,不可得而考也。

周氏跋曰:"自周秦至於五季,皆隨時代爲之序。間有書撰出於一手,其歲月相邇,則類而次之。"

《樂毅論》在高紳學士家,後質錢於富人,失火,遂焚其石。"甚妙"二字,聖俞書也。論與《文選》所載不同,此本爲是,惜其不完也。

薛仁貴碑云:"公諱禮,字仁貴。"本傳不云名禮。傳載《三箭定天山之歌》。碑無是事,疑爲後人所增。

《陸文學傳》題云自傳,而曰名羽字鴻漸,或云名鴻漸字羽,未知孰是。著書頗多,曰《君臣契》三卷,《源解》三十卷,《江表四姓譜》十卷,《南北人物志》十卷,《吴興歷官記》三卷,《潮州刺史記》一卷,《茶經》三卷,《占夢》三卷。惟《茶經》著於世。茶自魏晉以來有之,爲茶著書自鴻漸始。

《黄庭經》者,魏晉時道士養生之書也。《道藏》有三十六章,名曰"内景",而謂此一篇爲"外景",又分爲上、中、下三部,皆非也。蓋内景者,乃此一篇之義疏。流俗又有一篇名曰"中景"者,尤爲繁雜。今患世人不識其真,因取永和石刻爲之注解,書雖可喜,而筆法非羲之所爲。

《遺教經》,唐世寫經手所書。唐時佛書今在者,書體皆類此。

然其字可愛，今士大夫筆劃能髣髴乎此者鮮矣。

孫叔敖名饒，字叔敖，《史記》不著其名。鍾繇[四]《賀捷表》兩本，字大小不同。以年月推之，疑爲非真。智永《千文》，石有亡缺，後人妄補足之。《官法帖》，漢章帝書，有海鹹河淡之類，蓋前世學書者多爲此語，不獨始於羲之也。《夫子廟堂碑》，予兒童時以此學書，尚爲完好。後二十年所得，得則殘缺如此。《御史臺精舍記》，崔湜撰，梁昇卿書，題名多知名士，小字可愛。湜，小人也。

《景陽井銘》稱余者，晉王廣也。《石臺道德經》，唐玄宗注，經文御書，注皆諸王所書。《郎官石記》，旭以草書名，此字真楷可愛。此本止其序，無郎君題名。唐鄭預注《多心經》，疑預自書，注尤精勁。《麻姑壇記》，小字尤爲精悍。《中興頌》字尤奇偉，而文詞古雅。石已殘缺，世人所傳非其真者。《元靜先生碑》，張從申書。從申書碑，李陽冰多爲之篆額，時稱二絶。顏書刻石者最多，而絶少小字。《干禄字樣》注最小，而筆力精勁可法，世俗多傳摹本。此以殘缺不傳，獨予家藏之。顏書《射堂記》最佳。《絳守居園池記》，或云宗師自書。嗚呼！元和之際文章之盛極矣，其怪奇至於如此。唐玄度《十體書》兩本，大體則同，而文有得失。柳書《陰符經序》，君謨以爲最精。

吾有《集古録》一千卷，晚又得此法帖，歸老之計足矣。寓心於此，其樂可涯？嘉祐壬寅，大雩攝事致齋閒題。

　　文光案：此雜法帖之第四跋也。觀此知《集古録》與《跋尾》自是二書。《跋尾》有取於千卷之中者，有收於千卷之外者，以此條證之，信然。又案：歐公年譜無著《集古録》事，蓋失載也。

小字《説文字源》，郭忠恕書，世人但知小篆，而不知其楷法尤精。楷字刻石者，惟有此耳。今求如忠恕小楷，不可得也。忠恕篆法自李陽冰後，未有臻於此者。《實録》言忠恕死時甚怪，豈亦異人乎？有篆書《陰符經》。

《集古録跋尾》十卷

宋歐陽修撰

《三長物齋》本。黃本驥校刊。《集古録》原本久佚，見於錢曾《敏求記》者，凡三卷，定是宋本，隨得隨録，不復詮次，想亦如《金石録》之碑目，記其所藏，故公亦自稱《集古録目》。後人誤以《跋尾》爲《集古録》，故疑誤多端。益公之序并所按已不能明，何况後人？當時《跋尾》與《碑目》未嘗合爲一書，故公家千卷之藏不可盡知，不能如趙氏《金石録》之目録十卷跋尾二十卷之詳且明也。《跋尾》原本亦不可見，益公所編黃氏依之，凡碑以一目爲一卷，每卷之下各著元第，既以便今，亦不失初。其年月應是原注，間有注年月缺者。古器銘間録篆書并釋文，碑則不録全文。跋中間注同異，跋後各注“右真蹟”、“右集本”，或注“右見錦本《拾遺》”。跋尾年月有無亦無定例。集本之外今亦未見別本。此十卷，共四百三十二篇，其爲古器銘者十五，餘皆碑跋。其碑同而跋異者三十八，凡碑目三百七十九。其古器多劉原甫拓本，故并其銘識刻之。原甫《先秦古器記略》見於此，其釋文多與薛書不同。當時識古文奇字者，楊南仲、章友直并原甫三人，皆公之友也。而三家金石書絕無傳者，是固有幸有不幸矣。古文偏旁多隨意增減，瓦瓶文亦隨勢爲曲折，知此可以省視古文。而拓本傳寫筆劃互異，秦璽篆文各本皆殊，古器銘詞釋文不一，惟在好古者精心鑒別而已。錢氏《補元史藝文志》云，元蔡珪續歐陽《集古録》，《金石遺文》六十卷，《跋尾》十卷，《古器類編》三十卷，其書今皆未見。

《集古録目》五卷

宋歐陽棐撰

《三長物齋》本。黃本驥編，與《集古録跋尾》合刻。前有歐公自序,道光乙未黄本驥序,次棐[五]序,次目録。

歐氏跋曰:"上自周穆王以來,下更秦漢隋唐五代,外至四海九州,名山大澤,窮崖絶谷,荒林破塚,神仙鬼物,詭怪所傳,莫不皆有,以爲《集古録》。以謂轉寫失真,故因其石本軸而藏之。有卷帙次第而無時世之先後,蓋其取多而未已,故隨其所得而録之。又以謂聚多而終必散,乃撮其要别爲《録目》,因并載夫可與史傳正其闕繆者,以傳後學,庶益於多聞。"此跋在序後,即七月書。

文光案:《集古録目序》載公集中,後人移冠於《集古録》之首,誤矣。又以《跋尾》爲《集古録目》,尤誤。案:棐序曰:"《集古録》既成之八年,家君命棐曰:'别爲目録,則吾未暇。'棐退而悉發千卷之藏而考之,各取其書撰之人事迹之始終,所立之時世而著之,爲一十卷,以附於《跋尾》之後"云云,是此書乃文忠公命其季子叔弻所撰。

黄氏序曰:"《集古録》未經他人引用,惟南宋紹定初臨安陳思撰《寶刻叢編》,歷採諸家評跋,所引《集古録目》最多。陳氏書世少刻本,人不易見。今據南海吳荷屋中丞所藏鈔本,摘其所引者凡五百餘條,按立碑時代年月輯爲五卷,以補叔弻原書之亡。陳氏書凡二十卷,今已亡佚六卷,殘缺二卷,其存者亦復輾轉傳抄,訛脱已甚。然是編一出,人始知《跋尾》與《目録》爲二書,則陳氏之有功於廬陵父子爲不小矣。而余之編輯是書,或亦爲講金石者所不棄。"

文光案:《文忠大全集》,嘉慶二十四年寧國府知府歐陽衡校刊。此本有《集古録跋尾》十卷,黄氏刻入《三長物齋叢書》。又採《寶刻叢編》,宋陳思撰,近有翁覃溪校刊本。輯爲《集古録目》五卷,較棐原書僅得其半。棐記云:"著爲一十卷,附於《跋尾》之後。"無名氏跋云:"今《録目》自爲一書,乃二十卷,列碑石所在及名氏歲月。"然散佚已久,人所難見,甚可寶也。考歐、趙、洪三家之書,惟《金石録》尚爲完帙。洪氏《隸續》散佚已久,原編次第不可得知。歐書自全集以外未見單行之本，黃氏所刻未爲精審。諸家書目著録者亦少，婁機《漢隸字源》稱歐陽文忠公《集古録》、歐陽叔弼《集古録目》以隨得隨録爲次。遂至無從考證，實金石家之憾事也。

《提要》曰："修始採摭佚遺，積至千卷，撮其大要，各爲之説。至嘉祐、治平間，修在政府，又各書其卷尾，於是文或小異。蓋隨時有所竄定也。修自書其後，題嘉祐癸卯至熙寧二年己酉。修季子棐復摭其略，別爲目録。"撮要等語取諸洪适。

文光案：公既撮其大要爲《集古録》，不應自序曰"撮其大要別爲録目"，又不應命棐曰"若撮其大要，別爲目録，則吾未暇"。所云別者，於《集古録》之外別爲一書，序語甚明。公因其闕而不備，語出棐記。命別撰録目。棐發千卷之藏而考之，不應反略於元目，是誠可疑。吾謂《集古録》者，録其所集之碑目，目外別無他説。故既跋其尾，又命棐撮其大要，別爲録目，較元目加詳。如此注之庶明，即謂録目之外別有録目，亦不相混。

《集古目録》三卷，《讀書敏求記》。錢曾注曰："歐陽集古目，隨得隨録，不復詮次，宋刻原本如此。今人以時代次第之，失公初意矣。"案，遵王所録即《集古》元本，曰《集古目》。正如《金石録目》無考證，無次序，故曰不復詮次。此棐書少。

文光案：《集古録》、《集古録跋尾》、《集古録目》三書易淆，人多不審。黃氏序甚詳，已撮其要録於目内，細思之，有未盡未是處，今詳辨之。以公序棐記爲斷，隨得隨録，自序自刻，公序所謂有卷帙次第而無時世之先後者爲《集古録》。宋本三卷，見《敏求記》。跋於目尾，載於《大全集》中，分爲十卷，公序所謂可與史傳正其闕謬者爲《集古録跋尾》。宋方崧卿裒聚真迹，刻於廬陵，其本已佚。列書撰人名事蹟終始、立碑年月，公序所謂撮其大要別爲一書，棐記所謂發千卷之藏而考之，著爲十卷，附於跋尾之後者爲《集古録目》。元本久佚，今黃氏重編。是三書者總不出千卷之藏，而詳略互異，人知其一，不知其二。黃氏知其二，不知其三。黃氏以

《跋尾》爲《集古錄》。今本《跋尾》、《錄目》雖可見，究不足千卷之藏。遵王所見之本，未知其目與千卷合否，是不可考矣。《碑目》以一日爲一卷。遵王富於藏書，疏於考證。黃氏序云："公文集内存《集古錄目序》一篇，後人編刻公集，不知《錄目》別爲一書，遂以《錄目》之序移冠《集古錄》之首，誤甚"云云。按公序作於嘉祐八年癸卯，在《集古錄》既成之二年。序後自記云"是序之作，既無謝尹之知音，而集錄成書，恨聖俞之不見"云云，是此序實爲《集古錄》既成而作，非爲裴書開端而作也。況是序并無命裴之詞，焉知此序爲《錄目》之序？命裴撰目又在《集古錄》既成之八年，裴歷敘受命作書，亦無一語言有前序，是此序實爲《集古錄》原序。且此序前半言集古之由，裴記前半言撰目之由，歐家文法瞭然，惜讀者未之細審。黃氏不知集中所稱爲碑目，故誤以裴書當之。

右歐陽公《集古錄》二卷。公名修，字永叔，廬陵人。平生嗜古，有歷代石刻一千卷，軸而藏之，撮其大要爲之説，既刻而傳於世矣。嘉祐、治平年，公在政府時又各書其卷尾，文或小異，蓋竄定有先後也。凡説漢隸者，今錄之。張平子碑、南陽秦君額皆篆也。左右生題名非文翁學生也，故去之。其間姓名、官稱、歲月、文辭考證之誤者，視《隸釋》則可見也。千卷之藏，其傳不一，再世而靡有孑遺矣。聚之難而散之易如此，惜哉！洪适跋在《隸釋》廿二卷末，此二卷書可與黃本對校。

　　文光案：洪氏取歐公説漢隸者分爲二卷，刻於《隸釋》中，實以《跋尾》爲《集古錄》。其所云撮其大要，各爲之説者，當是《跋尾》初稿，非《集古錄》也。《提要》本此語著於錄，亦即以《跋尾》爲《集古錄》，而《集古錄》遂晦。

右歐陽君《集古錄目》一卷。君名棐，字叔弼，六一翁之季子也。仕至太常少卿，直龍圖閣。君佩趨庭之訓，讀父之書，撮其略而目之。凡集古所藏,歐陽公未嘗無説,獨三體石經置而弗論,豈有所疑而未決乎? 叔弼遂定爲漢刻,蓋爲《儒林傳》所誤。中常侍曹騰死,漢遣諫議大夫以特進印綬贈之,而此云騰爲諫議,非也。其載碑碣所出,如劉熊碑在酸棗而云揚州,費汎碑在湖州而云南京,則有不可盡信者。洪适跋在《隸釋》第二十三卷,《提要》"棐撩其略",語本諸此。

　　文光案:《隸釋》載歐陽叔弼《集古録目》一卷,專取漢碑隸書。凡八十五條,見於黄本者十七條,高陽令楊君碑、魏公卿上尊號表、繁陽令楊君碑銘、楊君碑陰、修西岳廟復民碑、殽阮神君碑、樊毅修華岳碑、祝睦後碑、郭究碑、樵敏碑、王元賞碑、樊毅華山亭碑、袁良碑、張公廟碑、孔德讓碣、孔宙碑陰、費鳳碑,當以洪本爲精。蓋洪氏所見爲原木,黄則採之《寶刻叢編》,拾殘補缺,更以數手,其字句差異勢所必然。其餘六十八條,皆黄改所未見。黄本五百十六條,合此六十八條,可得五百八十四條。虎癡長於金石學,《隸釋》又金石家必觀之書,惜乎其未曾收入也。可知《隸釋》一書傳本甚少,較《寶刻叢編》尤爲難得。余據黄氏所輯證以洪本,舛訛不少,其無本可校者,更不知其誤幾何。洪本以文忠序冠《集古録》之首,以叔强記冠《集古録目》之首,甚爲有見,可知余説之不謬。黄氏未見《隸釋》,逞其臆説,寔不足據。

　　南豐曾氏曰:"桂陽周府君碑并碑陰,歐陽永叔云府君字君光,而名已訛缺不辨。《韶州圖經》但云周府君,亦不著其名。《後漢書》無傳,不知爲何人也。按碑題云神漢者,如唐人云聖唐爾,當時已有此語,而史傳他書無之,獨見於此碑也。熙寧八年,余從知韶州王之材求得此本。之材又以書來,曰按曲江縣圖經,周府君名昕,字君光,則永叔考之未詳也。又有碑陰,列故吏及工師官號、州里、姓名,之材并摸以來,永叔蓋未之得也。其碑陰曲江字皆作曲紅,而蒼江字、江夏字亦作紅,蓋古字通用,不可不知,此學者所以貴乎博覽也。永叔又記劉原父所得商洛之鼎銘,云惟十有三月旁死魄。君謨問十四月者何謂,原父不能言也。以余考之,古字如'亦'作𤆄,'人'作亽之類,皆重出,如此者甚衆。則此文作三者,特二字耳。永叔、原父、君謨，皆博識，而亦有所未達，學者又不可不知，故并見之於此也。"

文光案：曾子固有《金石錄》五百卷，其書不傳。其跋尾見於《元豐類稿》者十四首。其中如《西狹頌》足訂歐公之訛，歐公誤以李翕爲李會，甚詳，已錄於《類稿》目下。周君碑足補歐公之闕，江、紅二字又論及歐公所不逮。使其書具在，足以證《集古錄》者斷不止此，惜乎其終不傳也。

又案：子固以三作二，出於臆度，決不可從。三，古四字，古字雖有重文，萬不能一字兩用，又作二，又作四。君謨明言十四月，是君謨識得此字。《説文》："四古作冗，籀文作三。"魏高堂隆謂軒轅、高幸、夏后氏、漢皆以十三月爲正，又牧敦、圓寶鼎、南宮中鼎、方鼎甗皆云十有三月，公緘鼎有十有四月己酉，戌命彝有十有九月。是十有三月即今之正月，十有四月即今之二月，十有九月即今之七月。古人如此者，非止一二已也。今之金石愈出愈多，金石家亦愈考愈精，如朱竹垞、錢竹汀、王蘭泉、翁覃溪，較之古人有過之無不及也。余欲録金石文於史目之下，以補諸史所未備。曾《録》有《辱井銘》，遂録於陳《書目》下，繼有所得，隨手録焉。

秦漢以前字畫多見於鐘鼎彝器，至東漢時石刻方盛。本朝歐陽公始酷嗜之，所藏至千卷。既自爲《跋尾》，又命其子棐撮其要而爲之説，曰《集古錄目》。晚年自號六一居士，《集録》蓋其一也。其門人南豐曾公亦集古篆，刻爲《金石錄》五百卷。後來趙公明誠所蓄尤富，凡二千卷，其數正倍於歐陽公，著《金石錄》三十卷。石林葉公夢得又取碑所載事與史違誤者，爲《金石類考》五十卷。近時洪文惠公适集漢魏間碑爲《隸釋續》，凡四十八卷。昭武李公丙類其所有，起夏后，竟五季，著於録者亦十卷，號《博古圖》，正訛謬，廣異聞，皆有功後學。《隸釋》復刻其文，前代遺篇墜款因得概見於方策，尤可貴也。《雲谷雜記》第三卷。

　　右崇徽公主手痕詩,李山甫撰。崇徽公主者,僕固懷恩女也。懷恩在肅宗時,先以二女嫁回紇。上書自陳六罪,有云"二女遠嫁,爲國和親"。懷恩既反,死於靈武。其從子名臣以千騎降唐。大曆四年,始以懷恩幼女爲崇徽公主,又嫁回紇,即此也。

　　《石刻鋪敍》:"文忠流派,自亂離南渡,始寓雪川,繼歸廬陵。元孫從立人旁排名者二十三人:江陵支使儵、分司總幕俱,則監丞發之曾孫。名㒤者,寺丞奕之曾孫也,嘗持《五代史》梁稿遺周益公。鄱陽郡守伋,則奏院辨之曾孫也。後俱[六]遷豫章,伋徙浙西,惟儵之子孫奠居鄉郡。伋之孫繼文頃班改宰長興,襲公遺澤已六世矣。《集古錄》千卷,皆先以古帖,而繫以題跋,縫用名印。儵之南來,悉棄帖而留跋,四失其三,可考者二百六十有八。内一百五十一跋,儵之所藏,樞使王藺爲鐫石豫章,分爲上、下、後三帙。又十二跋,亦儵所藏。十七跋則伋之所藏。五十五跋在周益公書樓,一十跋在張永守奭家,廣憲方崧卿合而鐫石廬陵,分爲四卷。又二十二跋在三衢汪書逵家。鄭寺丞寅出守廬陵,蓋汪之甥,模丹以來,亦鐫石郡齋。四跋重複,當時稿草也。聞多改竄訂正,字蹟大小不同,然皆公親札。今廬陵二百四十六跋,散之四方,幸存者亦不知幾易主矣。三衢二十二跋,亦不爲汪氏有。比褚幹趙與岳分司於此,汪之懿親也,爲予言:汪之子卒於官所,其婦挈之婆,女父家。玉山兩世所蓄嘉畫名帖,無片幅存者。吁!物聚於所好,迨好者死,則又移諸有力之強,理之常也。淳熙壬寅書於家藏《集古錄》一十一跋之尾,曾宏父幼卿。"廷博案,《戴石屏集》有《曾幼卿携歌舞者遊鳳山》詩。聞者《軒帖考》作又卿,竹垞老人作季卿,俱是誤書。

　　洪氏曰:"孫叔敖碑,獨此碑言名饒,其他事蹟與史傳同。碑在光州。"

　　翁氏曰:"王象之引寶花寺碑、春申廟記,今《集古錄》無之,則所佚多矣。洪氏所載是歐陽子之原次。"

文光案:《集古録》在宋時已爲難得之書,今則宋刻無傳,諸家書目皆未之載。洪氏謂一再世而靡有孑遺,則後世可知矣。《集古録》幸有《文忠集》本,雖非原書而編次有法,雖亡猶存。棐書與《跋尾》別行,遂至無傳。黃氏所輯依《寶刻叢編》,其本已佚六卷,殘缺二卷。虎癡未見陳思全書,則所遺尚多。今有翁覃溪重刊《叢編》,宜取而正之。

校勘記

〔一〕“聞”,原作“文”,據《清史稿・藝文志》改。

〔二〕上同。

〔三〕“琬”,原作“豌”,據《新唐書・藝文志》改。

〔四〕“繇”,原作“絲”,據《宣和書譜》卷三改。

〔五〕“棐”,原作“裴”,據上文改。

〔六〕“俱”,原作“皆”,據《石刻鋪敍》卷下改。

史部十五

金石類三

《金石録》三十卷

宋趙明誠撰

《雅雨堂》本。前有乾隆壬午盧見曾重刊序，次趙明誠自序，次政和七年河間劉跂序，次紹興二年李清照序，次開禧改元浚儀趙不譾師厚父跋，次成化九年吳郡葉仲盛甫志，次何焯記三則，次盧氏刊書例十則。凡目録十卷，跋尾二十卷，金石兼收，題目、跋尾不録文。是書因《集古録》而作，實足補其未備，正其訛謬，惟刻本甚少，抄文脱誤，不足據。《敏求記》云：“《金石録》，清照序之極詳。予所藏宋搨《章仇府君碑》爲明誠所未見。”孫氏《書目》：“《金石録補》二十七卷，《金石後録》六卷，明葉奕苞撰，其書皆未見。”

盧氏序曰：“《金石録》匪獨考訂精覈，其議論卓越，有足發人意思者。顧世鮮善本，濟南謝世箕嘗梓以行，今其本亦不可得見。獨見有從謝氏本影鈔者，并何義門手校吳郡葉文莊公本，此二本庶幾稱善。其他鈔本狠多，目録率被删削，字句訛脱不足觀。學者未得見謝、葉二家本，得世俗所傳，猶不惜捐多金購求，繕寫珍弄爲枕中秘，蓋其書之可貴若此。余患其久而失真也，因刊此以正之。德夫之室李清照，字易安，婦人之能文者。相傳以爲德夫之没，易安更嫁，至有‘桑榆晚景，駔儈下材’之言，貽世譏笑。予以是書所作跋語考之，而知其決無是也。是時年已五十有二，以如是之年而猶嫁，嫁而猶望其才地之美、和好之情亦如德夫昔日，至大失所望而後悔之。此常人所不肯爲，而謂易安之明達爲之乎？余因刻是書而并爲正之，毋令千載下易安猶蒙惡聲也。”

趙氏自序曰：“予自少喜從當世學士大夫訪問前代金石刻詞，以廣異聞。後得歐陽文忠公《集古録》，讀而賢之，以爲是正訛謬，有功於後學甚大。惜其尚有漏落，又無歲月先後之次，思欲廣而成書，以傳學者。於是益訪求藏蓄，凡二十年而後麤備。上自三代，下訖隋唐五季，内自京師，達於四方，遐邦絶域，略無遺矣。因次其先後爲二千卷。史牒出於後人之手，不能無失；而刻詞當時所立，可信不疑。則又考其同異，參以他書，爲《金石録》三十卷。”

劉氏序曰：“余登泰山，睹秦相斯所刻，退而按史遷所記，大凡百四十有六字，而差失者九字。以此積之，諸書浩博，其失胡可勝言？而信書之人知其違戾，猶弗能深考，猥曰是碑之誤，其殆未之思乎？”

文光案：以碑證史，金石家之要事。

何氏記曰：“此本真從葉書鈔録者，其脱誤至少。丙戌冬日又得陸敕先以錢罄室手鈔本校勘者，粗校後二十卷一過，亦以意改正數字，庶乎爲善本矣。康熙乙丑，葉文莊公元本亦歸余。”

趙氏所藏金石文字大凡二千，俗本率將數目次第删去，年月亦多舛誤，今悉考善本更正。今屬吾家召弓侍讀參考《隸釋》、《隸續》、《字原》、《金石録》、《金石文字記》、《隸辨》等書，疏其得失，加案語於下。李易安後序多被後人節删，今刻一依元本。是書宋刻久已難購，有明焦弱侯從秘府抄出本、文休承影鈔宋刻本。葉文莊公本、徐興公本、錢罄室本、近代濟南謝氏刻本，亦但見其影鈔者。此外又有何義門校本。今參考各家，從其善者。《書畫譜》引用此書多訛謬。是書丁徵君敬、鮑茂才廷博有校本。以上凡例。

李易安字清照,東武趙明誠字德甫、清憲丞相仲子之妻也。仲子著《金石録》三十篇,其妻易安李居士平生與之同志。趙歿後,愍悼舊物之不存,乃作後序,極道遭罹變故本末。龍舒郡庫刻其書,而此序不見。洪容齋見元稿於王順伯,因爲拈出。易安作序,時紹興四年也。元本二年。易安父即李格非,撰《洛陽名園記》李文叔也。文叔妻王氏,王拱辰孫女,亦善文。録於《古文品外録》。明人刻書不著出典,最疏。

右《金石録》三十卷者何?趙侯德甫所著書也。取上自三代,下迄五季,鐘、鼎、甗、鬲、盤、匜、尊、敦之款識,豐碑大碣,顯人、晦士之事蹟,凡見於金石刻者二千卷,皆是正訛謬,去取褒貶,上足以合聖人之道,下足以訂史氏之失者皆載之,可謂多矣。嗚呼!自王播、元載之禍,書畫與胡椒無異;長輿、元凱之病,錢癖與傳癖何殊?名雖不同,其惑一也。余建中辛巳始歸趙氏,時先君作禮部員外郎,丞相時作吏部侍郎,侯年二十一,在太學作學生。趙、李族寒,素貧儉,每朔望謁告出,質衣取半千錢,步入相國寺,市碑文、果實歸,相對展玩咀嚼,自謂葛天氏之民也。後二年,出仕宦,便有飯疏衣練,窮遐方絶域,盡天下古文奇字之志。日就月將,漸益堆積。丞相居政府,親舊或在館閣,多有亡詩逸史,魯壁、汲冢所未見之書,遂盡力傳寫,浸覺有味,不能自已。後或見古今名人書畫,三代奇器,亦復脱衣市易。嘗記崇寧間,有人持徐熙《牡丹圖》求錢二十萬,當時雖貴家子弟,求二十萬錢豈易得邪?留信宿,計無所出而還之,夫婦相尚惋悵者數日。後屏居鄉里十年,仰取俯拾,衣食有餘,連守兩郡,竭其俸入以事鉛槧。每獲一書,即同共校勘,整集籤題。得書畫彝鼎,亦摩玩舒卷,指摘疵病,夜盡一燭爲率,故能紙札精緻,字畫完整,冠諸收書家。余性偶强記,每飯罷,坐歸來堂烹茶,指堆積書史,言某事在某書某卷第幾葉第幾行,以中否角勝負,爲飲茶先後。中即舉杯大笑,至茶傾覆懷中,反不得飲而起,甘心老是鄉矣。故雖處憂患困窮

而志不屈。收書既成，歸來堂起書庫大櫥，簿甲乙，置書册。如[一]要
講讀，即請鑰上簿，關出卷帙。或少損污，必懲責揩完塗改，不復向
時之坦夷也。是欲求適意而反取懰慄。余性不耐，始謀食去重肉，
衣去重采，首無明珠翡翠之飾，室無塗金刺繡之具，遇書史百家字不
刓闕、本不訛謬者，輒市之儲作副本。自來家傳《周易》、《左氏傳》，
故兩家者流，文字最備。於是几案羅列，枕席[二]枕籍，意會心謀，目
往神授，樂在聲色狗馬之上。至靖康丙午歲，侯守淄川，聞金人犯京
師，四顧茫然。盈箱溢篋，且戀戀，且悵悵，知其必不爲己物矣。建
炎丁未春三月，奔太夫人喪南來。既長物不能盡載，乃先去書之重
大印本者，又去畫之多幅者，又去古器之無款識者，後又去書之監本
者、畫之平常者、器之重大者。凡屢減去，尚載書十五車。至東海，
連艫渡淮，又渡江至建康。青州故地尚鎖書册什物，用屋十餘間，期
明年春再具舟載之。十二月，金人陷青州，凡所謂十餘屋者，已皆爲
煨燼矣。建炎戊申秋九月，侯起復，知建康府。己酉春三月罷，具舟
上蕪湖，入姑孰，將卜居贛水上。夏五月，至池陽，被旨知湖州。過
闕上殿，遂駐家池陽，獨赴召。六月十三日，始負擔舍舟坐岸上，葛
衣岸巾，精神如虎，目光爛爛射人，望舟中告別。余意甚惡，呼曰：
"如傳聞城中緩急，奈何？"戟[三]手遙應曰："從衆。必不得已，先去
輜重，次衣被，次書册卷軸，次古器。獨所謂宗器者，可自負抱，與身
俱存亡，勿忘也。"遂馳馬去。塗中奔馳，冒大暑感疾，至行在病痁。
七月末，書報臥病，余驚怛，念侯性素急，奈何病痁？或熱必服寒藥，
疾可憂。遂解舟下，一日夜行三百里。比至，果大服茈胡、黃芩藥，
瘧且痢，病危在膏肓。余悲泣，倉皇不忍問後事。八月十八日遂不
起，取筆作詩，絕筆而終，殊無分香賣履之意。葬畢，余無所之。朝
廷已分遣六宮，又傳江當禁渡。時猶有書二萬卷，金石刻二千卷，器
皿茵褥，可待百客，他長物稱是。余又大病，僅存喘息，事勢日迫，念
侯有妹壻任兵部侍郎，從衛在洪州，遂遣二故吏先部送行李往投之。

冬十二月，金人陷洪州，遂盡委棄。所謂連艫渡江之書，又散爲雲[四]煙矣。獨餘少輕小卷軸書帖寫本，李、杜、韓、柳集、《世説》《鹽鐵論》、漢唐石刻副本數十軸，三代鼎彝十數事，南唐寫本書數篋，偶病中把玩，搬在卧内者，巋然獨存。上江既不可往，又虜勢叵測，有弟遠任敕局刪定官，遂往依之。到台，台守已遁。之剡，出睦，又棄衣被走黃巖，顧舟入海奔行朝。時駐蹕章安，從御舟，海道之温，又之越。庚戌十二月，放散百官，遂之衢。紹興辛亥春三月，復赴越。壬子又赴杭。先侯疾亟時，有張飛卿學士携玉壺過視侯，便携去，其實珉也。不知何人傳道，遂妄言有頒金之語，或傳亦有密論列者。余大惶怖，不敢言，亦不敢遂已，盡將家中所有銅器等物，欲赴外廷投進。到越，已移幸四明。不敢留家中，并寫本書寄剡。後官軍收叛卒，取去，聞盡入故李將軍家。所謂巋然獨存者，無慮十去五六矣。惟有書畫硯墨可五七篋，更不忍置他所，常在卧榻下手自開闔。在會稽，卜居土民鍾氏舍，忽一夕，穴壁負五篋去。余悲慟不得活，重立賞收贖。後二日，鄰人鍾復皓出十八軸求賞，故知其盜不遠矣。萬計求之，其餘遂牢不可出，今知盡爲吴説運使賤價得之。所謂巋然獨存者，乃十去其七八。所有一二，殘零不成部帙。書册三數種，平平書帖，猶復愛惜如護頭目，何愚也邪？今日忽開此書，如見故人。因憶侯在東萊静治堂，裝卷初就，芸籤縹帶，束十卷作一帙，每日晚吏散，輒校勘二卷，跋題一卷，此二千卷有題跋者五百二卷耳。今手澤如新，而墓木已拱，悲夫！昔蕭繹江陵陷没，不惜國亡，而毁裂書畫；楊廣江都傾覆，不悲身死，而復取圖書。豈人性之所著，生死不能忘歟？或者天意以余菲薄，不足以享此尤物邪？抑亦死者有知，猶斤斤愛惜不肯留人間邪？何得之艱而失之易也？嗚呼！余自少陸機作賦之二年，至過蘧瑗知非之兩歲，三十四年之間，憂患得失何其多也。然有有必有無，有聚必有散，乃理之常。人亡弓人得之，又胡足道？所以區區記其終始者，亦欲爲後世好古博雅者之戒云。

紹興二年玄默歲壯月朔日甲寅易安室題。

趙氏跋曰："趙德父所著《金石録》，鋟板於龍舒郡齋久矣，尚多脫誤。兹幸假守獲睹，其所親鈔於邦人張懷祖知縣，既得郡文學山陰王君玉是正，且惜夫易安之跋不附焉。因刻以殿之，用慰德父之望，亦以遂易安之志云。"此師厚之跋。

文光案：易安序惟此本爲全文，載於《容齋隨筆》者爲洪氏所更正，非原稿也。他本自"余以建中辛巳歸趙氏"起，中間删改處甚多。此本一千八百六十九字，他本七百餘字，可以知其不完矣。

《金石録》三十卷

宋趙明誠撰

《三長物齋》本。黃本驥重刊，有案語、目録、有跋尾者加一圈，最豁目。餘與盧本同。易安序亦刻全文。洪氏《隸釋》內有《金石録》三卷，可與盧本、黃本對勘。此書多正《集古録》之誤，又可與《集古録》互校，最有益也。

洪氏跋曰："右趙氏《金石録》三十[五]卷。趙君名明誠，字德夫，密州諸城人，故相挺之之子也。所藏三代彝器及漢唐前後石刻，爲目十卷，辨證二十卷。其稱漢碑者，百七十有七，其陰四十。今出其篆書者十四，《隸釋》所缺者，蓋未判也，掇其說載之。趙君之書證據見謂精博，然以'衛彈'爲'街彈'，以'綿竹令'爲'縣令'之類，亦時有誤者。紹興中，其妻易安居士李清照表上之。趙君無後，李又更嫁，其書行於世而碑亡矣。"録於《隸釋》第廿六卷。

王氏曰："《閑中今古録》論易安晚節改適，云翁則清獻，爲時名臣。又引瞿佑詩話'清獻名家厄運乖，羞將晚節對非才'云云，以挺之爲汴，謬矣。蓋以閱道諡清獻，挺之諡清憲，故致此舛訛耳。"録於《香祖筆記》。

文光案：易安更嫁，盧雅雨以爲必無之事，雖無所據理，信然矣。但德夫無後，易安何不與之置妾生子？其妬行差可想已。明陸采《都公譚纂》言，洪武中有劉指揮者，年五十卒。妻擊鼓自陳無子，欲朝廷給養。太祖曰："汝夫以百戰得一官，將以富貴遺後嗣，而不畜妾，豈非汝之悍耶？本欲斬汝，第念汝夫之勞，著光祿寺給以漆椀木杖，乞丐功臣之家，以爲妬婦者戒。"王文祿《龍興慈記》亦載之。趙氏金石亦將以遺後嗣也，使其無子，誰之咎哉？又案：《癸巳叢稿》輯易安事蹟一卷，所考最詳。

州輔墓石獸製作甚工，左膊上刻"辟邪"字，其一"天禄"字差大，皆完好可喜。董之明云，天禄近歲爲村民所毁，辟邪雖存，字已殘缺。此十年前所藏，今不可復得矣。

文光案：馮氏《石索》刻"天禄辟邪"四字，無大小之分，可知其訛。"辟邪"見《水經注》，"天禄"道元未見。

石經遺字，蔡邕小字八分書，今所有者僅數千字。以世所傳經書本校此遺字，其不同者已數百言，篇第亦有小異。使完本具存，則其異同可勝數邪？後世學者於數千載後盡紬前代諸儒之論，欲以己之私意悉通其説，難矣！余既録爲三卷，又取其文字不同者具列於卷末云。蔡字見於今者絶少。陳仲弓三碑皆邕撰，校集本不同者已數字，惜其不完也。蔡小字八分惟此與石經遺字，石經字畫謹嚴，此碑尤放逸可愛。

柳孝廉碑以柳姓之先爲二十八舍柳宿之精，文至東漢怪誕極矣。

武氏石室畫像往往爲贊於上，文詞古雅，字畫遒勁可喜，故盡録之。武氏有數墓，在今濟州任城。

《隸釋》二十七卷

宋洪适撰

樓松書屋本。乾隆戊戌年錢塘汪日秀校刊。書末有跋，每卷後有"樓松書屋汪氏校本"八字長印。《隸續》同。前有洪氏自序并目錄，目後有洪氏跋。自一卷至十九卷爲碑目，每碑標目之下注年代，并酈、歐、趙三書之有無。第二十卷爲《水經注》，凡一百十五碑，自東漢迄魏正始以前。第二十一、二卷爲《集古錄》，凡說漢隸者皆錄之。第二十三卷爲《集古錄目》。第二十四、五、六卷爲《金石錄》。二十七卷爲天下碑錄。元書凡十卷，不知作者，內多唐碑，取東漢碑著之，附以魏碑數十通。此全書之次第也。是書專爲考隸而作，依碑釋文，某處缺幾字，悉爲著明。各碑有跋，凡切史事者，多所論證，在金石文字中最爲精博。碑以某字作某字，具疏於跋後，亦諸家所未及。汪氏與《隸續》合刊，但《隸續》殘缺，此書獨爲完善，且校正精審，端楷有法，絕勝他刻，深可寶也。

洪氏序曰："金石刻漢隸之著錄者，歐氏七十五卷，趙多歐九十三卷而缺其六。予三十年訪求，尚缺趙錄四之一。而新出者三十餘，趙未見也。既法其字爲之韻，復辨其字爲之釋，使學者藉書以讀碑，則歷歷在目。而咀味精華，亦翰墨之一助。自劉熹、賈逵以下字畫不足取者，皆不著。乾道三年景伯序。"

洪氏跋曰："《隸釋》成書十年矣，增改千有餘字，除去者數板。淳熙丙申，息祕官山陰，遂正之。盤川老人書。"文光案：此跋在目錄後。息者，子也。公之子九人，名皆從木旁。祕，朝請大夫、知南劍州。

汪氏跋曰："是書易隸爲楷，轉寫至易訛舛。又漢人作隸，假借通用，或加或省，中雜篆籀，不知者妄改，愈失鄱陽之舊。余借傳是樓鈔本，悉心校勘，明板大相逕庭。於馮縱碑補三十字，孫叔敖碑補三十八字，武梁祠堂記補十二字，四老神坐增'綺里季'一行。武梁碑明刻脫去碑文，止存其末數語及銘文，而誤以武班釋文闌入，又缺其後一段。上尊號及受禪二碑前後互錯，并一一釐定。復以《隸韻》、《字原》諸書參考得失，偏旁點畫尤多所訂正，其無可據者悉仍其故。"

《家語》有乾川，猶天淵也。隸書無坤字，孟郁修堯廟碑，其中乾川乃乾坤爾。漢刻修廟及表墓有出錢百者，張寵以二千祠堯，遂夸書之。漢代錢重如此。今物價翔踴，錢日益少，略能仿古，則無不足之患矣。石刻可見漢代文書之式者，有史晨祠孔廟碑、樊毅復華租碑、太常耽無極山碑、孔廟置百石卒史碑。永興元年鍾繇已卒，《圖經》以卒史碑爲鍾書，非也。毃阢碑陰，漢隸之神品也。唐公阞碑，隸法'房'字，其户在側，人多不曉，或作防，或作昉，皆誤也。白石神君碑參三條之一，趙氏莫曉三條爲何語。導岍爲北條，西傾爲中條，嶓冢爲南條。自岷山之南至敷淺原，以岷山爲首，則岷非條也。漢隸有不工者，或拙或怪，皆有古意。此碑無漢字氣骨，或後人再刻。蜀太守閣道碑，棧路謂之閣道。元二之災謂即位之元年、二年也。師古注，元二即[六]元元，以石鼓重文爲證。然漢碑讀爲元元，有不成文者，則顏注未必然也。文光案：丨兌之間，丨爲坤字明甚，然漢碑有作㐧者，則丨爲減筆。孔耽碑筆法古怪，其文自左而右，數行之後字畫頓小，末又有小字數十，敘孔君之年及其子歷官與石工姓名。孔子之後見於漢碑者凡二十人，譜皆不著，況他人乎？張納碑云："立姓定氏，應天文像。"蓋謂二十八舍有張宿，其不經與柳敏碑同。東都自路都尉始見墓闕，蓋表阡銘壙之濫觴也。有文傳於今，自景君碑始。今漢刻猶存，謂墓碑始於晉宋，非也。郟令景君三世傳歐陽尚書碑，不載名，范書無傳，惜哉！漢碑多門生故吏所立，同寮爲之者，唯武斑、柳敏二碑。祝睦碑"鄉黨逡逡"，與今文不同。夏承碑字體古怪，唐人所祖述梁庾元威[七]《書論》，隸有十餘種，芝英隸、花草隸、幡信隸、鐘鼎隸，龍虎隸、鳳魚隸，麒麟隸、仙人隸、蝌蚪隸、蟲隸、龜隸、鸞隸，此其一體。劉修碑，其二弟三子所立。漢末有私行金貨，定蘭台李書經字以合其私文者，故靈帝詔定羣經刊於石碑，與今文異句別。此碑"遜遜如也"，與祝碑不一。"動乎儉中"，鬼神"富謙"，亦與今《易》不類。漢俗相承，丁私艱亦多以日易月，鮮有執喪三年者。又有居憂不釋絻〔八〕者。童子逢盛十二而夭，門人爲之立碑。漢婦人墓銘存於今者，獨李翊夫人一碑。凡碑多與史牴牾。漢人用字有假借者，有通用者，有奇古者，有改易偏旁及減省者，《隸釋》皆已表出。其小異者，如農、上、安、西之類，皆不復釋。顏之推論揖下無耳，鼓外設皮，離則配禹，臯分澤外，咸以世俗爲非。今隸字皆然，蓋各是一家之書，不可拘以古法也。其詳類於《隸韻》。凡巍字山皆在下，岱字卻有山在上者。惟字皆從心，獨《尚書》從系。魏碑可珍者四，孔廟碑爲冠，曹植詞梁鵠書、石經《論語》筆法、大饗碑不相遠。

石經《尚書》殘碑五百四十七字，較之石本多十字，少二十字，不同者五十五字。魯《詩》殘碑百七十三字，與《毛詩》異者，如"猗"作"兮"，"貫"作"宦"，"樞"作"蘫"數字。《儀禮》殘碑四十五字，皆《大射儀》之文。滕觚滕爵云者，滕蓋送也。《公羊》殘碑三百七十五字，有堂谿典八人姓名，《洛陽記》未之詳。《論語》殘碑九百七十一字，載盍毛、包、周有無不同之說，較今板本不至甚異。其文有增損者，其字亦有假借及用古者。漢人不避國諱，石經皆臨文不易。

錢氏跋曰："洪文惠公耽嗜録古，會粹漢刻，區別五種書，詳其文曰《隸釋》，繼此以往曰《隸續》，毛舉數字曰《隸纘》，倚聲而彙之曰《隸韻》，見於扁顏，各有其形曰《隸圖》。《釋》二十七卷，《續》二十卷，《纘》十卷，《韻》七卷，《圖》三卷，自《釋》以下世罕流傳。《續》琴川毛氏本尚少二卷，而闕訛孔多。《纘》見吾家《學古編》，刻石會稽蓬萊閣。《韻》見晁《志》，錢遵王有其半。《圖》見於《隸續》，而傳摹失真，獨此秩然不紊。予既抄得歐、趙三十卷之目，又得百八十九之文，奚啻象犀珠玉之外，網得珊瑚、木難云。”

《野客叢書》：“洪氏集漢人碑刻爲《隸釋》，甚有補於後學，然亦間有意未到處。如：《郙閣頌》‘行理咨嗟’，則釋爲行李。僕按《左傳》‘昭公行理之命’，杜注云：‘行理，使通問者。’洪以行理爲行李，不爲無據。然釋以行里，亦似意順。蓋言行道之人皆咨嗟，不止使人而已。古者理、里字通用。又如‘柔遠而邇’，‘而’字無釋。僕疑‘而’字借用能字耳，‘耐’即古能字也。蓋漢人書字有增偏旁者，有損偏旁者。增偏旁者如書英爲瑛，損偏旁者如書繼爲𢇷之例是也。增玉爲瑛，損系爲𢇷，又安知此碑不以理爲里、而爲耐乎？又鄭固碑有‘逡遁退讓’之語，洪氏謂用《史記》引賈生‘逡巡遁逃’之語。僕謂非用《史記》之語，蓋用《前漢·外戚傳》‘太伯逡循固讓’之文爾。逡遁即逡巡之義，合讀爲逡循。而洪氏謂合讀如本字。僕謂雖‘逡巡遁逃’賈生有是語，今單讀爲逡遁，於文勢順乎？按《前漢·叙傳》曰‘不疑逡遁致仕’，《外戚傳》曰‘太伯逡循固讓’，《平當傳》贊曰‘平當逡遁有恥’，師古注‘遁讀與巡同’，此可驗也。《管子》亦曰‘蹴然逡遁’。又仲秋下旬碑曰：‘爰茲衰微，三命縮贏，背仌嬪儷，孤嗣單煢，’洪氏謂‘爰茲衰微，三命縮贏者，知其嘗貢選也；背仌嬪儷，孤嗣單煢者，知其有妻孥也’。僕謂三命者，即陰陽家五星三命之説，猶言壽命短促也。嚴訴碑亦云‘經説三命，君獲其央’，孫根碑云‘贏縮有命，不可增損’，即此意也。洪謂貢選之説，其指似迂。” 又曰：“費鳳碑有曰‘泥而不滓’，洪氏謂此涅而不淄，非假借則傳異也。僕觀《史記·屈原傳》有曰‘皭然泥而不滓’，劉勰《辨騷》則曰‘皭然涅而不淄’，知此説尚矣。洪氏不引此，夫豈未之考乎？東漢如熊君碑、《隗囂傳》亦皆有是語，不特費鳳碑也。”

《隸續》二十一卷

宋洪适撰

樓松書屋本。是書散佚已久，編輯次第不可得知。汪氏重刊元本三四卷，末皆有"泰定乙丑寧國路儒學重刊"木記，每葉二十行，行二十字，較曹寅揚州詩局本訛誤差少。前有乾道三年弟邁序，無總目。後有淳熙六年喻良能跋，庚子十一月景伯自記，乾隆戊戌汪日秀跋。一卷至四卷，各卷有目，體例與《隸釋》同。五、六卷爲碑圖上、下，七卷爲碑式，八卷爲碑圖中。中卷在下卷後，不知何故。此四卷無目錄。九卷、十卷原缺，十一卷至末與前四卷同，十三卷有圖。其次第如此。凡讀碑宜從歐、趙、洪三家入手，而洪書尤精。洪氏專明隸書，不及其他。隸書中更取字畫，則別擇愈嚴。至宋至今，傳本無多，諸家書目著錄者亦少，深可寶也。

洪氏自記曰："《隸釋》有續，前後二十一卷，乾道戊子始刻十卷於越，淳熙戊子姑蘇范至能增刻四卷於蜀，後二年雪川李秀叔增五卷於越，明年錫山尤延之刻二卷於江東倉臺，而釐其板合之越。延之與我同志，故鄭重如此。凡漢隸見於書者，爲碑碣二百五十八，甄文器物款識二十二，魏晉碑十七，款識二，欲合數書爲一，未能也。"

喻氏跋曰："番陽公帥越，會粹《隸釋》爲二十七卷。續有得者列之十卷，曰《隸續》。又得六十五，爲九卷，示門下士良能。安撫大資吳興公一見大喜，乃命鏤之堅梓，以侈其傳。"此跋在十九卷後，即秀叔刊本，尤所增刻，喻未見也。

汪氏跋曰："《隸圖》自爲一書，後人乃闌入此書內，復編次舛錯，莫可考正。秀水朱氏嘗欲以《寶刻叢編》補之，亦未卒業。予得金風亭長抄本，以校近刻，多所增益，其僞脱處仍之，因付梓之。"

《洪譜》：錢大昕撰。"宋孝宗乾道二年丙戌，公年五十歲。治越是年七月以觀文殿學士知紹興府。之暇，訓釋考證，博極羣書，爲《隸釋》二十七卷。丁亥，在紹興任，序《隸釋》刻之。戊子，在紹興任，刻《隸續》十卷。文敏公公之弟，名邁。爲之序。丙申，公年六十歲。增改《隸釋》千有餘字，除去者數板。公次子秘官山陰，令刊正之。丁酉，范至能知成都府，爲刻《隸續》四卷於蜀。己亥，李秀叔原注：名彥穎。知紹興府，公於戊子年去越家居。增刻《隸續》五卷於越，通判喻良能爲跋，稱觀使大觀文，番陽公蓋由觀文殿學士進大學士當在己亥以前也。庚子，尤延之原注：名袤。又刻《隸續》二卷於江東倉臺，輦其板歸之越，公自爲跋。辛丑公年六十五歲。六月，編次《淳熙隸釋》《隸釋》有淳熙三年增改之本，即洪秘所刊正者。公據此本重編，故曰《淳熙隸釋》，以別於乾道本也。五十卷成，自題其後云：'右《淳熙隸釋》目録五十卷，乾道中書始萌芽，十餘年間拾遺補闕，續卷寖多。鄞江史直翁、苕溪李秀叔一再添刻。諸家不云有史刻，亦不知史刻者幾卷。南蘭陵尤延之自秋浦鋟板，埤助蘇臺范至能以越本乾道三年所刻。刻於蜀，前後增加，律呂乖次，合而一之。庚子十一月自跋《隸續》云，欲合數書爲一，未能也。今老矣，將絶筆於斯。蓋又八月而始成編。得聖賢岳瀆祠廟四卷，石經一卷，旌孝講德二卷，河渠橋道二卷，阡表壙銘十六卷，雜刻三卷，甄文器物款識二卷，魏蜀吳晉三卷，譜一卷，圖式八卷，水經一卷，歐趙説六卷，碑鄉一卷，凡碑板二百八十五，甄器二十七。庚子跋云，碑碣二百五十八，甄文器物款識二十二，是又有所增益矣。某人垂意[九]古學，見之訢然，命椽史輯舊板，去留移易，首末整整一新，傳之將來，或不束之高閣，勞勤心目，可無憾焉。'"

　　文光案：五十卷之本，成於《隸續》自記之次年，名曰《淳熙隸釋》，以別於乾道本也。蓋合《釋》與《續》爲一書而增多二卷，凡碑板多於《續》者二十三，甄器五。書成時，

屬越帥刊行，爲書吏失去，不復存副本，公每以爲恨。見
《年譜》。然則此本在宋時已不傳矣。今本《隸續》有圖式四
卷，汪氏謂雜入《隸圖》，然《淳熙隸釋》目録本有圖式八
卷，非後人所闌入，太完特未見此跋爾。至《隸圖》三卷別
爲一書，恐與此不同，然不可考矣。

錢氏跋曰：“《隸續》世無足本。婁氏《字原》碑目次第悉依
洪氏，今以婁目校曹通政本，有全缺者，有目存而文缺者，有文
存而跋缺者。《寶刻叢編》今亦無足本，其所引洪氏跋語可以補本
書之闕者凡七事，但文多删節，什存六七耳。洪氏載魏石經《左
傳》遺字，蓋蘇望民摸本，頃段若膺諦審之，知有《尚書・大誥》
《吕刑》《文侯之命》三篇文錯雜其間，向來考石經者未之聞也。”

杭氏跋曰：“汪君太完得《隸韻》已不全，止第三卷下平、第
八卷去聲下，計此書十卷，僅得五之一。即刻此二卷以示海内，
盧學士爲之序。追溯其由，則世祖以《隸韻》賜商邱相宋文康，
宋之後人爲豪所奪，繼遭斥賣，零星散售，太完所得僅此，其餘
不知歸誰氏矣。想此書尚在人間，得其餘本彙而刻之，豈不幸甚？
故盧氏白其意以告海内也。詳見《抱經堂集》。”

《孫氏書目》：“《隸續》二十一卷，前有朱竹垞金風亭長題
字，稱此書琴川毛氏舊抄本，今浙中樓松書屋刊本即從此本翻雕，
字句無大異同，有朱筆校，録諸家碑跋甚詳，似王西莊書。”

薛君碑銘以“君功承堅南，清誼攀數聲”爲一章，詞句鏗鏘，
若合音律，漢人作銘頌用韻多如此。韓文公“此日足可惜”詩正
用此體。王政碑有“羔辛之絜，無申棠之欲”。《史記》：“申棠字
周。”鄭注：“申棖，蓋孔子弟子申續。”《家語》：“申繢，字周。”
梁休碑史既無傳，歐、趙又不録。中平初黨禁始解，久幽之士復
起，梁君遂從聘召，更二十餘年而卒。太守謚曰“貞文子”。字書
行於今者，篇莫加於《類篇》，韻莫善於《集韻》，所載隸古以石

刻校之，尚多脱略。隸法皆以“悠”作“𢚕”，司馬季德碑又省作“𢚕”。稽之《篇》、《韻》咸無焉，聊擬《急就》之一章。凡此之類皆非假借，字書不應棄。文光案：洪氏《急就章》凡二十七句，皆漢碑隸字，每句各注字之所出，宜別録之，附《急就章》後。然此雖漢人典型，亦石經所不取。《漢書》紀傳所書居三九之官者，皆不繫以公卿字。碑中稱司徒公、宗正卿，乃揮翰者益之，非當時官名也。《百官志》上公一人，太常卿一人，亦書法如此。後世以卿名官，自蕭梁始。司空殘碑字徑二寸餘，雄健清新，漢代之神品。《説文》：扁者，題門户之文。旌閭之事，東都已有之。文光案：書畢命表厥宅里，恐古已有之。新莽鐙重五十來斤，借桼作七，椅桐梓漆借用漆沮之漆，今反以桼爲古字。數自壹至拾皆假借，唯柒字鄙俗無它訓，若仿古用桼，豈不韻勝？耿氏鐙，薛尚功好篆，不習隸法，模勒不精，頗失其真。五君梧柈文十五字：大老君，西海君，東海君，真人君，仙人君。《宣和殿藏碑録》以爲漢碑，而名之曰真人君石樽，與四老神祚機刻石同帙，良由此石就其上有器物之狀以祀五君，故或謂之梧柈，或謂之石樽。黃伯思《洛陽九詠》所注甚詳，知是洛陽上清宮中之物。“大老君”三字最大，蓋尊老子也。六經無真字，蔡碑始有真人之稱。嚴訴碑云：“治嚴氏《春秋》、馮君《章句》。”兩漢傳嚴氏學無姓馮者，史闕文也。魏石經《左傳》遺字古文三百七，篆文二百十七，隸書二百九十五。有一字而三體不具者，凡八百一十九，即小歐所有者。會稽所鐫《隸纂》亦存三體數十字，使來者取信焉。予以魏末至晉宋，隸字無可取者。晚得晉鄭烈碑，其勁健置漢刻中未易甄別。樊敏碑刻歲月及書造人姓名，其云石工劉盛息悰書者，劉刻其石，而厥子落筆也。陳球碑陰書其二故史之子，亦曰息。漢刻惟此碑及武斑與羊竇道碑有書人姓名。其他指劉熊、老子、范式、州輔、夏承、魯峻、譙敏等碑爲中郎書，或字體不類，或時代遼絶，不辨自决。至若魏受禪、勸進碑，或以爲鍾繇，或以爲梁鵠，凡非出於本碑者，皆不足信也。

右《碑圖》上卷，中原漢碑有穿，或有暈，外無它飾。圖鳥獸龜蛇之形者，惟益都有之，荆、兗間亦有刻人物於丘墓之石壁者。其畫瑞像，則有孫李之碑。

文光案：此卷凡碑四十四圖，各記某碑之額與穿并所畫之物，以及幾行幾字，即碑式也。山陽太守孫君碑右鳳左麟，其下各刻一贊，其陰刻銘詞。漢麟鳳碑不止此。米氏《畫史》以爲可怪，蓋少所見也。李翕五瑞碑所圖者，黃龍白鹿，連理嘉禾，一人承甘露於喬木之下。其餘五玉、六玉碑以外無甚奇者，中多無字之碑，故曰《碑圖》，自與《隸圖》不同。卷後有跋。碑圖上下皆洪氏所自題，汪氏以此四卷爲後人所闌入，殆未細省與？

右《碑圖》下卷，范史《趙岐傳》云：“岐自爲壽藏圖，季札、子産、晏嬰、叔向四像居賓位，自畫其像居主位，皆爲讚頌。以獻帝建安六年卒，冢在荆州古郡城中。”漢人圖畫於墟墓間，見之史册者如此。《水經》所載則有魯恭、李剛，碑碣所傳則有朱浮、武梁。此卷雖具體而微，可使家至而人皆見之。畫繪之事莫古於此也。

文光案：此卷爲武梁祠堂畫記，合七十六人，其名氏磨滅。與初無題識者又八十六人。

右《碑式》一卷，漢人書碑有畫方井井者，有行間疏密不等者，有重文贅其旁者，有首行尚左者，有尊敬君上而文出其列者，詞或隔行，事或空字，法式不同，思欲存古人之制，得其全者則筆之。

文光案：此卷自孔廟、卒史、孔和碑至魏卿上尊號奏，凡七十通。有棋局之紋，有線道，有高三字低七字，一行六字、九字不等，各著其式。并行數、字數、篆額、題名，較

《碑圖》後所題更詳。惜乎十不得見其一二也。

右《隸圖》中卷，其碑三，皆東州漢人丘墓間所刻。徐藏子禮謂予曰"其季父兢政和年自濟陽代還，所得漢世人物畫頗多"，則知兖、豫間冢中畫像殆不一姓。此卷前一碑疑是朱浮墓壁者，後二碑雖有車馬人物，不可得而强名也。

　　文光案：此《隸圖》之中卷，自題曰《隸圖》，自與《碑圖》不類。僅此三碑各標畫像，録碑中之隸字，方正橫斜如式，故曰《隸圖》。據自跋，此卷亦無殘佚，不知何以爲《隸續》之第八也。然《隸圖》不傳，於此得見一斑，亦可寶貴矣。

耿勳碑在同谷縣。耿氏自中興後迄建安之末，大將軍二人，將軍九人，卿十三人，列侯十九人，中郎將、護羌校尉及刺史、二千石數十百人，所謂爵位相承者也。孝子嚴舉碑有文有頌，又有亂曰十六句。劉寬碑陰字畫剛勁，法度森嚴，《隸釋》所輯，斯爲卓絶。西都以丹楊名郡，東都改用陽字。

　　文光案：第十三孔子見老子畫像以下，墓闕六通，惟王稚子二闕有畫像，范皮闕并畫像，餘三闕無畫像。一闕之費十倍於碑。第十四多款識。第十五有石經《儀禮》，第十七隸圖二種，不録像。

《讀書敏求記》："《隸釋》七百一十餘葉，杜村先生手筆，雲浦子、盛時泰題於後。古人於書率多自鈔。相傳徐髯仙有宋槧本，甚精妙，後歸毛青城，載還蜀中。"

　　文光案：宋本《隸釋》僅見於此，而篇目不詳。予所藏明萬曆本有《釋》無《續》，較汪本字微大而訛脱最甚。予初得汪氏本，缺其後跋，借友人本補足。復録洪容齋序并錢氏、盧氏之跋於《目録學》。又以汲古本婁氏《字原》與《隸續》對勘一過，皆詳著於《目録學》。兹則序跋悉從略。至太完之兄所刻不全《隸韻》，求之數十年竟未得見。劉球《隸韻》別為一書，有秦氏刊本，予尚藏之，其與洪書同否未可知也。

右東漢及魏正始以前碑，見於《水經》者如此。其碑到今不毀者十才一二。凡歐、趙《錄》中所無者，世不復有之矣。姑聚其說以見思古之意。天物莫壽於金石，而大書顯刻，光沉迹絕者不可勝計，獨傳之竹帛猶可久，此君子所以取乎編類之書也。《水經注》後跋。

文光案：《水經注》凡一百十五碑。

洪氏序曰："吾兄丞相番陽公安撫浙江東道，部郡七，治所臨會稽，部縣八，西接行在所，東際海，南拊百越之區，地大物聚，槃槃一都會也。處之踰年，兵民兩安，山巓水厓，如立庭户。不能稱過使客飾廚傳，又不能蒙子公力作長安書，獨於隸古之習，根著膠固，手追心摹，今三十餘年。得黃金百如視涕唾，即獲一漢刻，津津然盱衡擊節，輟食罷寢，摩挲而謹讀之，意世間所謂樂事直無以右此者，喟然歎曰天下奇寶也。吾頖鄉而獨美之爲不仁，空篋中得所藏碑百八十有九，譯其文，又述其所以然，爲二十七卷，曰《隸釋》。書法不必同，人視之無如也，則皆毛舉十數字判諸石，曰《隸續》。其字同，其體異，參差不可齊，則倚聲而彙之，曰《隸韻》。龍龜爵麟，九尾之狐，琮璜璋圭，名物怪奇，凡見於扁顏者，各肖其象，曰《隸圖》。亦既釋之而又得之，則列於廿七卷以往，曰《隸續》。大氐皆祖東漢時，其高出西京浸淫以及魏晉者，率不能什一，搜羅梱粹，蓋不遺餘力矣。自篆捷於漢而爲隸變，於魏八分，於晉、宋、隋、唐之間以分視隸，由康瓠之與周鼎也。而唐人篤好之，漢法益亡。杜子美之詩云'倉頡鳥迹既茫昧，字體變化如浮雲'。陳倉石鼓又已訛大小二篆，生八分，又曰中郎石經。後八分益[一〇]憔瘁，則涇渭雜揉，以分爲隸，雖杜子美所不能知。吾兄一旦發千古之秘藏，悉主張是。使蔡中郎復生，見此數者，當復有得異書之歎。兄嘗三上奏天子，乞身歸，輒奉詔不許。儻留不已，懼其汗南山之竹云。乾道三年十二月十八日，弟左中奉大夫、守中書舍人、兼直學士院、兼同修國史、兼實録院修撰、兼侍講邁書。"

汪氏跋曰："洪文惠公既著《隸釋》，其續得於成書後者，復列爲二十一卷，曰《隸續》。凡漢魏晉之碑碣，石經《儀禮》、《左傳》之遺文，磨崖石闕、神道之題字，石壁、石室之畫，宅舍、墟墓之甎，刀、鏡、鼎、壺、鉦、鐙、槃、洗、栒簴、板、函、鐵盆、壽梘、官墼之銘識，石羊、石虎之刻，莫不網羅而會粹之。顧是書在當時先刻十卷，後范至能、李秀叔諸公續爲鏤版足成之。公自言欲合數書爲一而未果，疑當時所梓尚非定本。若近世所流傳者，并非當日原本，故喻氏之跋所稱卷數與公後跋不符。至《隸圖》本自爲一書，後人乃闌入此書内，其中、下二卷復編次舛錯，莫可考正。秀水朱檢討嘗欲以《寶刻叢編》補之，亦未卒業，可惜也！予得金風亭長鈔本以校近刻，多所增益，其僞脱處仍不能不相沿襲，未足補爲完善。然麒麐一毛，虬龍片甲，公於漢字之留遺於後者，猶不勝鄭重而愛惜之，則今日於公之書其爲可寶貴當何如也。因拜以付之梓。"

文光案：汪本刊於乾隆戊戌，今已難得，而跋多不全。又案：汪本公乘伯喬題名，題名上有殘字。一列二人，每人上有"上闕"二字。有跋二行，馮君闕道碑。錢集闕作開，誤。《隸釋》別有漢安長陳君閣道碑。又案：錢氏所稱全闕者，汪本亦全闕。所云有目而闕其文者，司空殘碑陰。汪本卷第一有司空殘碑四十五字，原跋云碑陰有皮氏段升子榮題名百有餘人，訪之未獲。又考婁《目》，亦題司空殘碑，無陰，字鄧君闕。婁《目》闕下有畫像二字。馮君閣道婁《目》亦作開道。汲古閣本。卷第十二，司空殘碑陰。

余所藏汪本至十七卷以後皆闕，不能再考。錢氏所云曹通政刊本亦未之見。

右魏三體石經，《左傳》遺字古文三百七，篆文二百十七，隸書二百九十五，有一字而三體不具者。皇祐癸巳年洛陽蘇望氏刻。蘇君之言曰‘石經遺字即小歐陽《集古目》中所有者’。《夏文庄公集・古文四聲韻》所載石經數十字，有此碑所無者，而碑中古文亦有《韻》所不載者。

盧氏曰："近有顧藹吉《隸辨》一書，吾嘗取以校《隸釋》，頗有點畫不同者。《隸釋》傳録不一手，若洪氏所手摹必無失真者，洵乎此書之不可湮没也。"録於《抱經堂集》，乾隆五十九年盧氏重雕洪景伯不全《隸韻序》。

隸碑可珍者四，孔廟碑爲冠，曹植詞梁鵠書、石經《論語》筆法、大饗碑不相遠。

校勘記

〔一〕"如"，原作"加"，據宋李清照《金石録後序》改。

〔二〕"枕席"，據同上書補。

〔三〕"載"，原作"戰"，據同上書改。

〔四〕"雲"，原作"霞"，據同上書改。

〔五〕"十"，據本書本篇題名補。

〔六〕"二即"，原作"即二"，據《隸釋》乙正。

〔七〕"威"，原作"成"，據宋張彦遠《法書要録》卷二改。

〔八〕"綬"，原作"級"，據《漢魏六朝百三名家集・陳記室集》改。

〔九〕"意"，據《潛研堂全書・洪文敏公年譜》補。

〔一〇〕"益"，原作"蓋"，據宋洪邁《隸續・序》改。

史部十五

金石類四

《歷代鐘鼎彝器款識法帖》二十卷

宋薛尚功撰

明紅字本。萬曆戊子萬岳山人校刊，有序。姜氏摹篆鈎勒極精，然不半月而書就，鹵莽可知。謹案：《天禄琳琅書目》明板經部《歷代鍾鼎彝器款識法帖》，明萬岳山人校刊，二十一卷。山人不知何許人，自序後有“宣公後裔”之印，則爲陸氏可知，惜未詳其名。是書非山人所撰，而序中亦未及作者之名。考宋人諸書目亦無此書，蓋亦以未有刻本，罕傳於時也。書中篆法古雅，竟似從鐘鼎中摹搨而出，其撫印以朱不以墨，亦別饒古色，明板之傑出者也。文光以阮相國本校此本，錯訛最甚，不足貴重。不但篆文筆畫不同，釋文字句亦異。釋文後有薛氏跋尾，或去數行，或去數句，皆任意删削。至於不成文理，大約何處欲住，即以“之”字、“也”字煞之，如是者不一而足。明人删書固是陋習，然未有若此之甚者。其豕亥魯魚，幾於滿紙。就中惟目録細行密字，猶存舊式，差勝阮本，其他絶無好處。序前有“書齋清玩”長印，目録前有“希世之珍”、“神品上”二方印，篆法皆不佳。法帖以汝刻爲下，然所摹鐘鼎文字究勝板行諸書。是書石本易爲木刻，筆法難見。萬曆本摹刻自佳，是可貴也。

蘇人貨古物者，有《博古圖錄》，予因厚價得之。又數年復得《鐘鼎款識》一集，當與《博古圖》相表裏。松石姜君博物工篆隸，予以是集謀之，摹寫精熟，若素所習，不半月而就，遂付諸梓。錯亂缺文，悉爲釐正。萬岳山人序。

陳氏曰："尚功善古篆，尤好鐘鼎。書《款識》刻石二十卷，在九江。"録於《書録解題》。

> 文光案：尚功字用敏，錢塘人。嗜古好奇，深通篆籀。是書因是石本，故名法帖，今石本不可見矣。明萬曆本不如崇禎本，崇禎本不如阮氏本。

曾氏曰："《款識》二十卷，定江僉幕錢塘薛尚功編次并釋，起於夏而盡於漢。初卷夏珥戈鈎帶、商鐘鼎，二卷商之尊、彝，三則卣，四則壺、爵，五則瓿、斝、觶、敦、甗、鬲、盉、匜、槃、戈，皆商器也。六至七悉載周鐘，八之後益以磬銘，九至十則鼎之篆識，十一爲尊、卣、壺、舟、寶，十二爲觶、角、彝、匜，十三至十四盡敦銘，十五則簠、簋、豆、盉，十六則甗、鬲、盤、盂、盦，十七則戈、鐸、鼓、琥，皆周器也。十八卷秦璽、權斤居前，其後爲漢鐘、甬、鈁、鼎、鑫。十九乃鑪、壺、卮、律、管、匜、洗、鉦，末卷則鐙、錠、燭、槃、甗、釜、甀、銷、弩機，皆漢器也。紹興十四年甲子六月，郡守林師説爲鐫置公庫，石以片計者二十有四。視汝之所刻武陵所錄金石篆隸，則此帖爲備。自漢以降則變隸爲楷，變楷爲草，秘閣續帖詳之矣。郡守樵令憲又別鐫右軍十七帖於庚樓。"録於《石刻補敍》。

集金石録者多矣，尚功所編尤爲精詣，況其墨迹乎？予舊於山陰錢德平家屢閲之，誠奇書也。至正元年柯九思書。 錢塘薛尚功摹集三代彝鼎款識，文凡廿号，較其器之墨迹，筆精墨妙過之，又其討論有出於《博古》、《考古》諸書之外。前輩博雅精詣如此，彼困而不學，竊好古之名，自比於米顛者，得不有媿？方外張天雨觀。　予讀薛尚功集古金石文，常歎其博。及見謝長源所收尚功寫本，乃知金石刻僅得其半，而寫本字畫爲精。夫學至於博而精，豈特論藝文而已？幹玉倫書。錄於《鐵網珊瑚》。

　　文光案：《鐵網珊瑚》有抄本，無刻本。玉倫，阮本作王倫。朱氏《日下舊聞·石鼓考》中有"其文高古，雖龍騰蛟躍，鸞下鳳騫，亦不能擬其萬一"一跋，凡一百四十二字，乃薛氏款識，題歧陽十鼓之語也，今本皆無之。可知萬曆本既多刪削，阮本亦非全文。前跋所謂石刻僅得其半者，信矣。今翻刻阮本更略於朱字本。是書元時猶有墨蹟，明人就墨蹟影鈔者，舊藏虞山錢氏。後石刻翻作板本，刻工拙劣不能得其形似，深可惜也。

夏帶鈎銘三十三字，鈿紫金爲文，不可盡識，龍虎蟲鳥書也。庾肩吾《書品》論曰"魚猶捨鳳，鳥已分蟲，仁義起於麒麟，威刑發於龍虎"，蓋此類也。肩吾雖稽古而爲此說，乃未之見也。鈿金爲篆，實出邃古。張懷瓘《書錄》云："往在翰林見古銅鐘二枚，高二尺許，有古文三百餘字，紀夏禹功績，字皆紫金鈿，似大篆，神采驚人，蓋虞夏之時乃有此字也。"

　　文光案：此條朱字本錄至"夏禹功績"而止，"績"下增一"也"字，不知薛氏引此專爲鈿金證也。釋文中又多一"察"字，校以阮本，行次顛倒，不知孰是。讀鐘鼎文字，可識古人造字之由。如庚鼎，"庚"字有垂實之象，與《說文》合，知漢儒立說有本。他如夏戈、秦壐，傳刻不一，不但字多不識，即筆畫之孰真孰僞亦難辨別。俗所傳蟲書鳥篆，豈足據哉！

歧陽十鼓，周宣王太史籀所書，歲月深遠，剝泐殆盡。前人嘗以其可辨者刻之於石，以甲乙第其次，雖不成文，然典型尚在。

錄於《日下舊聞》。

文光案：朱本至“刻之於石”止，無“以”字以下十五字，其他或節或刪，不能細究。明人刻書最好刪削，萬曆間尤甚，以爲必如此方是己書，亦可怪已。盧召弓云薛本石鼓文班班可讀，跋中明云不成文，不知其所謂可讀者何如也。

按岐陽十鼓，乃周宣王内修外攘，明堂受朝，歧邑講蒐，海宇廓清之日，勒駿功於十鼓，以永鎮於岐周者也。其曰“我馬既同”，車攻之徂東也。其曰“佳魚魴鱮”，吉日之宴語也。其文高古，石雖龍騰蛟躍，鸞下鳳翥，亦不能擬其萬一。誠楊修不能妙其語，子雲不能識其奇者矣。摩挲徙倚之餘，雖字體不知伊誰之筆，作誦者必當時之吉甫也。嶧山之碑，原廟之彝，孰有過於斯焉？仝上。

文光案：此《款識》中跋語，朱本、阮本俱不載。

汪氏曰：“此本不知何人所刻，用石刻翻作板本，取便於摹印，廣爲流傳，其意甚善。惜刻工拙劣，不能得其形似。尤可詫者，每條釋文辯證率以意節去字數，讀之多不了了，蓋亦刻工欺妄，而主者不加勘校，謬誤百出，遂至於此。前輩嘗云明隆萬後刻書潦草，爲載籍一厄，信然。近日吳門書賈取紙色稍舊者充宋元槧本，序跋之有年月及授梓原委者，必盡去之，益令閱者迷瞀。即如此册，并薛尚功姓氏不傳，乃載籍之又一厄矣。石刻搨本皆宋物，全文最爲難得。頃從吳門薄君延槐所借得一、二兩卷携至直廬，手校補完，其篆文略舉一二，不及概爲是正。薄君所藏止此兩卷，異日尚續訪善本足成之。”錄於《松泉集》。此集題跋甚富，所見皆佳本。

杭氏曰：“宋薛尚功字用然，錢塘人，僉書定江軍節度判官廳事。元吾邱衍《學古編》云：‘薛尚功《款識法帖》十卷，自夏及漢，凡鐘、鼎、尊、彝、鼓、琥、權、甬之類，各以類分，後有注釋及考證，最爲詳當。碑在江州，蜀中翻者字肥。’明屠隆

《錦囊小史》曰：'宋薛尚功編次鐘、鼎、卣、彝古銅器銘二十卷，刻於九江府庫，臨摹極工，甚有古意。今多取便鈔録，作十卷以市於人。'乾隆丁酉，予居成都，從錢塘徐司馬袖東假得寫本觀之，實二十卷。卷一至卷五皆夏商器，卷六至卷十七皆周器，卷十八至二十皆秦漢器。吾邱子行云十卷者，蓋元時市本已改，并子行亦未見九江府庫真本，習焉不察之故耳。此本係袖東少時手摹，所摹之本亦寫本，其源流有自，可想見九江碑刻之精，是可寶貴矣。六經以古文傳，所謂古文者，即如商周鼎彝之書，今世學者或未能知之也。許氏《説文》以小篆爲主，而以其所知之古文大篆附見。當許氏時，孔壁中《書》、《禮》未得立於學官，鼎彝之出於世者亦少。許氏所見有限，偶載一二，亦其慎也。許氏以後，三代器銘之見者日益多，學者摩挲研究，可以通古六書之條理，爲六經輔翼。《毛詩》言'鞗革'者四，傳曰：'鞗鞶，首飾也。革，鞶首也。''鞗'字不見於《説文》。《説文》曰：'鋚，一曰轡首，銅也。'考《博古圖》，周宰辟父敦銘三皆有'攸革'字。薛氏此書，周伯姬鼎有'攸勒'字，寅簋有'鋚勒'字，石鼓有'鋚勒'字，外此，焦山古鼎亦有'攸勒'字。合而觀之，知'鋚'省作'攸'，'攸'即'攸'，假借爲'鋚'字，'勒'省作'革'。以鋚飾勒，猶唐宋人所云金勒。故《蓼蕭》毛《傳》曰：'鋚，轡首飾也。勒，轡首也。沖沖，垂飾兒。'不知何時，施'革'於'攸'下，改爲'鋚'字，而於《毛傳》'鋚，轡首飾也'删去'首飾'二字，使《詩》義晦於千古。非三代銘詞屢見，安所考證哉？又如古言'均'，今言'韻'，'韻'字不見於《説文解字》，而徐鉉新增有之。薛書卷一内載董武子所藏商鐘銘有'韵'字，卷六方城范氏所藏周曾侯鐘鈔有'韵'字，是'韻'字古文有之，較諸韻字爲近是。舉此二事，用見古文之當考而古器之不可忽如是。袖東籀篆功深，當必首肯予言。目録卷十七有周琥，而袖東寫本止於石鼓，無琥，蓋此處有缺佚云。"錄於《經韻樓集》。

文光案：萬氏本周伯姬鼎作"鋻勒"，商鐘銘作"韻"字，石鼓後周琥未佚，阮本周琥未佚，商鐘銘作"韻"，周曾侯鐘銘作"韻"，阮本諸跋多未見，故不能詳盡。

錢氏曰："是書世間頗有刻本，其墨蹟元時爲謝長源所得，有周公謹、趙子昂、何敬仲、周伯溫、幹克莊、達兼善、王止仲諸人題識。此本乃明人就墨蹟影鈔者，故行款字體俱不失真。舊藏虞山錢氏，後歸吾邑周梁客，今爲王鶴溪得之。克莊之跋云：'至正元年後五月廿二日，在武林驛以潘雲谷墨試張掖劉伯溫所遺黃羊尾毛筆。'"《潛研堂文集》第三十卷："西北之境有黃羊焉。相傳西夏有國時，嘗取其尾毫爲筆，歲久亡其法。伯溫以意命工制之，館閣諸公多爲賦詩，蓋色目之好事者。伯溫名沙剌，與克莊同預修遼、金、宋三史。兩公皆河西人，當時所稱唐兀氏是也。"

洪氏曰："三代彝器其存至今者，人皆寶爲奇玩。然自春秋以來固重之矣。經傳所記取郜大鼎於宋；魯以吳壽夢之鼎賄荀偃；晉賜子産莒之二方鼎；齊賂晉以紀甗玉磬；徐賂齊以甲父之鼎；鄭賂晉以襄鐘；衛欲以文之舒鼎、定之鬵鑑納魯侯；樂毅爲燕破齊，祭器設於寧臺，大呂陳於元英，故鼎反乎磨室是已。"錄於《容齋隨筆》。

《歷代鐘鼎彝器款識法帖》二十卷

宋薛尚功撰

小琅環仙館本。嘉慶二年儀徵阮氏校刊，有序。與《定香亭筆談》所載同。因硃印本訛舛最多，跋尾不全，崇禎間朱謀垔所刊原書板本并佚，傳寫滋誤。據袁氏廷檮影抄舊本及所藏舊抄宋時石刻本互相校勘，更就文瀾閣寫本補之。其審定文字，摹寫款識，鈔錄釋跋，皆極一時之選，誠佳本也。然跋語有見於他書者，以此本校之，尚多遺佚，則亦未能復薛書之舊也。案目，卷一夏器二，商器四十四；卷二商器四十三；卷三商器三十四；卷四商器四十四；卷五商器四十四；卷六周器十四；卷七周器六；卷八周器十四；卷九周器四十二；卷十周器十六；卷十一周器廿二；卷十二周器三十三；卷十三周器二十二；卷十四周器十五；卷十五周器二十二；卷十六周器二十九；卷十七周器四；_{朱字本岐陽十鼓作十目。}卷十八秦器五，漢器十三；卷十九漢器十五；卷二十漢器十五，共五百一器。此目與朱字本行款不同，標字亦有小異。書中可證朱字本之誤者不少，故今以是本爲重。

《平津館書籍記》：“明本目録前有崇禎癸酉朱謀垔序，稱得山陰錢德平所藏尚功手書本授梓，後有靈武斡玉[一]倫徒、克莊、王行、趙孟頫、楊伯嵒、周密、柯九思、張天雨、周伯温、豐坊各親款題識，摹刻精工。院芸臺中丞重刊是書，僅得影寫本，則此本彌可珍貴。目録并每器俱有總題，俗本皆無之。收藏有‘黄氏鑒賞圖書’朱文長印、‘桐華主人藏書印’朱文長印、‘愛閒居士’朱文印、‘留餘堂’白文方印、‘留爲永寶’朱文方印。”_{原注總題，如題商鼎下列庚鼎、辛鼎，題商尊下列象尊、父乙尊之類。}

　　文光案：崇禎本未見。據孫氏跋則此本勝於阮本，前人所云不如阮本者，蓋耳食也。孫記“芸臺”作“雲臺”。

薛氏所摹石鼓文似據剪貼本，故於字之缺半者不收，且有顛倒之處。至於刻本、鈔本，摹寫多訛，更不勝計。今夏摹刻天一閣北宋搨本，置之杭州府學，因屬儀徵江氏德地據彼校此，注其誤於字之旁，以祛學者之惑。嘉慶二年阮元識。_{此跋在石鼓後。}

《説文》曰：“琥，發兵瑞玉，爲虎。”文不見於經，不知許慎何所據。然漢用虎符發兵，雖以銅爲之，其原疑出於此。文曰“午十三”者，亦兵符之次第，午字蓋以日辰爲琥，或以午與五同，發兵遣將，蓄威以持，此器虎形則然。魯昭公疾，賜子家子

雙琥，一璞而爲二物，是亦可以爲符矣。_{周琥，薛氏跋。}

　　右二璽文本只一器，緣傳模字畫不同，形制大小有異，因并刻之，亦疑以傳疑之意也。按《集古印格》序云："秦取趙氏藍田玉，命丞相李斯書作魚鳥之狀，刻爲璽，文曰'受命於天，既壽永昌'，歷代傳之以爲國寶。及始皇帝惡璽之音與死同，遂易璽曰寶、曰印、曰章云。"

　　右古器物銘云"谷口銅甬"，舊藏劉原父家。歐陽公《集古録》獨無西漢文字，求之累年不獲。會原父守長安，故都多古物奇器，原父好奇博識，皆求而藏之。最後得斯器及行鐙、博山香爐，模其銘文以遺歐陽公，於是西漢之書始傳於世矣。蓋收藏古物實始於原父，而《集古録》前代遺文亦自歐陽公發之。後來學者稍稍知搜抉奇古，皆二公之力也。

　　按三代之間惟商爲尊神，凡於祭祀必致其盡，故其鼎間作子象以持刀。非特鼎也，尊之與卣悉著此焉。蓋供子職者，不如是不足以見其竭力從事之意。是以先王之事親，於羞劑則執鸞刀，入舞則執戈戚，至於籍田則秉耒焉，必躬必親，每每如此，又況尊神之世乎？迹其商之世，曰父己者，雍己也。鼎彝用享其父，則必識其子。繼雍己者，乃其弟太戊，則所謂子果誰耶？定非繼其後者乃爲之子耶？

　　伯同父敦。按歐陽文忠公《集古録》云，《尚書·冏命》序曰，"穆王命伯同爲周太僕正"，則此敦周穆王時器也。按《史記》云，年表自厲王以上有世次而無年數，共和以後接乎春秋，年數乃詳。蓋自穆王傳共、孝、懿、夷、厲五王而至於共和，自共和至今，蓋千有九百餘年，斯敦之作在共和前五世而遠也。古之人欲存乎久遠者，必託之金石而後傳。其湮沉埋没、顯晦出入不可知。其可知者，久而不朽也。然岐陽石鼓今皆在，而文字則缺者十三四，惟古器銘在者皆全。是以古之君子器必用銅，取其不爲燥濕寒暑所變，爲可貴者此也。古之賢臣名見詩書者，常爲後世想望，矧得其器，讀其文。器古而文奇，自可寶而藏之耶！按劉原父《先秦古器記》曰"此敦得於藍田"。敦者，有虞氏之器。《周禮》有金敦，有玉敦。玉敦以盛血，天子以盟諸侯。金敦以盛黍稷，大夫主婦以事宗廟。此金敦也，其銘曰："伯冏父作周姜寶敦，用夙夜享，用祈萬壽。"蓋穆王太僕正，周畿内諸侯食采於周者也，皆周家之後。然則但冏，周之裔孫也，復作贊曰："穆滿眊荒，周巡天下。蔡公作哲，實正王過。冏亦世僕，其僚道度。名器貽世，似續妣祖。載祀二千，示我懿矩。"

《積古齋鐘鼎彝器款識》十卷

國朝阮元撰

原本。此續薛氏款識，故次於薛書之後。薛氏所輯四百九十三器，此本五百六十器，其中有與薛書同者。孫氏《書目》題《續款識》，蓋據阮太傅自序也。首商周銅器説，上、下二篇；次商周兵器説一篇；次嘉慶九年弟子朱爲弼後序；次阮太傅自序；次目録。凡商器二卷，周器六卷，秦、漢、晉器二卷。其款識皆據各家搨本摹入，各跋尾多所考證，非張氏《金石契》所可及。序説發明鐘鼎，典瞻高華，亦非王、杭、朱、楊四家敷衍《金石契》者所可及，以續薛書，有過之無不及也。

阮氏自序曰："鐘鼎彝器，三代之所寶貴，故分器、贈器皆以是爲先，直與土地并重，且或以爲重賂。其造作之精，文字之古，非後人所能及。古器金錫之至精者，其氣不外洩，無青緑。其有青緑者，金之不精，外洩於土者也。古器銘字多者或至數百字，縱不抵《尚書》百篇，而有過於汲冢者遠甚。漢代以得鼎爲祥，因之改元，因之立祀。六朝、唐人不多見，學者不甚重之。迨北宋後古器始多出，復爲世重，勒爲成書。南宋、元、明以來，流傳不少。至我朝《西清古鑑》，美備極矣。且海内好古之士，學識之精，能辨古器，有遠過於張敞、鄭衆者。而古器之出於土田榛莽間者，亦不可勝數。余心好古文奇字，每摩挲一器銘，釋一銘，俯仰之間，輒心往於數千年前。以爲此器之作、此文之鑄尚在周公、孔子未生以前，何論秦漢乎？由簡策而卷軸，其竹帛已灰燼矣，此乃巋然獨存乎？世人得世綵書函、麻沙宋板，即藏爲秘册，何况商周文字乎？友人之與余同好者，則有江侍御德量、朱右甫爲弼、孫觀察星衍、趙銀臺秉沖、翁比部樹培、秦太史恩復、宋學博葆醇、錢博士坫、趙晉齋魏、何夢華元錫、江鄭堂藩、張解元廷濟等，各有藏器，各有搨本。余皆聚之，與余所自藏自搨者集爲《鐘鼎款識》一書，以續薛尚功之後。夫刊字於板，字自不如鑄字於金之堅且久。然自古《左》、《國》、《史》、《漢》所言各器，宋宣和殿圖無有存者矣。兩宋吕大防、王俅、薛尚功、王順伯諸書册所收之器，今亦僅有存者矣。然則古器雖甚壽，然至三四千年出土之後，轉不能久，或經兵燹之墜壞，或爲水土之沈薶，或爲倉賈之毁銷，不可保也。而宋人圖釋各書反能流傳不絶，且可家守一編。然則聚一時之彝器摹勒爲書，實可使一時之器永垂不朽。即使吉金零落無存，亦可無憾矣。平湖朱氏右甫酷嗜古金文字，且能辨識疑文，稽考古籍。國邑大夫之名，有可補經傳所未備者；偏旁篆籀之字，有可補《説文》所未及者。余以各搨本屬之編定審釋之，甲子秋訂成十卷，付之梓人，并記其始末如此。”

右虎父丁鼎銘四字器。古器作亞形者甚多，宋以來皆謂亞爲廟室，錢獻之以爲亞乃古黻字，兩己相背，取黻冕相繼之義。元謂兩己相背，己何物耶？蓋亞乃兩弓相背之形，言兩己者，訛也。《漢書・韋賢傳》師古注曰：“紱畫爲亞文，亞，古弗字也。”師古此説必有師傳。經傳中“弼”、“佛”、“弗”每相通假，音亦近轉。《説文》弼解曰：“輔也，重也。”輔者，以輔戾弓之不正者，即《考工記》弓人之敫，鄭注所謂弓檠是也。重者，二弓也。弗字明是兩弓相背，左右手相戾之義，此會意之恎也。凡鐘鼎文作亞者，乃以輔戾二弓之象，正是古弼字，亦即是弗字、黻字。作器遺子孫，當銘之以武，作二弓在輔形者，與執弓執戈矛，族上立矢，皆同一義。若黻乃繡亞於裳，故從黹，義又屬後起。錢氏云黻冕相繼，尚非初義也。又古器每作虎形，取服猛之義，猶《周官》六彝之有虎彝也。

右王主父丁尊蓋器銘。案：主爲公卿大夫之通稱。此曰王主，是天子也。攸田謂所田狩之地。龖，《説文》解爲飛龍。籀文龗字從之，小篆省作譶，讀若慴。《六書精蘊》云：「龖，震怖也。」是龖之義與譶同矣。虤，《説文》云：「虎怒也。」《詩》「闞如虓虎」，虤虎猶虓虎也。王主於田獵之所，譶服二虎虎，神武丕昭，用作彝器，崇孝享焉。舠即班字，王制名山大澤不以舠。古從舟之字，隸每省從月，舠字當即般之異文，分也。《禮》王子弟出封，得立其祖王之廟。《逸書分器序》云：「武王既勝殷邦，諸侯班宗彝。」此銘曰舠，謂般之同姓諸侯，俾作重器以鎮撫其社稷，禮之經也。

右魯公鼎銘。案：鹵，古文魯。東方濱海地多産鹵，故以爲名，字與魯通。《路史·國名紀》：「魯，鹵也。曲阜少昊之虛。」此魯公伯禽之器，薛氏款識亦有此銘。釋魯公爲周公，非是。周公不之魯，不得稱魯公。或款魯公不當祭文王，考魯有文王廟，見《左·襄十二年傳》。《周禮·春官》都宗人注：「王子弟則立其祖王之廟。其祭祀，王皆賜禽焉。」《夏官·祭僕》「凡祭，王之所不與，則賜之禽。」注：「王所不與同姓，有先王之廟。」賈疏云：「魯，衛之屬。」據此魯當立文王廟，作祭器禮也。

右頌鼎銘。吳侃叔云：「康昭宮者，康王、昭王之廟也。」竹垞釋昭爲邵，非是。召公之召作邵者，是後世繁文，古文所無也。

案：吳説是也。朱黄，朱衡也。受册佩以出者，佩朱衡以出也。在禮君賜衣服，服以拜賜。言佩朱衡，則服衮市可知矣。反入覲寵者，言受册以出而反入覲龍光也。睹此銘，知《左・僖二十八年傳》，晉重耳受策以出，出入三覲，杜注以爲從來至去凡三見王，誤也。享醴一覲，受册命一覲，受册以出反入覲寵爲一覲，是一日而三覲。《易》所謂“錫馬蕃庶，晝日三接”也。此古禮之僅存者。

子燮兕觥。此器舊名爲犧首爵，元得之，考定爲兕觥。《詩》“我姑酌彼兕觥”，傳云：“角，爵也。”按毛説蓋以兕觥爲似角之爵，非謂以兕角爲之也。《左傳》“皮革、齒牙、骨角、毛羽不登於器”，杜注謂不以飾法度之器。觥爲禮器，安得以兕角爲之，如今之犀角盃乎？古器多用銅，或飾以玉，至刻木爲之，其説近是。古銅器如罍椑之屬，皆銅、木互用也。禮器凡言爵者皆三足，散、角、觥皆稱爵，皆有三足。此器身形爲角爵，蓋作牛首。《爾雅》云兕似牛，郭璞云兕一角。此實二角而名兕觥者，牛形似兕，取其形以爲名也。案：許氏《異義》云：“今《韓詩》説一升曰爵。爵，盡也，足也。二升曰觚，觚，寡也，飲當寡少。三升曰觶，觶，適也，飲當自適也。四升曰角，角，觸也，飲不能自適，觸罪過也。五升曰散，散，訕也，飲不能自節爲人所謗訕也。總名曰爵，其實曰觴。觴者，餉也。觥亦五升，所以罰不敬。觥，廓也，所以著明之貌。君子有過，廓然明著，非所以餉不得名觴。觥罰不過一，一飲而七升爲過多，當謂五升。”元謂《毛詩》説觥大七升，固爲過大；《韓詩》説觥五升，亦未可爲定論。蓋自暴秦銷金，商周古器盡毁，其淪没於土者未盡出於世，故許、鄭大儒生當漢世，未能目驗之。凡論彝器，每沿舊説，頗多牴牾。考商爵大於周，容一升有半，今以商爵校此觥，觥容二爵，太半爵則觥，同角，實四升也。或曰兕觥爲罰爵，何以爲孝享之器？考陳氏《禮書》云：“兕觥之用，饗燕、鄉飲、賓尸皆有之。”《七月》言“朋酒斯饗，稱彼兕觥。”春秋之時，衛侯饗苦成叔，而寧惠子歌“兕觥其觫”，則饗有觥也。鄭人燕趙孟，穆叔子皮而舉兕爵，是燕有觥也。閭胥掌比觥，是鄉飲有觥也。絲衣言兕觥，是賓尸有觥也。蓋《燕禮》鄉飲酒、大夫之饗皆有。旅酬無算爵，於是時也用觥。然則兕觥固祀器也，不得以《儀禮》少牢特牲，大夫、士之祭無兕觥，遂謂觥祇以罰不敬也。觥亦爵，故《左傳》謂之兕爵，《毛傳》謂之角爵，黃小松所藏古爵有作兕觥形者。然《博古》、《考古》二圖所載爵皆無蓋，且無如此器之大者，則兕觥與爵固有別矣。

右諸女匜蓋器銘。案：《左・襄十九年傳》：“諸子仲子、戎子。”《哀五年》：“諸子鬻姒之子荼嬖。”房元齡《管子注》：“諸子，內官之號。”杜氏注一解爲諸妾姓氏，一解爲庶公子，俱失之。諸子亦稱諸姬，見《漢書・高五王傳》。此諸女即諸子、諸姬之例。又《漢書・元后傳》云“太子有妃，有良娣，有孺子，妻妾凡三等”，此必從古制。古禮太子當有妾御也，奉匜沃盥，妾御之職，故作器也。

右高陽左戈銘。元謂古者諸侯行，必有二人執戈先之。《左・昭元年傳》：“楚公子圍設服離衛叔孫。穆子曰，楚公子美矣，君哉。鄭子皮曰，二執戈者前矣。”此國君當有二戈在前之證。此戈云高陽左者，或高陽氏之諸侯左右二戈中之一戈與？又考古戈銘有作右軍者。古行軍，左右有局，謂之上下軍，亦謂之左右軍。或此戈爲左軍所用，故以左字志之，亦未可定。古人於此等事原非定有程式也。

《積古齋鐘鼎彝器款識》十卷

國朝阮元撰

《後知不足齋》本。光緒癸未虞山鮑廷爵叔奐甫重校刊，板式、序目與原本悉同。

古文“幷”字象準之平，繩之直。凡物平則成，地平天成，成亦平也。不觀成父癸鼎之文，莫窺其象。漢儒平、成轉注，經師相傳之義由來遠矣。

《説文》鼎字，明以目下𣎳字爲析木〔二〕形。又解片字云：“判木也，從半木。”唐本《説文》有爿部，今本無之，反片爲爿，義與片同。

酎字從酉，從彡。古三字有作彡者，取三重酒之義。後世從彡之字或從寸。《説文》酳或作酎，是其證。許云“諸法度字從寸”，後世以酎爲法酒，故從寸也。

《説文》：“咎，災也。從人，從各。各者，相違也。”咎，父癸卣從人，從舛，從口。舛者，夂牛相背，相違之意愈顯，此古文之僅存者。

散氏見於周者有散宜生，薛書有散季敦，徐氏有散氏盤。孔傳以散爲氏，是也。帝堯娶於散宜氏，謂之女皇氏。

公執桓圭，桓，宫室之象。此作雙｜｜，是桓楹之象。古巫多居山。諱始于周，子父同辛，商人不諱。古人多以十干爲名字，亦有用十二支者，如孟申、仲酉之類。《説文》：“威，姑也。”古“畏”、“威”通用，媦即姑也。古文往往有一字而異文屢見者。薛氏《款識》，朱右甫有殘帙一卷，未見全册，輾轉臨摹，甚多謬誤。

《王復齋鐘鼎款識》一卷

宋王厚之撰

積古齋本。宋拓鐘鼎款識原册，計三十葉，板極寬大。宋復齋王氏所集計五十九器，内有青牋者十五器，爲畢良史所收。末葉“楚公夜雨，雷鍾重見”，玩其題識皆復齋之筆也。揚州阮氏所藏。嘉慶七年秋摹勒成册，有序。道光二十八年冬漢陽葉氏重摹，有跋。復齋爲王安禮荆公之弟。之曾孫。見《直齋書録》。

阮氏序曰："此册款識五十九種，爲王順伯復齋所輯。賤識十五器，皆秦熺之物，此外朱數儒一器，賤識數行，以詞意推之，亦是熺筆。蓋數儒子爲熺所用，《宋史》本傳所饞舐犢畏逐而節不終者。此外周師旦鼎、楚父鐘、虢姜鼎爲一德格天閣中之物，其餘數十種乃劉炎、張詔、洪邃諸人所藏，皆非秦氏之物。王復齋所輯裝成册而釋之者也。《兩浙名賢録》云：'復齋名厚之，字順伯，諸暨人。乾道三年進士，歷官淮西通判，改江東提刑，直顯謨閣致仕。'洪《容齋四筆》云：'趙明誠《金石録》三十卷，在王順伯家。順伯別有《復齋碑録》，已散佚。宋陳思《寶刻叢編》引之。又《慶元黨禁》、《中興編年》皆載復齋與朱子同列僞學之籍，其人之行誼學術可以槩見。'三代法物自足萬古，不以遇秦氏爲辱，不以歸王氏爲幸。周孔之書爲趙忠定、朱子所讀，又何嘗不爲秦檜、韓侂胄所讀？余得此册於吳門陸氏，加以考釋，摹刻成書，更因諸跋所未及者略識之。"

葉氏跋曰："原册舊藏儀徵阮太傅家，曩携至都門，曾假觀數月。不意癸卯春燬於火，并板片失之。戊申夏四月，志詵就養南行，道出揚州，謁太傅話舊，以原刻初印本囑爲重鋟。秋七月抵羊城，選工伐木三月之久，悉心校刻，仍還舊觀。冬十月識於粤東撫署之頤安堂，時年七十。"

宋紹興中，秦相當國，其子熺伯陽居賜第十九年，日治書畫碑刻，是册殆其所集。如楚公鐘、師旦鼎皆一德格天閣中物也。餘或得之畢少董，或得之朱希真，或得之張大中。蓋希真晚爲伯陽客，而少董視盱眙榷場，因摹款識一十五種，標以青箋，末書良史拜呈，以納伯陽，至今裝池册内。秦氏既敗，册歸王厚之。每款鈐以"復齋珍玩"、"厚之私印"，且釋其文，疏其藏弆之所。

後轉入趙子昂家。子昂復用大雅章，兼書薛尚功考證於曾侯鍾後，於時錢德平、柯敬仲、王叔明、陳維寅均有賞鑒印記。隆慶間，項子京獲之。近歸倦圃曹先生。康熙戊申，先生出示余，余愛玩不忍釋手。先生屬余跋之，未果也。辛酉冬，余留吳下，先生寓書及冊，再命余跋，余仍不果。改葳，乃封完寄焉。先生既逝，所儲書畫多散失。久之，是冊竟歸於余，藏之笥十載。宗人寒中耆古成癖，見而愛玩之，猶余之曩日也。因以畀之。每歎書畫金石文，銘心絕品，恆納諸炙手可熱之人，若秦會之、賈師憲、嚴惟中，物之尤者悉歸之。然千人所指，其亡可立而待，曾不若山林寂寞之鄉，儲藏可久。則余託之寒中，庶其寶而勿失也。夫冊中所拓鍾七、鼎二十有一，飲二，爵六，鬲四，卣九，敦四，簠一，甗二，壺二，刀一，槃二，鐙一，尺一，漢器一。中有榮次新手書及書林羲叟公輔諸圖記。小長蘆金風亭長七十七翁彝尊識於海上之紅藥山房，時乙酉正月立春後二日。

此冊自南宋至今六易主，乃歸衍齋馬氏。展玩之餘，覺古色古香，流矚觸鼻，不無好古生晚之歎。丁亥除夕前四日查慎行識。

己丑四月，語溪胡開秦過衍齋，得觀是冊。謹按鑒藏諸印，有元時錢氏德平，係山陰人。薛尚功手摹款識藏其家，曾見之柯博士跋中。又諦審周京姜鬲以前鈐縫，先有白文“臨川王厚之伯順父”印，而上以“謾齋珍玩”蓋之，非神閒氣完，殆亦未易詳也。戊戌閏八月陳震觀。

李心傳《繫年要錄》云：“紹興十五年七月，右宣義郎幹辦行在糧料院，畢良史知盱眙軍。良史入辭，詔加直秘閣。”其納古器於秦伯陽，必在斯時矣。順伯好金石，精於賞鑒，與鄱陽三洪善。此冊有名邃字景裒者，當是容齋昆弟行也。方城范氏鍾以下兩葉，恐是松雪翁增入。其雷鍾已見前幅，復齋不應複出也。予嘗見松雪翁篆書大道歌石刻，意與冊首四字相似，知倦圃之言可信。竹汀居士錢大昕題。

　　文光案：冊首"鐘鼎款識"四篆字，諸家定爲松雪之筆，因曾經松雪鑒賞也。阮太傳云："昔編定内府書畫時，見松雪大篆字墨蹟甚多。此四字字徑五寸。實爲松雪筆無疑。"又案，第二十三葉夏壺以下有宋人青牋紙書鐘鼎款識之目，此青牋即良史呈於秦伯陽者也。《三朝北盟會編》云："畢良史字少董，以買賣書畫古器得悦於思陵，食客滿堂，號貧孟嘗，又號畢骨董。"《研北雜誌》謂少董凡所服用，如玉含蟬之類，皆古壙中物，命所居曰"死軒"，亦殊異也。又第三十三葉，楚公鐘後題"明隆慶壬申歲二月朔，墨林山人項元汴得此本於吳門徐氏，藏於天籟閣"一行二十九字，下有"真賞"二字。又第二十八、二十九兩葉有公輔印。阮太傳曰："考石公輔乃北宋越州新昌人，字國佐，初名公輔，徽宗以與楊公輔同名改公弼。見《宋史》本傳。"然則冊内所識方城范氏七字及政和三年十三字皆公輔之筆。此二葉乃北宋拓本，復齋得之續於冊後者也。又案：薛氏款識出於拓本，此則搨自古器，故字畫互有不同。

　　商子父癸鼎。吳東發云：𣪠，古文成字，準之象也，平也。𠃊，繩之象也。( )，所以權之也。權之而得其直而得其平也。凡物平則成，故《左傳》引《書》"地平天成"，注云："成亦平也。"《詩》毛傳"成，平也"，凡二見。鄭注《周禮》"成，平也"，凡六見。《爾雅》"平，成也"、《穀梁傳》"平者，成也"，凡三見。不觀此文，莫窺其象。而漢儒"成"、"平"轉注，有此詁訓，可知經師相傳之義，由來者遠矣。

　　文光案：此鼎見於《宣和博古圖》，一又見於薛尚功《鐘鼎法帖》，一考宗皇帝賜洪邁。昔人譏左氏引書最無意義者，莫如"地平天成"，蓋未見此字，又不知平之爲成，故生妄論。此傳先引《詩》，言其不稱，終引《書》，言稱，既不相複，極有意義。平即成也，地[三]天成互文見義。稱者，稱物而知輕重者也。今俗呼權衡爲稱，呼銀平爲天平，呼水平爲地平，地平即準也。

阮氏曰："商亞木父丁爵中有亞字，此後各本有亞者尚多。宋以來皆謂亞形象廟，近嘉定錢獻之以爲亞乃古黻字，兩己相背，取黻冕相繼之義。元謂兩己相背，己何物耶？蓋亞相背之形。《漢書·韋賢傳》師古注曰：'緅畫爲亞文，亞，古弗字也。'師古此說必有師傳。經傳中'弼'、'佛'、'弗'每相通假，音亦近轉。《說文》弼解曰輔也，重也。輔者，以輔戾弓之不正者，即《考工記》弓人之柲，鄭注所謂弓檠是也。重者，二弓也。'弗'字明是兩弓相背，左右手相戾之義。凡鐘鼎作亞者，乃以輔戾二弓之象，正是古弼字，亦即是弗字、黻字。作器遺子孫，當銘之以武，作二弓在輔形者，與執弓、執戈、立矢皆同一義。"

文光案：舊說以兩己相背爲黻，甚無意義。阮氏以爲二弓相背，最爲確當。亞形諸本皆以爲廟，固無確證。阮氏謂與執弓、立矢皆同一義，然商母乙卣亞形中又刻子執戟，其義難明，不可强解。錢云戟當是矛，古字作𢧜，大抵鐘鼎文字有辨之極真者，有近是者，有絕不可曉者，宜分別觀之。

《嘯堂集古錄》二卷　附《考異》二卷

宋王俅撰

醉經堂本。嘉慶壬申張蓉鏡校刊，附《考異》。《錄》前有李邴序，後有曾機序。《考異》前有胡重引，後有干文[四]傳後序、張蓉鏡跋。王俅字子弁，即撰此書者，李序言之甚詳。吾邱衍《學古編》誤作王球。球字夔玉，與俅爲兩人。張蓉鏡字春帷，嘉興人。是書篆刻精工，無異宋本。盧氏校本有考證五十九條，在

《羣書拾補》中，未若此本精密。此本干文傳後序依盧本刊入，李邴序依盧本校正，僕有張氏案語在後。謹案：《天禄琳琅書目》宋板子部，《嘯堂集古録》一函二册，宋王俅撰，分上、下二卷。馬宋李邴序，後宋曾機跋。《文獻通考》載宋陳振孫語曰："王俅子弁撰。李邴漢老序之，稱故人長孺之子，未詳何王氏也。皆録古彝器款式，自商迄秦，凡數百章，以今文釋之，疑者闕焉。"是王俅在振孫時已無可考。此書邴序稱與俅父同鄉，又爲同年進士，則俅之家聲里閈約略可知。李邴，任城縣人，徽宗崇寧五年進士第，《宋史》有傳。俅於邴爲後進，成書時當在南渡以後。書末有跋，其署名處闕去。考宋板翻刻本乃淳熙丙申盧陵曾機所撰，丙申爲宋孝宗淳熙三年，去紹興間未遠。曾機無考，當亦好古博雅之士也。書中收藏印記俱無考。

　　秦李斯以新意變古蝌蚪書，後世相沿，益復精好，自漢唐以來，能者不可概舉。唯鐘鼎文間見於士大夫家，謂如《洗玉池銘》、《讀書堂帖》，字既不多，往往後人依仿爲之，殆無古意。青社趙公、東平劉公、盧陵歐陽公三家，收金石遺文最號詳備，獨鼎器款識絶少，字畫復多漫滅，不可考證。及得吕大臨、趙九成二家《考古圖》，雖略有典型，辨釋不容無舛。晚見《宣和博古圖》，然後愛玩不能釋手，蓋其款識雖自鼎器移爲墨本，無毫髮差，然流傳人間者纔一二見而已。近年好事者亦刊鼎文于石，從而辨釋，字既失真，而立説疏略，殊可怪笑。予方恨近時字學不修，秦漢書法尤爲壞敝，人皆出意增損，取美一時，略無古人渾厚之氣。一日，予故人開國長孺之子王俅子弁見過，出書二巨編，皆類鐘鼎，字甚富，名《嘯堂集古録》。且謂予曰："俅不揆，留意於此久矣。自幼至今，每得一器款識，必摸本而投之篋，積三十餘年，凡得數篋。則又芟夷剪截，獨留善者編次之，其志猶以謂未足也。他日再獲古文奇字，即續於卷末，將示子孫，永爲家寶．"予與長孺同師同舍同鄉關，又爲同年進士，兩家契故甚密。子〔五〕弁幼警悟，不類常兒。長年好學工文，鄉先生皆稱異之。又精於古字，四方人士以絹素相求者門無虛日。予既喜故人之有子，復熟觀此二編，大慰平昔所願，欲而不得者。子弁欲予文傳信將來，予欣然爲敘卷首，而歸其書云。云龕小隱李邴漢老序。

景春沈君與余同里，一日出《嘯堂集古錄》見示。由秦以前三代之器，若敦、槃、尊、彝、鼎、鐘、甬、權之屬，無所不有。每列一器，必摹其款識，而以楷書辨之，刻畫甚精，殆不類刊本。讀之者文從字順，如游商周之庭而寓目焉，可謂奇矣，坐客皆喑喑稱歎。景春有別業在閶門西，有挾書求售者至，必勞來之，飲食之，酬之善價，於是奇書多歸沈氏，《集古錄》其一也。元統改元吳郡干文傳題。《鐵網珊瑚》。

武王戒書鑑矛等銘，凡十有四。規警備至，成書具在，迺知古人一械一物必有款識，非特文字刻畫之爲諒也。呂、劉相嬗，日趨便簡，器用淪圮，更百千載，如嶧山火泐、石鼓泥蟠，何可勝紀？先正歐陽文忠先生始集名碑遺篆而錄之，蓋精力斯盡，而所著無幾。逮元祐以後，地不愛寶，頹堤廢墓，埋鼎藏敦，所觸呈露。由是考古博古之書生焉，蓋盈編鱗次而包羅莫究。王君子弁《嘯堂集古》最爲後出，然而奇文名蹟，自商及秦，累累凡數百章，尤爲精夥。初不曉其前晦而今見，意者天地之氣運必有與立於此，否則中原故物將有不得揖讓其間之歎者，此尤君子所深感也。余因得其鋟板，試摘所藏邵康節《秦權篆銘》較之，毫髮不舛，益信子弁彙類之不妄。敬書于後，且掇古人所爲觸物存戒之意。以□蓉鏡案：原本作拜，始闕疑。之，庶幾不徒字畫之泥而古意之未忘也。淳熙丙申六月既望，廬陵曾機伯虞謹識。《書嘯堂集古錄後》。

金石之學，莫盛於宋。然歐陽氏《集古錄》、趙氏《金石錄》、鄭氏《金石録》皆石九而金一，惟吕氏《考古圖》、《宣和殿博古圖録》則有金而無石。故圖其形制，考其名義，記其度量衡之數，摹其古文、籀文、小篆之體，而爲之釋文，蓋不啻親見古人之面目語言也。其後薛氏《鐘鼎款識法帖》、王復齋氏《鐘鼎款識》二書，善於辨別篆文，而王子弁氏《嘯堂集古録》出最後而文最備。李邴序稱子弁之言，“自幼每得一器款識，必模本藏之，積三十餘年，凡數篋，則剪截編次，獨留善者，其志猶未足。他日再獲古文奇字即續於卷末”等語。余觀是編，凡三百四十五器，以鼎、尊、彝、卣、爵、壺、斝、觚、巵、觶、角、敦、簠、簋、豆、鋪、甗、錠、印、鈎、槃、匜、洗、鉎、杆、鐸、鐘、鑑爲次，後又重出洗、鼎、鐘、彝、匜、尊、爵、敦、槃及權、甬等器，此即邴敍所云續於卷末者也。薛氏之《法帖》即邴敍所云，近年好事者亦刻鼎文於石從而辨釋者也。是編所載皆商周之物，僅附秦代一器、漢代十二器。此外則漢印三十七，中雜晉印一；漢鑑十五，中雜吳鑑、蜀鑑各一。且闌入滕公墓銘，于例不協。或後人增益，未可知也。是編原有李邴序、曾機書後、干文傳後敍，近本多訛闕。即如王俅字子弁，而李序作王求，曾敍作子伾，別本又作王球，皆非也。余考許氏《説文》“俅，冠飾兒，《詩》曰‘弁服俅俅’，則名字灼然可見已。余因外弟金小山得識張茂才春帆，績學嗜古，家多藏書，乃重刻嘯堂是編并作《考異》二卷，出以示余。余服其校勘之細，考核之精，偶憶盧學士文弨《羣書拾補》所載，新安汪孝廉肇濚校本亦引《博古圖》、《鐘鼎款識》爲證，頗嫌罣漏。今菩帆作《考異》，有十倍於汪氏者，其爲功於嘯堂豈淺鮮哉？嘉慶十有七年暮春之初，菊圃居士胡重書於秀水金氏之月香書屋。

蓉鏡既重刻《嘯堂集古録》，病其舛訛，復借鮑丈淥飲、戴子松門藏帙對勘一過。惟仿宋槧本訛字較少，次第亦善，而闕文仍所不免。因商之妹壻金子小山，取呂氏《考古圖》、《宣和博古圖錄》、薛氏《鐘鼎款識法帖》、王氏《鐘鼎款識》模勒本細爲讎校。緣鏤版已成，未易全改，故別爲《考異》二卷附於後，并補編目次，以備檢查。庶復見古人之真面目，而亦不忘良友相助之益云。時嘉慶十有六年季冬望日嘉興張蓉鏡書。

盧氏曰："近來印者，前李邴序脱前一葉，後干文傳後序全闕，今皆依初印本補之。中間有異同及脱誤，俱依新安汪稚川孝廉校本增正。惜銘中誤筆不能得善篆者并正之。"録於《羣書拾補》。

文光案：是書録金不録石，尤爲難得。去歲得此本於吾邑，凡二卷，以爲完足，因著其目，抄李序一首。又檢得《鐵網珊瑚》干文傳語一則，不知其爲後序也，并節録之。今夏又得《考異》二卷於書賈，合之即其原本，喜不自勝。又録曾序一首，胡序一首，張跋一則。而所謂《羣書拾補》乃《抱經堂叢書》之一種，今亦得之。又恭讀《天禄琳琅書目》，乃人間所未有，故得成此一篇。凡編目以見書爲要，尤宜合數本參之，則所著益明。《天一閣書目》鹵莽從事，使古本湮没，深可惜也。

《學古編》曰："王俅《嘯堂集古録》二卷，正文共一百紙，序跋在外。其間有古文印數十，有一曰'夏禹'，係漢巫厭水災法印。世俗傳有渡水佩禹字法，此印乃漢篆，所以知之。又一印曰'孔父'，音誤，是'孫兹'二字。又有滕公墓銘，鬱鬱作兩字書，且妄爲剥落狀。然考之古法，疊字只作〻，小畫附其下。秦時大夫猶只以夫字加二小畫，況此疊文者乎？僞無疑矣。"又曰："古印式二册，即漢官威儀，無印本。僕自集成者，後人若不得見，只於《嘯堂集古録》十數枚，亦可爲法。"

校勘記

〔一〕"玉",原作"王",據《平津館書籍記·朱謀㙔序》改。

〔二〕"木",原作"本",據《説文解字》卷五改。

〔三〕"地"後疑脱一"平"字。

〔四〕"文",原作"寶",據《嘯堂集古録·干文傳跋》改。

〔五〕"子",原作"之",據《嘯堂集古録·李邴序》改。